Jan. 2005

Hans-Joachim Driehaus

Erschließungs- und Straßenbaubeitragsrecht

in Aufsätzen

D1722567

vhw
Verlag

Alle Rechte beim
vhw – Verlag Dienstleistung GmbH
Neefestraße 2 a, 53115 Bonn

1. Auflage, November 2004
Layout: PAPYRUS – Schreib- und Büroservice, Bonn
Druck: DCM · Druck Center Meckenheim

ISBN: 3-87941-922-1

Vorwort

Mit diesem Werk betritt Driehaus Neuland, indem er einen großen Teil der von ihm in der Zeit von 1973 bis 2004 veröffentlichten Aufsätze zum Erschließungs- und Straßenbaubeitragsrecht – in einem handlichen Band zusammengefasst – vorlegt. Driehaus, der zu diesem Themenkreis den Praktikern aus den Kommunalverwaltungen und der auf diesem Rechtsgebiet tätigen Anwalt- und Richterschaft als hervorragender und kompetenter Fachmann bekannt ist, stellt damit eine weitere Arbeitshilfe zur Verfügung, mit der er viele wichtige Ergänzungen und Vertiefungen zu seinem Lehrbuch und seiner Kommentierung zu den Kommunalabgabengesetzen der Länder anbietet. Dabei ist einerseits hervorzuheben, dass manche – vor allem frühere – Aufsätze nur in den wesentlichen Passagen abgedruckt und überdies in Sternchenfußnoten mit erforderlichen Ergänzungen aus beispielsweise der neuesten Rechtsprechung insbesondere des Bundesverwaltungsgerichts versehen sind, so dass ein Höchstmaß an Aktualität gewährleistet ist. Andererseits behandeln die Aufsätze umfassend – und darin liegt der besondere Vorteil gegenüber einem Lehrbuch und einem Kommentar, in denen Rechtsfragen eines bestimmten Komplexes ihrer systematischen Zugehörigkeit entsprechend an verschiedenen Stellen dargestellt und vom interessierten Leser gesucht werden müssen – alle einschlägigen Probleme sozusagen „in einem Guss"; als Beleg für diesen Vorzug sei nur auf die Ausarbeitung über die Kreisverkehrsanlagen hingewiesen, in der Rechtsfragen u. a. sowohl zum erschließungs- und zum straßenbaubeitragsrechtlichen Anlagebegriff als auch zur Zuordnung der Kosten einer solchen Verkehrsanlage zu den in sie einmündenden Straßen erörtert werden.

Die hier abgedruckten Aufsätze lassen sich in zeitlicher Hinsicht grob gliedern in Arbeiten vor 1980 und nach 1995. In dem Zeitraum von etwa 1980 bis 1995, in dem Driehaus Berichterstatter für das Erschließungs- und Erschließungsbeitragsrecht in dem damals zuständigen 8. Senat des Bundesverwaltungsgerichts war und in der nahezu jede Entscheidung in diesem Rechtsgebiet unter seiner Mitwirkung erging und wohl auch aus seiner Feder stammte, hat er sich nämlich zu den anstehenden Rechtsfragen nicht durch Aufsätze, sondern durch Urteile – sozusagen letztverbindlich – geäußert. Allerdings sind in dieser Zeit die beiden wegweisenden Beiträge in den Festschriften für seine beiden renommierten Richterkollegen Prof. Dr. Otto Schlichter und Prof. Dr. Felix Weyreuther entstanden. In der Festschrift für Otto Schlichter befasst sich Driehaus unter dem Blickwinkel des § 125 BauGB namentlich mit dem Verhältnis zwischen dem Bauplanungs- und dem Erschließungsbeitragsrecht und gelangt zu der – später auch vom Bundesverwaltungsgericht (Urteil vom 21. Oktober 1994 – BVerwG 8 C 2.93 – BVerwGE 97; 62 [67]) geteilten – Erkenntnis, § 125 BauGB und nicht (erst) das Erschließungsbeitragsrecht ordne die Abhängigkeit des Entstehens sachlicher Erschließungsbeitragspflichten von einer im Sinne des § 125 BauGB rechtmäßigen Herstellung an. Es ist zu bedauern, dass diese Erkenntnis dem Bundesverwaltungsgericht inzwischen verloren gegangen ist; im Beschluss vom 11. September 2002 (BVerwG 9 B 36.02) hat es nämlich ohne jede Begründung die Auffassung des Verwaltungsgerichtshofs München (Beschluss vom 19. April 2002 – VGH 6 B 00.755) gebilligt, die vom bayerischen Landesgesetzgeber kraft seiner Gesetzgebungskompetenz (ausschließlich) für das Erschließungsbeitragsrecht zulässigerweise vorgenommene Übernahme der §§ 127 bis 135 BauGB in das bayerische Landesrecht schließe „die Thematik ein, welche beitragsrechtliche Fehlerfolgen bei Anwendung des § 125 Abs. 2 BauGB erwachsen können". Im Rahmen der Festschrift für den aus dem Kreis der Mitglieder des Bundesverwaltungsgerichts seit dessen Errichtung im Jahre 1953 herausragenden und nicht nur deshalb unvergessenen Felix Weyreuther beleuchtet Driehaus ausführlich und erschöpfend alle Fragen, die im Zusammenhang mit der Abrechnung einer einseitig anbaubaren Straße auftreten können. Im Einzelnen legt er u. a. dar, dass der vom Bundesverwaltungsgericht entwickelte sog. Halbteilungsgrundsatz nicht anzuwenden ist, wenn die Gemeinde sich bei der Anlegung der Straße auf einen Umfang beschränkt hat, der für die Erschließung allein der Grundstücke an der anbaubaren Straßenseite „unerlässlich" ist, und dass der Gemeinde bei der Bewertung dessen, was sie im Einzelfall für „unerlässlich" halten darf, ebenso wie bei der Bewertung, ob eine Erschließungsanlage überhaupt und dem Umfang nach im Sinne des § 129 Abs. 1 Satz 1 BauGB „erforderlich" ist, ein gerichtlich nur beschränkt überprüfbarer Beurteilungsspielraum zukommt. Ohne jede Begründung und ohne die nunmehr geschaffene Distanz zwischen den der Sache nach vergleichbaren Merkmalen „unerlässlich" und „erforderlich" hinreichend in den Blick zu nehmen, hat das Bundesverwaltungsgericht im Urteil vom 3. März 2004 (BVerwG 9 C 6.03 – DVBl. 2004, 1038) erkannt, zwar stehe der Gemeinde bei der Bewertung der „Erforderlichkeit" ein weiter Spielraum zu, doch habe die Gemeinde bei der Bewertung dessen, was im Einzelfall „unerlässlich" sei, (nicht etwa eine Einschätzungsprärogative, sondern – wie regelmäßig –) lediglich eine Entscheidungsprärogative. Selbstverständlich weist Driehaus an der entsprechenden Stelle in einer Sternchenfußnote auch auf diese – schlechthin nicht überzeugende – Entwicklung in der Rechtsprechung des Bundesverwaltungsgerichts hin.

Nach der Übernahme des Vorsitzes im 3. Senat des Bundesverwaltungsgerichts in der zweiten Hälfte der 90er Jahre und dem damit verbundenen Ausscheiden aus dem für das Erschließungs- und Erschließungsbeitragsrecht seinerzeit zuständigen 8. Senat hat Driehaus in seinen Aufsätzen sozusagen die veröffentlichte „Stimmführerschaft" der mit diesem Rechtsgebiet befassten Personen übernommen, die er in dem von ihm herausgegebenen länderübergreifend angelegten Kommentar zum Kommunalabgabenrecht für das Straßenbaubeitragsrecht schon seit vielen Jahren ausgeübt hat. Die Aufsätze dieser späteren Schaffensperiode zeichnen sich sowohl durch das Bemühen aus, in der Rechtsprechung noch nicht abschließend beantwortete Fragen aus den genannten Rechtsgebieten einer Klärung zuzuführen, wofür als ein Beispiel der Beitrag zu § 242 Abs. 9 BauGB angeführt werden mag, als auch durch eine kritische Distanz zur bisherigen Rechtsprechung u. a. auch des Bundesverwaltungsgerichts. Namentlich der Aufsatz zum Anwendungsbereich der satzungsmäßigen Tiefenbegrenzung streitet für eine –

allerdings vom Bundesverwaltungsgericht in seinem Urteil vom 1. September 2004 (BVerwG 9 C 15.03) mit eher ärgerlicher als einleuchtender Begründung abgelehnte – Fortentwicklung der bisherigen Rechtsprechung, der Beitrag zum Erschlossensein von Hinterliegergrundstücken mit überzeugenden Argumenten sogar für eine Korrektur von ihm früher selbst formulierter Erkenntnisse.

Insgesamt legt Driehaus ein wertvolles Werk zum Erschließungs- und Straßenbaubeitragsrecht für jedermann vor, der sich mit diesen Materien zu befassen hat.

Hannover, im Oktober 2004

Dr. Jürgen Klausing

Inhaltsverzeichnis

Seite

A. Erschließungs-/Erschließungsbeitragsrecht 11

  1. Die erschließungsrechtliche „Regimeentscheidung" der Gemeinde
    – § 123 Abs. 1 BauGB (ZMR 2003,309) 11

  2. Können gemeindliche Erschließungseigengesellschaften Dritter
    im Sinne des § 124 Abs. 1 BauGB sein? (BauR 1999, 862) 18

  3. § 125 BauGB – zwischen Bauplanungs- und Erschließungs-
    beitragsrecht (Berkemann u. a., Planung und Planungskontrolle,
    Otto Schlichter zum 65. Geburtstag, 1995, S. 407) 25

B. Erschließungs-/Straßenbaubeitragsrecht 39

  I. Einführung in das Erschließungsbeitragsrecht (Neue Wirtschafts
    Briefe 2000, Erschließungsbeitragsrecht, Fach 24, S. 2135) 39

  II. Aufwendungsphase 42

    1. Der Anlagebegriff im Erschließungs- und Straßenbaubeitrags-
      recht (ZMR 1997, 445) 42

    2. Kreisverkehrsanlagen – Herstellungskosten abrechenbar nach
      Erschließungs- oder Straßenbaubeitragsrecht (ZMR 2004,77) . . . 59

    3. Die einseitig anbaubare Straße und der Halbteilungsgrundsatz
      im Erschließungsbeitragsrecht (Driehaus/Birk, Baurecht –
      Aktuell, Festschrift für Felix Weyreuther, 1993, S. 435) 71

    4. Überlegungen zum erschließungsbeitragsrechtlichen Aufwand
      für die Straßenentwässerung (Bayerischer Gemeindetag
      1986, 125) 87

    5. Abschnittsbildung gemäß § 130 Abs. 2 BBauG – ein „ein-
      faches Geschäft der laufenden Verwaltung"? (ZMR 1974, 289) . . 96

  III. Verteilungsphase 102

    1. Begriff des Vorteils im Erschließungs-, Straßenbau- und
      Anschlussbeitragsrecht (ZMR 1996, 462) 102

    2. Hinterliegergrundstücke im Erschließungs- und Straßenbau-
      beitragsrecht (Sachsenlandkurier 2001, 214) 116

3. Anwendungsbereich von Tiefenbegrenzung und beschränkter Erschließungswirkung im Erschließungs- und Straßenbaubeitragsrecht (ZMR 2000, 573) 128

4. Außenbereichsflächen im Erschließungs- und im Straßenbaubeitragsrecht (ZMR 1995, 381) 144

5. Der Verteilungsmaßstab im Erschließungsbeitragsrecht und im Straßenbaubeitragsrecht nach den Kommunalabgabengesetzen der Länder (Der Städtetag 1976, 322 und 382) 150

6. Nochmals: Der Beitragsmaßstab in Satzungen – ein unerschöpfliches Prozessthema (Städte- und Gemeinderat 1976, 249). 173

7. Der Grundsatz der konkreten Vollständigkeit der Verteilungsregelung und die Quantifizierung des Erschließungsvorteils (der landkreis 1978, 394) 177

8. Folgen der Nichtigkeit einer Verteilungsvorschrift in einer Erschließungsbeitragssatzung (DVBl. 1977, 386). 181

IV. Heranziehungsphase. 184

1. Ist die Berechenbarkeit des Aufwandes ein Bestandteil der „endgültigen Herstellung" im Sinne des § 133 Abs. 2 BBauG und § 8 Abs. 7 KAG NW? (KStZ 1976, 61) 184

2. Die sachliche Richtigkeit der „letzten Unternehmerrechnung" im Erschließungsbeitragsrecht (KStZ 2002, 61). 187

3. Die Bedeutung von öffentlichen Fördermitteln für das Entstehen der sachlichen Beitragspflichten im Erschließungs- und im Straßenbaubeitragsrecht (Sachsenlandkurier 1997, 459) 193

4. Das Entstehen der sachlichen Erschließungsbeitragspflichten (ZMR 1999, 517) 196

V. Überleitungsrecht. 209

1. Die Beitragserhebung nach § 8 KAG NW für Ausbaumaßnahmen an „vorhandenen Straßen" (Der Städtetag 1974, 547)... 209

2. § 242 Abs. 9 BauGB – Zwischenbilanz zu einer erschließungsbeitragsrechtlichen Überleitungsregelung (ZMR 2002, 241). 215

C. Straßenbaubeitragsrecht 227

  I. System des Straßenbaubeitragsrechts nach den Kommunal-
     abgabengesetzen der Länder (Blätter für Grundstücks-, Bau- und
     Wohnungsrecht 1978, 41 und 61) 227

  II. Einzelbeiträge 243

    1. Die Einrichtung von Fußgängergeschäftsstraßen und die Bei-
       tragserhebung für deren Umbau (Der Städtetag 1977, 128) 243

    2. Einzelfragen im Zusammenhang mit der Bildung von Abrech-
       nungseinheiten bei der Erhebung von Straßenbaubeiträgen
       nach § 8 KAG NW (KStZ 1973, 225) 260

    3. Der Grundstücksbegriff und die Beitragsfähigkeit der Grund-
       erwerbskosten bei der Heranziehung zu Straßenbaubeiträgen
       nach den Kommunalabgabengesetzen der Länder (KStZ
       1976, 141) 267

    4. Das Entstehen der Straßenbaubeitragspflicht gemäß § 8
       Abs. 7 Satz 1 KAG NW (KStZ 1974, 81) 276

    5. Abrechnung von in satzungsloser Zeit durchgeführten bei-
       tragsfähigen Maßnahmen (DVBl. 1998, 58) 282

D. Anhang 287

    1. Gemeindliche Selbstverwaltung und Rechtsprechung, dargestellt
       am Beispiel des Erschließungsbeitragsrechts (Informationsblatt
       Berufsverband der kommunalen Finanzverwaltungen in Baden-
       Württemberg, Nr. 82, Januar 1989, Anhang) 287

    2. Wiederkehrende Beiträge für Verkehrsanlagen?
       (ThürVBl. 1995, 7) 303

Stichwortverzeichnis 315

A. Erschließungs-/Erschließungsbeitragsrecht

1. Die erschließungsrechtliche „Regimeentscheidung" der Gemeinde – § 123 Abs. 1 BauGB*

I.

Die Gemeinde rechnet eine 1 000 m lange, insgesamt völlig gleich aussehende Straße ab, deren erste 500 m aufgrund eines Erschließungsvertrags ein Erschließungsunternehmer und deren sich anschließende 500 m die Gemeinde selbst hergestellt hat; in der Örtlichkeit sind keine Merkmale erkennbar, die Anhaltspunkte für eine Teilung der Straße in der Mitte liefern könnten. Die Gemeinde zieht zu einem Erschließungsbeitrag auch den Eigentümer E. heran, dessen Grundstück einzig an die vom Erschließungsunternehmer hergestellte Straßenstrecke angrenzt und der dieses Grundstück vom Erschließungsunternehmer erworben hat. Fallgestaltungen dieser oder ähnlicher Art kommen in der Praxis immer wieder vor; sie werfen die Frage auf, ob die Gemeinde berechtigt ist, einen Erschließungsbeitrag selbst von den Eigentümern zu erheben, deren Grundstücke nur an die vom Erschließungsunternehmer hergestellte Straßenstrecke angrenzen und die ihren Anteil an den Herstellungskosten für diese Straßenstrecke bereits über den Kaufvertrag an den Erschließungsunternehmer entrichtet haben. Das OVG Schleswig hat in seiner Entscheidung vom 18.12.2002[1] – wie wohl im Ergebnis zuvor schon das BVerwG[2] – diese Frage bejaht, die OVG Münster[3] und Lüneburg[4] dagegen verneint.

II.

1. Es liegt auf der Hand, daß die Beantwortung der aufgeworfenen Frage ausschlaggebend davon abhängig ist, ob die vom Erschließungsunternehmer angelegte und die von der Gemeinde hergestellte Teilstrecke zusammen als eine beitragsfähige Erschließungsanlage i. S. des § 127 Abs. 2 Nr. 1 BauGB zu qualifizieren sind. Träfe das zu, zählte das Grundstück des E. zu den durch diese beitragsfähige Anbaustraße erschlossenen (§ 131 Abs. 1 Satz I BauGB) und in der Folge – mangels insoweit beachtlicher Hindernisse – beitragspflichtigen Grundstücken.

---

*   Nachdruck aus ZMR 2003, 309.
1   OVG Schleswig, Urteil vom 18.12.2002 – 2 L 246/01 –, DVBl. 2003, 347 (nur Leitsatz).
2   BVerwG, Urteil vom 22.3.1996 – 8 C 17.94 –, BVerwGE 101, 12 [16f.] = ZMR 1996, 626 = DVBl. 1996, 1057.
3   OVG Münster, Urteil vom 24.11.1998 – 3 A 706/91 –, NWVBl. 1999, 262 = ZKF 1999, 184 = GemHH 2001, 284.
4   OVG Lüneburg, Beschluß vom 27.4.2000 – 9 M 4297/99 –.

In der Literatur[5] wird gelegentlich ohne weiteres von einer einheitlichen beitragsfähigen Erschließungsanlage ausgegangen, jedoch versucht, die sich daraus ergebende, zweifelsfrei mißliche Doppelbelastung – Belastung mit anteiligen Erschließungskosten über den Kaufpreis durch den Erschließungsunternehmer und zusätzlich Belastung über Erschließungsbeiträge durch die Gemeinde – durch eine Abschnittsbildung zu vermeiden, also anzunehmen, in solchen Fällen sei die Gemeinde berechtigt, wenn nicht gar verpflichtet, die einheitliche Anbaustraße in zwei Abschnitte (§ 130 Abs. 2 Satz 2 BauGB) aufzuteilen, nämlich in die vom Erschließungsvertrag erfaßte Teilstrecke und die sich anschließende, von der Gemeinde angelegte Teilstrecke. Abgesehen davon, daß die Befürworter dieser Ansicht in unvertretbarer Weise die Beantwortung der vorrangigen Frage vernachlässigen, was in Fällen dieser Art beitragsfähige Erschließungsanlage i. S. des § 127 Abs. 2 Nr. 1 BauGB ist, dürfte dieser „Ausweg" deshalb nicht gangbar sein, weil § 130 Abs. 2 Satz 2 BauGB für sie eine Abschnittsbildung nicht erlaubt.

Nach der Konzeption des Erschließungsbeitragsrechts stellen die (erstmalige) Herstellung und die Abrechnung der einzelnen Erschließungsanlage den gesetzlichen Regelfall dar.[6] Der Gemeinde ist die Abrechnung eines „Mehr", nämlich mehrerer eine Erschließungseinheit bildender Einzelanlagen (Erschließungseinheit), oder eines „Weniger", nämlich schon der Teilstrecke (Abschnitt) einer einzelnen Erschließungsanlage, ausschließlich gestattet, wenn die insoweit nach § 130 Abs. 2 Sätze 2 bzw. 3 BauGB erforderlichen Voraussetzungen erfüllt sind. Das ist bei Konstellationen der hier in Rede stehenden Art nicht der Fall. Zwar ermächtigt § 130 Abs. 2 Satz 2 BauGB zu einer Abschnittsbildung nicht nur nach Maßgabe örtlich erkennbarer Merkmale wie etwa Querstraßen, Straßeneinmündungen, Plätzen, Brücken, Wasserläufen usw., sondern auch „nach rechtlichen Gesichtspunkten (z. B. Grenzen von Bebauungsplangebieten, Umlegungsgebieten, förmlich festgelegten Sanierungsgebieten)". Doch handelt es sich bei der Grenze eines Erschließungsvertragsgebiets nicht um einen rechtlichen Gesichtspunkt, der eine Abschnittsbildung legitimiert.[7] Wie sich aus den vom Gesetzgeber beispielhaft aufgezählten rechtlichen Gesichtspunkten ergibt, ging es ihm offensichtlich darum, im Interesse der Erkennbarkeit und Durchsichtigkeit einer Beitragsabrechnung die Zulässigkeit einer Abschnittsbildung von (rechtlichen) Merkmalen abhängig zu machen, die für die Betroffenen feststellbar und einsehbar sind. Er hat deshalb abgestellt jeweils auf eine „Begrenzung, gleichviel, ob sie sich rechtlich als Rechtsnorm (Satzung) oder Verwaltungsakt darstellt, (die) von den Betroffenen eingesehen und nachgeprüft werden kann, wie es bei öffentlichen Bekanntmachungen

---

5 Vgl. u. a. *Fischer*, in: Hoppenberg, Handbuch des öffentlichen Baurechts, Teil F, Rdn. 37, und *Vogel*, in: Kohlhammer-Kommentar zum BauGB, § 130 Rdn. 19, jeweils im Anschluß an OVG Münster, Beschluß vom 13.10.1994 – 3 B 130/91 –, StädteTg 1995, 207 = GemHH 1996, 71, das jedoch später im Urteil vom 24.11.1998 (s. Fn. 3) seine diesbezügliche Ansicht aufgegeben hat.

6 Vgl. BVerwG, u. a. Urteil vom 26.9.1983 – 8 C 27.82 –, Buchholz 406.11, § 130 BBauG Nr. 35, S. 40 [47] = NVwZ 1986, 299 = BWGZ 1986, 63.

7 Ebenso u. a. *Löhr*, in: Battis/Krautzberger/Löhr, BauGB, § 130 Rdn. 23, und *Quaas*, in: Schrödter, BauGB, § 130 Rdn. 9.

oder bei Festsetzungen der Fall ist, in die jedermann Einsicht nehmen kann".[8] An einer solchen Feststell- und Einsehbarkeit für jedermann fehlt es einer durch den Erschließungsvertrag begründeten Begrenzung. Sie gibt deshalb nichts her für die Rechtfertigung, abweichend von der Regel schon einen Straßenabschnitt zur Grundlage für eine erschließungsbeitragsrechtliche Abrechnung zu machen.

2. Das führt zurück zur zentralen Frage, ob die vom Erschließungsunternehmer und die von der Gemeinde selbst hergestellten Straßenstrecken zusammen eine einheitliche beitragsfähige Erschließungsanlage i. S. des § 127 Abs. 2 Nr. 1 BauGB darstellen.

a) Auszugehen ist von § 123 Abs. 1 BauGB, der (regelmäßig) der Gemeinde die Erschließung als Aufgabe auferlegt. Der Gesetzgeber hat der Gemeinde zur Bewältigung dieser Erschließungsaufgabe zwei unterschiedliche Wege zur Verfügung gestellt: Zum einen kann sie diese Aufgabe durch eigene Bedienstete unter Inanspruchnahme von Werkunternehmern auf ihre Kosten mit der Folge einer – mit Blick auf Anbaustraßen – Erhebung von Erschließungsbeiträgen erfüllen (§ 123 Abs. 1 i. V. m. §§ 127 ff. BauGB). Und zum anderen hat der Gesetzgeber der Gemeinde die Möglichkeit eröffnet, zur Entlastung ihres Personals und Haushalts die Erschließung auf einen Dritten zu übertragen (§ 123 Abs. 1 i. V. m. § 124 BauGB). Der Gemeinde obliegt es – mit anderen Worten – im Rahmen des § 123 Abs. 1 BauGB eine weichenstellende Entscheidung darüber zu treffen, ob sie in einem konkreten Einzelfall die Durchführung der Erschließung – hier und im folgenden beschränkt auf die Herstellung einer Anbaustraße – durch den Abschluß eines Erschließungsvertrags einem privaten Dritten überträgt, ihm also die technische Durchführung und finanzielle Abwicklung einschließlich der Refinanzierung ihm entstehender Erschließungskosten überlassen will, oder ob sie die Erschließung vollauf in eigener Regie vornehmen und in der Folge ihre beitragsfähigen Aufwendungen durch Erschließungsbeiträge refinanzieren will. Das OVG Münster[9] hat diese weichenstellende Entscheidung der Gemeinde im Hinblick darauf, daß der Erschließungsunternehmer die ihm entstandenen Erschließungskosten ausschließlich durch privatrechtliche Vereinbarungen, die Gemeinde hingegen ihre beitragsfähigen Erschließungsaufwendungen einzig nach den öffentlich-rechtlichen Regeln des Erschließungsbeitragsrechts abwälzen kann, als eine Regimeentscheidung der Gemeinde bezeichnet, nämlich hier privatrechtliches und dort öffentlichrechtliches „Rechtsregime". Man mag diese Bezeichnung „mögen" oder nicht; man mag sie ersetzen durch den Begriff „Regieentscheidung" danach, ob die Gemeinde die Durchführung der Erschließung in die Regie eines Erschließungsunternehmers gibt oder ob sie die Erschließung in eigener Regie übernimmt. Doch ändert das nichts an der Tatsache, daß die Gemeinde im Rahmen des § 123 Abs. 1 BauGB darüber zu befinden hat, welcher der beiden ihr vom Gesetzgeber zur Bewältigung ihrer Erschließungsaufgabe zur Verfügung gestellten Wege im jeweiligen Einzelfall beschritten werden soll, d. h. sie muß im Rahmen des § 123 Abs. 1 BauGB die Weiche in die eine oder andere Richtung stellen. Durch den Abschluß

---

8 *Ernst*, in: Ernst/Zinkahn/Bielenberg/Krautzberger, BauGB, § 130 Rdn. 14.
9 OVG Münster, Urteil vom 24.11.1998 – 3 A 706/91 –, a. a. O.

eines Erschließungsvertrags bringt sie zum Ausdruck, daß sie eine in diese Richtung gehende (Regime-)Entscheidung getroffen hat.

b) Das OVG Schleswig[10] tritt dieser Rechtsansicht entgegen: Daß der Abschluß eines Erschließungsvertrags keine dahingehende Weichenstellung bedeute, zeige sich u. a. daran, „daß bei nur teilweiser Erfüllung des Vertrags und Übernahme der restlichen Herstellung durch die Gemeinde nach allgemeiner Auffassung nicht nur beitragsfähiger Erschließungsaufwand entstehen kann, sondern die Gemeinde ggf. auch Erschließungsbeiträge zu erheben hat (…). Sie wird daran nicht durch eine angebliche Weichenstellung gehindert und zur Refinanzierung keineswegs auf die Möglichkeit des Privatrechts verwiesen". Diese Betrachtungsweise beruht offensichtlich auf einer Verkennung der erschließungsrechtlichen Situation: Richtig ist, daß der Abschluß eines Erschließungsvertrags die der Gemeinde durch § 123 Abs. 1 BauGB auferlegte Erschließungsaufgabe unberührt läßt; übertragen wird gemäß § 124 Abs. 1 BauGB nicht diese Erschließungsaufgabe, sondern einzig die technische Durchführung und finanzielle Abwicklung der Erschließung.[11] Führt die durch den Abschluß des Erschließungsvertrags zum Ausdruck gekommene Weichenstellung aus welchen Gründen immer nicht zu der vereinbarten erstmaligen Herstellung der geplanten Erschließungsanlage – sei es, weil der Erschließungsunternehmer den Vertrag überhaupt nicht, sei es, weil er ihn nur teilweise erfüllt –, ist die Gemeinde infolge ihrer weiterhin bestehenden Erschließungslast gehalten, mit Blick auf den noch nicht erfüllten Teil ihrer Erschließungsaufgabe erneut eine weichenstellende Entscheidung zu treffen, d. h. mit Blick auf diesen Teil darüber zu befinden, ob sie die „Resterschließung" gemäß § 124 Abs. 1 BauGB einem anderen Erschließungsunternehmer übertragen oder sie in eigener Regie beenden soll. Die Tatsache, daß Gemeinden sich in der Praxis – aus verständlichen Gründen – ganz überwiegend für den letzteren Weg entscheiden, spricht nicht gegen das Vorliegen einer entsprechenden Regimeentscheidung, sondern setzt sie denknotwendig voraus.

Das weitere vom OVG Schleswig[12] gegen die Rechtsprechung des OVG Münster zur Regimeentscheidung der Gemeinde vorgebrachte Argument vermag ebenfalls nicht zu überzeugen. Es bestehe – so führt das OVG Schleswig aus – „Übereinstimmung darüber, daß bei Einbeziehung von leitungsgebundenen Einrichtungen in den Erschließungsvertrag sogar bei Kostenübernahme durch den Erschließungsunternehmer für die Grundstücke des Vertragsgebietes Anschlußbeiträge entstehen (…), insoweit also nicht das Regime des Privatrechts gilt". Das ist richtig,[13] gibt aber in diesem Zusammenhang nichts her, und zwar schon deshalb nicht, weil die in Rede stehende Rechtsprechung des OVG Münster ausschließlich darauf abstellt, in welchem Rahmen derjenige, in dessen Regie die Bewältigung der Er-

---

10 OVG Schleswig, Urteil vom 18.12.2002 – 2 L 246/01 –, a. a. O.

11 So schon BVerwG, Urteil vom 22.8.1975 – IV C 7.73 –, BVerwGE 45, 125 [127 f.] = NJW 1976, 341 = ZMR 1976, 60.

12 OVG Schleswig, Urteil vom 18.12.2002 – 2 L 246/01 –, a. a. O.

13 Vgl. dazu u. a. *Klausing*, in: Driehaus, Kommunalabgabenrecht, § 8 Rdn. 1070, und *Quaas*, in: Schrödter, BauGB, § 124 Rdn. 15.

schließungsaufgabe erfolgt, seine dafür entstandenen Kosten abwälzen kann. Insoweit aber ist zweifelsfrei, daß selbst in der vom OVG Schleswig bemühten Konstellation der Erschließungsunternehmer ihm entstandene Erschließungskosten nur auf der Grundlage des Privatrechts, die Gemeinde ihre Erschließungskosten dagegen lediglich auf der Grundlage des öffentlichen Rechts überbürden kann.

c) Das beantwortet indes noch nicht die Frage, was in dem geschilderten Ausgangsfall „beitragsfähige Erschließungsanlage" (§ 127 Abs. 2 Nr. 1 BauGB) ist. Insoweit hilft weiter die Besinnung auf das Verhältnis zwischen § 123 Abs. 1 BauGB und § 127 Abs. 1 BauGB: Diesem Verhältnis hat das BVerwG[14] in st. Rspr. entnommen, daß die Gemeinde einen Erschließungsbeitrag zur Deckung ihres anderweitig nicht gedeckten Aufwands für Erschließungsanlagen nur erheben darf, sofern die Erschließung ihr als eigene Aufgabe obliegt, d. h. wenn sie die Erschließung in Erfüllung einer ihr gemäß § 123 Abs. 1 BauGB obliegenden Erschließungsaufgabe selbst durchgeführt hat. Fehlt es an einer solchen Erschließungsaufgabe, ist eine von der Gemeinde hergestellte Erschließungsanlage keine beitragsfähige Erschließungsanlage. Entsprechendes gilt, wenn der Gemeinde zwar die Erschließung nach § 123 Abs. 1 BauGB obliegt, sie diese Aufgabe aber nicht selbst ausgeführt, sondern ihre Durchführung durch einen Erschließungsvertrag gemäß § 124 Abs. 1 BauGB einem Dritten übertragen hat. Eine Erschließungsanlage ist mithin eine beitragsfähige Erschließungsanlage nur, wenn und soweit sie aufgrund einer entsprechenden Regimeentscheidung, also einer Entscheidung zugunsten einer Durchführung der Erschließung in eigener Regie, von der Gemeinde selbst hergestellt worden ist. Mit Kosten, die dem Erschließungsunternehmer für die Herstellung „seiner" Straßenstrecke entstanden sind, hat die Gemeinde – so formuliert das OVG Münster[15] zutreffend – „nichts zu tun", sie unterliegen nicht dem Refinanzierungssystem des Erschließungsbeitragsrechts; dieses Recht ist auf sie und folglich auf das für diese Kosten hergestellte „Objekt" nicht anwendbar. Mangels Anwendbarkeit des Erschließungsbeitragsrechts insoweit unterliegt allein die von der Gemeinde angelegte Straßenstrecke den erschließungsbeitragsrechtlichen Regeln, nur sie kann daher beitragsfähige Erschließungsanlage[16] sein.

d) Dieses Ergebnis wird bestätigt durch folgende, die vom Erschließungsunternehmer hergestellte Straßenstrecke betreffende Überlegung: § 124 Abs. 2 Satz 1 BauGB verhält sich zum Gegenstand eines Erschließungsvertrags und spricht von „Erschließungsanlagen", von „nach Bundes- oder Landesrecht beitragsfähige(n) sowie nicht beitragsfähige(n) Erschließungsanlagen". Durch das Abstellen auf den Begriff „Erschließungsanlagen" hat sich der Gesetzgeber im Rahmen des § 124 BauGB allerdings nicht auf einen bestimmten, inhaltlich vorgegebenen – bundes-

---

14 BVerwG, u. a. Urteile vom 5.9.1975 – IV C 2.73 –, Buchholz 406.11, § 123 BBauG Nr. 13, S. 1 [3] = DÖV 1975, 855 = ZMR 1976, 250, und vom 13.8.1993 – 8 C 36.91 –, DVBl. 1993, 1367 = ZMR 1994, 73 = KStZ 1994, 136.
15 OVG Münster, Urteil vom 24.11.1998 – 3 A 706/91 –, a. a. O.
16 Im Ergebnis ebenso Birk, Städtebauliche Verträge, 4. Aufl., Rdn. 220, und Löhr, in: Battis/Krautzberger/Löhr, BauGB, § 124 Rdn. 10.

oder landesrechtlichen – Erschließungsanlagenbegriff festgelegt,[17] sondern lediglich zum Ausdruck gebracht, daß ein Erschließungsvertrag ausschließlich ausgerichtet sein kann auf Maßnahmen, die der Erschließung, also der Baureifmachung von Grundstücken des jeweiligen (Erschließungs-)Gebiets dienen, und zwar unabhängig davon, ob das Ergebnis dieser Maßnahmen, nämlich die Erschließungsanlage, in räumlicher Hinsicht den Anforderungen genügt, von denen das Bundes- oder Landesrecht das Entstehen von Beitragspflichten abhängig macht. Das folgt aus der Entscheidung des Gesetzgebers, ohne Rücksicht auf derartige Anforderungen den zulässigen Inhalt von Erschließungsverträgen räumlich auf „Erschließungsanlagen in einem bestimmten Erschließungsgebiet" zu begrenzen.[18] Der Erschließungsvertrag selbst nimmt somit diese Begrenzung vor. Das macht deutlich, daß § 124 BauGB in räumlicher Hinsicht auf einen eigenständigen Erschließungsanlagenbegriff abhebt, der sich von Fall zu Fall mit dem z. B. erschließungsbeitragsrechtlichen Anlagenbegriff decken kann, aber nicht decken muß, und der sich mit Blick auf gemeindliche Wasserversorgungs- und Abwasseranlagen regelmäßig nicht mit dem jeweiligen Einrichtungs- bzw. Anlagenbegriff des einschlägigen Landesrechts deckt. Vor diesem Hintergrund können Erschließungsanlagen i. S. des § 124 BauGB sowohl Anlagen sein, die erschließungsbeitragsrechtlich den Begriff der einzelnen Erschließungsanlage (§ 130 Abs. 2 Satz 1 BauGB) erfüllen, als auch Teilstrecken von derartigen Verkehrsanlagen.[19] Die vom Erschließungsunternehmer im Ausgangsfall hergestellte, 500 m lange Straßenstrecke ist folglich eine selbständige Erschließungsanlage i. S. des § 124 BauGB.

III.

Die eingangs vorgestellte, 1 000 m lange Straße zerfällt mithin nach Maßgabe der Regimeentscheidung der Gemeinde in zwei verschiedene selbständige Erschließungsanlagen: Soweit der Erschließungsunternehmer aufgrund einer Weichenstellung zugunsten des Weges gemäß § 123 Abs. 1 i. V. m. § 124 BauGB eine Straßenstrecke von 500 m hergestellt hat, ist das Erschließungsbeitragsrecht nicht anwendbar und handelt es sich um eine selbständige Erschließungsanlage i. S. des § 124 BauGB. Soweit die Gemeinde aufgrund einer Entscheidung zugunsten einer Herstellung in eigener Regie tätig geworden ist, ist in der Folge das Erschließungsbeitragsrecht anwendbar und die von ihr angelegte Straßenstrecke als selbständige beitragsfähige Erschließungsanlage i. S. des § 127 Abs. 2 Nr. 1 BauGB zu qualifizieren. Vor diesem Hintergrund stellt sich mit Blick auf die beiden hier in

---

17 Das verkennt beispielsweise *Dirnberger*, in: Jäde/Dirnberger/Weiß, BauGB, BauNVO, § 124 Rdn. 12, wenn er meint, § 124 Abs. 2 Satz 1 BauGB benutze „den weiten Erschließungsanlagenbegriff des § 123".

18 Vgl. etwa *Ernst*, in: Ernst/Zinkahn/Bielenberg/Krautzberger, BauGB, § 124 Rdn. 4.

19 U. a. OVG Münster, Urteil vom 24.11.1998 – 3 A 706/91 –, a. a. O., *Löhr*, in: Battis/Krautzberger/Löhr, BauGB, § 124 Rdn. 10, sowie *Ernst*, in: Ernst/Zinkahn/Bielenberg/Krautzberger, BauGB, § 124 Rdn. 4; ohne Begründung beschränkt *Vogel*, in: Kohlhammer-Kommentar zum BauGB, § 124 Rdn. 20, den Gegenstand eines Erschließungsvertrags insoweit auf „selbständig benutzbare Abschnitte", für die „die Grundsätze der Abschnittsbildung nach § 130 Abs. 2 Satz 2" gelten sollen.

Rede stehenden Straßenstrecken entgegen der Ansicht des OVG Schleswig[20] schon vom Ansatz her nicht die einzig im Rahmen der erschließungsbeitragsrechtlichen Bestimmungen bedeutsame Frage, ob sie nach dem durch die tatsächlichen Verhältnisse geprägten Erscheinungsbild bei natürlicher Betrachtungsweise den Eindruck einer einheitlichen Anlage vermitteln. Da das Grundstück des E. ausschließlich durch die Erschließungsanlage i. S. des § 124 BauGB, nicht jedoch auch durch die beitragsfähige Erschließungsanlage i. S. des § 127 Abs. 2 Nr. 1 BauGB erschlossen wird, zählt es nicht zu den Grundstücken, die an der Verteilung des der Gemeinde für die erstmalige Herstellung der beitragsfähigen Anbaustraße entstandenen umlagefähigen Aufwands zu beteiligen sind und einer Beitragspflicht für diese Anlage unterliegen.

---

20 OVG Schleswig, Urteil vom 18.12.2002 – 2 L 246/01 –, DVBl. 2003, 347.

2. Können gemeindliche Erschließungseigengesellschaften Dritter im Sinne des § 124 Abs. 1 BauGB sein?*[1]

I.

Angeregt durch einen unter der Überschrift „Erschließungsgesellschaften – Impuls für Stadterneuerung" erschienenen Beitrag[1] hat der Rat der Gemeinde X nach einem Bericht in einer (hier nicht weiter interessierenden) Tageszeitung vom 31.10.1997 beschlossen, eine Erschließungsgesellschaft X mbH mit dem Ziel zu gründen, ihr die Erschließung neuer Baugebiete im Bereich der Gemeinde vertraglich zu übertragen; der Hauptausschuß soll die Aufgaben eines Aufsichtsrats übernehmen und der Baudezernent (1. Beigeordneter) als Geschäftsführer der Gesellschaft bestellt werden. Diese Konstruktion führt auf die in der Literatur[2] unterschiedlich beantwortete Frage, ob eine solche einzig von der Gemeinde X getragene Gesellschaft (sog. gemeindliche Erschließungseigengesellschaft) Dritter i. S. des § 124 Abs. 1 BauGB und damit zulässigerweise Partner eines mit der Gemeinde abzuschließenden Erschließungsvertrags sein kann.*[2]

II.

1. Um möglichst zügig zu dem für die Beantwortung der aufgeworfenen Frage maßgeblichen erschließungsrechtlichen Kern vorzustoßen, erscheint es sachgerecht, gleichsam vorab kurz die Gesichtspunkte abzuhandeln, die zwar der Sache nach nicht ohne Bedeutung, aber doch – weil (jedenfalls) nahezu unumstritten – von in diesem Zusammenhang geringerem Gewicht sind.

---

*[1] Nachdruck aus BauR 1999, 862.

[1] Dieser von Steinmetz (in Städte- und Gemeinderat 1997, 178 ff.) veröffentlichte Beitrag übersieht nicht nur die in diesem Zusammenhang maßgebliche erschließungsrechtliche Fragestellung, sondern zeichnet sich auch in seinen auf die zusammengefaßte Aufwandsverteilung (§ 130 Abs. 2 Satz 3 BauGB) abhebenden Äußerungen nicht durch besondere Sachkenntnis aus. Allenfalls auf der Grundlage eines mit dem Baugesetzbuch schlechthin nicht zu vereinbarenden Vorteilsverständnisses kann davon die Rede sein, die Rechtsprechung des BVerwG habe „zu einer immer stärker werdenden Beitragsungerechtigkeit geführt" (a. a. O., S. 180).

[2] Diese Frage wird außer von Steinmetz (a. a. O.) bejaht u. a. von Dirnberger, in: Jäde/Dirnberger/Weiß, Kommentar zum BauGB, § 124 Rdnr. 9, Eusterbrock, in: Gronemeyer, BauGB, Praxiskommentar, § 124 Rdnr. 8 ff., und Schmidt-Eichstaedt, in: BauR 1998, S. 899 ff., 903, dagegen verneint u. a. von Birk, in: BauR 1999, S. 205 ff., 207, Portz, in: Stadt und Gemeinde 1998, S. 16 ff., 18, sowie Vogel, in: Kohlhammer-Kommentar zum BauGB, § 124 Rdnr. 19.

*[2] Inzwischen haben das OVG Lüneburg (Beschluss v. 20.12.2002 – 9 ME 472/02) sowie das VG Göttingen (Beschluss v. 15.10.2003 – 3 B 3191/92) erkannt, gemeindliche Erschließungseigengesellschaften könnten nicht Dritter i. S. des § 124 Abs. 1 BauGB sein, gleichwohl mit ihnen abgeschlossene Erschließungsverträge seien nichtig. Diesen beiden Entscheidungen liegt ein Sachverhalt zugrunde, in dem Geschäftsführer der gemeindeeigenen Gesellschaft (GmbH) der Bürgermeister der betreffenden Gemeinde war und deren Aufsichtsgremien ausschließlich mit Mitgliedern des Gemeinderates besetzt waren (vgl. zum Beschluss des OVG Lüneburg auch Pencereci in KStZ 2003, 129).

a) Gemäß § 124 Abs. 1 BauGB kann die Gemeinde „die Erschließung durch Vertrag auf einen Dritten übertragen". Es entspricht der herrschenden Ansicht, wird möglicherweise sogar einhellig vertreten, daß dieser Erschließungsvertrag ein spezieller, ausschließlich auf die Erschließung von Baugebieten ausgerichteter städtebaulicher Vertrag ist. § 124 BauGB ist „in seinem Regelungsgegenstand die abschließende Norm gegenüber den allgemeinen Regelungen des städtebaulichen Vertrages"[3]. Das folgt insbesondere aus der Entscheidung des Gesetzgebers, durch das Inkrafttreten des Bau- und Raumordnungsgesetzes 1998 die allgemeine Vorschrift des § 11 in das Baugesetzbuch aufzunehmen und gleichwohl § 124 BauGB unberührt zu lassen.

b) Unstreitig ist ferner, daß – erstens – Dritter i. S. des § 124 Abs. 1 BauGB nur eine mit der Gemeinde nicht identische natürliche oder juristische Person sein kann und daß – zweitens – eine von der Gemeinde gegründete und einzig von ihr getragene Erschließungs-GmbH eine juristische Person ist, aus formal juristischer Sicht mithin als Dritter i. S. des § 124 Abs. 1 BauGB in Betracht kommt. Dagegen scheiden ohne weiteres ausgegliederte Verwaltungseinheiten der Gemeinde einschließlich kommunaler Eigenbetriebe als Partner eines Erschließungsvertrags aus.

c) Es besteht – soweit ersichtlich – Einigkeit, daß Kommunen Eigengesellschaften gründen und diese sich wie vergleichbare sonstige Unternehmen wirtschaftlich betätigen dürfen. Beispielsweise in Nordrhein-Westfalen gestattet § 107 Abs. 1 GONW den Gemeinden ausdrücklich, sich nicht nur wirtschaftlich zu betätigen, sondern überdies Gewinne zu erzielen. Insbesondere ist inzwischen die sog. Subsidiaritätsklausel des § 88 GONW a. F. weggefallen, wonach eine wirtschaftliche Betätigung der Gemeinde nur zulässig war, wenn ein anderes Unternehmen nicht besser und wirtschaftlicher hätte handeln können. Wettbewerbsrechtliche Gesichtspunkte stehen der Annahme, eine gemeindliche Eigengesellschaft könne Dritter i. S. des § 124 BauGB sein, ebenfalls nicht entgegen. Eine Verletzung von Art. 2, 12 oder 14 GG durch eine privatrechtliche Tätigkeit der öffentlichen Hand liegt nach der Rechtsprechung des BVerwG[4] allenfalls vor, wenn die Wettbewerbsfähigkeit des Handels in unerträglichem Maß eingeschränkt wird, eine Auszehrung der Konkurrenz vorliegt oder eine Monopolstellung besteht. Die damit bezeichneten Grenzen dürften im vorliegenden Zusammenhang auch nicht annähernd erreicht sein.

d) Aus dem Wortlaut des § 124 Abs. 1 BauGB läßt sich für die Beantwortung der aufgeworfenen Frage nur entnehmen, daß eine gemeindliche Erschließungseigengesellschaft als juristische Person des Privatrechts – wie gesagt – jedenfalls nicht schon von vornherein als Dritter i. S. des § 124 Abs. 1 BauGB ausscheidet. Die

---

3 Quaas, in: BauR 1996, S. 780 ff., 781.
4 BVerwG, vgl. u. a. Beschluß v. 1.3.1978 – 7 B 144.76 –, NJW 1978, 639 = DÖV 1978, 851 = DVBl. 1978, 639, m. w. N.

Gesetzesmaterialien[5] geben – was ebenfalls unstreitig ist – in diesem Zusammenhang nichts her.

2. Soweit in der Literatur die Auffassung, auch eine gemeindliche Erschließungseigengesellschaft könne Dritter i. S. des § 124 Abs. 1 BauGB sein, überhaupt begründet wird, erschöpft sich diese Begründung in der Regel in Ausführungen zu einem oder mehreren der zuvor angesprochenen, gleichsam allgemeinen Gesichtspunkte. Lediglich vereinzelt werden darüber hinausgehende Erwägungen angestellt. So wird gelegentlich zur Stützung der bezeichneten Ansicht die im Erschließungsrecht angesiedelte Überlegung bemüht, auf diese Weise könne die Gemeinde den im Rahmen des Erschließungsbeitragsrechts von ihr zu tragenden Gemeindeanteil von 10 vom Hundert abwälzen; es könnten doch wohl keine Bedenken gegen eine derartige Konstruktion bestehen, „nachdem durch den § 124 BauGB das Prinzip aufgegeben worden ist, daß die Gemeinden auch bei Erschließungsverträgen 10 % der Kosten zu übernehmen haben und daß über Verträge nur beitragsfähige Kosten abgewälzt werden dürfen"[6]. Diese Überlegung ist einerseits unergiebig, weist jedoch andererseits die richtige Richtung für die Beantwortung der behandelten Frage: Sie ist unergiebig, weil § 124 BauGB es der Gemeinde erlaubt, die gesamten Erschließungskosten unabhängig davon auf ihren (Erschließungs-)Vertragspartner abzuwälzen, ob dies ein Privatunternehmer oder eine gemeindliche Eigengesellschaft ist, so daß dieser Gesichtspunkt nichts hergibt für die Begründung der Auffassung, eine solche Eigengesellschaft könne Dritter i. S. des § 124 Abs. 1 BauGB sein. Sie weist in die richtige Richtung, weil die Antwort auf die in Rede stehende Frage – man ist versucht zu sagen: selbstverständlich – nur aus dem Erschließungsrecht selbst ermittelt werden kann oder genauer: aus dem sachlichen Zusammenhang zwischen § 123 Abs. 1 BauGB und § 124 Abs. 1 BauGB. Es kann dahinstehen, wer alles Dritter i. S. z. B. des § 4 b BauGB oder i. S. sonstiger Bestimmungen ist; gefragt ist hier nämlich einzig, wer Dritter i. S. der erschließungsrechtlichen Vorschrift des § 124 Abs. 1 BauGB sein kann.

a) Gemäß § 123 Abs. 1 BauGB ist regelmäßig „die Erschließung ... Aufgabe der Gemeinde". Der Bau insbesondere öffentlicher Ortsstraßen ist im preußischen Rechtsbereich seit etwa dem 18. Jahrhundert mehr und mehr zu einer ursprünglichen Aufgabe der Gemeinden geworden[7]. An diesen überkommenen Rechtszustand hat zunächst das Bundesbaugesetz und später das Baugesetzbuch angeknüpft, wenn es in § 123 Abs. 1 BauGB die Erschließung im Grundsatz der Gemeinde als (Teil der gemeindlichen Selbstverwaltungs-)Aufgabe zuweist und damit die Gemeinde im Regelfall zum Träger der Erschließungslast für die Erschließungsanlagen i. S. des § 123 Abs. 2 BauGB bestimmt. Zur Bewältigung der ihr durch § 123 Abs. 1 BauGB grundsätzlich auferlegten Erschließungslast hat der Bundesgesetzgeber der Gemeinde zwei verschiedene Wege zur Verfügung gestellt. Zum einen kann die Gemeinde diese Aufgabe gemäß §§ 123 Abs. 1, 127 ff. BauGB durch eigene Bedienstete unter Inanspruchnahme u. a. von Werkunter-

---

5 Vgl. in diesem Zusammenhang BT-Drucks. 3/336, S. 97 und 12/3944, S. 29.
6 Schmidt-Eichstaedt, in: BauR 1998, S. 899 ff., 903.
7 Vgl. Weyreuther, in: EPIaR IV BVerfG 11.72/8, m. w. N.

nehmern auf ihre Kosten mit der Folge einer Beitragserhebung erfüllen. Und zum anderen hat der Gesetzgeber der Gemeinde den Weg über die §§ 123 Abs. 1, 124 BauGB eröffnet, d. h. ihr die Möglichkeit gegeben, zur Entlastung ihres Personals und Haushalts die Erschließung auf einen Erschließungsunternehmer als Dritten zu übertragen. Bei diesem zweiten Weg erlaubt § 124 BauGB der Gemeinde allerdings nur die Abwälzung der technischen Durchführung und kostenmäßigen Abwicklung der Erschließung auf den Erschließungsunternehmer, nicht aber auch die Überbürdung der ihr nach § 123 Abs. 1 BauGB obliegenden Erschließungslast[8]. Diese bleibt vielmehr durch den Abschluß eines Erschließungsvertrags unberührt[9]. Die sich aus der Erschließungslast ergebende Erschließungsaufgabe der Gemeinde wird durch den Abschluß eines Erschließungsvertrags nicht erfüllt, sondern tritt lediglich gleichsam in den Hintergrund. Die Gemeinde bleibt auch nach Abschluß eines Erschließungsvertrags „selbst für die Durchführung der Erschließung verantwortlich"[10]. Dieser Verantwortung entsprechend hat sie während der Abwicklung des Erschließungsvertrags „Kontroll- und Überwachungsbefugnisse"[11] gegenüber dem Erschließungsunternehmer wahrzunehmen. Diese Aufgabe haben die zuständigen Bediensteten der Gemeinde – die Erschließungsarbeiten begleitend – zu erfüllen, und zwar in erster Linie der jeweilige Baudezernent und seine Mitarbeiter.

An dieser Stelle setzen Bedenken gegen die Ansicht ein, eine allein von der erschließungspflichtigen Gemeinde getragene Erschließungsgesellschaft könne Dritter i. S. des § 124 Abs. 1 BauGB sein. Wenn der Gesetzgeber der Gemeinde – und das heißt: deren zuständigen Bediensteten – die aus § 123 Abs. 1 BauGB fließende Aufgabe auferlegt, die Erschließungsarbeiten des Erschließungsunternehmers zu überwachen, also ihm gegenüber Kontrollaufgaben wahrzunehmen, drängt sich die Annahme auf, er habe damit zugleich ausgeschlossen, daß Erschließungsunternehmer juristische Personen sein können, deren – wie in dem eingangs geschilderten Fall – vertretungsberechtigte Organe (Geschäftsführer) einschließlich ihnen nachgeordneter Bediensteter identisch sind mit den Bediensteten, die für die Gemeinde die Überwachungstätigkeit durchzuführen haben. Da „der Grundsatz, daß Kontrolleure sich nicht selbst kontrollieren können und dürfen, ... in allen anderen Rechtsgebieten selbstverständlich ist"[12], wäre eine davon abweichende Auffassung nur dann gerechtfertigt, wenn der Gesetzgeber für den Erschließungsvertrag eine Ausnahme von diesem Grundsatz begründet hätte. Es ist jedoch schlechthin nichts ersichtlich, was die Annahme stützen könnte, der Gesetzgeber habe eine derartige Ausnahmeregelung getroffen.

b) In diesem Zusammenhang macht das Ministerium für Bauen und Wohnen des Landes Nordrhein-Westfalen in einer schriftlichen, sich im übrigen ausschließlich

---

8 Vgl. statt vieler Löhr, in: Battis/Krautzberger/Löhr, BauGB, 6. Aufl., § 124 Rdnr. 4.

9 Siehe dazu auch BT-Drucks. 12/3944, S. 29.

10 BVerwG, Urteil v. 22.8.1975 – IV C 7.73 –, BVerwGE 49, 125, 127 f. = NJW 1976, 341 = BauR 1976, 118.

11 Sailer, in: Cholewa/Dyong/von der Heide/Sailer, BauGB, 3. Aufl., § 124 Bem. 3.

12 Vgl. Münch, in: NJW 1998, S. 34 ff., 35.

auf nicht erschließungsrechtliche Gesichtspunkte beziehenden Stellungnahme vom 20.1.1999[13] geltend, „bei dieser Betrachtungsweise wird jedoch außer acht gelassen, daß eine städtische Eigengesellschaft völlig unabhängig vom Verwaltungsapparat handelt". Selbst wenn die letztere These tatsächlich zutreffen sollte, kommt diesem Argument deshalb rechtlich kein nennenswertes Gewicht zu, weil – jedenfalls in einem Fall der eingangs geschilderten Art – der Baudezernent/Geschäftsführer typischerweise weisungsbefugt sowohl den Bediensteten der Gemeinde als auch denen der gemeindlichen Erschließungsgesellschaft gegenüber ist, es also letztlich bei einer Identität zwischen Kontrolleur und Kontrolliertem verbleibt. Unabhängig davon aber dürfte die Feststellung des Ministeriums für Bauen und Wohnen des Landes Nordrhein-Westfalen, eine städtische (gemeindliche) Eigengesellschaft handele völlig unabhängig von dem gemeindlichen Verwaltungsapparat, jedenfalls mit Blick auf gemeindliche Erschließungseigengesellschaften in der Regel nicht den Tatsachen entsprechen. So heißt es beispielsweise in dem schriftlichen Bericht des Mitarbeiters eines Gemeindeprüfungsamtes vom 3.3.1999[14]: „Bei den drei mir bekannten ‚Erschließungseigengesellschaften' handelt vielmehr genau ‚der Verwaltungsapparat', d. h. die Verwaltungsmitarbeiter, die sich sonst mit Beitragsrecht (oder Bauwesen) befassen/befaßten, arbeiten in den Räumen der Verwaltung während ihrer (üblichen) Dienstzeit mittels sächlicher Ausstattung der Gemeinde für den ‚Dritten', die Erschließungseigengesellschaft. Daß die Mitarbeiter nicht für ihren Dienstherrn/Arbeitgeber, die Gemeinde X, sondern für deren Eigengesellschaft tätig werden, ist allein am Briefkopf der versandten Schreiben erkennbar"[14]. Dieser Bericht deckt sich inhaltlich mit anderen mündlichen und schriftlichen Berichten, so daß die Annahme naheliegt, die meisten gemeindlichen Erschließungseigengesellschaften im Bundesgebiet arbeiteten in ähnlicher Weise.

In dem zuvor erwähnten Bericht vom 3.3.1999 wird die geschilderte Verfahrensweise als Umgehung der erschließungsbeitragsrechtlichen Vorschriften gewertet und ausgeführt, mit Rücksicht auf den mit der Gründung einer gemeindlichen Erschließungseigengesellschaft und den Abschluß eines Erschließungsvertrags mit ihr angestrebten „Wegfall der Bindungen des Erschließungsbeitragsrechts (Stichworte: Abrechnung von kompletten Baugebieten als ‚Erschließungseinheiten', keine Klagen gegen Heranziehungsbescheide, keine Prüfung durch Gemeindeprüfungsämter) stellt sich die Frage, welche Gemeinde in Zukunft noch auf das ‚Betreiben' einer ‚Erschließungseigengesellschaft' verzichten wird"[14].

c) Auf Anregung des Ministeriums für Bauen und Wohnen des Landes Nordrhein-Westfalen hat sich die Fachkommission „Städtebau" der ARGEBAU-Ministerkonferenz im Rahmen ihrer Sitzung am 25.2.1999, an der auch Mitglieder des Arbeitskreises „Erschließungsbeitragsrecht" des Deutschen Städtetags teilgenommen

---

13 Schreiben v. 20.1.1999, abgedruckt in Deutsches Volksheimstättenwerk, Landesverband Nordrhein-Westfalen, Material Nr. 1015 zum Seminar NW 991249/195, Teil 2, Anlage 4.
14 Schreiben v. 3.3.1999, auszugsweise abgedruckt in Deutsches Volksheimstättenwerk, Landesverband Nordrhein-Westfalen, Material Nr. 1015 zum Seminar NW 991249/195, Teil 2, Anlage 5.

haben, mit der hier behandelten Frage beschäftigt. Nach einem schriftlichen Bericht[15] über diese Sitzung ist die Kommission der von den Vertretern des Deutschen Städtetags geteilten „Auffassung, daß ‚Dritter' i. S. des § 124 Abs. 1 BauGB auch Erschließungsgesellschaften sein können, die ganz oder teilweise im Eigentum der Kommunen stehen, so daß entsprechende Einflußnahmen möglich sind. Im wesentlichen stützte sich diese Auffassung der Kommission auf die Rechtsausführungen des Ministeriums für Bauen und Wohnen des Landes Nordrhein-Westfalen. Daneben wurde auch auf einen Aufsatz von Herrn Prof. Schmidt-Eichstaedt aus der Zeitschrift Baurecht 1998, S. 899 ff. hingewiesen".

In diesem Aufsatz beschränkt sich Schmidt-Eichstaedt im wesentlichen auf Ausführungen zu einzelnen der oben skizzierten, unstreitigen Gesichtspunkte, dringt aber nicht zu dem erschließungsrechtlichen Kern des Problems vor. Zur Stützung seiner Ansicht bezieht sich Schmidt-Eichstaedt auf Löhr[16], der an der entsprechenden Stelle schreibt, zwar könnten grundsätzlich gemeindliche Erschließungseigengesellschaften Dritte i. S. des § 124 Abs. 1 BauGB sein, doch „darf hierdurch nicht rechtsmißbräuchlich lediglich die Erhebung und Verteilung der Erschließungsbeiträge nach §§ 127 ff. umgangen werden". Es dürfte nach der geschilderten Konstruktion und tatsächlichen Arbeitsweise derartiger Gesellschaften vieles dafür sprechen, daß mit ihrer Gründung regelmäßig gerade und ausschließlich dieses Ziel verfolgt wird. Doch bedarf das keiner Vertiefung. Selbst wenn das nämlich im Einzelfall anders sein sollte, scheiterte die Zulässigkeit eines Erschließungsvertrags zwischen einer Gemeinde und einer einzig von ihr getragenen Erschließungsgesellschaft jedenfalls dann, wenn der Regel entsprechend die Verwaltungsspitze der Gemeinde über ihre Weisungsbefugnis bestimmend auf die Bediensteten der Erschließungsgesellschaft einwirken kann, daran, daß der Bundesgesetzgeber offensichtlich davon abgesehen hat, für das Erschließungsrecht eine Ausnahme von dem Grundsatz zu begründen, daß Kontrolleure sich nicht selbst kontrollieren können und dürfen. Dagegen bestehen grundsätzlich keine durchgreifenden Bedenken gegen die Übertragung der Erschließung auf eine Gesellschaft, an der die Gemeinde zwar beteiligt ist, auf die sie aber keinen beherrschenden Einfluß hat[17].

III.

Eine ganz andere Frage ist, ob der Bundesgesetzgeber gut beraten wäre, wenn er etwa in einem neuen Satz 2 des § 124 Abs. 1 BauGB regelte, Dritter i. S. des Satzes 1 könne auch eine gemeindliche Erschließungseigengesellschaft sein. Eine solche Entscheidung führte im Ergebnis sicherlich zu einem weitgehenden Ausstieg aus der für die Gemeinden lästigen, weil einer vollen gerichtlichen Überprüfung zugänglichen Erschließungsbeitragserhebung; vor diesem Hintergrund leuchtet das Eintreten des Ministeriums für Bauen und Wohnen des Landes Nordrhein-Westfalen sowie der kommunalen Spitzenverbände für den nach der geltenden

---

15 Bericht v. 15.3.1999.
16 Löhr, in: Battis/Krautzberger/Löhr, a. a. O., Rdnr. 1.
17 Ebenso u. a. Birk, Die städtebaulichen Verträge nach BauGB 98, 3. Aufl., Rdnr. 148.

Rechtslage unzulässigen Abschluß von Erschließungsverträgen mit gemeindlichen Erschließungseigengesellschaften ein. Die gekennzeichnete Gesetzesänderung könnte für den Bundesgesetzgeber möglicherweise deshalb „verlockend" sein, weil er nach dem Verlust seiner Gesetzgebungskompetenz für das Erschließungsbeitragsrecht durch die Grundgesetzänderung vom 27.10.1994 (BGBl. I, S. 3146) seit dem 15.11.1994 nicht mehr unmittelbar regulierend auf das Erschließungsbeitragsrecht Einfluß nehmen kann. Doch erscheint es durchaus zweifelhaft, ob er damit den berechtigten Interessen der betroffenen Grundeigentümer, die letztlich die Erschließungskosten weitestgehend zu tragen haben, gerecht würde: Es wird häufig die in der Praxis allgemein bekannte Tatsache übersehen, jedenfalls aber verschwiegen, daß für die Grundstückseigentümer „in der Regel ... die Erschließung durch einen Erschließungsträger teurer ist als die gemeindliche Erschließung"[18]. Weder wird von den Befürwortern gemeindlicher Erschließungseigengesellschaften geltend gemacht, noch ist sonst ersichtlich, daß diese Regel nicht gilt, wenn Erschließungsträger (Erschließungsunternehmer) nicht ein von der Gemeinde tatsächlich und rechtlich unabhängiges Unternehmen, sondern eine derartige Erschließungseigengesellschaft ist. Im Gegenteil: Von Fall zu Fall dürfte die Erschließung durch eine gemeindliche Erschließungseigengesellschaft für die Grundstückseigentümer sogar noch teurer sein. Ist nämlich Erschließungsunternehmer eine von der Gemeinde tatsächlich und rechtlich unabhängige natürliche oder juristische Person, wird es ihr im Rahmen der Verhandlungen mit der Gemeinde über den Abschluß eines Erschließungsvertrags je nach den Umständen des Einzelfalls möglich sein[19], die Gemeinde zur Vermeidung des Scheiterns dieser Verhandlungen zu bewegen, einen bestimmten Anteil der Erschließungskosten zu übernehmen und dadurch die Grundstückseigentümer um diesen Kostenanteil zu entlasten. Diese Möglichkeit scheidet indes von vornherein aus, wenn Erschließungsunternehmer die Gemeinde selbst in Gestalt einer einzig von ihr getragenen Erschließungsgesellschaft ist. Bei einer von dieser Gesellschaft durchgeführten Erschließung ist für die Grundeigentümer auch keine finanzielle Entlastung unter dem Blickwinkel einer – im Vergleich zu einer „normalen Erschließung" durch die Gemeinde – beschleunigten Erschließung zu erwarten, die zu einer frühzeitigeren Nutzung der Grundstücke als Baugrundstücke führt. Denn angesichts der – oben geschilderten – regelmäßig weitgehenden Identität zwischen den zuständigen Bediensteten der Gemeinde einerseits und denen der gemeindlichen Erschließungseigengesellschaft andererseits ist nichts erkennbar, was Anlaß zur Annahme einer derartigen Beschleunigung geben könnte.

---

18 Becker/Fulte, Kommunalabgabenrecht im Freistaat Sachsen, S. 228, Rdnr. 405.
19 Nach der amtlichen Begründung der Neufassung des § 124 BauGB soll der Erschließungsunternehmer „frei entscheiden können, ob er auch die Kosten übernimmt, die auf die Gemeinde entfallen würden" (BT-Drucks. 12/3944, S. 29).

3. § 125 BauGB – zwischen Bauplanungs- und Erschließungsbeitragsrecht[*1]

§ 125 BauGB[1] trägt die Überschrift „Bindung an den Bebauungsplan". Diese Überschrift weist auf das Bauplanungsrecht, weist auf § 10, der den Rechtsnormcharakter des Bebauungsplans und in der Folge seine Verbindlichkeit gegenüber jedermann begründet. Die Stellung des § 125 im Rahmen der erschließungsrechtlichen Bestimmungen im Ersten Abschnitt des Sechsten Teils im Ersten Kapitel des Baugesetzbuchs macht überdies deutlich, daß es sich bei ihm um eine erschließungsrechtliche Vorschrift handelt. Bereits der Wortlaut des § 125 Abs. 3 vermittelt ferner eine Verbindung zum Erschließungsbeitragsrecht. Weitere Erkenntnisse, insbesondere Erkenntnisse über die Verknüpfung zwischen den damit angesprochenen Rechtsgebieten, lassen sich auf den ersten Blick nicht gewinnen. Sie erfordern eine eingehendere Betrachtung. Diese Betrachtung soll hier auf die öffentlichen zum Anbau bestimmten Straßen (§ 127 Abs. 2 Nr. 1 – sog. Anbaustraßen) als gleichsam Grundtyp einer gemeindlichen Erschließungsanlage beschränkt und in erster Linie auf die Verbindung mit dem Erschließungsbeitragsrecht ausgerichtet werden.

I.

1. Nach § 125 Abs. 1 setzt die Herstellung der dort bezeichneten Erschließungsanlagen einschließlich der Anbaustraßen einen Bebauungsplan voraus; vorbehaltlich der Regelung des § 125 Abs. 2 ist die Herstellung einer Anbaustraße ohne Bebauungsplan rechtswidrig. Die Erforderlichkeit einer weitgehenden Einbeziehung des Baus örtlicher Straßen in die Bauleitplanung ergibt sich unabhängig von § 125 Abs. 1 bereits aus ihrer Bedeutung für die städtebauliche Entwicklung und Ordnung (vgl. § 1 Abs. 3); gemäß § 9 Abs. 1 Nr. 11 können im Bebauungsplan die Verkehrsflächen (nach Nrn. 15 und 24 überdies u. a. Grünflächen sowie Flächen für besondere Anlagen und Vorkehrungen zum Schutz vor schädlichen Umwelteinwirkungen im Sinne des Bundesimmissionsschutzgesetzes) festgesetzt werden. Ist eine Anbaustraße im Bebauungsplan ausgewiesen, hat sich ihre nachfolgende Herstellung mit Rücksicht auf die Rechtssatzqualität des Bebauungsplans und seines nach § 9 festsetzbaren Inhalts (vgl. § 10) an die getroffenen Festsetzungen zu halten[2]; die Gemeinde ist dann für den Straßenbau an diese Festsetzungen gebunden. Vor diesem Hintergrund ist nicht ohne weiteres ersichtlich, warum § 125 Abs. 1 das Erfordernis eines Behauungsplans nochmals bestätigt. Das dürfte abgesehen davon, daß dadurch die Eigenständigkeit des Erschließungsrechts betont werden sollte, vor allem zwei Gründe haben: Zum einen ist es dem

---

[*1] Auszugsweiser Nachdruck aus Berkemann u. a., Planung und Planungskontrolle, Otto Schlichter zum 65. Geburtstag, 1995, S. 407.

[1] Im folgenden wird darauf verzichtet, den Vorschriften aus dem Baugesetzbuch die Angabe „BauGB" anzufügen.

[2] Vgl. zur Rechtsnatur des Bebauungsplans und den sich daraus ergebenden Folgen im einzelnen u. a. BIELENBERG, in: Ernst/Zinkahn/Bielenberg, BauGB, 47. Lieferung, § 10 Rn. 1 ff.

Bundesgesetzgeber offenbar darum gegangen, die Anbaustraßen nicht den Regeln des landesrechtlichen Straßenrechts zu unterwerfen, und zum anderen hat er eine gewisse Distanz zum Bauplanungsrecht begründen wollen. Zutreffend spricht deshalb GAENTZSCH[3] mit Blick auf § 125 Abs. 1 von einem „speziellen" erschließungsrechtlichen Planerfordernis. Das soll hier nicht vertieft werden. Auch mag unerörtert bleiben, was sich aus der Bindung an die Festsetzungen eines Bebauungsplans in anderen Zusammenhängen im einzelnen ergibt und vor allem, welche Folgen Verstöße gegen diese Bindung für die Beurteilung der Rechtmäßigkeit entsprechender Handlungen und Zustände haben. Für das Erschließungsrecht jedenfalls gilt folgendes: Das erschließungsrechtliche Planerfordernis verlangt keine zentimetergenaue Einhaltung der Festsetzungen eines Bebauungsplans. Es will nicht auf eine „Bindung" hinaus, sondern auf eine (qualifizierte) Zustimmung; insoweit gilt nichts anderes als im Zusammenhang mit einem Planfeststellungsbeschluß[4]. Der Bebauungsplan entfaltet daher die ihm von § 125 Abs. 1 zugedachte (Zustimmungs-)Wirkung ungeachtet der von ihm als Rechtssatz ausgelösten planungsrechtlichen Bindung auch bei geringfügigen Planabweichungen. Unter dem Blickwinkel des erschließungsrechtlichen Planerfordernisses scheitert die Rechtmäßigkeit einer Straßenherstellung weder, wenn im Einzelfall die durch den Plan für diese Herstellung reklamierte Fläche tatsächlich nicht in vollem Umfang in Anspruch genommen worden ist, noch, wenn nicht alle Teile dieser Fläche so ausgebaut worden sind, wie es seinerzeit geplant war; derartige Planabweichungen sind vielmehr ebenso wie geringfügige Planüberschreitungen kraft des bundesrechtlichen Erschließungsrechts noch durch den Bebauungsplan gedeckt[5]. Diese durch § 125 Abs. 1 begründete „Auflockerung" der von einem Bebauungsplan ausgehenden planungsrechtlichen Bindung hat einleuchtende Gründe für sich:

§ 125 Abs. 1 macht die Rechtmäßigkeit der Herstellung von (Anbau-)Straßen vom Vorhandensein eines (wirksamen) Bebauungsplans abhängig; es geht um die Gestattung der Vornahme der zu dieser Herstellung führenden Straßenbaumaßnahmen. Eine solche Gestattung von Straßenbaumaßnahmen erfolgt außerhalb des Anwendungsbereichs des § 125 Abs. 1 nach Maßgabe bundes- und landesrechtlicher Bestimmungen im Rahmen von Planfeststellungsverfahren[6]. Für Anbaustraßen tritt gemäß § 125 Abs. 1 an die Stelle sonst üblicher Planfeststellungsbeschlüsse der Bebauungsplan. Weicht die Herstellung einer Bundes- oder Landesstraße geringfügig von dem festgesetzten Plan ab, ist also die im Vergleich zum Plan eingetretene Änderung von – was immer das im einzelnen bedeuten mag – (nur) unwesentlicher Bedeutung, bedarf es keines neuen Planfeststellungsverfah-

3   GAENTZSCH, BauGB, 1991, § 125 Rn. 2.
4   Vgl. in diesem Zusammenhang BVerwG, Urteil vom 29.5.1981 – 4 C 97.77 –, BVerwGE 62, 243, 248; ähnlich auch Urteil vom 10.2.1978 – 4 C 25.75 –, BVerwGE 55, 220, 223; siehe ferner WEYREUTHER, DVBl. 1981, 369, 372.
5   So u. a. BVerwG, Urteil vom 9.3.1990 – 8 C 76.88 –, BVerwGE 85, 66, 71.
6   Siehe zur Erforderlichkeit der Planfeststellung im einzelnen KODAL, in: Kodal/Krämer, Straßenrecht, 4. Aufl., S. 860 ff.

rens, d. h. bleibt die Rechtmäßigkeit der Straßenherstellung unberührt[7]. Nichts anderes gilt – da der Bebauungsplan hier sozusagen die Funktion eines Planfeststellungsbeschlusses übernimmt – im Ergebnis im Zusammenhang mit § 125 Abs. 1. Gefragt ist in § 125 Abs. 1 nicht der Bebauungsplan als städtebaulicher Rechtssatz, sondern gefragt ist seine Legitimationswirkung, maßgebend ist nicht seine Form, sondern seine ihm von § 125 Abs. 1 verliehene, einem Planfeststellungsbeschluß entsprechende Legitimationskraft.

Dieses Verständnis der Bedeutung des Bebauungsplans im Rahmen des § 125 Abs. 1 wird durch den mit dieser Regelung verfolgten Zweck bestätigt. Wie die Gesetzesmaterialien[8] belegen, ist es dem Gesetzgeber bei dem erschließungsrechtlichen Planerfordernis nicht darum gegangen, daß die jeweilige Anbaustraße mehr oder weniger exakt den Angaben eines Bebauungsplans entsprechend hergestellt wird. Vielmehr hat er lediglich eine Art „Grobabstimmung" angestrebt; er hat sicherstellen wollen, daß namentlich die Anbaustraßen in Übereinstimmung mit der übrigen städtebaulichen Struktur der betreffenden Gemeinde angelegt werden[9]. Das erschließungsrechtliche Planerfordernis soll verhindern, daß beitragsfähige Erschließungsanlagen wegen einer fehlenden Koordinierung mit weiteren Planungen später geändert werden müssen[10]; wo dafür – im unbeplanten Innenbereich – schon im Zeitpunkt des Beginns der zur endgültigen Herstellung führenden Straßenbauarbeiten kein Raum ist, sind unter dem Blickwinkel des erschließungsrechtlichen Planerfordernisses Anforderungen nicht zu stellen (vgl. § 125 Abs. 2 Satz 2)[11].

Außerdem drängt der (im Jahre 1979 erstmals als Absatz 1 a[12] in das Bundesbaugesetz eingefügte) Absatz 3 des § 125 zu diesem „großzügigen" Verständnis des § 125 Abs. 1. Denn in § 125 Abs. 3 hat der Gesetzgeber die Rechtmäßigkeit der Herstellung u. a. von Anbaustraßen ausdrücklich von der Einhaltung der Festsetzungen eines Bebauungsplans gelöst, sofern die dort näher bezeichneten Voraussetzungen erfüllt sind. Diese Regelung liefe leer, d. h. es bliebe selbst im Falle einer durch § 125 Abs. 3 gedeckten Planabweichung bei der Rechtswidrigkeit einer Straßenherstellung, wenn angenommen werden müßte, das durch § 125 Abs. 1 begründete erschließungsrechtliche Planerfordernis zwinge zu einer strikten Einhaltung der Festsetzungen des einschlägigen Bebauungsplans.

---

7   Vgl. dazu etwa KREGEL, Öffentliche Straßenplanung, 1983, S. 160, und FICKERT, Planfeststellung für den Straßenbau, 1978, S. 103 f.
8   Vgl. BT-Drucks. 3/336, S. 98, und 3/zu Drucks. 1794, S. 24.
9   U. a. BVerwG, Urteil vom 10.11.1989 – 8 C 27.88 –, Buchholz 406.11 § 125 BBauG/BauGB Nr. 25 S. 7, 10.
10 So schon BayVGH, Urteil vom 26.7.1971 – 309 VI 70 –, KStZ 1971, 246, 247; in diesem Sinne u. a. auch KREGEL (Fn. 7), S. 113.
11 Zur Entbehrlichkeit von Bebauungsplan und Zustimmung nach § 125 Abs. 2 Satz 2 BauGB im einzelnen DRIEHAUS, Erschließungs- und Ausbaubeiträge, 4. Aufl., § 7 Rn. 26 ff.
12 Vgl. zu den mit der Einfügung des Abs. 1 a vom Gesetzgeber verfolgten Zielen BT-Drucks. 8/2885, S. 34 f., sowie u. a. KREGEL, KStZ 1980, 143 ff., und ERNST, in: Ernst/Zinkahn/Bielenberg (Fn. 2), § 125 Rn. 12 ff.

2. § 125 Abs. 1 toleriert somit gewisse Planabweichungen; ungeachtet solcher Planabweichungen bleibt unter dem Blickwinkel des erschließungsrechtlichen Planerfordernisses die Rechtmäßigkeit einer Straßenherstellung unberührt. Das führt auf die Frage, unter welchen Voraussetzungen angenommen werden kann, eine Planabweichung sei als noch geringfügig, deshalb tolerabel und folglich unbeachtlich einzustufen. Auf der Grundlage der vorstehenden Erwägungen kommen für ihre Beantwortung zwei im Ansatz unterschiedliche Möglichkeiten in Betracht: Zum einen könnte – wegen der angesprochenen sachlichen Nähe des Bebauungsplans zu einem straßenrechtlichen Planfeststellungsbeschluß – daran gedacht werden, auf das Straßenrecht abzuheben und eine Planabweichung als unbeachtlich zu qualifizieren, wenn sie der Änderung eines festgesetzten Plans entspricht, die ihrerseits keiner (erneuten) Planfeststellung bedarf[13]. Zum anderen liegt eine entsprechende Anwendung des § 125 Abs. 3 mit der Folge nicht fern, daß Planabweichungen, die nach dieser Bestimmung die Rechtmäßigkeit der Herstellung einer Anbaustraße unberührt lassen, der Erfüllung des erschließungsrechtlichen Planerfordernisses nicht entgegenstehen. Dem letzteren Weg ist der Vorzug einzuräumen. Dafür gibt es mehrere Gründe, von denen hier nur zwei aufgezeigt werden sollen. In erster Linie spricht für diesen Weg der Umstand, daß es „das" Straßenrecht mangels umfassender Gesetzgebungskompetenz des Bundes gar nicht gibt[14], zusätzlich also entschieden werden müßte, welches Straßenrecht gemeint ist; überdies ist ein Anknüpfen an das Straßenrecht des jeweiligen Landes schwerlich mit der bundesrechtlichen Regelungsebene des Erschließungsrechts vereinbar. Ferner ermöglicht dieser Weg eine Lösung für alle beitragsfähigen Erschließungsanlagen allein „unter dem Dach" des § 125. Auf Einzelheiten dazu wird bei der Behandlung des § 125 Abs. 3 zurückzukommen sein.

3.*²

II.

Der Bebauungsplan hat im Rahmen des § 125 nicht nur eine erschließungsrechtliche Bedeutung als Voraussetzung für die erschließungsrechtlich rechtmäßige Herstellung ausschließlich beitragsfähiger Erschließungsanlagen. Darüber hinaus wird in § 125 die von einem Bebauungsplan kraft seiner Stellung als Rechtssatz ausgehende (alle Erschließungsanlagen unabhängig von ihrer Beitragsfähigkeit einschließende) planungsrechtliche Bindung bekräftigt[17]. Mit dem erschließungs-

---

13 Siehe dazu im einzelnen FICKERT (Fn. 7), S. 88, 102 f. und 370 f.

14 Die durch Art. 74 Abs. 1 Nr. 22 GG begründete Gesetzgebungskompetenz des Bundes erfaßt mit Blick auf Verkehrswege nicht den Bau und die Unterhaltung aller dem allgemeinen Verkehr dienenden Straßen, sondern nur die Straßen für den Fernverkehr. Das Straßenrecht (im Gegensatz zum Straßenverkehrsrecht) verbleibt daher weitgehend in der Gesetzgebungskompetenz der Länder (vgl. etwa MAUNZ, in: Maunz/Dürig, GG, 30. Erg.-Lfg., Art. 74 Rn. 237).

*² Vom Abdruck der Ziffer 3 wird abgesehen, weil sie sich zu § 125 Abs. 2 BauGB verhält und diese Bestimmung nach Fertigstellung des hier abgedruckten Aufsatzes geändert worden ist. Vgl. zur Neufassung des § 125 Abs. 2 BauGB BVerwG, Urteil v. 26.11.2002 – 9 C 2.03 – DVBl. 2004, 391 = NVwZ 2004, 483 = HSGZ 2004, 110.

17 BVerwG, u. a. Urteil vom 11.10.1985 – 8 C 26.84 –, BVerwGE 72, 143, 147 f.

rechtlichen Planerfordernis befassen sich die zuvor behandelten Absätze 1 und 2, mit der planungsrechtlichen Bindung der jetzt zu erörternde Absatz 3 des § 125.

1. Die Abweichung von einer eine Anbaustraße betreffenden Festsetzung des Bebauungsplans führt mit Rücksicht auf den Rechtssatzcharakter des Bebauungsplans und der in ihm getroffenen Festsetzung (vgl. § 10) zur planungsrechtlichen Rechtswidrigkeit der Herstellung dieser Straße. Anders liegt es nur, wenn § 125 Abs. 3 die Abweichung deckt. Nach dieser Vorschrift wird die Rechtmäßigkeit der Herstellung einer Erschließungsanlage durch eine Planabweichung nicht beseitigt, wenn die Abweichung – alles andere zunächst vernachlässigt – „mit den *Grundzügen der Planung*" vereinbar ist. Durch die Rechtsprechung des Bundesverwaltungsgerichts[18] ist geklärt, daß damit Abweichungen gemeint sind, die deshalb von minderem Gewicht sind, weil sie nur den – gleichsam formalen – Festsetzungsinhalt treffen, nicht hingegen auch das, was an Planungskonzeption diese Festsetzung trägt und damit den für sie wesentlichen Gehalt bestimmt. Ob eine Abweichung von in diesem Sinne minderem Gewicht ist, beurteilt sich nach dem im Bebauungsplan zum Ausdruck gekommenen planerischen Wollen. Bezogen auf dieses Wollen darf der Abweichung vom Planinhalt keine derartige Bedeutung zukommen, daß die angestrebte und im Plan zum Ausdruck gebrachte städtebauliche Ordnung in beachtlicher Weise beeinträchtigt wird. Die Abweichung muß – soll sie mit den Grundzügen der Planung vereinbar sein – durch das planerische Wollen gedeckt sein; es muß „angenommen werden können, die Abweichung liege noch im Bereich dessen, was der Planer gewollt hat oder gewollt hätte, wenn er die weitere Entwicklung einschließlich des Grundes für die Abweichung gekannt hätte"[18].

Für die Beurteilung des Gewichts einer Planabweichung ist nicht allein deren flächenmäßiger Umfang maßgebend; in die Betrachtung einzubeziehen sind vielmehr die übrigen Größenverhältnisse. Nur auf der Grundlage der Gesamtumstände kann nämlich erkannt werden, ob durch die Abweichung eine Grenze überschritten worden ist, von der anzunehmen ist, ihrer Einhaltung komme aus der Sicht des Planers ausschlaggebende Bedeutung zu[19]. Das kann von Fall zu Fall nicht nur zutreffen, wenn der im Bebauungsplan festgelegte Verlauf der Straße in beachtlichem Umfang verschoben, sondern auch, wenn ohne eine solche Trassenverschiebung durch die Planabweichung die Sicherheit und Leichtigkeit des Verkehrs nennenswert beeinträchtigt, die Verkehrsbedeutung der Straße geändert[20], deren Erschließungsfunktion wesentlich gemindert, durch Umwandlung ihrer Zweckbestimmung der Gebietscharakter verändert oder gar die Entwicklung des Baugebiets behindert wird[21].

2. Bleibt eine Anbaustraße hinter den Festsetzungen eines Bebauungsplans zurück und ist diese Planunterschreitung mit den Grundzügen der Planung vereinbar, ist die Herstellung gemäß § 125 Abs. 3 Nr. 1 ungeachtet der Planabweichung

---

18 BVerwG, u. a. Urteil vom 9.3.1990 – 8 C 76.88 – (Fn. 5), S. 71 ff.
19 BVerwG, Urteil vom 15.2.1991 – 8 C 46.89 –, NVwZ 1991, 1092.
20 Vgl. VGH Mannheim, Urteil vom 30.11.1989 – 2 S 1987/87.
21 So u. a. OVG Lüneburg, Urteil vom 23.10.1991 – 9 L 8/90.

planungsrechtlich rechtmäßig. Nr. 1 des § 125 Abs. 3 stellt ab auf ein räumliches Zurückbleiben. Denn über die technische Ausgestaltung von Erschließungsanlagen wird nicht im Bebauungsplan bestimmt. Der Auffassung, bei Anbaustraßen sei als Planunterschreitung ausschließlich ein – im Vergleich zur Planfestsetzung – Zurückbleiben in der Breite, nicht aber auch in der Länge zu verstehen, weil die Zulässigkeit einer Längenbeschränkung durch die Möglichkeit der Abschnittsbildung in § 130 Abs. 2 geregelt sei[22], kann nicht zugestimmt werden[23]. Die Befugnis, das Teilstück einer Erschließungsstraße als Abschnitt abrechnungsmäßig zu verselbständigen, setzt nämlich das Vorhandensein dieser Anlage, d.h. die (erfolgte) Anlegung einer weitergehenden, in der Länge teilbaren Straße voraus. Gerade daran fehlt es indes in Fällen der in Rede stehenden Art, in denen eine im Bebauungsplan mit einer Länge von beispielsweise 200 in ausgewiesene Straße nur auf einer Länge von 180 m angelegt und – etwa wegen einer von der ursprünglichen Erwartung abweichenden Entwicklung der Bebauung sowie des Verkehrs – die Fläche der restlichen 20 m tatsächlich für andere als für Verkehrszwecke in Anspruch genommen wird.

Die noch weitergehende Ansicht[24], in dem soeben skizzierten Fall des längenmäßigen Zurückbleibens einer Straße hinter der Festsetzung im Bebauungsplan liege überhaupt keine Planabweichung im Sinne des § 125 Abs. 3 vor, weil Erschließungsanlage im Sinne dieser Vorschrift ausschließlich die tatsächlich angelegte, nicht aber auch die lediglich auf dem „Bebauungsplan-Papier" stehende Straße sei, vermag ebenfalls nicht zu überzeugen[23]. Richtig ist, daß – jedenfalls mit Blick auf Anbaustraßen – einzig das Erschließungsbeitragsrecht, nicht hingegen das Planungsrecht über den Begriff der beitragsfähigen Erschließungsanlage befindet und daß der Inhalt dieses Begriffs nicht von planerischen Vorstellungen, sondern von einer natürlichen Betrachtungsweise geprägt ist[25]. Richtig ist ferner, daß – wiederum bezogen auf beitragsfähige Anbaustraßen – § 125 Abs. 3 an diesen beitragsrechtlichen Erschließungsanlagenbegriff anknüpft. Vor diesem Hintergrund erfordert § 125 Abs. 3 Nr. 1 einen Vergleich der tatsächlich angelegten Straße mit der im Bebauungsplan festgesetzten Erschließungsanlage und ist eine Planunterschreitung anzunehmen, wenn die tatsächlich angelegte Straße in Breite und/oder Länge hinter den für die entsprechende Anlage im Bebauungsplan getroffenen Festsetzungen zurückbleibt[26].

3. Ob eine mit den Grundzügen der Planung vereinbare (räumliche) Plan*über*schreitung die Rechtmäßigkeit der Herstellung einer Anbaustraße unberührt läßt, beurteilt sich nach § 125 Abs. 3 Nr. 2. Diese Vorschrift macht die planungsrechtliche Unbedenklichkeit einer Planüberschreitung von zwei – kumulierten – Anforderungen abhängig, nämlich davon, daß – erstens – die Erschließungsbeitragspflichtigen nicht höher als bei einer planmäßigen Herstellung belastet werden und –

---

22 Diese Auffassung vertritt u.a. ERNST, in: Ernst/Zinkahn/Bielenberg (Fn. 2), § 125 Rn. 15.

23 BVerwG, Urteil vom 25.2.1994 – 8 C 14.92 –, DVBl. 1994, 812.

24 Vgl. dazu HALTER, Gemeindekasse Baden-Württemberg 1993, 62, 65.

25 BVerwG, u.a. Urteil vom 15.2.1991 – 8 C 56.89 –, BVerwGE 88, 53, 55f.

26 Ebenso u.a. BayVGH, Urteil vom 30.1.1992 – 6 B 88.2083 –, NVwZ-RR 1992, 579.

zweitens – die Abweichung die Nutzung der betroffenen Grundstücke nicht wesentlich beeinträchtigt.

Mit der ersten Anforderung knüpft das Gesetz zwar an das Erschließungsbeitragsrecht an. Gleichwohl geht es hier einzig um die planungsrechtliche Rechtmäßigkeit der Herstellung (etwa) einer Anbaustraße. Sie ist ungeachtet einer – mit den Grundzügen der Planung vereinbaren – Planüberschreitung anzunehmen, wenn diese Herstellung keine zusätzliche Belastung der Erschließungsbeitragspflichtigen als Gruppe mit sich bringt, d. h. der beitragsfähige Erschließungsaufwand (§ 128) sich nicht erhöht, sei es, weil die Herstellung kostenneutral ist, sei es, weil die Gemeinde eventuelle Mehrkosten bei der Ermittlung des beitragsfähigen Aufwands außer Ansatz läßt[27]. Die zweite Anforderung des § 125 Abs. 3 Nr. 2 stellt ab auf die Auswirkung der Abweichung für die Nutzung der „betroffenen" Grundstücke. Die Nutzung dieser Grundstücke darf durch die Abweichung nicht wesentlich beeinträchtigt werden. Betroffen im Sinne dieser Bestimmung können nicht nur an die hergestellte Straße angrenzende, sondern überdies weitere Grundstücke sein, sofern sich die Planabweichung auf ihre Nutzung nicht nur geringfügig negativ auswirkt. Eine wesentliche Beeinträchtigung kann sich etwa ergeben, wenn sich infolge einer Änderung der Zweckbestimmung einer Anlage (z. B. statt Fußgängerverkehr Durchfahrtsstraße) die Geräuschimmissionen erhöhen oder wenn durch eine Umgestaltung der Straßenführung die Zugänglichkeit eines Grundstücks erschwert wird[28].

III.

Nach heute einhelliger Auffassung in Rechtsprechung[29] und Literatur[30] setzt das Entstehen sachlicher *Erschließungsbeitragspflichten* (§ 133 Abs. 2) eine sowohl erschließungs- als auch planungsrechtlich rechtmäßige Herstellung einer beitragsfähigen Erschließungsanlage voraus. Diese Meinung hat nicht immer vorgeherrscht und sie ist überdies keineswegs selbstverständlich[31].

1. Im Anschluß u. a. an das Urteil des Bayerischen Verwaltungsgerichtshofs vom 23.2.1967[32] sowie in Übereinstimmung etwa mit SCHMIDT[33] und FINKLER[34] hat das Oberverwaltungsgericht Lüneburg am 22.2.1968[35] erkannt, ein Verstoß gegen § 125 Abs. 1 (seinerzeit noch) BBauG habe keinen Einfluß auf das Erschließungsbeitragsrecht: Der Erschließungsbeitragsanspruch sei ein Anspruch, der seine Rechtfertigung in dem Vorteil finde, den der Anlieger durch die Straßenherstellung

---

27 BVerwG, Urteil vom 7.3.1986 – 8 C 103.84 – (Fn. 15), S. 25.
28 Ebenso u. a. ERNST, in: Ernst/Zinkahn/Bielenberg (Fn. 2), § 125 Rn. 16.
29 U. a. BVerwG, Urteile vom 18.9.1981 – 8 C 26.81 –, Buchholz 406.11 § 125 BBauG Nr. 15 S. 11, 12, und vom 7.3.1986 – 8 C 103.84 – (Fn. 15), S. 24.
30 Statt vieler SAILER, in: Cholewa/Dyong/von der Heide/Sailer, BauGB, 3. Aufl., § 125 Anm. 1; H. SCHRÖDTER, in: Schrödter, BauGB, 5. Aufl., § 125 Rn. 1; LÖHR, in: Battis/Krautzberger/Löhr, BauGB, 4. Aufl., § 125 Rn. 4, jeweils m. w. N.
31 Vgl. u. a. HEISE, KStZ 1969, 53 f., und KREGEL, KStZ 1980, 143, 144.
32 BayVGH, Urteil vom 23.2.1967 – 132 IV 66 –, KStZ 1967, 101, 103 f.
33 SCHMIDT, Handbuch des Erschließungsrechts, S. 49.
34 FINKLER, Das Erschließungsrecht, 2. Aufl., § 125 Anm. 4.
35 OVG Lüneburg, Urteil vom 22.2.1968 – I OVG A 121/66 –, KStZ 1968, 184, 185.

erhält. Werde sein Grundstück durch die Straße erschlossen und bewirke die Widmung der ausgebauten Straße, daß der Vorteil von Dauer ist, sei nach der Vorstellung des Gesetzgebers die Voraussetzung für die Erhebung eines Erschließungsbeitrags gegeben.

Bereits wenige Monate später hat das Bundesverwaltungsgericht durch seine Entscheidung vom 21.10.1968[36] einen Meinungswandel eingeleitet. Zur Begründung seiner Ansicht, Erschließungsbeiträge könnten nur für Straßen gefordert werden, die aufgrund eines Bebauungsplans (oder mit Zustimmung der höheren Verwaltungsbehörde) hergestellt worden sind, hat das Bundesverwaltungsgericht seinerzeit ausgeführt: § 125 stehe zwar nicht in dem mit „Erschließungsbeitrag" überschriebenen Zweiten Abschnitt des die Erschließung regelnden Sechsten Teils des Bundesbaugesetzes. Er gehöre vielmehr zu dem mit „Allgemeine Vorschriften" bezeichneten Ersten Abschnitt dieses Teils. Der Systematik von Gesetzen entspreche es aber, daß allgemeine Vorschriften auch im Rahmen von besonderen Teilen eines Gesetzes anzuwenden sind, soweit dem besondere Vorschriften nicht entgegenstehen. An entgegenstehenden Vorschriften fehle es im Zweiten Abschnitt des Sechsten Teils, so daß die Herstellung einer Erschließungsanlage auch hinsichtlich der Beitragspflicht nur dann für rechtmäßig zu erachten sei, wenn die Voraussetzungen des § 125 BBauG erfüllt seien. Ungeachtet des Umstands, daß – wie sogleich zu zeigen ist – diese Begründung die gekennzeichnete und heute einhellig geteilte Rechtsansicht des Bundesverwaltungsgerichts nicht zu tragen vermag, verzichtet die spätere Rechtsprechung des Bundesverwaltungsgerichts[37] zum Verhältnis zwischen § 125 und dem Erschließungsbeitragsrecht auf eine vertiefende Betrachtung[38].

Richtig ist zwar der Ausgangspunkt des Bundesverwaltungsgerichts, es entspreche der Systematik von Gesetzen, daß allgemeine Vorschriften auch im Rahmen von besonderen Teilen des Gesetzes anzuwenden sind, soweit dem keine besonderen Bestimmungen entgegenstehen. Doch ist schon fraglich, ob es sich bei den §§ 123 ff. um allgemeine Vorschriften in diesem Sinne, also um sozusagen „vor die Klammer" gezogene Bestimmungen handelt. Das ist zu verneinen, weil es in den §§ 123 ff. nicht um (allgemeines) Abgabenrecht geht. Dem soll nicht weiter nachgegangen werden. Selbst wenn nämlich insoweit dem Bundesverwaltungsgericht gefolgt wird, rechtfertigt das ausschließlich die Ansicht, die Herstellung einer Straße, die mangels Erfüllung der Voraussetzungen des § 125 als erschließungs- bzw. planungsrechtlich rechtswidrig zu qualifizieren ist, sei auch mit Blick

---

36 BVerwG, Urteil vom 21.10.1968 – IV C 94.67 –, Buchholz 406.11 § 127 BBauG Nr. 4 S. 8, 12.

37 BVerwG, u. a. Urteile vom 12.12.1969 – IV C 100.68 –, Buchholz 406.11 § 133 BBauG Nr. 34 S. 7, 8, vom 29.5.1970 – IV C 141.68 –, BVerwGE 35, 222, 224, und vom 12.10.1973 – IV C 3.72 –, Buchholz 406.11 § 125 BBauG Nr. 4 S. 1, 2.

38 Das hat sich erst durch die nach Fertigstellung dieses Beitrags ergangene Entscheidung des Bundesverwaltungsgerichts vom 21.10.1994 (BVerwG 8 C 2.93 – DVBl. 1995, 63) geändert. In diesem Urteil hat das Bundesverwaltungsgericht die Abhängigkeit des Erschließungsbeitragsrechts von einer nach Maßgabe des § 125 BauGB rechtmäßigen Straßenherstellung eingehend mit Erwägungen begründet, die sich im wesentlichen mit den in diesem Beitrag dargelegten Überlegungen decken.

auf das Erschließungsbeitragsrecht als rechtswidrig zu beurteilen. Damit ist indessen nichts gewonnen für die Beantwortung der sich daran anschließenden, aus der Sicht des Erschließungsbeitragsrechts zumindestens ebenso wichtigen Frage, ob die Erhebung des Erschließungsbeitrags überhaupt eine rechtmäßige Herstellung der Straße voraussetzt. Diese Frage beantwortet sich – entgegen dem durch die geschilderte Rechtsprechung des Bundesverwaltungsgerichts möglicherweise vermittelten Eindruck – nicht schon gleichsam von selbst in einem dies bejahenden Sinne. Denn es gibt keinen allgemeinen bundesrechtlichen Rechtssatz, der es ausschlösse, einen rechtswidrigen Zustand oder ein rechtswidriges Verhalten zur Grundlage der Erhebung einer Abgabe zu machen[39]. Das wird im Steuerrecht hinreichend deutlich u. a. durch die bereits in der Weimarer Republik übliche Besteuerung des sog. Dirnenlohns[40] und ist vom Bundesgesetzgeber in § 40 AO[41] nachdrücklich mit den Worten betont worden, „für die Besteuerung ist es unerheblich, ob ein Verhalten, das den Tatbestand eines Steuergesetzes ganz oder zum Teil erfüllt, gegen ein gesetzliches Gebot oder Verbot oder gegen die guten Sitten verstößt". Ferner kann etwa ein Bürger, der mangels einer entsprechenden Erlaubnis durch eine Inanspruchnahme des öffentlichen Verkehrsraums eine unerlaubte Sondernutzung ausübt, nicht damit rechnen, schon allein mit Blick auf die fehlende Erlaubnis von der Auferlegung einer Sondernutzungsgebühr befreit zu sein[42].

2. Im Ergebnis freilich ist der Auffassung des Bundesverwaltungsgerichts zuzustimmen. Dieses Ergebnis begründet sich auf § 125. Der Gesetzgeber hat dieser Vorschrift – übrigens zu recht – ein derartiges Gewicht beigemessen, daß sie selbst und nicht erst das Erschließungsbeitragsrecht dessen Abhängigkeit von einer rechtmäßigen Herstellung bestimmt. Dieser letzteren Annahme kam keine nennenswerte Bedeutung zu, solange der Bund die Gesetzgebungszuständigkeit sowohl für das Erschließungs- als auch für das Erschließungsbeitragsrecht hatte. Doch hat sich das seit Inkrafttreten des Gesetzes zur Änderung des Grundgesetzes vom 27.10.1994 am 15.11.1994 (BGBl. I S. 3146) geändert[43]. Seither nämlich ist die Gesetzgebungszuständigkeit für diese beiden Materien – entsprechend dem

---

39 BVerwG, Urteil vom 18.9.1981 – 8 C 22.81 –, Buchholz 406.11 § 125 BBauG Nr. 13 S. 1, 4 f.

40 Vgl. BFH, u. a. Urteile vom 23.6.1964 – Gr. S. 1/64 S –, BFHE 80, 73, 75 f., und vom 17.4. 1970 – VI R 164/68 –, BFHE 99, 200, 202 f.

41 Zu Bedeutung und Inhalt dieser Vorschrift siehe im einzelnen u. a. HOFFMANN, in: Koch/Scholtz, AO 1977, 4. Aufl., § 40 Rn. 2 ff.

42 Vgl. insoweit etwa KASTNER, in: Marschall/Schroeter/Kastner, Bundesfernstraßengesetz, 4. Aufl., § 8 Rn. 6.7.

43 Bis zum Inkrafttreten des bezeichneten Gesetzes besaß der Bund die Gesetzgebungskompetenz (sowohl für das Erschließungs- als auch) für das Erschließungsbeitragsrecht. Gemäß Art. 74 (jetzt Abs. 1) Nr. 18 GG hat der Bund das Recht der konkurrierenden Gesetzgebung u. a. über das Bodenrecht. Das Bundesverfassungsgericht hat schon in seinem Rechtsgutachten vom 16.7.1954 (BVerfGE 3, 407, 424 ff.) dargelegt, die Materie Bodenrecht umfasse auch das Bauplanungsrecht, zum Bauplanungsrecht gehöre das Erschließungsrecht, das seinerseits das Erschließungsbeitragsrecht erfasse. Durch das in Rede stehende Änderungsgesetz hat der Verfassungsgesetzgeber in Art. 74 Abs. 1 Nr. 18 GG nach den Worten „das Bodenrecht" den Klammerzusatz „(ohne das Recht der Erschließungsbeiträge)" eingefügt und dadurch die Gesetzgebungszuständigkeit für das Erschließungsbeitragsrecht von dem für das Erschließungsrecht „abgekoppelt".

Vorschlag der Gemeinsamen Verfassungskommission[44] – derart zwischen Bund und Ländern aufgeteilt, daß der Bund die (konkurrierende) Gesetzgebung über das Erschließungs- und die Länder die Befugnis zur Gesetzgebung über das Erschließungsbeitragsrecht haben.

Zwar schließt – wie gesagt – das Bundesrecht nicht aus, für die Erhebung einer Abgabe an einen rechtswidrigen Zustand oder ein rechtswidriges Verhalten anzuknüpfen. Daraus folgt aber keinesfalls, daß es dem Bundesrecht – ihm ganz allgemein und seinen Einzelvorschriften im besonderen – stets völlig gleichgültig wäre, was im Falle seiner Verletzung passiert. Eine Vorschrift, die anordnet, ohne selbst eine Verletzungsfolge vorzusehen, bringt sich, wenn sie nicht einmal irgend etwas intendiert, in eine Bittposition, setzt – anders ausgedrückt – die Bereitschaft voraus, über die Qualität einer Ordnungsvorschrift nicht hinauszukommen. Gibt es Gründe, das für § 125 anzunehmen? Darüber, daß die jeweils anordnende Norm in dieser Richtung zu befragen ist, belehrt namentlich § 134 BGB (bzw. § 59 Abs. 1 VwVfG in Verbindung mit § 134 BGB). Denn seinetwegen ist die jeweils entgegenstehende Vorschrift daraufhin zu untersuchen, wie ernst sie es denn mit ihrer Anordnung meint, ob sie ein Verbot begründen oder lediglich als sanktionslos bleibende Ordnungsbestimmung verstanden werden will[45]. Unter diesem Blickwinkel liegt die Annahme jedenfalls näher, die von § 125 getroffene Anordnung solle sanktioniert sein. Angesichts dessen bedürfte es für eine gegenteilige Ansicht eines einleuchtenden Sachgrundes und einer hinreichend klaren Äußerung in jene Richtung. Daran fehlt es.

Aus der Tatsache, daß im Steuer- und Gebührenrecht Abgaben von Fall zu Fall unabhängig von der Rechtmäßigkeit eines Verhaltens oder Zustands verlangt werden dürfen, läßt sich kein Sachgrund zugunsten der Meinung herleiten, Erschließungsbeitragspflichten könnten ohne Rücksicht auf die Anforderungen des § 125 entstehen. Soweit nämlich eine Abgabenerhebung von einer solchen Rechtmäßigkeit gelöst wird, beruht das ausschlaggebend auf der Erwägung, ein unzulässiges oder allgemein zu mißbilligendes Verhalten des potentiellen Abgabenschuldners dürfe nicht durch einen Verzicht auf eine Abgabenerhebung begünstigt werden, der potentiell Abgabepflichtige dürfe für sein Fehlverhalten abgabenrechtlich nicht sozusagen noch belohnt werden. Dieser Gedanke ist in dem zu beurteilenden Zusammenhang unergiebig, weil die in Rede stehende Rechtswidrigkeit einer Straßenherstellung nicht auf ein Verhalten der potentiell erschließungsbeitragspflichtigen Anlieger, sondern auf ein solches der Gemeinde selbst zurückzuführen ist. Der damit angesprochene Gesichtspunkt der Verantwortlichkeit drängt vielmehr die Auffassung auf, die Gemeinde solle für ihr (Fehl-)Verhalten selbst einstehen und das heißt, ihr solle bis zu einer ihr in der Regel ohne weiteres möglichen Beseitigung des Mangels durch das nachträgliche Inkraftsetzen eines Bebauungsplans oder eine nachträglich eingeholte Zustimmung das Recht versagt

---

44 Dazu im einzelnen Bericht der Gemeinsamen Verfassungskommission vom 5.11.1993, BT-Drucks. 12/6000, S. 34.
45 Siehe in diesem Zusammenhang WEYREUTHER, in: Aus dem Hamburger Rechtsleben, Walter Reimers zum 65. Geburtstag, S. 388 f.

sein, die von ihr für die Straßenherstellung aufgewandten Mittel über Erschließungsbeiträge erstattet zu bekommen.

Folgende verfassungsrechtliche Überlegung unterstützt diese Auffassung: Der Erschließungsbeitrag ist – wie jeder Beitrag im abgabenrechtlichen Sinne – eine
durch den Gesichtspunkt der Gegenleistung gekennzeichnete Abgabe, mit der ein
Ausgleich für einen durch eine Leistung der Gemeinde ausgelösten Sondervorteil
verlangt wird[46]. Gerade der besondere wirtschaftliche Vorteil, den bestimmte Personen von der Straßenherstellung haben, ist Voraussetzung dafür, sie und nicht
(auch) andere an den Kosten dieser Maßnahme anteilig zu beteiligen[47]; ohne einen
solchen Sondervorteil wäre die Heranziehung zu einem Erschließungsbeitrag verfassungsrechtlich nicht zu rechtfertigen[48]. Eine den vollen Erschließungsbeitrag
legitimierende Kraft hat indes ausschließlich ein dem korrespondierender „voller",
nicht durch irgendwelche Belastungen in der Wertigkeit geminderter Sondervorteil; nur er deckt eine zum Ausgleich für eine Leistung der Gemeinde geforderte
volle Beitrags(gegen)leistung. Einen solchen Sondervorteil verschafft allerdings
lediglich eine rechtmäßig hergestellte Anbaustraße. Fehlt es an der Rechtmäßigkeit, ist die Herstellung und der durch sie ausgelöste Sondervorteil mit einem
Makel, mit einem Risiko belastet, dem Risiko nämlich, daß die Straße früher oder
später zur Behebung des eingetretenen rechtswidrigen Zustands beseitigt wird.
Dabei ist unerheblich, unter welchen Voraussetzungen im einzelnen eine Beseitigung der Straße erfolgen kann und wie hoch der Grad der Wahrscheinlichkeit
einer solchen Beseitigung ist. Denn diese Gesichtspunkte haben Einfluß lediglich
auf das Gewicht des Makels, der einer rechtswidrig hergestellten Straße und dem
durch sie vermittelten Sondervorteil anhaftet, nicht aber auf dessen Existenz.

Schließlich bestätigen die Gesetzesmaterialien die Meinung, das Entstehen sachlicher Erschließungsbeitragspflichten sei kraft des § 125 von einer nach Maßgabe
dieser Bestimmung rechtmäßigen Straßenherstellung abhängig. Der von der Bun-
desregierung eingebrachte Entwurf eines Bundesbaugesetzes[49] enthielt im
Sechsten Teil in den §§ 135 bis 146 eine Vielzahl allgemeiner erschließungsrecht-
licher Vorschriften. Im Rahmen der Beratungen des federführenden Ausschusses
für Wohnungswesen, Bau- und Bodenrecht wurden die meisten von ihnen gestrichen. Abgesehen von dem seinerzeitigen § 124 (Ermächtigung zur Aufstellung
von Richtlinien über die städtebaulichen Grundsätze der Erschließung) und dem
§ 126 (Pflichten des Eigentümers) schlug der Ausschuß vor, nur solche „Allge-
meine(n) Vorschriften" zu verabschieden, die „für die Regelung des Erschließungsbeitrags von Bedeutung sind"[50]. Der Gesetzgeber ist diesem Votum gefolgt
und hat dadurch seinen Willen zum Ausdruck gebracht, daß das Erschließungs-

---

46 Vgl. BVerfG, u. a. Beschlüsse vom 20.5.1959 – 1 BvL 1/58 –, BVerfGE 9, 291, 297, und vom
    16.10.1962 – 2 BvL 27/60 –, BVerfGE 14, 312, 317.
47 Vgl. BVerfG, u. a. Beschluß vom 4.2.1958 – 2 BvL 31/56 –, BVerfGE 7, 244, 254 f.
48 Siehe dazu BVerwG, u. a. Urteile vom 29.4.1977 – IV C 1.75 –, Buchholz 406.11 § 131 BBauG
    Nr. 22 S. 26, 30, und vom 1.2.1980 – 4 C 63. u. 64.78 –, Buchholz 406.11 § 131 BBauG Nr.
    33 S. 64, 69.
49 BT-Drucks. 3/336.
50 BT-Drucks. 3/zu Drucks. 1794, S. 23.

beitragsrecht (nicht nur namentlich dem § 123 Abs. 1, sondern auch) dem § 125 unterworfen sein soll. Diesen Willen hat er nachdrücklich bekräftigt im Zusammenhang mit dem Gesetz zur Beschleunigung von Verfahren und zur Erleichterung von Investitionsvorhaben im Städtebau vom 6.7.1979 (BGBl. I S. 949), mit dem er den damaligen Absatz 1 a und jetzigen Absatz 3 in den § 125 eingefügt hat. In dieser Bestimmung hat er – wie oben dargelegt – angeordnet, Abweichungen von den Festsetzungen eines Bebauungsplans ließen in den in dieser Vorschrift bezeichneten Grenzen die Rechtmäßigkeit der Herstellung von Erschließungsanlagen unberührt. In der Sache ging es dem Gesetzgeber darum, die bei derartigen Abweichungen von ihm als offen angesehene Frage zu beantworten, „ob und wieweit Erschließungsbeiträge erhoben werden können"[51]. Durch die Änderung des § 125 wollte er erreichen, „daß die Rechtmäßigkeit der Herstellung von Erschließungsanlagen und damit zugleich die Erhebung von Erschließungsbeiträgen nicht mehr daran scheitern soll, daß gewisse Abweichungen vom Bebauungsplan vorkommen"[52]. Diese Aussagen drängen nicht nur den Schluß auf eine Abhängigkeit des Erschließungsbeitragsrechts von der Rechtmäßigkeit einer Straßenherstellung, sondern überdies auf eine von § 125 begründete Abhängigkeit auf.

3. Nach der Rechtsprechung des Bundesverwaltungsgerichts[53] setzt – bei einer Abrechnung im Wege der Kostenspaltung (§ 127 Abs. 3) – selbst das Entstehen von sachlichen Erschließungsteilbeitragspflichten eine nach Maßgabe des § 125 rechtmäßige Herstellung der betroffenen Straßenteile im Sinne von Teileinrichtungen voraus. Das geht ohne weiteres in Ordnung. Der Erschließungsteilbeitrag ist wie der Vollbeitrag ein endgültiger Beitrag; seine Erhebung setzt daher ebenso wie die Erhebung eines Vollbeitrags das Vorliegen eines lediglich durch eine rechtmäßige Herstellung vermittelbaren ungeschmälerten Sondervorteils voraus.

Das läßt die Frage offen, ob – wie verschiedene Oberverwaltungsgerichte[54] meinen – auch schon die Erhebung einer Vorausleistung jedenfalls dann, wenn die Gemeinde von der sog. Herstellungsalternative (vgl. § 133 Abs. 3 Satz 3) Gebrauch macht, davon abhängt, daß die Anforderungen des § 125 erfüllt sind. Diese Frage läßt sich aus den zuvor behandelten Gründen – entgegen der Ansicht des Oberverwaltungsgerichts Münster – nicht schon mit der Erwägung bejahen, ohne Erfüllung der Anforderungen des § 125 sei ein Beginn der Herstellung einer beitragsfähigen Erschließungsanlage nicht erlaubt, eine ohne Bebauungsplan bzw. Zustimmung der höheren Verwaltungsbehörde begonnene Herstellung sei als Maßnahme rechtswidrig. Ebenfalls nicht zu überzeugen vermag die Begründung des Oberverwaltungsgerichts Schleswig[54], der Begriff Herstellung in § 133 Abs. 3 Satz 1, mit der – um eine Vorausleistungsforderung zu ermöglichen – begonnen worden sein muß, knüpfte an den Begriff der Herstellung in § 125 Abs. 1 an und sei deshalb im Sinne von „rechtmäßige Herstellung" zu verstehen. Denn eine Vor-

---

51 BT-Drucks. 8/2451, S. 30.
52 BT-Drucks. 8/2885, S. 34 f.
53 BVerwG, Urteil vom 18.1.1991 – 8 C 14.89 –, BVerwGE 87, 288, 291.
54 OVG Lüneburg, Beschluß vom 20.12.1990 – 9 M 120/90 –, Die Niedersächsische Gemeinde 1991, 102, OVG Münster, u. a. Beschluß vom 15.3.1991 – 3 B 1048/89 –, DVBl. 1991, 1312, und OVG Schleswig, Urteil vom 16.11.1992 – 2 L 184/91 –, KStZ 1993, 97.

ausleistung stellt ab auf die Kosten nicht für eine rechtmäßige, sondern für eine endgültige Herstellung (§ 133 Abs. 2 Satz 1). Deshalb – aber auch wegen der Stellung des § 133 Abs. 3 zunächst im Rahmen der §§ 127 ff. und sodann innerhalb des § 133 – liegt die Ansicht nahe, der Begriff der Herstellung in § 133 Abs. 3 Satz 1 decke sich mit dem in § 133 Abs. 2 Satz 1, es gehe in § 133 Abs. 3 Satz 1 um den Beginn einer endgültigen Herstellung.

Abgesehen davon, daß die zuvor bezeichneten Gesetzesmaterialien[55] ausschließlich die Erhebung eines endgültigen Erschließungsbeitrags zum Gegenstand haben, streitet durchgreifend eine Beurteilung der Vorteilssituation für die Annahme, die Erhebung einer Vorausleistung sei unabhängig davon zulässig, ob den Anforderungen des § 125 genügt ist. Eine Vorausleistung stellt ihrem Wesen nach gleichsam einen Vorschuß auf den Ausgleich eines später mit der endgültigen Herstellung einer beitragsfähigen Erschließungsanlage vermittelten „vollen" Sondervorteils dar. Schon deshalb setzt die Erhebung einer Vorausleistung nicht das Vorliegen eines voll ausgebildeten Sondervorteils voraus; vielmehr reicht in diesem Stadium die Vermittlung lediglich eines in seiner Wertigkeit noch geminderten Sondervorteils aus und damit selbst eines Sondervorteils, der mit dem Makel einer rechtswidrig begonnenen Straßenherstellung belastet ist. Eine andere Beurteilung käme allenfalls in Betracht, wenn die Rechtswidrigkeit des Beginns der Herstellung stets die Rechtswidrigkeit auch des Endes erwarten ließe. Ein solcher Schluß ist indes nicht gerechtfertigt. Dem Vorausleistenden erwächst durch den Verzicht auf die Erfüllung der Anforderungen des § 125 kein unzumutbarer Nachteil. Denn eine erbrachte Vorausleistung ist zu erstatten, wenn für eine Erschließungsanlage, deren Herstellungskosten Gegenstand der Vorausleistungserhebung waren, die endgültigen (Voll-)Beitragspflichten nicht entstehen[56], und zwar selbst dann, wenn das Entstehen dieser Beitragspflichten – endgültig – an einer rechtswidrigen Herstellung scheitern sollte.

Aus den vorstehenden Gründen und in dem Bestreben, die Handhabbarkeit der Vorausleistung als Vorfinanzierungsinstitut nicht unnötig zu erschweren, d. h. von allen nicht vorausleistungsspezifischen Voraussetzungen zu befreien, hat das Bundesverwaltungsgericht[57] im Jahre 1985 zu der seinerzeit einzig möglichen Vorausleistungserhebung aus Anlaß der Erteilung einer Baugenehmigung (sog. Genehmigungsalternative) entschieden, das Entstehen von Vorausleistungspflichten hänge nicht davon ab, daß die Anforderungen des § 125 erfüllt sind. Nichts anderes gilt für die Herstellungsalternative. Insoweit ist dem Bayerischen Verwaltungsgerichtshof[58] zuzustimmen, der ausführt, die Vorläufigkeit einer Vorausleistung, die auch die Herstellungsalternative kennzeichne, lasse das Vorliegen der Voraussetzungen des § 125 in diesem Stadium als entbehrlich erscheinen.

---

55 Vgl. Fn. 50-52.
56 BVerwG, u. a. Urteil vom 13.12.1991 – 8 C 8.90 –, Buchholz 406.11 § 133 BBauG Nr. 115 S. 35, 36.
57 BVerwG, Urteil vom 22.2.1985 – 8 C 114.83 –, Buchholz 406.11 § 133 BBauG Nr. 90 S. 45, 49.
58 BayVGH, Urteil vom 12.1.1993 – 6 B 90.2391 –, ebenso inzwischen BVerwG, Urteil vom 21.10.1994 – 8 C 2.93 – (vgl. Fn. 38).

B. Erschließungs-/Straßenbaubeitragsrecht

I. Einführung in das Erschließungsbeitragsrecht[*1]

1. Gesetzliche Regelung und Anwendungsbereich

Die bis zum Inkrafttreten des Gesetzes zur Änderung des Grundgesetzes v. 27.10.1994 (BGBl 1994 I S. 3146) am 15.11.1994 dem Bund zustehende Gesetzgebungskompetenz für das Erschließungsbeitragsrecht ist an diesem Tage auf die Länder übergegangen; allerdings gelten die §§ 127 ff. bis zu dem Zeitpunkt, in dem sie durch Landesrecht ersetzt werden, als Bundesrecht fort (Art. 125 a GG). Eine solche Ersetzung hat bisher in keinem Land stattgefunden.[*2]

Die gesetzliche Regelung des Erschließungsbeitragsrechts beschränkt sich der Sache nach auf 10 Paragraphen; es handelt sich bei diesem Rechtsgebiet weitgehend um **Richterrecht**. Den beitragsrechtlichen Vorschriften vorangestellt sind allgemeine Bestimmungen über die Erschließung (§§ 123 ff.), die für das Erschließungsbeitragsrecht z. T. von Bedeutung sind. Dies gilt für § 123 Abs. 1, weil sich aus dem Verhältnis zwischen ihm und § 127 Abs. 1 ergibt, dass die Gemeinde einen Erschließungsbeitrag nur für Kosten einer Erschließungsanlage erheben darf, die ihr in Erfüllung einer ihr nach § 123 Abs. 1 obliegenden Erschließungslast entstanden sind (BVerwG, KStZ 1982 S. 92). Überdies trifft das zu für § 125, der sich zur rechtmäßigen Herstellung von Erschließungsanlagen äußert. Denn das Entstehen einer Erschließungsbeitragspflicht setzt eine rechtmäßige Herstellung voraus (BVerwGE 97 S. 62).

Das BauGB weist die Erschließung von Bauland grundsätzlich der Gemeinde zu (§ 123 Abs. 1). Diese Boden ordnende Zielsetzung soll durch die §§ 127 ff. gefördert werden, nach denen die Gemeinde (nur) für die ihr entstandenen Kosten der erstmaligen (§ 128 Abs. 1 Satz 1 Nr. 2) in Erfüllung der ihr nach § 123 Abs. 1 obliegenden Last erfolgten, rechtmäßigen (§ 125) Herstellung von Erschließungsanlagen i. S. des § 127 Abs. 2 Erschließungsbeiträge erheben muss. Von der durch § 127 Abs. 1 angeordneten **Beitragserhebungspflicht** (BVerwGE 79 S. 163) ausgenommen sind andere als die in § 127 Abs. 2 aufgezählten Erschließungs-

---

[*1] Auszugsweiser Nachdruck aus Neue Wirtschafts Briefe 2000, Erschließungsbeitragsrecht, Fach 24, S. 2135, wo darauf verzichtet worden ist, den Vorschriften aus dem Baugesetzbuch die Angabe „BauGB" anzufügen.

[*2] Mit Beschluss v. 26.4.2002 (BayVBl 2003, 21) hat der BayVGH entschieden, der Bayerische Landesgesetzgeber habe durch die Einfügung des Art. 5 a in das dortige KAG durch das sog. Grünanlagengesetz vom 27.12.1996 (GVBl. S. 541) von der ihm zugewachsenen Gesetzgebungskompetenz für das Erschließungsbeitragsrecht Gebrauch gemacht; „die objektive Auslegung des Art. 5 a KAG führt zu dem Ergebnis, daß der Bayerische Landesgesetzgeber die §§ 127 bis 135 BauGB in der am 1.1.1997 geltenden Fassung in Bayerisches Landesrecht überführt hat".

anlagen, z. B. Anlagen zur Ableitung von Abwasser sowie zur Versorgung mit Elektrizität, Gas, Wärme und Wasser; für die Kosten der Herstellung solcher Anlagen können Abgaben nur nach Maßgabe des Landesrechts erhoben werden (§ 127 Abs. 4). Entsprechendes gilt hinsichtlich der Kosten für Erweiterungen und Verbesserungen von in § 127 Abs. 2 genannten Erschließungsanlagen (§ 128 Abs. 2). Ferner sind von der Beitragserhebungspflicht ausgenommen Erschließungsanlagen, die in förmlich festgesetzten Sanierungsgebieten (§§ 154 Abs. 1 Satz 2, 156 Abs. 1) bzw. städtebaulichen Entwicklungsbereichen (§ 169 Abs. 1 Nrn. 8 u. 9) hergestellt werden (BVerwGE 68 S. 130), sowie – ausschließlich in den alten Bundesländern – sog. vorhandene Erschließungsanlagen (§ 242 Abs. 1). Nach der namentlich vom OVG Münster (KStZ 1975 S. 12) fortentwickelten Rspr. des Preuß. OVG ist im ehemaligen preuß. Rechtsgebiet eine Straße eine vorhandene Erschließungsanlage i. S. des § 242 Abs. 1, wenn sie zu einem vor Inkrafttreten des ersten Ortsstatuts nach § 15 des preuß. Fluchtliniengesetzes v. 2.7.1875 (GS S. 561) liegenden Zeitpunkt in ihrem damals vorhandenen Zustand nach dem Willen der Gemeinde wegen ihres insoweit für ausreichend erachteten Ausbaus dem inneren Anbau und innerörtlichen Verkehr zu dienen bestimmt war und gedient hat. In den **neuen Bundesländern** tritt an die Stelle des § 242 Abs. 1 der § 242 Abs. 9 (OVG Greifswald, DVBl 1997 S. 501[*3]); danach entfällt eine Beitragserhebungspflicht für alle Erschließungsanlagen und Anlagenteile, die am 3.10.1990 bereits einem technischen Ausbauprogramm oder den örtlichen Ausbaugepflogenheiten entsprechend fertiggestellt waren.

Die §§ 127 ff. behandeln lediglich den Inhalt der Beitragsforderung, ihren Schuldner, ihr Entstehen und ihre Fälligkeit sowie bestimmte Billigkeitsregelungen. Im Übrigen richtet sich das Schicksal der im BauGB vorgesehenen Ansprüche nach Landesrecht (z. B. hinsichtlich Verjährung, Verwirkung, Aufrechnung und Aussetzungszinsen).

2. Erschließungsbeitragssatzung

Das BauGB enthält weitgehend **Rahmenbestimmungen**. In § 132 hat der Gesetzgeber den Gemeinden die Aufgabe zugewiesen, durch Ortssatzung ein ihren Verhältnissen angepasstes Erhebungssystem einzuführen. Die Gemeinden sind zum Erlass einer Erschließungsbeitragssatzung verpflichtet; ohne eine wirksame Satzung kann eine Erschließungsbeitragpflicht nicht entstehen. Erlass, Bekanntmachung und ggf. Genehmigung der Satzung richten sich nach Orts- und Landesrecht.

Hinsichtlich der einzelnen in § 132 angesprochenen Satzungsvorschriften sind die **unbedingt** erforderlichen von den **bedingt erforderlichen** zu unterscheiden. Fehlt es an einer unbedingt erforderlichen Satzungsbestimmung oder ist sie unwirksam, ist das Erschließungsbeitragsrecht in der Gemeinde unvollständig; das hindert das Entstehen (sachlicher) Beitragspflichten. Das Fehlen oder die Unwirksamkeit

---

[*3] Bestätigt durch BVerwG, Urteil v. 18.11.2002 – 9 C 2.02 – DVBl. 2003, 338 = DÖV 2003, 333 = LKV 2003, 227.

lediglich bedingt erforderlicher Satzungsvorschriften hat keinen Einfluss auf das Entstehen solcher Beitragspflichten, sondern berührt nur die Anwendbarkeit bestimmter „Verfahren" im Rahmen der Beitragserhebung. Zu den unbedingt erforderlichen Bestimmungen gehören (außer Angaben über die Arten der Erschließungsanlagen, für die Beiträge erhoben werden) Regelungen über die Art der Aufwandsverteilung (§ 132 Nr. 2) und über die Merkmale der endgültigen Herstellung (§ 132 Nr. 4). Lediglich bedingt erforderlich sind Vorschriften über den Umfang der Erschließungsanlagen (§ 132 Nr. 1), die Art der Aufwandsermittlung (§ 132 Nr. 2) und die Kostenspaltung (§ 132 Nr. 3).

Im Erschließungsbeitragsrecht kommt der **Rückwirkung von Satzungen keine** besondere Bedeutung zu. Das Fehlen einer wirksamen Satzung oder etwa einer wirksamen Verteilungs- bzw. Merkmalsregelung führt ebenso wie das Fehlen einer sonstigen Voraussetzung für das Entstehen der (sachlichen) Beitragspflichten zur Rechtswidrigkeit eines gleichwohl ergangenen Bescheids. Wird ein solcher Bescheid mangels rechtzeitig eingelegten Widerspruchs bestandskräftig, deckt die **Bestandskraft** ungeachtet seiner Rechtswidrigkeit die mit dem Bescheid geltend gemachte Erschließungsbeitragsforderung. Ist **rechtzeitig Widerspruch** eingelegt worden, kann der Bescheid dadurch in einer auch noch im gerichtlichen Verfahren zu berücksichtigenden Weise **geheilt** werden, dass etwa eine mangelfreie Satzung **ohne** Rückwirkung in Kraft tritt (BVerwGE 64 S. 218) oder eine sonstige, bisher fehlende Entstehungsvoraussetzung nachträglich erfüllt wird.

3. Erschließungsvorteil und Aufbau des Erschließungsbeitragsrechts

Ein Beitrag ist allgemein eine durch den Gesichtspunkt der Gegenleistung gekennzeichnete Abgabe, mit der ein Ausgleich für den durch eine Leistung der Gemeinde ausgelösten Sondervorteil verlangt wird. Verkürzt ausgedrückt lässt sich sagen: Beitrag heißt Abgeltung eines **Sondervorteils**, Erschließungsbeitrag also Abgeltung eines Erschließungsvorteils. Allerdings ist dieser Erschließungsvorteil nicht identisch mit dem, was sich im Einzelfall konkret als nützlich und (in Mark und Pfennig messbar) wertsteigernd erweist. Abzustellen ist vielmehr darauf, dass die Gemeinde eine Anlage herstellt, die infolge der räumlich engen Beziehung zu bestimmten Grundstücken von diesen aus eine auf ihre bauliche oder vergleichbare Nutzbarkeit ausgerichtete, gleichsam **qualifizierte Inanspruchnahmemöglichkeit** eröffnet und deren Eigentümern dadurch einen – im Verhältnis zu nicht individualisierbaren Dritten – Sondervorteil vermittelt.

In den §§ 127 ff. hat der Gesetzgeber bestimmt, dass die Gemeinden zur Deckung der ihnen entstehenden **Aufwendungen** von den durch die Erschließung **Begünstigten** nach festgelegten Regeln Erschließungsbeiträge **erheben** müssen. Durch diese grobe Skizzierung der Rechtslage ist der Aufbau des Erschließungsbeitragsrechts i. S. einer rechtslogischen Abfolge vorgegeben: Der Auflistung der entstandenen beitragsfähigen Aufwendungen **(Aufwendungsphase)** folgt zunächst die Ermittlung der Begünstigten, auf die diese Aufwendungen zu verteilen sind **(Verteilungsphase)**, und sodann die Erhebung der auf sie entfallenden Beiträge (Erhebungs- oder **Heranziehungsphase**).

II. Aufwendungsphase

1. Der Anlagebegriff im Erschließungs- und Straßenbaubeitragsrecht[*1]

I.

Dem Begriff der beitragsfähigen Erschließungsanlage – hier – in Gestalt einer Anbaustraße[1] (§ 127 Abs. 2 Nr. 1 BauGB) und dem der beitragsfähigen Anlage bzw. Einrichtung[2] kommt im Erschließungs- und im Straßenbaubeitragsrecht jeweils zentrale Bedeutung zu. Er steht am Anfang jeder beitragsrechtlichen Betrachtung, mit ihm beginnt die sog. Aufwendungsphase[3]. Von der Ausdehnung der jeweiligen Anlage ist insbesondere der Umfang des beitragsfähigen Aufwands und der Kreis derjenigen Grundstücke abhängig, die bei der Verteilung des umlagefähigen Aufwands zu berücksichtigen sind. Unterläuft der Gemeinde im Zusammenhang mit der Bestimmung der beitragsfähigen Anlage im Einzelfall ein Fehler, zieht sich dieser Fehler mit der Folge durch die gesamte Abrechnung, daß ein auf dieser Abrechnung beruhender Heranziehungsbescheid fehlerhaft ist und nur durch das Abstellen auf die „richtige" Anlage und eine darauf aufbauende, vollständig neue Abrechnung „geheilt" werden kann. Die Annahme, angesichts des besonderen Gewichts des Anlagebegriffs im Erschließungs- und Straßenbaubeitragsrecht könne davon ausgegangen werden, insoweit sei namentlich durch die obergerichtliche Rechtsprechung längst eine abschließende Klarheit geschaffen worden, ist indes nicht gerechtfertigt. Das belegen die Tatsachen, daß zum einen sich nahezu die Hälfte aller erschließungsbeitragsrechtlichen Urteile des BVerwG im Jahre 1996[4]

[*1] Nachdruck aus ZMR 1997, 445.

1 Der Begriff „Anbaustraße" steht für die (selbständigen) öffentlichen zum Anbau bestimmten Straßen i. S. des § 127 Abs. 2 Nr. 1 BauGB.

2 In allen Kommunalabgabengesetzen, mit Ausnahme von denen in Nordrhein-Westfalen, Brandenburg und Mecklenburg-Vorpommern, werden als Gegenstand beitragsfähiger Ausbaumaßnahmen lediglich „öffentliche Einrichtungen" genannt. Da das OVG Münster im Urteil vom 23.10. 1968 (– III A 1522/64 –, OVGE 24, 175 = NJW 1969, 1077) entschieden hat daß „zu den öffentlichen Einrichtungen i. S. des § 18 GONW" nicht „die Sachen im Gemeingebrauch" gehören, hat der Gesetzgeber in Nordrhein-Westfalen (und ihm folgend die Gesetzgeber in Brandenburg und Mecklenburg-Vorpommern) dem Begriff der öffentlichen Einrichtung den der öffentlichen Anlage beigefügt, „damit auch die sog. Sachen im Gemeingebrauch, insbesondere die (wegerechtlich) öffentlichen Wege, zweifelsfrei miterfaßt werden. Der Begriff der öffentlichen Anlage beschränkt sich aber nicht auf die öffentlichen Sachen, sondern umfaßt auch die öffentlichen Einrichtungen" (OVG Münster, Urteil vom 1.1.1977 – II A 1475/75 –, KStZ 1977, 219 = DVBl. 1979, 239).

3 Das Erschließungs- und das Straßenbaubeitragsrecht gliedern sich in drei rechtslogisch aufeinanderfolgende Stufen oder Phasen, nämlich – erstens – die Aufwendungsphase, – zweitens – die Verteilungsphase und – drittens – die Heranziehungsphase. Vgl. zu dieser Gliederung sowie zu den die einzelnen Phasen kennzeichnenden Interessengegensätzen im einzelnen *Weyreuther* in Festschrift für *Werner Ernst*, S. 519 (521).

4 Vgl. namentlich die Urteile des BVerwG vom 1.3.1996 (– 8 C 26.94 –, DVBl. 1996, 1051 = NVwZ 1996, 463), vom 17.3.1996 (– 8 C 17.94 –, BVerwGE 101, 12 = ZMR 1996, 626), vom 7.6. 1996 (– 8 C 30.94 –, DVBl. 1996, 1325 = ZMR 1996, 681) und vom 6.12.1996 (– 8 C 32.95 –, DVBl. 1997, 499 = ZMR 1997, 200).

zum erschließungsbeitragsrechtlichen Anlagebegriff verhalten und zum anderen beispielsweise die jüngere Rechtsprechung des Schleswig-holsteinischen OVG[5] mit Blick auf den straßenbaubeitragsrechtlichen Anlage- bzw. Einrichtungsbegriff zu einer beachtlichen Verunsicherung[6] geführt hat.

II.

1. Für die Behandlung des erschließungsbeitragsrechtlichen Begriffs der beitrags-fähigen Anbaustraße ist es hilfreich, sich zunächst das Verhältnis zwischen dem gemeindlichen (Straßen-)Planungsrecht einerseits und dem Erschließungsbeitrags-recht andererseits in das Gedächtnis zurückzurufen: Das (Straßen-)Planungsrecht bestimmt über Art und Umfang des Ausbaus einer Straße; ist eine Straße (bzw. nur eine einzelne Teileinrichtung wie etwa die Fahrbahn oder ein Gehweg) ange-legt, d. h. sind die Ausbauarbeiten beendet worden, obliegt es dem Erschließungs-beitragsrecht als dem funktional nachgeordneten (nämlich nur mit der Kostenre-gelung betrauten) Recht, aus dem jeweiligen tatsächlichen Zustand beitragsrecht-liche Konsequenzen zu ziehen[7]. Es tut dies, indem es – bezogen auf Straßen – anordnet, eine von ihm gleichsam vorgefundene, tatsächlich angelegte Straße, die die Voraussetzungen des § 127 Abs. 2 Nr. 1 BauGB erfüllt, gehöre zu den Anla-gen, die sachliche Erschließungsbeitragspflichten auszulösen geeignet sind, und sie löse derartige Beitragspflichten aus, wenn das, was die Gemeinde – erschlie-ßungsrechtlich rechtmäßig[8] – hergestellt hat, in seinem tatsächlichen Zustand den Anforderungen genügt, die an eine endgültige Herstellung i. S. des § 133 Abs. 2 Satz 1 BauGB zu stellen sind.

Der Begriff der beitragsfähigen Erschließungsanlage ist mithin nicht ein Begriff des Planungsrechts, sondern ein solcher des Erschließungsbeitragsrechts. Im Rahmen des Erschließungsbeitragsrechts stellt dieser Begriff nach der ständigen Recht-

---

5 OVG Schleswig, Urteile vom 8.12.1994 (– 2 L 328/91 –), vom 18.1.1995 (– 2 L 113/94 –, SchlH Gemeinde 1995, 84) und vom 24.10.1996 (– 2 L 300/95 –).

6 Diese Verunsicherung wird noch verstärkt durch die Ausführungen von *Böttcher* in SchlH Ge-meinde 1997, 82: Diese Ausführungen sind nicht nur weitgehend unverständlich, sondern ge-hen überdies von einem zweifelhaften Ansatz aus (das Wort „hierdurch" in § 8 Abs. 1 Satz 1 KAG SH bezieht sich – grammatikalisch – möglicherweise nicht auf die aufgezählten beitrags-fähigen Maßnahmen, sondern – zugegebenermaßen ebenso wenig sinnvoll – auf „Beiträge"), sind in sich widersprüchlich (zunächst wird die Möglichkeit der Inanspruchnahme der ausge-bauten Einrichtung als Grundlage für den maßgeblichen Vorteil verneint [S. 83 rechte Spalte unten], später allerdings – zu Recht – bejaht [S. 86 linke Spalte unten]) und verausgaben sich bei der Behandlung des Einrichtungsbegriffs derart in langatmigen Hinweisen darauf, welche Rechtsvorschriften in diesem Zusammenhang nichts hergeben, daß für die Beantwortung der Frage, was unter einer Einrichtung i. S. des § 8 KAG SH zu verstehen ist, Kraft nur noch für die Formulierung einer unbegründeten These verbleibt (S. 85 linke Spalte unten).

7 Vgl. in diesem Zusammenhang u. a. BVerwG, Urteil vom 15.2.1991 – 8 C 56.89 –, BVerwGE 88, 53 (56) = ZMR 1991, 315.

8 Vgl. zur erschließungsrechtlichen Rechtmäßigkeit als einer Voraussetzung für das Entstehen sachlicher Erschließungsbeitragspflichten u. a. BVerwG, Urteil vom 21.10.1994 – 8 C 2.93 –, BVerwGE 97, 62 (64) = DÖV 1995, 470.

sprechung des BVerwG[9] ab auf eine „natürliche Betrachtungsweise"; maßgebend ist das durch die tatsächlichen Gegebenheiten geprägte Erscheinungsbild, nicht aber eine lediglich „auf dem Papier" stehende planerische Festsetzung. Das hat bei Anbaustraßen beispielsweise zur Folge, daß – erstens – für den Fall, daß eine Gemeinde eine im Bebauungsplan mit einer Länge von 500 m ausgewiesene Straße nur in einer Länge von 400 m anlegt, ausschließlich die tatsächlich angelegte Straße beitragsfähige Erschließungsanlage sein kann[10], insoweit also kein Raum für eine Abschnittsbildung (vgl. § 130 Abs. 2 Sätze 1 und 2 BauGB) ist, und daß – zweitens – einem Grundstück keine Eckgrundstücksvergünstigung zu gewähren ist, wenn es außer an die jetzt abgerechnete Anbaustraße „grenzt" an eine lediglich im Bebauungsplan festgesetzte, tatsächlich aber noch nicht angelegte zweite Straße[11]. Denn mangels tatsächlicher Existenz steht diese zweite Straße nur „auf dem Papier" und erfüllt damit nicht die Voraussetzungen, die die Annahme rechtfertigen, es handele sich bei ihr (schon) um eine beitragsfähige Erschließungsanlage.

2. Das Erschließungsbeitragsrecht hebt in § 127 Abs. 2 Nr. 1 BauGB ab auf von der Gemeinde in Erfüllung der ihr gemäß § 123 Abs. 1 BauGB obliegenden Erschließungsaufgabe hergestellte selbständige „Straßen" (einschließlich Wege und Plätze). Auch bei dem Begriff „Straße" handelt es sich um einen eigenständigen Begriff des Erschließungsbeitragsrechts, der dem erschließungsbeitragsrechtlichen Begriff der beitragsfähigen Erschließungsanlage untergeordnet ist[12]. Deshalb bestimmt allein das Bundesrecht, ob eine Verkehrsanlage eine (einzelne) selbständige Straße i. S. des § 127 Abs. 2 Nr. 1 BauGB ist[13].

a) Für die Beantwortung der Frage, ob eine Verkehrsanlage eine (einzelne) selbständige Straße in diesem Sinne ist oder aus zwei selbständigen Straßen besteht, kommt es regelmäßig nicht auf eine einheitliche Straßenbezeichnung an. Vielmehr ist, ausgehend von einer natürlichen Betrachtungsweise, ausschlaggebend auf das Erscheinungsbild (z. B. Straßenführung, Straßenbreite, Straßenlänge, Straßenausstattung) abzustellen, und zwar auf das durch die tatsächlichen Verhältnisse im Zeitpunkt des Entstehens der sachlichen Erschließungsbeitragspflichten (§ 133 Abs. 2 Satz 1 BauGB) geprägte Erscheinungsbild. Deshalb kennzeichnen Unterschiede, die z. B. zwei Straßenteile jeweils zu einem augenfällig abgegrenzten Element des Straßennetzes machen, jeden dieser Straßenteile als eine einzelne selbständige Erschließungsstraße[14]. In diesem Zusammenhang ist maßgebend der Gesamteindruck, den die tatsächlichen Verhältnisse im Zeitpunkt des Entstehens der sachlichen Erschließungsbeitragspflichten einem unbefangenen Beob-

---

9 BVerwG, statt vieler Urteil vom 29.10.1993 – 8 C 53.91 –, KStZ 1994, 76 = ZMR 1994, 281.
10 Vgl. im einzelnen BVerwG, Urteil vom 25.2.1994 – 8 C 14.92 –, BVerwGE 95, 176 (185) = ZMR 1994, 433.
11 Ebenso u. a. OVG Hamburg, Urteil vom 25.7.1989 – Bf VI 1/89 –, KStZ 1990, 180.
12 BVerwG, Urteil vom 13.12.1985 – 8 C 66.84 –, DVBl. 1986, 173 = KStZ 1986, 91.
13 Vgl. u. a. *Driehaus*, Erschließungs- und Ausbaubeiträge, 4. Aufl., § 12 Rdn. 9.
14 BVerwG, so schon u. a. Urteil vom 21.9.1979 – 4 C 55.76 –, KStZ 1980, 110 = ZMR 1980, 220.

achter „bei natürlicher Betrachtungsweise" vermitteln[15]. Angesichts dessen ist es jedenfalls in Zweifelsfällen angezeigt, daß ein Tatsachengericht durch eine Augenscheinseinnahme die tatsächlichen Verhältnisse im jeweiligen Einzelfall ermittelt[16].

Vor diesem Hintergrund ergibt sich beispielsweise, daß eine Verkehrsanlage mit zwei durch einen (schmalen) Grün- oder Parkstreifen getrennten Richtungsfahrbahnen grundsätzlich eine einzelne Erschließungsstraße ist, die die Gemeinde mangels einer sie dazu ermächtigenden Bestimmung nicht in Längsrichtung trennen und so in zwei selbständige Erschließungsanlagen zerlegen darf. Zulässig ist in einem solchen Fall jedoch, jede Richtungsfahrbahn als eine Teilanlage i. S. des § 127 Abs. 3 BauGB getrennt im Wege der Kostenspaltung abzurechnen[17]. Dagegen handelt es sich um zwei einzelne Erschließungsanlagen, wenn die Richtungsfahrbahnen etwa durch ein Gewässer, einen abgesonderten Schienenweg oder einen breiten Mittelstreifen augenfällig voneinander abgegrenzt werden[18]. An einer derartigen augenfälligen Trennung fehlt es, wenn eine Straße einen höhengleichen Schienenweg der Bahn kreuzt; durch eine solche Kreuzung wird deshalb eine Straße nicht in zwei Erschließungsanlagen geteilt[19].

Auf der Grundlage einer natürlichen Betrachtungsweise beurteilt sich auch, wie weit die Fläche einer bestimmten Straße reicht[20]. Demgemäß gehört zu einer Straße das an Fläche, was tatsächlich durch den Ausbau unmittelbar für Straßenzwecke benutzt worden ist, d. h. die Fläche, die für die Herstellung sog. flächenmäßiger Teilanlagen – wie etwa für die Herstellung von Fahrbahnen, Geh- und Radwegen oder von (selbständigen) Park- bzw. Grünstreifen – optisch sichtbar in Anspruch genommen worden ist. Folglich zählt die (Teil-)Fläche eines Anliegergrundstücks, auf der die Gemeinde eine zur Stützung der Straße erforderliche Böschung (oder Stützmauer) angelegt hat, selbst dann nicht zur beitragsfähigen Erschließungsanlage i. S. des § 127 Abs. 2 Nr. 1 BauGB, wenn sie nach dem einschlägigen Landesstraßenrecht Teil der Straße ist[21].

Wird ein Straßenzug durch einen Platz unterbrochen, endet – sofern es sich bei natürlicher Betrachtungsweise nicht nur um eine unwesentliche Verbreiterung oder Ausbuchtung der Straße handelt – jeweils eine selbständige Erschließungsanlage im beitragsrechtlichen Sinne an diesem Platz[22]. Ist der Platz sowohl zum Anbau als auch zum Parken von Fahrzeugen bestimmt, kann er erschließungsbeitragsrechtlich keine selbständige Parkfläche i. S. des § 127 Abs. 2 Nr. 4 BauGB sein,

---

15 Vgl. zur Maßgeblichkeit dieses Zeitpunkts BVerwG, u. a. Urteil vom 22.3.1996 – 8 C 17.94 –, BVerwGE 101, 12 (16) = ZMR 1996, 626.
16 Siehe etwa BVerwG, Urteil vom 7.6.1996 – 8 C 30.94 –, DVBl. 1996, 1325 = ZMR 1996, 681.
17 BVerwG, Urteil vom 8.8.1975 – IV C 74.73 –, DÖV 1976, 347 = ZMR 1976, 319.
18 Ebenso bei einem 28,5 m breiten Grünstreifen VGH Kassel, Beschluß vom 15.12.1988 – 5 TH 3482/86 –.
19 Vgl. OVG Lüneburg, Urteil vom 20.11.1989 – 9 A 5/88 –, KStZ 1990, 173.
20 BVerwG, Urteil vom 15.2.1991 – 8 C 56.89 –, BVerwGE 88, 53 (56) = ZMR 1991, 315.
21 BVerwG, Urteil vom 29.10.1993 – 8 C 53.91 –, KStZ 1994, 76 = ZMR 1994, 128.
22 OVG Münster, Beschluß vom 1.7.1974 – III B 139/74 –, KStZ 1975, 12, mit weiteren Nachweisen; ebenso OVG Lüneburg, Beschluß vom 16.8.1994 – 9 M 3939/94 –.

sondern ein Platz i. S. des § 127 Abs. 2 Nr. 1 BauGB, der als Teileinrichtung eine unselbständige Parkfläche besitzt[23].

b) Das äußere Erscheinungsbild, d. h. der Gesamteindruck, den die jeweiligen tatsächlichen Verhältnisse einem unbefangenen Beobachter vermitteln, ist grundsätzlich auch maßgebend für die Beantwortung der insbesondere bei der Abrechnung einer öffentlichen Stichstraße bedeutsamen Frage, ob es sich insoweit um eine aus der Sicht des Erschließungsbeitragsrechts selbständige oder um eine unselbständige, mit Kraftfahrzeugen aller Art befahrbare Verkehrsanlage und damit um ein „Anhängsel", also einen Abschnitt (vgl. § 130 Abs. 2 Satz 2 BauGB) der Straße handelt, in die diese Sackgasse einmündet. Bei einer derartigen Abgrenzung geht es der Sache nach um eine Differenzierung zwischen (schon) selbständigen Straßen (§ 127 Abs. 2 Nr. 1 BauGB) und (noch) unselbständigen Zufahrten als „Anhängseln" der selbständigen Straßen, von denen sie abzweigen[24]. Unselbständige Zufahrten werden in der Regel angelegt, um die Bebauung von nicht unmittelbar an eine selbständige Erschließungsstraße angrenzenden Grundstücken zu ermöglichen; gleichwohl ist Erschließungsanlage für solche Grundstücke nicht die unselbständige Zufahrt, sondern die Straße, in die diese Zufahrt einmündet. Angesichts dessen hat das BVerwG in ständiger Rechtsprechung[25] entschieden, für die Beurteilung, ob im Einzelfall eine befahrbare Verkehrsanlage als (nur) mehr oder weniger große unselbständige Zufahrt oder als (schon) selbständige Straße zu qualifizieren ist, sei – von später noch zu behandelnden Ausnahmen abgesehen – ausschlaggebend abzustellen auf den Gesamteindruck, den die jeweiligen tatsächlichen Verhältnisse einem unbefangenen Beobachter von der zu beurteilenden Anlage vermitteln. In diesem Zusammenhang komme neben ihrer Ausdehnung und der Zahl der durch sie erschlossenen Grundstücke vor allem dem Maß der Abhängigkeit zwischen ihr und der Straße, in die sie einmündet, Bedeutung zu. Das Maß der Abhängigkeit sei deshalb von besonderem Gewicht, weil eine Verkehrsanlage ohne Verbindungsfunktion (Sackgasse) ausschließlich auf die Straße angewiesen sei, von der sie abzweigt, sie darin einer unselbständigen Zufahrt ähnele und deshalb der Eindruck der Unselbständigkeit häufig auch noch bei einer Ausdehnung erhalten bleibe, bei der eine Anlage mit Verbindungsfunktion schon den Eindruck der Selbständigkeit erwecke[26].

Auf der Grundlage dieser Betrachtungsweise ist davon auszugehen, daß grundsätzlich alle abzweigenden befahrbaren Verkehrsanlagen als unselbständige „Anhängsel" zu qualifizieren sind, die nach den tatsächlichen Verhältnissen den Eindruck einer Zufahrt vermitteln, d. h. die (ungefähr) wie eine Zufahrt aussehen. Da eine Zufahrt typischerweise ohne Weiterfahrmöglichkeit endet, typischerweise nur eine bestimmte Tiefe aufweist und ebenso typischerweise gerade, also nicht in Kurven (zu den nach hinten versetzt liegenden Grundstücken und Garagen) ver-

---

23 OVG Münster, Urteil vom 27.9.1972 – III A 667/70 –, KStZ 1973, 240 = ZMR 1973, 182.
24 Vgl. etwa BVerwG, Urteil vom 23.6.1995 – 8 C 33.94 –, KStZ 1996, 156 = ZMR 1996, 49.
25 BVerwG, statt vieler Urteil vom 25.1.1985 – 8 C 106.83 –, DVBl. 1985, 621 = ZMR 1985, 243.
26 Vgl. u. a. BVerwG, Urteil vom 9.11.1984 – 8 C 77.83 –, BVerwGE 70, 247 (256) = ZMR 1985, 139.

läuft, ähnelt eine bis zu 100 m tiefe, nicht verzweigte im Sinne von nicht abknickende Stichstraße einer typischen Zufahrt derart, daß sie wie diese regelmäßig als unselbständig zu qualifizieren ist. Das bezeichnet indessen lediglich die Regel und läßt Raum für Ausnahmen: Sind z. B. die anliegenden Grundstücke entsprechend geschnitten und werden an beiden Seiten einer etwa 80 m tiefen Sackgasse jeweils 8 m breite Reihenhäuser errichtet, verändert sich angesichts der „Bebauungsmassierung" der Eindruck von der abzweigenden Anlage; eine solche Anlage ähnelt nicht mehr einer unselbständigen Zufahrt, so daß sie ungeachtet ihrer vollständigen Abhängigkeit und ihrer geringen Tiefe von unter 100 m nicht mehr als unselbständig angesehen werden kann[27]. Ferner ist nicht auszuschließen, daß im Einzelfall eine Zufahrt beispielsweise nach 20 oder 30 m abknickt und zu einem – von ihr aus gesehen – etwa 5 oder 10 m zurückliegenden Grundstück bzw. einer entsprechend zurückliegenden Garage weiterführt; folglich kann auch eine dementsprechend gestaltete Sackgasse im Einzelfall unselbständig sein. Diese und ähnliche Ausnahmen berühren indes nicht die für die Abgrenzung zwischen selbst- und unselbständigen Verkehrsanlagen maßgebende Regel, nach der sich eine von einer Straße abzweigende befahrbare Sackgasse erst dann mit der Folge „zu weit" vom Bild einer typischen Zufahrt entfernt, daß sie nicht mehr als unselbständig zu qualifizieren ist, wenn sie entweder länger als 100 m ist oder vor Erreichen dieser Länge (mehr oder weniger) rechtwinklig abknickt oder sich verzweigt.

Die Fähigkeit einer Verkehrsanlage – und das sei ergänzend hinzugefügt – als „Anhängsel" Abschnitt der selbständigen Straße i. S. des § 127 Abs. 2 Nr. 1 BauGB sein zu können, von der sie abzweigt, beschränkt sich auf befahrbare Anlagen[28]. Aus diesem Grunde scheiden als solche „Anhängsel" alle Verkehrsanlagen aus, die aus rechtlichen und/oder tatsächlichen Gründen einem Fußgänger- und Fahrradverkehr vorbehalten sind, wie dies beispielsweise bei (nicht zu einer Straße gehörenden) Fuß-, Rad-, Treppen- sowie unbefahrbaren Wohnwegen der Fall ist[29]. Weist eine Verkehrsanlage zunächst eine Fahrbahn mit Gehwegen, später aber nur noch einen – z. B. 1,5 m breiten – Fußweg auf, endet die beitragsfähige Erschließungsanlage i. S. des § 127 Abs. 2 Nr. 1 BauGB mit der Einmündung in den Fußweg und schließt sich ggf. eine beitragsfähige Erschließungsanlage i. S. des § 127 Abs. 2 Nr. 2 BauGB an[30].

3. a) Beitragsfähig i. S. des § 127 Abs. 2 Nr. 1 BauGB sind selbständige Straßen nur, wenn sie öffentliche Verkehrsanlagen sind. Öffentlich ist hier nicht verkehrsrechtlich, sondern straßenrechtlich zu verstehen[31]. Maßgebend ist insoweit nicht eine tatsächliche, jedermann mögliche Benutzung der Anlage (vgl. §§ 1 Abs. 1

---

27 BVerwG, Urteil vom 23.6.1995 – 8 C 30.93 –, BVerwGE 99, 23 (25) = ZMR 1995, 557.
28 BVerwG, u. a. Urteile vom 23.6.1972 – IV C 16.71 –, BVerwGE 40, 182 (184) = ZMR 1973, 119, und vom 3.6.1988 – 8 C 114.86 –, KStZ 1989, 10 = NVwZ-RR 1989, 322.
29 Ebenso u. a. OVG Saarlouis, Urteil vom 28.6.1989 – 1 R 204/88 –, und *Uechtritz* in BauR 1988, 1 (5); a. A. OVG Münster, Urteil vom 13.6.1985 – 2 A 787/85 –, KStZ 1986, 14, und *Schmaltz* in DVBl. 1987, 207 (210).
30 Vgl. dazu etwa BVerwG, Urteil vom 23.6.1972 – IV C 16.71 –, BVerwGE 40, 182 (184) = ZMR 1973, 119.
31 BVerwG, Urteil vom 14.6.1968 – IV C 65.66 –, DVBl. 1968, 808 = KStZ 1969, 78.

Satz 1 StVG, 1 Abs. 1 Satz 1 StVZO). Vielmehr muß die Anlage gemeingebräuchlich sein, d. h. sie muß rechtlich – privatrechtlicher Verfügungsmacht entzogen – dem allgemeinen Gebrauch dienen[32]. Unter welchen Voraussetzungen das der Fall ist, richtet sich nach den Bestimmungen des jeweiligen Landesstraßenrechts; diese stellen ausnahmslos auf eine Widmung der Anlage für den öffentlichen Verkehr ab.

Erweist sich eine bestimmte Straße bei natürlicher Betrachtungsweise als eine Erschließungsanlage (§ 130 Abs. 2 Satz 1 BauGB), zerfällt sie nicht deshalb in mehrere selbständige Verkehrsanlagen, weil sie in einigen Teilen – noch – nicht dem öffentlichen Verkehr gewidmet ist. Vielmehr fehlt es dann an dem in § 127 Abs. 2 Nr. 1 BauGB für die Beitragserhebung vorausgesetzten Tatbestandsmerkmal, daß es sich bei der Anlage um eine – insgesamt – „öffentliche" Straße handelt[33].

b) Bereits der Wortlaut des § 127 Abs. 2 Nr. 1 BauGB macht deutlich, daß nicht alle von der Gemeinde hergestellten selbständigen Straßen, Wege und Plätze beitragsfähige Erschließungsanlagen im Sinne dieser Vorschrift sind. Das ist vielmehr lediglich dann der Fall, wenn diese Verkehrsanlagen „zum Anbau bestimmt" sind. Dieses Merkmal hebt nicht ab auf eine (subjektive) Absicht der Gemeinde oder der Benutzer der Verkehrsanlage, sondern (objektiv) darauf, ob bei der gebotenen verallgemeinernden Betrachtung die selbständige Straße geeignet ist, den anliegenden Grundstücken (einschließlich den – etwa über private Zuwegungen zugänglichen – Hinterliegergrundstücken) das an verkehrsmäßiger Erschließung zu verschaffen, was sie nach Maßgabe der §§ 30 ff. BauGB bebaubar oder sonstwie in nach § 133 Abs. 1 BauGB (erschließungsbeitragsrechtlich) beachtlicherweise nutzbar macht[34]. Dabei ist es unerheblich – und auch das folgt aus der gebotenen verallgemeinernden Betrachtungsweise –, ob für das eine oder andere Grundstück aus tatsächlichen oder rechtlichen Gründen eine solche Nutzbarkeit ausgeschlossen ist[35]. Maßgeblich ist, daß eine selbständige Verkehrsanlage, als solche – soll sie zum Anbau bestimmt sein – allein, d. h. unabhängig von einer schon durch eine andere Anlage vermittelten verkehrsmäßigen Erschließung[36], und kraft ihrer durch die Widmung festgelegten Bestimmung allgemein kausal dafür sein muß, daß ein oder mehrere anliegende Grundstücke derart bebaut (oder erschließungsbeitragsrechtlich vergleichbar) genutzt werden dürfen. Die Anlage muß – mit anderen Worten – das hergeben, was bundesrechtlich erforderlich ist, damit die anliegenden Grundstücke als verkehrsmäßig erschlossen und deshalb – soweit dies davon abhängig ist – als bebaubar qualifiziert werden können.

Eine (bebauungsrechtlich) hinreichende verkehrsmäßige Erschließung setzt grundsätzlich voraus, „daß die Grundstücke für Kraftfahrzeuge, besonders auch solche der Polizei, der Feuerwehr, des Rettungswesens und der Ver- und Entsorgung

---

32 BVerwG, Urteil vom 13.12.1985 – C 66.84 –, DVBl. 1986, 93 = KStZ 1986, 91.
33 BVerwG, Urteil vom 21.1.1977 – IV C 84 – 92.74 –, NJW 1977, 1740 = ZMR 1978, 146.
34 BVerwG, u. a. Urteil vom 2.7.1982 – 8 C 28.30 u. 33.81 –, NVwZ 1983, 153 = DVBl. 1982, 1056.
35 BVerwG, u. a. Urteil vom 29.4.1977 – IV C 1.75 –, BVerwGE 52, 364 (366) = DVBl. 1978, 298.
36 Vgl. zu dieser sog. Wegdenkenstheorie BVerwG, statt vieler Urteil vom 10.12.1993 – 8 C 58.91 –, KStZ 1994, 192 = ZMR 1994, 174.

erreichbar sind"[37], also mit Personen- und Versorgungsfahrzeugen bis zur Höhe dieser Grundstücke gefahren und sie von da ab – ggf. über einen Gehweg und/oder Radweg – betreten werden können[38]. Das Bebauungsrecht läßt insoweit in aller Regel ein Heranfahrenkönnen im vorbezeichneten Sinne durch Personen- und kleinere Versorgungsfahrzeuge genügen, d. h. ein Heranfahrenkönnen, das bereits durch einen nur auf einer Breite von etwa 2,75 m befestigten befahrbaren Wohnweg verschafft werden kann[39]. Eine selbständige Verkehrsanlage, die aus tatsächlichen (z. B. mangels ausreichender Breite) oder aus rechtlichen (z. B. mangels entsprechenden Widmungsumfangs) Gründen nicht geeignet ist, eine solche Heranfahrmöglichkeit zu eröffnen, ist nicht in der Lage, um ihrer selbst Willen, also ohne das Vorhandensein bzw. das verläßlich zu erwartende Vorhandensein der Straße, in die die betreffende Verkehrsanlage einmündet bzw. einmünden soll, den an sie anliegenden Grundstücken eine Bebaubarkeit zu vermitteln und sie ist deshalb nicht zum Anbau bestimmt. Das trifft beispielsweise zu auf unbefahrbare Wohnwege sowie auf sonstige ausschließlich einem Fußgänger- und/oder Fahrradverkehr gewidmete Anlagen. Hingegen erfüllen – sofern nicht ein Fall des § 127 Abs. 2 Nr. 3 BauGB vorliegt – unabhängig von ihrer jeweiligen Breite grundsätzlich alle befahrbaren Verkehrsanlagen im innerörtlichen Bereich das Tatbestandsmerkmal „zum Anbau bestimmt"; sie sind nämlich dazu geeignet, den anliegenden Grundstücken das zu verschaffen, was für deren Bebaubarkeit an wegemäßiger Erschließung erforderlich ist. Das gilt sowohl für befahrbare Wohnwege als auch – weil regelmäßig für einen eingeschränkten Fahrzeugverkehr zugelassen – für sog. Fußgängerzonen und verkehrsberuhigte Wohnstraßen[40]. Dagegen sind Straßen im Außenbereich nicht zum Anbau bestimmt[41]. Denn bei der gebotenen typisierenden Betrachtung sind Grundstücke im unbeplanten Innenbereich und innerhalb beplanter Baugebiete grundsätzlich bebaubar, während es Grundstücke im Außenbereich ebenso grundsätzlich nicht sind. Demgemäß kann eine Straße im Außenbereich keine zum Anbau bestimmte Erschließungsanlage i. S. des § 127 Abs. 2 Nr. 1 BauGB sein.

4. Die zuvor gekennzeichnete Maßgeblichkeit der natürlichen Betrachtungsweise, des auf ihrer Grundlage durch die tatsächlichen Verhältnisse im Zeitpunkt des Entstehens der sachlichen Erschließungsbeitragspflichten geprägten Erscheinungsbilds, bezeichnet für die Bestimmung der jeweiligen beitragsfähigen Anbaustraße lediglich die Regel und läßt dort Raum für eine abweichende Beurteilung, wo dies aus der Sicht des Erschließungsbeitragsrechts geboten ist. Das ist zum einen mit Blick auf Teilstrecken von befahrbaren Verkehrsanlagen anzunehmen, für deren Herstellungskosten anderenfalls überhaupt keine Erschließungsbeiträge erhoben werden könnten. Und zum anderen zwingt das Merkmal „zum Anbau bestimmt" von Fall zu Fall zu der Annahme, ein bestimmtes Straßenstück zähle

37 BVerwG, Urteil vom 30.8.1985 – 4 C 48.81 –, NVwZ 1986, 38 = DVBl. 1986, 38.
38 BVerwG, u. a. Urteil vom 1.3.1991 – 8 C 59.89 –, BVerwGE 88, 70 (72) = DVBl. 1991, 593.
39 BVerwG, Urteil vom 4.6.1993 – 8 C 33.91 –, KStZ 1993, 214 = ZMR 1994, 37.
40 BVerwG, Urteil vom 3.6.1983 – 8 C 70.82 –, BVerwGE 67, 216 (218) = DVBl. 1983, 908.
41 BVerwG, Urteil vom 29.4.1977 – IV C 1.75 –, BVerwGE 52, 364 (366) = DVBl. 1978, 298.

entgegen dem durch die tatsächlichen Verhältnisse geprägten Erscheinungsbild nicht (mehr) zur beitragsfähigen Anbaustraße.

a) Eine befahrbare Stichstraße ist ungeachtet des durch die tatsächlichen Verhältnisse vermittelten Gesamteindrucks aus der Sicht des Erschließungsbeitragsrechts stets als selbständige Anbaustraße zu qualifizieren, wenn sie erst nach der endgültigen Herstellung und dem Entstehen der sachlichen Erschließungsbeitragspflichten für die (Haupt-)Erschließungsstraße angelegt worden ist, von der sie abzweigt. Trifft das zu, kann z. B. selbst eine nur 7 m lange und 6 m breite befahrbare Sackgasse eine selbständige beitragsfähige Anbaustraße sein[42]. Anderenfalls wäre es den Gemeinden nicht möglich, die (unter Umständen erheblichen) Kosten für die Herstellung solcher Stichstraßen auf Grundeigentümer abzuwälzen. Ungeachtet der „Anhängsel"-Qualität solcher Stichstraßen zählten die Kosten ihrer Herstellung nämlich nicht zum beitragsfähigen Erschließungsaufwand der jeweiligen „Haupt"-Straße, weil für diese die sachlichen Erschließungsbeitragspflichten regelmäßig mit ihrer endgültigen Herstellung entstanden sind und Kosten, die nach diesem Zeitpunkt anfallen, nicht mehr zu deren beitragsfähigem Erschließungsaufwand gehören[43]. Aus dem gleichen Grunde ist unabhängig von ihrer flächenmäßigen Ausdehnung überdies eine zum Anbau bestimmte Straßenstrecke als selbständige Anlage einzustufen, um die eine vorhandene Erschließungsanlage i. S. des § 242 Abs. 1 BauGB verlängert wird[44]. Entsprechendes gilt für zunächst im Außenbereich gelegene Verlängerungsstrecken von endgültig hergestellten beitragsfähigen Anbaustraßen dann, wenn sich die rechtlichen Verhältnisse derart verändert haben, daß sie nunmehr im Innenbereich verlaufen[45].

b) Eine Beurteilung, die von dem durch die tatsächlichen Verhältnisse geprägten Erscheinungsbild abweicht, kann ferner mit Rücksicht auf das Merkmal „zum Anbau bestimmt" geboten sein und – sofern das zutrifft – dazu führen, daß eine bei natürlicher Betrachtungsweise einheitliche Straße in erschließungsbeitragsrechtlich unterschiedlich zu beurteilende Einzelanlagen zerfällt. Das ist etwa der Fall, wenn eine nach den tatsächlichen Verhältnissen einheitliche Straße zunächst im unbeplanten Innenbereich und sodann durch unbebaubares (bzw. nur nach Maßgabe des § 35 BauGB bebaubares) Gelände des Außenbereichs verläuft[46]. Denn eine Straße ist – wie bereits gesagt – nur „zum Anbau bestimmt" i. S. des § 127 Abs. 2 Nr. 1 BauGB, wenn und soweit an sie angebaut werden darf, d. h. wenn und soweit sie die an sie angrenzenden Grundstücke nach Maßgabe der §§ 30 ff. BauGB bebaubar (oder sonstwie in nach § 133 Abs. 1 BauGB beachtlicher Weise nutzbar) macht. Folglich endet die Anbaubestimmung einer Straße und damit ihre Eigenschaft als beitragsfähige Erschließungsanlage unter anderem, wenn sie nicht nur für eine unter dem Blickwinkel des Erschließungsbeitragsrechts nicht ins Gewicht fallende Teilstrecke in den Außenbereich einmündet, und sie endet über-

42 BVerwG, Urteil vom 18.5.1990 – 8 C 80.88 –, ZMR 1990, 354 = NVwZ 1991, 77.
43 BVerwG, u. a. Urteil vom 29.11.1985 – 8 C 59.84 –, NVwZ 1986, 303 = KStZ 1986, 213.
44 BVerwG, Urteil vom 5.10.1984 – 8 C 41.83 –, DVBl. 1985, 294 = KStZ 1985, 49.
45 BVerwG, Urteil vom 26.9.1982 – 8 C 145.81 –, DVBl. 1983, 135 = KStZ 1983, 95.
46 BVerwG, Urteil vom 20.9.1974 – IV C 70.72 –, NJW 1975, 323 = DVBl. 1975, 378.

dies dann, wenn sie mit einer solchen Teilstrecke durch ein aufgrund entsprechender Festsetzung beidseitig der Bebauung entzogenes Bebauungsplangebiet verläuft[47].

Das führt zu der Frage, wann angenommen werden muß, eine im Außenbereich oder in einem der Bebauung beidseitig entzogenen Bebauungsplangebiet verlaufende Teilstrecke einer vor und nach dieser Teilstrecke zum Anbau bestimmten Straße falle unter dem Blickwinkel des Erschließungsbeitragsrechts derartig ins Gewicht, daß diese Teilstrecke die bei natürlicher Betrachtungsweise einheitliche Straße in erschließungsbeitragsrechtlich unterschiedlich zu beurteilende Einzelanlagen spaltet. Das ist der Fall, wenn die betreffende Teilstrecke – erstens – selbst den Eindruck einer gewissen Selbständigkeit vermittelt und sie – zweitens – im Verhältnis zu der in Rede stehenden Verkehrsanlage insgesamt nicht von lediglich untergeordneter Bedeutung ist, d. h. wenn sie beiden Anforderungen genügt, und zwar sowohl der absoluten als auch der relativen.

Für die Beurteilung, welche Ausdehnung namentlich eine nicht anbaubare Teilstrecke einer im übrigen zum Anbau bestimmten Straße aufweisen muß, um diese tatsächlich einheitliche Verkehrsanlage aus erschließungsbeitragsrechtlicher Sicht aufzuspalten, ist maßgebend abzustellen auf die Interessenlage. Werden hohe Anforderungen an die Ausdehnung gestellt, d. h. wird selbst eine recht lange, nicht anbaubare Teilstrecke noch als nicht ins Gewicht fallend bewertet, laufen die Eigentümer der Grundstücke an dem anbaubaren Teilstück Gefahr, im wesentlichen Umfang Kosten tragen zu müssen, die auf einen nicht zum Anbau bestimmten Straßenteil entfallen. Denn die an der nicht anbaubaren Straßenstrecke liegenden Grundstücke sind – mangels Bebaubarkeit schon – nicht erschlossen i. S. des § 131 Abs. 1 Satz 1 BauGB und nehmen deshalb nicht an der Verteilung des entstandenen Erschließungsaufwands teil. Ein derartiges Ergebnis begegnet Bedenken unter dem Gesichtspunkt der Erschließungsfunktion einer solchen Verkehrsanlage und des durch das Erschließungsbeitragsrecht angestrebten angemessenen Ausgleichs von Vorteilen und Lasten. Wird dagegen das Merkmal „ins Gewicht fallend" bereits bei einer recht geringen Ausdehnung einer beidseitig nicht anbaubaren Teilstrecke als erfüllt angesehen, führt das dazu, daß eine in der Wirklichkeit einheitliche Straße gewissermaßen zu einem Flickenteppich wird und damit eine dem Erschließungsbeitragsrecht fremde Atomisierung des Begriffs der beitragsfähigen Erschließungsanlage eintreten kann. Vor diesem Hintergrund drängt sich die Annahme auf, daß eine beidseitig nicht anbaubare Teilstrecke erst dann eine tatsächlich einheitliche Straße rechtlich zu spalten geeignet ist, wenn sie selbst den Eindruck einer gewissen Selbständigkeit vermittelt. Das ist nach der ständigen Rechtsprechung des BVerwG[48] zur Selbständigkeit von Stichstraßen erst der Fall, wenn sie mehr als 100 m lang sind. Allerdings bedarf diese Konkretisierung des Merkmals „ins Gewicht fallend" aus der Natur der Sache mit Blick auf die Ausdehnung der jeweiligen Verkehrsanlage insgesamt einer Relativierung: Handelt es sich bei der Verkehrsanlage um eine beispielsweise 4 000 m lange

---

47 BVerwG, Urteil vom 6.12.1996 – 8 C 32.95 –, DVBl. 1997, 499 = ZMR 1997, 200.
48 BVerwG, statt vieler Urteil vom 23.6.1995 – 8 C 33.94 –, KStZ 1996, 156 = ZMR 1996, 49.

Straße, kommt einer beidseitig nicht anbaubaren Straßenstrecke von nur etwa 100 m Länge nach dem durch die tatsächlichen Verhältnisse geprägten Gesamteindruck regelmäßig lediglich untergeordnete Bedeutung zu, so daß sie in diesem Zusammenhang nicht nennenswert ins Gewicht fällt. Etwas anderes gilt bei einer derartigen nicht anbaubaren Straßenstrecke z. B. bei einer (Verbindungs-)Straße von 200 m Länge, d. h. dann, wenn die beidseitig nicht anbaubare Straßenstrecke in ihrer Ausdehnung etwa eine Hälfte der Ausdehnung der gesamten Verkehrsanlage ausmacht. Das BVerwG hat in seiner Entscheidung vom 6.12.1996 offengelassen, in welchem Verhältnis im einzelnen die Ausdehnung der beidseitig nicht anbaubaren Teilstrecke einer Straße zur Ausdehnung der gesamten Verkehrsanlage stehen muß, damit die beidseitig nicht anbaubare Teilstrecke (schon) als ins Gewicht fallend zu qualifizieren ist. Es hat jedoch entschieden, dies sei jedenfalls anzunehmen, wenn ein Verhältnis von etwa einem Fünftel zu vier Fünfteln besteht, wenn also eine Teilstrecke von etwa einem Fünftel oder mehr einer Verkehrsanlage beidseitig nicht zum Anbau bestimmt ist.

c) Schließlich begründet der sog. Halbteilungsgrundsatz[49] im Zusammenhang mit einseitig anbaubaren Straßen eine Ausnahme von der Maßgeblichkeit der natürlichen Betrachtungsweise für die Beurteilung, ob eine in der Örtlichkeit einheitliche Verkehrsanlage insgesamt oder nur teilweise eine beitragsfähige Anbaustraße ist.

Auszugehen ist davon, daß eine Straße selbst dann zum Anbau bestimmt ist, wenn ein Anbau nur von einer Seite her zulässig ist, z. B. weil die an die andere Straßenseite angrenzenden Grundstücke im Außenbereich liegen, deshalb typischerweise nicht bebaubar und unabhängig von einer nach Maßgabe des § 35 BauGB erfolgten Bebauung nicht erschlossen i. S. des § 131 Abs. 1 Satz 1 BauGB sind[50]. Eine solche einseitige Anbaubarkeit einer Straße kann auch durch sonstige rechtliche (z. B. entsprechende Ausweisung im Bebauungsplan) oder tatsächliche (z. B. parallel zur Straße verlaufende Eisenbahnschiene, Gewässer usw.) Gründe bewirkt werden. Sie hat jedoch nicht gleichsam zwangsläufig zur Folge, daß die Eigentümer der an die bebaubare Straßenseite angrenzenden Grundstücke regelmäßig allein den umlagefähigen Aufwand für die gesamte Straße tragen müßten. Vielmehr gebietet das Bundesrecht nach Auffassung des BVerwG[51] jedenfalls im Grundsatz, daß auf die Grundstücke an der bebaubaren Straßenseite nur die Hälfte der für die Anlegung der Straße entstandenen Kosten verteilt werden können. Dieser sog. Halbteilungsgrundsatz blockiert – soweit er eingreift – die Abwälzbarkeit einer Hälfte der für den Erstausbau einer einseitig anbaubaren Straße angefallenen Kosten und gibt diese Hälfte erst zur Abwälzung frei, sofern und sobald die bisher z. B. wegen ihrer Lage im Außenbereich nicht bebaubaren Grundstücke bebaubar werden und damit der Erschließungsbeitragspflicht unterliegen.

---

49 Vgl. zum sog. Halbteilungsgrundsatz im einzelnen *Driehaus*, Baurecht-Aktuell, Festschrift für *Felix Weyreuther*, S. 435.
50 BVerwG, Urteil vom 14.2.1986 – 8 C 115.84 –, NVwZ 1986, 568 = KStZ 1986, 90.
51 Vgl. zuletzt Urteil vom 31.1.1992 – 8 C 31.90 –, BVerwGE 89, 362 = NVwZ 1992, 670.

Gegenstand des Halbteilungsgrundsatzes ist ausschließlich der erschließungsbeitragsrechtliche Begriff der Anbaustraße. Nach Maßgabe dieses Grundsatzes erfüllt „eine Straße, die lediglich einseitig zum Anbau bestimmt ist, von Fall zu Fall
nur in ihrer den bebaubaren Grundstücken zugewandten Hälfte den Begriff der
beitragsfähigen Erschließungsanlage i. S. des § 127 Abs. 2 Nr. 1 BauGB; das hat
zur Konsequenz, daß dann ausschließlich die auf diese Hälfte entfallenden Kosten
als Kosten für ihre erstmalige Herstellung i. S. des § 128 Abs. 1 Satz 1 Nr. 2 BauGB
anzusehen (und auf die Grundstücke der anbaubaren Straßenseite zu verteilen)
sind"[51]. Der Halbteilungsgrundsatz führt zwar nicht zu einer realen Teilung der
Verkehrsanlage, sondern läßt sie als solche unberührt. Doch zerfällt die real einheitliche Verkehrsanlage bei dieser Betrachtungsweise gleichsam in zwei ideelle
Hälften, von denen lediglich eine „zum Anbau bestimmt" ist. Ändern sich später die
Verhältnisse derart, daß nunmehr – etwa infolge einer förmlichen Beplanung –
auch die Grundstücke der gegenüberliegenden Straßenseite bebaubar werden,
erlangt auch die andere (ideelle) Hälfte die rechtliche Qualität der Bestimmung
zum Anbau und wird damit – als sozusagen zweite einseitig anbaubare Straße –
mit der Folge Teil einer beitragsfähigen Gesamtanlage, daß der für diese (zweite)
Hälfte schon früher angefallene und deshalb der Höhe nach feststehende, aber
bisher blockierte Herstellungsaufwand beitragsfähig (§ 128 Abs. 1 BauGB) wird
und nach Abzug des Gemeindeanteils (einzig) auf die durch diese „zweite Hälfte"
gemäß § 131 Abs. 1 Satz 1 BauGB erschlossenen Grundstücke umzulegen ist.

III.

1. a) Das Straßenbaubeitragsrecht stellt – soweit es um Anbaustraßen geht – ab
auf Baumaßnahmen, die z. B. der Verbesserung oder Erneuerung einer zuvor bereits endgültig hergestellten und deshalb aus dem Anwendungsbereich des Erschließungsbeitragsrechts entlassenen Erschließungsanlage i. S. des § 127 Abs.
2 Nr. 1 BauGB dienen. Das Erschließungs- und das Straßenbaubeitragsrecht haben insoweit jeweils Anbaustraßen zum Gegenstand ihrer beitragsfähigen Baumaßnahmen; sie schließen hinsichtlich dieses Gegenstands zeitlich aneinander
an: Das Erschließungsbeitragsrecht erfaßt lediglich die erstmalige Herstellung der
Anbaustraße; ihr weiteres beitragsrechtliches Schicksal richtet sich nach dem einschlägigen Straßenbaubeitragsrecht. Vor diesem Hintergrund drängt sich ungeachtet der Tatsache, daß es sich bei dem straßenbaubeitragsrechtlichen Anlage-
bzw. Einrichtungsbegriff um einen Begriff des jeweiligen Landesrechts handelt,
die Annahme auf, mit Blick auf Anbaustraßen decke sich inhaltlich der Begriff der
beitragsfähigen Anlage (Einrichtung) im Erschließungs- und im Straßenbaubeitragsrecht. Jedenfalls erscheint es aus der Sicht des – wegen seiner beabsichtig-
ten Kostenbeteiligung letztlich im Vordergrund stehenden – Beitragspflichtigen
weder verständlich noch überzeugend, wenn bei der Verteilung des für beispielsweise die Verbesserung der Fahrbahn einer bestimmten Anbaustraße entstandenen Aufwands ohne zwingenden Grund ein anderer, möglicherweise kleinerer
Kreis von Grundeigentümern berücksichtigt wird als der, der die Kosten der erstmaligen Herstellung dieser Fahrbahn (anteilig) getragen hat. Deshalb leuchtet ohne

weiteres ein, daß nach den meisten Kommunalabgabengesetzen52 hinsichtlich Anbaustraßen der erschließungs- und der straßenbaubeitragsrechtliche Anlage(Einrichtungs-)Begriff inhaltlich identisch ist.

b) Diese inhaltliche Übereinstimmung des straßenbaubeitragsrechtlichen Einrichtungs(bzw. Anlage)begriffs mit dem erschließungsbeitragsrechtlichen Anlagebegriff gilt – und das ist nochmals zu betonen – nur insoweit, als der Gegenstand der Betrachtung, also der Straßenkörper, identisch ist, d. h. für Anbaustraßen i. S. des § 127 Abs. 2 Nr. 1 BauGB und überdies für unbefahrbare Wohnwege i. S. des § 127 Abs. 2 Nr. 2 BauGB. Sie gilt selbstverständlich nicht dort, wo eine Straße oder ein Weg nur vom Straßenbaubeitragsrecht, nicht aber auch vom Erschließungsbeitragsrecht erfaßt wird, wie dies namentlich etwa zutrifft für Wirtschaftswege. Und ferner fehlt es an einer inhaltlichen Übereinstimmung des Anlage- bzw. Einrichtungsbegriffs, wenn spezifisch straßenbaubeitragsrechtliche Grundsätze eine Abweichung vom erschließungsbeitragsrechtlichen Anlagebegriff aufdrängen. Das ist insbesondere der Fall, wenn eine Hauptstraße und eine von ihr abzweigende, weniger als 100 m lange und deshalb erschließungsbeitragsrechtlich regelmäßig unselbständige Sackgasse wegen ihrer unterschiedlichen Funktionen einer anderen straßenbaubeitragsrechtlichen „Kategorie"[53] zuzurechnen sind, beispielsweise die Hauptstraße als überwiegend dem überörtlichen Durchgangsverkehr dienende Verkehrsanlage (mit einem nach der einschlägigen Beitragssatzung relativ hohen Gemeindeanteil und entsprechend geringem Anliegeranteil am beitragsfähigen Aufwand) und die Sackgasse als Anliegerstraße (mit einem relativ hohen Anlieger- und einem entsprechend geringen Gemeindeanteil am beitragsfähigen Aufwand) einzustufen ist. Während eine derartige erschließungsbeitragsrechtlich grundsätzlich unselbständige Sackgasse im Erschließungsbeitragsrecht Bestandteil der Hauptstraße ist, also zu dieser Hauptstraße „gehört" und abrechnungsmäßig das Schicksal dieser Hauptstraße teilt, zwingt im Straßenbaubeitragsrecht die unterschiedliche Funktion von Hauptstraße und Sackgasse und in der Folge deren unterschiedliche Einstufung in eine der in der Satzung festgelegten Straßenkategorien zu der Annahme, es handele sich straßenbaubeitragsrechtlich um unterschiedliche Einrichtungen (bzw. Anlagen). Denn nur auf diesem Wege kann erreicht werden, daß – einerseits – einzig die Anlieger an der Hauptstraße sozu-

---

52 Vgl. etwa zu § 6 Abs. 1 NKAG OVG Lüneburg, u. a. Beschluß vom 11.2.1987 – 9 B 122/86 –, KStZ 1987, 151 = ZMR 1987, 353; zu § 11 Abs. 1 HKAG VGH Kassel, Urteil vom 10.10.1984 – 5 OE 101/82 –, NVwZ 1985, 365 = GemHH 1986, 18; zu Art. 5 Abs. 1 BayKAG VGH München, Urteil vom 22.11.1992 – 6 B 92.558 –; zu § 26 Abs. 1 SächsKAG Amtl. Begründung LT-Drucks. 1/2843, S. 31, sowie Ziffer 26.1.1 der Hinweise des Sächsischen Staatsministeriums des Innern zur Anwendung des SächsKAG vom 5.5.1994 (Amtsbl. S. 842).

53 Im Straßenbaubeitragsrecht, wo regelmäßig eine dem § 129 Abs. 1 Satz 3 BauGB entsprechende landesrechtliche Bestimmung fehlt, sind die Gemeinden verpflichtet, die Höhe des Gemeindeanteils nach Straßenarten (und überdies nach Teileinrichtungen) zu staffeln. Grundsätzlich genügt den gesetzlichen Anforderungen eine Differenzierung nach – erstens – Anliegerstraßen, – zweitens – Straßen mit starkem innerörtlichen Verkehr und – drittens – Straßen mit überwiegendem (innerörtlichen und überörtlichen) Durchgangsverkehr. Vgl. dazu etwa §§ 11 Abs. 3 HKAG und 28 Abs. 2 SächsKAG sowie im einzelnen *Driehaus*, Kommunalabgabenrecht, Kommentar, Stand März 1997, § 8 Rdn. 365.

sagen in den Genuß des geringen Anliegeranteils kommen und – andererseits – die Anlieger der Sackgasse mit dem entsprechend höheren Anliegeranteil (an den selbstverständlich regelmäßig sehr viel geringeren Ausbaukosten) belastet werden. Überdies ist anerkannt, daß ein nach seinem Erscheinungsbild als eine einzelne Einrichtung (Anlage) anzusehender Straßenzug gleichwohl als zwei selbständige Einrichtungen abzurechnen ist, wenn die beiden Teile „unterschiedlichen Verkehrsfunktionen dienen", die „zu unterschiedlichen Gemeindeanteilen führen"[54].

c) Im übrigen sei zur Klarstellung hinzugefügt, daß eine inhaltliche Übereinstimmung des Anlage(Einrichtungs)begriffs im Erschließungs- und im Straßenbaubeitragsrecht nicht gleichsam automatisch dazu führt, daß etwa land- und forstwirtschaftliche Grundstücke im Außenbereich, die – wie § 133 Abs. 1 BauGB deutlich macht – im Erschließungsbeitragsrecht keiner Beitragspflicht unterliegen, auch im Straßenbaubeitragsrecht von einer Beitragsbelastung freigestellt sind. Denn diese Identität des Anlagebegriffs hat Bedeutung in erster Linie für die Aufwendungsphase, d. h. für die Beantwortung der Fragen, was alles (an Fläche) zu einer beitragsfähigen Anlage (Einrichtung) zählt und welche beitragsfähigen Kosten für ihren Ausbau angefallen sind. Sie hat aber keinen bestimmenden Einfluß darauf, welche Grundstücke bei der Verteilung des umlagefähigen Aufwands zu berücksichtigen sind. Insoweit verbleibt es vielmehr bei dem grundsätzlichen Unterschied zwischen dem Erschließungsbeitragsrecht, das für die Aufwandsverteilung ausschließlich auf i. S. des § 133 Abs. 1 BauGB baulich und gewerblich nutzbare Grundstücke abstellt, und dem Straßenbaubeitragsrecht, das grundsätzlich jede zulässige Nutzung eines Grundstücks in den Vorteilsausgleich einbezieht[55]. Aus diesem Grunde reagiert das Erschließungsbeitragsrecht auf das Phänomen der einseitig anbaubaren Straße mit dem bereits oben behandelten Halbteilungsgrundsatz, während das Straßenbaubeitragsrecht darauf mit der sog. Vorverteilungsregelung[56] reagiert, d. h. einer Satzungsbestimmung, die im Interesse einer angemessen vorteilsgerechten Verteilung des umlagefähigen Aufwands auf die bebaubaren Grundstücke der einen Straßenseite und die Außenbereichsgrundstücke der anderen Straßenseite anordnet, dieser Aufwand sei beispielsweise im Verhältnis 1 (für die nicht bebaubaren Grundstücke des Außenbereichs) zu 2 (für die bebaubaren Grundstücke des Innenbereichs) „vorzuverteilen" [*2].

2. Ohne dies im einzelnen zu begründen, geht das OVG Münster[57] in ständiger Rechtsprechung davon aus, im nordrhein-westfälischen Landesrecht sei der Begriff „Anlage" in § 8 Abs. 2 Satz 1 KAG NW ein eigenständiger straßenbaubeitrags-

---

54 OVG Lüneburg, Beschluß vom 6.11.1989 – 9 M 64/89 –.

55 Vgl. zur unterschiedlichen Behandlung von Außenbereichsflächen im Erschließungs- und im Straßenbaubeitragsrecht im einzelnen *Driehaus* in ZMR 1995, 381.

56 Vgl. zur Vorverteilungsregelung bei einseitig anbaubaren Straßen im einzelnen *Driehaus*, Erschließungs- und Ausbaubeiträge, 4. Aufl., § 34 Rdn. 28.

*2 Da solche Vorverteilungsregelungen nicht alle insoweit beachtlichen Fallgestaltungen angemessen vorteilsgerecht lösen können, hat sich in der Praxis inzwischen das Abstellen auf besondere Nutzungsfaktoren für Außenbereichsgrundstücke durchgesetzt (vgl. u. a. Driehaus, Erschließungs- und Ausbaubeiträge, 7. Aufl., § 36 Rdn. 7 ff.).

57 OVG Münster, statt vieler Urteil vom 24.10.1986 – 2 A 840/84 –, KStZ 1987, 74 m. w. N.

rechtlicher Begriff, der seinem Inhalt nach gleichsam „offen" sei, nämlich offen für eine nähere Definition durch den Ortsgesetzgeber in der Beitragssatzung. Anknüpfend an die Mustersatzung des nordrhein-westfälischen Innenministers[58] haben viele Gemeinden in Nordrhein-Westfalen – jedenfalls früher – in ihren Straßenbaubeitragssatzungen als Anlagen die als beitragsfähige Erschließungsanlagen zu qualifizierenden Straßen, Wege und Plätze bezeichnet. Eine solche Beschränkung des straßenbaubeitragsrechtlichen Anlagebegriffs auf beitragsfähige Erschließungsanlagen ist nach Auffassung des OVG Münster[59] zwar zulässig, aber nicht geboten[60]. Denn § 8 Abs. 1 Satz 2 KAG NW schreibe nicht vor, daß im Bereich eines Straßennetzes einer Gemeinde eine Verkehrsanlage immer mit einer Straße, einem Weg oder einem Platz i. S. des Erschließungsbeitragsrechts identisch sein müßte. Aus der Formulierung „dem öffentlichen Verkehr gewidmeten Straßen, Wegen und Plätzen" (§ 8 Abs. 1 Satz 2 KAG NW) lasse sich derartiges schon deshalb nicht herleiten, weil es unzweifelhaft eine Reihe von öffentlichen Straßen, Wegen und Plätzen gebe, die keine beitragsfähigen Erschließungsanlagen sind. Vielmehr sei Anlage in § 8 Abs. 2 Satz 1 KAG NW alles, was im Bereich der öffentlichen Straßen, Wege und Plätze Gegenstand einer Maßnahme i. S. dieser Vorschrift sein und was nach Maßgabe des Bauprogramms im Einzelfall hergestellt oder verbessert werden könne[57]. Vor diesem Hintergrund steht es zwar dem Ortsgesetzgeber in Nordrhein-Westfalen frei, zur Regelung des hier in Rede stehenden Tatbestandsmerkmals in der Straßenbaubeitragssatzung von Anlagen „im Bereich der öffentlichen Straßen, Wege und Plätze"[61] zu sprechen mit der Folge, daß die räumliche Ausdehnung einer Anlage durch das konkrete Bauprogramm bestimmt wird. Doch ist es aus einer Reihe von namentlich Rechtssicherheits-Gründen – wie der Nordrhein-Westfälische Städte- und Gemeindebund formuliert – „angezeigt"[62], daß sich der Ortsgesetzgeber für den erschließungsbeitragsrechtlichen Anlagebegriff entscheidet.

3. Das schleswig-holsteinische Landesrecht stellt nach der Rechtsprechung des seinerzeit für die Auslegung dieses Landesrechts zuständigen OVG Lüneburg[63] mit dem Begriff „öffentliche Einrichtungen" in § 8 Abs. 1 Satz 1 KAG SH ab auf den erschließungsbeitragsrechtlichen Anlagebegriff, d. h. auf eine öffentliche Gemeindestraße in ihrer gesamten Länge und mit allen Teileinrichtungen. Ohne auf diese Rechtsprechung auch nur hinzuweisen weicht das nunmehr zuständige OVG Schleswig[64] bei gleich gebliebenem Gesetzeswortlaut im Urteil vom 8.12.1994 ohne jede Begründung von dieser Rechtsprechung ab und bekennt sich – wie-

---

58 Runderlaß vom 28.5.1971 in MinBl. 1971, 1178.

59 OVG Münster, u. a. Urteil vom 23.11.1976 – II A 1766/74 –, OVGE 32, 162 = KStZ 1977, 114.

60 Vgl. in diesem Zusammenhang u. a. *Kulartz* in StuGR 1984, 61.

61 So schon *Hinsen* in *Driehaus/Hinsen/von Mutius*, Grundprobleme des kommunalen Beitragsrechts, S. 1 (8).

62 Anmerkungen zu § 1 des im Mitt.NWStGB vom 20.8.1992 veröffentlichten Musters einer Satzung über die Erhebung von Beiträgen nach § 8 KAG NW für straßenbaubeitragsrechtliche Maßnahmen.

63 OVG Lüneburg, u. a. Beschluß vom 7.1.1991 – 9 M 151/90 – und Urteil vom 12.3.1991 – 9 L 312/90 –.

64 OVG Schleswig, Urteil vom 8.12.1994 – 2 L 328/91 –.

derum ohne dies ausdrücklich auszusprechen – zum Anlagebegriff des nordrhein-westfälischen Landesrechts: „Einrichtung i. S. des § 8 Abs. 1 Satz 1 KAG ist das, was Gegenstand einer Herstellung, eines Ausbaus oder Umbaus i. S. der Vorschrift sein kann und was nach Maßgabe des Bauprogramms im Einzelfall hergestellt oder verbessert wird. Die räumliche Ausdehnung einer Einrichtung wird somit durch das konkrete Bauprogramm bestimmt"[64]. Nur gut einen Monat später, nämlich im Urteil vom 18.1.1995, weicht indes das OVG Schleswig[65] – ohne die zuvor genannte Entscheidung auch nur zu erwähnen und erneut ohne Begründung – von seiner eigenen, soeben dargestellten Rechtsauffassung zum maßgeblichen Einrichtungsbegriff ab und formuliert – wie zuvor das OVG Lüneburg –: „Öffentliche Einrichtung i. S. des § 8 Abs. 1 KAG ist … die Gemeindestraße insgesamt"[65]. Gleichwohl nimmt Böttcher[66] gerade diese letzte Entscheidung als Beleg für seine Meinung, daß das OVG Schleswig ebenso wie das OVG Münster zum nordrhein-westfälischen Landesrecht die Ansicht „vertritt, bei dem Begriff der ‚öffentlichen Einrichtung' i. S. des § 8 Abs. 1 Satz 1 und Abs. 4 Sätze 1 und 2 KAG handele es sich um einen eigenständigen landesrechtlichen Begriff des Straßenbaubeitragsrechts, der seinem Inhalt nach gleichsam ‚offen', nämlich der inhaltlichen Bestimmung durch den Ortsgesetzgeber in der jeweiligen Satzung zugänglich ist"[66]. Dem kann nicht zugestimmt werden. Denn das OVG Schleswig[65] befaßt sich in der Entscheidung vom 18.1.1995 abgesehen von der oben zitierten Aussage nicht mit dem Einrichtungsbegriff, sondern mit der davon zu trennenden Frage, was eine beitragsfähige Aus- und Umbaumaßnahme ist und ob sie sich stets auf die gesamte Straße und alle Teileinrichtungen beziehen muß. Das verneint das OVG Schleswig zu Recht[67]. Zutreffend – und damit der seinerzeitigen Rechtsprechung des OVG Lüneburg[63] folgend – schreibt dagegen *Thiem*[68], für den Bereich des schleswig-holsteinischen Landesrechts „entspricht die Einrichtung der jeweiligen Erschließungsanlage, auf die sich die Baumaßnahme bezieht"[68]. Es bleibt abzuwarten, in welche Richtung sich die Rechtsprechung des OVG Schleswig zum maßgeblichen Einrichtungsbegriff bewegen wird[69][*3].

---

65 OVG Schleswig, Urteil vom 18.1.1995 – 2 L 113/94 –, SchlH Gemeinde 1995, 209.

66 *Böttcher* in SchlH Gemeinde 1995, 209.

67 Vgl. dazu im einzelnen *Driehaus* in *Driehaus*, Kommunalabgabenrecht, Kommentar, Stand März 1997, § 8 Rdn. 293, 310 und 312.

68 *Thiem* in SchlH Gemeinde 1977, 165 (168).

69 Zwar hat das OVG Schleswig in zwei Urteilen vom 24.10.1996 (– 2 L 300/95 und 2 L 108/96 –) seine Rechtsprechung im Urteil vom 8.12.1994 (– 2 L 328/91 –) bestätigt, doch hat damit seine Rechtsprechung zum maßgeblichen Einrichtungsbegriff offensichtlich noch keinen Abschluß gefunden.

*3 Mit Urteil v. 28.10.1997 (– 2 L 281/95 – DVBl. 1998, 719 = NordÖR 1998, 88 = GemSH 1998, 98) hat das OVG Schleswig klargestellt, „öffentliche Einrichtung i. S. des § 8 Abs. 1 KAG ist … regelmäßig die im Gemeindegebiet verlaufende Straße in ihrer gesamten Ausdehnung. … Soweit der Senat unter Bezugnahme auf die Rechtsprechung zum nordrhein-westfälischen Landesrecht verschiedentlich die Auffassung vertreten hat, Einrichtung i. S. von § 8 Abs. 1 Satz 1 KAG sei das, was Gegenstand einer Herstellung, eines Ausbaus oder Umbaus i. S. dieser Vorschrift sein könne und was nach Maßgabe des Bauprogramms im Einzelfall hergestellt oder verbessert wurde, wird daran nicht festgehalten."

4. In den neuen Bundesländern führt die (bundesrechtliche) Überleitungsregelung des § 246 a Abs. 4 BauGB[70] nach Ansicht des OVG Greifswald[71] zu einer inhaltlichen Identität des straßenbau- und des erschließungsbeitragsrechtlichen Anlagebegriffs. § 246 a Abs. 4 BauGB enthält für die neuen Bundesländer die maßgebende Abgrenzungsbestimmung der Anwendungsbereiche des Erschließungs- und des Straßenbaubeitragsrechts[72]. Danach scheidet die Erhebung von Erschließungsbeiträgen für Baumaßnahmen an Teileinrichtungen aus, die vor dem Wirksamwerden des Beitritts der vormaligen Deutschen Demokratischen Republik zur Bundesrepublik Deutschland (3.10.1990) – „bereits hergestellt" waren. Trifft das z. B. für die Fahrbahn einer Anbaustraße, nicht aber auch etwa für die Gehwege und die Straßenbeleuchtung zu, ist eine Baumaßnahme, die alle drei Teileinrichtungen erfaßt, mit Blick auf die Fahrbahn nach den Regeln des Straßenbaubeitragsrechts und mit Blick auf die beiden anderen Teileinrichtungen nach den Regeln des Erschließungsbeitragsrechts abzurechnen[72]. Vor diesem Hintergrund meint das OVG Greifswald, der Anlagebegriff in § 8 Abs. 1 KAG MV decke sich ungeachtet dessen mit dem erschließungsbeitragsrechtlichen Anlagebegriff, daß das Kommunalabgabengesetz des Landes Mecklenburg-Vorpommern nach dem des Landes Nordrhein-Westfalen „entwickelt worden ist (…). Den maßgebenden Unterschied zu der Regelung in Nordrhein-Westfalen sieht der Senat in dem … Zusammenhang der Straßenbaubeiträge mit dem Erschließungsbeitrag. Im Gegensatz zu den alten Ländern ist es möglich, daß Erschließungsbeiträge nur für eine Teileinrichtung erhoben werden können, während die Gemeinden für weitere Teileinrichtungen einer Erschließungsanlage allenfalls Straßenbaubeiträge erheben können"[71]. Diese sich aus § 246 a Abs. 4 BauGB ergebende Folge schlage auf die Auslegung des straßenbaubeitragsrechtlichen Anlagebegriffs durch.

---

70 Der § 246a Abs. 4 BauGB wird mit Inkrafttreten des Gesetzes zur Änderung des Baugesetzbuchs und zur Neuregelung des Rechts der Raumordnung (Bau- und Raumordnungsgesetz 1998 – BauROG) durch die wortgleiche Bestimmung des § 242 Abs. 9 BauGB abgelöst werden (vgl. im einzelnen die Amtliche Begründung des entsprechenden Gesetzentwurfs BT-Drucks. 13/6392, S. 76).

71 OVG Greifswald, Beschluß vom 3.6.1996 – 6 M 20.95 –, DVBl. 1997, 501.

72 Vgl. zu § 246a Abs. 4 BauGB als dem Tor zum Erschließungsbeitragsrecht in den neuen Bundesländern im einzelnen *Driehaus* in ZMR 1994, 245.

2. Kreisverkehrsanlagen – Herstellungskosten abrechenbar nach Erschließungs- oder Straßenbaubeitragsrecht*

I.

Der Kreisverkehr als eine besondere Knotenpunktform erfährt in Deutschland eine „Renaissance".[1] Das wirft zum einen verkehrsrechtliche Fragen auf, der die Straßenverkehrsordnung seit dem 1.2.2001 durch eine eigene Vorschrift (§ 9 a) und ein eigenes Verkehrszeichen (Zeichen 215) Rechnung trägt. Das wirft überdies – wie der Aufsatz von *Thielmann*[2] belegt – beitragsrechtliche Fragen auf. Den letzteren Fragen soll im folgenden nachgegangen werden.

1. Bevor diese Fragen behandelt werden können ist es allerdings geboten, sich Klarheit darüber zu verschaffen, was straßenverkehrsrechtlich unter einem „echten" Kreisverkehr (§ 9 a StVO) oder genauer: einer solchen Kreisverkehrsanlage zu verstehen ist und worin sie sich von ähnlichen Knotenpunktformen wie einem „unechten" Kreisverkehr und einer Kreuzung (§ 8 StVO) unterscheidet.

a) Der „echte" Kreisverkehr ist gekennzeichnet durch eine kreisförmige Fahrbahn mit Einmündungen unterschiedlicher anderer Fahrbahnen und eine sogenannte Mittelinsel, die in der Praxis nicht selten durch Bordsteine abgegrenzt und mit Anpflanzungen, gelegentlich auch etwa mit Denkmälern u. a., ausgestaltet ist.[3] Die kreisförmige Fahrbahn wird in § 9 a StVO als „Kreisfahrbahn" bezeichnet; obwohl diese Bezeichnung nur im normativen Kontext des Straßenverkehrsrechts zu finden ist, weist sie keine auf dieses Rechtsgebiet bezogenen Besonderheiten auf, sondern enthält eine prägnante Beschreibung der tatsächlichen Verhältnisse und ist deshalb ohne weiteres auch im Rahmen beitragsrechtlicher Überlegungen verwendbar. Unter dem Blickwinkel des Straßenverkehrsrechts sind zwei verschiedene Kreisverkehre voneinander zu trennen, nämlich die Kreisverkehre i. S. des § 9 a StVO und die herkömmlichen Kreisverkehre.[4] Die Bestimmung des § 9 a StVO ist in erster Linie für kleinere Kreisverkehre gedacht, auf der die üblichen Verkehrsschilder nicht aufgestellt werden können;[5] einzig bei einem Kreisverkehr mit der Schilderkombination der Zeichen 215 und Zeichen 205 gelten die Anordnungen des § 9 a StVO hinsichtlich der Fahrtrichtungsanzeige, dem (absoluten) Halteverbot und der Erlaubnis zum (ausnahmsweisen) Überfahren der Mittelinsel; ein solcher Kreisverkehr darf von der Straßenverkehrsbehörde nur angeordnet

---

* Nachdruck aus ZMR 2004, 77.
1 Begründung zu § 9 a StVO in VkBl. 2001, S. 7.
2 *Thielmann*, Die beitragsrechtliche Behandlung von Kreisverkehrsanlagen nach BauGB und KAG, in: KStZ 2003, 141.
3 Vgl. zur Ausgestaltung im einzelnen „Merkblatt für die Anlage von kleinen Kreisverkehrsplätzen" der Forschungsgesellschaft für Straßen- und Verkehrswesen, Ausgabe 1998.
4 Siehe dazu *Kullik*, Der Kreisverkehr, in: PVT 2001, S. 70.
5 Vgl. *Kullik*, a. a. O.

werden, wenn die Mittelinsel von der Kreisfahrbahn abgegrenzt ist.[6] Für die übrigen, d. h. die nicht nach § 9 a StVO beschilderten Kreisverkehre sind die sonstigen Fahr- und Verhaltensregeln weiterhin maßgebend; beim Einfahren in die Kreisfahrbahn ist die beabsichtigte Fahrtrichtungsänderung nach rechts anzuzeigen, beim Ausfahren ebenfalls, im übrigen gelten für sie beispielsweise hinsichtlich eines Halteverbots die Vorschriften des § l2 Abs. 1 StVO. Diese straßenverkehrsrechtlichen Unterschiede ändern indes grundsätzlich nichts am äußeren Erscheinungsbild eines „echten" Kreisverkehrs bzw. einer entsprechenden Kreisverkehrsanlage: Eine solche Anlage ist zu verstehen als Gesamtheit aller Vorkehrungen, die auf einer Grundfläche mit Kreisfahrbahn, (abgegrenzter) Mittelinsel und mehreren Einmündungen angelegt ist. Bei einem unechten Kreisverkehr handelt es sich dagegen um eine Art Verkehrsinsel mit beiderseitig herumgeführten „gekrümmten" Fahrbahnen, die ihrerseits Bestandteil der an dieser Verkehrsinsel vorbeiführenden Straßen sind.[7]

b) Eine Straßenkreuzung ist straßenverkehrsrechtlich eine Knotenpunktform, bei der sich zwei öffentliche Straßen schneiden und an der Kreuzungsstelle dieselbe Grundfläche benutzen; Kreuzungen sind höhengleiche und höhenungleiche Überschneidungen öffentlicher Straßen.[8] Eine Kreuzung liegt lediglich vor, wenn beide Straßen über die Kreuzungsfläche hinweg fortgesetzt werden; dadurch unterscheidet sich eine Kreuzung von einer Einmündung, bei der von zwei aufeinandertreffenden Straßen nur eine fortgesetzt wird,[9] die andere aber, nämlich die einmündende, endet.

c) Der folgenden Betrachtung soll in erster Linie der Kreisverkehr i. S. des § 9 a StVO zugrunde gelegt werden, weil namentlich in Zeiten, die von „knappen" Kassen der Kommunen geprägt sind, von den Gemeinden gerade diese Kreisverkehrsanlagen erstmalig hergestellt oder bisherige Kreuzungen in sie umgestaltet werden dürften. Selbst mit Blick auf die herkömmlichen Kreisverkehrsanlagen ist indes hinsichtlich der Fahrbahnen im Verhältnis zu Kreuzungen festzuhalten: Die Grundfläche einer Kreuzung wird von mehreren, nämlich den Fahrbahnen der sich überschneidenden öffentlichen Straßen benutzt, die Grundfläche einer Kreisverkehrsanlage dagegen wird – abgesehen von der Mittelinsel und gegebenenfalls angelegten Geh- und Radwegen – einzig von der Kreisfahrbahn in Anspruch genommen, in die die Fahrbahnen unterschiedlicher anderer Straßen einmünden und hier enden.

2. Soweit ersichtlich haben sich bisher nur zwei Obergerichte aus beitragsrechtlicher Sicht mit einer Kreisverkehrsanlage beschäftigt; beide Entscheidungen befassen sich jedoch nicht mit der beitragsrechtlichen Ausgangsfrage, nämlich der Frage, ob eine solche Anlage als eine (nach Erschließungs- oder nach Straßenbaubeitragsrecht) beitragsfähige Anlage zu qualifizieren ist.

---

6   Ziffer IV Satz 1 der Vwv zu § 9 a StVO.
7   Siehe dazu *Bouska*, in: NVZ 2001, 27.
8   Vgl. *Henschel*, Straßenverkehrsrecht, 37. Aufl., § 8 Rdn. 32.
9   BGH, Urteil vom 5.2.1974 – VI ZR 195/72 –, NJW 1974, 949.

a) In seinem Beschluß vom 19.11.1998 billigt der Bayerische VGH[10] die Ansicht des VG Würzburg in dessen Entscheidung vom 15.1.1998,[11] „die Kosten für den Verkehrskreisel an der Kreisstraße … seien wie Kosten für eine Abbiegespur zu behandeln und dürften nach der Systematik des Erschließungsbeitragsrechts nur den Anliegern der in die Kreisstraße einmündenden Erschließungsanlage, nicht auch den Anliegern weiterer, nur mittelbar mit der Kreisstraße verbundener Straßen des betreffenden Baugebiets zugeordnet werden". Richtig ist, daß die Kosten einer auf einer klassifizierten Straße angelegten Abbiegespur unter bestimmten, im einzelnen im Urteil des BVerwG[12] vom 23.2.1990 dargelegten Voraussetzungen zum beitragsfähigen Erschließungsaufwand i. S. des § 128 Abs. 1 Satz 1 Nr. 2 BauGB einer einmündenden Anbaustraße (§ 127 Abs. 2 Nr. 1 BauGB) zählen können. Richtig ist ferner, daß – soweit dies zutrifft – mit diesen Kosten nur die durch diese Anbaustraße erschlossenen, nicht auch die etwa durch eine von ihr abzweigende weitere Anbaustraße erschlossenen Grundstücke belastet werden dürfen. Dagegen ist fraglich, ob namentlich die erstere Annahme auf eine Kreisverkehrsanlage übertragen werden kann, ob also „die Anlegung eines Kreisverkehrs … der Anlegung von Abbiegespuren insoweit gleichgestellt"[13] ist. Darauf wird noch zurückzukommen sein.

b) Das OVG Lüneburg[14] hat in seinem Urteil vom 28.11.2001 erkannt, eine kreisförmige Fahrbahn begründe bei einem Straßenzug, der in sie einmündet und sich auf der sozusagen Gegenseite fortsetzt, eine „trennende Wirkung" mit der Folge, daß sowohl die einmündende als auch die sich an die Gegenseite der kreisförmigen Fahrbahn anschließende Straße selbständige beitragsfähige Verkehrsanlagen seien. Dabei sei unerheblich, ob die entsprechende Kreisverkehrsanlage ein „selbständig abrechenbarer Platz" sei; „denn die Einheitlichkeit eines Straßenzuges kann nicht nur durch selbständig abrechenbare … Plätze unterbrochen werden".

II.

1. Das führt auf die Frage, ob eine Kreisverkehrsanlage i. S. des § 9 a StVO mit Kreisfahrbahn und Einmündungen verschiedener Anbaustraßen (§ 127 Abs. 2 Nr. 1 BauGB) eine nach den Regeln des Erschließungs- oder des Straßenbaubeitragsrechts beitragsfähige Verkehrsanlage ist, wobei aus Gründen der Vereinfachung hier und im folgenden vernachlässigt wird, daß Kreisverkehrsanlagen sehr häufig neben der Kreisfahrbahn sich an sie anschließende Geh- und gegebenenfalls sogar Radwege aufweisen. Für die Behandlung der aufgeworfenen Frage wird von einer Konstellation ausgegangen, in der die Gemeinde gleichsam „auf der

---

10 BayVGH, Beschluß vom 19.11.1998 – 6 ZS 98.376 –.
11 BayVG Würzburg, Beschluß vom 15.1.1998 – W 5 S 97.1712 –.
12 BVerwG, Urteil vom 23.2.1990 – 8 C 75.88 –, BVerwGE 85, 1 = NVwZ 1990, 869 = DVBl. 1990, S. 784.
13 So *Ludyga/Steiner/Hesse*, Erschließungsbeitrag, Schriftenreihe des Bayerischen Gemeindetags, Band 1, § 128 Rdn. 69.
14 OVG Lüneburg, Urteil vom 28.11.2001 – 9 LB 2941/01 –.

grünen Wiese" in einem überplanten Gebiet zeitgleich erstmals sowohl die Kreisverkehrsanlage als auch vier in sie einmündende Anbaustraßen herstellt, in der die Gemeinde also Straßenbaulastträger sämtlicher in Rede stehender Verkehrsanlagen ist.

a) *Thielmann*[15] bejaht diese Frage und meint, eine solche Kreisverkehrsanlage könne als zum Anbau bestimmter Platz i. S. des § 127 Abs. 2 Nr. 1 BauGB eine beitragsfähige Erschließungsanlage sein. Das begegnet Bedenken. Zwar ist die Grundfläche einer Kreisverkehrsanlage als öffentlicher Platz regelmäßig eine erschließungsbeitragsrechtlich **selbständige** Verkehrsanlage, doch ist zweifelhaft, ob bei einer solchen Verkehrsanlage das Merkmal „**zum Anbau bestimmt**" erfüllt ist.

aa) Der Begriff „**Platz**" in § 127 Abs. 2 Nr. 1 BauGB ist ein eigenständiger Begriff des Erschließungsbeitragsrechts.[16] Deshalb bestimmt allein das Erschließungsbeitragsrecht darüber, ob eine platzartige Verkehrsanlage als erschließungsbeitragsrechtlich selbständig zu qualifizieren ist. Im Erschließungsbeitragsrecht ist für die Beantwortung der Frage, ob einer öffentlichen Verkehrsanlage die Qualität „selbständig" zukommt, ausgehend von einer natürlichen Betrachtungsweise abzustellen auf das durch die tatsächlichen Verhältnisse geprägte Erscheinungsbild; maßgebend ist insoweit der Gesamteindruck, den die tatsächlichen Verhältnisse einem unbefangenen Beobachter bei natürlicher Betrachtungsweise vermitteln.[17] Bei einer Kreisverkehrsanlage wird sich bei natürlicher Betrachtungsweise namentlich mit Blick auf die kreisförmig angelegte Fahrbahn in aller Regel der Eindruck einer selbständigen Verkehrsanlage ergeben, d. h. einer Verkehrsanlage, die nicht Bestandteil einer der auf sie zuführenden (Anbau-)Straßen ist. Dies folgt „regelmäßig schon aus dem äußeren Erscheinungsbild, da sich eine Kreisfahrbahn mit Mittelinsel i. S. von § 9 a StVO regelmäßig als eigenständiges Element des Straßennetzes äußerlich deutlich von den anderen Elementen des Straßennetzes abgrenzt".[18] Eine Kreisverkehrsanlage begründet – wie das OVG Lüneburg[19] es ausdrückt – eine „trennende Wirkung", die Fahrbahnen der in eine Kreisverkehrsanlage einmündenden Straßen setzen sich nicht etwa in der Kreisfahrbahn fort, sondern enden optisch sichtbar dort, wo sie auf die Kreisverkehrsanlage treffen.[20] Dieser durch die tatsächlichen Verhältnisse geprägte Gesamteindruck wird durch folgende straßenverkehrsrechtliche Erwägung bestätigt: Bereits nach der Definition der Knotenpunktform „Einmündung" endet – wie oben dargelegt – die hinzukommende Verkehrsanlage im Einmündungsbereich, die aufnehmende Verkehrsanlage (hier: Kreisverkehrsanlage) kann deshalb nicht Bestandteil der hinzukommen-

---

15 *Thielmann*, a. a. O.; ebenso *Ludyga/Steiner/Hesse*, a. a. O.
16 BVerwG, u. a. Urteil vom 13.12.1985 – 8 C 66.84 –, DVBl. 1986, 175 = KStZ 1986, 91 = NVwZ 1986, 925.
17 BVerwG, u. a. Urteil vom 7.6.1996 – 8 C 30.94 –, BVerwGE 101, 225 [229] = DVBl. 1996, 1325 = ZMR 1996, 681.
18 VG Dessau, Urteil vom 2.10.2003 – 2 A 61/03 DE –.
19 OVG Lüneburg, Urteil vom 28.11.2001 – 9 LB 2941/01 –.
20 Im Ergebnis ebenso OVG Münster, Beschluß vom 1.7.1975 – III B 139/74 –, KStZ 1975, 12.

den Straße, sondern schon sozusagen begrifflich einzig selbständige Verkehrs-anlage sein.

bb) Das Merkmal „zum Anbau bestimmt" hebt nicht ab auf eine (subjektive) Absicht der Gemeinde oder der Benutzer einer Verkehrsanlage, sondern (objektiv) darauf, ob bei der gebotenen verallgemeinernden Betrachtung die selbständige Verkehrsanlage geeignet ist, den anliegenden Grundstücken das an verkehrsmäßiger Erschließung zu verschaffen, was sie bebaubar oder sonst wie in nach § 133 Abs. 1 BauGB (erschließungsbeitragsrechtlich) beachtlicher Weise benutzbar macht.[21] Dabei ist es unerheblich – und auch das folgt aus der gebotenen verallgemeinernden Betrachtungsweise –, ob für das eine oder andere Grundstück aus tatsächlichen oder rechtlichen Gründen eine solche Nutzbarkeit ausgeschlossen ist.[22] Maßgeblich ist, daß eine selbständige Verkehrsanlage als solche – soll sie zum Anbau bestimmt sein – allein, d. h. unabhängig von einer schon durch eine andere Anlage vermittelten verkehrsmäßigen Erschließung,[23] und allgemein, also ungeachtet etwaiger Sonder-(Anlieger-)Rechte oder eine entsprechende Nutzbarkeit erst ermöglichender Erlaubnisse, kausal dafür sein muß, daß ein oder mehrere anliegende Grundstücke derart bebaut (oder erschließungsbeitragsrechtlich vergleichbar genutzt) werden dürfen, daß sie nach § 133 Abs. 1 BauGB einer Beitragspflicht unterliegen können.[24]

Eine (bebauungsrechtlich) hinreichende verkehrsmäßige Erschließung setzt grundsätzlich voraus, daß die Grundstücke für Kraftfahrzeuge **erreichbar** sind.[25] Das trifft bei Grundstücken in innerörtlichen Gebieten jedenfalls zu, wenn entweder über Zufahrten von der Fahrbahn auf die (Anlieger-)Grundstücke gefahren werden kann (Herauffahrmöglichkeit) oder (zumindest) mit Personen- und Versorgungsfahrzeugen bis zur Höhe der Grundstücke gefahren, dort gehalten und die Grundstücke von da ab betreten werden können (Heranfahrmöglichkeit).[26] Eine Kreisverkehrsanlage dürfte indes regelmäßig weder eine hinreichende Herauffahr- noch eine ausreichende Heranfahrmöglichkeit eröffnen.

Zufahrten innerhalb der Ortsbereiche von Bundes-, Landes- und Kreisstraßen sowie Zufahrten von Gemeindestraßen zählen – wie sich im Wege des Umkehrschlusses aus den einschlägigen Bestimmungen der Straßen- und Wegegesetze ergibt – zu den Straßennutzungen im Rahmen des grundsätzlich erlaubnisfreien

---

21 BVerwG, u. a. Urteil vom 2.7.1982 – 8 C 28.30 u. 33.81 –, Buchholz 406.11 § 131 BBauG Nr. 51, S. 58 [62] = DVBl. 1982, 1056 = NVwZ 1983, 153.

22 BVerwG, u. a. Urteil vom 29.4.1977 – IV C 1.75 –, BVerwGE 52, 364 [366 f.] = DÖV 1977, 680 = DVBl. 1978, 298 = ZMR 1978, 343 [346].

23 BVerwG, u. a. Urteil vom 10.2.1978 – 4 C 4.75 –, Buchholz 406.11 § 127 BBauG Nr. 29 S. 22 [24] = ZMR 1979, 159.

24 Vgl. im einzelnen *Driehaus*, Erschließungs- und Ausbaubeiträge, NJW-Schriftenreihe, Band 42, 6. Aufl., § 12 Rdn. 30.

25 BVerwG, u. a. Urteil vom 30.8.1985 – 4 C 48.81 –, Buchholz 406.11 § 35 BBauG Nr. 228, S. 136 [137] = NVwZ 1986, 38.

26 BVerwG, u. a. Urteil vom 1.3.1991 – 8 C 59.89 –, BVerwGE 88, 70 [72] = DVBl. 1991, 593 = NVwZ 1991, 1090 = ZMR 1992, 211 (LS).

Gemeingebrauchs.[27] Doch bedeutet das nicht, daß in diesen Konstellationen jedermann den Gemeingebrauch ohne weiteres in Anspruch nehmen darf. Vielmehr steht die Ausübung des Gemeingebrauchs insoweit unter dem Vorbehalt der Gemeinverträglichkeit und kann die Anlegung von Zufahrten verboten werden, wenn anderenfalls die Sicherheit und Leichtigkeit des Verkehrs erheblich beeinträchtigt bzw. sogar gefährdet würde.[28] Dies dürfte typischerweise bei einer Kreisverkehrsanlage anzunehmen sein: Das Hineinfahren in eine Zufahrt bedingt zuvor eine Verringerung der Geschwindigkeit des betreffenden Fahrzeugs, im umgekehrten Fall des Herausfahrens aus einer Zufahrt in den Kreisverkehr hinein kann ein Fahrzeug erst auf der Kreisfahrbahn Geschwindigkeit aufnehmen. Deutlich langsamere Fahrzeuge aber bremsen erfahrungsgemäß den Verkehrsfluß, was zu Verkehrsbeeinträchtigungen und einem damit einhergehend höheren Unfallrisiko führt. Zwar verhält es sich insoweit nicht anders als bei in den Kreisverkehr einmündenden Straßen. Doch sind Einmündungen anders als Zufahrten in der Regel für die Verkehrsteilnehmer im voraus deutlich erkennbar, die Verkehrsteilnehmer rechnen damit, daß an Einmündungen einige Fahrzeuge typischerweise die Kreisfahrbahn verlassen oder in sie hineinfahren, hierauf können sie sich einstellen. Überdies würden Zufahrten innerhalb von Kreisverkehrsanlagen die ohnehin schon in höherem Maße beanspruchte Aufmerksamkeit der Verkehrsteilnehmer, die auf der Suche nach der richtigen Ausfahrt sind, weiter beanspruchen; sie tragen zur Unübersichtlichkeit der Verkehrssituation und damit zur Gefährdung der Verkehrsteilnehmer bei. Mit Rücksicht auf das durch § 9 a Abs. 1 Satz 3 StVO im Interesse der Sicherheit und Leichtigkeit des Verkehrs angeordnete (absolute) Halteverbot auf der Kreisfahrbahn ist eine Kreisverkehrsanlage nicht einmal geeignet, generell eine Heranfahrmöglichkeit zu vermitteln.

Unbeachtlich ist im Zusammenhang mit dem Merkmal „zum Anbau bestimmt", ob im Einzelfall ausnahmsweise – z. B. weil ein Grundstück schlechthin auf eine Zufahrt angewiesen ist – kraft der Eigentumsgewährleistung des Art. 14 Abs. 1 Satz 1 GG eine Zufahrt zu einem bestimmten Grundstück angelegt werden darf[29] oder eine tatsächlich bestehende Zufahrt in ihrem (unveränderten) Fortbestand geschützt ist[30] bzw. ob im Einzelfall ausnahmsweise – etwa für eine beschränkte Zeit – das Halten vor einem bestimmten Grundstück erlaubt ist. Denn dieses Merkmal stellt – wie gesagt – ab darauf, ob die jeweilige Verkehrsanlage allgemein, d. h. ungeachtet solcher Sonder-(Anlieger-)Rechte, geeignet ist, den anliegenden Grundstücken das an verkehrsmäßiger Erschließung zu verschaffen, was sie bebaubar oder in erschließungsbeitragsrechtlich vergleichbarer Weise nutzbar macht. Diese Eignung dürfte Kreisverkehrsanlagen grundsätzlich fehlen.

cc) Das Fehlen einer Anbaubestimmung eröffnet allerdings nicht den Weg zu der Annahme, eine Kreisverkehrsanlage könne als Sammelplatz i. S. des § 127 Abs. 2

---

27 U. a. *Kodal/Krämer*, a. a. O., Kap. 25 Rdn. 34 m. w. Nachw.

28 Vgl. *Sauthoff*, Straße und Anlieger, NJW-Schriftenreihe, Band 32, § 17 Rdn. 782 ff.

29 Vgl. in diesem Zusammenhang BVerwG, Urteil vom 29.4.1977 – IV C 15.75 –, BVerwGE 54, 1, und *Sauthoff*, a. a. O., Rdn. 756.

30 Siehe dazu etwa *Kodal/Krämer*, a. a. O., Kap. 25, Rdn. 38.

Nr. 3 BauGB eine beitragsfähige Erschließungsanlage sein. Denn ungeachtet ihrer Aufnahme in den Katalog des § 127 Abs. 2 BauGB sind Sammelstraßen bzw. Sammelplätze regelmäßig keine beitragsfähigen Erschließungsanlagen.[31] Es ist nichts ersichtlich, was mit Blick auf Kreisverkehrsanlagen eine Ausnahme von dieser Regel rechtfertigen könnte.

b) Das läßt die Frage offen, ob eine zwar selbständige, aber gleichwohl erschließungsbeitragsrechtlich nicht beitragsfähige (Kreis-)Verkehrsanlage „zumindest" eine beitragsfähige Anlage (Einrichtung) i. S. des Straßenbaubeitragsrechts sein kann. Auch das dürfte grundsätzlich zu verneinen sein.

Auszugehen ist davon, daß im Straßenbaubeitragsrecht vom Grundsatz her der gleiche Anlagenbegriff gilt wie im Erschließungsbeitragsrecht.[32] Doch ist das Straßenbaubeitragsrecht – anders als das Erschließungsbeitragsrecht – nicht auf eine Bebaubarkeit oder gewerbliche Nutzbarkeit der an die jeweilige Verkehrsanlage angrenzenden Grundstücke ausgerichtet, so daß die Anbaubestimmung hier schon vom Ansatz her keine Rolle spielt. Vielmehr bezieht das Straßenbaubeitragsrecht in den Kreis der Grundstücke, die bei der Verteilung des umlagefähigen Aufwands zu beteiligen sind, alle Grundstücke ein, denen von der ausgebauten Anlage (Einrichtung) eine vorteilsrelevante Inanspruchnahmemöglichkeit vermittelt wird.[33] Ist jedoch eine Anlage (Einrichtung) nicht in der Lage, eine solche vorteilsrelevante Inanspruchnahmemöglichkeit zu vermitteln, mangelt es ihr an der Fähigkeit, beitragsfähige Anlage (Einrichtung) im Sinne des Straßenbaubeitragsrechts zu sein. So dürften die Dinge bei einer Kreisverkehrsanlage für den Fall eines grundsätzlichen Verbots zur Anlegung von Zufahrten und eines (absoluten) Halteverbots liegen. Denn für die Erfüllung des Merkmals „vorteilsrelevante Inanspruchnahmemöglichkeit" ist es bei fehlender Herauffahrmöglichkeit ausreichend, aber auch erforderlich, daß die zu beurteilende Verkehrsanlage den anliegenden Grundstücken eine Heranfahrmöglichkeit eröffnet,[34] d. h. daß – und insoweit besteht kein Unterschied zum Erschließungsbeitragsrecht – auf der Fahrbahn der ausgebauten Anlage (Einrichtung) mit Kraftfahrzeugen bis zur Höhe der Grundstücke gefahren, die Fahrzeuge dort angehalten und über einen gegebenenfalls angelegten Geh- und/oder Radweg die Grundstücke betreten werden können. Eine solche Möglichkeit dürfte indes wegen des (absoluten) Halteverbots nicht gegeben sein.

2. Dürfte eine selbständige Kreisverkehrsanlage mithin grundsätzlich eine beitragsfähige Anlage weder i. S. des Erschließungs- noch des Straßenbaubeitragsrechts sein, bleibt zu prüfen, ob die für ihre erstmalige Herstellung entstandenen Kosten den – im geschilderten Ausgangsfall – vier in die Kreisfahrbahn einmündenden, gleichzeitig hergestellten Anbaustraßen erschließungsbeitragsrechtlich als beitrags-

---

31 Vgl. BVerwG, u. a. Urteil vom 25.11.1981 – 8 C 16–19.81 –, Buchholz 406.11 § 127 BBauG Nr. 36, S. 1 [4] = NVwZ 1982, 555 = KStZ 1982, 49.

32 Vgl. *Driehaus*, Erschließungs- und Ausbaubeiträge, a. a. O., § 31 Rdn. 6 ff.

33 Vgl. im einzelnen *Driehaus*, Kommunalabgabenrecht, Kommentar, § 8 Rdn. 396 m. w. Nachw.

34 Vgl. u. a. OVG Lüneburg, Beschluß vom 25.7.1995 – 9 M 2457/95 –, NStN 1995, 275, OVG Münster, Beschluß vom 9.9.1996 – 15 B 1648/96 –; VGH Kassel, Urteil vom 7.5.1997 – 5 UE 2042/92 –, und OVG Schleswig, Urteil vom 16.9.1997 – 2 L 198/96 –, Die Gemeinde 1998, 166.

fähiger Herstellungsaufwand „zugeordnet" werden können. Anknüpfend an § 12 Abs. 2 FStrG ist nämlich allgemein anerkannt, daß dann, wenn sich zwei erstmals angelegte Anbaustraßen kreuzen und dadurch eine Kreuzung entsteht, die Kosten für die Herstellung dieser Kreuzung in dem Verhältnis zum beitragsfähigen Erschließungsaufwand (§ 128 Abs. 1 Satz 1 BauGB) der sich kreuzenden Erschließungsanlagen gehören, in dem ihre Fahrbahnbreiten zueinander stehen.[35] Mit Hinweis auf diese Rechtslage wird in der erschließungsbeitragsrechtlichen Literatur[36] vereinzelt angenommen, die Kosten für die erstmalige Herstellung einer Kreisverkehrsanlage seien als beitragsfähiger Erschließungsaufwand der einmündenden Straßen zu qualifizieren. Das vermag schon deshalb nicht zu überzeugen, weil es die unter erschließungsbeitragsrechtlichem Blickwinkel bedeutsamen **Unterschiede** zwischen einer Kreuzung und einer Kreisverkehrsanlage in unvertretbarer Weise vernachlässigt.

a) Zutreffend ist, daß es sich bei einer Kreuzung ebenso wie bei einer Kreisverkehrsanlage um eine Knotenpunktform handelt und daß es der Gemeinde im Rahmen der ihr für ihre gemeindlichen Verkehrsanlagen obliegenden Straßenbaulast freisteht, sich im Einzelfall für die Herstellung der einen oder anderen Knotenpunktform zu entscheiden. Richtig ist ferner, daß in der straßenrechtlichen Literatur – wenn auch ohne nähere Begründung – angenommen wird, Kreisverkehrsanlagen seien „als Kreuzungen anzusehen".[37] Das mag aus einer spezifisch straßenrechtlichen Sicht angezeigt sein, rechtfertigt aber keine beitragsrechtliche Gleichbehandlung der Kosten, die für die erstmalige Herstellung einer Kreuzung einerseits und einer Kreisverkehrsanlage andererseits entstanden sind.

Eine Kreuzung liegt – wie oben dargestellt – nur vor, wenn zwei sich schneidende Straßen in dem in Rede stehenden Bereich dieselbe Grundfläche benutzen und sich jenseits dieser Kreuzungsfläche fortsetzen. Beide Straßen verlaufen also über die Kreuzungsfläche; die Kreuzungsfläche ist – mit anderen Worten – namentlich bei Anbaustraßen flächenmäßiger Bestandteil sowohl der einen als auch der anderen beitragsfähigen Erschließungsanlage, d. h. beider beitragsfähigen Erschließungsanlagen. Angesichts dessen drängt sich die Annahme auf, die Kosten für die erstmalige Herstellung der Kreuzung gehörten anteilig zum beitragsfähigen Erschließungsaufwand der beiden Anbaustraßen, deren Bestandteil sie ist, die Kreuzungskosten seien also anteilig Herstellungskosten der einen und der anderen beitragsfähigen Erschließungsanlage. Ganz anders ist dagegen aus erschließungsbeitragsrechtlicher Sicht die Situation bei einer Kreisverkehrsanlage. Sie ist – anders als eine Kreuzung – nicht Bestandteil einer der in sie einmündenden Straßen, sondern selbständige Verkehrsanlage. Ihre Grundfläche zählt nicht zu den einmündenden Straßen, ist mithin nicht Bestandteil dieser beitrags-

---

35 Vgl. statt vieler *Battis/Krautzberger/Löhr*, BauGB, Kommentar, 8. Aufl., § 130 Rdn. 37.

36 So z. B. *Ludyga/Steiner/Hesse*, a. a. O., § 128 Rdn. 69.

37 *Wilke/Gröller*, Straßen- und Wegegesetz des Landes Schleswig-Holstein, Loseblattkommentar, 3. Aufl., § 34 Rdn. 10; im Ergebnis ebenso u. a. *Fickert*, Straßenrecht in Nordrhein-Westfalen, 3. Aufl., § 33 Rdn. 4, und *Zeitler*, Bayerisches Straßen- und Wegegesetz, a. a. O., Art. 31 Rdn. 11.

fähigen Verkehrsanlagen, sondern einzig Bestandteil der selbständigen Verkehrsanlage „Kreisverkehrsanlage". Die einmündenden Straßen enden mit ihrer Einmündung in die Kreisfahrbahn ebenso wie sie enden bei der Einmündung in jede andere selbständige z. B. gemeindliche Erschließungsstraße. Sie stehen aus der Sicht des Erschließungsbeitragsrechts zu der Kreisfahrbahn in keinem anderen Verhältnis as zu jeder anderen selbständigen gemeindlichen Verkehrsanlage, in die sie einmünden. Da das Einmünden einer selbständigen Anbaustraße in eine andere selbständige gemeindliche Verkehrsanlage beitragsrechtlich grundsätzlich gleichsam folgenlos bleibt, also etwa das Einmünden einer Anbaustraße in eine andere nicht dazu führt, daß Kosten der erstmaligen Herstellung der aufnehmenden Straße der einmündenden Erschließungsanlage erschließungsbeitragsrechtlich (anteilig) angelastet werden können, fehlt es an einem einleuchtenden Grund, dies bei der Einmündung einer Anbaustraße in eine selbständige Kreisverkehrsanlage als aufnehmender Verkehrsanlage annehmen zu dürfen. Zwar mag es dem Gesetzgeber unbenommen sein, mit Blick gerade auf Kreisverkehrsanlagen eine entsprechende beitragsrechtliche Regelung zu schaffen, doch hat er davon bisher – aus nachvollziehbaren Gründen – abgesehen.

b) Die vorstehenden Erwägungen gelten entsprechend für das Straßenbaubeitragsrecht: Werden die Fahrbahnen der vier im Ausgangsfall angesprochenen Anbaustraßen sowie die in der Straßenbaulast der Gemeinde stehende Kreisfahrbahn Jahre nach ihrer erstmaligen Herstellung gleichzeitig beispielsweise verbessert, stellt sich die Frage, ob die Kosten der Verbesserung der Kreisfahrbahn den vier einmündenden Anbaustraßen anteilig als beitragsfähiger Verbesserungsaufwand zugeordnet werden kann. Auch diese Frage dürfte mangels einer dies rechtfertigenden straßenbaubeitragsrechtlichen Bestimmung zu verneinen sein.[38] Im Ergebnis nichts anderes dürfte zutreffen, wenn eine Gemeinde einzig die Kreisfahrbahn, nicht aber gleichzeitig auch die einmündenden Anbaustraßen verbessert. Schließlich dürfte für die Annahme, die Kosten für die Anlegung einer Kreisverkehrsanlage könnten nach den Regeln des Straßenbaubeitragsrechts auf die Grundeigentümer der an die einmündenden Straßen anliegenden Grundstücke überbürdet werden, selbst dann kein Raum sein, wenn die Gemeinde die Kreisverkehrsanlage im Zusammenhang mit der Verbesserung (einer oder aller) der vier einmündenden Gemeindestraßen durch eine Umgestaltung einer bisherigen Kreuzung in eine Kreisverkehrsanlage „umgewandelt" und diese damit erstmalig hergestellt hat. Aus beitragsrechtlicher Sicht dürfte es der entstandenen Kreisverkehrsanlage als selbständiger Verkehrsanlage in der Straßenbaulast der Gemeinde – wie bereits gesagt – an der Eigenschaft einer beitragsfähigen Anlage mangeln, so daß ihre Herstellungskosten allenfalls als beitragsfähiger Aufwand für die Verbesserung der einmündenden Anbaustraßen einer straßenbaubeitragsrechtlichen Abrechnung zugeführt werden könnten. Indes ist kein Anhaltspunkt erkennbar, der den Schluß erlauben könnte, die Kosten für die erstmalige Herstellung einer selbständigen, ihrerseits nicht beitragsfähigen gemeindlichen (Kreis-)Verkehrsanlage zählten zum im Sinne des Straßenbaubeitragsrechts beitragsfähigen

---

38 VG Dessau, Urteil vom 2.10.2003 – 2 A 61/03 DE –.

Verbesserungsaufwand von selbständigen gemeindlichen (Verkehrs-)Anlagen (Einrichtungen), die in die erstmals hergestellte Kreisverkehrsanlage einmünden, aber durch die Ausbaumaßnahme selbst allenfalls im Einmündungsbereich betroffen, im übrigen jedoch völlig unberührt geblieben sind.[39]

III.

Abschließend sei noch eine völlig **andere**, vornehmlich vom Straßenrecht bestimmte Konstellation angesprochen, nämlich eine Konstellation, in der es nicht mehr um eine von der Gemeinde hergestellte und regelmäßig kleinere Kreisverkehrsanlage i. S. des § 9 a StVO geht, sondern um eine Kreisverkehrsanlage, die der Straßenbaulastträger einer klassifizierten (Kreis-, Landes- oder Bundes-)Straße im Zusammenhang mit der Anbindung einer erstmals angelegten gemeindlichen Anbaustraße statt einer Abbiegespur auf der klassifizierten Straße baut.[40] In einem solchen Fall sollen nach der bereits erwähnten Ansicht des Bayerischen VGH[41] im Beschluß vom 19.11.1998 die Kosten dieser in der Baulast des entsprechenden Straßenbaulastträgers stehenden Kreisverkehrsanlage als beitragsfähiger Herstellungsaufwand der in die Kreisverkehrsanlage einmündenden (neuen) Anbaustraße zu qualifizieren sein; die Anlegung eines Kreisverkehrs im Rahmen einer klassifizierten Straße soll (erschließungs)beitragsrechtlich der Anlegung einer Abbiegespur gleichzustellen sein.[42] Dem könnte lediglich beizupflichten sein, wenn mit Blick auf eine solche Kreisverkehrsanlage die Voraussetzungen erfüllt sein sollten, von deren Vorhandensein das BVerwG[43] in seinem Urteil vom 23.2.1990 die Annahme abhängig gemacht hat, Kosten für die Anlegung einer Abbiegespur auf z. B. einer Bundesstraße zählten zum beitragsfähigen Erschließungsaufwand einer einmündenden gemeindlichen Anbaustraße.

Für die Beurteilung dieser Konstellation dürfte wiederum auszugehen sein von der Erkenntnis, daß eine vom Straßenbaulastträger etwa einer Bundesstraße angelegte Kreisverkehrsanlage mit Kreisfahrbahn und Mittelinsel sowohl aus erschließungsbeitragsrechtlicher als auch aus straßenverkehrs- und straßenrechtlicher Sicht eine selbständige Verkehrsanlage ist, und zwar in diesem Fall eine selbständige Verkehrsanlage in der Baulast des Bundes, in die u. a. die Bundesstraße und die gemeindliche Anbaustraße münden. Diese Anbaustraße mündet angesichts dessen nicht in die Bundesstraße, sondern in die Kreisverkehrsanlage. Deshalb geht es hier nicht um die vom BVerwG in jener Entscheidung zu beantwortende

---

39 Das gefundene Ergebnis, nämlich daß die Gemeinde für die Kosten der Anlegung einer in ihrer Baulast stehenden Kreisverkehrsanlage keine Beiträge erheben kann, erscheint auch vor dem Hintergrund folgender, eher unjuristischen „Kontrollüberlegung" nicht fernliegend: Eine Kreisverkehrsanlage wird in der Praxis von Gemeinden nicht selten als – längerfristig betrachtet – kostengünstigere Alternative zu einer Ampelanlage gewählt. Für die Kosten der Anlegung einer solchen Ampelanlage aber können ebenfalls keine Beiträge erhoben werden.
40 Eine solche Konstellation dürfte auch der Betrachtung in BWGZ 2001, 197 ff., zugrunde liegen.
41 BayVGH, Beschluß vom 19.11.1998 – 6 ZS 98.376 –.
42 So beispielsweise *Thielmann*, a. a. O.
43 BVerwG, Urteil vom 23.2.1990 – 8 C 75.88 –, BVerwGE 85, 1 = NVwZ 1990, 869 = DVBl. 1990, 784.

Frage, ob die Kosten der Herstellung einer Abbiegespur als Bestandteil einer Bundesstraße, in die eine gemeindliche Anbaustraße einmündet, zu den beitragsfähigen Herstellungskosten dieser Anbaustraße zählen, sondern darum, ob die Kosten der Anlegung einer selbständigen, in der Baulast des Bundes stehenden (Kreis-) Verkehrsanlage zum beitragsfähigen Aufwand einer solchen Anbaustraße rechnet. Das dürfte jedenfalls nicht ohne weiteres zu bejahen sein, mag aber – da letztlich von der Auslegung einzig straßenrechtlicher Vorschriften abhängig – hier offenbleiben.

Die Kosten, die entstanden sind, weil das Straßenbauamt aus Anlaß der Anbindung einer neuen Anbaustraße im Bereich einer Bundesstraße eine Kreisverkehrsanlage angelegt hat, sind nicht schon dann als erschließungsbeitragsfähiger Herstellungsaufwand zu qualifizieren, wenn die Gemeinde dem Straßenbauamt diese Kosten erstattet hat. Denn vom Begriff „Kosten" i. S. des § 128 Abs. 1 BauGB nicht erfaßt sind Aufwendungen, die die Gemeinde im Zusammenhang mit der erstmaligen Herstellung einer beitragsfähigen Erschließungsanlage „freiwillig" geleistet hat.[44] Deshalb hat das BVerwG seinerzeit in der die Kosten der Abbiegespur betreffenden Entscheidung nach einer gesetzlichen Vorschrift gesucht, die die Gemeinde als Baulastträger der hinzukommenden (Anbau-)Straße zur Tragung dieser Kosten verpflichtet. Es hat diese Bestimmung in § 12 Abs. 1 Satz 1 i. V. m. Abs. 6 Satz 1 FStrG gefunden und erkannt, diese Regelung auferlege der Gemeinde alle kreuzungs- bzw. einmündungsbedingten Aufwendungen. Die Kostenpflicht der Gemeinde erfasse u. a. die Aufwendungen für die Durchführung der Maßnahmen „an der bereits zuvor bestehenden Bundesstraße, die nach den Regeln der Straßenbau- und -verkehrstechnik infolge des Hinzukommens der neuen Straße notwendig waren, damit die Einmündungsanlage unter Berücksichtigung der übersehbaren Verkehrsentwicklung den Anforderungen der Verkehrssicherheit und der Straßenbaugestaltung genügt", das schließe die Aufwendungen für die Anlegung einer Abbiegespur ein.

Vor diesem Hintergrund ist zu prüfen, ob – mit Blick auf Bundesstraßen – das Bundesfernstraßengesetz bzw. – mit Blick auf Landes- und Kreisstraßen – die einschlägigen Landesstraßengesetze Regelungen enthalten, denen sich etwas zur Tragung der Kosten einer Kreisverkehrsanlage entnehmen läßt, die deshalb angelegt worden ist, weil eine neu hinzukommende öffentliche Gemeindestraße an eine bestehende klassifizierte Straße angebunden werden soll. Ausdrückliche Kostenregelungen für diesen Fall fehlen in diesen Gesetzen; in ihnen kommen Kreisverkehrsanlagen schlechthin nicht vor. Das leitet über zu der Frage, ob § 12 FStrG bzw. die einschlägigen Kreuzungsbestimmungen in den Landesstraßengesetzen auf eine Konstellation der hier in Rede stehenden Art gleichwohl angewandt werden können. Das könnte wohl einzig auf der Grundlage der bereits erwähnten

---

44 BVerwG, u. a. Urteil vom 18.9.1981 – 8 C 21.81 –, Buchholz 406.11 § I25 BBauG Nr. 14, S. 7 [8] = DVBl. 1982, 79 = MDR 1982, 1047.

Äußerungen in der straßenrechtlichen Literatur[45] anzunehmen sein, nach denen Kreisverkehrsanlagen straßenrechtlich „als Kreuzungen anzusehen" sein sollen. Ob dem beizupflichten ist, ist eine Frage, die ausschließlich durch Auslegung der jeweiligen straßenrechtlichen Bestimmungen zu beantworten ist und sich somit einer beitragsrechtlichen Betrachtung entzieht. Sofern sie zu bejahen sein sollte, könnte in der Tat die Annahme gerechtfertigt sein, für den Fall, daß das Straßenbauamt die Anbindung einer neuen gemeindlichen Anbaustraße an eine klassifizierte Straße wahrhaft von der Anlegung einer Kreisverkehrsanlage im Rahmen dieser Straße abhängig macht und von Rechts wegen machen darf, gehörten die nach Maßgabe des § 12 FStrG sowie der entsprechenden landesrechtlichen Kreuzungsbestimmungen auf die einmündende Anbaustraße entfallenden Kosten für die Anlegung der Kreisverkehrsanlage zum beitragsfähigen Herstellungsaufwand dieser Erschließungsanlage.

---

45 *Wilke/Gröller*, Straßen- und Wegegesetz des Landes Schleswig-Holstein, a. a. O., § 34 Rdn. 10; ebenso u. a. *Fickert*, Straßenrecht in Nordrhein-Westfalen, a. a. O., § 33 Rdn. 4 und *Zeitler*, Bayerisches Straßen- und Wegegesetz, a. a. O., Art. 31 Rdn. 11.

3. Die einseitig anbaubare Straße und der Halbteilungsgrundsatz im Erschließungsbeitragsrecht[*1]

Ein Bebauungsplan setzt am Ortsrand der Gemeinde eine 400 m lange, 13 m breite Straße fest und weist die südlich an sie angrenzenden Grundstücke als in einem allgemeinen Wohngebiet liegend aus; die nördlich angrenzenden Grundstücke gehören dem Außenbereich an und werden landwirtschaftlich genutzt. Entsprechend der Aufteilung der Gesamtfläche innerhalb der durch den Bebauungsplan vorgegebenen Straßenbegrenzungslinien stellt die Gemeinde die Straße in den Jahren 1989 bis 1992 mit einer Fahrbahn von 11 m und einem südlichen Gehweg von 2 m Breite sowie einer Beleuchtungs- und Entwässerungseinrichtung gemäß den Anforderungen der Merkmalsregelung in der Erschließungsbeitragssatzung (vgl. § 132 Nr. 4 BauGB) her. A ist Eigentümer eines bebaubaren Grundstücks an der Südseite, B Eigentümer eines Grundstücks im Außenbereich an der Nordseite der Straße. In Anbetracht der anstehenden erschließungsbeitragsrechtlichen Abrechnung der Verkehrsanlage streiten sie mit der Gemeinde, wer die Kosten für die Anlegung der Straße zu tragen hat.

I.

Der gewählte Ausgangsfall beleuchtet schlaglichtartig einen Teilbereich der das Erschließungsbeitragsrecht kennzeichnenden *Interessengegensätze*[1]: A ist – da seine anteilige Belastung mit Erschließungsbeiträgen nicht zweifelhaft ist – daran gelegen, das Ausmaß des ihm (wie den Eigentümern der anderen südlich angrenzenden Grundstücke) zuzuordnenden Erschließungsaufwands zu Lasten des B (sowie der Eigentümer der übrigen nördlich angrenzenden Grundstücke) und/oder zu Lasten der Gemeinde möglichst gering zu halten; B möchte sein (Außenbereichs-)Grundstück[2] beitragsfrei wissen, und die Gemeinde ist – aus ebenfalls verständlichen Gründen – daran interessiert, abgesehen vom sog. Gemeindeanteil (§ 129 Abs. 1 Satz 3 BauGB) alsbald die gesamten ihr entstandenen Aufwendungen auf die Anlieger einer oder beider Straßenseiten abzuwälzen. Jeder von ihnen kann zur Stützung seines Standpunktes einleuchtende Erwägungen vorbringen:

A macht geltend, die Straße bilde bei natürlicher Betrachtungsweise eine Einheit; sie sei – da überhaupt einem Anbau zugänglich – insgesamt eine zum Anbau bestimmte, beitragsfähige Erschließungsanlage (§ 127 Abs. 2 Nr. 1 BauGB), die nicht nur der Erreichbarkeit der bebaubaren, sondern mit der Folge auch der mangels

---

[*1] Nachdruck aus Driehaus/Birk, Baurecht-Aktuell, Festschrift für Felix Weyreuther, 1993, S. 435.

1 Vgl. zu Interessengegensätzen im Erschließungsbeitragsrecht im einzelnen WEYREUTHER, in: Raumplanung und Eigentumsordnung, Festschrift für Werner Ernst, S. 519 ff.

2 Hier und im folgenden wird im Interesse einer vereinfachenden Darstellung ausschließlich die durch das Angrenzen einer Straßenseite an den Außenbereich bewirkte einseitige Anbaubarkeit von Straßen behandelt. Jedoch können auch sonstige rechtliche (z. B. entsprechende Ausweisung im Bebauungsplan) oder tatsächliche (z. B. parallel zur Straße verlaufende Eisenbahnschienen, Gewässer usw.) Gründe zur einseitigen Anbaubarkeit von Straßen führen.

Baulandqualität unbebaubaren, aber einer Bebauung nicht gänzlich entzogenen Grundstücke des Außenbereichs diene, daß es gerechtfertigt sei, selbst diese Grundstücke anteilig mit Kosten für die Herstellung der Verkehrsanlage zu belasten[3]. Sehe man das anders, d. h. nehme man an, die Grundstücke an der nördlichen Straßenseite zählten wegen ihrer Außenbereichslage nicht zu den gemäß § 133 Abs. 1 BauGB einer Erschließungsbeitragspflicht unterliegenden Grundstücken, seien deshalb nicht im Sinne des § 131 Abs. 1 Satz 1 BauGB erschlossen[4] und müßten aus diesem Grunde bei der Aufwandsverteilung unberücksichtigt bleiben, könne der auf diese Grundstücke entfallende Aufwandsanteil jedenfalls nicht den bebaubaren Grundstücken zugerechnet werden. Denn für deren Erschließung sei lediglich eine erheblich geringere Straßenbreite im Sinne des § 129 Abs. 1 Satz 1 BauGB erforderlich, ausschließlich der für den erforderlichen Umfang angefallene Aufwand sei beitragsfähig, so daß der überschießende Aufwandsanteil mangels Beitragsfähigkeit (endgültig) von der Gemeinde selbst zu tragen sei[5].

B pflichtet dem A im Ausgangspunkt bei und meint wie dieser, die Straße sei insgesamt zum Anbau bestimmt. Namentlich habe ihre Fahrbahn in voller Breite Erschließungsfunktion für die südlich angrenzenden bebaubaren Grundstücke. Der Verkehr von und zu ihnen bemächtige sich der gesamten Straße; schon mit Rücksicht auf das Rechtsfahrgebot des § 2 Abs. 2 StVO nehme dieser Verkehr auch die den bebaubaren Grundstücken abgelegene Straßenseite in Anspruch. Folglich sei diesen Grundstücken der Herstellungsaufwand in vollem Umfang anzulasten. Das werde bestätigt dadurch, daß z. B. in Bayern früher § 62 Abs. 5 Satz 2 BayBO 1901 den Eigentümern der bebaubaren Grundstücke bei einseitig anbaubaren Straßen Ersatz der Herstellungskosten für die ganze Straßenbreite abverlangt habe, zumal derartige Straßen diesen Grundstückseigentümern „regelmäßig (sc. zusätzliche) besondere Vorteile bieten, z. B. freie Aussicht"[6]. Teile man diese Auffassung nicht, sei er hilfsweise mit A der Ansicht, daß die Straße über das Maß des für die bebaubaren Grundstücke Erforderlichen (§ 129 Abs. 1 Satz 1 BauGB) hinaus ausgebaut worden sei; dieser Ansatz führe dazu, daß der erforderliche Aufwand von den bebaubaren Grundstücken und der Mehraufwand (endgültig) von der Gemeinde übernommen werden müsse. Sollten aber die Anbaustraße als insgesamt erforderlich und die der Gemeinde entstandenen Kosten als beitragsfähig zu qualifizieren sein, sei ihm das auch recht. Denn da seinem Grundstück ebenso wie den anderen angrenzenden Grundstücken des Außenbereichs die Baulandqualität fehle, scheide es bereits aus dem Kreis der im Sinne des § 131 Abs. 1 Satz 1 BauGB erschlossenen Grundstücke aus[4], so daß die Anlieger der anbaubaren Straßenseite als einzig erschlossene Grundstücke den entsprechenden Ausfall zu tragen hätten.

---

3 Für diese Rechtsauffassung plädiert mit einleuchtenden Gründen namentlich Dohle, NJW 1983, 658 ff.
4 So u. a. BVerwG, Urteil vom 14. 2. 1986 – 8 C 115.84 –, NVwZ 1986, 568 f.
5 Siehe zur Erforderlichkeit u. a. Weyreuther, DVBl. 1970, 3 (10 f.).
6 Körner, BayVBl. 1971, 364 (366).

Die Gemeinde schließlich weist darauf hin, sie habe die Straße in Erfüllung einer ihr gesetzlich auferlegten Erschließungslast (§ 123 Abs. 1 BauGB) hergestellt und sei nach dem Willen des Gesetzgebers gehalten, neun Zehntel des ihr dafür entstandenen Aufwands einzuziehen[7]. Mit Rücksicht auf die erwarteten Bedürfnisse in dem betreffenden Gebiet habe sie sich für eine Verkehrsanlage des im Bebauungsplan vorgegebenen Umfangs entschieden; diese Entscheidung werde aus der Sicht des Erschließungsbeitragsrechts durch das ihr für die Beantwortung der Frage nach der Erforderlichkeit eingeräumte Ermessen[8] gedeckt, so daß eine Reduzierung des beitragsfähigen Aufwands unter diesem Blickwinkel nicht in Betracht komme. Auf welche Grundstücke der lediglich um den Gemeindeanteil zu kürzende Aufwand umzulegen sei, sei für sie wirtschaftlich ohne Belang. Sie halte sowohl eine Belastung allein der bebaubaren Grundstücke mit den gesamten Herstellungskosten als auch eine Beteiligung der im Außenbereich gelegenen Grundstücke daran für angemessen, zumal nicht auszuschließen sei, daß letztere Grundstücke eines (mehr oder weniger fernen) Tages ebenfalls bebaubar würden.

Das Bundesverwaltungsgericht hat sich in seiner Rechtsprechung sozusagen für einen Mittelweg entschieden, der den Interessen aller Beteiligten Rechnung trägt und seinen Ausdruck im sog. **Halbteilungsgrundsatz**[9] findet. Danach gebietet das Bundesrecht dann, wenn einer anbaubaren Straßenseite in voller (oder nahezu voller) Ausdehnung Grundstücke gegenüberliegen, die zwar einer Bebauung nicht auf Dauer entzogen, aber kraft ihrer Lage im Außenbereich typischerweise derzeit unbebaubar sind, jedenfalls im Grundsatz eine Berücksichtigung dieses Umstands derart, daß auf die Grundstücke an der bebaubaren Straßenseite nur die Hälfte der für die Anlegung der Straße entstandenen Kosten verteilt werden darf. Mit anderen Worten: Der Halbteilungsgrundsatz blockiert – soweit er eingreift – (hier:) zugunsten des A die Abwälzbarkeit eines Teils der für den Erstausbau einer einseitig anbaubaren Straße entstandenen Kosten und gibt diesen erst zur Abwälzung frei, sofern und sobald die bisher noch im Außenbereich gelegenen Grundstücke bebaubar werden und damit der Erschließungsbeitragspflicht unterliegen. Die Gemeinde muß in einem solchen Fall den entsprechenden Aufwand bis zu diesem Zeitpunkt „vorhalten" und kann ihn erst dann (einzig) auf die nunmehr bebaubar gewordenen Grundstücke verteilen. Dieses Vorhalten abverlangt der Gemeinde ggfs. selbst dann ein nennenswertes materielles Opfer, wenn die Außenbereichsgrundstücke tatsächlich in absehbarer Zeit bebaubar werden. Denn der durch den Halbteilungsgrundsatz bis dahin blockierte Herstellungsaufwand liegt der Höhe nach unveränderbar fest, so daß es der Gemeinde verwehrt ist, zwischen dem Beginn der Blockade und dem Eintritt der Bebaubarkeit entstandene

---

7 Zur gemeindlichen Beitragserhebungspflicht vgl. im einzelnen BVerwG, u. a. Urteil vom 18.3. 1988 – 8 C 92.87 –, BVerwGE 79, 163 (167 f.).
8 Nach der ständigen Rechtsprechung des Bundesverwaltungsgerichts (statt vieler: Urteil vom 24.11.1978 – 4 C 18.76 –, DVBl. 1979, 780 f. m. w. N.) steht der Gemeinde für die Beurteilung dessen, was im Einzelfall erforderlich ist, ein Ermessen zu; vgl. dazu aber DRIEHAUS, Erschließungs- und Ausbaubeiträge, 3. Aufl., Rn. 493.
9 Siehe zur Mehrdeutigkeit des Begriffs „Grundsatz" allgemein sowie zu Bemerkenswertem über Grundsätzliches im einzelnen WEYREUTHER, DÖV 1989, 321 ff.

Fremdfinanzierungskosten umzulegen[10]. Im übrigen hat sie in den Konstellationen, in denen der Halbteilungsgrundsatz nicht anwendbar ist, die Möglichkeit, den gesamten für die einseitig anbaubare Straße angefallenen umlagefähigen Aufwand allein auf die (schon jetzt) bebaubaren Grundstücke zu überbürden.

II.

Zwar hat das Bundesverwaltungsgericht erstmals im Urteil vom 31.1.1992[11] den Begriff „Halbteilungsgrundsatz" verwandt, doch geht der Ursprung dieses Grundsatzes viel weiter zurück. Denn das Bundesverwaltungsgericht hat ihn für das Erschließungsbeitragsrecht bereits in seiner Entscheidung vom 25.6.1969[12] „gefunden". Er knüpft der Sache nach an die Rechtslage im ehemaligen preußischen Rechtsgebiet an. Dort untersagte § 15 Abs. 1 Satz 2 des Preußischen Fluchtliniengesetzes[13] grundsätzlich, „die angrenzenden Eigentümer ... für mehr als die Hälfte der Straßenbreite" heranzuziehen[14].

Obgleich mithin der Halbteilungsgrundsatz inzwischen auf eine nicht gerade kurze „Lebensdauer" zurückblicken kann, ist bis in die jüngste Zeit hinein nicht eindeutig gewesen, was exakt *Gegenstand des Halbteilungsgrundsatzes* ist, d. h. ob er beim Begriff der beitragsfähigen Erschließungsanlage (§ 127 Abs. 2 Nr. 1 BauGB), beim Umfang der beitragsfähigen Kosten (§ 128 Abs. 1 BauGB)[15], beim Maß des „Erforderlichen" (§ 129 Abs. 1 Satz 1 BauGB)[16] oder bei der Beteiligung von Grundstücken an der Aufwandsverteilung (§ 131 Abs. 1 Satz 1 BauGB)[17] ansetzt. Da der Halbteilungsgrundsatz seine innere Rechtfertigung in dem Streben nach einem angemessenen Interessenausgleich findet, konnte eigentlich von vornherein nicht zweifelhaft sein, daß insoweit jeder Ansatz ausscheidet, der zu einer einseitigen Lösung führen kann, sei es zugunsten der Anlieger und zu Lasten der Gemeinde oder sei es zugunsten einer Anliegergruppe und zu Lasten einer anderen. Daran scheitert die Annahme, der Halbteilungsgrundsatz eliminiere über das Merkmal „erforderlich" in § 129 Abs. 1 Satz 1 BauGB eine Hälfte der Kosten aus dem bei-

---

10 Fremdfinanzierungskosten zählen zum beitragsfähigen Erschließungsaufwand i. S. des § 128 Abs. 1 Satz 1 BauGB (so insbesondere BVerwG, Urteil vom 23.8.1990 – 8 C 4.99 –, BVerwGE 85, 306, 308 ff.).

11 BVerwG, Urteil vom 31.1.1992 – 8 C 31.90 –, BVerwGE 89, 362 ff.

12 BVerwG, Urteil vom 25.6.1969 – IV C 14.68 –, BVerwGE 32, 226 ff.

13 Vgl. zu § 15 Abs. 1 Satz 2 des Gesetzes betreffend die Anlegung und Veränderung von Straßen und Plätzen in Städten und ländlichen Ortschaften vom 2.7.1875 (GS 1875, S. 561) im einzelnen Sass: in: v. Strauß und Torney/Saß, Straßen- und Baufluchtengesetz, 7. Aufl., § 15 Erl. 13 e.

14 U. a. aus der Tatsache, daß der Bundesgesetzgeber die Regelung des § 15 PrFluchtlG gerade nicht übernommen hat, leitet Förster (in: Brügelmann, BauGB, § 131 Rn. 5) seine Ansicht ab, der Halbteilungsgrundsatz stelle einen Fremdkörper im System des Erschließungsbeitragsrechts dar.

15 Vgl. etwa Driehaus (Fn. 8), Rn. 324.

16 Siehe z. B. Arndt, KStZ 1985, 161 (162 f.).

17 Förster (Fn. 14) und David (in: Cholewa/David/Dyong/von der Heide, BauGB, 2. Aufl.) behandeln dementsprechend die einseitig anbaubare Straße im Rahmen der Kommentierung des § 131 BauGB (vgl. Rn. 5. f. einerseits und Anm. 18 andererseits).

tragsfähigen Erschließungsaufwand oder er beschränke sich darauf, die Anlieger einer Straßenseite von der Beteiligung an der Verteilung des umlagefähigen Erschließungsaufwands auszuschließen. Denn im ersten Fall müßte allein die Gemeinde, im zweiten müßten die Eigentümer der bebaubaren Grundstücke (außer dem ohnehin auf sie entfallenden Aufwandsteil auch) den entsprechenden Ausfall tragen.

Schon im Urteil vom 25.6.1969[18] klingt an, daß der Halbteilungsgrundsatz über das Merkmal „zum Anbau bestimmt" auf den Begriff der beitragsfähigen Anbaustraße (§ 127 Abs. 2 Nr. 1 BBauG wie BauGB) einwirkt. Doch werden zugleich gewisse Zweifel geweckt, ob dieser bundesrechtliche Grundsatz nicht doch letztlich den erschließungsbeitragsrechtlichen Anlagenbegriff unberührt läßt, der – wie das Bundesverwaltungsgericht in ständiger Rechtsprechung[19] entschieden hat – maßgebend „von einer natürlichen Betrachtungsweise" bestimmt wird. Denn in dem bezeichneten Urteil heißt es, der Sache nach gehe es um „nichts anderes als ein(en) Rechnungsfaktor, der zum Ausdruck bringt, daß die beitragspflichtigen Anlieger nicht mit den gesamten Kosten einer Anlage belastet werden dürfen, die klar gegeneinander abgegrenzt nur zur Hälfte zum Anbau bestimmt ist"[18]. Diese Zweifel werden ungeachtet aller sonstigen Ausführungen in der grundlegenden Entscheidung des Bundesverwaltungsgerichts vom 29.4.1977 nicht völlig beseitigt, weil dort immerhin formuliert ist, es stehe nicht eine reale Teilung der Straße in Rede, „sondern allein eine entsprechende Teilung der Kostenmasse"[20]. Dementsprechend hat beispielsweise das Oberverwaltungsgericht Lüneburg wenig später erkannt, in diesem Zusammenhang gehe es nicht um „die Qualifizierung einer Anlage als beitragsfähige Erschließungsanlage im Sinne des § 127 Abs. 2 BBauG, sondern den Umfang der Umlagefähigkeit der entstandenen Kosten"[21]. Und selbst noch im Urteil vom 26.5.1989 legt das Bundesverwaltungsgericht dar, bei einer nur einseitigen Anbaubarkeit „gebiet sich im Grundsatz eine dies berücksichtigende Teilung der Ausbaukosten, die, was die Kosten der Fahrbahn anlangt, von einer Halbierung jedenfalls auszugehen hat"[22].

Wie auch immer: Jedenfalls in seiner Entscheidung vom 31.1.1992[23] hat das Bundesverwaltungsgericht unmißverständlich deutlich gemacht, daß Gegenstand des Halbteilungsgrundsatzes ausschließlich der erschließungsbeitragsrechtliche Begriff der Anbaustraße ist. Nach Maßgabe dieses Grundsatzes erfüllt „eine Straße, die lediglich einseitig zum Anbau bestimmt ist, von Fall zu Fall nur in ihrer den bebaubaren Grundstücken zugewandten Hälfte den Begriff der beitragsfähigen Erschließungsanlage im Sinne des § 127 Abs. 2 Nr. 1 BBauG; das hat zur Konsequenz, daß dann ausschließlich die auf diese Hälfte entfallenden Kosten als Kosten für ihre erstmalige Herstellung im Sinne des § 128 Abs. 1 Satz 1 Nr. 2 BBauG anzuse-

---

18 BVerwG (Fn. 12), S. 228.
19 Statt vieler: Urteil vom 21.9.1979 – 4 C 55.76 –, DÖV 1980, 833 f.
20 BVerwG, Urteil vom 29.4.1977 – IV C 1.75 –, BVerwGE 52, 364 (371).
21 OVG Lüneburg, Urteil vom 23.5.1979 – IX A 137/77 –, KStZ 1979, 174 f.
22 BVerwG, Urteil vom 26.5.1989 – 8 C 6.88 –, BVerwGE 82, 102 (4. Leitsatz).
23 BVerwG (Fn. 11), S. 362 ff. (365).

hen (und auf die Grundstücke der anbaubaren Straßenseite zu verteilen) sind"[23]. Der Halbteilungsgrundsatz begründet somit im Rahmen seines Anwendungsbereichs eine Ausnahme von der Maßgeblichkeit der natürlichen Betrachtungsweise für die Beurteilung, ob ein Straßenzug insgesamt oder nur teilweise eine beitragsfähige Anbaustraße ist. Er führt zwar nicht zu einer realen Teilung der Verkehrsanlage, sondern läßt sie als solche unberührt. Es mag dahinstehen, ob die Straße insgesamt noch als eine Erschließungsanlage im Sinne des § 123 Abs. 2 BauGB zu qualifizieren ist; infolge ihrer nur einseitigen Anbaubarkeit genügt sie ausschließlich mit ihrem den bebaubaren Grundstücken zugewandten (Längs-)Teil den rechtlichen Anforderungen an eine zum Anbau bestimmte Straße (§ 127 Abs. 2 Nr. 1 BauGB). Die real einheitliche Verkehrsanlage zerfällt bei dieser Betrachtungsweise gleichsam in **zwei ideelle** Hälften, von denen lediglich eine „zum Anbau bestimmt" ist[24]. Ändern sich später die Verhältnisse derart, daß nunmehr – etwa infolge einer förmlichen Beplanung – auch die Grundstücke der gegenüberliegenden Straßenseite bebaubar werden, erlangt auch die andere (ideelle) Hälfte die rechtliche Qualität der Bestimmung zum Anbau und wird damit – als sozusagen zweite einseitig anbaubare Straße – mit der Folge Teil einer beitragsfähigen Gesamtanlage, daß der für diese (zweite) Hälfte schon früher angefallene und deshalb der Höhe nach feststehende, aber bisher blockierte Herstellungsaufwand beitragsfähig (§ 128 Abs. 1 BauGB) wird und nach Abzug des Gemeindeanteils (einzig) auf die durch sie gemäß § 131 Abs. 1 Satz 1 BauGB erschlossenen Grundstücke umzulegen ist.

Die ausschließlich ideelle Teilung der Straße vermeidet Schwierigkeiten, die sich anderenfalls ergeben könnten, wenn etwa die Rohre der Straßenentwässerungseinrichtung in der den bebaubaren Grundstücken abgewandten Straßenhälfte liegen. Vor dem bezeichneten Hintergrund ist nämlich die Lage der Rohre oder der Stand der Straßenleuchten ohne Belang. Die betreffenden Teileinrichtungen nehmen unabhängig von derartigen tatsächlichen Gegebenheiten an der Spaltung der Straße in eine beitragsfähige und eine (zunächst noch) nicht beitragsfähige Erschließungsanlage teil, so daß jeweils nur eine Hälfte des für ihre Herstellung entstandenen Aufwands den jetzt schon bebaubaren Grundstücken angelastet werden kann. Im übrigen folgt aus der gebotenen ideellen Betrachtungsweise, daß die sachlichen Erschließungsbeitragspflichten (§ 133 Abs. 2 BauGB) selbst für den anbaubaren Straßenteil erst entstehen können, wenn die ausgebaute Anlage

---

24 Bildet die einseitig anbaubare Straße mit einer von ihr abzweigenden erschließungsrechtlich selbständigen Stichstraße eine Erschließungseinheit i. S. des § 130 Abs. 2 Satz 3 BauGB, kann die Gemeinde die zum Anbau bestimmte ideelle Hälfte der Straße und die Stichstraße grundsätzlich (vgl. zu einer einschränkenden Grenze zuletzt BVerwG, Urteil vom 22.5.1992 – 8 C 57.90 –, BVerwGE 90, 208 ff.) zur gemeinsamen Abrechnung zusammenfassen, d. h. den für sie entstandenen Erschließungsaufwand gemeinsam ermitteln und nach Maßgabe der satzungsmäßigen Verteilungsregelung auf die durch die einseitig anbaubare Straße und die Stichstraße erschlossenen Grundstücke (§ 131 Abs. 1 Satz 1 BauGB) verteilen.

insgesamt den Anforderungen der satzungsmäßigen Merkmalsregelung (§ 132 Nr. 4 BauGB) und des einschlägigen Bauprogramms[25] genügt.

III.

Mit den bisherigen Überlegungen ist noch nichts gewonnen für die Beantwortung der Frage nach dem *Anwendungsbereich des Halbteilungsgrundsatzes*. Fest steht nur, daß dieser am Merkmal „zum Anbau bestimmt" in § 127 Abs. 2 Nr. 1 BauGB festgemachte Grundsatz von Fall zu Fall zu einer (ausschließlich) rechtlichen Aufspaltung einer einseitig anbaubaren Straße in eine beitragsfähige und eine nicht beitragsfähige Anlage führt. Soweit das zutrifft, stellt er die Eigentümer der Grundstücke an der anbaubaren Straßenseite von einer Belastung (auch) mit den, der anderen Straßenhälfte zuzuordnenden Herstellungskosten frei, und zwar zunächst einmal zu Lasten der Gemeinde, die den entsprechenden Teil der Kosten vorhalten muß; diesen Kostenanteil darf die Gemeinde den Eigentümern der Grundstücke auf der zunächst nicht anbaubaren Straßenseite überbürden, sofern und sobald auch diese Grundstücke bebaubar werden.

Für die damit gewählte Kompromißlösung ist allerdings Raum nur dort, wo die Möglichkeit besteht, daß die Grundstücke an der zunächst nicht anbaubaren Straßenseite später bebaubar werden, und die Interessenlage eine zeitweilige Blockierung der Abwälzbarkeit entstandener Herstellungskosten zugunsten der Grundstücke an der anbaubaren und zu Lasten (letztlich) der Grundstücke an der gegenüberliegenden Straßenseite geboten erscheinen läßt. Diese Voraussetzungen sind nicht bei allen nicht (in vollem Umfang) beidseitig anbaubaren Straßen gegeben.

Gleichsam den Grundfall für die Anwendung des Halbteilungsgrundsatzes bildet unabhängig davon, ob eine einseitig anbaubare Straße und die bebaubaren Grundstücke an ihrer einen Seite in einem beplanten Gebiet oder im unbeplanten Innenbereich liegen, folgende Gestaltung: Die Gemeinde projektiert und baut eine solche Anlage mit Blick auf eine alsbald zu erwartende bauliche Nutzung der noch dem Außenbereich angehörenden Grundstücke an der (zunächst) nicht anbaubaren Straßenseite in einem Umfang aus, der über das hinaus geht, was die hinreichende Erschließung der Grundstücke an der bebaubaren Seite erfordert, d. h. für diese Erschließung unerläßlich[26] ist. In einem derartigen Fall fehlt es an „einer Rechtfertigung, den gesamten entstandenen Aufwand allein den Grundstücken

---

25 Vgl. zur Bedeutung des (formlosen) Bauprogramms im Erschließungsbeitragsrecht im einzelnen BVerwG, Urteil vom 18.1.1991 – 8 C 14.89 –, BVerwGE 87, 288 (298 f.).

26 In früheren Entscheidungen, namentlich im Urteil vom 27.4.1977 (Fn. 20), hat das Bundesverwaltungsgericht anstelle des Merkmals „unerläßlich" das Merkmal „schlechthin unentbehrlich" verwandt. Der steigernde Zusatz „schlechthin" kann indes leicht mißverstanden werden, weil er auf Anforderungen abzustellen scheint, die in dem hier maßgeblichen Zusammenhang nicht am Platze sind. Das Bundesverwaltungsgericht hat deshalb bereits im Urteil vom 26.5.1989 (Fn. 22) bemerkt, die Beibehaltung dieses Zusatzes empfehle sich nicht (vgl. dazu auch REIF, BWGZ 1990, 28); im Urteil vom 31.1.1992 (Fn. 11) hat das Bundesverwaltungsgericht zugunsten des Merkmals „unerläßlich" auf das Merkmal „schlechthin unentbehrlich" verzichtet. Diesem „Wandel" kommt jedoch keinerlei materielle Bedeutung zu.

der zum Anbau bestimmten Straßenseite anzulasten. Vielmehr gebietet eine an der Interessenlage ausgerichtete Betrachtung die Annahme, die Gemeinde sei bei einer solchen Konstellation gehalten", die für die Herstellung der zweiten Hälfte der Straße entstandenen Kosten „vorerst selbst zu tragen und sie gegebenenfalls in dem Zeitpunkt auf die Grundstücke der anderen Seite abzuwälzen, in dem diese bebaubar werden und deshalb dem ihnen zugewandten Straßenteil die (nachträglich eingetretene) Bestimmung zum Anbau mit der Folge ,zuwächst', daß auch dieser Teil beitragsfähige Erschließungsanlage wird und der für ihren Ausbau angefallene (von der Gemeinde dann gewissermaßen vorgestreckte) Aufwand die Qualität von erschließungsbeitragsfähigen Kosten erlangt"[27]. Dieser Grundfall stellt für die Bestimmung des Anwendungsbereichs des Halbteilungsgrundsatzes ausschlaggebend darauf ab, ob sich die Straße in dem Umfang, der sich aus dem für sie aufgestellten (formlosen) Bauprogramm ergibt, innerhalb dessen hält, was für die hinreichende Erschließung der Grundstücke an der anbaubaren Straßenseite unerläßlich ist. Somit kommt dem unbestimmten Rechtsbegriff „unerläßlich" eine zentrale Bedeutung für den Halbteilungsgrundsatz zu. Auf ihn bzw. auf die Ermittlung der mit diesem Merkmal bezeichneten (Ausbau-)Schranke wird deshalb später noch im einzelnen einzugehen sein. Hier genügt die Erkenntnis, daß durch dieses Merkmal eine erschließungsbeitragsrechtliche (Belastungs-)Grenze markiert wird, die bestimmt ist durch den erschließungsbeitragsrechtlichen Gesichtspunkt, daß den Eigentümern der Grundstücke auf der anbaubaren Straßenseite vernünftigerweise nicht zugemutet werden kann, mit Kosten belastet zu werden, die in keinem sachlichen Zusammenhang mit der Aufgabe der betreffenden Straße stehen, den von den Grundstücken der anbaubaren Straßenseite ausgelösten Ziel- und Quellverkehr zu bewältigen und überdies dem nach den Umständen des Einzelfalls hier üblichen Durchgangsverkehr zu dienen.

Allerdings bedarf die Aussage, der Halbteilungsgrundsatz sei in einer Konstellation der skizzierten Art anwendbar, einer Einschränkung, die sich gewissermaßen aus seiner Zweckbestimmung ergibt: Der Halbteilungsgrundsatz soll verhindern, daß die Eigentümer der Grundstücke an der bebaubaren Straßenseite mit im Sinne des § 128 Abs. 1 BauGB erschließungsbeitragsfähigen Kosten belastet werden, die sie deshalb nichts angehen, weil sie für Teilflächen der Verkehrsanlage entstanden sind, die für eine hinreichende Erschließung ihrer Grundstücke entbehrlich sind. Er soll – mit anderen Worten – zugunsten dieser Eigentümer gewisse Erstausbaukosten blockieren, die – soweit es ihre Art betrifft – nach Maßgabe der §§ 127 ff. BauGB abrechenbar sind. An einer solchen Abrechenbarkeit fehlt es, wenn es um die Kosten von (Erst-)Ausbaumaßnahmen an einseitig anbaubaren Straßen geht, die als vorhandene Erschließungsanlagen gemäß § 242 Abs. 1 BauGB[28] und – in den neuen Bundesländern – als bereits hergestellte Erschließungsanlagen und Teileinrichtungen gemäß § 246a Abs. 1 Nr. 11 Sätze 2 und 3

---

27 BVerwG (Fn. 11), S. 365 f.
28 Siehe zu den vorhandenen Erschließungsanlagen u. a. ERNST, in: Ernst/Zinkahn/Bielenberg, BauGB, § 242 Rn. 1.

BauGB[29] vom Geltungsbereich der erschließungsbeitragsrechtlichen Vorschriften nicht erfaßt sind. Daran fehlt es überdies mit Blick auf alle Kosten, die aus der Sicht des Erschließungsbeitragsrechts von vornherein als unbeachtlich einzustufen sind. Das trifft beispielsweise zu auf Kosten, die bereits anderweitig gedeckt sind, sei es – bei vor dem zweiten Weltkrieg angefallenen Kosten – durch eine seinerzeit auf der Grundlage des einschlägigen Landesrechts erfolgte Abgabenerhebung, sei es durch staatliche oder sonstige Zuwendungen[30]. Ferner trifft das zu auf Kosten, die kraft § 128 Abs. 3 BauGB aus dem beitragsfähigen Erschließungsaufwand ausgeschlossen sind. Jedoch rechtfertigt die Tatsache, daß die Kosten für die Herstellung der Fahrbahn in der Ortsdurchfahrt (auch) einer einseitig anbaubaren klassifizierten Straße gemäß § 128 Abs. 3 Nr. 2 BauGB nicht zum beitragsfähigen Erschließungsaufwand zählen, nicht den Schluß, bei einer solchen Straße laufe der Halbteilungsgrundsatz leer. Das ist jedenfalls insoweit nicht der Fall, als die betreffende Gemeinde Träger der Straßenbaulast etwa für die Straßenentwässerungseinrichtung ist[31]. Die Beleuchtung der öffentlichen Straße obliegt der Gemeinde unabhängig davon, wer Träger der Straßenbaulast ist[32]. Kosten, die für die erstmalige Herstellung der Straßenbeleuchtung entstanden sind, können deshalb in dem bisher behandelten Grundfall ohne weiteres Gegenstand der vom Halbteilungsgrundsatz ausgelösten Blockade sein.

In diesem Zusammenhang ist noch eine Erwägung einzufügen, die sich auf die Teileinrichtung Gehweg bezieht. Hat die Gemeinde in dem Grundfall nicht nur auf der bebaubaren Straßenseite, sondern überdies bereits auf der gegenüberliegenden Straßenseite einen Gehweg gebaut, nimmt der beidseitige Gehweg bzw. die für seine Herstellung entstandenen Kosten an der durch den Halbteilungsgrundsatz begründeten Blockierung teil. Etwas anderes gilt indes, wenn die Gemeinde sich entsprechend dem maßgeblichen Bauprogramm auf die Anlegung eines einseitigen Gehwegs in einem Umfang beschränkt hat, der sich im Rahmen der ortsüblichen Breite von (einseitigen) Gehwegen bewegt. Da ein solcher Gehweg funktionell in erster Linie den Grundstücken an der anbaubaren Seite zu dienen bestimmt ist und bleibt, besteht kein durchgreifender Anlaß für eine deren Eigentümer schützende, letztlich zu Lasten der Grundstücke an der anderen Straßenseite wirkende Halbierung der Gehwegkosten. Vielmehr geht der Aufwand für einen derartigen einseitigen Gehweg in den beitragsfähigen Erschließungsaufwand der einseitig anbaubaren Straße ein. Daß dies eine interessengerechte Lösung darstellt, belegt folgende Überlegung: Beplant die Gemeinde später die Grundstücke des Außenbereichs und kommt sie in diesem Rahmen zu dem Ergebnis, deren angemessene Erschließung erfordere die Anlegung eines Gehwegs auch an dieser Seite, gehen die nach einer entsprechenden Änderung des Bauprogramms für

---

29 Vgl. zu den in diesem Sinne bereits hergestellten Erschließungsanlagen und Teileinrichtungen DRIEHAUS (Fn. 8), Rn. 46 a.

30 Zur anderweitigen Deckung im Erschließungsbeitragsrecht vgl. u. a. LÖHR, in: Battis/Krautzberger/Löhr, BauGB, 3. Aufl., § 129 Rn. 18 ff.

31 Für welche Teileinrichtungen in der Ortsdurchfahrt einer klassifizierten Straße die Gemeinde die Straßenbaulast trägt, bestimmt das einschlägige Landesstraßengesetz.

32 BVerwG, Urteil vom 15.9.1989 – 8 C 4.88 –, NVwZ 1990, 374 (376).

diese Straße entstehenden Gehwegkosten zu Lasten der vormaligen Außenbereichsgrundstücke.

Von Bedeutung ist der Halbteilungsgrundsatz auch in einer Fallgestaltung, in der eine Gemeinde in ihrem Bauprogramm einen (später auszuführenden) vollen Ausbau einer (zunächst) als einseitig anbaubar anzulegenden Straße beschließt, sich aber wegen der Außenbereichslage und der deshalb fehlenden Baulandqualität der Grundstücke an der einen Straßenseite anfänglich auf einen (Ausbau-)Umfang beschränkt, der durch die hinreichende Erschließung der bebaubaren Grundstücke der anderen Straßenseite gefordert ist. Trifft das zu, ist kraft des Halbteilungsgrundsatzes die angelegte Verkehrsanlage zwar noch nicht die hier vorgesehene Gesamterschließungsanlage, aber rechtlich doch die beitragsfähige, einseitig anbaubare Straße, die einzig die Grundstücke an ihrer anbaubaren Seite erschließt; diese tragen deshalb auch allein den für den (der satzungsmäßigen Merkmalsregelung entsprechenden) Ausbau entstandenen beitragsfähigen Erschließungsaufwand. Soweit die Gesamtanlage in einem Bebauungsplan ausgewiesen ist, setzt die Rechtmäßigkeit ihrer hinter diesem Plan zurückbleibenden Herstellung und damit der Einstieg in das Erschließungsbeitragsrecht die Erfüllung der Anforderungen des § 125 Abs. 3 BauGB voraus[33]. Werden bei einer solchen Konstellation die Außenbereichsgrundstücke später z. B. durch förmliche Beplanung zum Bauland und wird im Zuge dieser neuen Bauleitplanung die Straße in dem im Bauprogramm vorgesehenen Umfang verbreitert, stellt „die Verbreiterung gleichsam die zweite, zum Vollausbau der Gesamtanlage führende einseitig anbaubare Straße mit der Folge dar, daß der von ihr verursachte Aufwand als beitragsfähiger Aufwand einzig auf die durch sie erschlossenen vormaligen Außenbereichsgrundstücke umzulegen ist"[34]. In diesem Zusammenhang wirkt der Halbteilungsgrundsatz nicht (kosten-)blockierend, sondern – wiederum im Interesse einer vorteilsangemessenen Aufwandsverteilung zugunsten der den früheren Außenbereichsgrundstücken gegenüberliegenden Grundstücke – kostenabschirmend. Allerdings ist der Hinweis auf eine „zweite … einseitig anbaubare Straße" nicht beim Wort zu nehmen, sondern mehr bildhaft zu verstehen. Die zum Vollausbau führende Verbreiterung löst nämlich keine erneute Anwendbarkeit des Halbteilungsgrundsatzes aus. Anderenfalls könnte die Verbreiterung dann, wenn sie in ihrem Umfang das übersteigt, was – isoliert betrachtet – für die hinreichende Erschließung der vormaligen Außenbereichsgrundstücke unerläßlich ist, dazu führen, daß die Erstausbaukosten für einen zwischen der ersten und der (vermeintlich) zweiten einseitig anbaubaren Straße liegenden Streifen erschließungsbeitragsrechtlich nicht abrechenbar wären. Dem

---

33 Da eine Planunterschreitung – soll sie von § 125 Abs. 3 BauGB gedeckt sein – mit den Grundzügen der Planung vereinbar sein muß, kommt in diesem Zusammenhang in erster Linie ein relativ geringfügiges Zurückbleiben hinter den Festsetzungen eines Bebauungsplans in Betracht, doch kann nach Maßgabe der Umstände des jeweiligen Einzelfalls selbst dann, wenn ein Bebauungsplan eine Straßenfläche von 10 m Breite festsetzt, ein Straßenausbau von nur 6,5 m Breite noch mit den Grundzügen der Planung vereinbar sein (so OVG Lüneburg im Urteil vom 23.10.1991 – 9 L 8.90). Gleichwohl wird die hier behandelte Konstellation vor allem mit Blick auf einseitig anbaubare Straßen im unbeplanten Innenbereich von Bedeutung sein.

34 BVerwG (Fn. 11), S. 366.

aber steht durchgreifend entgegen, daß die Gemeinden nach dem Willen des Gesetzgebers die ihnen durch die Erfüllung ihrer gesetzlichen Erschließungsaufgabe (§ 123 Abs. 1 BauGB) entstandenen Kosten möglichst uneingeschränkt durch Beiträge auf die Eigentümer der im Sinne des § 131 Abs. 1 Satz 1 BauGB erschlossenen Grundstücke sollen umlegen können und daß das, was von diesen Kosten endgültig zu ihren Lasten gehen soll, abschließend in den §§ 128 Abs. 3 (ausgeschlossene Kosten), 129 Abs. 1 Satz 1 (nicht erforderliche Aufwendungen), 129 Abs. 1 Satz 3 (Gemeindeanteil) und 135 Abs. 5 (Erlaß) bestimmt ist[35].

Die mit dem Halbteilungsgrundsatz angestrebte angemessene Belastung der vormaligen Außenbereichsgrundstücke greift nicht, wenn eine Gemeinde den Ausbau einer einseitig anbaubaren Straße entsprechend dem einschlägigen Bauprogramm von vornherein auf einen Umfang beschränkt, der für die hinreichende Erschließung der Grundstücke an der zum Anbau bestimmten Straße unerläßlich ist. In diesem Fall ist die in ihrem Umfang unerläßliche Anlage zugleich die beitragsfähige Gesamterschließungsanlage. Ist sie den Herstellungsmerkmalen einer Erschließungsbeitragssatzung oder – unter Geltung noch des dem Erschließungsbeitragsrecht vorangegangenen Anliegerbeitragsrechts – einer anderen einschlägigen Bestimmung entsprechend ausgebaut worden, ist sie erstmals endgültig hergestellt und – soweit das in Betracht kommt – nach den erschließungsbeitragsrechtlichen Vorschriften abzurechnen. Da die Unerläßlichkeitsgrenze nicht überschritten ist, ist kein Raum für eine ideelle Aufspaltung der Anlage und deshalb „kommt es nicht zu einer erschließungsbeitragsrechtlichen Kostenhalbierung, keinem Vorstrecken erst später abwälzbarer Kosten und keinem erst nachfolgenden Erstausbau einer Gesamtanlage"[36]. Werden die bisherigen Außenbereichsgrundstücke bebaubar, erhalten sie ihre Erschließung ohne kostenmäßige Belastung, weil der Halbteilungsgrundsatz nicht eingreifen und deshalb keine Kosten zu ihren Lasten blockieren konnte.

Ergibt sich später, daß mit Rücksicht auf die inzwischen eingetretene Entwicklung eine Verbreiterung der Anlage angezeigt ist, die als einseitig anbaubare Straße endgültig fertiggestellt und damit aus dem Anwendungsbereich des Erschließungsbeitragsrechts entlassen worden ist, kann dies nicht mehr eine durch das Bundesrecht begründete Erschließungsbeitragspflicht, sondern ausschließlich eine Straßenbaubeitragspflicht nach Maßgabe der landesrechtlichen Bestimmungen auslösen. Das alles gilt jedoch nur, wenn diese Verkehrsanlage in dem Zeitpunkt, in dem sie erstmals den Anforderungen der einschlägigen Merkmalsregelung genügt, dem Umfang nach den (noch) maßgeblichen Planungen der Gemeinde entspricht. Hat sich die Gemeinde vor diesem Zeitpunkt mit Blick auf eine alsbald zu erwartende bauliche Nutzung der dem Außenbereich angehörenden Grundstücke durch eine Änderung des Bebauungsplans oder – im unbeplanten Innenbereich – des (formlosen) Bauprogramms für eine größere Dimensionierung der Straße entschieden, bleiben das Erschließungsbeitragsrecht und der Halbteilungsgrundsatz mit der Folge maßgebend, daß allein die vormaligen Außenbereichsgrundstücke

---

35 BVerwG, Urteil vom 29.5.1991 – 8 C 67.89 –, BVerwGE 88, 248 (253).
36 BVerwG (Fn. 11), S. 366.

die Erstausbaukosten der zum Vollausbau führenden Maßnahme tragen müssen[37]. Denn die rechtzeitige Planänderung „sperrt" die Annahme, die als einseitig anbaubare Straße erstmals endgültig hergestellte beitragsfähige Erschließungsanlage könne auch als beidseitig anbaubare Verkehrsanlage bereits erstmals endgültig hergestellt sein. Der Sache nach handelt es sich hier lediglich um eine – hinsichtlich des Zeitpunkts der Entscheidung über den endgültigen Umfang der Straße abweichende – Alternative des bereits behandelten Falles eines das ursprüngliche Bauprogramm nicht erschöpfenden Ausbaus.

Im übrigen gibt es mehrere Fallgestaltungen, in denen der Halbteilungsgrundsatz schon vom Ansatz her nicht anzuwenden ist, weil die durch ihn zugunsten der Grundstücke an der anbaubaren Straßenseite bewirkte Entlastung bei sachgerechter Würdigung nicht der Interessenlage entspricht. Dazu gehören nach der Entscheidung des Bundesverwaltungsgerichts vom 29.4.1977[38] – erstens – Fälle, in denen eine Straßenseite oder auch ein Straßenteil (etwa deshalb, weil eine Felswand an die Straße stößt) einem Ausbau auf Dauer entzogen ist, die Straße jedoch auch insoweit überwiegend die Funktion hat, den erschlossenen Grundstücken die Verbindung zum allgemeinen Straßennetz zu verschaffen. Außerdem zählen hierzu – zweitens – Fälle, in denen die Anbaufähigkeit (aus welchen Gründen immer) auf einer Seite lediglich bei in ihrer Ausdehnung unbedeutenden Straßenstücken fehlt. Ferner sind in diesem Zusammenhang – drittens – Fälle zu nennen, in denen eine Straße infolge von Anbauhindernissen auf einer verhältnismäßig kurzen Strecke auf beiden Seiten nicht anbaubar ist. Schließlich hat – wie bereits gesagt – bei nur einseitig anbaubaren Straßen eine rechtliche Teilung der Verkehrsanlage und in der Folge eine Aufspaltung in beitragsfähigen und (zunächst) nicht beitragsfähigen Erschließungsaufwand in den vorstehend ausführlich behandelten Konstellationen zu unterbleiben, in denen die Gemeinde die Anlegung der Straße auf eine Breite beschränkt hat, die für die hinreichende Erschließung der Grundstücke an der zum Anbau bestimmten Seite „unerläßlich" ist.

IV.

Über die Bestimmung der *Ausbaubreite*, die für die hinreichende Erschließung der Grundstücke an der anbaubaren Straßenseite unerläßlich ist, läßt sich folgendes sagen: Dem gemeindlichen Erschließungs- (bzw. Straßen-)Recht obliegt es, über Art und Umfang des Ausbaus einer Straße zu befinden (vgl. § 125 Abs. 1 und 2 BauGB). Daran knüpft – unter dem Blickwinkel einer gegebenenfalls gebotenen Begrenzung der (Kosten-)Belastung auf ein zumutbares Maß – das Erschließungsbeitragsrecht mit der Frage an, ob der Umfang der Straße, den das Erschließungs-(Straßen-)Recht vorgegeben hat, für die Erschließung der Grundstücke an der anbaubaren Straßenseite unerläßlich ist. Die Beantwortung dieser Frage be-

---

37 Die Gemeinde kann das Bauprogramm für eine Straße – auch zu Lasten der Beitragspflichtigen – so lange jederzeit ändern, als die beitragsfähige Erschließungsanlage noch nicht endgültig hergestellt ist, danach jedoch nicht mehr. Vgl. etwa BVerwG, Urteil vom 13.12.1985 – 8 C 66.84 –, NVwZ 1986, 925 (927 f.).

38 BVerwG (Fn. 20), S. 369 f.

ruht auf einer Abwägung, d. h. auf einer wertenden und vorausschauenden Beurteilung einer konkreten Erschließungssituation. Das Erschließungsbeitragsrecht ermächtigt folglich die Gemeinde zu beurteilen, welche Ausbaubreite für die Erschließung der Grundstücke an der anbaubaren Seite einer bestimmten Straße unerläßlich ist; es räumt ihr damit einen entsprechenden Beurteilungsspielraum ein[39][*2]. Das – regelmäßig (erst) im Rahmen einer Beitragsabrechnung zum Ausdruck kommende – Ergebnis der gemeindlichen Beurteilung ist gerichtlich nur darauf überprüfbar, ob die insoweit vom Erschließungsbeitragsrecht vorgegebenen äußersten Grenzen eingehalten worden sind[40].

Die Erkenntnis, das Erschließungsbeitragsrecht räume der Gemeinde einen der gerichtlichen Kontrolle nur beschränkt zugänglichen Beurteilungsspielraum ein[*2], schließt für das Gericht aus, annehmen zu dürfen, in einem Einzelfall sei nur eine einzige, metrisch exakt faßbare Größe als aus der Sicht des Erschließungsbeitragsrechts unerläßliche Ausbaubreite festzustellen. Schon aus diesem Grunde kann es bei der gerichtlichen Überprüfung einer gemeindlichen Unerläßlichkeitsentscheidung nicht darum gehen, zu untersuchen, ob auch eine andere als die von der Gemeinde für unerläßlich gehaltene (Fahrbahn-)Breite (gerade) noch genügt hätte, um eine hinreichende Erschließung der Grundstücke der anbaubaren Straßenseite zu sichern. Maßgebend ist insoweit vielmehr, ob objektiv-sachliche, an den konkreten Verhältnissen orientierte Gesichtspunkte die gemeindliche Beurteilung rechtfertigen und es deshalb den Eigentümern der Grundstücke an der anbaubaren Straßenseite zugemutet werden muß, die entstandenen Kosten – mit Ausnahme des Gemeindeanteils (§ 129 Abs. 1 Satz 3 BauGB) gleichsam als Ausgleich für die Inanspruchnahme der Anlage durch den Durchgangsverkehr – allein, d. h. ohne finanzielle Beteiligung (zunächst) der Gemeinde und (möglicherweise letztendlich) der Grundstücke auf der gegenüberliegenden Straßenseite zu tragen.

Als objektiv-sachliche Gesichtspunkte können für die Beurteilung der Gemeinde von Belang sein u. a. die Länge der einseitig anbaubaren Straße, die Anzahl der durch sie erschlossenen Grundstücke und vor allem der jeweilige Gebietscharakter. Alle diese Faktoren haben Einfluß auf den Umfang des zu erwartenden Verkehrsaufkommens, der seinerseits für die Annahme von Bedeutung ist, eine Straße sei in der Lage, eine hinreichende wegemäßige Erschließung für die Grundstücke an der anbaubaren Straßenseite zu vermitteln. Allgemeine Anhaltspunkte dafür können etwa die „Empfehlungen für die Anlage von Erschließungsstraßen", Aus-

---

39 Die Frage, ob einer Behörde im Rahmen der Anwendung eines unbestimmten Rechtsbegriffs ein Beurteilungsspielraum zusteht, richtet sich nach dem jeweils anzuwendenden materiellen Recht. Vgl. BVerwG, u. a. Urteile vom 26.8.1976 – V C 41.75 –, BVerwGE 51, 104 (110), und vom 13.12.1979 – 5 C 1.79 –, BVerwGE 59, 213 (215).

[*2] Das BVerwG nimmt dagegen im Urteil vom 3.3.2004 (9 C 6.03 – DVBl 2004, 1038 = NVwZ 2004, 1118 = HSGZ 2004, 228) ohne jede Begründung an, bei dem Merkmal „unerläßlich" handele es sich um einen gerichtlich voll überprüfbaren unbestimmten Rechtsbegriff, der Gemeinde komme insoweit lediglich eine Entscheidungsprärogative zu. Diese Rechtsansicht überzeugt nicht.

40 Vgl. zum Beurteilungsspielraum und zur Kontrolldichte verwaltungsgerichtlicher Rechtsprechung dazu REDEKER, NVwZ 1992, 305 ff.

gabe 1985, der Forschungsgesellschaft für Straßen- und Verkehrswesen als sachverständige Konkretisierung moderner Grundsätze des Straßenbaus liefern. Neben den sich daraus ergebenden Hinweisen auf den Raumbedarf für einen – jedenfalls bei längeren, durch Gewerbe- und Industriegebiete verlaufenden Straßen zu berücksichtigenden – Lastkraftwagen-Begegnungsverkehr kann die Gemeinde unter dem Blickwinkel der Sicherheit und Leichtigkeit des Verkehrs[41] in ihre Überlegungen einbeziehen sowohl, daß ein sicheres Ein- und Ausfahren von Lastkraftwagen auf bzw. von angrenzenden Grundstücken einen Flächenbedarf begründet, der über den für einen üblichen Lastkraftwagen-Begegnungsverkehr ausreichenden befahrbaren Raum hinausgeht, als auch, daß es – je nach den Umständen des Einzelfalls – angezeigt sein kann, Vorsorge für das Abstellen von Kraftfahrzeugen und Anhängern zu treffen. Eine Rolle kann in diesem Zusammenhang u. a. auch der Verlauf der Straße spielen; ein kurviger Verlauf kann eher Anlaß für eine Entscheidung in Richtung auf eine größere (Fahrbahn-)Breite geben[42].

Bei Anlegung dieses Maßstabs bestehen keine Bedenken gegen die Beurteilung einer Gemeinde, mit Rücksicht u. a. auf den bei einer 550 m langen Straße in einem reinen Wohngebiet zu beachtenden Begegnungsverkehr von Last- und Personenkraftwagen eine Fahrbahnbreite von 5 m (und eine Fußwegbreite von 1,50 m)[43] bzw. eine Fahrbahnbreite von 5,5 m (und eine Fußwegbreite von 1,75 m)[44] als für die Erschließung der Grundstücke an der anbaubaren Straßenseite unerläßlich zu halten; im Ergebnis Entsprechendes kann mit Blick auf eine Mehrzahl von Parkplätzen und Parkbuchten sowie 238 Wohneinheiten sogar bei einer Sackgasse mit einer 7 m breiten Fahrbahn gelten[45]. In einem Industriegebiet darf die Gemeinde in der Regel eine Fahrbahnbreite von 7 m für unerläßlich ansehen[46]. Bei einer durch ein Gewerbe- und Industriegebiet verlaufenden, 512 m langen und 13 Grundstücke erschließenden einseitig anbaubaren Straße ist selbst bei einer Fahrbahnbreite von 7,50 m noch nicht die Grenze erreicht, die das Erschließungsbeitragsrecht der Gemeinde für ihre Entscheidung setzt[47].

Hat eine Gemeinde z. B. bei einer in einem reinen Wohngebiet verlaufenden, 200 m langen einseitig anbaubaren Straße zur Erschließung von zehn Grundstücken einen Fahrbahnausbau in einer Breite von 10 m für unerläßlich gehalten und kommt das

---

41 Siehe dazu auch BVerwG, Urteil vom 12.6.1970 – IV C 5.68 –, Buchholz 406.11 § 130 BBauG Nr. 6 S. 3 (5).

42 Grenzt an die anbaubare Seite der Straße ein Grundstück etwa mit einer Schule, zu der besonders viele Schüler mit am Straßenrand haltenden (Schul-)Bussen gebracht werden, kann innerhalb des gemeindlichen Beurteilungsspielraums sogar die Bewertung liegen, ein auf der gegenüberliegenden Straßenseite (jedenfalls im Bereich des Schulgrundstücks) angelegter Gehweg sei mit der Folge für die Erschließung der Grundstücke auf der anbaubaren Straßenseite unerläßlich, daß auch diese Teileinrichtung zur einseitig anbaubaren Straße zählt und der für sie entstandene Aufwand einzig von den Grundstücken der anbaubaren Straßenseite zu tragen ist.

43 OVG Lüneburg (Fn. 21), S. 176.

44 VGH Mannheim, Urteil vom 17.11.1983 – 2 S 1811/83 –, n. v.

45 VGH Mannheim, Urteil vom 23.5.1985 – 2 S 336/84 –, VBlBW 1986, 145.

46 BVerwG, Urteil vom 8.10.1976 – IV C 76.74 –, KStZ 1977, 71 (72).

47 BVerwG (Fn. 22), S. 111.

Gericht bei der Überprüfung eines darauf gestützten Erschließungsbeitragsbescheids zu dem Ergebnis, damit sei die der Gemeinde vom Erschließungsbeitragsrecht gesetzte (äußerste) Grenze überschritten, ist es nicht befugt, von sich aus über den unerläßlichen Ausbauumfang zu befinden. Das materielle Recht weist diese Beurteilung der Gemeinde zu und räumt ihr dafür einen vom Gericht zu beachtenden Bewertungsspielraum ein[*2]. Das Gericht ist demgemäß darauf beschränkt, zu prüfen, ob die Gemeinde diesen Spielraum eingehalten oder die ihr dadurch zugleich gesetzte Grenze überschritten hat. Trifft letzteres zu, zwingt der Halbteilungsgrundsatz nach Maßgabe der vorstehenden Überlegungen zu der Annahme, es könnten auf die Grundstücke der anbaubaren Straßenseite nur die Hälfte dieser Kosten – abzüglich des Gemeindeanteils – umgelegt werden. Demgemäß muß ein angegriffener Beitragsbescheid in der entsprechenden Höhe aufgehoben werden.

Ist eine einseitig anbaubare Straße selbst nach dem Verständnis der Gemeinde im Umfang „großzügiger" ausgebaut als dies bei angemessener Bewertung der von den erschlossenen Grundstücken ausgehenden Verkehrsanforderungen verlangt ist, kann die Gemeinde die Konsequenz, im Ergebnis immerhin die Hälfte der Erstausbaukosten insbesondere der Fahrbahn für eine mehr oder weniger lange Zeit vorstrecken zu müssen, zumindest teilweise dadurch vermeiden, daß sie schon bei der Abrechnung dieser Anlage einen Aufwand lediglich für einen Ausbauumfang einstellt, den sie als für die Erschließung der bebaubaren Grundstücke unerläßlich halten darf[48]. Der verbleibende Restaufwand erlangt in einem solchen Fall die Qualität „beitragsfähig", sofern und sobald auch die Grundstücke der anderen Straßenseite bebaubar werden, und zwar ausschließlich hinsichtlich dieser Grundstücke und der sie erschließenden „zweiten" einseitig anbaubaren Straße.

V.

Das Erschließungsbeitragsrecht ist ausgerichtet auf eine *angemessen vorteilsgerechte* Verteilung der durch die Herstellung von beitragsfähigen Erschließungsanlagen anfallenden finanziellen Lasten. Die Gemeinde, der im Regelfall die Durchführung der Erschließung obliegt[49], soll nach dem Willen des Gesetzgebers die ihr dafür entstehenden Kosten möglichst weitgehend auf die Eigentümer von Grundstücken abwälzen, denen durch eine beitragsfähige Erschließungsanlage Vorteile vermittelt werden. Für die Überbürdung der umlagefähigen Erschließungskosten verlangt der Gleichheitssatz (Art. 3 Abs. 1 GG), daß die Höhe der auf ein einzelnes Grundstück entfallenden Belastung in einem angemessenen Verhältnis zu dem ihm gebotenen Vorteil steht[50]. Zur Erfüllung dieser Anforderung leistet der Halbteilungsgrundsatz einen nicht zu unterschätzenden Beitrag. Das gilt – wie zu be-

---

48 So auch BVerwG (Fn. 22), allerdings ausschließlich im 5. Leitsatz, S. 102 f.
49 Vgl. § 123 Abs. 1 BauGB.
50 „Der Beitrag muß in einem angemessenen Verhältnis zu dem Vorteil stehen. Ein größerer Vorteil rechtfertigt einen höheren, ein kleinerer Vorteil nur einen niedrigeren Beitrag" (BVerwG, Urteil vom 23.6.1972 – IV C 16.71 –, Buchholz 406.11 § 130 BBauG Nr. 12 S. 20, 21).

tonen ist – weniger in quantitativer Hinsicht; die Fälle, in denen die Anwendung des Halbteilungsgrundsatzes mit Blick namentlich auf entstandene Fahrbahnkosten deren Halbierung zur Folge hat, dürften eher Ausnahmen sein. Selbst in qualitativer Hinsicht führt der Halbteilungsgrundsatz nicht stets zu sozusagen handgreiflich vorteilsgerechten Ergebnissen; doch ist auch das bei einem Kompromiß nicht selten so. Jedoch begründet er einen der Interessenlage nach gebotenen Schutz der Eigentümer, deren Grundstücke schon im Zeitpunkt der Anlegung einer einseitig anbaubaren Straße bebaubar sind, vor einer schlechthin ungerechtfertigten Überlastung und eröffnet zugleich den Weg zu einer angemessenen Aufwandsbelastung der Grundstücke an der anderen Straßenseite, sofern und sobald sie ebenfalls bebaubar werden.

Zurück zum eingangs geschilderten Sachverhalt: Die Gemeinde meint, bei Würdigung der tatsächlichen Gegebenheiten sei der Gehweg in vollem Umfang und die Fahrbahn in einer Breite von 6 m als für die Erschließung der bebaubaren Grundstücke an der südlichen Straßenseite unerläßlich zu halten; beitragsfähige Erschließungsanlage im Sinne des § 127 Abs. 2 Nr. 1 BauGB sei die damit bezeichnete Fläche der Straße. Das ist nicht zu beanstanden. Vor diesem Hintergrund zählen zum beitragsfähigen Erschließungsaufwand die Gehwegkosten ungekürzt und überdies ein Anteil von sechs Elfteln der Fahrbahnkosten (einschließlich jeweils der Grunderwerbskosten) sowie gleich hohe Anteile an den Aufwendungen für die Herstellung der Beleuchtungs- und der Entwässerungseinrichtung. Dieser Aufwand ist nach Abzug des von der Gemeinde zu tragenden Anteils auf das Grundstück des A sowie die anderen Grundstücke an der anbaubaren Straßenseite nach Maßgabe des satzungsmäßigen Verteilungsmaßstabs umzulegen. Den verbleibenden Rest (fünf Elftel der Fahrbahn- wie der Beleuchtungs- und Straßenentwässerungskosten) darf die Gemeinde – wiederum unter Abzug ihres Anteils – auf das Grundstück B sowie die übrigen nördlich angrenzenden Grundstücke entsprechend den in dem Zeitpunkt maßgeblichen tatsächlichen und rechtlichen Umständen verteilen, in dem gegebenenfalls die Außenbereichsgrundstücke etwa durch förmliche Beplanung bebaubar werden. Sollte eine vor einer etwaigen Beplanung dieser Grundstücke vorgenommene Überprüfung ergeben, daß deren sachgerechte Erschließung die Anlegung eines Gehwegs auch auf dieser Straßenseite und damit insoweit eine Änderung des bisherigen, im Bebauungsplan enthaltenen Bauprogramms erfordert, wären die dafür entstehenden Kosten allein diesen Grundstücken anzulasten.

4. Überlegungen zum erschließungsbeitragsrechtlichen Aufwand für die Straßenentwässerung*[1]

I.

1. Nach § 128 Abs. 1 Satz 1 Nr. 2 BBauG*[2] gehören zum Erschließungsaufwand bei beitragsfähigen Erschließungsanlagen – und insoweit sei hier stellvertretend für alle anderen auf Anbaustraßen (§ 127 Abs. 2 Nr. 1 BBauG) abgestellt – die Kosten der „Einrichtungen für ihre Entwässerung", d. h. vom Ansatz her die Kosten für Einrichtungen, die ausschließlich dem Abfluß des auf der jeweiligen Anbaustraße anfallenden Regenwassers dienen (sog. Einzeleinrichtungen). Allerdings handelt es sich bei § 128 Abs. 1 Satz 1 Nr. 2 BBauG nicht um eine „geschlossene" Norm, sondern um eine Vorschrift, die der Ausfüllung durch die Gemeinde zugänglich ist, und zwar der Ausfüllung dahingehend, auf welchen Raum sie zur Ermittlung der Straßenentwässerungskosten für eine einzelne Straße abstellen will. Dies wird deutlich durch folgende Überlegung: Der Abfluß des auf einer Straße anfallenden Regenwassers ist nicht nur davon abhängig, daß gerade in dieser Straße Kanalisationsrohre usw. verlegt sind, sondern auch davon, daß diese Rohre eine Verbindung an das übrige Entwässerungssystem der Gemeinde haben. Dem trägt der Wortlaut des § 128 Abs. 1 Satz 1 Nr. 2 BBauG dadurch Rechnung, daß er von „Einrichtungen für ihre (d. h. hier der Anbaustraße) Entwässerung" spricht. Das legt es nahe, bei der Ermittlung der Kosten für die Straßenentwässerung nicht ausschließlich auf die Kosten der Rohre usw. in einer bestimmten Straße, sondern auf das abzuheben, was darüber hinaus funktionell der Entwässerung der Straße dient. Ob die Gemeinde diesen Weg gehen will, steht in ihrem Ermessen, d. h. sie hat eine entsprechende Entscheidung zu treffen. Das Bundesrecht läßt – mit anderen Worten – der Gemeinde die Freiheit, sich bei der Ermittlung der Kosten für die Entwässerung einer Straße für eine der drei folgenden Möglichkeiten zu entscheiden:

a) Sie kann der Erschließungsbeitragserhebung jeweils lediglich die Kosten zugrunde legen, die tatsächlich für die Entwässerungseinrichtung in gerade einer bestimmten Straße oder – bei einer Aufwandsermittlung nach § 130 Abs. 2 Satz 2 BBauG – für die Entwässerungseinrichtung in den eine Erschließungseinheit bildenden Straßen oder Abschnitten entstanden sind, und damit die Kosten unberücksichtigt lassen, die für das weitergehende (funktionell auch noch der Straßenentwässerung dienende) Entwässerungssystem anfallen.[1]

b) Allerdings bestehen bundesrechtlich auch keine Bedenken, wenn eine Gemeinde zur Ermittlung der Entwässerungskosten für eine Straße – hier wiederum nur

---

*[1] Nachdruck aus Bayerischer Gemeindetag 1986, 125.

*[2] An die Stelle der einschlägigen Bestimmungen des BBauG sind inzwischen wortgleiche Vorschriften des BauGB getreten.

[1] Vgl. dazu Urteil vom 9. Dezember 1983 – BVerwG 8 C 112.82 – BVerwGE 68, 249 (252) = BayGT 1984 S. 49.

bezogen auf eine allein der Straßenoberflächenentwässerung dienende „Einzeleinrichtung" – nicht auf die Kosten der in dieser Anlage verlegten Kanalisationsrohre usw., sondern auf den Herstellungsaufwand für ein funktionsfähiges, räumlich und technisch abgegrenztes Entwässerungssystem abstellt, das etwa auf einen bestimmten Vorfluter ausgerichtet ist.[2] Trifft eine Gemeinde rechtzeitig eine derartige Entscheidung, so tritt an die Stelle der Kosten für einen Anlagenteil – nämlich die Kanalisationsrohre usw. der einzelnen Straße – eine nur rechnerisch abgrenzbare Teilhabe am entsprechenden Entwässerungssystem. Diese Betrachtung findet – wie eingangs gesagt – ihre Grundlage in § 128 Abs. 1 Satz 1 Nr. 2 BBauG, nicht aber in § 130 Abs. 1 Satz 2 BBauG. Das bedeutet, daß auch diejenigen Gemeinden, die in ihrer Satzung keine Einheitssätze für die Straßenentwässerung festgelegt haben, den Erschließungsbeitrag für eine einzelne Straße nach Maßgabe der kostenmäßigen Teilhabe an dem betreffenden Entwässerungssystem berechnen dürfen. Die Abrechnung nach den tatsächlichen Kosten erfolgt dann nach einem „Durchschnittssatz", der auf der Grundlage der für das betreffende Entwässerungssystem tatsächlich entstandenen Kosten zu ermitteln ist. Ein derartiger Durchschnittssatz ähnelt einem Einheitssatz nach § 130 Abs. 1 BBauG; jedoch bleibt als Unterschied bestehen, daß er auf konkrete Unternehmerrechnungen zurückzuführen sein muß.

c) Schließlich ist auch nicht zu beanstanden, wenn die Gemeinde unabhängig von der technischen und räumlichen Selbständigkeit einzelner Entwässerungssysteme wegen des funktionellen Zusammenhangs der Straßenentwässerung in ihrem Gebiet auf die Kosten für ihr gesamtes Straßenentwässerungsnetz abhebt.[3]

2. Von der entsprechenden gemeindlichen „**Entwässerungssystem-Entscheidung**", d. h. davon, ob die Gemeinde sich zur Ermittlung der Straßenentwässerungskosten für ein engeres (z. B. nur für eine Straße) oder ein weiteres (z. B. ein räumlich und funktionell abgegrenztes oder gar ein das gesamte Gemeindegebiet umfassendes) Entwässerungssystem entscheidet, hängt naturgemäß ab, ob und ggf. welche zusätzlichen Teilanlagen (z. B. Zuleitungen, Pumpanlagen usw.) jeweils zum einzelnen Entwässerungssystem gehören. Entscheidet sich die Gemeinde für die erstere Alternative, ergeben sich insoweit keine Probleme; maßgebend sind dann nur die Kosten für die Verlegung der Kanalisationseinrichtungen in der jeweiligen Straße. Entscheidet sie sich für ein weiteres Entwässerungssystem als Ermittlungsgrundlage, führt das auf die weitere Frage, ob Kosten für welche zusätzlichen Teilanlagen anteilig zum beitragsfähigen Erschließungsaufwand für eine einzelne Straße gehören. Diese Frage läßt sich – wie bereits angedeutet – nur auf der Grundlage einer funktionellen Betrachtungsweise beantworten. Aufgabe der Einrichtungen für die Straßenentwässerung ist es, die Straßen frei von Überflutungen und damit fahr- und gehbereit zu halten.[4] Alle Teilanlagen, die diesem Zweck dienen, können mit Kosten in den erschließungsbeitragsfähigen

---

2   Vgl. Urteil vom 25. August 1971 – BVerwG IV C 93.69 – Buchholz 406.11 § 130 BBauG Nr. 9
    S. 12 (15).
3   Vgl. Urteil vom 29. Juli 1977 – BVerwG IV C 86.75 – BVerwGE 54, 225 (227 ff.).
4   Vgl. Urteil vom 29. Juli 1977, a. a. O., S. 228.

Aufwand eingehen. Da die in der jeweiligen Erschließungsanlage verlegten Kanalisationsrohre die ihnen zukommende Aufgabe vernünftigerweise nur in Verbindung mit weiteren Einrichtungen für die Entwässerung außerhalb des räumlichen Bereichs der jeweiligen Erschließungsanlage erfüllen können, können zu den zusätzlichen, mit Blick auf § 128 Abs. 1 Satz 1 Nr. 2 BBauG beitragsfähige Erschließungskosten verursachenden Anlagen u. a. andere Rohrleitungen, größere Revisionsschächte sowie evtl. Pumpstationen und Regenrückhaltebecken zählen, sofern und soweit sie dazu beitragen, die Straßen vor Überflutungen zu schützen und sie fahr- und gehbereit zu halten. Letzteres trifft beispielsweise zu für Regenrückhaltebecken, die dazu bestimmt sind, Abflußspitzen, die bei Starkregen auftreten, zurückzuhalten und anschließend im Kanalnetz weiterzuführen.

Nicht zu den weiteren, der Straßenentwässerung zuzurechnenden Anlagen zählen dagegen Klärwerke und alle Teilanlagen, die der Behandlung (Reinigung) des Straßenoberflächenwassers dienen, wie z. B. Regenüberlaufbecken und Regenklärbecken, die ihrer Funktion nach dazu bestimmt sind, den Vorfluter vor Schmutzstoffen zu schützen. Derartige Anlagen tragen nicht dazu bei, Straßen vor Überflutungen zu bewahren und sie geh- und fahrbereit zu halten; anteilige Kosten für derartige Anlagen können daher auch nicht über § 128 Abs. 1 Satz 1 Nr. 2 BBauG in den beitragsfähigen Erschließungsaufwand für eine einzelne Anbaustraße eingehen.[5]

3. Dem Gesetz läßt sich nicht unmittelbar entnehmen, bis zu welchem Zeitpunkt die Gemeinde ihre entsprechende „Entwässerungssystem-Entscheidung" mit Auswirkungen auf die Höhe des beitragsfähigen Erschließungsaufwands für eine bestimmte Anbaustraße im Sinne des § 127 Abs. 2 Nr. 1 BBauG treffen muß. Gleichwohl läßt sich insoweit sagen: Wie sich namentlich aus der vom Gesetzgeber gewählten Reihenfolge der Methoden und der Räume für die Aufwandsermittlung (vgl. § 130 Abs. 1 BBauG einerseits und § 130 Abs. 2 BBauG andererseits) ergibt, stellt die Aufwandsermittlung nach den tatsächlich entstandenen Kosten für eine einzelne Erschließungsanlage den gesetzlichen Regelfall dar.[6] Sind die tatsächlichen Kosten für eine einzelne Erschließungsanlage mit dem Eingang der letzten Unternehmerrechnung feststellbar, entsteht – sofern alle übrigen Voraussetzungen erfüllt sind – für diese Anlage kraft Gesetzes die (sachliche) Beitragspflicht nach Maßgabe der tatsächlichen Kosten mit der Folge, daß der damit der Höhe nach voll ausgebildete Erschließungsbeitrag nicht mehr veränderbar ist.[7] Dieser Bezug auf die einzelne Erschließungsanlage und die für sie tatsächlich entstandenen Kosten führt zu der Annahme, daß die Gemeinde ihre „Entwässerungssystem-Entscheidung" mit Auswirkungen auf die Höhe des beitragsfähigen Erschließungsaufwands für eine bestimmte Anbaustraße nur solange treffen kann, wie für diese Anlage eine Beitragspflicht nach Maßgabe der tatsächlichen Kosten für die in ihr verlegten Kanalisationseinrichtungen noch nicht entstanden ist. Ist eine Beitrags-

---

5   Vgl. Urteil vom 18. April 1986 – BVerwG 8 C 90.84 – BayGT S. 140.
6   Vgl. Urteil vom 15. November 1986 – BVerwG 8 C 41.84 – Buchholz 406.11 § 130 BBauG Nr. 35 S. 40 (47) = BayGT 1986 S. 69.
7   Vgl. etwa Urteil vom 9. Dezember 1983, a. a. O., S. 259.

pflicht bereits entstanden, ist es der Gemeinde verwehrt, die Höhe dieser Kosten noch durch das Abstellen auf ein umfassenderes Straßenentwässerungssystem zu beeinflussen.

Die entsprechende „Entwässerungssystem-Entscheidung" der Gemeinde ist als ein innerdienstlicher Ermessensakt zu qualifizieren. Sie muß – soll sie Beachtung finden können – eindeutig getroffen und in Unterlagen feststellbar sein. Sie ergibt sich dann, wenn die Gemeinde zur Ermittlung der Kosten der Straßenentwässerung auf Einheitssätze abhebt, regelmäßig schon aus den Grundlagen für die Berechnung der Einheitssätze; im übrigen aber aus den Grundlagen zur Berechnung des „Durchschnittssatzes", der nach Maßgabe der für das gewählte Entwässerungssystem tatsächlich entstandenen Kosten ermittelt wird.

II.

Die bisherigen Ausführungen beziehen sich ausschließlich auf „Einzeleinrichtungen", d. h. auf Einrichtungen, die einzig zur Aufnahme des Straßenniederschlagswassers bestimmt sind. In der Praxis werden – aus Kostenersparnisgründen – indes in der Regel nicht solche Einzeleinrichtungen, sondern **„Gemeinschaftseinrichtungen"** hergestellt. Das begegnet aus der Sicht des Bundesrechts keinen Bedenken; § 128 Abs. 1 Satz 1 Nr. 2 BBauG schließt eine solche Verfahrensweise nicht aus.[8] Derartige Gemeinschaftseinrichtungen kommen vor – erstens – in Form einer Trennkanalisation, d. h. einer Kanalisation, die neben dem Straßenoberflächenwasser auch das Oberflächenwasser der anliegenden Grundstücke aufnimmt (Straßen- und Grundstücksentwässerung), – zweitens – in Form eines sog. abgemagerten Mischsystems (zur Aufnahme des Straßenoberflächenwassers und des Grundstücksschmutzwassers ausschließlich des Grundstücksoberflächenwassers) sowie – drittens – in Form des (reinen) Mischsystems, d. h. einer Kanalisation, die sowohl der Straßenentwässerung und der Grundstücksentwässerung als auch der Schmutzwasserableitung dient. Auch wenn die Gemeinde eine dieser drei Formen von Gemeinschaftseinrichtungen herstellt, hat sie für die Ermittlung des beitragsfähigen Aufwands für die Straßenentwässerung zunächst nach ihrem Ermessen die zuvor behandelte „Entwässerungssystem-Entscheidung" zur Ausfüllung der Regelung des § 128 Abs. 1 Satz 1 Nr. 2 BBauG zu treffen. Unabhängig davon aber ist im Falle der Herstellung einer solchen Gemeinschaftseinrichtung im Hinblick auf § 128 Abs. 1 Satz 1 Nr. 2 BBauG eine Aufteilung des für die jeweilige Gemeinschaftseinrichtung entstandenen Aufwands in erschließungsbeitragsfähige und nichterschließungsbeitragsfähige Kosten geboten und das wirft Fragen zur Kostenermittlung und zur Kostenzuordnung auf. Dementsprechend soll zunächst am Beispiel der ersteren Form von Gemeinschaftseinrichtungen (Trennkanalisation), aber entsprechend auch für die anderen Formen geltend die Kostenermittlungsfrage und sodann, und zwar insoweit getrennt nach den drei Formen von Gemeinschaftseinrichtungen, die Kostenzuordnungsfrage behandelt werden. Für die Ausführungen zur Kostenzuordnungsfrage soll – und das liegt in

---

8 Vgl. u. a. Urteil vom 9. Dezember 1983, a. a. O., S. 252.

der Natur einer solchen nur systematischen Darstellung – von „aus der Luft gegriffenen" Zahlen ausgegangen werden, d. h. von Zahlen, die keinen Realitätsbezug und deshalb für einen konkreten Einzelfall keinen Aussagewert haben. Mit diesem Vorbehalt soll unterstellt werden, die Herstellung jeder der drei in Rede stehenden Gemeinschaftseinrichtungen habe jeweils 100 000 DM gekostet.

1. Eine Gemeinschaftseinrichtung, die der **Straßen- und** der **Oberflächenentwässerung** der anliegenden **Grundstücke** dient (Regenwasserkanalisation, Trennsystem) besteht aus mehreren Bestandteilen, die je nach ihrer bestimmungsmäßigen Funktion entweder (nur) der Straßenentwässerung (z. B. die Straßenrinnen und Straßensinkkästen) oder (nur) der Grundstücksentwässerung (z. B. die Grundstücksanschlußleitungen) oder beiden Zwecken (z. B. der Hauptkanal) dienen. Während die Kosten, die für die Herstellung der nur die Straßenentwässerung betreffenden Bestandteile entstanden sind, zweifelsfrei Kosten im Sinne des § 128 Abs. 1 Satz 1 Nr. 2 BBauG und folglich ohne weiteres erschließungsbeitragsfähig sind, trifft gleiches ebenso zweifelsfrei nicht zu für Kosten, die für die Herstellung solcher Bestandteile anfallen, die lediglich der Grundstücksentwässerung dienen. Eine dritte Kostenmasse schließlich bilden die Kosten solcher (Kanalisation) Bestandteile, die sich sowohl auf die Straßen- als auch auf die Grundstücksentwässerung beziehen; diese (dritte) Kostenmasse enthält dementsprechend erschließungsbeitragsfähige und nichterschließungsbeitragsfähige Kosten mit der Folge, daß eine Aufteilung, d. h. eine Zuordnung zu der einen oder anderen dieser beiden „Kostenarten", geboten ist.

Allerdings kann sich die **Kostenzuordnungsfrage** erst stellen, wenn zuvor die dritte Kostenmasse in einer den gesetzlichen Anforderungen genügenden Weise ermittelt worden ist. Grundsätzlich begründet § 128 BBauG die Pflicht zu einer exakten, gleichsam „pfennig-genauen" Kostenermittlung. Dieser Grundsatz gilt uneingeschränkt, soweit es sich um Kosten handelt, die anhand von der Gemeinde zugänglichen Unterlagen (z. B. Rechnungen usw.) ohne weiteres rechnerisch genau festgestellt werden können. Er hat aber mit Rücksicht auf das gerade dem Abgabenrecht eigene Bedürfnis nach Verwaltungspraktikabilität eine Grenze, „wenn und soweit eine rechnerisch genaue Kostenermittlung nicht oder allenfalls mit unvernünftigem und in diesem Sinne unvertretbarem Verwaltungsaufwand möglich wäre und deshalb eine auf sie gerichtete Handhabung entweder die Herstellung der Anlage oder ihre Abrechnung beträchtlich erschweren, verzögern oder verteuern würde".[9] Wo das zutrifft, ist die Gemeinde berechtigt, den beitragsfähigen Aufwand bzw. Teile dieses Aufwands mit Hilfe gesicherter Erfahrungssätze zu schätzen.

Für die **Kostenermittlung** in Fällen der hier behandelten Art ergibt sich daraus, daß die Gemeinden die Materialkosten für die drei Gruppen von Bestandteilen der Gemeinschaftseinrichtung genau und jeweils getrennt feststellen müssen. Diese Kosten lassen sich regelmäßig anhand von Rechnungen ohne besondere Schwierigkeiten ermitteln. Gleiches läßt sich hingegen bei den Lohnkosten einschließlich

---

9 Urteil vom 9. Dezember 1983, a. a. O., S. 254.

der Kosten für den Einsatz von Maschinen und sonstigen Hilfsmitteln nicht stets sagen. Im Interesse einer zügigen und kostensparenden Durchführung ist es meist zweckmäßig, eine sowohl der Straßen- als auch der Grundstücksentwässerung dienende Regenwasserkanalisation mit allen Bestandteilen mehr oder weniger in einem Zuge herzustellen. Das kann zur Folge haben, daß eine exakte Differenzierung der Lohnkosten nach den drei Gruppen von Bestandteilen, sofern diese nicht in den Unternehmerrechnungen erfolgt ist, genau allenfalls mit einem nicht unerheblichen zusätzlichen, die Abrechnung verzögernden und verteuerenden Verwaltungsaufwand durchgeführt werden kann. Unter diesen Umständen ist es gerechtfertigt, „wenn die Gemeinde die Lohnkosten für die Herstellung der Regenwasserkanalisation insgesamt feststellt und auf der Grundlage gesicherter Erfahrungssätze die Anteile schätzt, die von den Lohnkosten auf die Herstellung der Bestandteile entfallen, die – erstens – allein der Straßenentwässerung, – zweitens – allein der Grundstücksentwässerung und schließlich – drittens – der Straßen- und der Grundstücksentwässerung gemeinsam dienen".[10]

Die Summe aus den (gegebenenfalls) geschätzten Lohnkosten sowie den Materialkosten für die Herstellung der sowohl der Straßen- als auch der Oberflächenentwässerung der anliegenden Grundstücke dienenden Bestandteile der Gemeinschaftseinrichtung „Regenwasserkanalisation" enthält erschließungsbeitragsfähige und nichterschließungsbeitragsfähige Kosten, so daß im Rahmen des § 128 Abs. 1 Satz 1 Nr. 2 BBauG eine Aufteilung der Summe in die eine und die andere dieser beiden „Kostenarten" geboten ist. Für diese Aufteilung ist abzustellen darauf, „wie hoch (etwa) die Kosten bei einem Verzicht auf die Gemeinschaftseinrichtung gewesen, d. h. … welche Kosten (anteilig) angefallen wären, wenn sich die Gemeinde zum Bau von zwei getrennten Kanalisationsanlagen entschlossen hätte. Das führt zu einem Zuordnungsschlüssel, für den es ausschlaggebend auf die durch die Herstellung einer Gemeinschaftseinrichtung hier und dort ersparten Kosten, nicht dagegen auf das Verhältnis der auf der Straße und den anliegenden Grundstücken anfallenden und von der gemeinsamen Kanalisation aufzunehmenden Regenwassermengen ankommt. … Für die Höhe der (Bau-)Kostenersparnis geben die Mengen des Regenwasseranfalls in aller Regel nicht Entscheidendes her. Der (anteilige) Regenwasseranfall steht allenfalls zur Dimensionierung der jeweils zu verwendenden Rohre in Beziehung. Die bei der Herstellung einer Regenwasserkanalisation ins Gewicht fallenden Kosten werden jedoch erfahrungsgemäß weniger durch die Dimensionierung der Rohre und den damit zusammenhängenden Materialaufwand verursacht als durch den für die Verlegung der Rohre entstehenden Lohnaufwand (einschließlich des Aufwands für den Einsatz von Maschinen und sonstigen Hilfsmitteln). Da sich typischerweise die in erster Linie von diesem Aufwand bestimmten Kosten für die Straßen- und die Grundstücksoberflächenentwässerung in einem sehr hohen Maße gleichen würden, also die Herstellung einer gemeinsamen Kanalisation insoweit zu einer annähernd gleichen Kostenersparnis für die Straßen- und die Grundstücksoberflächenentwässerung führt, rechtfertigt sich in der Regel, die sonstigen Kostenunterschiede zu vernach-

---

10 Urteil vom 9. Dezember 1983, a. a. O., S. 255.

lässigen und die Straßenentwässerung sowie die Grundstücksentwässerung je zur Hälfte mit den Kosten zu belasten, die für die Herstellung der ihnen beiden dienenden Bestandteile der Regenwasserkanalisation entstehen."[11]

Unterstellt man – und damit soll an das gegebene Zahlenbeispiel angeknüpft werden –, für die allein der Straßenentwässerung und die allein der Grundstücksentwässerung dienenden Bestandteile seien von den Gesamtkosten von 100 000 DM jeweils 20 000 DM angefallen, so verbleibt für die Kosten der Herstellung der beiden Zwecken dienenden Bestandteile ein Betrag von 60 000 DM. Hebt man ferner darauf ab, daß hier der Regel entsprechend – und damit in einem Fall, in dem nicht die tatsächlich entstandenen Kosten einen anderen Zuordnungsschlüssel aufdrängen – von diesen 60 000 DM je die Hälfte auf die Straßen- und die Grundstücksentwässerung entfällt, so ergibt sich in diesem Beispielsfall ein im Sinne des § 128 Abs. 1 Satz 1 Nr. 2 BBauG beitragsfähiger Erschließungsaufwand von (20 000 DM + 30 000 DM =) 50 000 DM.

2. Handelt es sich bei der hergestellten Gemeinschaftseinrichtung um eine – erstens – der Straßenoberflächenentwässerung (Straßenentwässerung) und – zweitens – der Ableitung des Schmutzwassers der anliegenden Grundstücke dienende Anlage (weil die Oberflächenentwässerung der anliegenden Grundstücke nicht erfassend, **abgemagertes Mischsystem** genannt), so gelten vom Grundsatz her die vorstehenden Überlegungen entsprechend. Zunächst sind wiederum als erschließungsbeitragsfähig die Kosten der Bestandteile zu ermitteln, die ausschließlich der Straßenentwässerung dienen, sie sollen auch hier mit 20 000 DM veranschlagt werden. Sodann sind als nicht erschließungsbeitragsfähig anzugrenzen die Kosten der Bestandteile, die einzig der Schmutzwasserableitung dienen; sie mögen hier rein fiktiv ebenfalls mit 20 000 DM angesetzt werden. Es verbleibt also ein Betrag von 60 000 DM für die Kosten der Bestandteile, die sowohl der Straßenentwässerung als auch der Schmutzwasserableitung dienen. Für die insoweit erforderliche Kostenzuordnung ist wiederum abzustellen darauf, wie hoch (etwa) die Kosten bei einem Verzicht auf die Herstellung dieser Art von Gemeinschaftseinrichtung gewesen, d. h. welche Kosten angefallen wären, wenn sich die Gemeinde zum Bau einer Regenwasserkanalisation für die Straßenentwässerung und einer Schmutzwasserkanalisation für die Ableitung der Schmutzwasser der anliegenden Grundstücke entschieden hätte.[12] Wenn und soweit in einer Gemeinde beispielsweise der Schmutzwasserkanal etwa mit Blick auf die Kellertiefen und die Bauhöhe der Kellersinkkästen typischerweise eine Tiefenlage von 3 m bis 3,50 m aufweist, hingegen für einen reinen Straßenentwässerungskanal regelmäßig eine Grabensohle von etwa 1,20 bis 1,50 m nicht überschritten wird, liegt unter Berücksichtigung u. a. auch des Umstands, daß für die Schmutzwasserableitung in der Regel aufwendigeres Material zu verwenden sein wird, die Annahme jedenfalls nicht fern, eine mit Hilfe gesicherter Erfahrungssätze vorgenommene Schätzung komme zu dem Ergebnis, daß der Aufwand für die Herstellung einer

---

11 Urteil vom 9. Dezember 1983, a. a. O., S. 256.
12 Vgl. dazu Urteil vom 27. Juni 1985 – BVerwG 8 C 124.83 – Buchholz 406.11 § 128 BBauG Nr. 31 S. 12 (17 f.) = BayGT S. 190.

getrennten Schmutzwasserkanalisation etwa dreimal so hoch sein könnte wie der für die Herstellung einer reinen Straßenregenwasserkanalisation. Bei diesem Ansatz führte das zu einem Zuordnungsschlüssel von 3 (Schmutzwasserableitung) zu 1 (Straßenoberflächenentwässerung) mit der Folge, daß von den Kosten der Bestandteile, die beiden Zwecken dienen, d. h. den verbleibenden 60 000 DM, 15 000 DM der Straßenoberflächenentwässerung und 45 000 DM der Schmutzwasserkanalisation zuzuordnen wären. Ausgehend von dem gewählten Beispiel mit den – wie nochmals zu betonen ist – unterstellten Zahlenangaben, ergäbe sich somit, daß zum beitragsfähigen Erschließungsaufwand im Sinne des § 128 Abs. 1 Satz 1 Nr. 2 BBauG ein Betrag von (20 000 DM + 15 000 DM =) 35 000 DM zählte.

3. Schließlich kann eine Gemeinschaftseinrichtung drei verschiedenen Zwecken dienen, nämlich – erstens – der Straßenoberflächenentwässerung, – zweitens – der Grundstücksoberflächenentwässerung und – drittens – der Schmutzwasserableitung (reine **Mischkanalisation**). Auf der Grundlage der Rechtsprechung des Bundesverwaltungsgerichts sind auch hier zur Bestimmung des nach § 128 Abs. 1 Satz 1 Nr. 2 BBauG erschließungsbeitragsfähigen Aufwands zunächst verschiedene Kostenmassen zu bilden, und zwar Kostenmassen für die allein der Straßenentwässerung dienenden Bestandteile, für die allein der Grundstücksoberflächenentwässerung (Grundstücksentwässerung) dienenden Bestandteile sowie für die allein der Schmutzwasserableitung dienenden Bestandteile. Abschließend ist noch eine – vierte – Kostenmasse für die Bestandteile festzustellen, die allen drei Zwecken gemeinsam dienen. Allerdings ist aus erschließungsbeitragsrechtlicher Sicht nicht zwingend erforderlich, die Kostenmassen für die allein der Grundstücksentwässerung und der Schmutzwasserableitung dienenden Bestandteile getrennt zu ermitteln; diese Kostenmassen können als solche – da ohnehin keinen erschließungsbeitragsfähigen Aufwand betreffend – ohne weiteres zusammengefaßt werden. Setzt man hier ebenfalls – rein hypothetisch – die Kosten für die allein der Straßenentwässerung dienenden Bestandteile mit 20 000 DM an und die Kosten der sowohl der Grundstücksentwässerung als auch der Schmutzwasserableitung dienenden Bestandteile gleichfalls mit 20 000 DM, verbleibt für die Kostenzuordnung der allen drei Zwecken dienenden Bestandteile auch hier ein Betrag von 60 000 DM. Für diese Kostenzuordnung ist wiederum abzustellen darauf, daß die Gemeinde im Kosteninteresse auf die Herstellung von drei getrennten Kanalisationsanlagen verzichtet hat, so daß maßgebend ist, in welchem Verhältnis die Kosten stehen, die für drei jeweils getrennte Kanalisationsanlagen angefallen wären, wenn die Gemeinde sich nicht für die Herstellung der in Rede stehenden Gemeinschaftseinrichtung entschieden hätte. Anknüpfend an die Überlegungen zur Kostenzuordnung in den beiden vorbehandelten Konstellationen könnte eine mit Hilfe gesicherter Erfahrungssätze vorgenommene Schätzung zu dem Ergebnis führen, daß eine getrennte Schmutzwasserkanalisation einen dreimal so hohen Aufwand verursachen würde wie jeweils eine getrennte Grundstücksentwässerungs- und eine getrennte Straßenentwässerungskanalisation, während sich die Kosten für zwei getrennte Anlagen der letzteren Art annähernd gleichen würden. Das hätte zur Folge, daß hier ein Zuordnungsschlüssel von 3 (Schmutzwasserableitung) zu 1 (Grundstücksoberflächenentwässerung) zu 1 (Straßenoberflächenentwässerung)

in Betracht kommen könnte, so daß von dem Aufwand für die Bestandteile, die allen drei Zwecken dienen, drei Fünftel der Schmutzwasserableitung und je ein Fünftel der Grundstücks- und der Straßenentwässerung zuzurechnen wären. Das führte bei dem gewählten Zahlenbeispiel dazu, daß von den insoweit zu „verteilenden" 60 000 DM ein Anteil von 12 000 DM auf die Straßenentwässerung entfiele. Bei der hier behandelten, drei verschiedenen Zwecken dienenden Gemeinschaftseinrichtung gehörten somit zum beitragsfähigen Erschließungsaufwand nach § 128 Abs. 1 Satz 1 Nr. 2 BBauG (20 000 DM + 12 000 DM =) 32 000 DM.

5. Abschnittsbildung gemäß § 130 Abs. 2 BBauG – ein „einfaches Geschäft der laufenden Verwaltung"?*[1]

1. In mehreren Entscheidungen[1] hat das Oberverwaltungsgericht Münster die Auffassung vertreten, daß für eine Abschnittsbildung gemäß § 130 Abs. 2 BBauG ein besonderer Ratsbeschluß nicht erforderlich sei. Ohne diese Rechtsansicht näher zu begründen, führt das OVG Münster lediglich aus, daß „ein Straßenabschnitt" – ebenso wie eine ganze Straße als Erschließungsanlage – ohne weiteres von der Verwaltung nach Abschluß der Ausbauarbeiten abgerechnet werden"[2][3] könne. Damit sieht das OVG Münster die Abschnittsbildung offenbar als „ein einfaches Geschäft der laufenden Verwaltung" i. S. der landesrechtlichen Kommunalgesetze[4] an, d. h. nach Ansicht des OVG Münster kann die Abschnittsbildung vom Gemeindedirektor vorgenommen werden*[2].

2 a) Diese Rechtsauffassung des OVG Münster erscheint wenig überzeugend. Sie geht nämlich hinsichtlich der räumlichen Abgrenzung für die Ermittlung des Erschließungsaufwandes davon aus, daß eine ganze Straße (Erschließungsanlage) und ein Straßenteil (Abschnitt einer Erschließungsanlage) als zwei völlig gleichartige Abrechnungsräume anzusehen sind, die beitragsrechtlich nicht in einem Regel-Ausnahmeverhältnis[5] zueinanderstehen. Damit verläßt das OVG Münster den vom Preußischen Oberverwaltungsgericht[6] entwickelten und auch heute ganz „überwiegend vertretenen Grundsatz der Einheit einer Straße, dessen Durchbrechung bisher nur unter besonderen Voraussetzungen der Gemeinde ausnahmsweise überlassen"[7] worden ist. Konsequenterweise führt diese Rechtsprechung des OVG

---

*[1] Nachdruck aus ZMR 1974, 289; an die Stelle der Bestimmungen des BBauG sind inzwischen wortgleiche Vorschriften des BauGB getreten.

1 Vgl. Urteile des OVG Münster v. 26.7.72 – III A 375/70 – ZMR 73, 181 – insoweit nicht veröffentlicht und – III A 386/70 – sowie v. 23.8.72 – III A 1197/70 –.

2 Vgl. OVG Münster, Urt. v. 26.7.72 – III A 375/70 – a. a. O.

3 Der Hinweis des OVG Münster auf die Rechtsprechung des PreußOVG zur weiteren Begründung seiner Rechtsauffassung ist nicht recht verständlich. Denn das PreußOVG (vgl. u. a. Urt. v. 16.3.11 – IV C 37/10 – in PreußVBl 33, 45) hat lediglich wiederholt ausgeführt, daß über eine Abschnittsbildung „der freie Wille der Gemeinde" bestimme und zwar der Wille „der gesetzlichen Vertretung der Gemeinde, ihrer dazu berufenen Organe" (vgl. PreußOVG – Urt. v. 14.10.09 – IV C 15/09 – in PreußOVGE 55, 79). Damit ist aber nichts darüber gesagt, w e l c h e s Organ der Gemeinde die Entscheidung über die Abschnittsbildung zu treffen hat.

4 Die hier gestellte Frage ergibt sich ebenso bei der Abschnittsbildung nach den Kommunalabgabengesetzen der Länder (z. B. § 8 Abs. 5 Kommunalabgabengesetz Nordrhein-Westfalen). Sie ist dort in gleicher Weise wie hier zu beantworten (vgl. Bauernfeind/Zimmermann, Kommunalabgabengesetz für das Land Nordrhein-Westfalen, § 8 Anm. 46 S. 189).

*[2] Jedenfalls für eine Großstadtgemeinde wie Düsseldorf hält das OVG Münster weiterhin an dieser Rechtsansicht fest (vgl. etwa Urt. v. 20.9.2000 – 3 A 1629/97).

5 Vgl. hierzu u. a. Schrödter, Bundesbaugesetz, 3. Aufl. § 130 Anm. 2 a S. 609; Brügelmann/Förster, Bundesbaugesetz, 22. Lfg. Sept. 1973 § 130 III 1; Finkler, Das Erschließungsbeitragsrecht, 2. Aufl., § 130 Anm. 8; Edelmann, Der Erschließungsbeitrag für Erschließungseinheiten in DVBl. 70, 819.

6 Vgl. u. a. Urt. des PrOVG v. 14.10.09 – IV C 15/09 – a. a. O.

7 Vgl. Schmidt, Handbuch des Erschließungsbeitragsrechts, 3. Aufl. S. 173.

Münster zu dem Ergebnis, daß ein Beitragsanspruch für einen Straßenabschnitt ohne weiteres bereits mit der erstmaligen Herstellung dieses abgrenzbaren, aus bestimmten Gründen getrennt ausgebauten Straßenabschnitts entsteht und die Gemeinde gezwungen ist, diesen Anspruch selbständig geltendzumachen, wenn sie den Eintritt der Verjährung verhindern will[8]. Hierdurch wird einerseits der bereits vom Preußischen Oberverwaltungsgericht[9] den Gemeinden zuerkannte Entscheidungsspielraum – nämlich die Entscheidung darüber, ob eine Straße in Abschnitten oder aber insgesamt abgerechnet werden soll – ohne zwingenden Grund eingeengt. Zum anderen aber wird von der Gemeinde etwas verlangt, was zu unverständlichen Ergebnissen führen kann. Denn – und darauf weist Schmidt[10] mit Recht hin – es ist durchaus nicht selten, daß „ein Straßenabschnitt (am Anfang einer Straße) ganz erhebliche Mehraufwendungen verursacht, die dann nach Auffassung des OVG Münster ausschließlich von den bedauernswerten Pflichtigen dieses ersten Straßenteils getragen werden müssen, obwohl diese Mehrkosten ebenso notwendig gewesen sind, um den zweiten (anschließenden) Straßenteil der gleichen Straße an das Straßennetz anzuschließen. Und dieser zweite Straßenteil wird wesentlich billiger deshalb, weil die Anlieger am ersten Straßenteil schon die teuren Hauptkosten allein haben verkraften müssen."[*3]

b) Im Gegensatz zum OVG Münster behandelt daher die herrschende Meinung in Rechtsprechung[11] und Literatur[12] hinsichtlich der räumlichen Abgrenzung für die Ermittlung des Erschließungsaufwandes nicht eine Erschließungsanlage und den Abschnitt einer Erschließungsanlage, sondern den Abschnitt einer Erschließungsanlage und eine Erschließungseinheit als beitragsrechtlich gleichartige Abrechnungsräume. Denn die Ermittlung des Erschließungsaufwandes für diese beiden Abrechnungsräume weicht von dem Regelfall – nämlich der Ermittlung des Aufwandes für eine einzelne Erschließungsanlage – ab und sie kann hinsichtlich der Beitragshöhe durchaus zu einer unterschiedlichen Belastung der Anlieger gegenüber dem Regelfall führen. Die abschnittsweise Ermittlung des Aufwandes einerseits wird gegenüber dem Regelfall dort vorteilhaft sein, wo die Bebauung der Grundstücke und damit auch die Herstellung der Straße in mehreren räumlichen

---

8 Vgl. Urt. des OVG Münster v. 2.6.69 – III A 494/68 – in ZMR 69, 377 = KStZ 69, 245.
9 Vgl. u. a. Urt. des PrOVG v. 14.10.09 – IV C 15/09 – a. a. O.
10 Vgl. Schmidt a. a. O. S. 173.
*3 Diese Ansicht stellt nicht hinreichend in Rechnung, dass die Zulässigkeit einer Abschnittsbildung materiell eine bundesrechtliche Schranke findet im Willkürverbot und die durch dieses Verbot gezogene Grenze überschritten (und deshalb eine Abschnittsbildung unzulässig) ist, wenn bei – im wesentlichen gleicher Vorteilssituation die insoweit berücksichtigungsfähigen Kosten der erstmaligen Herstellung einer Teilstrecke einer beitragsfähigen Anbaustraße je Quadratmeter Straßenfläche erheblich höher liegen als die entsprechenden Kosten für die erstmalige Herstellung einer anderen Teilstrecke der gleichen Anlage (vgl. BVerwG, Urt. v. 7.6.1996 – 8 C 30.94 – BVerwGE 101, 225, 232 ff. = DVBl 1996, 1325 = ZMR 1996, 681).
11 Vgl. u. a. Urt. des BVerwG v. 23.10.68 – IV C 26.68 – in BVerwGE 30, 293 – ZMR 69, 190 = des VGH BadWürtt v. 12.12.70 – II 852/67 – in BaWüVBl. 71, 42, und des HessVGH v. 24.2.67 – OS IV 13/66 – in ESVGH 17, 209.
12 Vgl. u. a. Schröder a. a. O. S. 609; Schmidt a. a. O. S. 168 (172 f.); Ernst/Zinkahn/Bielenberg, Bundesbaugesetz, 16. Lfg. Mai 73 § 130 III Anm. 10; Brügelmann/Förster a. a. O. § 230 III 1.

und zeitlichen Etappen erfolgt und ein Zurückstellen der Beitragserhebung bis zur Beendigung der letzten Straßenbauarbeiten in den anderen Abschnitten der gleichen Straße die Gemeinde finanziell überfordert; sie liegt also letztlich im wohlverstandenen Interesse der Gemeinden. Dagegen bietet sich die Ermittlung des Aufwandes für eine Erschließungseinheit an, wenn Grundstücken an mehreren Erschließungsanlagen gleiche Erschließungsvorteile gewährt werden und stark unterschiedliche Belastungen, die durch die Ermittlung und Verteilung des Aufwandes für die einzelnen Erschließungsanlagen entstehen würden, ausgeglichen werden sollen[*4].

c) Dürfte somit trotz der gegenteiligen Rechtsauffassung des OVG Münster am Grundsatz der Einheit einer Straße festzuhalten sein und dürften die Gemeinden demnach weiterhin nach pflichtgemäßem Ermessen darüber zu entscheiden haben, ob und wann sie von dem Regelfall der Abrechnung einer einzelnen Erschließungsanlage abweichen wollen, so bleibt die Frage zu klären, welches Organ der Gemeinde diese Entscheidung zu treffen hat.

3 a) Die landesrechtlichen Kommunalgesetze gehen von dem Grundsatz der Allzuständigkeit des Gemeinderates aus[13]. Der Gemeindedirektor als selbständiges Gemeindeorgan ist für die Wahrnehmung einer Aufgabe nur dann zuständig, wenn sich seine Zuständigkeit ausdrücklich aus dem Gesetz ergibt[14], wenn der Gemeinderat eine bestimmte Aufgabe ausdrücklich auf ihn übertragen hat[15] oder wenn es sich um ein sog. „einfaches Geschäft der laufenden Verwaltung" handelt. Solche einfachen Geschäfte der laufenden Verwaltung „gelten" als im Namen des Rates auf den Gemeindedirektor übertragen.

Die Bestimmung des Abrechnungsraumes für die Ermittlung des Erschließungsaufwandes ist keine Aufgabe, die dem Gemeindedirektor kraft Gesetzes übertragen ist. Da der Gemeinderat in aller Regel diese Aufgabe auch nicht ausdrücklich auf den Gemeindedirektor überträgt, könnte seine Zuständigkeit nur dann angenommen werden, wenn es sich hierbei um ein „einfaches Geschäft der laufenden Verwaltung" handelt.

Der Begriff des „einfachen Geschäftes der laufenden Verwaltung"[16] umfaßt solche Geschäfte, denen nicht von Fall zu Fall unterschiedliche Ermessenserwägungen,

---

[*4]   Eine Erschließungseinheit besteht in aller Regel aus lediglich zwei selbständigen Anbaustraßen, nämlich einer Hauptstraße und entweder einer von ihr abzweigenden selbständigen Sackgasse oder einer von ihr abzweigenden Ringstraße (vgl. dazu BVerwG, Urt. v. 25.2.1994 – 8 C 14.92 – DVBl 1994, 812 = NVwZ 1994, 913 = ZMR 1994, 433).

13 Vgl. zur Gemeindeordnung Nordrhein-Westfalen Kottenberg/Rehn, GONW, 10. Aufl., § 28 Anm. I 1; Rauball/Rauball, GONW, 2. Aufl., § 28 Anm. 1; Körner, GONW, § 28 Anm. 1.

14 Vgl. bezüglich der sich aus dem Gesetz ergebenden Zuständigkeiten des Gemeindedirektors z. B. § 47 GONW.

15 Dies gilt natürlich nur für die sog. übertragbaren Entscheidungen. Vgl. dazu u. a. Kottenberg/Rehn a. a. O. § 28 Anm. II und III.

16 Vgl. zu diesem unbestimmten Rechtsbegriff im einzelnen die in den Kommentaren zu den verschiedenen GO angegebene umfangreiche Rechtsprechung und Literatur, z. B. bei Kottenberg/Rehn a. a. O. § 28 Anm. IV; Rauball/Rauball, a. a. O. § 28 Anm. 20; Körner, a. a. O. § 28 Anm. 15.

„sondern eine durch Jahre bestehende, wenn auch jederzeit widerrufliche Verwaltungsübung"[17] zugrundeliegt. Nach Auffassung des Oberverwaltungsgerichts Münster[18] gehört eine Sache dann zu den Geschäften der laufenden Verwaltung, wenn sie „nach Regelmäßigkeit und Häufigkeit zu den üblichen Geschäften" zu zählen sei. Wesentliche Merkmale seien nicht Umfang und Schwierigkeit in rechtlicher oder tatsächlicher Hinsicht, sondern „vielmehr die Erledigung nach feststehenden Grundsätzen auf eingefahrenen Geleisen."

b) Die Ermittlung des Erschließungsaufwandes für den Regelfall einer Beitragsberechnung, d. h. für eine Erschließungsanlage, ist eine Aufgabe, die hinsichtlich der räumlichen Abgrenzung normalerweise keinerlei besondere Ermessenserwägungen notwendig macht, sondern einer jahrzehntelang bestehenden Verwaltungsübung entspricht. Das Erfordernis einer der Satzung entsprechenden Kostenverteilung auf die Anlieger dieser Erschließungsanlage ergibt sich regelmäßig bereits aus den tatsächlichen Umständen selbst. Diese Ermittlungsart gehört daher zu den üblichen, sich häufig wiederholenden Geschäften, die nach feststehenden Grundsätzen abgewickelt werden. Sie zählt daher zweifellos zu den „einfachen Geschäften der laufenden Verwaltung".

c) Dagegen erfordert die Entscheidung über die Zusammenfassung mehrerer eine Erschließungseinheit bildender Anbaustraßen zur Ermittlung des Erschließungsaufwandes eine ganze Reihe gründlicher Überlegungen. Die Anwendung dieses Sonderfalles der räumlichen Abgrenzung setzt in jedem Einzelfall ein Abwägen der Vor- und Nachteile voraus: Sowohl die räumlichen Gegebenheiten als auch – und vor allem – die Auswirkungen für die in Betracht kommenden Bürger müssen bedacht werden. Zutreffend weist Schmidt[19] darauf hin, daß eine solche Zusammenfassung „von ganz erheblicher Bedeutung für den Beitragspflichtigen" sei. Von dieser Entscheidung hänge „nicht etwa – wie z. B. bei der Kostenspaltung – nur ab, wann (also lediglich zeitlich!) und für welche Teileinrichtungen eine Beitragspflicht entstehe." Durch die Entscheidung über die Zusammenfassung mehrerer Erschließungsanlagen zu einer Erschließungseinheit bestimme sich vielmehr „u. a. vor allem, ob für eine breite (Haupt-)Straße die Anlieger an dieser Straße allein einen entsprechend hohen Betrag zu leisten haben, ob andererseits die Anlieger an der schmalen Nebenstraße einen entsprechend billigeren Beitrag entrichten müssen oder ob die eben erwähnten Eigentümergruppen sich gemeinsam an den unterschiedlichen Kosten für Hauptstraße und Nebenstraße in ihrer Gesamtheit zu beteiligen haben."

Die Berücksichtigung all dieser Umstände macht zweifellos von Fall zu Fall unterschiedliche Ermessenserwägungen notwendig. Eine Entscheidung in diesem Bereich kann somit nicht „nach feststehenden Grundsätzen auf eingefahrenen Geleisen" getroffen werden.

---

17 Vgl. Kottenberg/Rehn a. a. O. Anm. IV 1.
18 Vgl. Urt. des OVG Münster v. 15.12.69 – III A 1329/66 – in DVBl. 70, 550.
19 Vgl. Schmidt a. a. O. S. 304.

Mit Recht wird die Zusammenfassungsentscheidung daher ganz allgemein[20] nicht als ein „einfaches Geschäft der laufenden Verwaltung" i. S. der landesrechtlichen Kommunalgesetze angesehen, so daß die Zuständigkeit für diese Entscheidung nicht als auf den Gemeindedirektor übertragen gilt. Vielmehr wird – soweit ersichtlich – ausnahmslos vertreten, daß es insoweit eines Zusammenfassungsbeschlusses des Gemeinderates bedürfe. Zum Teil – u. a. auch vom Oberverwaltungsgericht Münster[21] – wird darüber hinaus – entgegen der Auffassung des Bundesverwaltungsgerichts[22] – gefordert, daß dieser Gemeinderatsbeschluß in satzungsmäßiger Form als Ortsrecht jedenfalls dann zu veröffentlichen sei, wenn die entsprechende Erschließungsbeitragssatzung nur die Möglichkeit einer Zusammenfassungsentscheidung vorsehe.

d) Kann somit festgehalten werden, daß mit Blick auf den Abrechnungsraum „Erschließungseinheit" ein Ratsbeschluß erforderlich ist, so bleibt die Frage zu untersuchen, ob im Gegensatz dazu die Bildung des Abrechnungsraumes „Straßenabschnitt" als ein „einfaches Geschäft der laufenden Verwaltung" zu qualifizieren ist.

Bei der Bildung des Abrechnungsraumes „Straßenabschnitt" nimmt die Gemeinde ebenso wie bei dem Abrechnungsraum „Erschließungseinheit" das normalerweise in ihrer Erschließungsbeitragssatzung vorbehaltene Recht in Anspruch, für eine Gruppe von Grundstücken aus von Fall zu Fall unterschiedlichen Ermessenserwägungen entgegen den sonst feststehenden, üblichen Grundsätzen nicht eine ganze Erschließungsanlage der Ermittlung des Erschließungsaufwandes zugrundezulegen. Auch eine solche Entscheidung setzt eine Reihe besonderer Überlegungen voraus, da sie für die in Betracht kommenden Bürger erhebliche Auswirkungen haben kann. Insbesondere muß sich die Gemeinde darüber schlüssig werden, ob schon vor der endgültigen Herstellung einer Erschließungsanlage und vor Entstehung der hierdurch ausgelösten Beitragspflichten für einen Teil der Anlieger an dieser Erschließungsanlage eine Beitragspflicht in gegenüber dem anderen Teil

---

20 Vgl. im einzelnen die bei Schmidt a. a. O. S. 303 ff. angegebenen Gerichtsentscheidungen sowie die bei Brügelmann/Förster a. a. O. § 130 III 5 b angegebenen Literaturhinweise. Wenn Schmidt a. a. O. S. 303, allerdings aus dem aus dem Zusammenhang gerissenen Satz des BVerwG in seinem Urt. v. 12.6.70 (vgl. IV C 5.68 – in Fußnote 22 angegeben), es sei „nicht erforderlich, ein einheitliches Erschließungsgebiet ausdrücklich zu bezeichnen, wenn sich die Tatsache der einheitlichen Abrechnung erkennen" lasse, den Schluß ziehen will, das BVerwG halte selbst einen Gemeinderatsbeschluß für entbehrlich und überlasse die Entscheidung über die Zusammenfassung dem zuständigen Gemeindebeamten als einfaches Geschäft der laufenden Verwaltung, so kann dem nicht gefolgt werden. Vielmehr hat das BVerwG nur für den von ihm zu entscheidenden Einzelfall, in dem ein Gemeinderatsbeschluß betreffend die Abrechnung einer Mehrheit von Erschließungsanlagen vorlag, ausdrücken wollen, daß es bei dieser Konstellation nicht erforderlich war, diese Mehrheit von Erschließungsanlagen zum Zwecke der einheitlichen Abrechnung auch ausdrücklich als „einheitliches Erschließungsgebiet" zu bezeichnen. Dagegen aber bringt das BVerwG ganz deutlich zum Ausdruck, daß die Entscheidung über die Zusammenfassung mehrerer eine Erschließungseinheit bildender Anlagen zur gemeinsamen Aufwandsermittlung nach Bundesrecht der Gemeinde übertragen sei. Die landesrechtlichen Kommunalgesetze hätten daher die Frage zu beantworten, welche Stelle innerhalb der Gemeinde hierfür zuständig sei.

21 Vgl. u. a. Urt. des OVG Münster v. 29.11.67 – III A 45/65 – in ZMR 68, 149.

22 Vgl. Urt. des BVerwG v. 12.6.70 – IV C 5.68 – in DVBl. 70, 904 = ZMR 70, 382.

der Anlieger möglicherweise recht unterschiedlicher Höhe entstehen soll. Es handelt sich damit um eine Entscheidung, die für alle durch die jeweilige Erschließungsanlage erschlossenen Grundstücke eine Rechtslage entstehen läßt, die von der Regel (Entstehung der Beitragspflicht erst nach endgültiger Herstellung der Erschließungsanlage in gleicher Höhe für alle Anlieger) ganz deutlich abweicht.

In Anbetracht dieser Besonderheiten erscheint es nicht gerechtfertigt, eine Abschnittsbildung als ein regelmäßig und häufig vorkommendes übliches Geschäft zu bezeichnen, das nach feststehenden Grundsätzen auf eingefahrenen Geleisen zu erledigen ist. Im Ergebnis kann daher dem VGH Baden-Württemberg[23] nur zugestimmt werden, wenn er ausführt, bei der Abschnittsbildung handele „es sich um eine Verwaltungsaufgabe, die auch in größeren Gemeinden nicht mit einer gewissen Regelmäßigkeit" anfalle. Sie müsse „daher ganz allgemein, ohne Rücksicht auf ihre Gewichtigkeit im Einzelfalle, der eigenverantwortlichen Zuständigkeit" des Gemeindedirektors entzogen sein.

4. Zusammenfassend läßt sich somit feststellen, daß die Abschnittsbildung gemäß § 130 Abs. 2 BBauG ebenso wie die Zusammenfassung mehrerer eine Erschließungseinheit bildender Anbaustraßen zur gemeinsamen Aufwandsermittlung und -verteilung – und auch die Kostenspaltung[24] – kein Geschäft der laufenden Verwaltung und damit auch kein einfaches Geschäft der laufenden Verwaltung i. S. der landesrechtlichen Kommunalgesetze ist[25]. Es bedarf daher zu einer wirksamen Abschnittsbildung eines Gemeinderatsbeschlusses[26], es sei denn, der Gemeinderat hat die Entscheidung über die Abschnittsbildung dem Gemeindedirektor im Einzelfall übertragen.

---

23 Vgl. Urt. des VGH BadWürtt v. 8.12.70 – II 852/67 – in BaWüVBl. 71, 42.
24 Vgl. Urt. des OVG Münster v. 13.12.72 – III A 919/71 –.
25 Vgl. wie hier u. a. Urt. des VGH BadWürtt v. 8.12.70 – II 852/67 a. a. O.; Ernst/Zinkahn/Bielenberg a. a. O. § 130 III Anm. 11.
26 Eine andere Frage ist es, ob dieser Gemeinderatsbeschluß in satzungsmäßiger Form als Ortsrecht zu veröffentlichen ist. Mit Rücksicht auf die Rechtsprechung des OVG Münster zu diesem sich seiner Ansicht nach aus dem Landesrecht ergebenden Erfordernis bei der Zusammenfassungsentscheidung und der Kostenspaltung dürfte sich eine solche Veröffentlichung eines entsprechenden Ratsbeschlusses empfehlen. Mit Recht weisen auch Bauernfeind/Zimmermann (vgl. Bauernfeind/Zimmermann a. a. O. § 8 Anm. 46) darauf hin, daß es zweckmäßig sei, eine abschnittsweise Abrechnung durch den Rat beschließen zu lassen und den Beschluß wie eine Satzung zu veröffentlichen.

III. Verteilungsphase

1. Begriff des Vorteils im Erschließungs-, Straßenbau- und Anschlussbeitragsrecht*[1]

I.

Anders als in den Kommunalabgabengesetzen der Länder, die als Voraussetzung für eine Beitragserhebung sowohl im Straßenbau- als auch im Kanalanschlußbeitragsrecht ausdrücklich auf das Vorhandensein eines (besonderen wirtschaftlichen) Vorteils abheben, hat der Bundesgesetzgeber für das Erschließungsbeitragsrecht davon abgesehen, eine Beitragserhebung in diesem Rechtsgebiet ausdrücklich von der Vermittlung eines (Sonder-)Vorteils abhängig zu machen. Dieser Verzicht ist indes ohne rechtliche Bedeutung. Denn die Abhängigkeit einer Beitragserhebung vom Vorhandensein eines (besonderen wirtschaftlichen) Vorteils folgt bereits aus dem Begriff des Beitrags.

1. Der Beitrag zählt ebenso wie etwa die Steuer und die Gebühr zu den als öffentliche Abgaben bezeichneten Geldleistungen[1]. Die Abgabenordnung versteht unter einem Beitrag die Beteiligung der Begünstigten an den Kosten einer öffentlichen Einrichtung[2]. Wesentlich für den Beitragsbegriff ist der Gesichtspunkt der Gegenleistung: Wenn das Gemeinwesen in Erfüllung einer öffentlichen Aufgabe eine bestimmte Einrichtung zur Verfügung stellt, soll derjenige, der daraus besonderen wirtschaftlichen Nutzen zieht, zu den Kosten ihrer Errichtung beitragen. Der Beitrag im abgabenrechtlichen Sinne ist also auf den Ausgleich von Vorteilen und Lasten ausgerichtet; dieser Ausgleich erst legitimiert eine Beitragserhebung[3]. Angesichts dessen können beitragspflichtig „nur diejenigen sein, die besondere Vorteile von der gemeindlichen Einrichtung haben"[4]. Beiträge sind mithin Geldleistungen, die zur Deckung oder Verringerung des Aufwands einer öffentlichen Einrichtung oder Anlage von denjenigen erhoben werden, denen die Herstellung oder Anschaffung der Einrichtung oder Anlage besondere Vorteile gewährt, und zwar ohne Rücksicht darauf, ob diese die Vorteile auch tatsächlich in Anspruch nehmen[5]. Verkürzt ausgedrückt läßt sich mithin sagen: Beitrag heißt Abgeltung eines Sondervorteils, Erschließungsbeitrag also Abgeltung eines Erschließungsvorteils.

---

*[1] Nachdruck aus ZMR 1996, 462.
1 BVerfG, Beschluß vom 30.10.1961 – 1 BvR 833/59 –, BVerfGE 13, 18l (197).
2 BVerfG, Beschluß vom 4.2.1958 – 2 BvL 31, 33/56 –, BVerfGE 7, 244 (254).
3 BVerfG, Beschluß vom 16.10.1962 – 2 BvL 27/60 –, BVerfGE 14, 312 (317).
4 BVerfG, Beschluß vom 20.5.1959 – 1 BvL 1, 7/58 –, BVerfGE 9, 291 (298).
5 BVerwG, u. a. Urteil vom 19.10.1966 – IV C 99.65 –, BVerwGE 25, 147 (149) = ZMR 1967, 232, sowie etwa *Stober* in *Wolff/Bachof/Stober*, Verwaltungsrecht I, 10. Aufl. 1994, § 42 Rdn. 19, und *Tipke/Kruse*, Abgabenordnung, 15. Aufl. 1994, § 3 Rdn. 21.

Dementsprechend formuliert das BVerwG mit Blick auf den Erschließungsbeitrag beispielsweise in seinem Urteil vom 21.10.1994: „Der Erschließungsbeitrag ist – wie jeder Beitrag im abgabenrechtlichen Sinne – eine durch den Gesichtspunkt der Gegenleistung gekennzeichnete Abgabe, mit der ein Ausgleich für einen durch eine Leistung der Gemeinde ausgelösten Sondervorteil verlangt wird. Gerade der besondere (wirtschaftliche) Vorteil, den bestimmte Personen von der Herstellung namentlich einer Anbaustraße (§ 127 Abs. 2 Nr. 1 BauGB) haben, ist Voraussetzung dafür, sie und nicht (auch) andere an den Kosten dieser Maßnahme anteilig zu beteiligen; ohne einen solchen Sondervorteil wäre die Heranziehung zu einem Erschließungsbeitrag verfassungsrechtlich nicht zu rechtfertigen"[6].

2. Damit ist indes erst eine Seite der Bedeutung des Vorteils im Beitragsrecht angesprochen, nämlich seine Legitimationswirkung. Darüber hinaus kommt ihm ausschlaggebende Bedeutung im Zusammenhang mit der Beitragshöhe zu: Schon aus dem bundesverfassungsrechtlichen Gleichheitssatz folgt für das Beitragsrecht der Rechtsgrundsatz der Beitragsgerechtigkeit, der fordert, daß Beitragspflichtige, die einen höheren Vorteil haben, stärker mit Beiträgen belastet werden als die anderen, die nur geringere Vorteile haben[7]. An diesen Rechtsgrundsatz knüpfen die beitragsrechtlichen Bestimmungen in den Kommunalabgabengesetzen der Länder mit der inhaltlich übereinstimmenden Anordnung an, die Beiträge seien nach den Vorteilen zu bemessen[8]. Diese Anordnung macht eine Gewichtung, eine Bewertung der jeweils vermittelten Vorteile erforderlich und spätestens das zwingt dazu, sich näher mit dem Merkmal des Vorteils zu befassen, sozusagen seinen inhaltlichen Kern zu betrachten.

II.

Soweit ersichtlich ist bisher nicht versucht worden, den Begriff des durch beitragsfähige Erschließungsanlagen i. S. des § 127 Abs. 2 BauGB vermittelten Erschließungsvorteils zu definieren. Das leuchtet ein. Denn nach dieser Vorschrift sind beitragsfähig u. a. öffentliche zum Anbau bestimmte Straßen (Nr. 1), selbständige Grünanlagen (Nr. 4) und selbständige Immissionsschutzanlagen (Nr. 5), d. h. ihrer Funktion nach völlig verschiedene Erschließungsanlagen. Ihrer jeweiligen Funktion entsprechend entfalten die verschiedenen Arten von beitragsfähigen Erschließungsanlagen ganz unterschiedliche Wirkungen. Aus diesem Grunde ist der Begriff des Erschließungsvorteils keiner exakten Definition, sondern lediglich einer nach der bestimmungsgemäßen Funktion der Arten der beitragsfähigen Erschließungsanlagen differenzierten Beschreibung zugänglich[9]. Dem soll hier nicht weiter nachgegangen werden. Denn derartige – mehr oder weniger zutreffende – Beschreibungen sind schwerlich geeignet, als Grundlage für die Bewertung der jeweils vermittelten Vorteile zu dienen. Gefragt ist in diesem Zusammenhang näm-

---

6   BVerwG, Urteil vom 21.10.1994 – 8 C 2.93 –, BVerwGE 97, 62 (65) = KStZ 1996, 17.

7   BVerwG, u. a. Urteil vom 26.1.1979 – 4 C 61-68 u. 80-84.75 –, BVerwGE 57, 240 (245).

8   Vgl. u. a. Art. 5 Abs. 2 Satz 1 BayKAG, § 8 Abs. 6 Satz 1 KAG NW und § 28 Abs. 1 Satz 1 SächsKAG.

9   Vgl. etwa *Driehaus*, Erschließungs- und Ausbaubeiträge, 4. Aufl. 1995, § 9 Rdn. 3.

lich nicht, was unter Erschließungsvorteil zu verstehen ist, sondern worin er besteht oder worauf er beruht, gesucht werden muß nach einem Anknüpfungspunkt, der eine Quantifizierung des Erschließungsvorteils ermöglicht.

Bei der Bewältigung dieser Aufgabe ist das zur Auslegung des unbestimmten Rechtsbegriffs „Erschließungsvorteil" letztinstanzlich berufene BVerwG zunächst von einem mehr baurechtlichen, vornehmlich auf Anbaustraßen i. S. des § 127 Abs. 2 Nr. 1 BauGB ausgerichteten Ansatz ausgegangen. Der namentlich in den 70er Jahren für die Entscheidung von Rechtsstreitigkeiten im Bereich des Erschließungsbeitragsrechts zuständige 4. (Bau-)Senat hat angenommen, der Erschließungsvorteil bestehe in eben der verschafften Erschließung eines Grundstücks oder „genauer: in dem, was die Erschließung gerade für die bauliche (oder gewerbliche) Nutzbarkeit des Grundstücks hergibt"[10]; der maßgebliche Erschließungsvorteil sei daher „der Sache nach daran zu messen, was die Erschließung für die bauliche oder gewerbliche Nutzung des betreffenden Grundstücks hergibt"[11]. Erst nach dem Übergang der Zuständigkeit in erschließungsbeitragsrechtlichen Rechtsstreitigkeiten auf den 8. (Abgaben-)Senat Anfang der 80er Jahre ist an die Stelle der mehr baurechtlichen eine beitragsrechtlich geprägte Betrachtungsweise getreten. Nach der seither maßgeblichen Rechtsprechung „beruht der durch die Herstellung einer beitragsfähigen Erschließungsanlage ausgelöste Erschließungsvorteil auf der Möglichkeit der Inanspruchnahme dieser Anlage, richtet sich das Ausmaß des jeweiligen Erschließungsvorteils nach dem Ausmaß der von einem erschlossenen Grundstück aus zu erwartenden (wahrscheinlichen) Inanspruchnahme der Anlage und ist diese abhängig von dem Umfang der zugelassenen Ausnutzbarkeit eines Grundstücks"[12][*2].

---

10 BVerwG, Urteil vom 25.2.1977 – 4 C 35.74 –, Buchholz 406.11 § 133 BBauG Nr. 60 S. 28 (30) = KStZ 1977, 129.

11 BVerwG, Urteil vom 26.1.1979 – 4 C 61-68 u. 80-84.75 –, BVerwGE 57, 240 (246) = ZMR 1980, 348.

12 BVerwG, Urteil vom 8.12.1995 – 8 C 11.94 –.

*2 Vor diesem Hintergrund überraschend führt das BVerwG im Urteil v. 1.9.2004 (9 C 15.03) unter Hinweis einzig auf das Urteil v. 10.6.1981 (8 C 15.81 – BVerwGE 62, 300 [302]) aus, der „Erschließungsvorteil besteht nach der ständigen Rechtsprechung des BVerwG in dem, was die Erschließung für die bauliche oder gewerbliche Nutzbarkeit (Nutzung) des Grundstücks hergibt". Aus dem Urteil v. 8.12.1995 (a. a. O.) ergebe sich nichts Abweichendes, da die beiden dort in Bezug genommenen Entscheidungen lediglich diese Rechtsprechung wiedergäben. Das ist offensichtlich unzutreffend. Denn in einer dieser Entscheidungen, nämlich im Urteil v. 19.3.1982 (8 C 35, 37 u. 38.81 – KStZ 1982, 190) hatte das BVerwG darüber zu befinden, ob es zulässig ist, im Rahmen des sog. Vollgeschoßmaßstabs selbst mit Blick auf sechsgeschossig und mehr als sechsgeschossig bebaubare Grundstücke steigende Nutzungsfaktoren festzusetzen. Da sich nach der Tabelle des § 17 Abs. 1 BauNVO die Geschoßflächenzahl bei den mehr als sechsgeschossig bebaubaren Grundstücken nicht mehr erhöht, die bauliche Nutzbarkeit von gleich großen Grundstücken also identisch ist, hätte diese Frage auf der Grundlage des nunmehr vom BVerwG wieder für maßgeblich gehaltenen (mehr) baurechtlichen Vorteilsbegriffs verneint werden müssen. Das BVerwG hat sich indes seinerzeit zum (mehr) beitragsrechtlichen Vorteilsbegriff bekannt und ausgeführt, durch die weitere Steigerung der Nutzungsfaktoren und in der Folge der sich dadurch ergebenden Beitragsbelastung werde dem Umstand Rechnung getragen, „daß durch zusätzliche Vollgeschosse ein erhöhter Erschließungsverkehr und damit eine

Bereits ein flüchtiger Blick beispielsweise auf § 8 KAG NW macht deutlich, daß dieses an die Möglichkeit der Inanspruchnahme der hergestellten Anlage anknüpfende Verständnis des erschließungsbeitragsrechtlichen Vorteilsbegriffs dem nach den beitragsrechtlichen Vorschriften der Kommunalabgabengesetze maßgeblichen Vorteilsbegriff entspricht. Denn diese Vorschrift bestimmt in ihrem Abs. 2 Satz 2, daß landesrechtlich geregelte Beiträge von den Grundeigentümern zu erheben sind, denen „durch die Möglichkeit der Inanspruchnahme" der ausgebauten Anlage „Vorteile geboten werden". Da – wie bereits angedeutet – die Landesgesetzgeber der Behandlung des Vorteils ein – im Verhältnis zum Bundesgesetzgeber im Erschließungsbeitragsrecht – ungleich größeres Gewicht beigemessen haben, drängt es sich auf, für eine Betrachtung des beitragsrechtlichen Vorteilsbegriff im einzelnen auf die Vorschriften der Kommunalabgabengesetze abzustellen, und zwar – wegen der besonderen sachlichen Nähe zum Erschließungsbeitragsrecht – auf die Vorschriften des Straßenbaubeitragsrechts. Insoweit bietet es sich an, § 8 KAG NW zugrunde zu legen. Das gilt nicht nur deshalb, weil die §§ 8 der Kommunalabgabengesetze in Brandenburg, Mecklenburg-Vorpommern und im Saarland in weiten Teilen sogar im Wortlaut mit § 8 KAG NW übereinstimmen, sondern vor allem deshalb, weil zum einen das Kommunalabgabengesetz in Nordrhein-Westfalen schon relativ „früh" in Kraft getreten ist und zum anderen Nordrhein-Westfalen das mit Abstand bevölkerungsreichste Bundesland ist.

---

erhöhte Inanspruchnahme der Erschließungsanlage ausgelöst werden kann. Denn auf der Möglichkeit der Inanspruchnahme beruht letztlich der die Beitragserhebung rechtfertigende Erschließungsvorteil". Vollends unverständlich wird die Rückkehr zum (mehr) baurechtlichen Vorteilsbegriff, wenn man die in dem Katalog des § 127 Abs. 2 BauGB enthaltenen Erschließungsanlagen wie z. B. Grünanlagen und Immissionsschutzanlagen in die Betrachtung einbezieht. Da diese Arten von Erschließungsanlagen schlechthin nichts für die Ermöglichung einer baulichen oder gewerblichen Nutzung hergeben, könnten sie auf der Grundlage dieses Vorteilsbegriffs keine Erschließungsvorteile vermitteln, so daß schon daran ihre Beitragsfähigkeit scheitern müßte. Da das BVerwG in dem Urteil v. 1.9.2004 darlegt, unter Beachtung der seinerzeitigen Gesetzgebungsbefugnis des Bundes (Art. 74 Nr. 18 GG a. F.) könne der Erschließungsbeitrag „nichts anderes sein als die Beteiligung des Grundstücks an den Kosten derjenigen Maßnahmen, die seine bauliche und gewerbliche Ausnutzung erst ermöglichen", müßte konsequenterweise die mit Inkrafttreten des BBauG erfolgte Erweiterung des Katalogs der beitragsfähigen Erschließungsanlagen über Anbaustraßen (§ 127 Abs. 2 Nr. 1) hinaus verfassungsrechtlich unzulässig gewesen sein. Das BVerwG hat diese Erweiterung auf solche Erschließungsanlagen, die die bauliche oder gewerbliche Nutzbarkeit der Grundstücke lediglich „erleichtern", indes in ständiger Rechtsprechung für verfassungsgemäß gehalten (so schon Urteil v. 21.10.1970 – IV C 72.69 – BVerwGE 36, 155, 156 = DVBl 1971, 214 zu Grünanlagen sowie etwa Urteil v. 24.9.1987 – 8 C 75.86 – BVerwGE 78, 125, 128 = KStZ 1987, 230). Zwar ist richtig, daß die durch Anbaustraßen vermittelte Zugänglichkeit abstellt auf bebaubare bzw. gewerblich nutzbare Grundstücke und deshalb nur derartige Grundstücke einer Erschließungsbeitragspflicht unterliegen. Doch folgt das entgegen der Annahme des BVerwG im Urteil v. 1.9.2004 nicht (schon) aus dem Vorteilsbegriff, sondern (erst) aus § 133 Abs. 1 Sätze 1 und 2 BauGB (und gilt entsprechend u. a. auch für Grünanlagen); anderenfalls wäre § 133 Abs. 1 Sätze 1 und 2 BauGB überflüssig.

III.

1. Im Straßenbaubeitragsrecht beruht der für die Beitragserhebung vorauszusetzende Vorteil ebenso wie im Erschließungsbeitragsrecht auf der Möglichkeit der Inanspruchnahme der ausgebauten Anlage[13]. Das kommt bereits im Wortlaut des § 8 Abs. 2 Satz 2 KAG NW zum Ausdruck und wird durch folgende Überlegungen bekräftigt:

Der Begriff „Vorteil" ist vom Gesetzgeber in § 8 KAG NW – und entsprechendes gilt etwa für Art. 5 BayKAG, § 6 NKAG und §§ 26, 28 SächsKAG – an drei Stellen verwandt worden. In § 8 Abs. 2 Satz 2 KAG NW (Art. 5 Abs. 1 Satz 1 BayKAG, § 6 Abs. 1 NKAG, § 26 Abs. 1 Satz 1 SächsKAG) – erstens – steht er im Zusammenhang mit der Legaldefinition des Beitrags als einer Gegenleistung der Grundstückseigentümer für die ihnen durch die Inanspruchnahmemöglichkeit einer ausgebauten (öffentlichen) Anlage gebotenen wirtschaftlichen Vorteile. In § 8 Abs. 4 Satz 4 KAG NW (Art. 5 Abs. 3 Satz 2 BayKAG, § 6 Abs. 5 Satz 4 NKAG, § 28 Abs. 1 Satz 2 SächsKAG) – zweitens – ist angeordnet, daß bei der Ermittlung des (umlagefähigen) Aufwands ein dem wirtschaftlichen Vorteil der Allgemeinheit oder der Gemeinde entsprechender Betrag außer Ansatz zu bleiben hat. Und in § 8 Abs. 6 Satz I KAG NW (Art. 5 Abs. 2 BayKAG, § 6 Abs. 5 Satz I NKAG, § 28 Abs. 1 Satz I SächsKAG) – drittens – wird eine Leitlinie für die Bemessung der Höhe der Beiträge gegeben; sie sind nach den wirtschaftlichen Vorteilen zu bemessen[14]. Der Inhalt des an diesen drei Stellen verwandten Merkmals „Vorteile" ist identisch[15]. Dieser Erkenntnis[16] kommt für die inhaltliche Bestimmung dieses Merkmals ausschlaggebende Bedeutung zu.

In Nordrhein-Westfalen setzt § 8 Abs. 2 Satz 2 KAG NW zum einen den Vorteil, der durch z. B. die Verbesserung einer Straße ausgelöst wird, in eine Beziehung zu den Grundstückseigentümern, von denen Beiträge erhoben werden. § 8 Abs. 4 Satz 4 KAG NW hebt zum anderen ab auf die der Allgemeinheit durch eine solche Straßenbaumaßnahme zuwachsenden Vorteile; der Anteil am entstandenen

---

13 Zwar hat die Regierung von Sachsen-Anhalt versucht, für das Straßenbaubeitragsrecht in diesem Land einen anderen Vorteilsbegriff einzuführen (vgl. Begründung des Regierungsentwurfs zur Änderung des KAG, LT-Drucks. 2/1556, S. 13). Jedoch hat der Gesetzgeber im Rahmen der Ausschußberatungen die Regierung korrigiert und den Vorteil wieder mit der Möglichkeit der Inanspruchnahme der ausgebauten Straße verknüpft (vgl. Empfehlung des Ausschusses für Inneres, LT-Drucks. 2/2071 neu, S. 6).

14 In § 8 KAG S-H beispielsweise wird der Vorteilsbegriff nur zweimal verwandt, nämlich im Zusammenhang mit dem Beitragsbegriff und der Bemessung der Beiträge, in § 11 KAG Hess – soweit es das Straßenbaubeitragsrecht betrifft – sogar nur einmal, weil dort für die Bemessung der Beiträge eine dem § 131 Abs. 2 BauGB entsprechende Vorschrift über die Verteilungsmaßstäbe in das Gesetz aufgenommen worden ist. Diese Abweichungen gegenüber etwa dem Wortlaut des § 8 KAG NW haben jedoch keine substantielle materielle Bedeutung.

15 Vgl. u. a. OVG Münster, Urteil vom 27.7.1976 – II A 805/75 –, VerwRspr. 28, 464 = DWW 1977, 65, sowie *Menger* in VerwArch 1979, 275.

16 Dieser Erkenntnis verschließt sich beispielsweise *Dietzel* (in *Hoppenberg*, Handbuch des öffentlichen Baurechts, Kapitel 6, Rdn. 55), der namentlich deshalb zu einem unzutreffenden Inhalt des Merkmals „wirtschaftlicher Vorteil" gelangt.

Aufwand, der diesen Vorteilen entspricht, ist außer Ansatz zu lassen, d. h. hat bei der Ermittlung des auf die Grundstückseigentümer umzulegenden Aufwands unberücksichtigt zu bleiben. Die zuvor angesprochene inhaltliche Identität des Merkmals „Vorteil" in diesen beiden Regelungen zwingt zu der Annahme, daß es bei dem Vorteil um etwas gehen muß, was sowohl den Grundeigentümern als auch der Allgemeinheit meßbar zugerechnet werden kann, was von Interesse für die eine wie die andere Gruppe ist, was beide Gruppen mit Blick auf die ausgebaute Straße gemeinsam haben[17]. Da der Allgemeinheit anders als den Grundeigentümern jeglicher Bezug zu Grundstücken fehlt, scheidet im Zusammenhang mit dem hier maßgeblichen Vorteil von vornherein alles das aus, was sich im Wert von Grundstücken niederschlägt. Der beitragsrechtliche Vorteil ist folglich nicht identisch mit dem, was sich im Einzelfall für einen Eigentümer mit Blick auf sein Grundstück konkret und in Mark und Pfennig wertsteigernd erweist[18]. Für die Bestimmung des Vorteilsbegriffs ist deshalb nicht auf eine sich im Einzelfall ergebende Wertsteigerung abzustellen, sondern darauf, ob der Straßenausbau etwas bietet, was sowohl für die Allgemeinheit als auch für die Grundstückseigentümer nützlich ist. Diese Anforderung erfüllt allein die gebotene Möglichkeit der Inanspruchnahme der ausgebauten Straße; nur diese Inanspruchnahmemöglichkeit ist sowohl der Allgemeinheit als auch den Grundstückseigentümern eröffnet.

2. Einzelne Landesgesetzgeber – wie z. B. die in Bayern, Mecklenburg-Vorpommern, Sachsen und Thüringen – haben anders als der Gesetzgeber in Nordrhein-Westfalen darauf verzichtet, im Zusammenhang mit dem Begriff „Vorteil" den Zusatz „wirtschaftlich" in das Gesetz aufzunehmen. Das ist jedoch unerheblich. Denn das das Beitragsrecht beherrschende wirtschaftliche Prinzip des Ausgleichs von Vorteilen und Lasten gebietet eine Beschränkung auf wirtschaftliche Vorteile. Überdies entspricht es dem Wesen des auf dem Vorteilsgrundsatz aufbauenden Straßenbaubeitragsrechts, daß abgestellt „werden kann nur auf Vorteile, die sich wirtschaftlich auswirken und insoweit meßbar sind"[19], d. h. einen wirtschaftlichen Charakter aufweisen. Das findet eine Bestätigung in folgenden Erwägungen:

Das Straßenbaubeitragsrecht gliedert sich – ebenso wie das Erschließungsbeitragsrecht – in drei rechtslogisch aufeinanderfolgende Stufen oder Phasen, nämlich – erstens – die Aufwendungsphase, – zweitens – die Verteilungsphase und – drittens – die Heranziehungsphase[20]. Die beitragsrechtlichen Regelungen in allen Kommunalabgabengesetzen ordnen den Vorteilsbegriff ausschließlich der Verteilungsphase zu, d. h. der Phase, in der es zu entscheiden gilt, welcher beitragsfähige Aufwand – nach Abzug eines der Allgemeinheit zuzurechnenden Anteils (Gemeindeanteil) – umlagefähig ist sowie welchen Grundstückseigentümern in wel-

---

17 Vgl. im einzelnen u. a. *Menger* in VerwArch 1979, 275 (280) m. w. N.; a. A. offenbar *Thieme*, NVwZ 1992, 744.

18 Vgl. etwa Ziffer 26.1.7 der Anwendungshinweise zum SächsKAG in Amtsblatt 1994, 842 (852).

19 OVG Koblenz, Urteil vom 4.7.1978 – GS 1/78 –, KStZ 1978, 214 = DVBl. 1980, 74; ebenso u. a. *Thieme*, NVwZ 1992, 744.

20 Siehe zum Aufbau des Straßenbaubeitragsrechts im einzelnen *Driehaus* in *Driehaus*, Kommunalabgabenrecht, Kommentar, Stand 1996, § 8 Rdn. 261.

cher Höhe Anteile davon zuzuschreiben sind. Wenn aber das Merkmal „Vorteile" der ihm vom Gesetzgeber zugewiesenen Funktion nach insbesondere dazu bestimmt ist, der Aufteilung des für einen Straßenausbau entstandenen beitragsfähigen Aufwands zwischen der Allgemeinheit (Gemeinde) und der Gruppe der betroffenen Grundeigentümer sowie der Verteilung des umlagefähigen Aufwands unter die betroffenen Grundeigentümer jeweils nach Maßgabe der unterschiedlichen Vorteile zu dienen, die Vorteile also letztlich die maßgebliche Grundlage für die Berechnung der Beiträge bieten sollen, müssen sie in Geldwert quantifizierbar und vergleichbar sein. Ausschließlich ideelle Vorteile ohne jeglichen wirtschaftlichen Bezug erfüllen diese Voraussetzungen nicht und sind daher als Berechnungsgrundlage ungeeignet[21].

Im Urteil vom 15.10.1992 meint der BayVGH[22]), da Art. 5 Abs. 1 Satz 1 BayKAG eine Beitragserhebung nicht vom Vorliegen eines wirtschaftlichen Vorteils abhängig mache, könne der Vorteilsbegriff dieser Bestimmung nicht einengend i. S. eines wirtschaftlichen Vorteils ausgelegt werden. Vielmehr werde der Begriff „besondere Vorteile" in Art. 5 Abs. 1 Satz 1 BayKAG auch durch andere nicht ausschließlich ideelle Vorteile erfüllt, sofern diese den Anliegergrundstücken konkret zurechenbar seien. Die in dieser Entscheidung zum Ausdruck kommende Distanz zu einer wirtschaftlichen Betrachtungsweise dürfte namentlich auf einer nicht hinreichenden Gewichtung der Funktion des Merkmals „Vorteil" beruhen. Da – wie gesagt – die Aufteilung des beitragsfähigen Aufwands auf die Gruppe der Allgemeinheit (Gemeinde) einerseits und die Gruppe der Anlieger andererseits nach Maßgabe der der einen und der anderen Gruppe vermittelten Vorteile zu erfolgen hat, müssen diese Vorteile sowohl inhaltlich identisch als auch (rechnerisch) quantifizierbar sein. Dieser Anforderung wird ausschließlich genügt durch das Abstellen auf den Begriff des wirtschaftlichen Vorteils, nicht aber auf z. B. eine Begünstigung, die sich lediglich für die Anlieger positiv auswirkt wie etwa die Steigerung der Wohnqualität, und zwar selbst dann nicht, wenn sich (nach welchen Kriterien immer) einigermaßen verläßlich ermitteln ließe, für welche Grundstücke eine solche Steigerung (noch) anzunehmen und für welche sie (schon) abzulehnen ist.

Der Vorteil im Straßen- wie im Erschließungsbeitragsrecht beruht auf der gebotenen Möglichkeit der Inanspruchnahme der ausgebauten Straße; er wird durch die mögliche Inanspruchnahme begründet. In einer solchen Inanspruchnahmemöglichkeit liegt keineswegs allein ein ideeller Vorteil. Vielmehr ist sie geeignet, sowohl den Grundeigentümern als auch der Allgemeinheit „Gebrauchsvorteile"[23] mit wirtschaftlichem Charakter zu vermitteln, die – und darauf wird noch einzugehen sein – mit Hilfe des Ausmaßes der wahrscheinlichen (erfahrungsgemäß zu erwar-

---

21 Vgl. im einzelnen *von Mutius* in *Driehaus/Hinsen/von Mutius*, Grundprobleme des kommunalen Beitragsrechts, Schriften zum deutschen Kommunalrecht, Band 17, 1978, S. 21 (29) m. w. N.; siehe in diesem Zusammenhang auch VGH Kassel, Urteil vom 27.5.1987 – 5 UE 245/85 –, GemHH 1988, 160, und *Thieme*, NVwZ 1992, 744.

22 BayVGH, Urteil vom 15.10.1992 – 6 B 89.2341 –, BayVBl. 1993, 213.

23 Vgl. in diesem Zusammenhang OVG Münster, Urteil vom 20.12.1982 – 2 A 2620/80 –, StuGR 1983, 139 = ZKF 1983, 155.

tenden) Inanspruchnahme quantifizierbar und deshalb der beitragsrechtlich gebotenen Bewertung zugänglich sind.

3. In einigen Vorschriften – wie z. B. in Art. 5 Abs. 1 Satz 1 BayKAG und § 6 Abs. 1 NKAG – ist dem Merkmal „(wirtschaftliche) Vorteile" das Wort „besondere" beigefügt worden. Damit sind einzig die Vorteile auf Seiten der Grundeigentümer angesprochen. Sie müssen – unabhängig davon, ob dies im Gesetz durch einen entsprechenden Zusatz schon dem Wortlaut nach zum Ausdruck gebracht worden ist oder nicht (wie z. B. in §§ 8 KAG NW und KAG S-H sowie 26, 28 SächsKAG) – „besondere" in dem Sinne sein, daß sie einer bestimmten Gruppe von Grundstückseigentümern in erster Linie zukommen, ihnen mit der Konsequenz einer anteiligen Kostenbelastung „zurechenbar" sind[24]. Dies ergibt sich schon aus dem Wesen des Beitrags als einer durch den „Gesichtspunkt der Gegenleistung" gekennzeichneten[25] Abgabe, mit der ein Ausgleich für den durch eine Leistung der Gemeinde ausgelösten Sondervorteil verlangt wird.

Allerdings ist nochmals zu betonen, daß (wirtschaftliche) Sondervorteile in diesem Sinne nicht identisch sind mit dem, was sich im Einzelfall konkret als in Mark und Pfennig bezifferbarer Vermögenszuwachs erweist[26]. Entscheidend ist nicht ein solcher errechenbarer Vermögenszuwachs, sondern eine aus der Inanspruchnahmemöglichkeit (Benutzungsmöglichkeit) der ausgebauten Anlage fließende, im Verhältnis zu nicht individualisierbaren Dritten eintretende abstrakte Besserstellung, d. h. eine Besserstellung, die nicht – wie bei einer Benutzungsgebühr – aus der tatsächlichen Inanspruchnahme der ausgebauten Anlage festzustellen ist, sondern die allein auf einer qualifizierten, d. h. auf der in einer räumlichen engen Beziehung des Grundstücks zur ausgebauten Straße begründeten Inanspruchnahmemöglichkeit beruht[27].

4. Erfüllt eine Straßenbaumaßnahme z. B. den Tatbestand einer Verbesserung, ist sie also als beitragsfähige Maßnahme zu qualifizieren, löst sie in aller Regel einen beitragsfähigen Aufwand aus. Dieser beitragsfähige Aufwand ist nach der Konzeption der straßenbaubeitragsrechtlichen Bestimmungen nach Maßgabe der durch die Inanspruchnahmemöglichkeit der ausgebauten Anlage jeweils gebotenen (wirtschaftlichen) Vorteile auf die Allgemeinheit (bzw. die sie „repräsentierende" Gemeinde – Gemeindeanteil) einerseits und die Gruppe der „betroffenen Grundstückseigentümer (Eigentümer- oder Anliegeranteil) andererseits zu verteilen[28]. Dementsprechend besteht eine unlösbare Verbindung zwischen beitragsfähiger Maßnahme und (wirtschaftlichen) Vorteilen, die als Kriterium für die Verteilung des beitragsfähigen Aufwands dienen. Ausbaumaßnahmen, „die weder den Grund-

24 U. a. OVG Münster, Urteil vom 15.8.1975 – II A 232/74 –, OVGE 31, 185 = GemHH 1976, 140, zu § 8 KAG NW und OVG Lüneburg, Urteil vom 17.7.1975 – VI A 38/75 –, OVGE 31, 410 = S-H Gemeinde 1976, 24, zu § 8 KAG S-H; ebenso u. a. *Thieme*, NVwZ 1992, 744.
25 BVerfG, u. a. Beschlüsse vom 20.5.1959 – 1 BvL 1/58 –, BVerfGE 9, 291 (297) und vom 16.10.1962 – 2 BvL 27/60 –, BVerfGE 14, 312 (317).
26 U. a. *Driehaus*, Erschließungs- und Ausbaubeiträge, 4. Aufl. 1995, § 29 Rdn. 12.
27 Ebenso etwa OVG Schleswig, Beschluß vom 10.12.1993 – 2 M 61/93 –.
28 In diesem Zusammenhang werden ggfs. zu berücksichtigende Zuwendungen Dritter vernachlässigt.

stückseigentümern noch der Allgemeinheit wirtschaftliche Vorteile vermitteln, sind nicht beitragsfähig"[29]. Ist jedoch eine Maßnahme z. B. als beitragsfähige Verbesserung zu qualifizieren, ist auf der Grundlage der straßenbaubeitragsrechtlichen Systematik denkgesetzlich die Annahme ausgeschlossen, eine Verteilung des dafür entstandenen beitragsfähigen Aufwands sei mangels durch die Inanspruchnahmemöglichkeit der ausgebauten Anlage ausgelöster (wirtschaftlicher) Vorteile für Allgemeinheit und/oder Grundstückseigentümer nicht möglich. Mit anderen Worten: Eine beitragsfähige Maßnahme löst nach der Konzeption der straßenbaubeitragsrechtlichen Bestimmungen – wenn und soweit beitragsfähige Aufwendungen entstanden sind – zwangsläufig verteilungsrelevante (wirtschaftliche) Vorteile aus. Deshalb ist – und zwar im Rahmen der Ermittlung des umlagefähigen Aufwands – lediglich darüber zu befinden, ob und in welchem Umfang diese Vorteile neben der Allgemeinheit (Gemeinde) auch einer Gruppe von Grundstückseigentümern „zuzurechnen" sind, d. h., ob und in welchem Umfang außer der Allgemeinheit auch eine Gruppe von Grundstückseigentümern mit einem Anteil am beitragsfähigen Aufwand zu belasten ist.

Das führt zu der Frage, ob beitragsfähige Maßnahmen denkbar sind, die ausschließlich der Allgemeinheit (wirtschaftliche) Vorteile bieten und deren beitragsfähiger Aufwand deshalb mit der Folge allein von der Allgemeinheit (Gemeinde) zu tragen ist, daß kein umlagefähiger, also auf die Grundeigentümer umzulegender Aufwand verbleibt. Diese Frage ist allenfalls theoretisch zu bejahen, nämlich für den Fall, daß die Inanspruchnahmemöglichkeit der durch die beitragsfähige Maßnahme ausgebauten Anlage für die Eigentümer im Ergebnis vorteillos ist, weil erfahrungsgemäß ausgeschlossen werden kann, daß die Anlage von deren Grundstücken aus in Anspruch genommen wird und sie ihnen deshalb keine (Gebrauchs-) Vorteile zu vermitteln geeignet ist[30]. Ein solcher Fall aber ist – wie angedeutet – wohl nur theoretisch denkbar, kommt jedoch in der Praxis kaum vor. Konsequenterweise ist daher grundsätzlich die Annahme geboten, eine beitragsfähige Maßnahme sei regelmäßig mit verteilungsrelevanten (wirtschaftlichen) Vorteilen sowohl für die Allgemeinheit als auch für die Gruppe der „betroffenen" Grundeigentümer verbunden. Dementsprechend wird nahezu einhellig die Ansicht vertreten, eine beitragsfähige Maßnahme sei „generell geeignet, grundstücksbezogene Gebrauchsvorteile zu gewährleisten"[31]. Werde „eine Verbesserung begrifflich bejaht, schließt dies zugleich den besonderen wirtschaftlichen Vorteil … ein"[32]. Man könne nicht zu dem Ergebnis kommen, „daß begrifflich eine Verbesserung vorliegt, ohne daß damit besondere Vorteile für die Eigentümer der angrenzenden Grundstücke verbunden sind"[33].

---

29 OVG Münster, Urteil vom 20.12.1982 – 2 A 2620/80 –, KStZ 1983, 228.

30 U. a. *Driehaus* in *Driehaus*, Kommunalabgabenrecht, Kommentar, Stand 1996, § 8 Rdn. 281.

31 *Hempel/Hempel*, Praktischer Kommentar zum Kommunalabgabengesetz Schleswig-Holstein, 1. Ergänzungsband, 1983, § 8 Rdn. 217 m. w. N.

32 OVG Lüneburg, Beschluß vom 8.3.1984 – 3 B 150/83 –, Nds Gemeinde 1984, 366.

33 OVG Hamburg, Urteil vom 7.12.1978 – Bf II 88/77 –, BBauBl. 1979, 171; ebenso u. a. OVG Lüneburg, Beschlüsse vom 5.2.1980 – 9 B 5/80 – und vom 12.8.1980 – 9 B 24/80 –, sowie *Otto*, ZKF 1980, 20.

Die damit aufgezeigte „systemimmanente Zwangsläufigkeit" verkennt das OVG Münster beispielsweise, wenn es meint, eine „geringfügige verkehrstechnische Verbesserung"[34] bringe den Grundstückseigentümern keine beitragsrechtlich relevanten Vorteile. Denn wenn eine Maßnahme eine – wenn auch nur geringfügige – Verbesserung der Anlage bewirkt, also als beitragsfähige Maßnahme zu qualifizieren ist, werden regelmäßig allen potentiellen Benutzern der Anlage (wirtschaftliche) Vorteile geboten, und zwar sowohl den Mitgliedern der Allgemeinheit als auch den Eigentümern der anliegenden Grundstücke. Das hat notwendigerweise zur Folge, daß nicht nur die Allgemeinheit, sondern auch diese Eigentümer einen Anteil am entstandenen beitragsfähigen Aufwand zu tragen haben[35].

Diese Überlegungen machen deutlich, daß im Straßenbaubeitragsrecht – wie im Erschließungsbeitragsrecht – der Aufwendungsphase oder genauer: der Qualifizierung einer Maßnahme als „beitragsfähig" und der Ermittlung des beitragsfähigen Aufwands ausschlaggebende Bedeutung zukommt. Ist erst ein beitragsfähiger Aufwand festgestellt, d. h. die Aufwendungsphase abgeschlossen, ist der „Zug" in Richtung Beteiligung an der Aufwandsverteilung nicht nur zu Lasten der Allgemeinheit (Gemeinde), sondern auch zu Lasten der Gruppe der Grundstückseigentümer „abgefahren". Es stellen sich dann in der Regel nur noch die Fragen nach dem Verhältnis zwischen dem Gemeinde- und dem Anliegeranteil sowie der rechnerischen Belastung der einzelnen Grundstückseigentümer. Dies wird – mangels hinreichender Beachtung der Systematik der straßenbaubeitragsrechtlichen Vorschriften – recht häufig übersehen. Das mag ein Grund dafür sein, daß nicht eben selten der Einwand eines Klägers, er habe keinen wirtschaftlichen Sondervorteil von einer beitragsfähigen Maßnahme, mit Erwägungen zurückgewiesen wird, die in der Sache identisch sind mit denen, mit denen begründet wird, eine Ausbaumaßnahme sei z. B. als beitragsfähige Verbesserungsmaßnahme zu qualifizieren: Wirtschaftliche Sondervorteile würden dem Grundstückseigentümer geboten durch die ausgebaute „Fahrbahn, die einen ungestörten, reibungslosen Verkehr zuläßt, durch die Trennung von Fußgänger- und Fahrzeugverkehr, der eine gefahrlose Benutzung ermöglicht, durch die einen schnelleren Ablauf des Wassers bietende Straßenentwässerung und durch die bessere Ausleuchtung der Straße, die bei Dunkelheit eine größere Sicherheit gewährleistet"[36]. Oder: Der erstmalige Einbau einer frostsicheren Tragschicht in die Gehwege „vermittelt den Anliegern auch wirtschaftliche Vorteile … Die Belastbarkeit der Gehwege wird erhöht; Schäden, die auf Frosteinwirkung oder sonstige witterungsbedingte Einflüsse zurückgehen, werden vermieden. Hieraus resultiert insgesamt eine Verminderung der Reparaturanfälligkeit, so daß „die Nutzbarkeit der Gehwege erhöht wird"[37]. Solche und ähnliche „Begründungen" sind als solche unergiebig und verschleiern eher die Tatsache, daß – so jedenfalls die Regel – „jede Verbesserung einer Straße denknotwendig einen Vorteil für die Anlieger einschließt" und infolgedessen im Zusammenhang

---

34 OVG Münster, Urteil vom 29.1.1979 – II A 2159/76 –.
35 U. a. *Driehaus*, Erschließungs- und Ausbaubeiträge, 4. Aufl. 1995, § 29 Rdn. 26.
36 OVG Münster, Urteil vom 5.9.1986 – 2 A 963/84 –.
37 OVG Münster, Urteil vom 31.1.1992 – 2 A 1176/90 –.

mit dem Merkmal des wirtschaftlichen Sondervorteils kein Bedarf besteht, d. h. „nicht erforderlich (ist), jeweils im einzelnen Heranziehungsfall die wertsteigernden Umstände für jeden Eigentümer darzulegen und insoweit Einzelvorteile aus jeder Einzelmaßnahme zu bewerten"[38].

5. Nach allen Kommunalabgabengesetzen ist der für eine beitragsfähige Ausbaumaßnahme entstandene beitragsfähige Aufwand nach Maßgabe des Umfangs der durch die Inanspruchnahmemöglichkeit der ausgebauten Verkehrsanlage jeweils gebotenen (wirtschaftlichen) Vorteile auf die Allgemeinheit (Gemeindeanteil) einerseits und die Gruppe der bevorteilten Grundeigentümer (Anliegeranteil) andererseits zu verteilen. Diese gesetzliche Anordnung verlangt ebenso wie die weitere gesetzliche Forderung, die Beiträge nach Maßgabe des Ausmaßes der durch die Inanspruchnahmemöglichkeit begründeten Vorteile zu bemessen, eine Bewertung der gebotenen Inanspruchnahmemöglichkeit und damit der auf dieser Inanspruchnahmemöglichkeit beruhenden Vorteile. Für diese Bewertung ist abzustellen darauf, in welchem Umfang erfahrungsgemäß eine Inanspruchnahme der ausgebauten Verkehrsanlage von der Allgemeinheit einerseits sowie der Gruppe der bevorteilten Grundstückseigentümer andererseits bzw. von den einzelnen Grundstücken aus ausgelöst wird, d. h. es ist abzustellen auf die wahrscheinliche Inanspruchnahme der ausgebauten Straße[39]. Je größer die wahrscheinliche Inanspruchnahme der ausgebauten Anlage ist, desto wertvoller ist deren Inanspruchnahmemöglichkeit und desto größer sind die durch sie gebotenen Vorteile[40]. Die Höhe des vermittelten Vorteils ist – mit anderen Worten – abhängig von der Bewertung der Inanspruchnahmemöglichkeit mit Hilfe der Wahrscheinlichkeit[41].

a) Nur in den Ländern Hessen[42], Mecklenburg-Vorpommern[43], Sachsen[44] und Schleswig-Holstein[45] haben die jeweiligen Landesgesetzgeber Mindestsätze für den Gemeindeanteil vorgegeben. In allen anderen Ländern haben die Gemeinden die Bestimmung des Gemeindeanteils ausschließlich nach dem Grundsatz vorzunehmen, daß der Gemeindeanteil den Vorteil widerspiegeln muß, der der Allgemeinheit im Verhältnis zur Gruppe der Grundstückseigentümer durch die Inanspruchnahmemöglichkeit der ausgebauten Anlage geboten wird[46]. Dazu ist eine

---

38 OVG Lüneburg, Urteil vom 11.8.1987 – 9 A 56/86 –; ähnlich schon zuvor u. a. Urteil vom 12.1. 1981 – 9 A 98/80 –, Nds Städteverband 1983, 67.

39 Vgl. u. a. OVG Lüneburg, Urteil vom 27.2.1980 – 9 C 2/79 –, DVBl. 1980, 760 = KStZ 1981, 89, und BayVGH, Beschluß vom 29.10.1984 – 6 B 82 A. 2893 –, BayVBl. 1985, 117, sowie – statt vieler – *Vogel*, StuGR 1975, 320, *von Mutius*, VerwArch 1976, 195, und *Menger*, VerwArch 1979, 275, jeweils m.w.N.; a.A. lediglich OVG Münster, u.a. schon Urteile vom 6.9.1974 – II A 1173/73 –, OVGE 30, 39 = KStZ 1975, 154, vom 30.6.1975 – II 1105/73 –, DÖV 1975, 61, und vom 27.7.1976 – II A 805/75 –, VerwRspr. 28, 464 = DWW 1977, 65.

40 OVG Lüneburg, Beschluß vom 8.3.1996 – 9 M 7369/95 –.

41 U. a. *Driehaus* in *Driehaus*, Kommunalabgabenrecht, Kommentar, Stand 1996, § 8 Rdn. 438.

42 § 11 Abs. 3 KAG Hess.

43 § 8 Abs. 1 Satz 3 KAG MV.

44 § 28 Abs. 2 SächsKAG.

45 § 8 Abs. 1 Satz 3 KAG S-H.

46 U. a. BayVGH, Urteil vom 29.10.1984 – 6 B 82 A. 2893 –, BayVBl. 1985, 117, und OVG Koblenz, Urteil vom 8.11.1976 – 6 A 48/75 –, DVBl. 1977, 388 = KStZ 1977, 161.

Vorteilsabwägung erforderlich, d. h. die Gemeinden haben das Maß der schätzungsweise zu erwartenden Nutzung der ausgebauten Anlage durch die Grundstückseigentümer einerseits und die Allgemeinheit andererseits gegenüber zu stellen und auf dieser Grundlage die jeweiligen Anteilssätze festzulegen[47]. Je mehr die ausgebaute Anlage erfahrungsgemäß von der Allgemeinheit benutzt bzw. benutzt werden wird, desto höher ist der Wert des durch die Inanspruchnahmemöglichkeit der Allgemeinheit vermittelten (wirtschaftlichen) Vorteils zu bemessen und desto höher muß dementsprechend der Gemeindeanteil sein. Umgekehrt muß der Eigentümeranteil desto höher sein, je mehr die ausgebaute Anlage erfahrungsgemäß von den anliegenden Grundstücken aus benutzt bzw. benutzt werden wird[48]. Innerhalb des dadurch abgesteckten, vom Vorteilsprinzip bindend vorgegebenen Rahmens muß der Gemeinde ein gewisser „Einschätzungsspielraum"[49], ein „Bewertungsermessen"[50] zugebilligt werden, da eine sichere Prognose über das Verhältnis der wahrscheinlichen Inanspruchnahme der ausgebauten Anlage und damit die Werte der der Allgemeinheit einerseits und den Grundeigentümern andererseits durch deren Inanspruchnahmemöglichkeit gebotenen (wirtschaftlichen) Vorteile schlechterdings nicht möglich ist[51].

Das Verhältnis der durch die Inanspruchnahmemöglichkeit für die Allgemeinheit und die Grundstückseigentümer gebotenen wirtschaftlichen Vorteile hängt sowohl von der Verkehrsbedeutung ausgebauter Straßen (eine Anliegerstraße etwa vermittelt den Grundstückseigentümern im Verhältnis zur Allgemeinheit ungleich mehr Vorteile als eine Straße für den überörtlichen Durchgangsverkehr) als auch davon ab, welche Teileinrichtungen ausgebaut worden sind (eine Fahrbahn bringt regelmäßig der Allgemeinheit größere Vorteile als ein primär den Interessen der Anlieger dienender Gehweg). Diesen grundsätzlichen Unterschieden muß die Gemeinde bei der Bestimmung des Gemeindeanteils Rechnung tragen. Die starre Festlegung eines einzigen Vom-Hundert-Satzes für alle Straßenarten und Teileinrichtungen, mit dem die wirtschaftlichen Vorteile der Allgemeinheit generell abgedeckt werden sollen, würde gegen die aus den straßenbaubeitragsrechtlichen Vorschriften folgende Verpflichtung zur Vorteilsabwägung[52] und zugleich gegen den Gleichheitsgrundsatz verstoßen[53]. Unzulässig wäre aus diesem Grunde selbst die Festlegung eines so hohen einheitlichen Gemeindeanteils (z. B. 80 v. H.), daß er in jedem in der Gemeinde denkbaren Fall den durch eine beitragsfähige Ausbaumaßnahme entstehenden wirtschaftlichen Vorteil der Anlieger (im Verhältnis zum Vorteil der Allgemeinheit) übersteigt. Denn durch eine solche Bestimmung würden

47 Vgl. u. a. OVG Lüneburg, Urteil vom 27.2.1980 – 9 C 2/79 –, DVBl. 1980, 760 = KStZ 1981, 89, und BayVGH, Urteil vom 29.10.1984 – 6 B 82 A. 2893 –, BayVBl. 1985, 117, sowie Menger, VerwArch 1979, 275, und Schmidt, KStZ 1979, 184.

48 U. a. OVG Lüneburg, Urteil vom 13.12.1983 – 9 A 92/81 –, S-H Gemeinde 1984, 258.

49 OVG Münster, u. a. Urteil vom 7.12.1976 – II A 1563/74 –.

50 OVG Lüneburg, u. a. Urteil vom 30.3.1976 – VI A 221/75 –, VerwRspr. 28, 230 = DVBl. 1977, 391.

51 U. a. OVG Lüneburg, Urteil vom 12.6.1990 – 9 A 149/88 –, Nds Gemeinde 1991, 32.

52 Siehe BayVGH, Urteil vom 29.10.1984 – 6 B 82 A. 2893 –, BayVBl. 1985, 117.

53 Vgl. u. a. OVG Lüneburg, Urteil vom 12.1.1988 – 9 C 2/87 –.

die Grundstückseigentümer beim Ausbau einer reinen Wohnstraße mit einem ebenso hohen Anteil am beitragsfähigen Aufwand belastet wie beim Ausbau einer Straße für den Durchgangsverkehr, obwohl die von der zu erwartenden Inanspruchnahme der jeweiligen Straße abhängige Vorteilssituation in beiden Fällen offensichtlich unterschiedlich ist. Es würden also ohne sachliche Rechtfertigung völlig unterschiedliche Sachverhalte gleich behandelt, was mit dem Gleichheitsgrundsatz nicht vereinbar wäre[54].

b) Die Höhe der den einzelnen Grundstücken bzw. deren Eigentümern durch die Inanspruchnahmemöglichkeit der ausgebauten Straße vermittelten (Sonder-)Vorteile ist abhängig von dem Umfang, in dem die ausgebaute Straße von den jeweiligen Grundstücken aus voraussichtlich (wahrscheinlich) in Anspruch genommen werden wird. Aus diesem Grunde kann die satzungsmäßige Verteilungsregelung nur anknüpfen an ein Merkmal, von dem angenommen werden darf, es sei von besonderem Aussagewert für den Umfang der wahrscheinlichen Inanspruchnahme der ausgebauten Anlage[55]. Als ein solches Merkmal bietet sich aufgrund der bisherigen empirischen Erfahrungen allein die Ausnutzbarkeit von Grundstücken an, und zwar – dem Wesen des Beitrags entsprechend[56] – grundsätzlich die zulässige Grundstücksnutzung[57]. Diese Erfahrungen nämlich rechtfertigen die Annahme, typischerweise werde eine Anbaustraße etwa von einem sechsgeschossig bebaubaren Grundstück aus mehr in Anspruch genommen als von einem gleich großen, eingeschossig bebaubaren Grundstück aus (Maß der Ausnutzbarkeit)[58] und sie werde von einem eingeschossig gewerblich nutzbaren Grundstück aus mehr in Anspruch genommen als von einem gleich großen, eingeschossig bebaubaren aber der Wohnnutzung vorbehaltenen Grundstück aus (Art der Ausnutzbarkeit)[59].

Die damit aufgezeigte Folgerungsweise macht zugleich die mangelnde sachliche Geeignetheit des sog. Geschoßflächenmaßstabs deutlich, d. h. des Maßstabs, nach dem der umlagefähige Aufwand in dem Verhältnis auf die bevorteilten Grundstücke verteilt werden soll, in dem die zulässigen Geschoßflächen (oder die Summen aus Grundstücksflächen und zulässigen Geschoßflächen) zueinander stehen. Denn anders als die Anzahl der Vollgeschosse lassen die zulässigen Geschoßflächen keinen auch nur annähernd verläßlichen Schluß darauf zu, in welchem Umfang die bevorteilten Grundstücke voraussichtlich eine Inanspruchnahme der ausgebauten Straße auslösen werden. Anders ausgedrückt: Ein zweites Vollgeschoß erlaubt nach den Regeln der Wahrscheinlichkeit die Annahme, die ausge-

---

54 OVG Lüneburg, Urteil vom 27.2.1980 – 9 C 2/79 –, DVBl. 1980, 760 = KStZ 1981, 89.
55 Vgl. u. a. *von Mutius*, VerwArch 1976, 195, BayVGH, Beschluß vom 2.10.1985 – 23 Cs 85 A. 2363 –, BayVBl. 1986, 500, OVG Schleswig, Urteil vom 21.12.1993 – 2 L 185/93 –, sowie Ziffer 26.1.8 der Anwendungshinweise zum SächsKAG in Amtsblatt 1994, 842 (852).
56 Vgl. u. a. BVerwG, Beschluß vom 4.9.1980 – 4 B 119 u. 120.80 –, DVBl. 1981, 827 = KStZ 1981, 30.
57 Vgl. im einzelnen *Driehaus* in *Driehaus/Hinsen/von Mutius*, Grundprobleme des kommunalen Beitragsrechts, Schriften zum deutschen Kommunalrecht, Band 17, 1978, S. 57, m. w. N.
58 U. a. schon OVG Koblenz, Urteil vom 2.10.1978 – 10 a 1/78 –.
59 U. a. BayVGH, Urteil vom 2.6.1975 – 256 VI 73 –, BayVBl. 1976, 16.

baute Straße werde von dem betreffenden Grundstück aus typischerweise mehr als von einem eingeschossig bebaubaren Grundstück aus in Anspruch genommen. Dagegen rechtfertigt die Tatsache, daß auf einem Grundstück ein, fünf oder gar zehn Quadratmeter Geschoßfläche mehr als auf einem zweiten Grundstück verwirklicht werden dürfen, nicht den Schluß, nach diesen Wahrscheinlichkeitsregeln löse das erstere Grundstück eine höhere Inanspruchnahme der ausgebauten Straße aus als das zweite Grundstück.

IV.

Abschließend noch einige Bemerkungen zum anschlußbeitragsrechtlichen Vorteilsbegriff. Außer in Sachsen, wo das Anschluß- und das Straßenbaubeitragsrecht in unterschiedlichen Paragraphen geregelt sind, und in Baden-Württemberg, das kein Straßenbaubeitragsrecht kennt, gilt in allen anderen Kommunalabgabengesetzen eine einzige Vorschrift einschließlich des von ihr umfaßten Vorteilsbegriffs sowohl für das Anschluß- als auch für das Straßenbaubeitragsrecht. Angesichts dessen drängt sich jedenfalls in den entsprechenden Ländern die Annahme auf, der Begriff des Vorteils sei in beiden Rechtsgebieten identisch[60].

---

60 BVerwG, Urteil vom 1.9.1995 – 8 C 16.94 –, Buchholz 401.9 Beiträge Nr. 35 S. 1 (2) = BayVBl. 1996, 89.

2. Hinterliegergrundstücke im Erschließungs- und Straßenbaubeitragsrecht*

I.

1. Bis zum Inkrafttreten des Bundesbaugesetzes vom 23. Juni 1960 (GVBl. I S. 341) war das Recht der Beiträge zu den Erschließungskosten nicht einheitlich geregelt. Die einschlägigen Bestimmungen waren vielmehr in den jeweiligen Landesgesetzen enthalten, die sich ihrerseits in den meisten Ländern an das Preußische Gesetz betreffend die Anlegung und Veränderung von Straßen und Plätzen in Städten und ländlichen Ortschaften vom 2. Juli 1975 (GS S. 561) – PrFluchtlG – anlehnten[1]. Dessen § 15 verhielt sich zu Beiträgen für die Kosten der Straßenherstellung, § 15 PrFluchtlG ist in den ehemals preußischen Ländern sozusagen der Rechtsvorgänger der § 127 ff. (zunächst BBauG, jetzt BauGB). Er nannte – soweit hier von Interesse – als Beitragspflichtige nur die „angrenzenden Eigentümer". Voraussetzung für die Heranziehung eines Eigentümers zu einem Beitrag für die Erschließungskosten war somit seinerzeit, „dass das Grundstück die Straße unmittelbar berühren muss und nicht durch ein fremdes Grundstück davon getrennt sein darf".[2] Diese Beschränkung auf die Belastung einzig der an der Straße liegenden Grundstücke erklärt den Namen des damaligen Beitragsrechts, nämlich den Namen „Anliegerbeitragsrecht".

Mit dem Inkrafttreten des Bundesbaugesetzes und dem damit einhergehenden Übergang zum Erschließungsbeitragsrecht wurde die Beschränkung auf Anlieger(grundstücke) aufgegeben. Das dürfte u. a. eine Konsequenz der im Laufe der Jahre eingetretenen Änderung der städtebaulichen Planung gewesen sein, die von der zuvor typischen Erschließungsstraße mit beidseitiger Bebauung abwich; beispielhaft seien hier nur die über – von der Straße abzweigende – Fußwege zu erreichenden Reihenhausgrundstücke erwähnt. Damit erschienen die Hinterliegergrundstücke erstmals auf der beitragsrechtlichen Bildfläche; die Frage nach ihrem Erschlossensein im Sinne des § 131 Abs. 1 Satz 1 BauGB und in der Folge nach ihrer Teilnahme an der Verteilung des umlagefähigen Aufwands hat seither – insbesondere zur Entlastung der Anliegergrundstücke – im Erschließungs- und Straßenbaubeitragsrecht nicht nur in der Abrechnungspraxis, sondern auch in Rechtsprechung und Literatur zunehmend an Bedeutung gewonnen; sie hat sogar Anlass zu Dissertationen gegeben.[3]

2. Nach der ständigen Rechtsprechung des Bundesverwaltungsgerichts wird regelmäßig „ein durch ein baulich genutztes oder nutzbares Anliegergrundstück von

---

* Nachdruck aus Sachsenlandkurier 2001, 214.

1 Vgl. im Einzelnen Ernst in Ernst/Zinkahn/Bielenberg/Krautzberger, BauGB, Vorbemerkung §§ 123 bis 135, Rdnr. 1.

2 v. Strauß und Torney/Saß, Straßen- und Baufluchtengesetz, Kommentar, 7. Auflage, S. 214.

3 Vgl. z. B. Fritz, Die Beitragspflicht des Hinterliegergrundstücks im Straßenausbaubeitragsrecht nach dem rheinland-pfälzischen Kommunalabgabenrecht, Verlag Peter Lang GmbH, Frankfurt am Main 1989.

der abzurechnenden Anbaustraße getrenntes Hinterliegergrundstück nicht durch diese Erschließungsanlage erschlossen" und stellt „das Erschlossensein eines solchen Hinterliegergrundstücks … eine Ausnahme dar",[4] so dass ein Abweichen von der Regel einer besonderen Rechtfertigung bedarf. Diese Rechtfertigung ist nach der bezeichneten Rechtsprechung des Bundesverwaltungsgerichts in der schutzwürdigen Erwartung der Eigentümer der Anliegergrundstücke zu sehen, auch bestimmte Hinterliegergrundstücke an der Verteilung des entstandenen umlagefähigen Erschließungsaufwandes zu beteiligen; „die Beurteilung des Erschlossenseins von Hinterliegergrundstücken (hängt) ausschlaggebend davon ab, ob die Eigentümer der übrigen erschlossenen Grundstücke nach den im Zeitpunkt des Entstehens der sachlichen Beitragspflichten bestehenden tatsächlichen Verhältnissen schutzwürdig erwarten können, dass auch das Hinterliegergrundstück an der Verteilung des für die abzurechnende beitragsfähige Erschließungsanlage anfallenden umlagefähigen Aufwands teilnimmt".[5] Eine derartige schutzwürdige Erwartung sollen insbesondere das Vorhandensein einer Zuwegung (Zufahrt) von der Anbaustraße über das Anliegergrundstück zum Hinterliegergrundstück[6] sowie die einheitliche Nutzung[7] von Anlieger- und Hinterliegergrundstück begründen.

Die – möglicherweise noch (unbewusst) vom früheren Anliegerbeitragsrecht beeinflusste – Zurückhaltung bei der Beurteilung des Erschlossenseins von Hinterliegergrundstücken begegnet Bedenken.[8] Diese Bedenken beziehen sich zunächst auf die gekennzeichnete Rechtsprechung des Bundesverwaltungsgerichts zum Erschließungsbeitragsrecht; sie beziehen sich aber überdies auf Meinungsäußerungen in Rechtsprechung[9] und Literatur[10], nach denen eine entsprechende einschränkende Betrachtungsweise auch im Straßenbaubeitragsrecht angezeigt sein soll.

II.

1. Die nach Maßgabe des § 131 Abs. 1 Satz 1 BauGB vorzunehmende Verteilung des umlagefähigen Aufwands ist ausgerichtet auf das Ziel der erschließungsbeitragsrechtlichen Vorschriften insgesamt, nämlich Beiträge zu erheben. Deshalb müssen (schon) bei der Aufwandsverteilung Grundstücke unberücksichtigt bleiben,

---

4 Siehe statt vieler Urteil vom 30.05.1997 – 8 C 27.96 – Buchholz 406.11 Nr. 105 S. 83 (85) = NVwZ-RR 1998, 67 = ZMR 1998, 57.

5 BVerwG, Urteil vom 30.05.1997 – 8 C 27.96 – a. a. O.

6 BVerwG, u. a. Urteil vom 03.02.1989 – 8 C 78.88 – Buchholz 406.11 § 131 BBauG Nr. 79 S. 27 = NVwZ 1989, 1072 = DVBl. 1989, 675.

7 BVerwG, u. a. Urteil vom 15.01.1988 – 8 C 111.86 – BVerwGE 79, 1 (5 f.) = NVwZ 1989, 636 = DVBl. 1988, 816.

8 Ebenso u. a. OVG Lüneburg, Beschluss vom 13.06.2000 – 9 M 1349/00 – NST-N 2000, 242, OVG Münster, Urteil vom 19.06.1996 – 3 A 2088/91 –, und Eusterbrock in Gronemeyer, BauGB, § 131 Rdnrn. 12 f.

9 Vgl. etwa VGH München, u. a. Urteil vom 09.07.1990 – 6 B 89.00314 –, und OVG Schleswig, Urteil vom 24.10.1996 – 2 L 108/96 – GemSH 1997, 217 = GemHH 1998, 190.

10 Vgl. u. a. Böttcher in Thiem/Böttcher, KAG SH, § 8 Rdnrn. 568 ff., und Holz in Aussprung/ Siemers/Holz, KAG MV, § 8 Bem. 3.5.4.2, S. 131.

die auf Dauer nicht Gegenstand einer Beitragspflicht sein können, weil sie „unfähig" sind, jemals die Voraussetzungen des § 133 Abs. 1 BauGB zu erfüllen[11]. § 131 Abs. 1 Satz 1 BauGB „kann nicht dazu dienen, Grundstücke in den Kreis der bei der Aufwandsverteilung zu berücksichtigenden Grundstücke einzubeziehen, die … auf Dauer von der Erfüllung der Voraussetzungen des § 133 Abs. 1 … ausgeschlossen sind".[12] Anderenfalls wäre die Gemeinde nicht nur vorübergehend gehindert, die auf diese Grundstücke entfallenden Anteile am umlagefähigen Aufwand durch Beiträge zu decken, sondern müsste sie sogar endgültig selbst tragen. Das entspricht nicht der Interessenlage, die nach dem Willen des Gesetzgebers im Regelfall dadurch gekennzeichnet ist, dass die Gemeinde die ihr durch die Herstellung von beitragsfähigen Erschließungsanlagen entstandenen Kosten möglichst uneingeschränkt durch Beiträge auf die Eigentümer (Erbbauberechtigten) der im Sinne des § 131 Abs. 1 Satz 1 BauGB erschlossenen Grundstücke soll umlegen können, während das, was von diesen Kosten endgültig zu ihren Lasten gehen soll, abschließend in den §§ 128 Abs. 3 (ausgeschlossene Kosten), 129 Abs. 1 Satz 1 (nicht erforderliche Aufwendungen), 129 Abs. 1 Satz 3 (Eigenanteil) und 135 Abs. 5 BauGB (Erlass) bestimmt ist.[13]

Dem damit skizzierten Verhältnis zwischen § 131 Abs. 1 Satz 1 BauGB und § 133 Abs. 1 BauGB kommt im Zusammenhang mit Hinterliegergrundstücken besondere Bedeutung zu: Ist ein Hinterliegergrundstück mangels Erfüllbarkeit namentlich der Erreichbarkeitsanforderungen der einschlägigen Landesbauordnung nicht der abzurechnenden Straße wegen bebaubar im Sinne des § 133 Abs. 1 Satz 1 BauGB, d. h. ist es „unfähig", die Voraussetzungen des § 133 Abs. 1 BauGB zu erfüllen, scheidet es aus diesem Grunde schon aus dem Kreis der im Sinne des § 131 Abs. 1 BauGB erschlossenen und – wegen dieses Erschlossenseins – an der Aufwandsverteilung teilnehmenden Grundstücke aus.

2. Allerdings hat das Bundesverwaltungsgericht mit Blick auf Fälle der **Eigentümeridentität**, auf Fälle also, in denen Anlieger- und Hinterliegergrundstück im Eigentum derselben Person (bzw. im Miteigentum derselben Personen) stehen, die strikte Bindung an die bauordnungsrechtlichen Erreichbarkeitsanforderungen aufgegeben[14] und erkannt, für die Erfüllung des § 133 Abs. 1 BauGB reiche es aus,

---

11 BVerwG, u. a. Urteile vom 25.06.1969 – IV C 14.68 – ZMR 1969, 371 = NJW 1969, 1870 = DÖV 1969, 864, und vom 01.02.1980 – 4 C 43.76 – Buchholz 406.11 § 131 BBauGl Nr. 32 S. 60 (63) = BauR 1980, 349 = HSGZ 1980, 261.

12 BVerwG, Urteil vom 04.05.1979 – 4 C 25.76 – ZMR 1980, 156 = DVBl. 1979, 784 = KStZ 1979, 167.

13 BVerwG, u. a. Urteil vom 26.02.1993 – 8 C 35.92 – BVerwGE 92, 157 (161) = NVwZ 1993, 1206 = DVBl. 1993, 667.

14 Im Urteil vom 15.01.1988 (8 C 111.86 – a. a. O.) hat das BVerwG noch an dieser strikten Bindung festgehalten; vgl. in diesem Zusammenhang auch Ackermann/Nestel in KStZ 1999, 185. Der BayVGH löst Hinterliegergrundstücke in seinem Beschluss vom 12.01.1996 (6 CS 95.3188) von jeder Bindung an das Bauordnungsrecht, wenn er meint, ein „Hintergrundstück ist (bereits) erschlossen, wenn es tatsächlich eine Zufahrt zur Erschließungsanlage hat, dies auch, wenn keine Eigentümeridentität besteht und kein (dingliches) Geh- und Fahrrecht über das Vorderliegergrundstück vorhanden ist", diese Auffassung ist – und das bedarf keiner Vertiefung – schlechthin nicht mit dem geltenden Recht in Gestalt des § 133 Abs. 1 BauGB vereinbar.

wenn der Eigentümer des Hinterliegergrundstücks dessen konkrete Bebaubarkeit herbeiführen können: Ein Hinterliegergrundstück sei einer Anbaustraße wegen „im Sinne des § 133 Abs. 1 BauGB bebaubar ...", wenn es in der Hand des Eigentümers liegt, mit Blick auf diese Anlage die Erreichbarkeitsanforderungen zu erfüllen, von denen das (bundesrechtliche) Bebauungsrecht und das (landesrechtliche) Bauordnungsrecht die bauliche oder gewerbliche Nutzung des Grundstücks abhängig machen. Das „– also sowohl das eine als auch das andere – „trifft in der Regel zu, wenn das Hinterliegergrundstück und das es von der Anbaustraße trennende Anliegergrundstück im Eigentum derselben Person stehen".[15] Sei das der Fall, habe es nämlich der Eigentümer in der Hand, eine den bebauungsrechtlichen Anforderungen an eine hinreichende Erreichbarkeit des Hinterliegergrundstücks entsprechende Zuwegung auf dem Anliegergrundstück anzulegen und überdies „durch geeignete Maßnahmen (auch) die Erreichbarkeitsanforderungen zu erfüllen, unter denen das einschlägige Bauordnungsrecht eine Bebauung des Hinterliegergrundstücks gestattet. In den Ländern, in denen die Bebaubarkeit eines Hinterliegergrundstücks von der öffentlich-rechtlichen Sicherung einer Zufahrt über das Anliegergrundstück abhängt, kann der Eigentümer dieser Anforderung durch die Bestellung etwa einer Baulast oder einer beschränkten persönlichen Dienstbarkeit zu Lasten seines Anliegergrundstücks genügen". Unabhängig davon kann der Eigentümer „den Mangel, der in dem Nichtanliegen des Hinterliegergrundstücks besteht" mit Blick sowohl auf die bebauungsrechtlichen als auch die bauordnungsrechtlichen Erreichbarkeitsanforderungen „durch eine Vereinigung dieses Grundstücks mit dem Anliegergrundstück beseitigen. Nach § 890 Abs. 1 BGB können die beiden ... Grundstücke dadurch zu einem dann insgesamt anliegenden Grundstück vereinigt werden, dass der Eigentümer sie als ein Grundstück in das Grundbuch eintragen lässt".[15]

Die vorstehenden Erwägungen gelten entsprechend für Konstellationen, in denen „das Anliegergrundstück zwar noch nicht dem Eigentümer des Hinterliegergrundstücks gehört, er aber einen durchsetzbaren Anspruch auf Übertragung des Eigentums an dem Anliegergrundstück hat".[16] In diesen Konstellationen ebenso wie in den zuvor behandelten Fällen der – sozusagen „vollendeten" – Eigentümeridentität ermöglicht es grundsätzlich seine Rechtsposition dem Eigentümer des Hinterliegergrundstücks, von diesem aus die abzurechnende Anbaustraße in einer den bebauungsrechtlichen Erreichbarkeitsanforderungen genügenden Weise über das Anliegergrundstück in Anspruch zu nehmen; überdies erlaubt diese Rechtsposition – wie bereits gesagt – den Schluss, das Hinterliegergrundstück sei dieser Anlage wegen bebaubar im Sinne des § 133 Abs. 1 BauGB. Angesichts dessen ist kein einleuchtender Grund ersichtlich, warum das Hinterliegergrundstück nicht an der Verteilung des umlagefähigen Aufwands teilnehmen sollte, d. h. als nicht im Sinne des § 131 Abs. 1 BauGB erschlossen zu qualifizieren sein sollte. Das dürfte zu der Erkenntnis führen, dass in den Fällen der Eigentümeridentität Hinter-

---

15 BVerwG, Urteil vom 26.02.1993 – 8 C 35.92 – a. a. O.
16 BVerwG, Urteil vom 26.02.1993 – 8 C 45.91 – Buchholz 406.11 § 133 BBauG Nr. 119 S. 53 (56) = NVwZ 1993, 1208 = ZMR 1994, 582.

liegergrundstücke regelmäßig erschlossen im Sinne des § 131 Abs. 1 Satz 1 BauGB sind, und zwar unabhängig davon, ob eine Zuwegung über das (bebaubare) Anliegergrundstück tatsächlich bereits angelegt worden ist oder nicht und ob Anlieger- und Hinterliegergrundstück einheitlich genutzt werden oder nicht, also unabhängig vom Vorliegen eines Umstandes, an das eine schutzwürdige Erwartung der Eigentümer der übrigen erschlossenen Grundstücke im Abrechnungsgebiet anknüpfen könnte.

3. Gehören Anlieger- und Hinterliegergrundstück nicht derselben Person (Fall der **Eigentümerverschiedenheit**) ist für die Beantwortung der Frage nach dem Erschlossensein des Hinterliegergrundstücks zu differenzieren danach, ob im Zeitpunkt des Entstehens der sachlichen Beitragspflichten insbesondere den Erreichbarkeitsanforderungen genügt ist, die die einschlägige Landesbauordnung als Voraussetzung für die Bebaubarkeit des Hinterliegergrundstücks der abzurechnenden Anbaustraße wegen aufstellt oder nicht. Verlangt das einschlägige Bauordnungsrecht als Voraussetzung für die Bebaubarkeit eines Hinterliegergrundstücks beispielsweise die Sicherung einer Zuwegung über das Anliegergrundstück durch Bestellung einer Baulast zu Lasten des Anliegergrundstücks und ist eine Baulast im Zeitpunkt des Entstehens der sachlichen Beitragspflichten bereits bestellt worden, ist für den Eigentümer des Hinterliegergrundstücks unabhängig davon, ob eine Zuwegung über das Anliegergrundstück tatsächlich schon angelegt worden ist oder nicht und ob Anlieger- und Hinterliegergrundstück einheitlich genutzt werden oder nicht, regelmäßig nicht nur eine den bebauungsrechtlichen Erreichbarkeitsanforderungen genügende Inanspruchnahmemöglichkeit der abzurechnenden Anbaustraße über das Anliegergrundstück eröffnet, sondern sind überdies die bauordnungsrechtlichen Erreichbarkeitsanforderungen für die Bebaubarkeit des Hinterliegergrundstücks dieser Straße wegen erfüllt. Aus diesem Grunde dürfte dieses Hinterliegergrundstück als durch die Anbaustraße erschlossen im Sinne des § 131 Abs. 1 Satz 1 BauGB anzusehen sein,[17] sofern dem nicht ausnahmsweise ein anderer Grund – beispielsweise ein nicht mit dem Eigentümer des Hinterliegergrundstücks zumutbaren Mitteln ausräumbares Hindernis auf dem Anliegergrundstück[18] – entgegensteht. Auch in dieser Konstellation ist kein durchgreifender Grund erkennbar, der es rechtfertigen könnte, die Beteiligung des Hinterliegergrundstücks an der Verteilung des umlagefähigen Aufwands zu verneinen, wenn im Zeitpunkt des Entstehens der sachlichen Beitragspflichten weder eine Zuwegung (Zufahrt) über das Anliegergrundstück tatsächlich angelegt worden ist noch Anlieger- und Hinterliegergrundstück einheitlich genutzt werden. Im Gegenteil: Es wäre schwer verständlich und wohl auch mit Blick auf den Gleichheitssatz (Art. 3 Abs. 1 GG) bedenklich, wenn das Erschließungsbeitragsrecht zu Lasten der (vornehmlich) Anliegergrundstücke ein solches Hinterliegergrundstück als im Sinne des § 131 Abs. 1 Satz 1 BauGB nicht erschlossen behandelte, obwohl es der abzurechnenden Straße wegen – soweit es um die verkehrliche Erschließung

---

17 Vgl. u. a. OVG Lüneburg, Beschluss vom 10.09.1993 – 9 L 262/93 –.
18 Siehe dazu BVerwG, u. a. Urteil vom 17.06.1994 – 8 C 22.92 – Buchholz 406.11 § 131 BauGB Nr. 92 S. 9 (13) = ZMR 1994, 531 = HSGZ 1994, 512.

geht – nach Maßgabe der einschlägigen baurechtlichen Bestimmungen bebaubar ist.[19]

4. Ist in einer Fallgestaltung der zuvor behandelten Art (Eigentümerverschiedenheit) eine von der einschlägigen Landesbauordnung als Voraussetzung für die Bebaubarkeit eines Hinterliegergrundstücks beispielsweise geforderte Baulast im Zeitpunkt des Entstehens der sachlichen Beitragspflichten noch nicht bestellt worden, dürften für die Beurteilung des Erschlossenseins unter dem Blickwinkel das § 133 Abs. 1 BauGB zwei Konstellationen zu unterscheiden sein:

a) Grundsätzlich dürfte ein Erschlossensein anzunehmen sein, wenn im Zeitpunkt des Entstehens der sachlichen Beitragspflichten eine hinreichende Aussicht besteht, dass das rechtliche (Erreichbarkeits-)Hindernis, welches der Bebaubarkeit des Hinterliegergrundstücks der abzurechnenden Straße wegen entgegensteht, ausgeräumt werden kann.[20] Das trifft zu, wenn es in diesem Zeitpunkt für die Gemeinde sowie die Eigentümer von Anlieger- und Hinterliegergrundstücken erkennbare Anhaltspunkte dafür gibt, der Eigentümer des Anliegergrundstücks werde bei entsprechender Initiative des Eigentümers des Hinterliegergrundstücks diesem eine den bauordnungsrechtlichen Anforderungen genügende Sicherung einer Zuwegung gewähren. Als Anhaltspunkte kommen etwa in Betracht die Festsetzung einer Fläche mit einem Geh- und Fahrrecht auf dem Anliegergrundstück zugunsten des Eigentümers des Hinterliegergrundstücks im Bebauungsplan (vgl. § 9 Abs. 1 Nr. 21 BauGB) sowie das verlässliche Angebot des Eigentümers des Anliegergrundstücks, zu Lasten seines Grundstücks eine entsprechende (dingliche) Sicherung zu zumutbaren Bedingungen in das Grundbuch eintragen zu lassen; ob der Eigentümer des Hinterliegergrundstücks von diesem Angebot und der damit verbundenen „rechtlichen Möglichkeit Gebrauch macht, ist … unerheblich".[21] Zwar reicht die Festsetzung eines Geh- und Fahrrechts zugunsten des Hinterliegers im Bebauungsplan als solches deshalb nicht zu einer den bauordnungsrechtlichen Erreichbarkeitsanforderungen genügenden Sicherung aus, weil diese Festsetzung das entsprechende Recht noch nicht entstehen lässt, seine Begründung vielmehr durch Vertrag, im Wege der Umlegung oder Enteignung oder in einem Verfahren nach § 41 Abs. 1 BauGB erfolgen muss.[22] Doch rechtfertigt eine solche Festsetzung immerhin die hinreichende Aussicht darauf, der Hinterlieger werde in der Lage sein, eine nach Maßgabe der Anforderungen des Bauordnungsrechts gesicherte Zuwegung zu seinem Grundstück erreichen zu können, jedenfalls, wenn die Gemeinde selbst Eigentümerin des Anliegergrundstücks ist.

---

19 Vgl. in diesem Zusammenhang BVerwG, Urteil vom 18.04.1986 – 8 C 51 u. 52.85 – BVerwGE 74, 140 (155 f.) = ZMR 1986, 326 = KStZ 1986, 169.

20 Vgl. zur Bedeutung der Ausräumbarkeit von rechtlichen und tatsächlichen Hindernissen für das Erschlossensein von Grundstücken u. a. Löhr in Battis/Krautzberger/Löhr, BauGB, 7. Auflage, § 131 Rdnr. 8, und Quaas in Schrödter, BauGB, 6. Auflage, § 131 Rdnr. 16 f.

21 BVerwG, Urteil vom 07.10.1977 – IV C 103.74 – ZMR 1978, 351 = NJW 1978, 438 = DVBl. 1978, 302.

22 Vgl. dazu u. a. OVG Schleswig, Urteil vom 27.05.1997 – 2 L 237/95 –, sowie Bielenberg in Ernst/ Zinkahn/Bielenberg/Krautzberger, BauGB, § 9 Rdnr. 113.

b) Fehlt es in Fällen einer Eigentümerverschiedenheit an derartigen erkennbaren Anhaltspunkten für eine hinreichende Aussicht, das in Rede stehende (Erreichbarkeits-) Hindernis könne ausgeräumt werden, dürfte ein Hinterliegergrundstück gleichwohl nicht ohne weiteres aus dem Kreis der im Sinne des § 131 Abs. 1 Satz 1 BauGB erschlossenen Grundstücke ausscheiden, wenn die Eigentümer der übrigen erschlossenen Grundstücke des Abrechnungsgebietes im Zeitpunkt des Entstehens der sachlichen Beitragspflichten schutzwürdig erwarten können, das Hinterliegergrundstück sei insoweit ebenfalls in die Betrachtung einzubeziehen. Das ist der Fall, wenn in diesem Zeitpunkt eine Zuwegung (Zufahrt) von dem Hinterliegergrundstück über das Anliegergrundstück tatsächlich angelegt ist, beide Grundstücke einheitlich genutzt werden oder zugunsten des Hinterliegergrundstücks ein Notwegerecht über das Anliegergrundstück besteht (vgl. § 917 Abs. 1 BGB).[23] Trifft das zu, kann also vom Hinterliegergrundstück aus in der einen oder anderen Weise die abzurechnende Anbaustraße in Anspruch genommen werden, verpflichtet die – wohl einzig in diesen Konstellationen beachtliche – schutzwürdige Erwartung der Eigentümer der übrigen erschlossenen (vornehmlich Anlieger-) Grundstücke die Gemeinde, sich auf geeignete Weise Gewissheit darüber zu verschaffen, ob der Eigentümer des Anliegergrundstücks bereit ist, zu Lasten seines Grundstücks eine den bauordnungsrechtlichen Erreichbarkeitsanforderungen genügende Sicherung der betreffenden Zuwegung in das Grundbuch eintragen zu lassen. Nur wenn dies zu bejahen ist, ist eine für das Erschlossensein hinreichende Aussicht auf Ausräumung des Erreichbarkeitshindernisses anzunehmen. Eine solche Aussicht besteht im übrigen auch, wenn eine tatsächlich angelegte Zuwegung zum Hinterliegergrundstück durch die Eintragung einer Grunddienstbarkeit im Grundbuch zu Lasten des Anliegergrundstücks dinglich gesichert ist, sofern die Grunddienstbarkeit die Sicherstellung der Bebaubarkeit des Hinterliegergrundstücks bezweckt. Denn unter dieser Voraussetzung ist nach der Rechtsprechung des Bundesgerichtshofs[24] der Eigentümer des durch die Grunddienstbarkeit belasteten Anliegergrundstücks grundsätzlich verpflichtet, eine deckungsgleiche Baulast zu übernehmen[25], wenn die Baulast – mangels einer sonstigen Erschließung – tatsächlich erforderlich ist, um die Bebaubarkeit des Grundstücks zu erreichen.[26]

5. Die vorstehenden Überlegungen für das Erschlossensein von Hinterliegergrundstücken dürften grundsätzlich maßgebend selbst dann sein, wenn das Anliegergrundstück mangels hinreichender Tiefe selbst nicht bebaut oder gewerblich genutzt werden kann und darf, das Anliegergrundstück also ein schmaler und unbe-

---

23 Ein Notwegerecht zu Lasten eines im fremden Eigentum stehenden Anliegergrundstücks genügt selbst dann nicht den bauordnungsrechtlichen Anforderungen an eine hinreichende Erreichbarkeit und folglich an ein Erschlossensein eines Hinterliegergrundstücks, wenn es aufgrund einer Baugenehmigung bereits bebaut worden ist (OVG Münster, Beschluss vom 15.04.1999 – 3 B 68/99 – DÖV 2000, 41 = GemHH 2000, 211).

24 BGH, Urteile vom 03.02.1989 – V ZR 224/87 – NJW 1989, 1607, und vom 06.10.1989 – V ZR 127/88 – NVwZ 1990, 192.

25 Ebenso OVG Münster, Beschluss vom 24.02.1992 – 3 B 2334/90 – NWVBl. 1992, 402, und Urteil vom 15.04.1992 – 2 A 1412/90 – StuGR 1992, 305.

26 OVG Koblenz, Urteil vom 30.11.1999 – 6 A 10.535/99 –.

baubarer Grundstücksstreifen ist.[27] Selbst dann nämlich ist das Hinterliegergrundstück von der abzurechnenden Anbaustraße im Sinne des § 131 Abs. 1 Satz 1 BauGB erschlossen nur, wenn es dieser Straße wegen bebaubar (§ 133 Abs. 1 BauGB) ist, d. h. wenn etwaige tatsächliche oder rechtliche Hindernisse, die einer den bebauungsrechtlichen Anforderungen entsprechenden Erreichbarkeit des Hinterliegergrundstücks über das Anliegergrundstück sowie der Sicherung dieser Erreichbarkeit in einer den Anforderungen des einschlägigen Bauordnungsrechts genügenden Weise gegenwärtig noch entgegenstehen, ausräumbar sind. Hinsichtlich der Ausräumbarkeit von tatsächlichen Hindernissen auf einem z. B. 5 bis 7 m tiefen, nicht zum Straßengrund gehörenden (etwa Grün-) Streifen gilt das entsprechend, was dazu von der Rechtsprechung des Bundesverwaltungsgerichts im Zusammenhang mit tatsächlichen Hindernissen auf einem Anliegergrundstück entschieden worden ist.[28] Ob ein der hinreichenden bebauungsrechtlichen Erreichbarkeit des Hinterliegergrundstücks entgegenstehendes rechtliches Hindernis ausräumbar ist, richtet sich in beplanten Gebieten zunächst einmal nach der Festsetzung des Bebauungsplans. Weist er den trennenden Streifen beispielsweise als öffentliche Grünfläche aus und wäre bebauungsrechtlich eine Erreichbarkeit des Hinterliegergrundstücks z. B. in Form des Herauffahrenkönnens erforderlich,[29] die Anlegung einer Zufahrt über den Grünstreifen aber nur nach entsprechender (ggf. vereinfachter, vgl. § 13 BauGB) Änderung des Bebauungsplans rechtlich zulässig, ist das Hindernis als nicht ausräumbar anzusehen.[30] Gehören der trennende Grundstücksstreifen und das Hinterliegergrundstück derselben Person (Eigentümeridentität) und stehen andere nicht ausräumbare rechtliche Hindernisse nicht entgegen, dürfte die Annahme gerechtfertigt sein, unter dem Blickwinkel des § 133 Abs. 1 BauGB bestünden keine Zweifel an der Bebaubarkeit des Hinterliegergrundstücks der abzurechnenden Straße wegen und in der Folge an seinem Erschlossensein im Sinne des § 131 Abs. 1 Satz 1 BauGB. Sind dagegen der Grünstreifen und das Hinterliegergrundstück im Eigentum verschiedener Personen (Eigentümerverschiedenheit), dürfte die Annahme, das Hinterliegergrundstück sei durch die abzurechnende Straße erschlossen im Sinne des § 131 Abs. 1 Satz 1 BauGB unter dem Blickwinkel des § 133 Abs. 1 BauGB nur scheitern, wenn im Zeitpunkt des Entstehens der sachlichen Beitragspflichten keine hinreichende Aussicht besteht, das rechtliche Hindernis „fremdes Eigentum" auszuräumen.[31]

6. Kurzum: Die Beantwortung der – häufig zu bejahenden – Frage nach dem Erschlossensein eines Hinterliegergrundstücks (§ 131 Abs. 1 Satz 1 BauGB) dürfte sich in erster Linie richten nicht nach einer schutzwürdigen Erwartung der Eigen-

27 Im Ergebnis ebenso wohl BVerwG, Urteil vom 07.10.1977 – IV C 103.74 – a. a. O.
28 BVerwG, u. a. Urteil vom 25.10.1996 – 8 C 21.95 – ZMR 1997, 98 = DVBl. 1997, 497 = KStZ 1998, 17.
29 Vgl. zu den bebauungsrechtlichen Anforderungen an die verkehrsmäßige Erreichbarkeit eines Grundstücks im Einzelnen Driehaus, Erschließungs- und Ausbaubeiträge, 6. Auflage, § 17 Rdnr. 56 ff.
30 BVerwG, Urteil vom 25.01.1984 – 8 C 77.82 – Buchholz 405.11 § 131 BBauG Nr. 55 S. 72 f. = DVBl. 1984, 288.
31 Vgl. dazu im Einzelnen oben Ziffer II. 4.

tümer der übrigen erschlossenen Grundstücke des Abrechnungsgebiets, sondern – ebenso wie die Beantwortung der gleichen Frage bei Anliegergrundstücken – nach der von den konkreten Umständen des Einzelfalls abhängigen Beurteilung der **baurechtlichen Situation** oder genauer: danach, ob das Hinterliegergrundstück der abzurechnenden Anbaustraße wegen im Sinne des § 133 Abs. 1 BauGB bebaubar ist. Das dürfte in Fällen der Eigentümeridentität – wegen der angesprochenen Aufhebung der strikten Bindung an das Bauordnungsrecht insoweit – regelmäßig und in Fällen der Eigentümerverschiedenheit jedenfalls dann zutreffen, wenn im Zeitpunkt des Entstehens der sachlichen Beitragspflichten zu Lasten des Anliegergrundstücks eine den bauordnungsrechtlichen Erreichbarkeitsanforderungen genügende Sicherung einer – angelegten oder nicht angelegten – Zuwegung über das Anliegergrundstück zum Hinterliegergrundstück besteht. Selbst wenn in Fällen der Eigentümerverschiedenheit eine solche Sicherung in diesem Zeitpunkt noch nicht erreicht ist, ist das Hinterliegergrundstück als erschlossen (§ 131 Abs. 1 Satz 1 BauGB) zu qualifizieren, sofern durch erkennbare Anhaltspunkte deutlich wird, dass das bauordnungsrechtliche (Erreichbarkeits-) Hindernis ausräumbar ist. Ausschließlich in den Fällen der Eigentümerverschiedenheit, in denen es an derartigen erkennbaren Anhaltspunkten fehlt, dürfte dem Gesichtspunkt der schutzwürdigen Erwartung der Eigentümer der übrigen erschlossenen Grundstücke des Abrechnungsgebiets Bedeutung zukommen: In diesen Konstellationen ist die Teilnahme eines – nicht selten bereits von einer anderen Anbaustraße erschlossenen – Hinterliegergrundstückes an der Verteilung des umlagefähigen Erschließungsaufwands für die abzurechnende Straße lediglich in Betracht zu ziehen, wenn die tatsächlichen Verhältnisse aus der Sicht dieser anderen Eigentümer eine derartige Teilnahme angezeigt erscheinen lassen; im Übrigen bleibt ein Hinterliegergrundstück in diesen Konstellationen ohne weiteres unberücksichtigt.

7. In einem engen sachlichen Zusammenhang mit dem Erschlossensein von Hinterliegergrundstücken in Fällen der **Eigentümeridentität** steht das Institut der **beschränkten Erschließungswirkung**. Bereits im Urteil vom 3. Februar 1989 hat das Bundesverwaltungsgericht[32] auf diesen Zusammenhang hingewiesen und erkannt, dieses Institut sei bei einem sog. übertiefen (Buch-) Grundstück im beplanten Gebiet (oder im unbeplanten Innenbereich) nicht geeignet, eine Ausnahme von der Regel zu begründen, nach der ein Grundstück mit seiner gesamten Fläche als erschlossen zu qualifizieren sei, wenn mit Blick auf das hintere „Teilgrundstück" anzunehmen sei, es wäre als selbständiges Hinterliegergrundstück desselben Eigentümers an der Aufwandsverteilung für die abzurechnende Anbaustraße zu beteiligen. „Denn die Anforderungen an das Erschlossensein des rückwärtigen Teils eines an eine Anbaustraße angrenzenden Buchgrundstücks können nicht höher sein als die Anforderungen an das Erschlossensein eines Hinterliegergrundstücks, wenn dieses und das trennende Grundstück im Eigentum derselben Person stehen."[32] Dem ist sicherlich beizupflichten. Das führt vor dem Hintergrund der

---

32 BVerwG, Urteil vom 03.02.1989 – 8 C 78.88 – Buchholz 406.11 § 131 BBauG Nr. 79 S. 27 (32 ff.) – NVwZ 1989, 1072 = DVBl. 1989, 675.

zuvor dargestellten Ansicht, nach der in Fällen der Eigentümeridentität das Hinterliegergrundstück regelmäßig der abzurechnenden Anbaustraße wegen im Sinne des § 133 Abs. 1 BauGB bebaubar und folglich durch sie erschlossen im Sinne des § 131 Abs. 1 Satz 1 BauGB ist, zu der Annahme, für eine Anwendung des Instituts der beschränkten Erschließungswirkung sei grundsätzlich **kein Raum**, und zwar auch in einer Fallgestaltung nicht, für die das Bundesverwaltungsgericht[33] im Urteil vom 27. Juni 1985 dieses Institut sozusagen erfunden hat.[34]

III.

1. Im Straßenbaubeitragsrecht – außer dem in Rheinland-Pfalz[35] – unterscheidet sich die Beurteilung der Teilnahme von Hinterliegergrundstücken an der Verteilung des umlagefähigen Aufwands ganz grundsätzlich von der im Erschließungsbeitragsrecht: Das Straßenbaubeitragsrecht macht – anders als das Erschließungsbeitragsrecht – die Berücksichtigung eines Grundstücks an der Aufwandsverteilung nicht von dessen baulicher oder gewerblicher Nutzbarkeit abhängig, sondern bezieht jede zulässige Grundstücksnutzung und damit über die bauliche und gewerbliche Nutzung hinaus beispielsweise auch typische Außenbereichsnutzungen in den Vorteilsausgleich ein.[36] Deshalb setzt die Teilnahme eines Hinterliegergrundstücks an der Aufwandsverteilung im Straßenbaubeitragsrecht – wie gesagt: außer in Rheinland-Pfalz – nicht die Erfüllung der Erreichbarkeitsanforderungen voraus, die das Bebauungs- und das Bauordnungsrecht für die Bebaubarkeit eines solchen Grundstücks stellen.[37] Folglich spielen im Straßenbaubeitragsrecht alle Fragen keine Rolle, die sich im Erschließungsbeitragsrecht aus dem Verhältnis zwischen § 131 Abs. 1 Satz 1 BauGB und § 133 Abs. 1 BauGB ergeben und die im Ergebnis den Kreis der an der Aufwandsverteilung teilnehmenden Grundstücke einschränken. Mit anderen Worten: Im Straßenbaubeitragsrecht sind an der Aufwandsverteilung nicht nur alle die Hinterliegergrundstücke zu beteiligen, die auch im Erschließungsbeitragsrecht zu berücksichtigen sind, sondern darüber hinaus alle diejenigen, denen die ausgebaute Straße ebenfalls einen beitragsrechtlich relevanten Sondervorteil vermittelt. Das sind alle Hinterliegergrundstücke, von denen aus die ausgebaute Straße über das Anliegergrundstück (nicht nur vorübergehend) in Anspruch genommen werden darf.[38]

---

33 BVerwG, Urteil vom 27.06.1985 – 8 C 30.84 – BVerwGE 71, 363 (366) = DVBl. 1985, 1180 = KStZ 1986, 51.

34 Vgl. dazu Driehaus, Erschließungs- und Ausbaubeiträge, 6. Auflage, § 17 Rdnr. 42.

35 Ausschließlich das KAG RP enthält in § 10 Abs. 6 Satz 1 eine dem § 133 Abs. 1 BauGB entsprechende Bestimmung, nach der Beitragspflicht unterliegen „alle baulich oder in ähnlicher Weise nutzbaren Grundstücke, die die rechtliche und tatsächliche Möglichkeit einer Zufahrt oder eines Zugangs zu der … ausgebauten Verkehrsanlage haben".

36 Vgl. statt vieler OVG Greifswald, Beschluss vom 15.09.1998 – 1 M 54/98 – NVwZ-RR 1999, 397 = VwRR MO 1999, 104, und OVG Schleswig, Urteil vom 11.02.1998 – 2 L 79/96 – NordÖR 1998, 268.

37 Siehe etwa VGH Kassel, Beschluss vom 22.05.1997 – 5 TG 165/97 –, und OVG Schleswig, Beschluss vom 11.05.2000 – 2 M 8/00 –.

38 Vgl. zum maßgeblichen, eine Beitragserhebung rechtfertigenden Vorteil im Einzelnen Driehaus in ZMR 1996, 462 ff.

2. Vor diesem Hintergrund ergibt sich, dass es für die Beteiligung eines Hinterliegergrundstücks an der Aufwandsverteilung im Straßenbaubeitragsrecht – wie grundsätzlich auch im Erschließungsbeitragsrecht – unbeachtlich ist, „ob die anderen Beitragspflichtigen schutzwürdig die Einbeziehung des Hinterliegers erwarten dürfen". Entscheidend ist vielmehr, ob „der Eigentümer des Hinterliegergrundstücks von seinem Grundstück" aus eine dauerhafte Möglichkeit der Inanspruchnahme der ausgebauten Straße besitzt. „Diese Möglichkeit besteht in Fällen der Eigentümeridentität ... immer. Der Zugang zur Straße vom Hinterliegergrundstück ist ... regelmäßig ... wegen der Eigentümeridentität ... gewährleistet".[39]

In Fällen der Eigentümerverschiedenheit sind im Straßenbaubeitragsrecht außer den Hinterliegergrundstücken, die auch im Erschließungsbeitrag an der Aufwandsverteilung teilnehmen, ferner diejenigen zu berücksichtigen, von denen aus eine rechtlich gewährleistete Möglichkeit zur Inanspruchnahme der ausgebauten Straße über das Anliegergrundstück besteht. Eine solche Verbindung ist im Straßenbaubeitragsrecht „bereits durch ein Notwegerecht ausreichend gesichert, weil das Ausbaubeitragsrecht nicht ausschließlich auf eine bauliche oder gewerbliche Nutzung ausgerichtet ist".[40] Deshalb dürfte auch ein dinglich gesichertes Fahr- und Gehrecht für das Hinterliegergrundstück über das Anliegergrundstück genügen, „um die Inanspruchnahmemöglichkeit – wie es erforderlich ist – auf Dauer zu sichern".[41]

IV.

Abschließend sei noch auf folgenden, in erster Linie im Bereich des Erschließungsbeitragsrechts von Fall zu Fall bedeutsamen Gesichtspunkt hingewiesen: Wird im zeitlichen Zusammenhang z. B. mit einer vor Entstehen der sachlichen Erschließungsbeitragspflichten ergangenen Ankündigung einer Erschließungsbeitragserhebung ein im hinteren Teil bebautes Grundstück geteilt und das dann an die demnächst abzurechnende Anbaustraße angrenzende, beispielsweise selbst nicht bebaubare Anliegergrundstück unentgeltlich auf ein Familienmitglied übertragen, ohne dass die tatsächlich bestehende, etwa im Schenkungsvertrag rechtlich gewährleistete Zufahrt zu dem Gebäude auf dem (nunmehr) Hinterliegergrundstück in einer den bauordnungsrechtlichen Anforderungen entsprechenden Weise rechtlich gesichert wird, drängt sich nicht selten die Frage auf, ob die Eigentumsübertragung als Missbrauch rechtlicher Gestaltungsmöglichkeiten im Sinne des § 42 AO mit der Folge zu qualifizieren ist, dass für das Beitragsverfahren von der Unwirksamkeit dieser Übertragung und damit einer Eigentümeridentität auszugehen ist. Das ist zu bejahen, wenn mit der Eigentumsübertragung die Vermeidung[42]

---

39 OVG Lüneburg, Beschluss vom 13.06.2000 – 9 M 1349/00 – NST-N 2000, 242.
40 OVG Lüneburg, Beschluss vom 21.04.1992 – 9 M 114/92 –.
41 OVG Münster, Urteil vom 09.05.1995 – 15 A 2545/92 –.
42 Ist das nunmehrige Anliegergrundstück selbst bebaubar, führt das Vorgehen des Eigentümers im Verhältnis zu der anderenfalls auf das Gesamtgrundstück entfallenden Grundstücksbelastung zwar nicht zu einer vollständigen Beitragsvermeidung, aber immerhin – bezogen auf den „Familienhaushalt" – jedenfalls zu einer Beitragverminderung und in diesem Sinne zu einer (nur) teilweisen Beitragsvermeidung.

einer Erschließungsbeitragspflicht verfolgt wird.[43] Problematisch dürfte indes in der Regel sein, im Einzelfall das Vorliegen einer solchen „Vermeidungsabsicht" festzustellen. Insoweit ist in Rechnung zu stellen, dass unter einem Missbrauch im Sinne des § 42 AO die Wahl einer den wirtschaftlichen Verhältnissen nach unangemessenen Gestaltung zu verstehen ist, so dass jeweils zu prüfen ist, ob – abgesehen von der Beitragsvermeidung – ein wirtschaftlich sinnvoller oder ein sonstwie einleuchtender Grund für die getroffene Wahl spricht.[44] Ist ein solcher Grund für die Gemeinde nicht erkennbar, obliegt es dem Eigentümer, ihn nachvollziehbar deutlich zu machen. Gelingt ihm dies nicht, d. h. kann er einen der Gemeinde einleuchtenden Grund für seine Verhaltensweise nicht geltend machen, ist grundsätzlich ein Missbrauch im Sinne des § 42 AO anzunehmen. Das trifft etwa zu, wenn das nun Anliegergrundstück einer selbständigen Bebaubarkeit oder anderweitigen vergleichbaren Nutzbarkeit namentlich wegen seiner geringen Größe (z. B. nur 39 m^2) oder seines (etwa dreieckigen) Zuschnitts entzogen ist.[45] Die Anwendung des § 42 AO hat in einem Fall der in Rede stehenden Art zur Folge, dass von einer Eigentümeridentität und deshalb von einer den Anforderungen der §§ 133 Abs. 1 BauGB genügenden Hinterliegererschließung auszugehen ist.

---

43 Vgl. im einzelnen BVerwG, Beschluss vom 14.01.1997 – 8 B 247.96 – Buchholz 401.0 § 42 AO Nr. 1 S. 1 = ZMR 1997, 203 = BWGZ 1997, 187, und OVG Schleswig, Urteil vom 19.09.1996 – 2 L 126/95 –.
44 Ebenso OVG Lüneburg, Beschluss vom 18.02.2000 – 9 M 4526/99 –; in diesem Sinne u. a. auch Brügelmann-Vogel, BauGB, § 131 Rdnr. 52.
45 OVG Münster, Urteil vom 21.04.1997 – 3 A 3508/92 – NWVBl. 1998, 245 = HSGZ 1998, 114.

3. Anwendungsbereich von Tiefenbegrenzung und beschränkter Erschließungswirkung im Erschließungs- und Straßenbaubeitragsrecht*[1]

I. Einleitung

Tiefenbegrenzung und beschränkte Erschließungswirkung*[2] sind Institute, die selbstverständlich – sonst würden sie nicht gemeinsam behandelt – Gemeinsamkeiten, aber – und das versteht sich ebenfalls gleichsam von selbst – auch Unterschiede aufweisen. Gemeinsam stellen sie ab auf das Buchgrundstück[1] oder genauer: sie setzen dieses Buchgrundstück voraus und lassen es unberührt.[2] Sie stehen im Erschließungs- wie im Straßenbaubeitragsrecht im Zusammenhang mit der Frage, welche Fläche eines Buchgrundstücks bei der Verteilung des umlagefähigen Aufwands zu berücksichtigen ist, und heben dementsprechend im Rahmen beispielsweise (des Erschließungsbeitragsrechts und damit) des § 131 Abs. 1 Satz I BauGB nicht ab auf das Tatbestandsmerkmal „Grundstück", sondern auf das – davon unabhängige – Tatbestandsmerkmal „erschlossen". Beide Institute beruhen auf der Erkenntnis, daß es Fallgestaltungen geben kann, bei denen angenommen werden muß, daß ein Grundstück nur hinsichtlich einer Teilfläche erschlossen ist und folglich auch nur mit einer Teilfläche an der Verteilung des umlagefähigen Aufwands teilnimmt, und zwar deshalb, weil – was immer darunter im einzelnen zu verstehen sein mag – nur hinsichtlich dieser Teilfläche von der ausgebauten Straße eine Erschließungswirkung und in der Folge ein Erschließungsvorteil ausgelöst wird. Beide Institute gehen also sozusagen zurück auf einen gemeinsamen Kern. Indes knüpfen sie an unterschiedliche Sachverhalte an: Während die Tiefenbegrenzung an das (räumliche) Ende der baulichen Nutzbarkeit eines Grundstücks anknüpft, reagiert das Institut der beschränkten Erschließungswirkung auf eine Situation, in der im Fall der Mehrfacherschließung eines Grund-

---

*[1] Nachdruck aus ZMR 2000, 573.
*[2] Mit Blick auf das Institut der beschränkten Erschließungswirkung wird im folgenden die Rechtsprechung des BVerwG nachgezeichnet, und zwar ungeachtet des Umstands, dass bei richtiger Betrachtungsweise – wie unter Ziffer II, 7 des vorstehend abgedruckten Aufsatzes über Hinterliegergrundstücke (S. 124 f.) dargelegt – grundsätzlich kein Raum für die Anwendung dieses Instituts sein dürfte. Etwas Anderes dürfte nur für die hier unter Ziffer III, 3 behandelte Konstellation gelten.

[1] Nach der st. Rspr. des BVerwG (vgl. statt vieler Urteil vom 16.4.1971 – IV C 82.69 – ZMR 1972, 660 = DVBl. 1971, 781 = NJW 1972, 701) zum Erschließungsbeitragsrecht und aller VGH bzw. OVG – mit Ausnahme des OVG Münster – zum Straßenbaubeitragsrecht ist grundsätzlich abzustellen auf den bürgerlich-rechtlichen Begriff des Grundstücks i. S. des Grundbuchrechts (Buchgrundstück).

[2] Da für das KAG NW nach der Rechtsprechung des OVG Münster (vgl. statt vieler Beschluß vom 9.6.1998 – 15 A 6852/95 – KStZ 1999, 156 = NWVBl. 1999, S. 25 = ZMR 1998, 731) der Grundstücksbegriff der wirtschaftlichen Einheit (sog. wirtschaftlicher Grundstücksbegriff) maßgebend ist, kommt namentlich der Tiefenbegrenzung im Beitragsrecht nach diesem Gesetz eine andere Bedeutung zu (vgl. auch dazu OVG Münster, Beschluß vom 9.6.1998 – 15 A 6852/95 – a. a. O.).

stücks sich die von einer oder mehreren Anbaustraßen ausgehende, eine Beitrags-erhebung erlaubende Erschließungswirkung erkennbar eindeutig nur auf eine Teil-fläche dieses Grundstücks erstreckt. Die Tiefenbegrenzung findet – wie noch zu zeigen ist – Anwendung ausschließlich in unbeplanten, die beschränkte Erschlie-ßungswirkung in erster Linie in beplanten Baugebieten; die beiden Institute ergän-zen sich also gewissermaßen.

Auszugehen ist bei der Betrachtung sowohl des einen als auch des anderen Insti-tuts von dem Grundsatz, daß im Erschließungs- wie im Straßenbaubeitragsrecht die gesamte Fläche eines an die ausgebaute Straße anliegenden Buchgrundstücks bei der Verteilung des umlagefähigen Aufwands zu berücksichtigen ist; das gilt für das Straßenbaubeitragsrecht uneingeschränkt und für das Erschließungsbeitrags-recht jedenfalls mit Blick auf die in beplanten Gebieten oder im unbeplanten In-nenbereich gelegenen Flächen. Dieser Grundsatz bedarf aus folgendem Grunde einer besonderen Unterstreichung: Die Annahme der Berücksichtigungsfähigkeit nur der Teilfläche eines Buchgrundstücks bei der Aufwandsverteilung ist geeignet, das zu unterlaufen, was von der Maßgeblichkeit des (formalen) Buchgrundstücks-begriffs an Berechenbarkeit[3] ausgeht. Zu einer ins Gewicht fallenden „Aufweichung" darf es jedoch nicht kommen, weil damit in die Aufwandsverteilung ein die Rechts-anwendung durchgreifend erschwerender Widerspruch hineingeriete.[4] Deshalb muß die Anwendung sowohl der Tiefenbegrenzung als auch der beschränkten Er-schließungswirkung auf die Fälle begrenzt bleiben, in denen sie der Sache nach wahrhaft angezeigt ist.

Im folgenden sollen dementsprechend diese beiden Institute nicht im einzelnen ausgebreitet werden; das würde den hier vorgegebenen Rahmen sprengen. Viel-mehr sollen im Vordergrund Betrachtungen über ihre Anwendungsbereiche ste-hen. Überdies soll der – allerdings nur für das Straßenbaubeitragsrecht bedeutsa-men – Frage nachgegangen werden, wie die Grundstücksfläche jenseits der Tie-fengrenze angemessen vorteilsgerecht in die Aufwandsverteilung einbezogen werden kann. Das erfordert eine mehr grundsätzliche Behandlung der Belastung von Außenbereichsgrundstücken, die in einem Abrechnungsgebiet mit Innenbe-reichsgrundstücken zusammentreffen.

II. Anwendungsbereich der Tiefenbegrenzung

1. a) Im Erschließungsbeitragsrecht ist nach der ständigen Rechtsprechung des BVerwG[5] für die Anordnung einer Tiefenbegrenzung bei Grundstücksflächen in qualifiziert beplanten Gebieten kein Raum. Das leuchtet ohne weiteres ein. Denn

---

3 Vgl. dazu, daß gerade der Gesichtspunkt der Rechtsklarheit und Rechtssicherheit ausschlag-gebend für die Entscheidung zugunsten des Buchgrundstücksbegriffs ist, im einzelnen BVerwG, Urteil vom 20.6.1973 – IV C 62.71 – BVerwGE 42, 269 [270] = ZMR 1974, 93 = KStZ 1974, 11.

4 Siehe in diesem Zusammenhang etwa BVerwG, Urteil vom 27.6.1985 – 8 C 30.84 – BVerwGE 71, 363 [365 f.] = ZMR 1985, 426 = KStZ 1986, 51.

5 BVerwG, u. a. Urteil vom 19.2.1982 – 8 C 27.81 – DVBl. 1982, S. 552 = DÖV 1982, 644 = NVwZ 1982, 677; ebenso z. B. *Quaas*, in: Schrödter, BauGB, 6. Aufl., § 131 Rdn. 24.

in diesen Gebieten ergeben sich die Grenzen der baulichen Ausnutzbarkeit der Grundstücke aus den Festsetzungen des Bebauungsplans selbst; regelmäßig ist die gesamte vom Bebauungsplan erfaßte Fläche eines Buchgrundstücks als erschlossen i. S. des § 131 Abs. 1 Satz 1 BauGB zu qualifizieren.

b) Das wirft die Frage auf, ob mit Blick auf Grundstücke, die mit ihrem gesamten Flächenumfang im unbeplanten Innenbereich liegen und kraft dieser Lage bebaubar sind, angenommen werden darf, sie seien anders als die Grundstücke in qualifiziert beplanten Gebieten nicht regelmäßig in vollem Umfang erschlossen, insoweit sei es vielmehr gerechtfertigt, in der Erschließungsbeitragssatzung anzuordnen, an der Verteilung des umlagefähigen Erschließungsaufwands sei nicht die gesamte, sondern lediglich eine durch eine festgesetzte Tiefengrenze beschränkte Grundstücksfläche zu beteiligen. Das hat das BVerwG zwar in der Vergangenheit bejaht.[6] Auf der Grundlage seiner neueren Rechtsprechung namentlich zum erschließungsbeitragsrechtlichen Vorteilsbegriff und zur Reichweite der von einer Anbaustraße ausgelösten Erschließungswirkung dürfte die aufgeworfene Frage aber mit mehreren OVG's[7] und VG's[8] zu verneinen sein.[*3]

Es soll an dieser Stelle nicht die seinerzeitige Rechtsprechung des BVerwG zur Tiefenbegrenzung im einzelnen nachgezeichnet werden.[9] Vielmehr genügt es, hier festzuhalten, daß nach dieser Rechtsprechung die satzungsmäßige Tiefenbegrenzung als Ausdruck einer Begrenzung der Erschließungswirkung zu verstehen ist. Da nach der damaligen Rechtsprechung des BVerwG[10] der Erschließungsvorteil in dem besteht, was die Erschließung für die bauliche (oder gewerbliche) Nutzung des jeweiligen Grundstücks hergibt, und da diese Grundstücke regelmäßig nur bis zu einer bestimmten Tiefe baulich (oder erschließungsbeitragsrechtlich vergleichbar) nutzbar sind, erstreckt sich die Erschließungswirkung einer Anbaustraße nur bis zu dieser Tiefe mit der Folge, daß die weitergehende Fläche nicht erschlossen i. S. des § 13 1 Abs. 1 (seinerzeit) BBauG und deshalb bei der Aufwandsvertei-

---

6 BVerwG, zuletzt Urteil vom 10.6.1981 – 8 C 20.81 – BVerwGE 62, 308 [315] = ZMR 1982, 246 = NVwZ 1982, 246.

7 OVG Lüneburg, u. a. Beschluß vom 19.1.1999 – 9 M 3626/98 – NdsVBl. 1999, S. 12 = Nds Gemeinde 1999, 61 = NVwZ-RR 2000, 249; OVG Greifswald, Beschluß vom 12.11.1999 – 1 M 103/99 – VwRR MO 2000, 209, und OVG Magdeburg, Beschluß vom 16.12.1999 – A 2 S 335/95 – VwRR MO 2000, 103; a. A. OVG Schleswig, Urteil vom 26.5.1999 – 2 K 23/97 – NordÖR 1999, 304 = SH Gemeinde 1999, 185 = NVwZ-RR 2000, 107, wonach die Anwendung der Tiefenbegrenzungsregelung auch auf Grundstücke in „innerörtlichen Kernzonen aus Praktikabilitätsgründen zulässig" sein soll.

8 Vgl. u. a. VG Magdeburg, Beschluß vom 29.5.2000 – 2 B 194/00 MD –, und VG Schwerin, Urteil vom 11.6.1999 – 8 A 1138/98 –.

*3 In seinem Urteil vom 1.9.2004 (9 C 15.03) hat das BVerwG seine frühere Rechtsprechung zum Anwendungsbereich einer Tiefenbegrenzung im unbeplanten Innenbereich bestätigt. Seiner Entscheidung kann aus mehreren Gründen nicht gefolgt werden, und zwar u. a. deswegen nicht, weil das BVerwG in ihr unverständlicherweise wieder zum (mehr) baurechtlichen Begriff des Erschließungsvorteils zurückgekehrt ist (vgl. dazu S. 124 Fn. [*2]).

9 Siehe zu dieser Rechtsprechung im einzelnen *Driehaus*, Erschließungs- und Ausbaubeiträge, 5. Aufl., § 17 Rdn. 32.

10 Vgl. etwa BVerwG, Urteil vom 25.2.1977 – 4 C 35.74 – KStZ 1977, 129 = NJW 1977, 1549 = DVBl. 1978, 297.

lung unberücksichtigt zu lassen ist. Auf der Grundlage dieser Betrachtungsweise findet mithin die satzungsmäßige Tiefenbegrenzung ihre innere Rechtfertigung in der Beschränkung von Erschließungsvorteil und Erschließungswirkung auf eine bestimmte (Grundstücks-)Teilfläche.

Jedoch hat sich die Rechtsprechung des BVerwG zum erschließungsbeitragsrecht-lichen Vorteilsbegriff und zur Reichweite der durch eine Anbaustraße ausgelösten Erschließungswirkung im Laufe der Jahre geändert: Bei der Auslegung des unbe-stimmten Rechtsbegriffs „Erschließungsvorteil" ist das BVerwG – wie angedeutet – zunächst von einem mehr baurechtlichen, vornehmlich auf Anbaustraßen aus-gerichteten Ansatz ausgegangen. Der namentlich in den 70er Jahren für die Ent-scheidung von Rechtsstreitigkeiten im Bereich des Erschließungsbeitragsrechts zuständige 4. (Bau-)Senat hat angenommen, der Erschließungsvorteil bestehe in eben der verschafften Erschließung eines Grundstücks oder „genauer: in dem, was die Erschließung gerade für die bauliche (oder gewerbliche) Nutzbarkeit des Grundstücks hergibt";[11] der maßgebliche Erschließungsvorteil sei daher „der Sa-che nach daran zu messen, was die Erschließung für die bauliche oder gewerbli-che Nutzung des betreffenden Grundstücks hergibt".[12] Nach dem Übergang der Zuständigkeit in erschließungsbeitragsrechtlichen Rechtsstreitigkeiten auf den 8. (Abgaben-)Senat Anfang der 80er Jahre ist jedoch an die Stelle der mehr bau-rechtlichen eine beitragsrechtlich geprägte Betrachtungsweise getreten. Nach der seither maßgeblichen Rechtsprechung „beruht der durch die Herstellung einer bei-tragsfähigen Erschließungsanlage ausgelöste Erschließungsvorteil auf der Mög-lichkeit der Inanspruchnahme dieser Anlage, richtet sich das Ausmaß des jeweili-gen Erschließungsvorteils nach dem Ausmaß der von einem erschlossenen Grund-stück aus zu erwartenden (wahrscheinlichen) Inanspruchnahme der Anlage und ist diese abhängig von dem Umfang der zugelassenen Ausnutzbarkeit eines Grund-stücks".[13][*3]

Durch diese Änderung der Rechtsprechung zugunsten einer Maßgeblichkeit der Möglichkeit der Inanspruchnahme der hergestellten Erschließungsanlage hat gleich-sam zwangsläufig auch die Reichweite der von einer Anbaustraße ausgelösten Erschließungswirkung eine auf die mögliche Inanspruchnahme abstellende Aus-dehnung erfahren; danach erstreckt sich die Erschließungswirkung – unabhängig von ihrer Überbaubarkeit – auf die Fläche eines Baugrundstücks, von der aus die Möglichkeit der Inanspruchnahme der hergestellten Erschließungsstraße besteht. Diese Entwicklung wird augenfällig namentlich im Beschluß des BVerwG vom 29.11.1994:[14] Jener Beschluß bezieht sich auf ein Grundstück, von dem eine (rück-wärtige) Teilfläche durch die Festsetzung „private Grünfläche" im Bebauungsplan

---

11 Vgl. etwa BVerwG, Urteil vom 25.2.1977 – 4 C 35.74 – KStZ 1977, 129 = NJW 1977, 1549 = DVBl. 1978, 297.
12 BVerwG, Urteil vom 26.1.1979 – 4 C 61-68 u. 80-84.75 – BVerwGE 57, 240 [246] = ZMR 1980, 348 = NJW 1980, 72.
13 BVerwG, Urteil vom 8.12.1995 – 8 C 11.94 – BVerwGE 100, 104 [112] = NVwZ 1996, 803 = KStZ 1997, 75.
14 BVerwG, Beschluß vom 29.11.1994 – 8 B 171.94 – ZMR 1995, 223 = DÖV 1995, 468 = NVwZ 1995, 1215.

der Bebauung entzogen war und als Hausgarten genutzt wurde. Die Frage, ob dieses Grundstück in vollem Umfang als erschlossen bei der Aufwandsverteilung zu beteiligen ist, hat das BVerwG bejaht, obwohl die als „private Grünfläche" ausgewiesene Fläche – anders als grundsätzlich andere von der Bebauung freizuhaltende Grundstücksflächen in beplanten Gebieten – deshalb nichts für das Ausmaß der zulässigen baulichen Nutzung des (Gesamt-)Grundstücks hergibt, weil gemäß § 19 Abs. 4 BauNVO der auf eine festgesetzte private Grünfläche (ohne Zweckbestimmung) entfallende Flächenanteil des Baugrundstücks bei der Ermittlung der zulässigen Grundfläche nicht mitzurechnen ist.[15] Dementsprechend hat das BVerwG seine Auffassung in dem genannten Beschluß auch nicht (mehr) bebauungsrechtlich, sondern unter Hinweis auf die von der Anbaustraße ausgelöste Erschließungswirkung begründet. Ausgehend von einem Vergleich zwischen den Ausweisungen „öffentliche Grünfläche" und „private Grünfläche" hat es dargelegt, die öffentliche Zweckbestimmung einer als „öffentliche Grünfläche" ausgewiesenen Teilfläche lasse „für keine Nutzung Raum, mit Blick auf die die Annahme gerechtfertigt sein könnte, die durch eine ausgebaute Anbaustraße vermittelte Erschließung könne sich zugunsten ihres Eigentümers (Erbbauberechtigten) vorteilhaft auswirken. Vergleichbares trifft bei der Ausweisung einer Teilfläche als ‚private Grünfläche' schon deshalb nicht zu, weil diese Fläche – mangels Bestimmung für einen öffentlichen Zweck – weiterhin einer einheitlichen Nutzung mit der nicht von der in Rede stehenden Planfestsetzung betroffenen (Rest-)Fläche – z. B. als Hausgarten – zugänglich ist und sich deshalb die von einer Anbaustraße vermittelte Erschließungswirkung auch auf die als ‚private Grünfläche' ausgewiesene Fläche erstreckt".[16]

Auf der Grundlage der dargestellten Änderung der Rechtsprechung des BVerwG zum Begriff des Erschließungsvorteils und der von einer Anbaustraße ausgelösten Erschließungswirkung liegt die Annahme nahe, eine rückwärtige, z. B. tatsächlich als Hausgarten genutzte Teilfläche eines Anliegergrundstücks sei stets als i. S. des § 131 Abs. 1 BauGB erschlossen zu qualifizieren und habe folglich regelmäßig an der Aufwandsverteilung teilzunehmen, und zwar unabhängig davon, ob sie im Planbereich infolge etwa der Ausweisung als „private Grünfläche" oder im unbeplanten Innenbereich mangels Erfüllung der Anforderungen des § 34 BauGB nicht überbaut werden darf. In dem einen wie dem anderen Fall handelt es sich bei dem betreffenden Anliegergrundstück kraft seiner Ausweisung im Bebauungsplan bzw. kraft seiner Lage im unbeplanten Innenbereich in vollem Umfang um ein Baugrundstück, das allerdings in seinem rückwärtigen Teil nicht überbaut werden darf. Angesichts dessen wäre eine erschließungsbeitragsrechtlich unterschiedliche Behandlung dieser beiden Konstellationen nicht ohne weiteres einsichtig und bedürfte mit Blick auf den aus dem Gleichheitssatz des Art. 3 Abs. 1 GG hergeleiteten Grundsatz der Beitragsgerechtigkeit sicherlich einer besonderen Rechtfertigung.

---

15 BVerwG, Beschluß vom 24.4.1991 – 4 NB 24.90 – Buchholz 406.11 § 9 BBauG/BauGB Nr. 49 S. 51 [52] = NVwZ 1991, 877 = DÖV 1991, 743.
16 BVerwG, Beschluß vom 29.11.1994 – 8 B 171.94 – ZMR 1995, 223 = DÖV 1995, 468 = NVwZ 1995, 1215.

c) Für die Anwendung einer satzungsmäßigen Tiefenbegrenzung dürfte mithin kein Raum sein bei Grundstücken, die vollauf entweder in einem qualifiziert beplanten Gebiet oder im unbeplanten Innenbereich[*4] liegen. Daraus ergibt sich, daß eine satzungsmäßige Tiefenbegrenzung lediglich anwendbar sein dürfte auf verhältnismäßig großflächige Grundstücke vornehmlich in unbeplanten Randgebieten einer Gemeinde, die zunächst im unbeplanten Innenbereich liegen, bei denen aber ab einer gewissen Tiefe der Außenbereich und damit eine Teilfläche beginnt, die kraft der Anordnung des § 133 Abs. 1 BauGB jeder erschließungsbeitragsrechtlichen Belastung schlechthin entzogen ist.[17] Aus diesem Grunde ist die Außen- von der Innenbereichsfläche zu trennen, nur die Erstere, nicht aber auch die Letztere ist i. S. des § 131 Abs. 1 Satz I BauGB erschlossen und nimmt an der Verteilung des umlagefähigen Aufwands teil.[18] Deshalb ist es im Rahmen der Aufwandsverteilung geboten, in einem ersten Schritt die Grenze zwischen dem Innenbereich des § 34 BauGB und dem Außenbereich des § 35 BauGB zu bestimmen, um auf die im Innenbereich gelegenen und deshalb i. S. des § 131 Abs. 1 Satz 1 erschlossenen Grundstücksflächen – in einem weiteren Schritt – den umlagefähigen Aufwand nach Maßgabe des § 131 Abs. 2 (und 3) BauGB in Verbindung mit der Erschließungsbeitragssatzung zu verteilen.

Bei den hier in Rede stehenden Grundstücken in unbeplanten Randgebieten einer Gemeinde verlangt mithin § 131 Abs. 1 Satz 1 BauGB in jedem Einzelfall zu entscheiden, bis zu welcher Tiefe diese Grundstücke im unbeplanten Innenbereich liegen und folglich i. S. dieser Bestimmung erschlossen sind. Diese Entscheidung richtet sich einzig nach § 34 BauGB. Sie führt, insbesondere angesichts der Anwendungsschwierigkeiten des § 34 BauGB,[19] kaum jemals zu überzeugenden, auf eindeutige metrische Größen festlegbare Lösungen. An dieser Stelle setzt auf der Grundlage der zuvor dargestellten Rechtsauffassung die Bedeutung einer Tiefenbegrenzung in der Erschließungsbeitragssatzung ein. Zur Vermeidung der mit der Anwendung des § 34 BauGB verbundenen Unsicherheiten erlauben die Grundsätze der Rechtssicherheit und Verwaltungspraktikabilität die Anordnung einer satzungsmäßigen Tiefenbegrenzung; sie soll dazu dienen, „in unbeplanten Gebieten den Übergang eines im Zusammenhang bebauten Ortsteils (§ 34 BauGB) in den Außenbereich (§ 35 BauGB) metrisch festzulegen".[20] Bei diesem Verständnis findet die satzungsmäßige Tiefenbegrenzungsregelung ihre innere Rechtfertigung ausschließlich in dem namentlich durch § 133 Abs. 1 BauGB begründeten Gebot

---

[*4] Ebenso mit überzeugender Begründung VGH Mannheim im Urteil vom 26.9.2003 (2 S 793/93 – KStZ 2004, 18 = DÖV 2004, 258 = BWGZ 2003, 856). Diese Entscheidung ist durch das Urteil des BVerwG vom 1.9.2004 (9 C 15.03) aufgehoben worden (vgl. dazu S. 104 Fn. [*2]).

17 Außenbereichsgrundstücke scheiden selbst dann, wenn sie bebaut sind, kraft § 133 Abs. 1 BauGB als mögliche Gegenstände einer Erschließungsbeitragspflicht aus. Vgl. im einzelnen BVerwG, Urteil vom 14.2.1986 – 8 C 115.84 – ZMR 1986, 215 = KStZ 1986, 215 = NVwZ 1986, 568.

18 Vgl. zur Behandlung von Außenbereichsflächen im Erschließungsbeitragsrecht *Driehaus*, in: ZMR 1995, 381.

19 Vgl. zu den Schwierigkeiten der Abgrenzung zwischen Innen- und Außenbereich nach Maßgabe des § 34 BauGB u. a. *Brügelmann-Dürr*, BauGB, § 34 Rdn. 11 ff.

20 OVG Schleswig, Urteil vom 26.5.1999 – 2 K 23/97 – a. a. O. (Fn. 7).

des Ausscheidens von Außenbereichsflächen sowie den mit den Anwendungsschwierigkeiten des § 34 BauGB verbundenen Unsicherheiten. Wo es – wie in beplanten Gebieten und in unbeplanten Gebieten des innergemeindlichen Bereichs – an derartigen Unsicherheiten mangelt, fehlt es an einer Rechtfertigung für die Anwendung einer satzungsmäßigen Tiefenbegrenzung. Überdies scheidet die Anwendung einer Tiefenbegrenzungsregelung aus, wenn sie durch eine Satzung nach § 34 Abs. 4 BauGB verdrängt wird; deckt sich nämlich die in einer solchen Satzung gezogene Grenze mit Blick auf ein Grundstück im unbeplanten Gebiet nicht mit der in der Erschließungsbeitragssatzung angegebenen Tiefengrenze, ist eine Satzung nach § 34 Abs. 4 BauGB als die speziellere Regelung maßgebend.[21]

Freilich trifft eine satzungsmäßige Tiefenbegrenzungsregelung keine für das Baurecht verbindliche Entscheidung darüber, welche Flächen als im unbeplanten Innenbereich und welche als im Außenbereich liegend zu qualifizieren sind. Sie begründet jedoch – ausschließlich für das Beitragsrecht – immerhin eine Vermutung dafür, daß die Grundstücksflächen diesseits der Tiefengrenze dem Innenbereich angehören und deshalb i. S. des § 131 Abs. 1 Satz 1 BauGB erschlossen sind und die jenseits dieser Grenze liegenden Grundstücksflächen dem Außenbereich zuzurechnen und deshalb mangels erschließungsbeitragsrechtlich relevanter Nutzbarkeit nicht bei der Aufwandsverteilung zu berücksichtigen sind.[22] Diese Vermutung ist nur widerlegt, wenn und soweit ein Grundstück über die Grenze hinaus tatsächlich baulich genutzt wird.[23] Denn eine solche sog. übergreifende Nutzung indiziert, daß die Grenze des Innenbereichs und damit der Bebaubarkeit mit Blick auf das betreffende Grundstück in diesem Einzelfall tiefer liegt als durch die satzungsmäßige Tiefenbegrenzung generalisierend angenommen. Von einer derartigen übergreifenden Nutzung kann selbstverständlich keine Rede beispielsweise beim übertiefen Grundstück eines landwirtschaftlichen Betriebs sein, auf dessen der abzurechnenden Straße zugewandten Fläche im unbeplanten Innenbereich das Wohngebäude und auf dessen rückwärtiger Fläche im Außenbereich in einem Abstand von etwa 150 m oder mehr von der Straße ein (mehrere) Betriebsgebäude errichtet worden ist (sind). In Konstellationen dieser und ähnlicher Art verbleibt es bei der von der Satzung angeordneten Tiefengrenze. Im Ergebnis entsprechendes gilt für Grundstücke mit „großflächigen Nutzungsarten" (z. B. Sportgelände, Friedhof, Dauerkleingarten).[24] Abgesehen davon, daß solche Grundstücke wegen ihrer Ausdehnung in unbeplanten Gebieten eher insgesamt dem Außenbereich zuzurechnen und aus diesem Grunde einer erschließungsbeitragsrechtlichen Betrachtung entzogen sind,[25] ist eine entsprechende Nutzung typischerweise nicht geeignet, einen für § 34 BauGB beachtlichen Bebauungszusammenhang zu be-

---

21 Ebenso u. a. *Löhr*, in: Battis/Krautzberger/Löhr, BauGB, 7. Aufl., § 131 Rdn. 21, und *Klausing*, in: Driehaus, Kommunalabgabenrecht, § 8 Rdn. 1031.

22 Siehe dazu BVerwG, Urteil vom 19.2.1982 – 8 C 27.81 – a. a. O. (Fn. 5).

23 Siehe dazu BVerwG, Urteil vom 19.2.1982 – 8 C 27.81 – a. a. O. (Fn. 5).

24 A. A. *Quaas*, in: Schrödter, BauGB, 6. Aufl., § 131 Rdn. 26, und wohl auch VGH Kassel, Beschluß vom 14.2.1986 – 5 TH 2439/84 – KStZ 1986, 116 = NVwZ 1986, 587.

25 Vgl. in diesem Zusammenhang BVerwG, Urteil vom 14.2.1986 – 8 C 115.84 – a. a. O. (Fn. 17).

gründen,[26] so daß sich auch hier die Frage des Übergangs vom unbeplanten Innenbereich zum Außenbereich stellen kann.

d) In den meisten Fällen verhält sich die Beitragssatzung nicht zum Anwendungsbereich einer in ihr enthaltenen Tiefenbegrenzungsregelung. Soweit jedoch ausnahmsweise eine Satzung bestimmen sollte, die Tiefenbegrenzungsregelung sei auch anwendbar auf Grundstücke, die vollauf im qualifiziert beplanten Gebiet oder im unbeplanten Innenbereich liegen, ist diese Bestimmung insoweit unwirksam.[27] Diese Unwirksamkeit läßt die Wirksamkeit der übrigen Tiefenbegrenzungsregelung sowie sonstiger Vorschriften der Satzung unberührt.[28] Namentlich hat die teilweise Unwirksamkeit einer Tiefenbegrenzungsregelung keinen Einfluß auf die Wirksamkeit des Verteilungsmaßstabs. Denn die Tiefenbegrenzungsregelung ist nicht Bestandteil des Verteilungsmaßstabs. „Sie steht auch – unabhängig davon, an welcher Stelle sie in der Beitragssatzung geregelt ist – in keinem so engen rechtlichen Zusammenhang mit der Verteilungsregelung, daß ihre Ungültigkeit die Gültigkeit der Verteilungsregelung berühren könnte."[29]

2. a) Im Straßenbaubeitragsrecht ist für die Anordnung einer satzungsmäßigen Tiefenbegrenzung vom Ansatz her deshalb kein Raum, weil das Straßenbaubeitragsrecht – anders als das Erschließungsbeitragsrecht – für die Berücksichtigung eines Grundstücks bei der Aufwandsverteilung dem Grunde nach nicht differenziert zwischen baulicher (oder gewerblicher) Nutzbarkeit einerseits und landwirtschaftlicher (oder forstwirtschaftlicher) Nutzbarkeit andererseits, sondern auch typische Außenbereichsnutzungen in den Vorteilsausgleich einbezieht.[30] Angesichts dessen tragen die Gesichtspunkte, die im Erschließungsbeitragsrecht die Anordnung einer Tiefenbegrenzung für Grundstücke in unbeplanten Randgebieten einer Gemeinde rechtfertigen, nämlich daß § 133 Abs. 1 BauGB für das Erschließungsbeitragsrecht eine nach Maßgabe des § 34 BauGB vorzunehmende Ausscheidung der Außenbereichsflächen fordert und die Anwendungsschwierigkeiten des § 34 BauGB zu erheblichen Unsicherheiten führen, nichts bei für die Annahme, eine Tiefenbegrenzungsregelung könne auch im Straßenbaubeitragsrecht zulässig sein. Aus diesem Grunde bedarf eine Tiefenbegrenzungsregelung im Straßenbaubeitragsrecht – wie das OVG Lüneburg[31] zu Recht betont hat – einer besonderen

---

26 Im Zusammenhang mit durchgehend mit Lauben bebauten Kleingartengrundstücken ebenso BVerwG, Urteil vom 17.2.1984 – 4 C 55.81 – Buchholz 406.11 § 34 BBauG Nr. 97 S. 33 = NJW 1984, 1576 = DÖV 1984, 855.

27 Ebenso hinsichtlich der Grundstücke im Plangebiet BVerwG, Urteil vom 19.2.1982 – 8 C 27.81 – a. a. O. (Fn. 5), und hinsichtlich der Grundstücke im unbeplanten Innenbereich u. a. OVG Magdeburg, Urteil vom 16.12.1999 – A 2 S 335/98 – a. a. O. (Fn. 7).

28 Im Ergebnis ebenso u. a. OVG Schleswig, Urteil vom 11.2.1998 – 2 L 79/96 –, NordÖR 1998, 268.

29 BVerwG, Urteil vom 19.3.1982 – 8 C 35, 37 u. 38.81 – Buchholz 406.11 § 131 Nr. 47 S. 48 [51] = KStZ 1982, 190.

30 Vgl. statt vieler OVG Greifswald, Beschluß vom 15.9.1998 – 1 M 54/98 – NVwZ-RR 1999, 397 = VwRR MO 1999, 104, sowie OVG Schleswig, Urteil vom 11.2.1998 – 2 L 79/96 – a. a. O. (Fn. 28) m. w. Nachw.

31 OVG Lüneburg, Beschluß vom 8.3.1996 – 9 M 7369/95 – NdsVBl. 1996, S. 258 = Nds. Gemeinde 1996, 240 = SH Gemeinde 1997, 145.

Rechtfertigung unter speziell straßenbaubeitragsrechtlichen Gesichtspunkten, d. h. ist eine Tiefenbegrenzungsregelung im Straßenbaubeitragsrecht zulässig, wenn spezifisch straßenbaubeitragsrechtliche Gesichtspunkte sie zu decken vermögen.[32]

Wenn auch Außenbereichsflächen im Straßenbaubeitragsrecht bei der Abrechnung von Anbaustraßen nicht schon gleichsam von Hause aus als Gegenstand einer Beitragserhebung ausscheiden, ist doch handgreiflich und bedarf keiner Vertiefung, daß die Vorteile, die bebaubaren Grundstücken im Innenbereich durch die Inanspruchnahmemöglichkeit etwa einer verbesserten Anbaustraße vermittelt werden, sehr viel höher zu bewerten sind als die Vorteile, die nur land- oder forstwirtschaftlich nutzbaren Grundstücken des Außenbereichs geboten werden. Trägt ein Ortsgesetzgeber diesem Umstand dadurch Rechnung, daß er in seiner Satzung zur vorteilsgerechten Einbeziehung von Außenbereichsflächen in die Aufwandsverteilung – erstens – (wie im Erschließungsbeitragsrecht) eine Tiefenbegrenzung anordnet und zugleich – zweitens – durch entsprechend differenzierte Nutzungsfaktoren bestimmt, die den Innenbereichsflächen gebotenen Vorteile seien im Vergleich zu den den Außenbereichsflächen vermittelten Vorteilen erheblich höher zu bewerten, ist das nicht zu beanstanden. In einem solchen Fall ist – wie im Erschließungsbeitragsrecht – eine Abgrenzung von Innen- und Außenbereichsflächen angezeigt und rechtfertigen die mit der Anwendung des § 34 BauGB verbundenen Unsicherheiten die Anordnung einer satzungsmäßigen Tiefenbegrenzung. Allerdings findet diese Satzungsregelung – auch insoweit gilt nichts anderes als im Erschließungsbeitragsrecht – Anwendung nur dort, wo sich die Frage der Abgrenzung zwischen Innen- und Außenbereich stellt, d. h. vornehmlich in unbeplanten Randgebieten einer Gemeinde.[33]

Damit ist jedoch noch nicht entschieden, ob im Straßenbaubeitragsrecht auch die Anordnung einer sozusagen schlichten, in Erschließungsbeitragssatzungen üblichen Tiefenbegrenzung zulässig ist, d. h. einer Tiefenbegrenzung, die dazu führt, daß ausschließlich die diesseits der Tiefengrenze, an die ausgebaute Straße angrenzende, nicht aber auch die jenseits der Grenze liegende Grundstücksfläche an der Aufwandsverteilung zu beteiligen ist.

Diese Frage wäre ohne weiteres zu bejahen, wenn angenommen werden dürfte, den rückwärtigen, jenseits der Tiefengrenze liegenden Teilflächen wachse durch die Inanspruchnahmemöglichkeit der ausgebauten Straße kein beitragsrechtlich relevanter Vorteil mehr zu. Ob das zutrifft, hängt davon ab, ob von diesen rückwärtigen, grundsätzlich im Außenbereich gelegenen Teilflächen aus erfahrungsgemäß eine nennenswerte zusätzliche Inanspruchnahme der ausgebauten Straße ausgelöst wird, eine Inanspruchnahme also, die merkbar über die Inanspruchnahme hinausgeht, die allein die vordere Teilfläche auslöst. Kommt ein Ortsgesetzgeber zu dem Ergebnis, in seiner Gemeinde gehe von Grundstücksflächen jen-

---

32 Ebenso u. a. OVG Greifswald, Beschluß vom 15.9.1998 – 1 M 54/98 – a. a. O. (Fn. 30), und OVG Magdeburg, Urteil vom 16.12.1999 – A 2 S 335/98 – a. a. O. (Fn. 7).

33 Ebenso u. a. OVG Schleswig, Urteil vom 11.2.1998 – 2 L 79/96 – a. a. O. (Fn. 28), OVG Greifswald, Beschluß vom 12.11.1999 – 1 M 103/99 – a. a. O. (Fn. 7), und OVG Magdeburg, Urteil vom 16.12.1999 – A 2 S 335/95 – a. a. O. (Fn. 7).

seits einer bestimmten Tiefe typischerweise eine allenfalls verschwindend geringe zusätzliche Inanspruchnahme einer ausgebauten Straße aus, etwa weil diese Flächen im Außenbereich ganz überwiegend als Zier- oder Obstgärten genutzt werden, und aus diesem Grunde sei der diesen Teilflächen der (Anlieger-)Grundstücke vermittelte Vorteil als beitragsrechtlich unbeachtlich zu bewerten, hält diese ortgesetzgeberische Bewertung und die darauf beruhende Anordnung einer dementsprechenden Tiefenbegrenzung einer rechtlichen Überprüfung stand. Läßt sich dagegen in einer Gemeinde aus den insoweit maßgeblichen Umständen (Größe der hinter der Begrenzungslinie liegenden Fläche, Art und Intensität ihrer Nutzung, Vorhandensein eines Zugangs zu einer anderen Straße) folgern, daß eine ausgebaute Straße von den hinteren Grundstücksteilen aus erfahrungsgemäß in nicht unerheblichem Umfang in Anspruch genommen wird, muß ein die Beitragserhebung rechtfertigender Vorteil auch insoweit angenommen werden und ist eine Regelung unwirksam, nach der diese Flächen bei der Aufwandsverteilung völlig unberücksichtigt bleiben sollen.

b) Von der zuvor behandelten und im Ergebnis grundsätzlich eher zu verneinenden Frage, ob im Straßenbaubeitragsrecht eine satzungsmäßige Tiefenbegrenzungsregelung zulässig ist, nach der eine jenseits der Tiefengrenze gelegene, beispielsweise landwirtschaftlich genutzte und etwa mit einer Feldscheune bebaute (Teil-)Fläche eines Buchgrundstücks bei der Aufwandsverteilung unberücksichtigt bleibt, ist die sich ggfs. anschließende Frage zu trennen, in welchem Umfang eine derartige, nach der durch die Tiefenbegrenzungsregelung begründeten Vermutung dem Außenbereich zuzurechnende Teilfläche mit einem Beitragsbetrag zu belasten ist. Das ist abhängig vom Ausmaß des dieser Fläche vermittelten Vorteils. Dem soll hier nur unter einem bestimmten Blickwinkel nachgegangen werden, nämlich unter dem Blickwinkel, wie im Falle des Zusammentreffens von Innen- und Außenbereichsflächen in einem Abrechnungsgebiet bei der Verteilung des z. B. für die Verbesserung einer Gemeindestraße entstandenen umlagefähigen Aufwands die den jeweiligen Grundflächen vermittelten Vorteile zu bemessen sind. Das setzt eine kurze Betrachtung dazu voraus, wie diese Vorteile zu bewerten sind.

Im Straßenbaubeitragsrecht wird – ebenso wie im Erschließungsbeitragsrecht – der eine Beitragserhebung rechtfertigende Vorteil durch die Möglichkeit der Inanspruchnahme der ausgebauten Anlage geboten.[34] Folglich muß die Bemessung der Vorteile anknüpfen an den Wert, den die Inanspruchnahmemöglichkeit der ausgebauten Anlage für die einzelnen Grundstücke hat. Dieser Wert bestimmt sich ausschließlich nach dem Umfang der wahrscheinlichen (erfahrungsgemäß zu erwartenden) Inanspruchnahme der ausgebauten Anlage.[35] Je mehr diese Anlage von einem bestimmten Grundstück aus erfahrungsgemäß in Anspruch genom-

---

34 Vgl. dazu etwa Ziffer 26.1.6 der Anwendungshinweise des Sächsischen Staatsministeriums des Innern zum SächsKAG vom 5.5.1994 (Amtsblatt 1994, S. 842).
35 Vgl. u. a. OVG Lüneburg, Urteil vom 27.2.1980 – 9 C 2/79 – DVBl. 1980, 760 = KStZ 1981, 89, und BayVGH, Beschluß vom 29.10.1984 – 6 B 82 A 2893 – BayVBl. 1985, 117, sowie – statt vieler – *Vogel*, in: StuGR 1975, 320, *von Mutius*, in: VerwArch 1976, 195, und *Menger*, in: VerwArch 1979, 275, jeweils m. w. Nachw.

men wird, desto wertvoller ist für dieses Grundstück die von der Gemeinde durch ihre Leistung gebotene Inanspruchnahmemöglichkeit der ausgebauten Anlage und desto größer ist deshalb der diesem Grundstück vermittelte Vorteil. Angesichts dessen richtet sich die Bemessung der den jeweiligen Grundflächen verschafften Vorteile nach dem Umfang der von ihnen schätzungsweise ausgelösten Inanspruchnahme der ausgebauten Straße.[36]

Für die Verteilung des für die Verbesserung der Fahrbahn einer Anbaustraße entstandenen umlagefähigen Aufwands, an deren eine Seite bebaubare Grundstücke des Innenbereichs und an deren andere Seite nur landwirtschaftlich nutzbare Grundstücke des Außenbereichs grenzen (sog. einseitig anbaubare Straße), hat der niedersächsische Innenminister anknüpfend an eine Entscheidung des OVG Lüneburg vom 25.3.1981[37] in § 4 a seines Satzungsmusters vom 22.6.1982[38] eine Bestimmung mit der Überschrift „Vorteilsbemessung in Sonderfällen" vorgeschlagen. Eine solche Regelung mag eine geeignete Verteilungsgrundlage sein für Abrechnungsgebiete, in denen sich die betreffenden Grundstücke ihrem jeweiligen Flächenumfang nach in etwa entsprechen. Das soll hier nicht vertieft werden. Denn es ist zumindest zweifelhaft, ob eine solche – ggf. durch ein Auswechseln der Frontmeterlängen gegen die Grundstücksflächen modifizierte[39] – Vorverteilungsregelung auch geeignet ist, eine vorteilsgerechte Berücksichtigung gerade von den Teilflächen von Buchgrundstücken bei der Aufwandsverteilung zu ermöglichen, die jenseits der Grenze – eines Bebauungsplans, einer Satzung nach. § 34 Abs. 4 BauGB und eben – einer Tiefenbegrenzungsregelung im Außenbereich liegen und die – aber darauf kommt es in diesem Zusammenhang nicht ausschlaggebend an – die einzige Verbindung zum Gemeindestraßennetz über die abgerechnete Straße haben. Jedenfalls hinsichtlich solcher Konstellationen – und darüber hinaus ganz allgemein mit Blick auf Außenbereichsgrundstücke überhaupt – liegt die Annahme nahe, es biete sich für eine Aufwandsverteilung eine an den satzungsmäßigen Vollgeschoßmaßstab anknüpfende Verteilungsregelung an, die für die Außenbereichsgrundstücke wie für die Innenbereichsgrundstücke auf Nutzungsfaktoren abstellt, und zwar auf Nutzungsfaktoren, die sich anlehnen an die für bebaubare Grundstücke in beplanten Gebieten und im unbeplanten Innenbereich maßgebenden Nutzungsfaktoren, d. h. die sich angemessen vorteilsgerecht in das der Satzung zugrundeliegende Bewertungssystem einfügen, und die überdies den unterschiedlichen Außenbereichsnutzungen Rechnung tragen.

Nimmt man an, der in der Praxis in Satzungen sehr häufig festgelegte Nutzungsfaktor von 1,000 bei eingeschossiger Bebaubarkeit sei als sozusagen Grundnutzungsfaktor für bebaubare Grundstücke in beplanten Gebieten bzw. im unbeplanten Innenbereich anzusehen, geht es darum, für Außenbereichsgrundstücke zunächst ebenfalls eine Grundnutzung zu finden und sie sodann in ein angemessen vorteilsgerechtes Verhältnis zum Faktor 1,000 für eine eingeschossige Bebaubar-

---

36 Ebenso z. B. OVG Lüneburg, Urteil vom 27.2.1980 – 9 C 2/79 – a. a. O. (Fn. 35).
37 OVG Lüneburg, Urteil vom 25.3.1981 – 9 A 87/80 – KStZ 1981, 137 = DVBl. 1982, S. 80.
38 Satzungsmuster vom 22.6.1982 in MinBl. 1982, S. 923.
39 Vgl. in diesem Zusammenhang OVG Lüneburg, Beschluß vom 11.11.1987 – 9 B 51/87 –.

keit zu setzen. Es liegt immerhin nicht fern, eine Nutzung als Acker- oder Weideland im Außenbereich als Grundnutzung zu qualifizieren. In einem nächsten Schritt sind nach Maßgabe des jeweils ausgelösten Ziel- und Quellverkehrs, also des Umfangs der wahrscheinlichen Inanspruchnahme der ausgebauten Straße, die beiden Grundnutzungen ausgehend von dem Nutzungsfaktor 1,000 bei eingeschossiger Bebaubarkeit in ein Verhältnis zueinander zu setzen. Ermittelt z. B. eine Gemeinde, daß in ihrem Gebiet typischerweise von einem eingeschossig bebauten Grundstück im Plangebiet bzw. unbeplanten Innenbereich eine jährliche Inanspruchnahme (durch die Bewohner und Besucher) von durchschnittlich etwa 3 000 ausgelöst wird und von einem landwirtschaftlich genutzten Grundstück aus die Straße etwa (vornehmlich in der Zeit der Aussaat und Ernte) 100 mal in Anspruch genommen wird, ergäbe sich ein Verhältnis von 1 : 30 mit der Folge, daß der Nutzungsfaktor für landwirtschaftlich genutzte Grundstücke des Außenbereichs 0,0333 betragen würde.[40] Ausgehend von diesem Grundnutzungsfaktor für Außenbereichsgrundstücke könnte z. B. für Grundstücke mit Waldbestand der Faktor 0,0167 und für Grundstücke mit einer der baulichen oder gewerblichen Nutzung vergleichbaren Nutzung (z. B. Friedhöfe, Sportplätze, Freibäder, Dauerkleingärten usw.) – wie für die entsprechend genutzten Grundstücke im Plangebiet bzw. unbeplanten Innenbereich – der Faktor 0,5000 sowie für eine gewerbliche Nutzung ohne Bebauung (z. B. Bodenabbau) der Faktor 0,6667 oder 1,0000 bestimmt werden. Sodann wären Grundstücke des Außenbereichs mit Wohnbebauung, landwirtschaftlichen Hofstellen und landwirtschaftlichen Nebengebäuden (z. B. Feldscheunen) in die Vorteilsregelung einzubeziehen.[41] Insofern bietet es sich an, in der Satzung anzuordnen, es seien unterschiedliche Teilflächen zu bilden, und zwar zum einen eine Teilfläche, die sich durch Teilung der Grundfläche des jeweiligen Baukörpers durch – die nach § 17 Abs. 1 BauNVO für Kleinsiedlungsgebiete maßgebende Grundflächenzahl – 0,2 ergibt[42][43] und auf die der jeweilige Nutzungsfaktor für die entsprechende Nutzbarkeit im Plangebiet bzw. unbeplanten Innenbereich anzuwenden ist, und zum anderen eine Restfläche, mit Blick auf die der betreffende Außenbereichsnutzungsfaktor maßgebend ist. Ebenso wie diese Restfläche wären zu behandeln namentlich die hier interessierenden Teilflächen eines Buchgrundstücks jenseits der Tiefenbegrenzungslinie (sowie jenseits der Grenze einer Satzung nach § 34 Abs. 4 BauGB).

III. Anwendungsbereich der beschränkten Erschließungswirkung*[2]

1. Im Erschließungsbeitragsrecht ist – wie eingangs betont – grundsätzlich das Buchgrundstück in seinem gesamten Flächenumfang als erschlossen i. S. des § 131 Abs. 1 Satz 1 BauGB zu qualifizieren. Ausnahmen von diesem Grundsatz

---

40 Vgl. zu einer solchen Bewertung im einzelnen *Beushausen*, Rechtssichere Erhebung von Straßenausbaubeiträgen, Teil 9/6.3.4, S. 113 f.

41 Siehe zu den Außenbereichsnutzungen im einzelnen *Driehaus*, Kommunalabgabenrecht, § 8 Rdn. 448 a.

42 Vgl. dazu *Klausing*, in: Driehaus, Kommunalabgabenrecht, § 8 Rdn. 1033.

43 In Sachsen ist diese Fläche nach Maßgabe des § 19 Abs. 1 SächsKAG zu ermitteln; vgl. dazu *Driehaus*, Kommunalabgabenrecht, § 8 Rdn. 394.

sind in beplanten Gebieten „nur dann zu machen, wenn sich die von einer Anbaustraße ausgehende Erschließungswirkung aufgrund planerischer Festsetzungen
eindeutig auf eine Teilfläche des Grundstücks beschränkt. Soweit die Festsetzungen im Bebauungsplan für beide ‚Teilgrundstücke' ein Baugebiet vorsehen, setzt
eine solche Ausnahme weiter voraus, daß das Grundstück mehrfach erschlossen
ist und der Bebauungsplan die unterschiedlichen Teile den verschiedenen Erschließungsanlagen zuordnet".[44] Ist in einem beplanten Gebiet ein zwischen zwei
(parallelen) Anbaustraßen durchlaufendes Grundstück an jeder Straße selbständig
und ungefähr gleichgewichtig bebaubar, so daß sich aufgrund der Festsetzungen
der Eindruck aufdrängt, daß es sich planerisch um zwei voneinander vollauf unabhängige Grundstücke handelt, erschließen die Straßen je nur einen Teil des Grundstücks. Die Erschließungswirkung der Straßen erstreckt sich dann, sofern nicht
besondere Umstände, insbesondere der Inhalt des Bebauungsplans, zu einer anderen Abgrenzung führen, bis zu einer angenommenen („Teilungs"-)Grenze, die
durch die Mittellinie zwischen den das Grundstück erschließenden Parallelstraßen
gebildet wird.[45]

Von einer jeweils begrenzten Erschließungswirkung zweier etwa parallel verlaufen-
der Anbaustraßen für „durchlaufende" Grundstücke, die eindeutig erkennbar an jeder der beiden Straßen selbständig und ungefähr gleichgewichtig bebaubar sind,
kann jedenfalls vom Ansatz her selbst dann ausgegangen werden, wenn das
Grundstück und die es erschließenden Anbaustraßen dem unbeplanten Innenbereich angehören.[46] Während in Plangebieten die Umstände, die zu einer derartigen
sachlichen Grundstücksteilung führen können, sich ausschließlich aus den Festsetzungen des einschlägigen Bebauungsplans ergeben können,[47] ist in unbeplanten Gebieten insoweit auf tatsächliche „Vorgaben" abzustellen. Die Angemessenheit der aufgezeigten Lösung (im beplanten Gebiet wie) im unbeplanten Innenbereich wird deutlich durch einen Vergleich mit benachbarten Grundstücken, die
nicht durchlaufen, sondern durch Teilung eines ähnlich tiefen Grundstücks gebildet worden sind. In Fällen dieser Art können die übrigen Anlieger einer Straße
nicht schutzwürdig erwarten, daß zu ihren Gunsten ein solches Grundstück auch
mit der von der Straße abgelegenen, hinteren Teilfläche bei der Aufwandsverteilung für „ihre" Anlage berücksichtigt wird.[48] Wo die Grenze liegt, von der an bei
Mehrfacherschließungen im unbeplanten Innenbereich eine „Teilung" eines übertiefen (Eck-)Grundstücks gerechtfertigt ist, hängt von den Gegebenheiten in der
jeweiligen Gemeinde ab. Weisen in einer Gemeinde typischerweise die Baugrund-

44 BVerwG, Beschluß vom 22.1.1998 – 8 B 5.98 – ZMR 1998, 467 = DVBl. 1998, 713.
45 BVerwG, Urteil vom 27.6.1985 – 8 C 30.84 – a.a.O. (Fn. 4); siehe u.a. auch BayVGH, Urteil
   vom 28.11.1988 – Nr. 6 B 85 A 148 – KStZ 1989, 145.
46 Vgl. BVerwG, Urteil vom 22.4.1994 – 8 C 18.92 – ZMR 1994, 339 = NVwZ-RR 1994, 539 =
   HSGZ 1994, 307, sowie VGH Kassel, Beschluß vom 14.2.1986 – 5 TH 2439/84 – a.a.O. (Fn.
   24); ebenso u.a. Löhr, in: Battis/Krautzberger/Löhr, BauGB, 7. Aufl., § 131 Rdn. 20.
47 BVerwG, Urteil vom 4.10.1990 – 8 C 1.89 – ZMR 1991, 35 = KStZ 1991, 31 = NVwZ 1991,
   484.
48 Zur Bedeutung der schutzwürdigen Erwartung der übrigen Straßenanlieger im Rahmen der
   Aufwandsverteilung vgl. u.a. BVerwG, Urteil vom 17.6.1994 – 8 C 24.92 – BVerwGE 1996,
   116 = DVBl. 1995, S. 55 = KStZ 1996, 74.

stücke eine Tiefe von 30 bzw. 40 oder 50 m auf, kommt sie allenfalls bei mehr als 60 bzw. 80 oder 100 m tiefen Grundstücken in Betracht.

Eine nur beschränkte Erschließungswirkung kann ferner ausnahmsweise angenommen werden, wenn ein an zwei Seiten an je eine Anbaustraße angrenzendes, übergroßes Grundstück zwei ihrem Charakter nach völlig unterschiedlichen Baugebieten angehört, wie es z. B. zutrifft, wenn ein Grundstück – von der abzurechnenden Anbaustraße aus gesehen – in seinem vorderen Teil als allgemeines Wohngebiet und in seinem rückwärtigen Teil als „Sondergebiet Klinik" ausgewiesen ist, und der Bebauungsplan den vorderen Teil an die ausgebaute und den rückwärtigen Teil an eine andere Anbaustraße anbindet.[49] Derartige planerische Festsetzungen begründen die Vermutung einer ihnen entsprechenden Begrenzung der Erschließungswirkung mit der Folge, daß (bei dem angegebenen Beispiel) nur die vordere Teilfläche des übergroßen Buchgrundstücks an der Aufwandsverteilung teilnimmt, d. h. die Fläche ist, die der nach Maßgabe der satzungsmäßigen Verteilungsregelung vorzunehmenden Aufwandsverteilung zugrunde zu legen ist.

Allerdings könne die zuvor bezeichnete Vermutung – so hat das BVerwG[50] ausgeführt – durch tatsächliche Umstände widerlegt werden, und sie werde beispielsweise widerlegt, wenn bei der zuvor geschilderten Sachlage die Voraussetzungen erfüllt seien, bei deren Vorliegen das Erschlossensein des rückwärtigen Grundstücksteils selbst dann zu bejahen wäre, wenn es sich um ein selbständiges Hinterliegergrundstück desselben Eigentümers handelte. Denn im Rahmen des § 131 Abs. 1 Satz 1 BauGB könnten die Anforderungen an das Erschlossensein des rückwärtigen Teils eines an eine Anbaustraße angrenzenden Buchgrundstücks nicht höher sein als die Anforderungen an das Erschlossensein eines Hinterliegergrundstücks, wenn dieses und das trennende Anliegergrundstück im Eigentum derselben Person stehen. Daraus folgt: Ein übergroßes Grundstück, das zwei ihrem Charakter nach völlig unterschiedlichen Baugebieten angehört, ist gleichwohl nicht nur mit seiner vorderen, an die abzurechnende Anbaustraße angrenzenden, sondern mit seiner gesamten Fläche bei der Aufwandsverteilung zu berücksichtigen, wenn die rückwärtige Teilfläche entweder tatsächlich über eine rechtlich unbedenkliche Zufahrt über die vordere Teilfläche zur in Rede stehenden Anlage verfügt oder wenn beide Teilflächen einheitlich genutzt werden.[51]

Im übrigen kann insbesondere bei einem mit einer schmalen Seite an die abzurechnende Anbaustraße und mit einer breiten Seite an eine andere Anbaustraße angrenzenden (Eck-)Grundstück die Annahme geboten sein, dieses Grundstück nehme lediglich mit einer Teilfläche an der Verteilung des umlagefähigen Aufwands für die ausgebaute Anbaustraße teil. Das ist z. B. der Fall, wenn der Bebauungsplan für verschiedene Teilflächen („Bauplätze") des Buchgrundstücks sowohl Bau-

---

49 BVerwG, Urteil vom 3.2.1989 – 8 C 78.88 – ZMR 1989, 469 = DVBl. 1989, S. 675 = KStZ 1990, 31.

50 BVerwG, Urteil vom 3.2.1989 – 8 C 78.88 – ZMR 1989, 469 = DVBl. 1989, S. 675 = KStZ 1990, 31.

51 Vgl. zum Erschlossensein von Hinterliegergrundstücken im einzelnen *Driehaus*, Erschließungs- und Ausbaubeiträge, 5. Aufl., § 17 Rdn. 77 ff.

grenzen als auch die Stellung der jeweiligen baulichen Anlagen betreffende Vorgaben festsetzt und er überdies die Grenze der unterschiedlichen Stellung der baulichen Anlagen ausweist. Denn dadurch macht der Bebauungsplan die Abmessungen der jeweiligen „Bauplätze" und damit zugleich für den im Schnittwinkel der beiden Anbaustraßen liegenden „Bauplatz" die Grenzen der von der abzurechnenden Straße ausgehenden Erschließungswirkung mit der Folge deutlich, daß – sofern nicht die Anforderungen an das Erschlossensein eines im Eigentum derselben Person stehenden Hinterliegergrundstücks erfüllt sind – ausschließlich die Fläche des letzteren „Bauplatzes" bei der Aufwandsverteilung zu berücksichtigen ist.[52] Dagegen fehlt es an einer derartigen, die Annahme einer beschränkten Erschließungswirkung rechtfertigenden „Vorgabe" des Bebauungsplans bei der Ausweisung von Baugrenzen ohne erkennbare „Bauplätze",[53] sowie bei der Ausweisung eines durchgehenden Baufensters, das Raum läßt für eine die gesamte Fläche des Buchgrundstücks erfassende („flächenübergreifende") Bebauung.[54] Ferner erlaubt weder der Umstand, daß die Festsetzung der Baugrenzen und des sich daraus ergebenden Baufensters im Bebauungsplan auf eine zwar festgesetzte, aber tatsächlich nicht vorhandene Zweiterschließung zugeschnitten ist, noch die Tatsache allein, daß die Frontlänge des Grundstücks an der abzurechnenden Erschließungsanlage im Vergleich zur Grundstücksgröße gering ist, eine Ausnahme von dem Grundsatz, daß in beplanten Gebieten die Erschließungswirkung einer Anbaustraße die gesamte Fläche des Grundstücks erfaßt.[55]

Schließlich kann die Annahme einer auf eine Teilfläche beschränkten Erschließungswirkung ausnahmsweise angezeigt sein, wenn der Bebauungsplan für zwei an jeweils andere Anbaustraßen angrenzende Teilflächen eines besonders großen Buchgrundstücks unterschiedliche Festsetzungen über die zulässige Art und das zulässige Maß der baulichen Nutzung trifft (Gewerbegebiet mit 6 höchstzulässigen Vollgeschossen einerseits sowie Mischgebiet mit 3 höchstzulässigen Vollgeschossen andererseits), sofern er darüber hinaus die Abgrenzung der Teilflächen voneinander durch entsprechende Planzeichen eindeutig markiert.[56] Darüber hinaus kann in Ausnahmefällen das Zusammentreffen einer Mehrzahl von – im Plangebiet – Festsetzungen des einschlägigen Bebauungsplans sowie von – im unbeplanten Innenbereich – tatsächlichen Einzelumständen eine derartige Verfestigung der Zuordnung der einen Teilfläche eines übergroßen Grundstücks zu einer bestimmten Anbaustraße und der anderen Teilfläche zu einer zweiten Anbaustraße bewirken, daß angenommen werden muß, die Erschließungswirkung jeder der beiden Erschließungsanlagen beschränke sich auf die jeweils ihr zuzuordnende Teilfläche.[57]

---

52 BVerwG, Urteil vom 3.2.1989 – 8 C 78.88 – ZMR 1989, 469 = DVBl. 1989, S. 675 = KStZ 1990, 31.
53 OVG Münster, Beschluß vom 27.9.1996 – 3 B 2330/93 – DVBl. 1997, S. 505.
54 VGH Kassel, Beschluß vom 20.2.1996 – 5 TH 3033/94 –, vgl. dazu auch BayVGH, Urteil vom 21.12.1995 – 6 B 93463 –.
55 BVerwG, Beschluß vom 22.1.1998 – 8 B 5.98 – a. a. O. (Fn. 44).
56 Vgl. dazu VGH Mannheim, Urteil vom 4.12.1989 – 2 S 1119/89 –.
57 Siehe im einzelnen OVG Lüneburg, Urteil vom 19.9.1988 – 9 A 35/87 – NVwZ 1989, 593 = Nds Gemeinde 1989, 198.

2. Im Straßenbaubeitragsrecht gelten mit Blick auf Anbaustraßen die vorstehenden, von der Rechtsprechung des BVerwG entwickelten Grundsätze zum Institut der beschränkten Erschließungswirkung entsprechend. Es ist – so formuliert beispielsweise das OVG Lüneburg[58] – „nicht erkennbar, daß sich für das Ausbaubeitragsrecht insoweit Besonderheiten ergeben".[59]

Überdies hat das OVG Lüneburg[60] entschieden, die bevorteilte Grundfläche sei auch bei solchen außergewöhnlich großen land- oder forstwirtschaftlich genutzten Grundstücken im Außenbereich auf eine Teilfläche zu beschränken, die zwischen zwei befahrbaren (wenn auch nicht parallel verlaufenden) Verkehrsanlagen liegen. Denn bei einem z. B. ca. 350 000 m² großen, forstwirtschaftlich genutzten Waldgrundstück sei davon auszugehen, daß sich dessen Benutzer „stets nur zu einer der beiden Straßen, nämlich der nächstgelegenen orientieren wird ... Sachgerecht ist bei einem atypisch großen forstwirtschaftlich genutzten Grundstück mit doppelter Erschließung eine Halbierung der Grundstücksfläche und die Zurechnung der jeweiligen Hälfte zur nächstgelegenen Straßenanlage".[61] Im Ergebnis entsprechendes gilt für eine Fallgestaltung, in der ein zwischen zwei öffentlichen Straßen liegendes Buchgrundstück durch eine besondere, der Öffentlichkeit allgemein zugängliche z. B. 3 bis 4 m breite, mehr oder weniger gepflasterte Wegeparzelle getrennt wird; auch dann ist lediglich die der ausgebauten Straße zugewandte Teilfläche bei der Verteilung des für diese Straße entstandenen umlagefähigen Aufwands zu berücksichtigen. Fehlt es in einem solchen Fall an einer zweiten Straße, richtet sich die Beantwortung der Frage, ob die hintere Teilfläche an der Aufwandsverteilung teilnimmt, nach den Grundsätzen, die insoweit für Hinterliegergrundstücke bei Eigentümeridentität maßgebend sind.

3. Abschließend sei noch auf folgendes hingewiesen: Der Gesichtspunkt einer beschränkten Erschließungswirkung bezieht sich im Erschließungs- wie im Straßenbaubeitragsrecht nicht ausschließlich auf Konstellationen, in denen ein Buchgrundstück zwischen zwei Straßen liegt. Besteht ein (unter einer Nummer auf einem besonderen Grundbuchblatt gebuchtes) Grundstück ausnahmsweise aus zwei (oder mehr) Flurstücken, von denen nur eines an die ausgebaute Straße, das andere (bzw. die anderen) aber in mehr oder weniger großer Entfernung an eine ganz andere Straße grenzt (grenzen), beschränkt sich die vorteilsbegründende Wirkung der ausgebauten Straße nur auf das an sie angrenzende Flurstück und bleibt (bleiben) das (die) andere(n) Flurstück(e) bei der Aufwandsverteilung deshalb unberücksichtigt.

---

58 OVG Lüneburg, Beschluß vom 10.7.1987 – 9 B 45/87 –.
59 OVG Lüneburg, Beschluß vom 10.7.1987 – 9 B 45/87 –.
60 OVG Lüneburg, Urteil vom 12.7.1994 – 9 L 2945/92 –.
61 OVG Lüneburg, Urteil vom 12.7.1994 – 9 L 2945/92 –.

4. Außenbereichsflächen im Erschließungs- und im Straßenbaubeitragsrecht[*1]

I. Einleitung

Das Erschließungs- und das Straßenbaubeitragsrecht sind ausgerichtet auf die Abwälzung von Kosten, die der Gemeinde für Ausbaumaßnahmen namentlich an gemeindlichen Verkehrsanlagen entstanden sind. Diese Abwälzung knüpft in dem einen wie dem anderen Rechtsgebiet an Grundstücke an; Grundstücke sind hier wie dort Gegenstand der durch die erstmalige Herstellung bzw. die z. B. Verbesserung einer gemeindlichen Verkehrsanlage ausgelösten Beitragspflichten.[1] Das führt auf die Frage, ob das in beiden Rechtsgebieten nicht nur – was ohne weiteres anzunehmen ist – für Grundstücke in beplanten Gebieten und im unbeplanten Innenbereich, also für typischerweise bebaubare Grundstücke, sondern auch für Grundstücke im Außenbereich, also für typischerweise unbebaubare Grundstücke[2], zutrifft. Diese Frage soll hier ausschließlich auf der Grundlage von Innenbereichsstraßen bzw. sog. einseitig anbaubaren Straßen behandelt werden, so daß Wirtschaftswege, Gemeindeverbindungsstraßen und sonstige Außenbereichsstraßen in diesem Zusammenhang unberücksichtigt bleiben. Eine Beschränkung auf die erstgenannten Straßen ist schon deshalb geboten, weil das Erschließungsbeitragsrecht lediglich sie erfaßt.[3]

II. Außenbereichsflächen im Erschließungsbeitragsrecht

1. Die wegemäßige Erschließung, die den Grundstücken des Innenbereichs durch eine Anbaustraße (§ 127 Abs. 2 Nr. 1 BauGB) vermittelt wird, ist gemäß §§ 30 ff. BauGB eine Voraussetzung für deren Bebaubarkeit.[4] Die Straße verschafft den Grundstücken das an verkehrsmäßiger Erschließung, was bebauungsrechtlich für deren Bebaubarkeit erforderlich ist; sie verwandelt – die übrigen dafür erforderlichen Voraussetzungen vernachlässigt – die entsprechenden Grundstücksflächen sozusagen von Nichtbauland in Bauland. An diese Verwandlung und die damit einhergehende Wertsteigerung knüpft gedanklich das Erschließungsbeitragsrecht mit der Erwägung an, daß derjenige, dessen Grundstück durch die erstmalige Herstellung einer solchen Straße zum Bauland geworden ist, dessen Grundstück durch diese Straße also bebauungsrechtlich erschlossen wird, sich an den der Gemeinde entstandenen Herstellungskosten beteiligen soll, mithin auch als erschließungsbeitragsrechtlich erschlossen anzusehen ist. Dieser Ausgangspunkt

---

[*1] Auszugsweiser Nachdruck aus ZMR 1995, 381.
1   Vgl. u. a. etwa *Löhr* in *Battis/Krautzberger/Löhr*, BauGB, 4. Aufl., § 133 Rdn. 1, und *Driehaus* in *Driehaus*, Kommunalabgabenrecht, § 8 Rdn. 389.
2   S. in diesem Zusammenhang u. a. *Gaentzsch*, BauGB, § 35 Rdn. 1.
3   Im einzelnen etwa *Ernst* in *Ernst/Zinkahn/Bielenberg*, BauGB, § 127 Rdn. 10.
4   Ebenso u. a. *H. Schrödter* in *Schrödter*, BauGB, 5. Aufl., § 30 Rdn. 3.

erklärt die wiederholt vom BVerwG[5] ausgesprochene Erkenntnis, daß die Frage nach dem erschließungsbeitragsrechtlichen Erschlossensein (§ 131 Abs. 1 Satz 1 BauGB) nur vordergründig eine erschließungsbeitragsrechtliche, in Wahrheit jedoch ganz wesentlich eine bebauungsrechtliche Frage ist: Vermittelt eine Straße einem Grundstück im Plangebiet oder im unbeplanten Innenbereich eine zur Bebaubarkeit führende verkehrsmäßige Erschließung (vgl. §§ 30 ff. BauGB), d. h. ist das Grundstück dieser Straße wegen – soweit es die verkehrsmäßige Anbindung betrifft – bebaubar, soll der damit einhergehende Wertzuwachs durch den Erschließungsbeitrag ausgeglichen werden und ist deshalb das Grundstück auch erschließungsbeitragsrechtlich erschlossen. Fehlt es dagegen an einem bebauungsrechtlichen Erschlossensein und folglich an einer entsprechenden Wertsteigerung, fehlt grundsätzlich eine Rechtfertigung für eine Beteiligung dieses Grundstücks an den für die Herstellung der Straße entstandenen Kosten, d. h. fehlt es grundsätzlich an einem erschließungsbeitragsrechtlichen Erschlossensein des Grundstücks und damit an einer Voraussetzung dafür, anzunehmen, dieses Grundstück sei Gegenstand der durch die hergestellte Straße ausgelösten Beitragspflichten.[6]

2. Diesen sachlichen, auf die Vermittlung der Bebaubarkeit abhebenden Zusammenhang zwischen dem Bebauungsrecht einerseits und dem Erschließungsbeitragsrecht andererseits bekräftigt die Regelung des § 133 Abs. 1 BauGB. Nach § 133 Abs. 1 Satz 1 und 2 BauGB sind mögliche Gegenstände der Beitragspflicht nur solche Grundstücke, „für die eine bauliche oder gewerbliche Nutzung festgesetzt ist" (Satz 1) oder die „nach der Verkehrsauffassung Bauland sind" (Satz 2). Für die Außenbereichsgrundstücke trifft weder Satz 1 noch Satz 2 des § 133 Abs. 1 BauGB zu, und zwar selbst dann nicht, wenn sie tatsächlich bebaut sind.[7] Eine Anwendung des § 133 Abs. 1 Satz 1 BauGB auf Außenbereichsgrundstücke scheidet – weil es insoweit an der planungsrechtlichen Festsetzung einer baulichen oder gewerblichen Nutzung mangelt – ohne weiteres aus. Im Ergebnis nichts anderes gilt für Satz 2 des § 133 Abs. 1 BauGB. Denn Außenbereichsgrundstücke sind, wie sich den Regelungen in § 35 BauGB entnehmen läßt, ungeachtet ihrer potentiell nicht ausgeschlossenen Bebaubarkeit nicht „nach der Verkehrsauffassung Bauland", und erst recht fehlt es ihnen daran, daß sie „nach der geordneten baulichen Entwicklung der Gemeinde zur Bebauung anstehen" (§ 133 Abs. 1 Satz 2 BauGB). Außenbereichsgrundstücke scheiden somit schlechthin als Gegenstand einer Erschließungsbeitragspflicht aus; mangels der Fähigkeit, die Voraussetzungen des § 133 Abs. 1 BauGB zu erfüllen, gehören sie schon nicht zu den erschließungsbeitragsrechtlich erschlossenen und deshalb bei der Verteilung des umlagefähigen Erschließungsaufwands zu berücksichtigenden Grundstücken. Nähme nämlich ein Außenbereichsgrundstück ungeachtet der Tatsache, daß es nicht Gegenstand der Erhebung eines Erschließungsbeitrags sein kann, an der Aufwandsver-

---

5 Vgl. statt vieler Urteil vom 1.3.1991 – 8 C 59.89 –, BVerwGE 88, 70 (72) = DVBl. 1991, 593 = KStZ 1991, 132.
6 S. zu einer Ausnahme von diesem Grundsatz BVerwG, Urteil vom 17.6.1994 – 8 C 24.92 –, DVBl. 1995, 55 = ZfBR 1995, 40 = HSGZ 1994, 462.
7 Vgl. im einzelnen BVerwG, Urteil vom 14.2.1986 – 8 C 115.84 –, ZMR 1986, 215 = KStZ 1986, 215 = NVwZ 1986, 568.

teilung teil, müßte die Gemeinde den entsprechenden Ausfall tragen. Das aber entspräche nicht der Interessenlage.[8]

3. Grundstücke sind somit erschlossen i. S. des § 131 Abs. 1 Satz 1 BauGB nur, wenn sie bebaubar (oder in einer der Bebaubarkeit erschließungsbeitragsrechtlich vergleichbaren Weise nutzbar) und deshalb fähig sind, einer Beitragspflicht nach § 133 Abs. 1 BauGB zu unterliegen, und sie sind erschlossen überdies nur, soweit dies zutrifft.[9] Diese räumliche Begrenzung des Erschlossenseins von Grundstücken ist für die Aufwandsverteilung von Bedeutung ausschließlich, wenn und soweit die Größe der erschlossenen Grundstücksfläche (zumindest) ein Maßstabselement der satzungsmäßigen Verteilungsregelung ist. Diese Voraussetzung ist allerdings heute bei nahezu allen Verteilungsregelungen erfüllt.

Bei verhältnismäßig großflächigen Grundstücken in unbeplanten Gebieten, die zunächst noch im Innenbereich liegen, beginnt nicht selten ab einer gewissen Tiefe der Außenbereich. Wo das der Fall ist, liegt insoweit ein Erschlossensein i. S. des § 131 Abs. 1 Satz 1 BauGB mit der Folge nicht vor, daß die entsprechenden Teilflächen mangels eines die Beitragserhebung rechtfertigenden Erschließungsvorteils (schon) bei der Verteilung des umlagefähigen Erschließungsaufwands außer Betracht zu bleiben haben, sofern – was (wie gesagt) heute regelmäßig zutrifft – die Größe der erschlossenen Grundstücksfläche nach der Verteilungsregelung der einschlägigen Erschließungsbeitragssatzung von Belang ist. Deshalb ist es im Rahmen der Aufwandsverteilung geboten, in einem ersten Schritt die Grenze zwischen dem Innenbereich des § 34 BauGB und dem Außenbereich des § 35 BauGB zu bestimmen, um auf die im Innenbereich gelegenen und deshalb i. S. des § 131 Abs. 1 Satz 1 BauGB erschlossenen Grundstücksflächen – in einem weiteren Schritt – den umlagefähigen Aufwand nach Maßgabe des § 131 Abs. 2 (und 3) BauGB i. V. m. der Erschließungsbeitragssatzung zu verteilen.[10]

Bei Grundstücken in unbeplanten Gebieten verlangt mithin § 131 Abs. 1 Satz 1 BauGB in jedem Einzelfall zu entscheiden, inwieweit, d. h. bis zu welcher Tiefe, sie erschlossen sind. Das führt, insbesondere angesichts der Anwendungsschwierigkeiten des § 34 BauGB, kaum jemals zu überzeugenden, auf eindeutige metrische Größen festlegbare Lösungen. An dieser Stelle setzt die Bedeutung der sog. Tiefenbegrenzung in der Erschließungsbeitragssatzung ein.[*2] Zur Vermeidung der mit der Anwendung des § 34 BauGB verbundenen Unsicherheiten rechtfertigen nach der ständigen Rechtsprechung des BVerwG[11] die Grundsätze der Rechtssicherheit und Verwaltungspraktikabilität, für unbeplante Gebiete in der Erschlie-

---

8   Vgl. zum Verhältnis zwischen § 131 Abs. 1 Satz 1 BauGB und § 133 Abs. 1 BauGB u. a. *Driehaus*, Erschließungs- und Ausbaubeiträge, 4. Aufl., § 17 Rdn. 19 m. w. N.
9   S. dazu etwa BVerwG, Urteil vom 19.2.1982 – 8 C 27.81 –, BVerwGE 65, 61 (65) = DVBl. 1982, 552 = NVwZ 1982, 677.
10   Vgl. u. a. *Driehaus*, Erschließungs- und Ausbaubeiträge, 4. Aufl., § 17 Rdn. 30.
*2   Vgl. zum Anwendungsbereich der Tiefenbegrenzung im Erschließungsbeitragsrecht im einzelnen Ziffer II, 1 des vorstehend abgedruckten Aufsatzes (S. 129 ff.).
11   S. statt vieler Urteil vom 10.6.1981 – 8 C 20.81 –, BVerwGE 62, 308 (314) = ZMR 1982, 246 = BauR 1982, 472.

ßungsbeitragssatzung eine Tiefenbegrenzung anzuordnen. Eine solche Regelung hat den Vorteil, daß bei der Aufwandsverteilung grundsätzlich von feststehenden Daten ausgegangen werden kann. Sie begründet gleichsam die Vermutung dafür, daß einerseits alle Grundstücksflächen diesseits der Tiefengrenze dem Innenbereich angehören und deshalb i. S. des § 131 Abs. 1 Satz 1 BauGB erschlossen sind und andererseits die jenseits dieser Grenze liegenden Grundstücksflächen dem Außenbereich zuzurechnen und deshalb mangels erschließungsbeitragsrechtlich relevanter Nutzbarkeit nicht bei der Aufwandsverteilung zu berücksichtigen sind[9]. Diese Vermutung ist nur widerlegt, wenn und soweit ein Grundstück über die Grenze hinaus tatsächlich baulich oder gewerblich genutzt wird. Denn eine solche sog. übergreifende Nutzung indiziert, daß die Grenze des Innenbereichs und damit der Bebaubarkeit mit Blick auf das betreffende Grundstück in diesem Einzelfall tiefer liegt als durch die satzungsmäßige Tiefenbegrenzung generalisierend angenommen.

Die satzungsmäßige Tiefenbegrenzung für Grundstücke im unbeplanten Innenbereich findet also ihre innere Rechtfertigung in dem namentlich durch § 133 Abs. 1 BauGB begründeten Gebot des Ausscheidens von Außenbereichsflächen nach Maßgabe des § 34 BauGB sowie den mit den Anwendungsschwierigkeiten dieser Vorschrift verbundenen Unsicherheiten. Wo es – wie in beplanten Gebieten – an derartigen Unsicherheiten fehlt, ist kein Raum für die Anordnung einer satzungsmäßigen Tiefenbegrenzung.[*2]

III. Außenbereichsflächen im Straßenbaubeitragsrecht

1. Das Straßenbaubeitragsrecht stellt – soweit es um Anbaustraßen geht – ab auf Baumaßnahmen, die z. B. der Verbesserung oder Erneuerung einer zuvor bereits endgültig hergestellten und deshalb aus dem Anwendungsbereich des Erschließungsbeitragsrechts entlassenen Erschließungsstraße dienen.[12] Hier geht es nicht (mehr) um die Erschließung, d. h. um das Baureifmachen eines Grundstücks durch die erstmalige Herstellung einer Straße, sondern darum, daß einem Grundstück unabhängig davon, ob es nach Maßgabe der bebauungsrechtlichen Bestimmungen bebaubar ist oder nicht, die Inanspruchnahmemöglichkeit einer von der Gemeinde verbesserten oder erneuerten Verkehrsanlage eröffnet und dadurch ein (wirtschaftlicher) Vorteil vermittelt wird[13] Die Inanspruchnahmemöglichkeit einer solchen ausgebauten Anlage muß – soll eine Beitragserhebung zum Ausgleich des darauf beruhenden (wirtschaftlichen) Vorteils gerechtfertigt, aber auch geboten sein – zu einer qualitativ besseren verkehrlichen Erreichbarkeit des Grundstücks führen können, und zwar einer Erreichbarkeit, die die Gebrauchsfähigkeit des Grundstücks steigern und dadurch dessen Gebrauchswert erhöhen kann.[14] Einen Gebrauchswert in diesem Sinne hat ein Grundstück schon dann, wenn es über den bloßen Besitz hinaus genutzt werden kann, d. h. wenn es nicht lediglich nicht-

---

12 Vgl. etwa *Driehaus* in *Driehaus*, Kommunalabgabenrecht, § 8 Rdn. 202.
13 S. z. B. § 8 Abs. 2 Satz 1 und 2 KAG NW.
14 Vgl. statt vieler *Eyben*, Die Abgabeform des Beitrags und ihre praktischen Schwerpunkte, Diss., S. 59 m. w. N.

nutzbares Brachland darstellt. Diese Voraussetzung ist nicht nur bei baulich und gewerblich nutzbaren Grundstücken, sondern überdies u. a. auch bei ausschließlich land- und forstwirtschaftlich nutzbaren Grundstücken im Außenbereich erfüllt;[15] sie alle sind deshalb bei der Verteilung des für eine Verbesserung einer Anbaustraße entstandenen umlagefähigen Aufwands zu beteiligen.

Das Straßenbaubeitragsrecht bezieht – mit anderen Worten – in den von ihm angeordneten Vorteilsausgleich anders als das Erschließungsbeitragsrecht jeden rechtmäßigen Gebrauch eines Grundstücks ein;[16] es erfaßt damit auch beispielsweise Nutzungen als Wald oder als Acker im Außenbereich. Folgerichtig kennt das Straßenbaubeitragsrecht keine dem § 133 Abs. 1 BauGB vergleichbare Bestimmung, die Außenbereichsflächen aus dem Anwendungsbereich der beitragsrechtlichen Vorschriften und zugleich von der Verteilung des für die Verbesserung einer Anbaustraße entstandenen umlagefähigen Aufwands ausschließt. Das läßt die Frage offen, ob ein Ortsgesetzgeber von sich aus durch eine Satzungsregelung den Vorteilsausgleich auf baulich oder gewerblich nutzbare Grundstücke beschränken darf, so daß etwa ein an eine verbesserte einseitig anbaubare Straße angrenzendes, als Weideland genutztes Grundstück im Außenbereich schlechthin bei einer Aufwandsverteilung unberücksichtigt bleiben muß. Entgegen der Ansicht des OVG Münster im Urteil vom 31.1.1992[17] ist diese Frage zu verneinen. Wenn die einschlägigen Bestimmungen des Landesrechts jede rechtmäßige Nutzung eines Grundstücks in den Vorteilsausgleich einbeziehen, ist der Ortsgesetzgeber gehindert, bestimmte Grundstücksnutzungen – im Ergebnis zu Lasten der anderweitig nutzbaren Grundstücke – von dieser landesrechtlichen Anordnung auszunehmen. Ein solcher Ausschluß land- und forstwirtschaftlich nutzbarer Grundstücke wird auch nicht durch das Abstellen eines Landes- oder Ortsgesetzgebers auf den sog. erschließungsbeitragsrechtlichen Anlagen- bzw. Einrichtungsbegriff[18] vorgezeichnet. Denn eine Entscheidung für diesen Begriff hat Bedeutung lediglich für die sog. Aufwendungsphase[19], also für die Beantwortung der Fragen, was alles (an Fläche) zu einer beitragsfähigen Anlage (Einrichtung) zählt und welche Kosten für ihren Ausbau angefallen sind. Sie hat aber keinen bestimmenden Einfluß darauf, welche Grundstücke bei der Verteilung des umlagefähigen Aufwands zu beteiligen sind. Die Verwendung des erschließungsbeitragsrechtlichen Anlagenbegriffs hat nämlich nicht zur Folge, daß in diesem Fall für eine Beitragserhebung notwendigerweise auch alle anderen erschließungsbeitragsrechtlichen Regeln einschließlich der Regeln des § 131 Abs. 1 BauGB über die Teilnahme von Grundstücken an der Aufwandsverteilung maßgebend sind.

---

15 Vgl. etwa OVG Münster, Urteil vom 15.3.1989 – 2 A 962/86 –, NVwZ-RR 1989, 578.

16 Ebenso OVG Münster, u. a. Urteil vom 25.8.1975 – II A 232/74 –, OVGE 31, 185 = GemHH 1976, 140 = DGemStZ 1978, 151.

17 OVG Münster, Urteil vom 31.1.1992 – 2 A 1176/90 –.

18 Vgl. zum Anlagen- bzw. Einrichtungsbegriff im Straßenbaubeitragsrecht im einzelnen *Driehaus*, Erschließungs- und Ausbaubeiträge, 4. Aufl., § 30 Rdn. 12.

19 S. zur Gliederung des Erschließungs- und des Straßenbaubeitragsrechts in – erstens – Aufwendungsphase, – zweitens – Verteilungsphase und – drittens – Heranziehungsphase schon *Weyreuther* in Festschrift für *Werner Ernst*, 1980, S. 519 (522).

Zweifelhaft kann allenfalls sein, ob – erstens – einem z. B. forstwirtschaftlich genutzten Waldgrundstück durch den Ausbau der Fahrbahn und – zweitens – einem
landwirtschaftlich genutzten Grundstück durch den Ausbau eines selbständigen
Geh- oder Radwegs bzw. eines Geh- und Radwegs als Teileinrichtung etwa einer
einseitig anbaubaren Straße eine vorteilsrelevante Inanspruchnahmemöglichkeit
mit der Folge geboten werden, daß das jeweilige im Außenbereich gelegene
Grundstück an der Aufwandsverteilung zu beteiligen ist. In beiden Fällen ist diese
Frage zu bejahen, und zwar unabhängig davon, auf welchen Anlagenbegriff nach
dem einschlägigen Landes- bzw. Ortsrecht abzustellen ist. Denn in dem einen wie
dem anderen Fall ist „eine Inanspruchnahme" der jeweils ausgebauten Teileinrichtung oder – bei einer Maßgeblichkeit des erschließungsbeitragsrechtlichen Anlagenbegriffs – der durch den Ausbau der Teileinrichtung verbesserten (Gesamt-)
Anlage von den betreffenden, an die Straße angrenzenden Grundstücken aus „erfahrungsgemäß jedenfalls nicht schlechthin als völlig unwahrscheinlich auszuschließen".[20] Das genügt für eine Berücksichtigung des betreffenden Grundstücks
bei der Verteilung des umlagefähigen Aufwands in beiden Fallgestaltungen.

2.[*3]

---

[20] OVG Lüneburg, Beschluß vom 30.3.1988 – 9 A 164/86 –, im Ergebnis ebenso u. a. OVG Lüneburg, Urteil vom 7.6 1994 – 9 L 4155/92 –.

[*3] Vom Abdruck der Ziffern 2 und 3 wird hier abgesehen, weil in ihnen Fragen der Anwendung
einer satzungsmäßigen Tiefenbegrenzung und der Verteilungsregelung beim Zusammentreffen
von Innenbereichs- und Außenbereichsgrundstücken in einem Abrechnungsgebiet wie etwa im
Falle einer einseitig anbaubaren Straße behandelt werden, die Gegenstand auch der Betrachtung in der Ziffer II, 2 des vorstehend abgedruckten Aufsatzes (S. 135 ff.) sind.

5. Der Verteilungsmaßstab im Erschließungsbeitragsrecht und im Straßenbaubeitragsrecht nach den Kommunalabgabengesetzen der Länder*[1]

B. Erschließungsbeitragsrecht

I. In seinem Urteil vom 28.11.1975[1] hat das Bundesverwaltungsgericht nochmals[2] betont, daß die §§ 131 und 132 Nr. 2 BBauG*[2] dem Satzungsgeber zwingend gebieten, „in der Erschließungsbeitragssatzung die Maßstäbe für die Verteilung des Erschließungsaufwandes auf die Beitragspflichtigen vollständig, d. h. für alle in dem Gemeindegebiet in Betracht kommenden Erschließungsfälle, zu regeln, mit der Rechtsfolge, daß eine insoweit unvollständige Verteilungsregelung insgesamt ungültig ist, weil sie den Rechtsgrundsätzen der Abgabengleichheit und der Vorhersehbarkeit von Abgabepflichten nicht entspricht, die zum Inhalt der §§ 131 und 132 Nr. 2 BBauG gehören". Gleichzeitig hat das Bundesverwaltungsgericht die wiederholt vom Oberverwaltungsgericht Münster[3] vertretene Rechtsauffassung verworfen, wonach entsprechend dem in § 139 BGB zum Ausdruck gebrachten Rechtsgrundsatz die Nichtigkeit *einer* Bestimmung der Verteilungsregelung nicht die ganze Vorschrift unwirksam macht, wenn anzunehmen ist, daß der Ortsgesetzgeber die Regelung auch ohne den nichtigen Teil getroffen haben würde. Nach Ansicht des Bundesverwaltungsgerichts ist diese Rechtsauffassung unzutreffend, weil „die für den Satzungsgeber verbindlichen bundesrechtlichen Vorschriften die begriffliche ‚Teilbarkeit' der Verteilungsregelung rechtlich nicht honorieren" und „der ‚Wille' des Satzungsgebers, eine teilweise gesetzmäßige Verteilungsregelung aufrechtzuerhalten, sich gegenüber der dies nicht gestattenden bundesrechtlichen Regelung nicht durchsetzen kann"[1].

Daraus folgt, daß der Satzungsgeber eine Verteilungsregelung wählen *muß*, die *alle* in dem Gemeindegebiet in Betracht kommenden *Erschließungsfälle* regelt, d. h., daß in jeder Satzung ein den Anforderungen des § 131 Abs. 3 BBauG (Berücksichtigung von Art und Maß der unterschiedlichen baulichen und sonstigen Nutzung) genügender Verteilungsmaßstab auch für neuerschlossene *unbeplante* Gebiete enthalten sein muß*[3].

---

*[1]   Auszugsweiser, geringfügig veränderter Nachdruck aus Der Städtetag 1976, 322 und 382.

1   Vgl. BVerwG, Urteil vom 28.11.1975 – IV C 45.74 –, in BVerwGE 50, 2 ff.

2   Vgl. so schon BVerwG, Urteil vom 2.11.1973 – IV C 25.72 –, in: BauR 1974, 196 f. Vgl. zu dieser Entscheidung auch von Mutius, Nochmals: Zur Teilnichtigkeit kommunaler Satzungen, in: VerwArchiv 1974 (Bd. 65), S. 319 f.

*[2]   An die Stelle der Bestimmungen des BBauG sind mit Wirkung vom 1.7.1987 die – weitgehend – wortgleichen Vorschriften des BauGB getreten.

3   Vgl. u. a. OVG Münster, Urteile vom 25.10.1973 – III A 1262/71 –, in: KStZ 1974, 156 und vom 9.9.1974 – III A 744/72 –. Inzwischen hat das OVG Münster sich der Rechtsauffassung des BVerwG angeschlossen und seine frühere entgegenstehende Rechtsprechung aufgegeben. Vgl. dazu u. a. OVG Münster, Urteil vom 17. März 1976 – III A 1400/74 –.

*[3]   Siehe zum Grundsatz der konkreten Vollständigkeit auch den unter B. III. 7. (S. 177 ff.) abgedruckten Aufsatz.

II. Es ist allgemein[4] anerkannt, daß das Bundesbaugesetz grundsätzlich davon ausgeht, „im Sinne einer gerechten Verteilung des Aufwandes sei die zulässige Flächennutzung der Beitragserhebung zugrunde zu legen"[5]. Die Verwirklichung dieses Grundsatzes macht in beplanten Gebieten kaum Schwierigkeiten, weil sich in diesen Gebieten die zulässige Ausnutzbarkeit eines Grundstücks sowohl hinsichtlich der Art als auch hinsichtlich des Maßes der Nutzung in aller Regel aus den Festsetzungen des Bebauungsplanes herleiten läßt.

Besondere Schwierigkeiten dagegen macht die Feststellung der zulässigen Ausnutzbarkeit eines Grundstücks in unbeplanten, nach § 34 BBauG zu beurteilenden Gebieten. „In solchen Gebieten", so meint das Bundesverwaltungsgericht[6], „kann es außerordentlich schwierig, wenn nicht gar unmöglich sein, die zulässige Bebauung einer Beitragserhebung zugrunde zu legen. Sind die Grundstücke nämlich in einem solchen Gebiet verschieden baulich genutzt, so müßte unter Berücksichtigung der jeweiligen Umgebung des Grundstückes für jedes einzelne Grundstück festgelegt werden, wie weit es gegenüber der tatsächlich bestehenden baulichen Nutzung weiterhin baulich genutzt werden könnte. Eine solche Arbeitsleistung kann, wenn sie überhaupt möglich ist, der Gemeinde dann nicht zugemutet werden, wenn es sich um ein statisches Gebiet handelt, ein Gebiet also, in dem Bauabsichten gar nicht oder nur ganz vereinzelt auftreten". In unbeplanten Gebieten – so folgert das Bundesverwaltungsgericht sodann aus der Formulierung des § 131 Abs. 2 Nr. 1 BBauG, in dem keine Unterscheidung zwischen tatsächlicher und zulässiger Nutzung gemacht wird – könne bei der Beitragserhebung auf die tatsächlich vorhandene Nutzung abgestellt und bei noch unbebauten Grundstücken als zulässige Nutzung die auf den Nachbargrundstücken überwiegend tatsächlich vorhandene Nutzung zugrunde gelegt werden.

Diesem Ergebnis kann aus Gründen der Praktikabilität und Abgabenklarheit, nicht aber – wie von Mutius[7] überzeugend nachgewiesen hat – auf Grund einer Interpretation des § 131 Abs. 2 Nr. 1 BBauG zugestimmt werden[8]. Die Auffassung des Oberverwaltungsgerichts Münster[9], wonach die Verteilung des beitragsfähigen Aufwandes nach verschiedenen Maßstäben in beplanten (*zulässige* Nutzung) und unbeplanten Gebieten (*tatsächliche* Nutzung) gegen den Gleichheitsgrundsatz verstößt, ist vom Bundesverwaltungsgericht[10] mit zutreffender Begründung zurückgewiesen worden.

---

4   Vgl. von Mutius, Zum Verteilungsmaßstab für Erschließungsbeiträge in nicht bebauten Gebieten, in: VerwArchiv 1972, 345 ff., sowie die dort unter Anm. 1 angegebenen Nachweise; ferner Schmidt, Handbuch des Erschließungsrechts, 3. Auflage, 1972, S. 337.

5   Vgl. BVerwG, Urteil vom 3.6.1971 – IV C 28.70 – BVerwGE 38, 147 ff.

6   Vgl. BVerwG, Urteil vom 3.6.1971 – IV C 28.70 – a. a. O.

7   Vgl. von Mutius, Zum Verteilungsmaßstab für Erschließungsbeitrage in nicht bebauten Gebieten, a. a. O.

8   Vgl. ebenso u. a. OVG Lüneburg, Urteil vom 4.2.1970 – 1 A 116/68 –, in: KStZ 1970, 215; OVG Münster, Urteil vom 6.10.1971 – III A 1160/69 – unter Aufgabe seiner früheren, abweichenden Rechtsauffassung.

9   Vgl. OVG Münster, Urteil vom 26.7.1974 – II A 436/73 –, in: ZMR 1975, 263.

10 Vgl. BVerwG, Urteil vom 10.10.1975 – VII C 64.74 –, KStZ 1976, 50 f.

Somit ergibt sich, daß der Satzungsgeber seiner Verteilungsregelung hinsichtlich Art und Maß der baulichen Nutzung in beplanten Gebieten die zulässige Nutzung zugrunde zu legen hat und in unbeplanten Gebieten von der tatsächlichen Nutzung der vorhandenen Bebauung ausgehen kann und zwar unabhängig davon, ob es sich um alt- oder neuerschlossene Gebiete handelt[11].

III. Unter dem „Maß" der Nutzung ist der Grad zu verstehen, in dem das einzelne Grundstück bebaut oder gewerblich genutzt werden kann. Nach § 16 Abs. 2 Satz 2 Baunutzungsverordnung wird das Maß der baulichen Nutzung bestimmt durch die Feststellung

„1. der Geschoßflächenzahl oder der Größe der Geschoßfläche, der Baumassenzahl oder der Baumasse,

2. der Grundflächenzahl oder der Grundfläche der baulichen Anlagen und

3. der Zahl der Vollgeschosse"

sowie gemäß § 16 Abs. 2 Satz 5 Baunutzungsverordnung ausnahmsweise in Industrie- und Sondergebieten durch die Höhe der Gebäude.

1. Bei der Beurteilung des Maßes der baulichen Nutzung in beplanten Gebieten scheiden die Geschoßflächen- und Baumassenzahlen sowie die Grundflächenzahlen und die Zahlen der Vollgeschosse jeweils für sich allein genommen als Maßstäbe aus, da sie als abstrakte Verhältniszahlen den wirklichen Größenverhältnissen des Maßes der baulichen Nutzung keine Rechnung tragen[12].

Demgemäß werden zur Berücksichtigung der Unterschiedlichkeit des Maßes der Nutzung in der Praxis hauptsächlich die beiden folgenden Maßstäbe verwandt:

a) Ansetzung der Grundstücksfläche mit unterschiedlichen Prozentsätzen, die sich lediglich an der zulässigen Zahl der Vollgeschosse orientieren (zum Beispiel bei zulässiger eingeschossiger Bebaubarkeit mit 125 vom Hundert, bei zulässiger zweigeschossiger Bebaubarkeit mit 150 vom Hundert usw.)

b) Kombination zwischen Grundstücksfläche und zulässiger Geschoßfläche.

Der unter a) genannte Maßstab hat den Vorteil, daß er sehr praktikabel ist. Dies gilt vor allem für unbeplante Gebiete, in denen es in der Regel ungleich einfacher ist, die vorhandene Anzahl der Vollgeschosse als die vorhandene Geschoßfläche festzustellen. Er hat allerdings den Nachteil, daß er ungenauer und damit ungerechter ist*[4]. Denn es ist – vor allem in unbeplanten Gebieten – denkbar, daß zum Beispiel ein eingeschossig gebautes, langgestrecktes, breites Gebäude eine größere Geschoßfläche und damit ein höheres Maß an Ausnutzbarkeit aufweist als ein dreigeschossiger, nur wenig tiefer und breiter Bau. Gleichwohl müßte nach einem an der Anzahl der Vollgeschosse orientierten Verteilungsmaßstab der Eigentümer

---

11 Vgl. BVerwG, Urteil vom 16.2.1973 – IV C 52.71 –, DVBl 1973, 502 f.
12 Vgl. Brügelmann-Förster, Komm. zum BBauG 25. Lfg., Mai 1975; § 131 Anm. III 2 a) dd).
*4 Diese Überlegungen beruhen noch auf dem mehr baurechtlichen Begriff des Erschließungsvorteils; vgl. dazu den unter B. III. 1. (S. 102 ff. [104] abgedruckten Aufsatz.

des dreigeschossigen Bauwerkes einen erheblich höheren Erschließungsbeitrag bezahlen. Aus diesem Grunde hat das Verwaltungsgericht Münster in einem Urteil vom 23.7.1971[13] den Standpunkt vertreten, eine Modifizierung der Grundstücksfläche durch die Zahl der zulässigen Vollgeschosse sei ein ungerechter und daher unzulässiger Maßstab zur Ermittlung des Maßes der baulichen Nutzung.

Dieser Rechtsauffassung ist das Oberverwaltungsgericht Münster[14] zutreffenderweise mit der Begründung entgegengetreten, um den Anforderungen des § 131 Abs. 3 BBauG zu genügen reiche es aus, daß eine Satzungsregelung Unterschiede im Maß der baulichen Nutzung überhaupt und nicht sachwidrig erfasse. Die Gemeinden seien nicht verpflichtet, ohne Rücksicht auf Praktikabilität den genauest möglichen Maßstab zu wählen. Gleichwohl sei nicht zu verkennen, daß der Ansatz der Grundstücksfläche zusammen mit einem nach der zulässigen Geschoßflächenzahl gebildeten Maßstab eine Verfeinerung gegenüber einem nach der zulässigen Zahl der Vollgeschosse gestaffelten Maßstab darstelle.

Es empfiehlt sich daher, grundsätzlich den aus der Kombination von Grundstücksfläche und zulässiger Geschoßfläche gebildeten Verteilungsmaßstab zu wählen[15] *4, der jedenfalls in Gemeinden, in denen es nur wenige unbeplante Gebiete gibt und geben wird, auch in der Handhabung nicht sehr problematisch ist. In Gemeinden dagegen, in denen es viele unbeplante Gebiete gibt bzw. noch geben wird, dürfte es mit Rücksicht auf die Praktikabilität zweckmäßig sein, den nach der zulässigen Zahl der Vollgeschosse gestaffelten Maßstab zu wählen.

Bei der nachfolgenden Untersuchung soll demgemäß der Maßstab aus Grundstücksfläche und zulässiger Geschoßfläche im Vordergrund stehen und der an der zulässigen Zahl der Vollgeschosse orientierte Maßstab lediglich als zulässige Alternative behandelt werden. Unabhängig von dieser Unterscheidung aber ist es erforderlich, in der Satzung die Begriffe „zulässige Geschoßfläche" bzw. „Vollgeschosse" und „Grundstücksfläche" eindeutig zu definieren.

2. Der Begriff „zulässige Geschoßfläche" ist mehrdeutig, eine Satzungsregelung, die hier keine eindeutige Klarstellung enthält, ist zu unbestimmt und daher ungültig[16].

a) Unter „zulässiger Geschoßfläche" kann einmal diejenige Geschoßfläche verstanden werden, die sich aus der mit der Geschoßflächenzahl (vgl. § 20 Abs. 1 Baunutzungsverordnung) vervielfältigten Grundstücksfläche ergibt, wobei als Grundstücksfläche die im Bauland und hinter den festgesetzten Straßenbegrenzungslinien liegende Fläche verstanden werden könnte. Wird dieser Begriff der zulässigen Geschoßfläche als Bemessungsgrundlage für eine Verteilungsregelung gewählt, bleiben sonstige Beschränkungen der Bebaubarkeit des Grundstücks im

---

13 Vgl. VG Münster, Urteil vom 23.7.1971 – 1 K 798/70 –.

14 Vgl. OVG Münster, Urteile vom 20.12.1972 – III A 963/71 – und vom 29.11.1972 – III A 1063/70 –, in: ZMR 1974, 235.

15 Vgl. so vor allem Schmidt, a.a.O., S. 38 ff. und Brügelmann-Förster, a.a.O., § 131 Anm. III 2 a) dd).

16 Vgl. u.a. OVG Münster, Urteil vom 25.8.1975 – II A 126/74 –.

Einzelfall (z. B. durch Festsetzung von Baulinien und Bautiefen nach § 23 Baunutzungsverordnung) unberücksichtigt, auch wenn die baurechtlich im Einzelfall ausnutzbare Geschoßfläche wegen derartiger Beschränkungen nicht die lediglich nach der Geschoßflächenzahl ermittelte zulässige Geschoßfläche erreicht. Eine solche nicht sämtliche Umstände des Einzelfalles berücksichtigende, pauschalierende Verteilungsregelung ist jedoch aus Gründen einer praktikablen Abgabenerhebung rechtlich zulässig[16].

b) Die „zulässige Geschoßfläche" kann für eine Verteilungsregelung aber auch definiert werden als der überbaubare Teil der Grundstücksfläche (Grundrißfläche der Gebäude), vervielfältigt mit der Anzahl der zulässigen Geschosse. In diesem Fall bleibt unberücksichtigt, daß im Einzelfall für die Geschosse gemäß § 16 Abs. 2 Satz 3 Baunutzungsverordnung unterschiedliche Geschoßflächen festgesetzt sein können.

c) Als „zulässige Geschoßfläche" kann schließlich auch die Summe der für die einzelnen Geschosse im Bebauungsplan gemäß § 16 Abs. 2 Satz 3 Baunutzungsverordnung festgesetzten zulässigen Geschoßflächen verstanden werden, manche Satzungen sprechen hier von der „baurechtlich möglichen" Geschoßfläche.

d) Aus Gründen der Praktikabilität und Klarheit erscheint es zweckmäßig, als „zulässige Geschoßfläche" die einfachste Begriffsbestimmung zu wählen und der Verteilung des Erschließungsaufwandes die Geschoßfläche als „zulässige Geschoßfläche" zugrunde zu legen, die sich ergibt aus der mit der *Geschoßflächenzahl vervielfältigten Grundstücksfläche*.

e) Für die Begriffsbestimmung „Vollgeschosse" dürfte ein Hinweis auf § 18 Baunutzungsverordnung ausreichen, der im übrigen auf die landesrechtlichen Vorschriften Bezug nimmt.

3. Für den Fall, daß – wie z. B. in einer Reihe von übergeleiteten Bebauungsplänen – in einem Bebauungsplan nicht die Geschoßflächenzahl, sondern nur die Geschoßzahl, d. h. die höchstzulässige Zahl der Vollgeschosse festgesetzt ist, läßt sich die Geschoßflächenzahl mit Hilfe der in § 17 Abs. 1 Baunutzungsverordnung abgedruckten Tabelle unschwer ermitteln.

4. a) Soweit das Maß der Nutzung eines Grundstücks im Bebauungsplan durch eine Baumassenzahl festgesetzt ist, wie es in Industriegebieten zu geschehen hat (vgl. § 17 Abs. 1 Baunutzungsverordnung) und in Sondergebieten geschehen kann (vgl. § 17 Abs. 7 Baunutzungsverordnung), bedarf es der Umrechnung auf Geschoßflächen mittels der Geschoßflächenzahl. Dabei empfiehlt es sich, die Geschoßflächenzahl entsprechend der Regelung des § 17 Abs. 3 Baunutzungsverordnung durch Teilung der Baumassenzahl durch 3,5 zu ermitteln[17].

b) Bei dem an der zulässigen Anzahl der Vollgeschosse orientierten Verteilungsmaßstab ist eine Umrechnung der Baumassenzahl auf die Geschoßzahl notwen-

---

17 Vgl. ebenso Brügelmann-Förster, a. a. O., § 131 Anm. III 2 a) dd) und Stach/Rotter, Die Baumassenzahl als Verteilungsmaßstab in Beitragssatzungen, in: KStZ 1974, S. 87 f.

dig. § 17 Abs. 3 Baunutzungsverordnung begrenzt die für ein Vollgeschoß anzurechnende Bauhöhe mittelbar auf 3,5 m indem je qm zulässige Geschoßfläche nicht mehr als 3,5 cbm Baumasse errichtet werden dürfen[18]. Da in Industriegebieten die Grundflächenzahl gemäß der Tabelle in § 17 Abs. 1 Baunutzungsverordnung 0,8 beträgt, bedeutet dies, daß insoweit bezogen auf die maßgebliche Grundstücksfläche insgesamt die für ein Vollgeschoß anzurechnende Bauhöhe 0,8 x 3,5 m = 2,8 m beträgt. Auch die Bauhöhe der zur Grundlage dieses Verteilungsmaßstabes hinsichtlich des Maßes der Nutzung in Betracht kommenden Wohnbebauung beträgt in der Regel etwa 2,8 m, so daß es gerechtfertigt erscheint, die „zulässige" Geschoßzahl dadurch zu ermitteln, daß bis zu jeweils 2,8 cbm zulässiger Baumasse pro qm Grundstücksfläche ein Geschoß zugrunde gelegt wird. So würde sich z. B. bei der Baumassenzahl 6 die „zulässige" Geschoßzahl drei ergeben.

IV. Das im Bebauungsplan ausgewiesene Nutzungs*maß* bezieht sich grundsätzlich auf die bauliche, nicht aber auf die *nur* gewerbliche Nutzung (von *unbebaubaren*) Grundstücken. Für nur gewerblich nutzbare Grundstücke muß daher ein Nutzungsmaß fingiert werden, und zwar kann dies in der Weise geschehen, daß die „zulässige" Geschoßfläche von der Grundstücksfläche her dadurch bestimmt wird, daß die gesamte Grundstücksfläche oder aber ein Bruchteil (z. B. 5/10, 10/10 oder 15/10 usw.) von ihr als „zulässige" Geschoßfläche unterstellt wird. Welche Größe hier zweckmäßigerweise eingesetzt werden sollte, ist äußerst schwierig zu sagen, so daß dem Satzungsgeber ein relativ weiter Ermessensspielraum mit der Möglichkeit weitgehender Pauschalierung verbleibt. Abzustellen dürfte im wesentlichen auf die sich aus dieser besonderen Nutzungsform regelmäßig ergebenden wirtschaftlichen Vorteile sein. Als eine gewisse Orientierungshilfe könnte dabei die Überlegung herangezogen werden, welche wirtschaftlichen Vorteile sich bei einer in etwa vergleichbaren baulichen Nutzung ergeben könnten.

1. a) In diesem Rahmen dürfte es als nicht unsachgemäß zu qualifizieren sein, z. B. die gesamte Grundstücksfläche als „zulässige" Geschoßfläche anzusetzen, wenn die sich aus der rein gewerblichen Nutzungsmöglichkeit ergebenden wirtschaftlichen Vorteile mit solchen in etwa verglichen werden könnten, die bei einem Maß der baulichen Nutzung mit der Geschoßflächenzahl 1 (bzw. 0,7 oder 1,2 usw.) angenommen werden können[19].

b) Diese Überlegungen gelten in etwa auch für die im Bebauungsplan als Gemeinbedarfsflächen ohne Festsetzung der Geschoßzahl ausgewiesenen Grundstücke (z. B. für Kirchen, Schulen, Turnhallen usw.), die nach der Rechtsprechung des Bundesverwaltungsgerichts[20] grundsätzlich als erschlossen im Sinne des § 131 Abs. 1 BBauG zu qualifizieren sind und daher in die Verteilungsregelung einbezogen werden müssen. Soweit eine solche Ausweisung allerdings nur Anlagen zu-

---

18 Vgl. Fickert/Fieseler, Komm. zur Baunutzungsverordnung, 3. Auflage, § 17. Tn. 196, S. 229.

19 Vgl. dazu auch Brügelmann-Förster, a. a. O., § 131 Anm. III 2 a) dd).

20 Vgl. BVerwG, Urteile vom 3.6.1971 – IV C 28.70 –, in: DVBl. 1971, 815 f. und vom gleichen Tage – IV C 10.70 –, in: DVBl. 1971, 817.

läßt, die nach ihrer Zweckbestimmung im wesentlichen lediglich in einer Ebene genutzt werden – wie z. B. Friedhöfe, Sportplätze, Freibader usw. –, sollte dieser Tatsache dadurch Rechnung getragen werden, daß als „zulässige" Geschoßfläche nur die Hälfte der Grundstücksfläche angesetzt wird, was einer Geschoßflächenzahl von 0,5 entsprechen würde.

c) Da es auch in unbeplanten Gebieten denkbar ist, daß Grundstücke zwar z. B. als Lagerplätze gewerblich genutzt, nicht aber bebaut werden dürfen und es auch in unbeplanten Gebieten z. B. Schwimmbäder und Sportplätze gibt, erscheint es mit Rücksicht auf den Grundsatz der Gleichbehandlung erforderlich, das Nutzungsmaß für diese Grundstücke entsprechend zu fingieren.

d) Eine Verteilungsregelung, die auf die zulässige Geschoßzahl abstellt, müßte die vorstehenden Gesichtspunkte ebenfalls berücksichtigen. Das könnte dadurch geschehen, daß für rein gewerblich nutzbare Grundstücke und für Gemeinbedarfsflächen die Geschoßzahl zwei fingiert wird und diese für solche Gemeinbedarfsflächen, die nach ihrer Zweckbestimmung im wesentlichen in einer Ebene genutzt werden, auf eins reduziert wird.

V. Nach der Rechtsprechung des Oberverwaltungsgerichts Münster[21] ist dann, wenn sich die Verteilung des Erschließungsaufwandes nach der zulässigen baulichen Nutzung richtet und diese im Einzelfall etwa im Wege des Dispenses überschritten wird, bei dem betreffenden Anlieger die höhere (tatsächliche) bauliche Nutzung der Verteilung zugrunde zu legen. Zutreffend begründet das Oberverwaltungsgericht diese Auffassung damit, daß anderenfalls „der besondere Vorteil dieses Anliegers, der darin besteht, daß er die allgemein zulässige bauliche Nutzung überschreiten darf, unberücksichtigt bleiben (würde), obschon die Kostenverteilung nach dem Vorteilsprinzip hier in Form der zulässigen baulichen Nutzung zu erfolgen hat und obwohl ihm der erhöhte Vorteil im Zeitpunkt der Entstehung der Beitragspflicht bereits entstanden ist".

Es kann dahingestellt bleiben, ob eine dieser Rechtsauffassung nicht entsprechende Praxis noch mit der im Beitragsrecht lediglich zu verwirklichenden Typengerechtigkeit gerechtfertigt werden kann und welche Auswirkungen die vom Oberverwaltungsgericht Münster vertretene Rechtsansicht auf die Wirksamkeit einer Satzungsregelung hat, die den Begriff des „Zulässigen" ausdrücklich und ausschließlich mit den Festsetzungen eines Bebauungsplanes in Verbindung bringt[22]. Jedenfalls empfiehlt es sich, in die Verteilungsregelung eine Bestimmung aufzunehmen, die dieser Rechtsprechung des Oberverwaltungsgerichts Münster in der Form Rechnung trägt, daß dann, wenn die auf Grund der tatsächlichen Ausnutzung eines

---

21 Vgl. OVG Münster, Urteil vom 6.9.1972 – III A 641/70 –, in: KStZ 1973, 124; ebenso Schmidt, a. a. O., S. 337 f. und Brügelmann-Förster, a. a. O., § 131 Anm. III 2 a) aa). Auch das Bundesverwaltungsgericht hält eine Nichtberücksichtigung einer im Einzelfall durch Ausnahme oder Befreiung ermöglichten stärkeren Nutzung in beplanten Gebieten für bedenklich (vgl. BVerwG, Urteil vom 2.11.1973 – IV C 25.72 –, BauR 1974, 196 f.).
22 Vgl. dazu Förster, Zur Beitragsverteilung nach § 131 BBauG und § 8 KAG NW im Gebiet des § 34 BBauG und bei Befreiungen, in: KStZ 1974, 121 ff.

Grundstückes ermittelten Werte (zulässigen Geschoßflächen oder aber zulässigen Geschoßzahlen) infolge von Ausnahmen und Befreiungen oder sonstiger Umstände höher liegen als die Werte für das zulässige bzw. als zulässig fingierte Nutzungsmaß, diese höheren tatsächlichen Werte der Verteilung zugrunde gelegt werden[23]. Denn auf diese Weise wird zweifellos eine größere Abgabengerechtigkeit erzielt, ohne daß dadurch die Praktikabilität der Verteilungsregelung in besonderem Maße beeinträchtigt würde.

VI. Wie bereits oben unter II. erwähnt, kann der Satzungsgeber seine Verteilungsregelung hinsichtlich des Maßes der baulichen Ausnutzbarkeit für Grundstücke in unbeplanten Gebieten auf die tatsächliche Nutzung der vorhandenen Bebauung abstellen.

1. Schwierigkeiten ergeben sich bei diesem an der Praktikabilität orientierten Lösungsweg für die Beurteilung des Maßes der baulichen Ausnutzbarkeit von *unbebauten* Grundstücken. Die Rechtsprechung des Bundesverwaltungsgerichts läßt hierfür zwei Möglichkeiten zu: Zum einen kann sich die Ausnutzbarkeit dieser Grundstücke „aus der in der Nachbarschaft gegebenen tatsächlichen Nutzung"[24], d. h. durch Anwendung des § 34 BBauG, und zum anderen aus der überwiegend vorhandenen tatsächlichen Nutzung der „übrigen erschlossenen Grundstücke"[25] ergeben. Soweit das Bundesverwaltungsgericht das Abstellen auf die vorhandene Bebauung der Nachbarschaft, und zwar unabhängig von einer bestimmten Erschließungsanlage, zuläßt, erscheint dies nicht unbedenklich. Da die tatsächliche Bebauung der Nachbarschaft ohnehin keinen Zulässigkeitsmaßstab bieten kann[26], dürfte es im Interesse der Abgabengerechtigkeit richtiger sein, allein auf die tatsächliche Bebauung der anderen, von der die Beitragspflicht auslösenden Erschließungsanlage *erschlossenen* Grundstücke abzustellen. Denn nur diese anderen erschlossenen Grundstücke können für einen Vergleich bei der Frage der Abgabengerechtigkeit herangezogen werden.

a) Für die Ermittlung der „zulässigen" Geschoßflächen von unbebauten Grundstücken in unbeplanten Gebieten ist demnach abzustellen auf die vorhandenen Geschoßflächen der bebauten Grundstücke an der jeweiligen Erschließungsanlage. Diese Ermittlung kann in der Weise geschehen, daß aus den vorhandenen Geschoßflächen ein Durchschnittswert errechnet und dieser Durchschnittswert für jedes unbebaute Grundstück als „zulässige" Geschoßfläche der Verteilung zugrunde gelegt wird.

b) Es ist bereits an anderer Stelle[27] darauf hingewiesen worden, daß die Schwäche des aus Grundstücksfläche und zulässiger Geschoßfläche kombinierten Verteilungsmaßstabes gerade darin liegt, daß es im Einzelfall durchaus Schwierig-

---

23 Vgl. ebenso Brügelmann-Förster, a. a. O., § 131 Anm. III 2 a) aa).
24 Vgl. BVerwG, Urteil vom 16.2.1973 – IV C 52.71 –, a. a. O.
25 Vgl. BVerwG, Urteil vom 3.6.1971 – IV C 28.70 –, a. a. O.
26 Vgl. dazu Förster, Zur Beitragsverteilung nach § 131 BBauG und § 8 KAG NW im Gebiet des § 34 BBauG und bei Befreiungen, a. a. O.
27 Vgl. dazu oben III. 1.

keiten machen kann, für die Ermittlung des Durchschnittswertes die tatsächlichen Geschoßflächen der vorhandenen Bebauung festzustellen. Diese Schwierigkeiten entfallen weitgehend bei dem an der zulässigen Geschoßzahl orientierten Verteilungsmaßstab. Denn es dürfte sehr einfach sein, die Anzahl der tatsächlich vorhandenen Vollgeschosse aller bebauten Grundstücke an einer Erschließungsanlage zu ermitteln und daraus den Durchschnittswert zu berechnen.

2. a) Stellt man aber für die unbebauten Grundstücke im unbeplanten Gebiet auf einen solchen Durchschnittswert ab, so liegt es aus Gründen der Praktikabilität und der Abgabenklarheit nahe, diesen Durchschnittswert ganz allgemein für *alle* Grundstücke im unbeplanten Gebiet heranzuziehen, d. h. ihn grundsätzlich auch für die Beurteilung der Ausnutzbarkeit von bebauten Grundstücken im unbeplanten Gebiet zugrunde zu legen. Eine solche Regelung hat den Vorteil, daß sie für alle Grundstücke in unbeplanten Gebieten angewandt werden kann, unabhängig von dem mehr oder weniger zufälligen Umstand, ob und wie sie bebaut sind. Zugleich wird dadurch eine Aufspaltung des Verteilungsmaßstabes in unbeplanten Gebieten vermieden.

b) Gegen eine solche auf Grund von Durchschnittswerten ermittelte Ausnutzbarkeit der Grundstücke in unbeplanten Gebieten hat das Oberverwaltungsgericht Münster wiederholt[28] Bedenken erhoben mit der Begründung, diese Regelung bedeute im Ergebnis, daß für *alle* Grundstücke im Abrechnungsgebiet stets dieselbe Geschoßfläche zugrunde gelegt werde, unabhängig von der im Einzelfall zulässigen oder tatsächlich vorhandenen Bebauung und somit der beitragsfähige Aufwand letztlich allein nach der Größe der Grundstücksflächen verteilt werde. Eine solche Regelung aber werde der Forderung nach Berücksichtigung des unterschiedlichen Maßes der Nutzung nicht gerecht.

Demgegenüber hat das Bundesverwaltungsgericht[29] diese an der durchschnittlich vorhandenen Bebauung orientierte Regelung nicht beanstandet und ausgeführt, sie werde „durch sachliche Gründe, nämlich durch den Gesichtspunkt der Praktikabilität und die besonderen örtlichen Verhältnisse, die der Ortsgesetzgeber im Rahmen seiner Gestaltungsfreiheit berücksichtigen darf, hinreichend gerechtfertigt". Gleichwohl hat das Bundesverwaltungsgericht nicht verkannt, daß eine solche Regelung vor allem bei zwei Fallgruppen zu unbefriedigenden Ergebnissen führt, nämlich dann, wenn nur mit einer geringeren als der dem Durchschnittswert entsprechenden Geschoßfläche gebaut werden *durfte* und wenn die tatsächlich vorhandene Geschoßfläche den Durchschnittswert übersteigt. Diese beiden – wenn auch möglicherweise nicht sehr häufigen – Fälle sollten daher im Interesse einer möglichst gerechten Aufwandsverteilung in der Verteilungsregelung besonders berücksichtigt werden. Dadurch dürften zugleich die erwähnten Bedenken des Oberverwaltungsgerichts Münster ausgeräumt werden können, ohne daß den Kommunen unzumutbare Schwierigkeiten bei der Handhabung einer in solcher

---

28 Vgl. u. a. OVG Münster, Urteil vom 26.8.1974 – III A 1201/72 – und zuletzt Urteil vom 17.3.1976 – III A 1400/74 –.

29 Vgl. BVerwG, Urteil vom 10.10.1975 – VII C 64.74 –, a. a. O.

Weise verfeinerten Satzungsregelung entstehen dürften. Diese Verfeinerung kann dadurch erreicht werden, daß bei den genannten beiden Fallgruppen abweichend von dem ermittelten Durchschnittswert auf die tatsächlichen höheren oder tieferen Werte (Geschoßfläche bzw. Anzahl der Vollgeschosse) abgestellt wird.

VII. 1. Eine den Anforderungen des § 131 Abs. BBauG entsprechende Verteilungsregelung muß nicht nur die Unterschiedlichkeiten des Maßes, sondern auch der Art der Nutzung berücksichtigen und zwar in beplanten und in unbeplanten Gebieten[30]; nur das eine oder das andere zu berücksichtigen reicht nicht aus[31]. Es stellt sich daher die Frage, ob und wie diese beiden Kriterien für die Ausnutzbarkeit von Grundstücken zur Vereinfachung der Berechnungsmethode aneinander geknüpft werden können. In der Bauleitplanung ist die Nutzungsart das primäre Element, dem sich das Maß der Nutzung zuordnet. Dem entspricht die Stellung der Begriffe im Wortlaut des Gesetzes.

Bei dem Verteilungsmaßstab des § 131 Abs. 2 Satz 1 Nr. 1 BBauG ist aber dieselbe Anknüpfung des Maßes an die Art der Nutzung nicht unmittelbar möglich, denn die Verteilung erfordert ein zahlenmäßiges Verhältnis, das die Nutzungsarten zueinander nicht von vornherein haben. Anstatt den Maßstab durch die Einführung von Grundzahlen für die Nutzungsarten unnötig zu komplizieren, kann hier der durchaus herrschenden Praxis entsprechend durch die Anknüpfung der Art an das Maß der Nutzung ein einfacherer Weg beschritten werden. Dazu bietet sich die Möglichkeit, die Nutzungsmaße, d. h. die ermittelten Geschoßflächen für die intensiveren Nutzungsarten mit bestimmten Faktoren zu vervielfältigen bzw. die auf Grund der Anzahl der Vollgeschosse ermittelten Vomhundertsätze durch die Addition von bestimmten Vomhundertsätzen zu erhöhen.

2. Das Bundesverwaltungsgericht[32] hat es nicht für erforderlich gehalten, für sämtliche in § 17 Baunutzungsverordnung festgelegten Baugebiete jeweils unterschiedliche Verteilungsmaßstäbe festzusetzen. Vielmehr genüge es in der Regel, wenn wenigstens die rein gewerblich oder industriell genutzten Grundstücke stärker belastet worden. Dagegen hat das Oberverwaltungsgericht Münster[33] eine weitergehende Differenzierung z. B. auch zwischen der gewerblichen und der industriellen Nutzung verlangt, weil der Vorteil, ein Grundstück gewerblich oder industriell nutzen zu können, einen erheblichen Unterschied ausmache. Es dürfte daher zweckmäßig sein, zwischen der Art der Nutzungsmöglichkeit von Grundstücken in Misch-, Kern- und Gewerbe- sowie in Industriegebieten zu differenzieren und in den übrigen Gebieten die *tatsächlich* überwiegend gewerblich oder industriell genutzten Grundstücke stärker zu belasten. Für die Bestimmung des Charakters eines Gebietes kann in beplanten Gebieten problemlos auf die Festsetzungen des Bebauungsplanes zurückgegriffen werden. In den unbeplanten Gebieten können zur Bestimmung des Gebietscharakters die in den §§ 2 ff. der Baunutzungsverord-

30 Vgl. u. a. BVerwG, Urteil vom 16.2.1973 – IV C 52.71 –, in: BVerwGE 42, 17.
31 Vgl. u. a. OVG Münster, Urteil vom 29.11.1972 – III A 1063/70 –, in: ZMR 1973, 342.
32 Vgl. BVerwG, Urteil vom 16.2.1973 – IV C 52.71 –, a. a. O.
33 Vgl. OVG Münster, Urteil vom 6.9.1974 – II A 1173/73 –, in: KStZ 1975, 154 zum Kanalanschlußbeitrag.

nung angegebenen Merkmale herangezogen werden, wobei von der regelmäßig zulässigen Bebauung i. S. der Absätze 2 der §§ 2 ff. Baunutzungsverordnung auszugehen ist und die nur ausnahmsweise zulässigen Bauvorhaben außer Betracht zu bleiben haben. Erfüllt z. b. die bestimmende, aus Wohngebäuden bestehende Bebauung an einer Erschließungsanlage die Merkmale des § 3 Abs. 2 Baunutzungsverordnung und handelt es sich daher um ein reines Wohngebiet, so muß ein in diesem Bereich befindlicher, die Umgebung jedoch nicht prägender Gewerbebetrieb mit einem entsprechenden Zuschlag belastet werden.

3. Besondere Schwierigkeiten macht es zweifellos, den sich aus einer Nutzungsart ergebenden Vorteil im Vergleich zu anderen Nutzungsarten zu erfassen und den Unterschieden in einer generellen Norm Rechnung zu tragen. Denn der wirtschaftliche Vorteil, den eine Erschließungsanlage hinsichtlich der zulässigen Nutzungsart bietet, schwankt sehr stark nach der Gemeindegröße, der Gemeindestruktur, der Lage des Grundstücks innerhalb des Gemeindegebietes, dem Gewerbezweig, der Betriebsgröße und der Betriebsform (z. B. handwerkliche oder industrielle Betriebsform). Daher „wird der durch den Wahrscheinlichkeitsmaßstab gesteckte Rahmen hier besonders weit gezogen und der Ausfüllung durch das ortsgesetzgeberische Ermessen ein besonders weiter Spielraum belassen werden müssen, wobei man den praktischen Schwierigkeiten auch nur dann gerecht werden kann, wenn den Gemeinden hier die Möglichkeit einer stärkeren Pauschalierung bleibt als bei der Berücksichtigung des Maßes der Nutzung"[34].

Unter diesen Umständen dürfte es als angemessen und deshalb zulässig anzusehen sein, wenn der unterschiedlichen Art der Nutzungsmöglichkeit von Grundstücken dadurch Rechnung getragen wird, daß die ermittelte zulässige Geschoßfläche beispielsweise in Mischgebieten mit 1,5, in Kern- und Gewerbegebieten mit 2,0 und in Industriegebieten mit 2,5 vervielfältigt bzw. die auf Grund der Anzahl der Vollgeschosse ermittelten Vomhundertsätze in Mischgebieten um 25, in Kern- und Gewerbegebieten um 50 und in Industriegebieten um 100 Prozentpunkte erhöht werden. In den übrigen Gebieten sollte der intensiveren tatsächlichen Nutzung und der dadurch im allgemeinen erzielten wirtschaftlichen Vorteile dadurch Rechnung getragen werden, daß die zulässigen Geschoßflächen von tatsächlich überwiegend gewerblich genutzten Grundstücken mit 2,0, von tatsächlich überwiegend industriell genutzten Grundstücken mit 2,5 vervielfältigt bzw. die entsprechenden Vomhundertsätze um 50 bzw. 100 Prozentpunkte erhöht werden. Schwierigkeiten, die sich vor allem bei der Bestimmung des Gebietscharakters in unbeplanten Gebieten und bei der Bestimmung, ob ein Grundstück überwiegend gewerblich oder industriell genutzt wird, ergeben und für einzelne Anlieger zu unbilligen Härten führen können, sollten im Einzelfall durch die Anwendung des § 135 Abs. 5 BBauG ausgeräumt werden[35], wobei die Gemeinden die dadurch ausfallenden Beträge selbst tragen müßten.

---

34 Vgl. OVG Münster, Urteil vom 16.12.1974 – III A 666/72 –.
35 Vgl. dazu OVG Münster, Urteil vom 20.12.1972 – III A 963/71 –.

IX. Besondere Probleme wirft die Behandlung der mehrfach erschlossenen Grundstücke auf, d. h. der Grundstücke, die entweder an zwei oder mehr aufeinanderstoßenden Erschließungsanlagen (sog. Eckgrundstücke) oder aber zwischen zwei Erschließungsanlagen liegen[36].

Ausgehend von dem Vorteilscharakter des Erschließungsbeitrages sind diese Grundstücke beitragspflichtig für alle jene Anlagen, durch die sie erschlossen werden oder erschlossen werden können[37]. Denn ein durch mehrere Straßen erschlossenes Grundstück hat von dieser mehrfachen Erschließungsmöglichkeit grundsätzlich Vorteile[38], in der Heranziehung eines Grundstückseigentümers zu den Straßenbaukosten mehrerer Straßen liegt daher im Grundsatz keine unbillige Härte im Sinne des § 135 Abs. 5 BBauG[39].

1. Allerdings wird in aller Regel zumindest für nur dem Wohnen dienende Grundstücke – im Gegensatz zu den gewerblich nutzbaren Grundstücken – der durch die zusätzliche Erschließungsmöglichkeit gebotene Vorteil nicht so hoch zu bewerten sein, daß sie bei der Verteilung des beitragsfähigen Aufwandes für alle sie erschließenden Anlagen in voller Höhe berücksichtigt werden müßten. Denn insbesondere für freistehende Wohnhäuser in Ecklage ist das praktische Bedürfnis nach einer zweiten Zufahrt oft nur gering zu veranschlagen, dagegen wird der zusätzliche Verkehrslärm vielfach als Nachteil empfunden. Andererseits wird ein größerer Betrieb nicht ungern Zugänge oder Zufahrten von verschiedenen Richtungen zum Betriebsgelände anlegen wollen[40].

Dementsprechend ist die Praxis zulässigerweise ganz allgemein dazu übergegangen, den Eigentümern von mehrfach erschlossenen Wohngrundstücken satzungsmäßig festgelegte Ermäßigungen von Erschließungsbeiträgen zu gewähren. Solche Ermäßigungen können auf die übrigen Anlieger der Erschließungsanlage umgelegt werden[41]. Soll das aber geschehen, so bedeutet dies, daß die Ermäßigungsregelung bereits in der Vorschrift über die Verteilung des beitragsfähigen Aufwandes satzungsmäßig festgelegt werden muß.

2. a) Bei der Formulierung einer solchen satzungsmäßigen Vergünstigungsregelung sind jedoch einige Grenzen zu beachten. So wäre es unzulässig, wenn die Gemeinde in ihrer Ortssatzung ein mehrfach erschlossenes Grundstück *nur* für eine Straße beitragspflichtig machen wollte. Den dann würde sich die durch die Vergünstigung für die übrigen Anlieger ergebende Mehrbelastung bei der einen Straße überhaupt nicht, bei der anderen Straße aber voll auswirken. Darüber hinaus könnte eine solche Regelung bei völlig unterschiedlichem Niveau von zwei Erschließungsanlagen dazu führen, daß der Eigentümer z. B. eines Eckgrundstückes

36 Vgl. dazu im einzelnen Schmidt, a. a. O., S. 389 ff. mit zahlreichen Nachweisen.
37 Vgl. zum Begriff des „erschlossenen" Grundstücks u. a. Schmidt, a. a. O., S. 308 ff.
38 Vgl. u. a. BVerwG, Urteil vom 6.5.1966 – IV C 136.65 –, in: DVBl. 1966, 693 und BayVGH, Urteil vom 28.10.1965 – 47 IV 64 –, in: VerwRspr 17, 841.
39 Vgl. u. a. BVerwG, Urteil vom 19.10.1966 – IV C 99.65 –, in: BVerwGE 25, 147.
40 Vgl. BVerwG, Urteil vom 2.7.1971 – IV C 71.69 –, in: KStZ 1971, 220.
41 Vgl. u. a. BVerwG, Urteile vom 29.5.1968 – IV C 23.66 –, in: KStZ 1969, 57 und vom 6.9.1968 – IV C 96.66 –, in: KStZ 1969, 140.

nur zu den Kosten der schmaleren und deshalb im Ausbau billigeren Straße herangezogen würde und damit seine Inanspruchnahme niedriger als die seiner an der breiteren und deshalb im Ausbau teureren Straße anliegenden Nachbarn sein würde, obwohl für den Regelfall die Erschließung des Eckgrundstückes gegenüber dem „normalen" Grundstück nachhaltiger und intensiver ist[42]. Die Gefahr einer solchen ungerechtfertigten Ungleichbehandlung besteht auch dann, wenn nach der Satzung für jede Straße nur ein Beitrag in Höhe von 50 vom Hundert des sonst zu erhebenden Beitrags gefordert wird[43]. Um auf diese Art und Weise entstehende Ungleichbehandlungen weitgehend zu vermeiden, empfiehlt es sich, in der Ortssatzung die Eigentümer von mehrfach erschlossenen Grundstücken für *jede* in Frage kommende Straße mit 60 vom Hundert oder zwei Dritteln[42] bei der Verteilung des beitragsfähigen Aufwandes zu berücksichtigen, denn insgesamt dürfte dann der Gesamtbeitrag z. B. für die Kosten des Ausbaus einer schmaleren und einer breiteren Straße im Regelfall noch über dem Einzelbeitrag für die Kosten des Ausbaus nur der breiteren Straße liegen.

b) Nach der Rechtsprechung des Bundesverwaltungsgerichts[42] darf sich die Vergünstigung „bei besonders großen Eckgrundstücken nicht auf das gesamte Grundstück auswirken. Liegt das Grundstück etwa an einer Straße mit einer Breite von 100 m, so wird in aller Regel bei einem großen Teil des Grundstücks eine Belästigung durch die Ecklage nicht vorhanden sein.

In einem solchen Fall erscheint es erforderlich, die Ermäßigung für die Ecklage nur auf einen Teil des Grundstücks zu erstrecken, der insoweit als das Eckgrundstück zu behandeln ist". Es empfiehlt sich nach dieser Rechtsprechung, nur den Teil des Grundstücks als Eckgrundstück im Sinne der Erschließungsregelung zu behandeln, der der durchschnittlichen Frontlänge der übrigen an der Straße liegenden Grundstücke entspricht. Grenzt beispielsweise an eine nur 200 m lange Straße das Eckgrundstück des Eigentümers A mit 100 m und betragen die Frontlängen der übrigen sechs Anlieger durchschnittlich 50 m, so ist dem Eigentümer A nur für die ersten 50 m (ab der Kreuzung) die Eckgrundstücksvergünstigung zu gewähren. Hinsichtlich der weiteren 50 m Frontlänge ist er wie ein „normaler" Anlieger zu behandeln.

Durch eine solche Beschränkung dürfte im übrigen auch einer weiteren Forderung des Bundesverwaltungsgerichts[44] Rechnung getragen werden können, wonach die sich für die übrigen Anlieger durch die Vergünstigungsregelung ergebende Mehrbelastung 50 % des ohne die Berücksichtigung dieser Vergünstigungsregelung auf sie entfallenden Beitrages nicht übersteigen darf.

5. Wenn ein Grundstück außer durch kommunale (erschließungsbeitragsfähige) Erschließungsanlagen auch durch eine sog. klassifizierte Straße (z. B. Bundes-, Landes- oder Kreisstraße) erschlossen wird, muß diese klassifizierte Straße mit den ihr zurechenbaren Teileinrichtungen für die Anwendung der Vergünstigungs-

---

42 Vgl. BVerwG, Urteil vom 4.9.1970 – IV C 98.69 –, in: DVBl. 1971, 215.
43 Vgl. ebenso Schmidt, a. a. O., S. 397 mit weiteren Nachweisen.
44 Vgl. BVerwG, Urteil vom 4.9.1970 – IV C 98.69 –, DVBl. 1971, 215.

regelung außer Betracht bleiben. Denn diese der klassifizierten Straße zurechenbaren Teileinrichtungen (z. B. die Fahrbahnen) liegen nicht in der Baulast der Gemeinde, ihr entstehen insoweit keine Herstellungskosten, die sie im Wege der Beitragserhebung auf die Anlieger abwälzen könnte. Für solche Teileinrichtungen kann somit keine zusätzliche Beitragspflicht, die den wesentlichsten Grund für die Rechtfertigung der Vergünstigungsregelung darstellt, entstehen.

Soweit es allerdings um Herstellungskosten für Teileinrichtungen an klassifizierten Straßen geht, die in der Baulast der Gemeinden liegen – praktisch handelt es sich vor allem um Gehwege und die sog. Überbreiten an den Ortsdurchfahrten der klassifizierten Straßen –, ist wiederum Raum für die Vergünstigungsregelung. Konkret bedeutet dies folgendes: Wird z. B. eine auf eine Bundesstraße innerhalb der Ortsdurchfahrt stoßende Ortsstraße erstmalig endgültig in allen Teileinrichtungen hergestellt, so ist dem Eigentümer des an dieser Kreuzung liegenden Eckgrundstückes die Vergünstigung bezüglich der Fahrbahn nicht zu gewähren, weil er für die Fahrbahn der Bundesstraße (einmal abgesehen von der sog. Überbreite) ohnehin nicht beitragspflichtig ist. Dagegen ist die Vergünstigung bezüglich der Gehwege zu gewähren, denn in der Ortsdurchfahrt der Bundesstraße ist die Gemeinde für die Gehwege Baulastträger und kann daher Beiträge für die Herstellung sowohl der Gehwege an der Ortsstraße als auch der Gehwege an der Bundesstraße verlangen[45].

C. Straßenbaubeitragsrecht nach den Kommunalabgabengesetzen der Länder

I. Im Gegensatz zum BBauG für das Erschließungsbeitragsrecht enthält § 8 KAG NW ausdrücklich weder eine Bestimmung darüber, was Gegenstand der Beitragspflicht ist, noch eine Normierung konkreter Maßstäbe, nach denen der beitragsfähige Aufwand zu verteilen ist. Nur mittelbar lassen sich diese fehlenden Angaben aus dem Wortlaut des § 8 KAG NW herleiten: Nach § 8 Abs. 6 Satz 1 in Verbindung mit § 8 Abs. 2 Satz 2 und 3 sind die Beiträge nach den Vorteilen zu bemessen, die den Grundstückseigentümern und Erbbauberechtigten durch die Möglichkeit der Inanspruchnahme der Straßen geboten werden; dabei dürfen Gruppen von Beitragspflichtigen mit annähernd gleichen Vorteilen zusammengefaßt werden (§ 8 Abs. 6 Satz 2).

1. Die Benennung der Grundstückseigentümer und Erbbauberechtigten als Beitragspflichtige macht die Abhängigkeit der Beitragspflicht vom Grundstück deutlich mit der Folge, daß Beitragsgegenstand die Grundstücke sind und daß demnach der beitragsfähige Aufwand wie im Erschließungsbeitragsrecht auf die Grundstücke zu verteilen ist[46]. Daraus ergibt sich zugleich, daß der Beitrag grundstücksbezogen ist in dem Sinne, daß auch nur grundstücksbezogene – und nicht etwa personenbezogene – Verteilungsmaßstäbe zulässig sind. Somit kommen als Maßstäbe für die Verteilung des beitragsfähigen Aufwandes grundsätzlich die gleichen Maßstä-

---

45 Vgl. Schmidt, a. a. O., S. 404.
46 Dies entspricht der allgemeinen Meinung, vgl. u. a. Bauernfeind-Zimmermann, Komm. zum KAG NW, § 8 Rdn. 51.

be in Betracht, die für die Abrechnung von Straßenbaukosten nach dem BBauG anwendbar sind[47].

2. Allerdings genügen ebenso wie im Erschließungsbeitragsrecht die lediglich auf die Grundstücksfläche oder die Frontlänge (Grundstücksbreite an der Erschließungsanlage) abstellenden Verteilungsmaßstäbe allein oder miteinander kombiniert nicht, um in allen denkbaren Abrechnungsfällen bei der Verteilung des beitragsfähigen Aufwandes der Vorschrift des § 8 Abs. 6 Satz 1 KAG NW entsprechend die Beiträge nach den Vorteilen (unterschiedlich) zu bemessen[48].

Denn bei der Bemessung der Vorteile darf in entsprechender Anwendung der für Benutzungsgebühren geltenden Vorschrift des § 6 Abs. 3 Satz 2 KAG NW nur derjenige Wahrscheinlichkeitsmaßstab gewählt werden, der nicht in einem offensichtlichen Mißverhältnis zu den gebotenen Vorteilen steht[49]. Da aber die gebotenen Vorteile ganz entscheidend abhängen von der Grundstücksnutzung, sind die genannten Maßstäbe immer dann ungeeignet, wenn Beiträge für Ausbaukosten von Straßen in Gebieten erhoben werden sollen, in denen die Grundstücke hinsichtlich ihrer Nutzung nicht unerhebliche Unterschiede aufweisen.

3. Ein auf die Flächennutzung bezogener Verteilungsmaßstab muß verständlicherweise auf das unterschiedliche Maß der Grundstücksnutzung[50] abstellen, denn das Maß der Grundstücksnutzung bestimmt entscheidend das Maß der Inanspruchnahme der Straße und damit die daraus erwachsenden Vorteile. Darüber hinaus muß ein solcher Maßstab auch die sich aus einer unterschiedlichen Art der Grundstücksnutzung ergebenden Vorteile berücksichtigen[51]. „Anderenfalls", so begründet z. B. der Bayerische Verwaltungsgerichtshof[52] diese Auffassung, „würden die Eigentümer von Wohngebäuden im Verhältnis zu denjenigen von gewerblich genutzten Grundstücken zu Unrecht in erhöhtem Maße zur Beitragsleistung herangezogen, obwohl offenkundig die Vorteile einer verbesserten Straße für gewerblich und industriell genutzte Grundstücke erheblich größer sind, bedenkt man allein die erleichterte An- und Abfahrt von Lieferfahrzeugen." Da die Forderung nach Berücksichtigung der Unterschiedlichkeit von Art und Maß der Grundstücksnutzung dem Wesen des Beitrages immanent sei, so fährt der Bayerische Verwaltungsgerichtshof fort, sei „eine besondere gesetzlich Bestimmung, wie sie in § 131 Abs. 3 das Bundesbaugesetz enthält, nicht notwendig". Anders als im Erschließungsbeitragsrecht könne „eine Unterscheidung dahin, daß einer verschiedenen Art der Nutzung nur in neuerschlossenen oder erst zu erschließenden Baugebieten Rechnung zu tragen wäre (§ 131 Abs. 3 BBauG)" nicht in Betracht kommen. „Es ist nämlich kein Grund ersichtlich, warum nur in neuerschlossenen Gebieten die von

47 Vgl. u. a. OVG Münster, Urteil vom 21. April 1975 – II A 769/72 –, in: KStZ 1975, 217.
48 Vgl. ebenso für die entsprechende Regelung des Bayerischen KAG Schieder/Angerer/Moezer, Komm. zum BayKAG, Art. 5 Anm. 3 S. 69 mit weiteren Nachweisen.
49 Vgl. OVG Münster, Urteil vom 6.9.1974 – II A 1173/73 –, in: KStZ 1975, 154.
50 Vgl. zum Maß der Grundstücksnutzung im einzelnen oben B III.
51 Vgl. u. a. OVG Münster, Urteile vom 6.9.1974 – II A 1173/73 –, a. a. O., vom 21. April 1975 – II A 769/72 –, a. a. O. und vom 15.9.1975 – II A 1347/73.
52 Vgl. BayVGH, Urteil vom 2.6.1975 – 256 VI 73 –, in: BayVerwBl. 1976, 16.

einer verbesserten Straße ausgehenden Vorteile für gewerblich genutzte Grundstücke größer sein sollten. Dies gilt vielmehr in gleichem Maße auch für Altbaugebiete"[52].

Dieser durchaus überzeugenden Argumentation folgend empfiehlt es sich daher, ebenso wie im Erschließungsbeitragsrecht einen einzigen Verteilungsmaßstab zu wählen, und zwar einen Maßstab, der die Unterschiedlichkeit von Art und Maß der Grundstücksnutzung angemessen berücksichtigt.

4. Nach der Rechtsprechung des Oberverwaltungsgerichts Münster[53] soll es bei der Verteilung des beitragsfähigen Aufwandes nach § 8 KAG NW gestattet sein, die Bemessung der Vorteile grundsätzlich sowohl an der zulässigen als auch an der *tatsächlichen* Grundstücksnutzung zu orientieren, und zwar unabhängig davon, ob es sich um beplante oder unbeplante Gebiete handelt. „Wenn es", so meint das Oberverwaltungsgericht Münster, „im § 8 Abs. 2 Satz 2 KAG heißt, Beiträge seien von den Grundstückseigentümern als Gegenleistung dafür zu erheben, daß ihnen durch die Möglichkeit der Inanspruchnahme der Einrichtungen und Anlagen wirtschaftliche Vorteile geboten werden, so bedeutet das nur, daß es nicht darauf ankommt, ob die Inanspruchnahme der Einrichtungen und Anlagen tatsächlich erfolgt oder beabsichtigt ist. Nach seiner Stellung im Gesetzestext bezieht sich das Wort ‚Möglichkeit' auf die Inanspruchnahme der Einrichtungen und Anlagen, nicht jedoch auf die wirtschaftlichen Vorteile"[53]. Nutze ein Eigentümer sein Grundstück nicht in vollem zulässigen Umfang aus und mache er daher nicht vollständig von den ihm durch die Möglichkeit der Inanspruchnahme der Anlage gebotenen Vorteilen Gebrauch, so sei es nicht zwingend geboten, „auch den darüber hinausgehenden, nicht realisierten Vorteil zu erfassen. Notwendig ist nur, den im Zeitpunkt der Heranziehung gegebenen Vorteil zu berücksichtigen. Die Vernachlässigung der Chance einer späteren intensiveren Ausnutzung eines Grundstücks rechtfertigt sich aus der wirtschaftlichen Erwägung, daß – im Plangebiet wie im nicht beplanten Gebiet – nur in seltenen Fällen eine nachträgliche Mehrausnutzung durch Nutzungsänderung oder Aufstockung erfolgen wird. Wenn solche Ausnahmen nicht erfaßt werden, so kann dies wegen der dem Abgabenrecht eigenen Anknüpfung an typische Sachverhalte hingenommen werden"[53].

Dieser Auffassung des Oberverwaltungsgerichts Münster dürfte nicht zu folgen sein, seine Argumentation erscheint wenig überzeugend.

Wenn es in § 8 Abs. 2 Satz 2 KAG NW heißt, daß der Beitrag die Gegenleistung dafür sein soll, daß den Eigentümern durch die Möglichkeit der Inanspruchnahme der Einrichtung wirtschaftliche Vorteile *geboten* werden, so ergibt sich aus dieser Fassung des Gesetzes, daß Anknüpfungspunkt für die Vorteilsbemessung nur der abstrakte, aus der Inanspruchnahmemöglichkeit erwachsene Vorteil sein kann[54]. Bemessungsgrundlage ist nicht der vom Grundstückseigentümer tatsächlich realisierte Vorteil, sondern derjenige Vorteil, der für ihn bauplanungs- und bodenrecht-

---

53 Vgl. OVG Münster, Urteil vom 26.7.1974 – II A 436/73.
54 Vgl. von Mutius, Sind Art und Maß der tatsächlichen Flächennutzung ein zulässiger Verteilungsmaßstab für Ausbaubeiträge nach § 8 KAG NW?, in: KStZ 1972, 232 ff.

lich realisierbar ist[55]. Dem entspricht es, wenn es in der amtlichen Begründung der Regierungsvorlage[56] heißt: „Maßstab für den einzelnen Beitragspflichtigen ist ... der ihm gewährte objektive Benutzungsvorteil."

Nur wenn man bei der Verteilung des beitragsfähigen Aufwandes darauf abstellt, wie sich die Nutzung eines Grundstücks nach baurechtlichen Gesichtspunkten entwickeln kann, wird man dem Wortlaut des Gesetzes, wonach der Beitrag eine Gegenleistung für *gebotene* wirtschaftliche Vorteile sein soll, gerecht.

Für die hier vertretene Ansicht, daß die Beitragsbemessung nur an den abstrakten, durch die Inanspruchnahmemöglichkeit objektiv gebotenen Vorteil anknüpfen darf, spricht weiter, daß das Gesetz eine Differenzierung zwischen bebauten und unbebauten Grundstücken nicht vorsieht. Daraus ist zu schließen, daß – unabhängig von Art und Maß der tatsächlichen Nutzung eines Grundstücks durch den jeweiligen Eigentümer – der mit dem Beitrag abzugeltende Vorteil bei bebauten und unbebauten Grundstücken identisch sein soll. Da es bei unbebauten Grundstücken an einer tatsächlichen Nutzung fehlt, kann somit allein die *Nutzbarkeit* eines Grundstücks maßgebliche Grundlage für die Vorteilsermittlung sein. Der aus der Nutzbarkeit folgende objektive Benutzungsvorteil richtet sich wiederum nicht danach, was der Eigentümer bezogen auf die Nutzung seines Grundstücks verwirklichen will oder verwirklicht hat, sondern danach, was er im Rahmen des baurechtlich Zulässigen verwirklichen kann[57].

Auch die Zweckbestimmung des Beitrages als Gegenleistung für die von den Gemeinden den Pflichtigen erbrachten Sondervorteile spricht dafür, daß es bei der Vorteilsermittlung allein auf die nach Art und Maß zulässige Grundstücksnutzung ankommen kann. Den durch die Gemeinden gewährten Sondervorteilen stehen Investitionen für den Ausbau von Straßen gegenüber, die den Grundstückseigentümern zumindest für längere Zeit zugute kommen. Da sich die den Gemeinden über den Beitrag zufließende Gegenleistung in einer einmaligen Erhebung erschöpft, erscheint es der Zweckbestimmung des Beitrages allein zu entsprechen, seine Bemessung nach der möglichen baulichen Entwicklung eines Grundstücks vorzunehmen[58].

Im übrigen erscheint es zumindest äußerst zweifelhaft, ob Erfahrungssätze des Inhalts bestehen, daß nur in seltenen Fällen eine Nutzungsänderung oder Aufstockung bereits bebauter Grundstücke vorgenommen wird bzw. daß das Maß der tatsächlichen Nutzung mit dem der zulässigen in der Regel identisch sein wird.

Ebenso wie im Erschließungsbeitragsrecht ist daher auch im Straßenbaubeitragsrecht nach den Kommunalabgabengesetzen der Länder für die Verteilung des beitragsfähigen Aufwandes grundsätzlich auf die zulässige Grundstücksnutzung ab-

---

55 Vgl. VG Düsseldorf, Urteil vom 21.1.1976 – 5 K 3054/74.
56 Vgl. Landtagsdrucksache Nr. 810, VI. Wahlperiode, S. 43.
57 Vgl. VG Düsseldorf, Urteil vom 21.1.1976 – 5 K 3054/74.
58 Vgl. VG Minden, Urteil vom 18.4.1975, abgedruckt in Mitteilungen des Nordrhein-Westfälischen Städte- und Gemeindebundes 1975, 303 ff.

zustellen[59]. Lediglich aus Gründen der Praktikabilität und der Abgabenklarheit erscheint es jedoch in unbeplanten Gebieten gerechtfertigt, abweichend davon den Verteilungsmaßstab an der vorhandenen tatsächlichen Grundstücksnutzung zu orientieren[60].

IV. Hinsichtlich der Ausgestaltung des Verteilungsmaßstabes im einzelnen, d. h. hinsichtlich der Berücksichtigung von Art und Maß der baulichen und/oder gewerblichen Nutzung, kann auf die Ausführungen zum Erschließungsbeitragsrecht verwiesen werden. Insoweit sind keinerlei Gesichtspunkte erkennbar, die eine Übertragung jener Gedankengänge auf das Straßenbaubeitragsrecht nach den Kommunalabgabengesetzen der Länder ausschließen könnten.

V. In Übereinstimmung mit Thiem[61] hat der Hessische Verwaltungsgerichtshof[62] entschieden, daß die zum Erschließungsbeitragsrecht ergangene Rechtsprechung des Bundesverwaltungsgerichts[63] über die Abwälzung einer gewährten Eckgrundstücksvergütung auf die übrigen Anlieger einer Straße auf das Straßenbaubeitragsrecht nach den Kommunalabgabengesetzen der Länder **nicht** übertragen werden könne[64]. Denn die im Erschließungsbeitragsrecht die Vergünstigungsregelung rechtfertigenden Gedanken träfen für das Straßenbaubeitragsrecht nach den Kommunalabgabengesetzen nicht zu. Zum einen nämlich scheide der Gesichtspunkt aus, daß zumindest bei Wohn-Eckgrundstücken die Verdichtung des Straßennetzes durch die Anlegung neuer Erschließungsanlagen als in erheblichem Maße nachteilig (mehr Lärm, mehr Schmutz, mehr Straßenreinigungsfläche, mehr Einblick durch Passanten) empfunden werden könne. Die nach dem KAG abzurechnenden Ausbaumaßnahmen führten gerade nicht zu einer Veränderung im Bestand des Straßennetzes, sondern nur zu einer Verbesserung des Zustandes einzelner, bereits vorhandener Straßen, wodurch die Nachteile der Straßenanliegereigenschaft (Lärm, Erschütterung und Staub) gemildert oder beseitigt und ihre Vorteile (größere Ebenheit, größere Sauberkeit, größere Trockenheit, bessere Beleuchtung) erhöht würden. Zum anderen aber scheide auch der Gesichtspunkt der Doppelbelastung aus. Während davon auszugehen sei, daß jede geplante und neu angelegte Straße irgendwann einmal erstmalig hergestellt sei und eine Beitragspflicht auslöse, sei es völlig unsicher, ob, wann, inwieweit und mit welchem Aufwand eine einzelne bereits existente Straße einmal verbessert werde. Es sei z. B.

---

59 Im Ergebnis wie hier von Mutius, Sind Art und Maß der tatsächlichen Flächennutzung ein zulässiger Verteilungsmaßstab für Ausbaubeitrage nach § 8 KAG NW?, a. a. O.; VG Minden, Urteil vom 18.4.1975, a. a. O.; ferner VG Düsseldorf, Urteile vom 10.9.1975 – 5 K 2517/73 – und vom 21.1.1976 – 5 K 3054/74 –. Vgl. zum BayKAG u. a. BayVGH, Urteil vom 2.6.1975 – 256 VI 73 –, in: BayVerwBl. 1976, 16 sowie Schieder/Angerer/Moezer, a. a. O., Art. 5, Anm. 3, S. 70.

60 Vgl. dazu BVerwG, Urteil vom 10.10.1975 – VII C 64.74 –, in: KStZ 1976, 13.

61 Vgl. Thiem, Straßenkostenbeiträge bei fertiggestellten Straßen, 2. Auflage, S. 121 ff.

62 Vgl. HessVGH, Urteil vom 29.4.1974 – VI OE 28/72 –, in: Gemeindetag 1975, 78 ff.

63 Vgl. u. a. BVerwG, Urteil vom 4.9.1970 – IV C 98.69 –, in: DVBl. 1971, 215.

64 A. A. u. a. Bauernfeind-Zimmermann, a. a. O., § 8 Rdn. 56 und Küffmann, Überlegungen zur Verteilung des Beitrags nach § 8 KAG NW auf Eckgrundstücke, in: Staats- und Kommunalverwaltung 1971, 262 ff.

denkbar, daß die X-Straße in den nächsten 15 Jahren noch dreimal Verbesserungen erführe, die eine Beitragspflicht auslösen könnten, während an der sie kreuzenden Y-Straße im gleichen Zeitraum überhaupt keine Verbesserungsmaßnahmen vorgenommen würden. Aus welchem Grunde die Eigentümer der an der Kreuzung gelegenen Grundstücke dann jedesmal nur ermäßigt herangezogen werden sollten, obwohl sie die gleichen Vorteile hätten wie ihre Nachbargrundstücke in der X-Straße, sei nicht einzusehen. „Wenn", so fährt der Hessische Verwaltungsgerichtshof fort, „aber die Eckgrundstücksermäßigungen selbst nicht sachlich gerechtfertigt sind, dürfen sie sich, wenn sie dennoch gewährt werden, jedenfalls nicht zu Lasten der übrigen Zahlungspflichtigen auswirken. Sie stellen dann vielmehr nur eine reine Billigkeitsmaßnahme dar, deren Folgen die betreffende Gemeinde selbst übernehmen muß"[62].

b) Diese Argumentation des Hessischen Verwaltungsgerichtshofes vermag nicht voll zu überzeugen. Zum einen ist es nämlich in der Praxis durchaus nicht so, daß Erschließungsbeitrage *nur* bei einer Veränderung des Straßennetzes durch die Anlegung völlig neuer Erschließungsanlagen erhoben werden. Zwar mag dies für neuerschlossene Gebiete zutreffen, in der Regel aber nicht für alterschlossene Gebiete. In den letzteren Gebieten werden Erschließungsbeiträge erhoben für die erstmalige endgültige bauprogrammgemäße Fertigstellung von häufig schon recht lange existenten, – aus welchen Gründen auch immer – vorher noch nicht im Rechtssinne hergestellten Straßen. Durch derartige Ausbauarbeiten werden ebenso wie durch nach dem KAG abzurechnende Ausbauarbeiten bisherige Nachteile der Straßenanliegereigenschaft gemildert oder beseitigt und ihre Vorteile erhöht. Zum anderen dürfte dem Gedanken, es sei völlig unsicher, „ob, wann, inwieweit und mit welchem Aufwand eine einzelne bereits vorhandene Straße einmal verbessert werde" keine maßgebliche Bedeutung zuzumessen sein. Mit Recht hat Küffmann[65] darauf hingewiesen, nicht zuletzt auf Grund der neueren Entwicklung sei davon auszugehen, „daß zu irgendwelchen Zeitpunkten irgendwelche Straßenbauarbeiten an allen Straßen durchzuführen sein werden". Da im übrigen auch im Straßenbau ein Trend dahingehend festzustellen sein dürfte, den modernen Anforderungen des Verkehrs entsprechend den technischen Zustand der Straßen in hohem Maße zu vereinheitlichen, dürfte sich auch insoweit die Situation nur unwesentlich vom Erschließungsbeitragsrecht unterscheiden.

2. Zutreffenderweise orientiert das Oberverwaltungsgericht Münster[66] seine Entscheidung zur Eckgrundstücksvergünstigung an der Regelung des § 8 Abs. 6 Sätze 1 und 2 KAG NW, nach der die Beiträge nach den Vorteilen zu bemessen sind, wobei Gruppen von Beitragspflichtigen mit annähernd gleichen Vorteilen zusammengefaßt werden dürfen. Vorteil in diesem Sinne sei der wirtschaftliche Vorteil, der durch die Möglichkeit der Inanspruchnahme der verbesserten Straße geboten

---

65 Vgl. Küffmann, Überlegungen zur Verteilung des Beitrags nach § 8 KAG NW auf Eckgrundstücke, a. a. O.

66 Vgl. OVG Münster, Urteil vom 21.4.1975 – II A 769/72 –, in: KStZ 1975, 217; vgl. dazu auch die kritische Anmerkung von Nolden, Beitragsermittlung für Eckgrundstücke noch § 8 KAG, in: Städte- und Gemeinderat 1975, 455 ff.

werde, d. h. der wirtschaftliche Vorteil müsse gerade infolge der Verbesserung entstanden sein. Daher komme es bei der Vorteilsbemessung für Eckgrundstücke nach § 8 KAG NW nicht auf deren allgemeine Erschließungssituation an. „Deshalb mindert die Ecklage eines Grundstücks nicht grundsätzlich den Vorteil, der mit dem Straßenbaubeitrag nach § 8 KAG abgegolten werden soll. Wird zum Beispiel in der Straße A ein Parkstreifen angelegt, so hat der Eigentümer eines angrenzenden Eckgrundstücks, das auch an der nicht mit einem Parkstreifen versehenen, im übrigen aber ebenso ausgestatteten Straße B liegt, durch die Anlegung des Parkstreifens in der Straße A den gleichen Vorteil wie die sonstigen Anlieger (und – mutatis mutandis – die Hinterlieger) der Straße A; die Gewährung einer Eckgrundstücksvergünstigung zu Lasten der Eigentümer der sonstigen Grundstücke würde dem Gebot des § 8 Abs. 6 Satz 1 KAG widersprechen, die Beiträge nach den (durch die Maßnahme bedingten) Vorteilen zu bemessen. Der mit einer Ausbaumaßnahme verbundene Vorteil für den Eigentümer eines Eckgrundstücks wäre im Vergleich mit den Vorteilen der sonstigen Grundstückseigentümer nur dann geringer, wenn die Straße B bereits die Ausstattung besäße, welche die Straße A erst durch die Ausbaumaßnahme erhält."

3. Nach den beiden angeführten, – soweit bekannt – bisher einzigen obergerichtlichen Entscheidungen zur sog. Eckgrundstücksvergünstigung ergeben sich somit für die Kommunen drei Möglichkeiten:

a) überhaupt keine Eckgrundstücksvergünstigungen zu gewähren.

Diese zweifellos einfache Lösung erscheint jedoch nicht unbedenklich, weil die Gewährung der Vergünstigung eine genauere Berücksichtigung des Umfangs des wirtschaftlichen Vorteils für den Begünstigten darstellt und damit dem Gebot des § 8 Abs. 6 KAG NW entspricht[67]. Das Oberverwaltungsgericht Münster[68] hat dementsprechend angedeutet, daß die Eckgrundstücksvergünstigung gewährt werden müßte, wenn ein Grundstück an mehr als zwei Straßen angrenzt und zwei Straßen bereits die Ausstattung aufweisen, welche die dritte erst durch die beitragsauslösende Maßnahme erhält.

b) Eckgrundstücksvergünstigungen nur als Billigkeitsmaßnahmen zu Lasten der Gemeinde zu gewähren.

Diese Lösung dürfte zwar grundsätzlich rechtlich zulässig sein. Vor allem mit Rücksicht auf den Gleichbehandlungsgrundsatz können sich jedoch praktische Schwierigkeiten ergeben. Zum einen nämlich müßte differenziert werden zwischen den an zwei und den an mehr als zwei Straßen liegenden Grundstücken sowie nach der jeweiligen Ausstattung der Straßen. Zum anderen müßten die Vorteile der Eckgrundstückseigentümer mit denen der sonstigen Anlieger in Beziehung gesetzt werden, so daß praktisch in jedem Einzelfalle gesonderte, nicht unerheblichen Aufwand erfordernde Prüfungen angestellt werden müßten. Im übrigen könnte diese Lösung zu nicht unbeachtlichen Beitragsausfällen führen.

---

67 Vgl. Bauernfeind-Zimmermann, a. a. O., § 8 Rdn. 56.
68 Vgl. OVG Münster, Urteil vom 21.4.1975 – II A 769/72 –, a. a. O.

c) Eckgrundstücksvergünstigungen nach einer den Anforderungen der Rechtsprechung des Oberverwaltungsgerichts Münster entsprechenden Satzungsregelung zu Lasten der übrigen Anlieger zu gewähren.

Diese Lösung hat den Vorteil, daß sie relativ praktikabel sein dürfte, weil es dem Gesetzgeber im Abgabenrecht gestattet ist, „bei der Regelung der Abgabenpflicht an typische Regelfälle eines Sachverhaltes anzuknüpfen und die Besonderheiten des Einzelfalles außer Betracht zu lassen. Eine derartige pauschalierende Regelung, die sich aus dem Gesichtspunkt der Praktikabilität rechtfertigt, verletzt als solche nicht den Gleichheitsgrundsatz."[69] Da eine solche Regelung schließlich auch Beitragsausfälle der Kommunen vermeidet, dürfte es sich empfehlen, dieser Lösung gegenüber den beiden anderen den Vorzug zu geben.

4. a) Eine entsprechend der Rechtsauffassung des Oberverwaltungsgerichts Münster differenzierte Eckgrundstücksvergünstigung müßte zunächst einmal abstellen auf die Ausstattung der in Betracht kommenden Straßen mit Teileinrichtungen. Konkret formuliert bedeutet dies, daß eine Vergünstigung nur gewährt werden kann, wenn zumindest eine der (möglicherweise mehreren) anderen Straßen bereits mit den Teileinrichtungen ausgestattet ist, die die beitragsauslösende Straße erst durch die abzurechnende Ausbaumaßnahme erhalten hat. Um das vom Oberverwaltungsgericht Münster gegebene Beispiel aufzugreifen: Ist die A-Straße bisher noch *nicht* mit einem Parkstreifen versehen und wird nunmehr in der B-Straße, die im übrigen wie die A-Straße ausgestattet ist, erstmals ein Parkstreifen angelegt, so ist für den an der Kreuzung der A- mit der B-Straße gelegenen Eckgrundstückseigentümer E die Eckgrundstücksvergünstigung *nicht* zu gewähren, weil ihm jetzt erstmals die Möglichkeit der Inanspruchnahme eines Parkstreifens eingeräumt wird und er somit von dieser Maßnahme die gleichen Vorteile hat wie die übrigen Anlieger der B-Straße. Befindet sich dagegen in der A-Straße bereits ein Parkstreifen, den der E als Anlieger auch dieser Straße benutzen konnte, und erhält jetzt erst die B-Straße ebenfalls einen Parkstreifen, so sind die dem E dadurch gebotenen Vorteile gegenüber den sonstigen Anliegern der B-Straße – die bisher in ihrer Straße keinen Parkstreifen benutzen konnten – vergleichsweise geringer zu bewerten. In diesem Falle ist demgemäß eine Eckgrundstücksvergünstigung zu gewähren. Oder: Hatten bisher bei auch ansonsten gleichartiger Ausstattung weder die A-Straße noch die B-Straße als sog. vorhandene Straßen im Rechtssinne[70] einen Gehweg und wird jetzt lediglich in der B-Straße ein Gehweg hergestellt, so ist die Eckgrundstücksvergünstigung für E nicht anzuwenden, weil seine Vorteile von der erstmaligen Anlegung eines Gehweges in diesem Bereich ebenso hoch zu bemessen sein dürften wie diejenigen der sonstigen Anlieger der B-Straße.

b) Das letztere Beispiel führt zu der Notwendigkeit einer noch über die Rechtsprechung des Oberverwaltungsgerichts Münster hinausgehenden Differenzierung:

---

69 Vgl. u. a. OVG Münster, Urteil vom 6.9.1974 – II A 1173/73 –, in: KStZ 1975, 154.
70 Vgl. zur Beitragserhebung noch § 8 KAG NW bei sog. vorhandenen Straßen Driehaus, Die Beitragserhebung nach § 8 KAG für Ausbaumaßnahmen an „vorhandenen" Straßen, in: Der Städtetag, 1974, 547 ff.

Hat nämlich die A-Straße bereits einen Gehweg, so ergibt sich daraus noch nicht zwangsläufig, daß die Vorteile des E durch die Anlegung des Gehweges in der B-Straße als im Vergleich zu den übrigen Anliegern der B-Straße erheblich geringer einzustufen sind und deshalb die Eckgrundstücksvergünstigung gewährt werden müßte. Ist z. B. der Gehweg in der A-Straße vor langer Zeit lediglich *provisorisch* hergestellt worden und befindet er sich deshalb jetzt in einem derartig schlechten Zustand, daß er praktisch nicht benutzbar ist, so dürfte der Vorteil des E durch die Anlegung des Gehweges in der B-Straße im wesentlichen ebenso zu bemessen sein wie der Vorteil der übrigen Anlieger der B-Straße. Daraus folgt, daß für die Anwendung der Eckgrundstücksvergünstigung nicht nur auf die Ausstattung mit Teileinrichtungen, sondern auch auf den (technischen) Ausbau*zustand* der Teileinrichtungen abzustellen sein dürfte.

Allerdings wäre eine Satzungsregelung wenig praktikabel, die auf den jeweiligen *tatsächlichen* Ausbauzustand einer Teileinrichtung abstellen würde. Vielmehr erscheint es sachgerecht, die Gewährung der Vergünstigung pauschalierend davon abhängig zu machen, daß eine Teileinrichtung bereits einmal dem Ausbauprogramm einer Erschließungsbeitragssatzung bzw. einer Anliegerbeitragssatzung nach dem Preußischen Straßen- und Baufluchtengesetz vom 2.7.1875 entsprechend hergestellt worden ist. Ist also der Gehweg in der A-Straße bereits einmal bauprogrammgemäß hergestellt worden und wird jetzt der Gehweg in der B-Straße erstmalig angelegt oder aber technisch verbessert oder erweitert, so ist die Eckgrundstücksvergünstigung zu gewähren, weil – entsprechend der im Abgabenrecht lediglich erforderlichen Anknüpfung an typische Regelfälle – davon ausgegangen werden kann, daß dem E durch die bauprogrammgemäße Herstellung der Gehwege in der A-Straße auch heute noch Vorteile geboten werden, die es ausschließen, die ihm durch die Inanspruchnahmemöglichkeit des erstmals angelegten bzw. verbesserten oder erweiterten Gehweges in der B-Straße eingeräumten Vorteile mit denjenigen der sonstigen Anlieger in der B-Straße gleichzusetzen.

c) Im Ergebnis dürfte daher ausgehend von der Rechtsprechung des Oberverwaltungsgerichts Münster zu empfehlen sein, die mit Rücksicht auf die Mehrfacherschließung einzuräumende Vergünstigung nur dann zu gewähren, wenn zumindest eine der anderen das Grundstück erschließenden Straßen bereits mit den entsprechend dem Bauprogramm der Gemeinde im Erschließungsbeitragsrecht hergestellten Teileinrichtungen ausgestattet ist, die die beitragsauslösende Straße erst durch die abzurechnende Ausbaumaßnahme erhält oder deren Teileinrichtungen insgesamt oder einzeln verbessert oder erweitert werden.

VI. Nicht unerwähnt bleiben soll schließlich, daß Beiträge nach § 8 KAG NW erhoben werden können auch für die durch den Ausbau von sog. Wirtschaftswegen entstehenden Kosten[71]. Die vorstehend behandelte Verteilungsregelung kann für

---

[71] Vgl. VG Düsseldorf, Urteil vom 16.6.1975 – 12 K 2789/73 –, in: KStZ 1975, 174; ferner Tillmanns/ Ganser, Beiträge nach dem KAG für den Neu- und Ausbau von Wirtschaftswegen, in: KStZ 1974, 221 und Nolden, Beiträge nach dem KAG NW für den Neu- und Ausbau von Wirtschaftswegen, in: KStZ 1975, 45.

diese Art von Wegen naturgemäß keine Anwendung finden; sie sind weder Erschließungsstraßen i. S. von § 127 Abs. 1 und 2 BBauG[72] noch sind die regelmäßig in diesem Bereich liegenden, nur land- oder forstwirtschaftlich nutzbaren Flächen erschlossene Grundstücke i. S. von § 131 Abs. 1 BBauG[73]. Für diese Fälle sollte vielmehr die Beitragssatzung eine besondere Verteilungsregelung enthalten, die auf die über den abzurechnenden Weg erreichbaren Grundstücksflächen abgestellt werden könnte[74].

---

72 Vgl. dazu BVerwG, Urteil vom 20.9.1974 – IV C 70.72 – KStZ 1975, 111 ff.

73 Vgl. Brügelmann-Förster, a. a. O., § 131 Anm. II 4 a).

74 Vgl. dazu den Formulierungsvorschlag des Nordrhein-Westfälischen Städte- und Gemeindebundes, abgedruckt in dessen Mitteilungen vom 5.9.1971, Nr. 334; ferner Tillmanns/Ganser, Beiträge nach dem KAG für den Neu- und Ausbau von Wirtschaftswegen, a. a. O. und Nolden, Beiträge nach dem KAG NW für den Neu- und Ausbau von Wirtschaftswegen, a. a. O.

6. Nochmals: Der Beitragsmaßstab in Satzungen – ein unerschöpfliches Prozeßthema*

Unter dem vorgenannten Titel erschien im Juni-Heft dieser Zeitschrift eine von Bauernfeind verfaßte Abhandlung[1], in der zutreffenderweise auf einen gerade für die Gemeinden gegenwärtig sehr wunden Punkt bei der Beitragserhebung sowohl im Erschließungsbeitragsrecht als auch im Beitragsrecht nach den Kommunalabgabengesetzen der Länder eingegangen wurde: den Verteilungsmaßstab. Wenn auch der in jener Abhandlung zum Ausdruck gebrachte Unmut aus verschiedenen Gründen zu verstehen sein dürfte, so erscheint es gleichwohl erforderlich, dazu einige Anmerkungen zu machen:

1. Zunächst einmal sei der Hinweis gestattet, daß es vielleicht angemessen gewesen wäre, dem gewählten Titel ein Fragezeichen anzufügen. Es hätte nämlich dann die Möglichkeit bestanden, die Frage mit der optimistischen Prognose „Nein" zu beantworten. Ebenso wie z. B. die vor einigen Jahren noch ein schier unerschöpfliches Prozeßthema bildenden Probleme im Zusammenhang mit der Veröffentlichung von Satzungen heute im Prozeßalltag so gut wie keine Rolle mehr spielen, werden auch die Fragen des Verteilungsmaßstabes in relativ kurzer Zeit nur noch von untergeordneter Bedeutung sein, nämlich dann, wenn im Zusammenwirken zwischen Gerichten und den zuständigen Stellen der kommunalen Ebene ein Verteilungsmaßstab gefunden sein wird, der sowohl den gesetzlichen Anforderungen genügt als auch möglichst gerecht und praktikabel ist. Dies mag gegenwärtig ein schwacher Trost sein.

2. Es überrascht einigermaßen, daß zum Ausgangspunkt der engagierten Kritik von Bauernfeind eine Entscheidung des OVG Münster vom 17.3.1976 gewählt worden ist, in der eine Rechtsansicht vertreten wurde, die durchaus *nicht* neu ist. Denn bereits mehr als 1 ½ Jahre früher, nämlich am 26.8.1974[2], hatte das OVG Münster eine Verteilungsregelung zu beurteilen, die ebenso wie die der Entscheidung vom 17.3.1976 zugrundeliegende in unbeplanten Gebieten auf eine für das ganze Abrechnungsgebiet generell geltende Geschoßzahl (Durchschnittsgeschoßzahl) abstellte. Schon damals hatte das OVG Münster u. a. ausgeführt: „Da aber Satz 3 des § 8 Abs. 1 für unbeplante Gebiete eine zulässige Zahl von 2 Geschossen generell fingiert, ungeachtet des nach § 34 BBauG zulässigen Maßes der Bebauung oder der – bei bebauten Grundstücken – tatsächlich vorhandenen Bebauung, bedeutet diese Regelung, daß der Erschließungsaufwand in unbeplanten Gebieten ohne Berücksichtigung der zulässigen oder vorhandenen Bebauung nach der Größe der Grundstücksflächen verteilt wird. Da Satz 3 des Abs. 1 der Satzung für unbeplante Grundstücke ausnahmslos die Zulässigkeit einer zweigeschossigen Bebauung unterstellt, ist das Ergebnis nicht anders, als wenn einge-

---

* Nachdruck aus Städte- und Gemeinderat 1976, 249.

1 Vgl. Bauernfeind, Der Beitragsmaßstab in Satzungen – ein unerschöpfliches Prozeßthema, in: Städte- und Gemeinderat 1976, 208 ff.

2 Vgl. OVG Münster, Urteil vom 26.8.1974 – III A 1201/72.

schossige Bebaubarkeit fingiert würde, d. h., die Verteilung des Erschließungsaufwandes erfolgt nach der Größe der Grundstücksfläche. Ein derartiger Verteilungsmaßstab ist jedoch für nach dem 29. Juni 1961 neu erschlossene Gebiete unzulässig, weil dem unterschiedlichen Maß der Nutzung auch in unbeplanten Gebieten zu entsprechen ist."

3. Die von Bauernfeind gezogene Schlußfolgerung, „die Ausführungen des Gerichts (dürften) wohl bedeuten, daß das OVG *zwingend* fordert, die Verteilungsregelung in der Erschließungsbeitragssatzung für unbeplante Gebiete (sei) bei bebauten Grundstücken auf die tatsächliche Nutzung der Grundstücke abzustellen", erscheint nicht überzeugend.

Dem Gericht geht es in erster Linie darum, dem § 131 Abs. 3 BBauG Rechnung zu tragen, der unzweifelhaft verlangt, daß bei der Verteilung des beitragsfähigen Aufwandes – in neuerschlossenen Gebieten – die Unterschiedlichkeit der Art und des Maßes der baulichen und sonstigen Nutzung der einzelnen Grundstücke hinreichend berücksichtigt wird. Eine Verteilungsregelung, die grundsätzlich in unbeplanten Gebieten unabhängig von der im Einzelfall zulässigen Nutzung ein einheitliches Nutzungsmaß unterstellt, und genau das tun die den beiden genannten Entscheidungen zugrundeliegenden Verteilungsregelungen durch das Abstellen auf eine Durchschnittsgeschoßzahl – entspricht nicht der Forderung des § 131 Abs. 3 BBauG. Den Entscheidungen des OVG Münster kann daher nur zugestimmt werden.

Eine ganz andere Frage ist, wie nun eine den Anforderungen des § 131 Abs. 3 BBauG genügende Verteilungsregelung für unbeplante Gebiete aussehen könnte. Zutreffend weist in diesem Zusammenhang Bauernfeind auf die Rechtsprechung des BVerwG[3] hin, nach der in unbeplanten Gebieten die Verteilung des Erschließungsaufwandes nach der tatsächlichen Nutzung zulässig ist, weil es in solchen Gebieten „außerordentlich schwierig, wenn nicht gar unmöglich ist, die zulässige Bebauung einer Beitragserhebung zugrunde zu legen." In Übereinstimmung mit der Rechtsprechung des OVG Münster aber heißt dies nur, daß von der tatsächlich vorhandenen Bebauung ausgegangen werden kann, nicht aber, daß bei jedem einzelnen Grundstück auf die tatsächlich im Einzelfall vorhandene Bebauung abgestellt werden muß.

Die Antwort auf die hier aufgeworfene Frage bereitet kaum Schwierigkeiten, wenn man sich klarmacht, warum die vom OVG Münster für fehlerhaft gehaltene Verteilungsregelung nicht mit § 131 Abs. 3 BBauG vereinbar ist. Sie ist es nämlich deshalb nicht, weil sie keinerlei Raum läßt für die Berücksichtigung solcher Fälle, in denen entsprechende Baugenehmigungen bauliche Nutzungen über und/oder unter der nach dieser Verteilungsregelung festgesetzten (ermittelten) Durchschnittsgeschoßzahl zulassen bzw. zugelassen haben. Dieser Mangel kann ohne Schwierigkeiten dadurch beseitigt werden, daß den auf solche Durchschnittsgeschoß-

---

3   Vgl. BVerwG, Urteil vom 3.6.1971 – IV C 28.70 – in: BVerwG 38, 147 ff.

zahlen abstellenden Verteilungsmaßstäben entsprechende Zusätze angefügt werden[4]. Diese könnten z. B. wie folgt aussehen:

„Wird die auf diese Weise ermittelte Durchschnittsgeschoßzahl durch die vorhandene Bebauung auf einem bestimmten Grundstück überschritten, so gilt für dieses Grundstück als zulässige Geschoßzahl die vorhandene höhere Anzahl der Vollgeschosse. Ist dagegen auf Grund eines weitergehenden Antrages eine Baugenehmigung erteilt worden, nach der die tatsächlich genehmigte Anzahl der Vollgeschosse für ein bestimmtes Grundstück geringer ist als die Durchschnittsgeschoßzahl, so gilt für dieses Grundstück die geringere Anzahl der Vollgeschosse als zulässige Geschoßzahl."

Durch einen solchen Zusatz kann erreicht werden, daß alle die Grundstücke, die eine der Durchschnittsgeschoßzahl

a) entsprechende Anzahl von Vollgeschossen

b) nicht entsprechende, weil diese übersteigende Anzahl von Vollgeschossen und

c) nicht entsprechende, weil trotz weitergehenden Bauantrages sie unterschreitende Anzahl von Vollgeschossen

als zulässig genehmigt erhalten haben, auch demgemäß bei der Verteilung des beitragsfähigen Aufwandes berücksichtigt werden können. Ferner können die Eigentümer, die – auf Grund welcher Umstände auch immer – von sich aus auf die volle Ausnutzbarkeit ihrer Grundstücke bis zu dem an § 34 BBauG orientierten Durchschnittswert und der dadurch markierten Zulässigkeitsgrenze verzichtet haben, entsprechend dieser Zulässigkeitsgrenze zu Beiträgen herangezogen werden (Abstellen auf die insoweit *zulässige* Nutzung). Die hier vorgeschlagene Lösung hat zudem den Vorteil, daß ein in dieser Weise verfeinerter Verteilungsmaßstab sowohl für unbebaute *als auch* für bebaute Grundstücke in unbeplanten Gebieten angewandt werden könnte.

4. Die vorgeschlagene Lösung steht im übrigen auch im Einklang mit einer anderen Entscheidung des OVG Münster. In seinem Urteil vom 6.9.1972[5] hat dieses Gericht ausgeführt, daß dann, wenn sich die Verteilung des Erschließungsaufwandes nach der zulässigen Nutzung richtet und diese im Einzelfall etwa im Wege des Dispenses überschritten wird, bei dem betreffenden Anlieger die höhere (tatsächliche) bauliche Nutzung der Verteilung zugrunde zu legen ist.

Es kann dahingestellt bleiben, ob das BVerwG dieser Auffassung folgen und die besondere Berücksichtigung der rechtmäßig baulich stärker als nach dem Bebauungsplan zulässig genutzten Grundstücke verlangen wird. Mit Rücksicht auf das Urteil vom 23.8.1974[6] könnte dies zweifelhaft sein. Jedenfalls aber dürfte das BVerwG eine solche besondere Berücksichtigung auf keinen Fall für unzulässig

---

4 Vgl. dazu im einzelnen Driehaus, Der Verteilungsmaßstab im Erschließungsbeitragsrecht usw., in: Der Städtetag 1976, 322 ff.

5 Vgl. OVG Münster, Urteil vom 6.9.1972 – III A 641/70 –, in: KStZ 1973, 124 f.

6 Vgl. BVerwG, Urteil v. 23.8.1974 – IV C 38.72 – in: KStZ 1975, 112 f.

halten. Da die Auffassung des OVG Münster zu dieser Frage zweifellos dem Grundsatz der Abgabengerechtigkeit entspricht und den Kommunen durch die Beachtung dieser Auffassung keine nennenswerten Schwierigkeiten entstehen dürften, erscheint es zumindest ratsam, eine entsprechende Regelung in die Satzung aufzunehmen.

5. Im übrigen sei darauf hingewiesen, daß das OVG Münster den Verteilungsmaßstab in dem von Bauernfeind zitierten Fall selbst dann für unwirksam erklärt haben dürfte, wenn es den Mangel hinsichtlich des Maßes der Nutzung unberücksichtigt gelassen hätte. Denn der Verteilungsmaßstab dürfte auch hinsichtlich der Regelung betreffend die Art der Nutzung nicht mit § 131 Abs. 3 BBauG vereinbar sein. Abgesehen davon, daß der hier maßgebliche § 7 Abs. 7 der Satzung keine Unterscheidung zwischen Gewerbe-, Industrie- und Kerngebieten zuläßt und schon deshalb vom OVG Münster als unzureichend qualifiziert werden könnte[7], differenziert er auch sonst hinsichtlich der Art der Nutzung kaum in ausreichender Weise. Stellt man sich z. B. eine Erschließungsanlage in einem beplanten Gebiet vor, deren eine Seite an ein Mischgebiet und deren andere Seite an ein Gewerbegebiet grenzt, dann würde die Anwendung dieser Satzungsregelung zu folgendem merkwürdigen Ergebnis führen können: ein im Mischgebiet liegendes Kaufhaus würde beitragsrechtlich wie ein normales Wohnhaus behandelt, ein auf der gegenüberliegenden Straßenseite angesiedeltes, gleich großes Kaufhaus aber würde entsprechend der Satzung stärker belastet. Daß diese Behandlung sowohl hinsichtlich des normalen Wohnhauses einerseits als auch hinsichtlich der Kaufhäuser untereinander andererseits schwerlich der Forderung des § 131 Abs. 3 BBauG nach Berücksichtigung der Unterschiedlichkeiten der Nutzungsart genügen dürfte, bedarf wohl keiner weiteren Begründung[8].

6. Abschließend dürfte zumindest bezüglich der Berücksichtigung der zulässigen bzw. tatsächlichen Nutzung in unbeplanten Gebieten die Feststellung gerechtfertigt sein, daß hauptamtliche Dienstkräfte einer Gemeinde ihr Ansinnen, eine Änderung oder den Neuerlaß einer Beitragssatzung vom Rat beschließen zu lassen, nicht damit begründen können, „das OVG Münster verlange nunmehr eine Satzungsregelung, die es vor einigen Jahren für rechtswidrig erklärt habe".[9]

---

7 Vgl. OVG Münster, Urteil vom 6.9.1974 – II A 1173/73 – in: KStZ 1975, 154 zum Kanalanschlußbeitrag, vgl. andererseits BVerwG, Urteil vom 16.2.1973 – IV C 52.71 – in: BVerwGE 42/17 f.
8 Vgl. dazu im einzelnen Driehaus, a. a. O.
9 Vgl. so aber Bauernfeind, a. a. O.

7. Der Grundsatz der konkreten Vollständigkeit der Verteilungsregelung und die Quantifizierung des Erschließungsvorteils*

2. a. Ausgangspunkt für seine die jüngsten Entscheidungen tragenden Gründe ist nach den eigenen Angaben des OVG Münster die vom BVerwG verlangte Vollständigkeit der Verteilungsregelung. Offensichtlich aber hat das OVG Münster übersehen, daß das BVerwG – und darauf haben bereits Grimm/Hohnstock[1] zutreffend hingewiesen – keine abstrakt-theoretische, sondern nur eine **konkrete** Vollständigkeit verlangt. Dies hat das BVerwG deutlich gemacht – zumindest – seit seiner Entscheidung vom 28. November 1975[2], wenn es dort ausgesprochen hat, daß die Beitragssatzung einen „Verteilungsmaßstab für neu zu erschließende unbeplante Gebiete mit unterschiedlicher Nutzungsart nur dann enthalten muß, wenn – im Zeitpunkt des Inkrafttretens der Satzung – in der Gemeinde derartige Gebiete vorhanden oder ihr Entstehen zu erwarten ist." Im Urteil vom 24. September 1976[3] heißt es dann erläuternd, das Entstehen neu zu erschließender, unbeplanter Gebiete sei „zu erwarten, wenn die Gemeinde beabsichtigt, ohne Bebauungsplan ein neues Baugebiet einschließlich seiner Erschließungsanlagen – entgegen der Zielsetzung des Bundesbaugesetzes – entstehen zu lassen. Fehlen konkrete Anhaltspunkte für eine derartige Absicht, so wird allerdings in der Regel davon ausgegangen werden können, daß die Gemeinden neue Baugebiete nur auf der Grundlage von Bebauungsplänen schaffen und erschließen werden."

Der Unterschied zwischen der Forderung einer abstrakt-theoretischen Vollständigkeit (OVG Münster) und der Forderung einer nur konkreten Vollständigkeit (BVerwG) hat für die Frage der Wirksamkeit eines Verteilungsmaßstabs schon im Hinblick auf neuerschlossene, unbeplante Gebiete mit nach Art und Maß unterschiedlicher Nutzung – und um sie geht es bei der Frage der Wirksamkeit von Verteilungsmaßstäben in aller Regel – oft entscheidende Bedeutung: Nach Auffassung des OVG Münster ist eine Verteilungsregelung bereits dann ungültig, wenn sie nicht „so vollständig gefaßt ist, daß sie auch im Bereich des Möglichen liegende Sachverhalte vorteilsgerecht erfaßt"[4], d. h. das Entstehen eines unbeplanten Gebietes mit nach Art und Maß unterschiedlicher Nutzung im Bereich des Möglichen liegt (was nur in den seltensten Fällen auszuschließen sein dürfte). Dagegen ist nach der Rechtsprechung des BVerwG ausschließlich darauf abzustellen, ob im Zeitpunkt des Erlasses der fraglichen Beitragssatzung aufgrund konkreter Anhaltspunkte die Ab-

---

* Auszug aus „Der Verteilungsmaßstab im Erschließungsbeitragsrecht" in: der Landkreis 1978, 394.

1 Vgl. Grimm/Hohnstock, a. a. O., S. 128 ff.

2 BVerwG, Urteil vom 28.11.1975 – IV C 45.74 – BVerwGE 50, 2 = DWW 76, 111 = BayVBl. 76, 315 = NJW 76, 1115 = BauR 76, 198 = ZMR 76, 253 = GemTg 76, 24 = DVBl. 76, 942 = KStZ 76, 191.

3 BVerwG, Urteil vom 24.9.1976 – IV C 22.74 – GemTg 77, 28 = Städtetag 77, 105 = BauR 77, 126 = ZMR 77, 314 = DÖV 77, 678.

4 Vgl. OVG Münster, Urteile vom 22.12.1977 – III A 1279/76 – und – III A 1255/75.

sicht der Gemeinde erkennbar ist, ein unbeplantes Gebiet mit nach Art und Maß unterschiedlicher Nutzung entstehen zu lassen (was nur ausnahmsweise der Fall sein dürfte).

Als noch bedeutsamer dürfte das Abweichen des OVG Münster von der auf einer konkreten Betrachtungsweise beruhenden Auffassung des BVerwG unter folgendem Gesichtspunkt zu werten sein: Das BVerwG verlangt lediglich, daß eine Verteilungsregelung es ermöglichen muß, (auch) die neuerschlossenen Gebiete mit nach Art und Maß unterschiedlicher zulässiger Nutzung i. S. von § 131 Abs. 3 BBauG vorteilsgerecht abzurechnen. Als zu erschließende Gebiete i. S. des § 131 Abs. 3 BBauG „sind dabei die Bereiche anzusehen, die von der durch die jeweilige Erschließungsanlage (bzw. einem Abschnitt oder von mehreren eine Erschließungseinheit bildenden Anlagen) erschlossenen Grundstücke gebildet werden … Unschädlich ist das Fehlen eines … unterschiedlichen Maßstabes …, wenn zu erschließende unbeplante Gebiete, innerhalb derer eine nach Art und Maß unterschiedliche Nutzung der Grundstücke zulässig ist oder sein wird, weder vorhanden noch zu erwarten sind."[5] Anders ausgedrückt: Bei der Beurteilung der Wirksamkeit eines Verteilungsmaßstabes (insgesamt) ist nach Ansicht des BVerwG in jedem Einzelfall darauf abzustellen, ob in der betreffenden Gemeinde beitragsrechtlich relevante Unterschiede in der Nutzung der Grundstücke an (zumindest) einer noch der Erschließungsbeitragspflicht unterliegenden Erschließungsanlage (bzw. einem Abschnitt usw.) aufeinandertreffen oder ihr Aufeinandertreffen – aufgrund bestimmter Anhaltspunkte – im Zeitpunkt des Erlasses der Beitragssatzung zu erwarten ist (bzw. war). Ist das für bestimmte Nutzungsarten nicht der Fall, d. h. trifft eine Wohnbebauung an keiner – noch nach dem BBauG abrechenbaren – Erschließungsanlage (Abschnitt usw.) mit einer Industriebebauung zusammen und liegen im Zeitpunkt des Erlasses der Beitragssatzung auch keinerlei Anhaltspunkte dafür vor, daß dergleichen für die Zukunft zu erwarten ist (was erfahrungsgemäß so gut wie nie der Fall sein dürfte), so braucht die Satzung auch keine einer solchen Konstellation gerecht werdende Verteilungsregelung zu enthalten.

Demgegenüber hält sich das OVG Münster – zu Lasten der Gemeinden – mit der Frage der konkreten Erforderlichkeit einer – für bestimmte, wenn auch seltene Fälle möglicherweise notwendigen – Differenzierung nicht auf. So hat es z. B. erkannt und für unzulässig gehalten, daß – infolge einer bestimmten Staffelung der Vom-Hundert-Sätze – bei einer Ermittlung der Geschoßzahl im Wege der Teilung der (festgesetzten) Baumassenzahl durch 2,8 Industriegrundstücke gegenüber Wohngrundstücken mit 6 und mehr Vollgeschosses nicht mehr höher belastet und bei einem Baumassenzahlvergleich sogar begünstigt werden[6]. Oder: Es hat errechnet – und die entsprechende Verteilungsregelung für deshalb insgesamt ungültig erklärt –, daß das ausschließliche Anknüpfen an die Zahl der Vollgeschosse trotz einer vorgesehenen artbezogenen Erhöhung der Vom-Hundert-Sätze um 20 vom

---

5 BVerwG, Urteil vom 16.9.1977 – IV C 5.75 – Buchholz 406.11 § 133 Nr. 62 = GemTg 78, 50 im Anschluß an Urteil vom 21.1.1977 – IV C 84 – 92.84 – NJW 77, 1740 = BauR 77, 266 = GemTg 77, 134.
6 OVG Münster, Urteil vom 1.12.1977 – III A 797/76 –.

Hundert zu „einer ungerechtfertigten Beitragsentlastung von Gewerbegrundstücken auf Kosten vergleichbarer, baulich bis um mehr als drei Viertel geringer nutzbarer Wohngrundstücke führen"[7] kann. In beiden Fällen hat es das OVG Münster infolge der von ihm vertretenen Ansicht der theoretisch-abstrakten Vollständigkeit der Verteilungsregelung unterlassen, zu prüfen, ob es in den betreffenden Gemeinden überhaupt eine abrechnungsfähige Erschließungsanlage gibt oder ihre Herstellung zu erwarten ist, an die sowohl Industriegrundstücke als auch Wohngrundstücke mit 6 und mehr möglichen Vollgeschossen (was schwerlich der Fall sein dürfte) bzw. Gewerbegrundstücke und Wohngrundstücke (was durchaus denkbar ist) angrenzen.

Es bleibt zu hoffen, daß sich das BVerwG alsbald mit dieser Rechtsprechung des OVG Münster beschäftigt und dessen Forderung nach einer theoretisch-abstrakten Vollständigkeit der Verteilungsregelung als vom Bundesbaugesetz nicht verlangt zurückweist.

b. Es ist dem OVG Münster zuzugestehen, daß seine jüngsten, auf mathematisch exakten Berechnungen beruhenden Entscheidungen8 einer ausschließlich auf diese Methode abstellenden Überprüfung standhalten. Allerdings verliert diese an sich begrüßenswerte Tatsache an Überzeugungskraft, wenn man sich vor Augen führt, daß die Grundlage dieser Berechnungen durchaus ungewiß zu sein scheint (im übrigen von dem Gericht selbst mit keinem Wort angesprochen wird).

Ausgangspunkt für diese Berechnungen ist die Vorschrift des § 131 Abs. 3 BBauG, die jedoch lediglich verlangt, daß für neuerschlossene Gebiete mit unterschiedlicher baulicher oder sonstiger Nutzbarkeit die Verteilungsmaßstäbe der Verschiedenheit der – unterschiedlichen baulichen oder sonstigen – Nutzung nach Art und Maß entsprechen müssen. Sie besagt jedoch nichts darüber, daß – wovon aber das OVG Münster ohne weiteres ausgeht – gewerblich und industriell nutzbare Grundstücke grundsätzlich höher als vergleichbare Wohngrundstücke zu belasten sind, für sie also in der Verteilungsregelung per se ein Zuschlag vorzusehen ist.

Mit anderen Worten: Der Gesetzgeber hat nur angeordnet, daß die Ausnutzbarkeit eines Grundstücks als Hilfsmittel zur **Quantifizierung** der die Beitragserhebung rechtfertigenden **Erschließungsvorteile** heranzuziehen ist, nicht mehr und nicht weniger. Er hat dies m. E. – und schon diese Vorfrage wird von der (nur) auf den ersten Blick so überzeugend erscheinenden Rechtsprechung des OVG Münster nicht behandelt – getan, weil die Ausnutzbarkeit eines Grundstücks (jedenfalls auch) einen Rückschluß auf den Umfang der von ihm ausgehenden, zu erwartenden Inanspruchnahme der Erschließungsanlage zuläßt und die gewährte Inanspruchnahmemöglichkeit (bzw. die durch sie – als Voraussetzung für jegliche bauliche oder gewerbliche Nutzbarkeit – gegebene Erschließung) ihrerseits den die Beitragserhebung rechtfertigenden Erschließungsvorteil ausmacht. Die von den einzelnen Grundstücken aus zu erwartende, mögliche Inanspruchnahme der Er-

---

7   OVG Münster, Urteil vom 16.2.1978 – III A 1258/77 –.

8   Vgl. u. a. Urteile vom 24.11.1976 – III A 266/76 – BauR 77, 200 = KStZ 77, 198 = ZMR 77, 113, sowie vom 1.12.1977 – III A 797/76 –, vom 22.12.1977 – III A 1279/76 – und – III A 1255/75 –.

schließungsanlage dürfte mithin die entscheidende Grundlage für eine vorteilsgerechte Aufwandsverteilung sein[9].

Trifft dies aber zu, so müßte eine im Interesse der Verteilungsgerechtigkeit an streng mathematischen Gedankengängen orientierte Rechtsprechung zunächst einmal darlegen, aufgrund welcher empirischer Untersuchungen davon ausgegangen werden kann, daß und inwieweit gewerblich oder industriell nutzbare Grundstücke erfahrungsgemäß größere Erschließungsvorteile haben als Wohngrundstücke, d. h. daß und inwieweit von ihnen aus die Erschließungsanlage durchschnittlich in einem größeren Umfang in Anspruch genommen wird (und sie daher u. U. sogar breiter und stabiler ausgebaut worden ist) als von Wohngrundstücken aus. (Möglicherweise würde eine solche Untersuchung – wie z. B. eine vergleichbare im Kanalanschlußbeitragsrecht[10] – zu dem überraschenden Ergebnis führen, daß z. B. Industriebetriebe – im Hinblick auf die in diesem Bereich erreichte Automation – durchschnittlich keineswegs einen größeren Straßenverkehr mit sich bringen.) Sodann müßte deutlich gemacht werden, daß und inwieweit eine eventuelle höhere Durchschnittsinanspruchnahme der Erschließungsanlage von Gewerbe- und Industriegrundstücken aus überhaupt von deren baulicher Ausnutzbarkeit abhängig ist. Ferner müßte Klarheit darüber geschaffen werden, daß und warum die Erschließungsvorteile bei gewerblich oder industriell nutzbaren Grundstücken im gleichen Maße (bzw. daß und warum sie in einem unterschiedlichen Maße) mit einer höheren baulichen Ausnutzbarkeit steigen wie bei Wohngrundstücken.

Sowohl diese als auch weitere die Voraussetzungen (nämlich die Erschließungsvorteile und ihre Quantifizierbarkeit) für exakte mathematische Berechnungen betreffende Fragen sind bisher auch vom OVG Münster – vermutlich mangels entsprechender empirischer Untersuchungen – nicht beantwortet worden. Solange das aber der Fall ist, erscheinen in sich durchaus exakte, allerdings auf – zumindest – unklaren Grundlagen (sprich: Vermutungen) beruhende, allzu spitze mathematische Berechnungen wenig überzeugend und hilfreich. Gerade mit Rücksicht auf die geschilderte – mißliche – Situation sollten die Verwaltungsgerichte eine maßvolle Enthaltung von allzu schnellen Verdikten der Nichtigkeit üben und die Leistung des Ortsgesetzgebers respektieren, d. h. ihm einen möglichst weiten, nur durch das Willkürverbot beschränkten Gestaltungsspielraum belassen.

---

9 Vgl. im Ergebnis ebenso u. a. Bauernfeind, Verteilungsmaßstäbe, in: Grundfragen des Erschließungsbeitragsrechts in der kommunalen Praxis, Schriften zum deutschen Kommunalrecht, Bd. 6, S. 63 ff. (65); ferner Schlez, Kom. zum BBauG, 1977, § 131 Rdn. 12; Finkler, Das Erschließungsrecht, S. 84; Brügelmann-Förster, Kom. zum BBauG, 28. Lief., § 131 Anm. II 2 a) cc) sowie Schmidt, Handbuch des Erschließungsrechts, 4. Aufl., S. 365.
10 Vgl. dazu u. a. VG Düsseldorf, Urteile vom 26.5.1977 – 5 K 2858/74 – und 5 K 2948/75.

8. Folgen der Nichtigkeit einer Verteilungsvorschrift in einer Erschließungsbeitragssatzung*

In seiner Anmerkung zum Urteil des BVerwG vom 28. November 1975[1] beschäftigt sich Neuhausen[2] kritisch mit der in dieser Entscheidung vertretenen Auffassung, die Nichtigkeit der Verteilungsvorschrift in einer Erschließungsbeitragssatzung bewirke nicht zugleich die Nichtigkeit auch aller anderen, von der Verteilungsregelung „teilbaren" Vorschriften der Satzung, wie z. B. der Regelung der Merkmale der endgültigen Herstellung der Erschließungsanlage. Die von *Neuhausen* gegen diese Rechtsansicht vorgetragenen Argumente vermögen nicht zu überzeugen, sondern allenfalls zu verwirren. Seine Ausführungen bedürfen daher einer Klarstellung.

1. Ausgangspunkt für die Überlegungen von *Neuhausen* ist die unrichtige These, die Beitragspflicht entstehe unabhängig von der Wirksamkeit der Verteilungsregelung, „sobald die Erschließungsanlage den Herstellungsmerkmalen einer gültigen Satzung entspricht, der Aufwand feststellbar ist (regelmäßig mit Eingang der letzten Unternehmerrechnung) und die Widmung ausgesprochen ist". Richtig ist dagegen, daß die Beitragspflicht nur entstehen kann, wenn die Erschließungsanlage einer wirksamen Merkmalsregelung entsprechend i. S. des § 133 Abs. 2 BBauG hergestellt ist *und* die übrigen gesetzlichen Voraussetzungen für die Entstehung der Beitragspflicht erfüllt sind. Zu diesen gesetzlichen Voraussetzungen für die Entstehung der Beitragspflicht gehört auch das Vorhandensein einer Beitragssatzung, die nicht nur eine gültige Merkmalsregelang, sondern auch eine rechtswirksame Verteilungsregelung enthält. Dies ergibt sich daraus, daß die Beitragspflicht (wenn überhaupt, dann nur) „voll ausgebildet" entsteht, d. h., sie entsteht in bestimmter Höhe, kann der Höhe nach nicht mehr verändert werden und ist deshalb auch schon geeignet, die Verjährungsfrist in Lauf zu setzen[3]. Damit die Beitragspflicht aber bereits der Höhe nach „voll ausgebildet" entstehen kann, muß – wegen der Abhängigkeit der Beitragshöhe von der Verteilungsregelung (ebenso wie im übrigen vom entstandenen Aufwand) – eine rechtswirksame Verteilungsregelung vorliegen.

2. Die maßgebende Rechtsgrundlage für die Heranziehung zu Erschließungsbeiträgen ist die – gültige – Satzung, die im Zeitpunkt des Entstehens der Beitrags-

---

* Geringfügig veränderter Nachdruck aus DVBl. 1977, 386 ff.
1 BVerwG, Urteil vom 28.11.1975 – IV C 56.74 –, DVBl. 1976, 942 = Buchholz 406.11 § 132 BBauG Nr. 20 = NJW 1976, 1115 = BauR 1976, 198 = ZMR 1976, 253 = GemTag 1976, 246 = VerwRspr. 27, 831 = BayVBl. 1976, 315 = DWW 1976, 111 = KStZ 1976, 191.
2 Neuhausen in DVBl. 1976, 945.
3 BVerwG, Urteile vom 22.8.1975 – IV C 11.73 –, BVerwGE 49, 131 = Buchholz 406.11 § 133 BBauG Nr. 54 = DÖV 1976, 95 = BauR 1976, 120 = BayVBl. 1976, 245 = ZMR 1976, 349; vom 20.9.1974 – IV C 32.72 –, BVerwGE 47, 49 = Buchholz 406.11 § 134 BBauG Nr. 1 = KStZ 1975, 10 = NJW 1975, 403 = VerwRspr. 26, 574 = ZMR 1975, 94 = GemTag 1975, 72, und vom 8.2.1974 – IV C 21.72 –, Buchholz 406.11 § 132 BBauG Nr. 15 = VerwRspr. 26, 331 = ZMR 1974, 182 = GemTag 1975, 13.

pflicht gilt[4], obschon mit der Maßgabe, daß sich die „endgültige Herstellung" als *ein* Element der Beitragspflicht nach der Satzungsregelung bestimmt, die für den Zeitpunkt der endgültigen Herstellung i. S. des Abschlusses der technischen Ausbauarbeiten gültig ist. Sind in bezug auf eine Erschließungsanlage alle anderen Voraussetzungen einschließlich der „endgültigen Herstellung" erfüllt und fehlt es zu diesem Zeitpunkt an einer rechtswirksamen Verteilungsregelung, eben weil die vorhandene Verteilungsregelung fehlerhaft und deshalb nichtig ist, so entsteht die Beitragspflicht erst in dem Zeitpunkt, für den die frühere nichtige Verteilungsregelung durch eine (nicht rückwirkend in Kraft gesetzte) rechtswirksame Verteilungsregelung ersetzt worden ist. Ein Beitragsbescheid kann daher auf die insoweit ergänzte Beitragssatzung gestützt werden, ungeachtet dessen, daß die Erschließungsanlage schon früher i. S. des § 133 Abs. 2 BBauG hergestellt war. Die Gemeinde ist mithin nicht, wie *Neuhausen* meint, genötigt, die Ergänzungssatzung rückwirkend in Kraft zu setzen, um bezüglich einer schon früher endgültig hergestellten Anlage eine Beitragspflicht entstehen zu lassen.

3. Sinnvoll kann aber das rückwirkende Inkraftsetzen sein, wenn die Gemeinde früher erlassene Beitragsbescheide aufrechterhalten und nicht statt dessen neue Beitragsbescheide erlassen will. Hatte nämlich eine Gemeinde in Anwendung einer unwirksamen Verteilungsregelung und damit einer – nur – insoweit nichtigen Satzung einen Beitragsbescheid erlassen, so war dieser rechtswidrig, weil eine Beitragspflicht noch nicht entstanden war. Um ihn zu heilen, kann die Gemeinde, soweit eine Rückwirkung verfassungsrechtlich zulässig ist, die nunmehr eine rechtswirksame Verteilungsregelung enthaltende Ergänzungssatzung derart rückwirkend in Kraft setzen, daß sie zeitlich den Erlaß des Bescheides erfaßt[5]. Dann entsteht die Beitragspflicht – sofern alle anderen Voraussetzungen einschließlich der Widmung schon vorher erfüllt waren – rückwirkend in dem Zeitpunkt des Inkrafttretens der Verteilungsregelung, so daß der ursprüngliche rechtswidrige Heranziehungsbescheid nunmehr als – von Anfang an – rechtmäßig anzusehen ist.

4. Bei der Bemessung des Rückwirkungszeitraumes sollte die Gemeinde allerdings einen – auch vom BVerwG[6] mit Recht betonten – Gesichtspunkt nicht außer acht lassen: Die Rückwirkung der Ergänzungssatzung mit der nunmehr gültigen Verteilungsregelung sollte nicht soweit ausgedehnt werden, daß die Beitragspflicht – falls alle anderen gesetzlichen Voraussetzungen im Zeitpunkt des rückwirkenden Inkrafttretens bereits erfüllt waren – derart lange vor dem Erlaß des Beitragsbescheides entsteht, daß zwischen dem Entstehen der Beitragspflicht (nach der jetzt eingetretenen Rechtslage) und dem Erlaß des Beitragsbescheides ein die Verjährungsfrist überschreitender Zeitraum liegt. In einem solchen Fall würde zwar der

---

4   BVerwG, Urteil vom 22.8.1975 – IV C 11.73 –, a. a. O.

5   So die ständige Rechtsprechung des BVerwG, u. a. Urteile vom 26.6.1970 – IV C 134.68 –, Buchholz 406.11 § 132 BBauG Nr. 7 = DVBl. 1970, 835 = DÖV 1970, 861 = ZMR 1971, 66 = GemTag 1971, 19; vom 8.2.1974 – IV C 21.72 –, a. a. O., und vom 14.3.1975 – IV C 34.73 –, Buchholz 406.11 § 132 BBauG Nr. 17 = NJW 1975, 1426 = DÖV 1975, 713 = KStZ 1975, 152 = BauR 1975, 272 = ZMR 1975, 277.

6   BVerwG, Urteil vom 28.11.1975 – IV C 45.74 –, a. a. O.

auf der früheren unwirksamen Verteilungsregelung beruhende Mangel geheilt, der Bescheid bliebe aber gleichwohl rechtswidrig, weil die Beitragsforderung verjährt wäre.

5. Zusammenfassend läßt sich feststellen: Das von *Neuhausen* kritisierte Urteil verändert in seinen Auswirkungen nicht die bisherige Rechtsprechung des BVerwG[7], nach der aufgrund einer erstmals (einschließlich der Verteilungsregelung) wirksamen Erschließungsbeitragssatzung auch die Erschließungsanlagen abgerechnet werden können, die vor ihrem Inkrafttreten in technischer Hinsicht fertiggestellt worden sind. Wird eine Erschließungsanlage in satzungsloser Zeit oder in einer Zeit hergestellt, in der eine Satzung mit einer unwirksamen Verteilungsregelung besteht, dann entsteht die Beitragspflicht erst – sofern die anderen gesetzlichen Voraussetzungen vorher erfüllt sind – mit Inkrafttreten einer wirksamen Satzung bzw. einer die nichtige Verteilungsregelung korrigierenden Ergänzungssatzung. Insoweit brauchen die Gemeinden also keine rückwirkenden Satzungen zu erlassen. Einer Rückwirkung bedarf eine Satzung bzw. die eine unwirksame Verteilungsregelung ersetzende Ergänzungssatzung nur dann, wenn dadurch ein Beitragsbescheid (bzw. eine Vielzahl von Beitragsbescheiden) geheilt werden soll, der zu einem Zeitpunkt erlassen wurde, in dem die Beitragspflicht mangels (wirksamer) Verteilungsregelung noch nicht entstanden war.

---

7   BVerwG, Urteile vom 21.9.1973 – IV C 39.72 –, Buchholz 406.11 § 133 BBauG Nr. 46 = DVBl. 1974, 294 = BauR 1974, 54 = ZMR 1974, 91, und vom 14.3.1975 – IV C 34.73 –, a. a. O.

IV. Heranziehungsphase

1. Ist die Berechenbarkeit des Aufwandes ein Bestandteil der „endgültigen Herstellung" im Sinne des § 133 Abs. 2 BBauG und § 8 Abs. 7 KAG NW?*[1]

I.

In einer früheren Abhandlung 1 hatte der Verfasser u. a. die Frage untersucht, wann die Beitragspflicht gemäß § 8 Abs. 7 KAG entsteht. Er war dabei zu dem Ergebnis gekommen, daß die Berechenbarkeit des Aufwandes Bestandteil der „endgültigen Herstellung" im Sinne des § 8 Abs. 7 KAG ist und daher die Beitragspflicht erst dann entsteht, wenn der Beitrag berechenbar ist, d. h. wenn der Gemeinde die Höhe des Aufwandes, der erstattet werden soll, bekannt ist. Inzwischen sind zu diesem Problem voneinander abweichende Entscheidungen des Oberverwaltungsgerichts Münster und des Bundesverwaltungsgerichts ergangen, die es erforderlich erscheinen lassen, diese Frage nochmals kurz aufzugreifen.

II.

1. In mehreren Urteilen vom 30.6.1975 hat das Oberverwaltungsgericht Münster[2] entschieden, § 8 Abs. 7 Satz 1 KAG sei dahingehend auszulegen, daß die Beitragspflicht bereits mit dem Abschluß der technischen Ausbauarbeiten, also gleichsam nach dem „letzten Spatenstich" entstehe und somit die Berechenbarkeit des Aufwandes keinerlei Einfluß auf den Entstehungszeitpunkt der Beitragspflicht habe.

Zur Begründung dieser Auffassung hat sich das Oberverwaltungsgericht Münster im wesentlichen darauf berufen, daß die Vorschrift des § 8 Abs. 7 Satz 1 KAG der Vorschrift des § 133 Abs. 2 Satz 1 BBauG nachgebildet sei. Gemäß § 133 Abs. 2 Satz 1 BBauG aber entstehe die Erschließungsbeitragspflicht sowohl nach Auffassung des Bundesverwaltungsgerichts[3] als auch nach der vom Oberverwaltungsgericht Münster[4] selbst in ständiger Rechtsprechung vertretenen Ansicht mit der endgültigen Herstellung der Erschließungsanlage, „also in einem früheren Zeitpunkt als dem nach Berechnung der Herstellungskosten die Beitragsbescheide erlassen und zugestellt werden können"[5].

---

*[1] Nachdruck aus KStZ 1976, 61.
1 Vgl. Driehaus, Das Entstehen der Straßenkostenbeitragspflicht gemäß § 8 Abs. 7 Satz 1 KAG NW, in: KStZ 1974, S. 81 ff. (84).
2 Vgl. OVG Münster, Urteil vom 30.6.1975 – II A 199/74 –.
3 Vgl. BVerwG, Urteil vom 20.9.1974 – IV C 32.72 –, in: KStZ 1975, S. 10 (1); in diesem Sinne auch Urteil vom 21.6.1974 – IV C 41.72 –, in: KStZ 1974, S. 232 (233) = BauR 1974, S. 339 (341).
4 Vgl. OVG Münster, Urteil vom 18.3.1970 – III A 810/67 – in: BauR 1970, S. 173 und vom 30.9. 1971 – III A 1205/68 – in: ZMR 1972, S. 253 = GemTg. 1972, S. 102.
5 Vgl. OVG Münster, Urteil vom 30.6.1975 – II A 199/74 –.

Auch habe der Gesetzgeber § 8 KAG nicht als Erstattungsanspruch, sondern als Abgabe im Sinne des § 1 Abs. 1 KAG ausgestaltet, die nach § 12 Nr. 1 des Steueranpassungsgesetzes (StAnpG) entstehe, sobald der Tatbestand („endgültige Herstellung") verwirklicht sei, an den das Gesetz die Abgabe knüpfe. Selbst wenn man aber den Anspruch nach § 8 KAG als Erstattungsanspruch ansehe, so sei es keineswegs selbstverständlich, daß dieser seinem Wesen nach erst entstehen könne, wenn der zu erstattende Betrag feststehe. So habe nämlich der Gesetzgeber durch die in § 10 Abs. 2 KAG getroffene Regelung des Kostenersatzes für Haus- und Grundstücksanschlüsse zum Ausdruck gebracht, daß dieser eindeutig als Erstattungsanspruch ausgebildete Beitrag bereits „mit der endgültigen Herstellung der Anschlußleitung, im übrigen mit der Beendigung der Maßnahme" entstehe.

2. Diese Argumentation des Oberverwaltungsgerichts Münster hat durch eine kürzlich ergangene Entscheidung des Bundesverwaltungsgerichts[6] zur Entstehung der Beitragspflichten nach § 133 Abs. 2 Satz 1 BBauG seine wesentlichste Stütze verloren. Im Gegensatz zu seiner früher in Übereinstimmung mit dem Oberverwaltungsgericht Münster vertretenen Auffassung ist das Bundesverwaltungsgericht nunmehr der Meinung, daß der Tatbestand des § 133 Abs. 2 Satz 1 BBauG erst in dem Zeitpunkt erfüllt sei, „in dem im Anschluß an die Beendigung der technischen Arbeiten der hierfür entstandene Aufwand feststellbar ist, also regelmäßig bei Eingang der letzten, im Anschluß an die Bauarbeiten erteilten Unternehmerrechnung". „Schon die Abhängigkeit des Erschließungsbeitrages von dem beitragsfähigen Aufwand" spricht nach Ansicht des Bundesverwaltungsgerichts dafür, „daß die Berechenbarkeit des Aufwandes Bestandteil der endgültigen Herstellung im Sinne des § 133 Abs. 2 BBauG ist".

„Auch im Hinblick auf die Verjährung" so fährt das Bundesverwaltungsgericht fort, führt allein dieses Verständnis des Begriffes der endgültigen Herstellung zu dem sachgerechten Ergebnis, daß die Verjährungsfrist jedenfalls nicht in Lauf gesetzt werden kann, bevor die Schlußrechnung eingegangen ist. Die gegenteilige Meinung würde zu Lasten der Gemeinden zu einer nicht gerechtfertigten Verkürzung der – im übrigen landesrechtlich zu bestimmenden – Verjährungsfrist führen."

3. Angesichts dieser begrüßenswert eindeutigen Ausführungen des Bundesverwaltungsgerichts erscheint es müßig, nochmals darauf einzugehen, ob es sich bei den Ansprüchen gemäß § 8 Abs. 7 KAG und § 133 Abs. 2 BBauG um Abgaben oder nur um in die Form von Abgaben gekleidete Erstattungsansprüche handelt. Auch bedarf es in diesem Zusammenhang keiner erneuten Erörterung, ob Erstattungsansprüche ihrem Wesen nach erst entstehen, wenn der zu erstattende Betrag feststeht. Allerdings erscheint der Hinweis des Oberverwaltungsgerichts Münster auf die Regelung des § 10 Abs. 2 KAG zur Begründung des gegenteiligen Standpunktes nicht zwingend. Denn es steht dem Gesetzgeber selbstverständlich frei, alle Tatbestandsvoraussetzungen für die Entstehung eines bestimmten Anspruchs abschließend festzulegen. Eine solche spezielle Regelung kann zwar die Ausgestal-

---

6   Vgl. BVerwG, Urteil vom 22.8.1975 – IV C 11.73 –, in: BVerwGE 49, S. 131 = DÖV 1976, S. 95 = ZMR 1976, S. 349.

tung eines Anspruches für den betreffenden Einzelfall bestimmen, sie kann aber das generelle Wesen eines Anspruchstyps nicht beeinflussen.

III.

Es bleibt abzuwarten, ob sich das Oberverwaltungsgericht Münster nunmehr der vom Bundesverwaltungsgericht getroffenen Auslegung des Begriffs der „endgültigen Herstellung" im Sinne des § 133 Abs. 2 BBauG anschließt und diese Auslegung auch für § 8 Abs. 7 KAG übernimmt[7][*2]. Im Interesse der Rechtsklarheit und vor allem der Rechtssicherheit sowohl der Gemeinden als auch der betroffenen Bürger wäre dies dringend zu wünschen. Darüber hinaus wäre es zu begrüßen, wenn als Folge einer solchen Rechtsprechung alsbald abschließend geklärt würde, wie der Begriff „Berechenbarkeit" auszulegen ist, d. h. ob die Beitragspflicht schon nach Eingang der letzten Unternehmerrechnung entsteht oder erst nach Abschluß der von der Gemeinde durchzuführenden Rechnungsprüfung im Sinne einer Feststellung der sachlichen und rechnerischen Richtigkeit sämtlicher die Ausbaumaßnahme betreffender Rechnungen[8][*3].

---

7 Vgl. so für das KAG NW schon das VG Düsseldorf in einer Reihe von Urteilen, z. B. Urteil vom 29.7.1974 – 12 K 656/73 –.

*2 Entgegen der ganz einhellig von Rechtsprechung und Literatur zu den KAG der anderen Bundesländer vertretenen Auffassung (vgl. dazu Driehaus, Kommunalabgabenrecht, § 8 Rdn. 490 c) hat das OVG Münster an seiner Rechtsansicht festgehalten, die Berechenbarkeit des Aufwandes sei kein Bestandteil des Merkmals „endgültige Herstellung" i. S. des § 8 Abs. 7 KAG NW (vgl. etwa Beschluss vom 31.1.2000 – 15 A 290/00 – ZMR 2000, 372 = NWVBl. 2000, 372 = GemHH 2000, 273; kritisch dazu u. a. Otto in ZMR 2000, 372).

8 Vgl. dazu im einzelnen Driehaus, Maßgeblicher Zeitpunkt für das Entstehen der Straßenkostenbeitragspflicht gemäß § 8 Abs. 7 KAG NW.

*3 Vgl. dazu den nachfolgenden Aufsatz.

2. Die sachliche Richtigkeit der „letzten Unternehmerrechnung" im Erschließungsbeitragsrecht*

I.

Das Oberverwaltungsgericht Schleswig hat seinem Beschluss vom 2. März 2001 den folgenden, in der Zeitschrift für öffentliches Recht in Norddeutschland[1] veröffentlichten Leitsatz vorangestellt: „Im Erschließungsbeitragsrecht beginnt die Festsetzungsverjährung (spätestens) mit dem Eingang der prüffähigen Unternehmerschlussrechnung ... zu laufen, wenn sich die Rechnung aufgrund nachträglicher Prüfung als richtig erweist". Dieser Leitsatz geht unausgesprochen davon aus, das Entstehen sachlicher Erschließungsbeitragspflichten und in der Folge der Beginn des Laufs der Frist für die Festsetzungsverjährung hänge u. a. von der Erfüllung des Merkmals „Eingang der letzten richtigen Unternehmerrechnung" ab und wirft in diesem Zusammenhang eine Reihe von Fragen auf: Setzt das Entstehen der sachlichen Erschließungsbeitragspflichten überhaupt den Eingang des letzten Unternehmerrechnung[2] voraus und wenn ja, entstehen die sachlichen Beitragspflichten mit „Eingang der letzten Unternehmerrechnung" nur unter dem Vorbehalt, dass sich diese Rechnung aufgrund nachträglicher Prüfung als richtig erweist? Besteht also ggfs. bis zu diesem positiven Prüfergebnis sozusagen ein Schwebezustand? Oder entstehen die Beitragspflichten erst mit Eingang der letzten richtigen Unternehmerrechnung, d. h. einer von der Gemeinde als richtig anerkannten Rechnung? Was ist, wenn ein Streit über die Richtigkeit entsteht und sich dem ein gerichtliches Verfahren anschließt? Wie verhält es sich, wenn die Gemeinde die Rechnung als richtig akzeptiert, sich aber im Rahmen der Anfechtung eines Beitragsbescheides herausstellt, dass ein Teil der Forderungen des Unternehmers nicht berechtigt ist, etwa weil die Rechnung zwar rechnerisch richtig ist, aber Aufwendungen enthält, die für nicht mangelfrei hergestellte, auf der Grundlage der Vertragsbeziehungen zwischen der Gemeinde und dem Unternehmer nicht abrechnungsfähige oder überhaupt nicht erbrachte Leistungen angesetzt sind?

II.

Gemäß § 133 Abs. 2 Satz 1 BauGB entsteht „die Beitragspflicht ... mit der endgültigen Herstellung der Erschließungsanlagen". Diese Formulierung kann den Eindruck vermitteln, für das Entstehen der sachlichen Erschließungsbeitragspflichten komme es ausschließlich auf die abschließende tatsächliche Herstellung der jeweiligen Erschließungsanlage an. Eine derartige Annahme geht indes fehl. Das Bundesverwaltungsgericht hat bereits in seiner Entscheidung vom 21. September

---

* Nachdruck aus KStZ 2002, 61.
1 OVG Schleswig, Beschluss v. 2.3.2001 – 2 L 142/00 – NordÖR 2001, 419.
2 Der Begriff der Unternehmerrechnung ist in diesem Zusammenhang in einem weiteren, bei einem ggfs. erforderlichen Grunderwerb z.B. selbst den Bescheid betreffend die Grundbuchgebühren einschließenden Sinne zu verstehen.

1973[3] erkannt, der Gesetzgeber sei bei der Formulierung des § 133 Abs. 2 (zunächst BBauG und nunmehr) BauGB davon ausgegangen, die „übrigen notwendigen Voraussetzungen müssten bereits erfüllt sein, damit die Beitragspflicht mit der Herstellung entstehen" könne. Folge die Erfüllung einer dieser weiteren Voraussetzungen der Herstellung nach, entstehe die Beitragspflicht erst in diesem späteren Zeitpunkt. Bei genauerer Betrachtung ergibt sich, dass das Entstehen sachlicher Beitragspflichten von der Erfüllung von drei Gruppen von Entstehungsvoraussetzungen abhängig ist, nämlich – erstens – der Gruppe von Voraussetzungen um die endgültige und (wie hinzuzufügen ist) die rechtmäßige Herstellung einer beitragsfähigen Erschließungsanlage (sog. Herstellungsvoraussetzungen), – zweitens – der Gruppe von Voraussetzungen, die mit den der Beitragspflicht unterliegenden Grundstücken zusammenhängen (sog. Grundstücksvoraussetzungen), sowie – drittens – der Gruppe der weiteren Voraussetzungen, deren Erfüllung ebenfalls für das Entstehen sachlicher Erschließungsbeitragspflichten notwendig ist[4]. Das alles bedarf an dieser Stelle keiner Vertiefung. Hier ist einzig von Belang das Merkmal „Eingang der letzten Unternehmerrechnung".

1. Ohne dass das Merkmal „Eingang der letzten Unternehmerrechnung" in § 15 des Preußischen Fluchtliniengesetzes vom 2. Juli 1875 (GS S. 561), dem „Rechtsvorgänger" der § 127 ff. (BBauG bzw.) BauGB, ausdrücklich normiert war, hat bereits das Preußische Oberverwaltungsgericht in ständiger Rechtsprechung zu dieser Bestimmung angenommen, das Entstehen des Anliegerbeitragsanspruchs setze „die Möglichkeit der Kostenrechnung voraus"[5]; eine „Ersatzpflicht, und um diese handelt es sich bei den hier in Rede stehenden Straßenherstellungskosten allein, kann nicht eher begründet sein …, als bis wirklich die Kosten, die erstattet werden sollen, … festgestellt werden können"[6]. Die gegenteilige Auffassung hätte die unerträgliche Konsequenz, dass die Beitragsforderung entsteht und damit eine Verjährungsfrist in Gang gesetzt wird, obwohl die Gemeinde den Beitrag noch nicht einmal berechnen kann.

Mit dem Übergang von § 15 Preußisches Fluchtliniengesetz auf die §§ 127 ff. (BBauG bzw.) BauGB hat sich an dem Charakter des Beitragsanspruchs als Erstattungsanspruch nichts geändert[7]. Folgerichtig hat das Bundesverwaltungsgericht[8] erkannt, der Tatbestand der „endgültigen Herstellung" in § 133 Abs. 2 Satz 1 BauGB sei nicht gleichsam mit dem „letzten Spatenstich", sondern erst in dem Zeitpunkt erfüllt, in dem im Anschluss an die Beendigung der technischen Arbeiten der hierfür entstandene Aufwand feststellbar ist, also regelmäßig bei Eingang der letzten, im Anschluss an die Bauarbeiten erteilten Unternehmerrechnung: Die Beitragspflicht entstehe im Zeitpunkt der „endgültigen Herstellung" voll ausgebil-

---

3 BVerwG, Urteil v. 21.9.1973 – IV C 39.72 – KStZ 1974, 112 = DVBl. 1974, 294 = ZMR 1974, 91.

4 Vgl. dazu im Einzelnen Driehaus in ZMR 1999, 517 ff.

5 PrOVG, Urteil v. 13.11.1931 – II C 10/31 – PrOVGE 88, 117 (118).

6 PrOVG, Urteil v. 4.4.1898 – IV C 126/97 – PrOVG 33, 125 (127).

7 Vgl. etwa Ernst in Ernst/Zinkahn/Bielenberg/Krautzberger, BBauG, § 127 Rdnr. 1 ff.

8 BVerwG, Urteil v. 22.8.1975 – IV C 11.73 – BVerwGE 49, 131 (135) = DÖV 1976, 95 = BauR 1976, 120.

det; sie entstehe in diesem Zeitpunkt in bestimmter Höhe, könne der Höhe nach nicht mehr geändert werden und sei deshalb schon geeignet, die Verjährungsfrist in Lauf zu setzen. Entstehe aber die Beitragspflicht bereits der Höhe nach „voll ausgebildet", so müsse – wegen der Abhängigkeit der Beitragshöhe vom entstandenen Aufwand – dieser Aufwand zumindest ermittlungsfähig sein. Auch im Hinblick auf die Verjährung führe allein dieses Verständnis des Begriffs der „endgültigen Herstellung" im Sinne des § 133 Abs. 2 Satz 1 BauGB zu dem sachgerechten Ergebnis, dass die Verjährungsfrist jedenfalls nicht in Lauf gesetzt werden könne, bevor die Schlussrechnung eingegangen sei; eine andere Ansicht müsse zu einer nicht gerechtfertigten Verkürzung der Verjährungsfrist führen.

2. Anders als das Oberverwaltungsgericht Schleswig in dem eingangs zitierten Leitsatz und schon zuvor u. a. das Oberverwaltungsgericht Lüneburg im Urteil vom 10. Dezember 1970[9] und anders als in der Literatur beispielsweise Vogel[10] und Fischer[11] verzichten sowohl das Preußische Oberverwaltungsgericht als auch das Bundesverwaltungsgericht darauf, in das Merkmal „Eingang der letzten Unternehmerrechnung" zwischen die Worte „letzten" und „Unternehmerrechnung" den Zusatz „richtigen" einzurügen, also das Entstehen der sachlichen Beitragspflichten vom Eingang der letzten richtigen Unternehmerrechnung abhängig zu machen. Handelt es sich dabei um ein Versehen, eine Nachlässigkeit? Abgesehen davon, dass eine solche Annahme sich angesichts der Bedeutung dieser beiden Gerichte nicht gerade aufdrängt, dürfte sie auch in der Sache nicht gerechtfertigt sein. Beide Gerichte stellen ausdrücklich auf die Möglichkeit der Kostenberechnung, auf die Ermittlungsfähigkeit des beitragsfähigen und damit regelmäßig des umlagefähigen Aufwands[12] ab, die besteht, wenn die letzte Unternehmerrechnung bei der Gemeinde eingegangen ist. Für beide Gerichte ist einzig der **Akt** des Eingangs der letzten Unternehmerrechnung von Belang. Das leuchtet ein.

a) Das Abgabenrecht und namentlich das Erschließungsbeitragsrecht ist namentlich um seiner Handhabbarkeit willen, d. h. aus Gründen der Praktikabilität, vor allem aber im Interesse der Rechtssicherheit, auf eindeutig erkennbare, einfache und klare Merkmale angewiesen, und zwar insbesondere dort, wo es um die Bestimmung von Daten geht, von denen der Zeitpunkt des Geltendmachendürfens von Ansprüchen und von deren Erlöschen abhängig ist. Mit den damit angesprochenen Anforderungen schlechthin unvereinbar wäre die Annahme, der Zeitpunkt des Entstehens der sachlichen Beitragspflichten könnte fixiert werden durch ein so ungewisses, ggfs. erst nach langwierigen Rechtsstreitigkeiten klärbares und mithin praktisch einen Schwebezustand produzierendes Merkmal wie die „Richtigkeit der einzelnen Unternehmerrechnung, zumal bei dieser Beurteilung – wie etwa der Begriff „sachlich und rechnerisch richtig" deutlich macht – ihrerseits eine Reihe sowohl

---

9   OVG Lüneburg, Urteil v. 10.12.1970 – I A 96/69 – Die Gemeinde 1971, 100.
10 Brügelmann-Vogel, BauGB, § 133 Rdnr. 13.
11 Fischer in Hoppenberg, Handbuch des öffentlichen Baurechts, Kapitel F, Rdnr. 172.
12 Der umlagefähige Aufwand ist grundsätzlich der um den Gemeindeanteil reduzierte beitragsfähige Aufwand; der Gemeindeanteil seinerseits ist regelmäßig in der Erschließungsbeitragssatzung festgesetzt.

gesetzlicher als auch sonstiger Vorgaben zu berücksichtigen sind. Vielmehr verlangen die Grundsätze der Praktikabilität und der Rechtssicherheit das Abstellen auf ein grundsätzlich ohne weiteres erkennbares und belegbares Datum; diesen Grundsätzen wird durch das Merkmal „Eingang der letzten Unternehmerrechnung" noch genügt.

b) Dem kann nicht mit Aussicht auf Erfolg entgegengehalten werden, nach der zuvor dargestellten Rechtsprechung des Bundesverwaltungsgerichts entstünden die sachlichen Beitragspflichten „voll ausgebildet" und insbesondere die auf den erschlossenen Grundstücken zeitgleich mit den sachlichen Beitragspflichten entstehenden öffentlichen Lasten (§ 134 Abs. 2 BauGB) setzten nicht nur bezifferbare, sondern überdies sachlich richtige Beitragsbeträge voraus. Denn damit ist eine ganz andere Ebene angesprochen, nämlich nicht mehr die Ebene des Entstehens, sondern die der Ermittlung der richtigen Höhe der auf die einzelnen Grundstücke entfallenden sachlichen Beitragspflichten.

Auszugehen ist davon, dass für die Höhe der jeweiligen Beitragsbeträge grundsätzlich maßgebend sind die rechtlichen und tatsächlichen Verhältnisse im Zeitpunkt des Entstehens der sachlichen Beitragspflichten[13]. Diese Beitragsbeträge und in der Folge die von ihnen in Grund und Höhe abhängigen öffentlichen Lasten entstehen kraft Gesetzes in einer bestimmten, unveränderbaren und zweifelsfrei richtigen Höhe. Allerdings kennt in diesem Zeitpunkt niemand die richtige Höhe, sie muss vielmehr anschließend erst von der Gemeinde ermittelt werden. Der Gesetzgeber gibt der Gemeinde für die Ermittlung einen Zeitraum von mehreren Jahren, d. h. den Zeitraum bis zum Abschluss der Frist für die Festsetzungsverjährung. Bis dahin muss die Gemeinde – will sie das Erlöschen eines zuvor entstandenen Anspruchs vermeiden – die Beitragsbeträge durch Beitragsbescheide festsetzen, doch bietet eine solche Festsetzung keine Gewähr dafür, dass tatsächlich die „richtigen" Beitragsbeträge ermittelt worden sind. Werden alle bei der Abrechnung einer Straße erlassenen Beitragsbescheide mangels Widerspruchseinlegung bestandskräftig, besteht allenfalls eine – allerdings unwiderlegbare – Vermutung dafür, dass die im Zeitpunkt des Entstehens der sachlichen Beitragspflichten für die einzelnen Grundstücke kraft Gesetzes sowohl „voll ausgebildet" als auch richtig entstandenen Beitragsbeträge auch richtig ermittelt worden sind. Schließt sich dem beitragsrechtlichen Verwaltungsverfahren ein Gerichtsverfahren an, verlagert sich die Ermittlung der „richtigen" Beitragshöhe – sofern sie Gegenstand des Rechtsstreits ist – auf die gerichtliche Ebene.

III.

Das lässt die Frage offen, ob den Begriffen „richtig" oder „falsch" mit Blick auf Unternehmerrechnungen jedenfalls im Rahmen der Ermittlung der auf die einzelnen Grundstücke entfallenden Beitragsbeträge ausschlaggebende Bedeutung zukommt. Selbst das dürfte zu verneinen sein. Diese Erkenntnis findet ihre Grundlage weniger in der Überlegung, dass es an gesetzlichen Anhaltspunkten fehlt, aus denen

---

13 Vgl. zur Bedeutung des Zeitpunkts des Entstehens der sachlichen Erschließungsbeitragspflichten Driehaus, Erschließungs- und Ausbaubeiträge, 6. Auflage, § 19 Rdnr. 19 ff.

sich ableiten lässt, auf welchen Bezugspunkt eine solche Beurteilung ausgerichtet ist, d. h. nach welchen Kriterien die „Richtigkeit" zu bewerten ist. Maßgebend ist vielmehr, dass dem Erschließungsbeitragsrecht hinsichtlich der von Unternehmern in Rechnung gestellten Aufwendungen eine Beurteilung nach den Kategorien „richtig" und „falsch" eher fremd ist. Die im Erschließungsbeitragsrecht gemäß §§ 128, 129 BauGB insoweit entscheidungserhebliche Trennungslinie verläuft nämlich nicht, jedenfalls nicht in erster Linie zwischen „richtig" und „falsch", sondern zwischen „beitragsfähig (bzw. umlagefähig)" und „nicht beitragsfähig (bzw. umlagefähig)". Eine Unternehmerrechnung mag – gemessen an welchem Maßstab auch immer – „richtig" oder „falsch" sein; weder das Eine noch das Andere lässt eine verlässliche Aussage darüber zu, ob die vom Unternehmer eingestellten Aufwendungen – was erschließungsbeitragsrechtlich einzig von Gewicht ist – beitrags- und in der Folge umlagefähig sind oder nicht. Eine Unternehmerrechnung mag sich auf Leistungen beziehen, mit deren Durchführung die Gemeinde den Unternehmer beauftragt hat und sie mag diese Leistungen als Rechenwerk „richtig" abrechnen; gleichwohl kann es diesen Aufwendungen an der Beitragsfähigkeit fehlen, so dass sie bei der Ermittlung der richtigen Beitragsbeträge unberücksichtigt zu bleiben haben.

1. Aus erschließungsbeitragsrechtlicher Sicht kommt es mithin selbst für die Ermittlung der Beitragsbeträge nicht maßgebend darauf an, ob eine Unternehmerrechnung „richtig" oder „falsch" ist, sondern darauf, ob die vom Unternehmer in Rechnung gestellten Aufwendungen beitragsfähig sind oder nicht. Diese Frage richtet sich an die §§ 128 Abs. 1, 129 Abs. 1 Satz 1 BauGB, und zwar in erster Linie an den durch das Merkmal „erforderlich" in § 129 Abs. 1 Satz 1 BauGB begründeten Maßstab. Denn § 128 Abs. 1 BauGB ist in diesem Zusammenhang nur betroffen, wenn sich ein Posten in der letzten Unternehmerrechnung auf eine Maßnahme bezieht, die nicht von § 128 Abs. 1 BauGB erfasst wird. Das kann hier vernachlässigt werden. Im Vordergrund stehen hier nämlich Konstellationen, in denen eine Unternehmerrechnung deshalb Bedenken begegnet, weil in ihr Aufwendungen enthalten sind, die beispielsweise durch Fehler im Vergabeverfahren verursacht worden sind oder die für tatsächlich technisch nicht erforderliche, nicht mangelfrei hergestellte, auf der Grundlage der Vertragsbeziehungen zwischen der Gemeinde und dem Bauunternehmer nicht abrechnungsfähige oder überhaupt nicht erbrachte Leistungen ausgewiesen sind. Mängel dieser und ähnlicher Art, die über entsprechende Aufwandspositionen Eingang in die letzte Unternehmerrechnung gefunden haben, haben – wie gesagt – keinen Einfluss auf den Zeitpunkt des Entstehens der sachlichen Erschließungsbeitragspflichten. Ob sie Einfluss auf die Höhe des beitragsfähigen Aufwands und in der Folge die Höhe der auf die einzelnen Grundstücke entfallenden Beitragsbeträge haben, beurteilt sich nach Maßgabe des Grundsatzes der sparsamen und wirtschaftlichen Haushaltsführung, der in dem in § 129 Abs. 1 Satz 1 BauGB enthaltenen Maßstab der Erforderlichkeit seine beitragsrechtliche Konkretisierung gefunden hat.

2. Der somit maßgebliche Maßstab der Erforderlichkeit gilt unmittelbar, wenn es um die Erforderlichkeit der Erschließungsanlage (ob, wie und wann) geht, und er gilt entsprechend, wenn die Angemessenheit der in Rechnung gestellten Kosten in Frage steht. In beiden Anwendungsfällen ist der Gemeinde nach der ständigen

Rechtsprechung des Bundesverwaltungsgerichts[14] ein prinzipiell gleich weiter Entscheidungsspielraum zuzubilligen, dessen äußerste Grenze erst überschritten ist, wenn sich die Gemeinde ohne rechtfertigende Gründe nicht an das Gebot der Wirtschaftlichkeit gehalten hat und dadurch augenfällig Mehrkosten entstanden sind, d. h. wenn die Kosten für die Gemeinde in erkennbarer Weise eine grob unangemessene Höhe erreicht haben, also sachlich schlechthin unvertretbar sind. Der Gesetzgeber hat den Gemeinden also auch für die Beurteilung der Angemessenheit vom Bauunternehmer in Rechnung gestellter Einzelleistungen oder genauer: für die Entscheidung, entsprechende Positionen in der Unternehmerrechnung anzuerkennen und zu bezahlen, einen weiten Entscheidungsspielraum eingeräumt. Dieser Spielraum kann im Einzelfall die Anerkennung und Zahlung einer Rechnungsposition selbst dann erlauben, wenn möglicherweise vorhandene Minder- und Mängelleistungen zur Rechnungskürzung berechtigen könnten. Die Rechtfertigung eines solchen Verzichts auf das Geltendmachen von Preisanpassungs- bzw. Gewährleistungsansprüchen gegenüber dem Bauunternehmer setzt voraus, dass die Gemeinde den relevanten Sachverhalt hinreichend ermittelt hat. Allerdings steht der „Umfang dieser Ermittlungspflicht seinerseits unter dem Vorbehalt der sparsamen und wirtschaftlichen Mittelverwendung mit der Folge, dass die Gemeinde auch insoweit einen Entscheidungsspielraum besitzt, in dessen Rahmen sie namentlich die Angemessenheit weiterer Aufklärungsversuche zu beurteilen hat. Die Vertretbarkeit der Entscheidung darüber, ob und inwieweit Rechnungskürzungen gegenüber dem Bauunternehmer vorgenommen werden, ist grundsätzlich anhand derjenigen Erkenntnisse zu beurteilen, die der Gemeinde zur Verfügung stehen, nachdem sie die von ihr als geboten erachtete … hinreichende Sachverhaltsaufklärung zum Abschluss gebracht hat"[15].

IV.

Kurzum: Nach der zutreffenden Ansicht des Bundesverwaltungsgerichts kommt es für das Entstehen der sachlichen Erschließungsbeitragspflichten einzig auf die Tatsache des Eingangs der letzten (prüffähigen) Unternehmerrechnung an. Die sachliche Richtigkeit dieser Rechnung ist in diesem Zusammenhang ohne Belang. Sie hat selbst im Rahmen der Ermittlung der Höhe der Beitragsbeträge nur untergeordnetes Gewicht, weil insoweit von ausschlaggebender Bedeutung die Beitrags- bzw. Nichtbeitragsfähigkeit der vom Unternehmer in seine Rechnung eingestellten Beträge ist. Beide Erkenntnisse gelten – und darauf sei abschließend hingewiesen – für das Straßenbaubeitragsrecht entsprechend[16].

---

14 BVerwG, u. a. Urteile v. 14.12.1979 – IV C 28.76 – BVerwGE 59, 249 (253) = KStZ 1980, 68 = DVBl. 1980, 754, und v. 23.3.2000 – 11 C 3.99 – BVerwGE 110, 344 (354) = KStZ 2000, 213 = DVBl. 2000, 1220.
15 OVG Münster, Urteil v. 23.1.2001 – 3 A 2373/93 –.
16 Das trifft einzig in Nordrhein-Westfalen nicht zu, weil ausschließlich nach der Rechtsprechung des OVG Münster zum Straßenbaubeitragsrecht (vgl. etwa Beschluss v. 31.1.2000 – 15 A 290/00 – GemHH 2000, 273 = NWVBl. 2000, 372 = ZMR 2000, 408, mit kritischer Anmerkung von Otto in ZMR 2000, 707) das Entstehen sachlicher Straßenbaubeitragspflichten nicht vom Eingang der letzten Unternehmerrechnung abhängig sein soll.

3. Die Bedeutung von öffentlichen Fördermitteln für das Entstehen der sachlichen Beitragspflichten im Erschließungs- und im Straßenbaubeitragsrecht*

1. Insbesondere solange noch unter dem Stichwort „Ostförderung" in nicht unerheblichem Umfang Fördermittel namentlich des Bundes u. a. auch zur Finanzierung von gemeindlichen Straßenbaumaßnahmen bereitgestellt werden, die entweder nach den erschließungsbeitragsrechtlichen Vorschriften des Bundes (§§ 127 ff. BauGB) oder den straßenbaubeitragsrechtlichen Vorschriften der Länder (z. B. §§ 26 ff. SächsKAG) sachliche Beitragspflichten auslösen, stellt sich für die Gemeinden als Empfänger von derartigen öffentlichen Zuwendungen die Frage, ob die endgültige Abrechnung des Zuschußgebers, d. h. dessen abschließende Angabe der exakten Zuschußhöhe, Bedeutung für den **Zeitpunkt** des Entstehens der sachlichen Beitragspflichten im Erschließungs- und im Straßenbaubeitragsrecht hat. Denn der Zeitpunkt einer solchen abschließenden Angabe der Zuschußhöhe liegt infolge der vielfältigen, zuvor vorzunehmenden Prüfungen nicht selten einige oder sogar mehrere Jahre nach Abschluß der eigentlichen Straßenbaumaßnahmen und Eingang der letzten sie betreffenden Unternehmerrechnung. Sofern die Angabe der exakten Zuschußhöhe keinen Einfluß auf den Zeitpunkt des Entstehens der sachlichen Beitragspflichten haben sollte, könnten die Gemeinden zur Vermeidung einer (Festsetzungs-)Verjährung der entsprechenden Beitragsforderungen gehalten sein, ggf. bereits vor Kenntnis der Zuschußhöhe und damit der Höhe des nicht durch den Zuschuß gedeckten Anteils am beitragsfähigen Aufwand nach Maßgabe des § 165 AO vorläufige Beitragsbescheide zu erlassen; diese Bestimmung ist kraft der Verweisung auf die Abgabenordnung in den Kommunalabgabengesetzen der Länder (z. B. § 3 SächsKAG) im Kommunalabgabenrecht entsprechend anwendbar. Eine solche Verfahrensweise – und das bedarf keiner Vertiefung – würde für die Gemeinden einen erheblichen verwaltungsmäßigen Mehraufwand begründen.

2. Nach nahezu einhelliger Meinung im Erschließungs-[1] und im Straßenbaubeitragsrecht[2] entstehen die sachlichen Beitragspflichten gemäß § 133 Abs. 2 Satz 1 BauGB bzw. gemäß beispielsweise § 30 Abs. 1 SächsKAG nicht schon mit Abschluß der technischen Ausbauarbeiten, d. h. mit dem „letzten Spatenstich". Vielmehr ist der Tatbestand der „endgültigen Herstellung" bzw. „Fertigstellung" im Sinne dieser Bestimmungen „erst in dem Zeitpunkt erfüllt, in dem im Anschluß an die Beendigung der technischen Arbeiten der hierfür entstandene Aufwand feststellbar ist".[3] Zur Begründung dieser Ansicht legt das Bundesverwaltungsgericht mit

---

* Nachdruck aus Sachsenlandkurier 1997, 459.
1 Vgl. statt vieler Ernst in Ernst/Zinkahn/Bielenberg, BauGB, § 133 Rdn. 26 mit weiteren Nachweisen.
2 Vgl. im einzelnen Driehaus in Driehaus, Kommunalabgabenrecht, § 8 Rdn. 490 mit weiteren Nachweisen.
3 BVerwG, u. a. Urteil vom 22.8.1975 – IV C 11.73 – BVerwGE 49, 131 (134) = DÖV 76, 95 = ZMR 76, 349, und vom 26.1.1979 – 4 C 17.76 – DÖV 79, 644 = KStZ 80, 52 = ZMR 80, 282.

Blick auf das Erschließungsbeitragsrecht dar, „schon die Abhängigkeit des Erschließungsbeitrags von den tatsächlich entstandenen Kosten" spreche „dafür, daß die Berechenbarkeit des Aufwands Bestandteil der endgültigen Herstellung im Sinne des § 133 Abs. 2 BBauG ist. Die Beitragspflicht entsteht regelmäßig – bei Vorliegen der sonstigen Voraussetzungen – im Zeitpunkt der endgültigen Herstellung der Anlage, und zwar voll ausgebildet; sie entsteht in diesem Zeitpunkt in bestimmter Höhe, kann auch der Höhe nach nicht mehr verändert werden und ist deshalb schon geeignet, die Verjährungsfrist in Lauf zu setzen. Entsteht aber die Beitragspflicht der Höhe nach voll ausgebildet, so muß – wegen der Abhängigkeit der Beitragshöhe vom entstandenen Aufwand – dieser Aufwand zumindest ermittlungsfähig sein."[4]

Das läßt die Frage offen, ob der Tatbestand der „endgültigen Herstellung" im Erschließungsbeitragsrecht bzw. der der „Fertigstellung" im Straßenbaubeitragsrecht schon in dem Zeitpunkt erfüllt ist, in dem der beitragsfähige Aufwand berechenbar ist, oder erst in dem ggf. späteren Zeitpunkt, in dem der umlagefähige Aufwand feststellbar ist, d. h. der Aufwand, der nach Abzug des Gemeindeanteils und ggf. eines durch Zuschüsse Dritter gedeckten Anteils vom beitragsfähigen Aufwand zur Verteilung auf die „bevorteilten" (erschlossenen) Grundstücke verbleibt. Das Bundesverwaltungsgericht hat sich bisher nicht ausdrücklich zu dieser Frage geäußert. Auf der Grundlage seiner zuvor dargestellten Rechtsansicht kann aber kein ernsthafter Zweifel daran bestehen, daß insoweit auf die Ermittelbarkeit des umlagefähigen Aufwands abzustellen ist;[5] über die Höhe des umlagefähigen Aufwands darf – soll eine sachliche Beitragspflicht entstehen können – keine Ungewißheit mehr bestehen. Denn die im Zeitpunkt der „endgültigen Herstellung" bzw. dem der „Fertigstellung" voll ausgebildet und in nicht mehr veränderbarer Höhe entstehende Beitragspflicht ist ausschlaggebend nicht vom beitragsfähigen, sondern vom umlagefähigen Aufwand abhängig;[6] nur er nämlich steht zur Umlage auf die betroffenen Grundstücke zur Verfügung, und er bestimmt in Verbindung mit der satzungsmäßigen Verteilungsregelung die Höhe der auf die einzelnen Grundstücke entfallenden Beitragsbeträge.

Dem steht nur scheinbar die Aussage des Bundesverwaltungsgerichts entgegen, eine Erschließungsanlage sei im Sinne des § 133 Abs. 2 Satz 1 BauGB/BBauG „regelmäßig" erst „bei Eingang der letzten, im Anschluß an die Bauarbeiten erteilten Unternehmerrechnung"[7] endgültig hergestellt. Denn das Bundesverwaltungsgericht hebt mit dieser Aussage ab auf die erschließungsbeitragsrechtlichen Regelfälle, d. h. auf die Fälle, in denen kraft einer entsprechenden Bestimmung in der Satzung die Höhe des Gemeindeanteils fixiert ist und Fördermittel nicht in Rede

---

4   BVerwG, Urteil vom 22.8.1975 – IV C 11.73 – BVerwGE 49, 131 (135) = DÖV 76.95 = ZMR 76, 349.
5   Vgl. etwa Löhr in Battis/Krautzberger/Löhr, BauGB, § 133 Rdn. 17, der davon spricht, insoweit sei abzustellen auf den durch die Beiträge „zu deckende(n) Aufwand".
6   Vgl. zum Unterschied zwischen dem beitragsfähigen und dem umlagefähigen Aufwand im einzelnen Driehaus, Erschließungs- und Ausbaubeiträge, 4. Aufl., § 16 Rdn. 1.
7   BVerwG, Urteil vom 22.8.1975 – IV C 11.73 – a. a. O.

stehen. Trifft das zu, ergibt sich die Höhe des umlagefähigen Aufwands ohne weiteres durch einen Abzug des Gemeindeanteils vom beitragsfähigen Aufwand, steht mit dem Eingang der letzten Unternehmerrechnung nicht nur der beitragsfähige, sondern zugleich auch der umlagefähige Aufwand fest.

3. Etwas anderes kann indes gelten, wenn für die Kosten einer Straßenbaumaßnahme öffentliche Fördermittel bewilligt worden sind. Handelt es sich bei einer solchen Zuwendung nach der Zweckbestimmung des Bewilligungsbescheids um einen Zuschuß einzig zur Deckung des Gemeindeanteils (mit ggf. der Anordnung einer Rückzahlungspflicht für etwaige den Gemeindeanteil übersteigende Beträge), wie es grundsätzlich der Fall ist bei Zuwendungen aus Bundesmitteln nach dem Gemeindeverkehrsfinanzierungsgesetz,[8] hat das allerdings keinen Einfluß auf den Zeitpunkt des Entstehens der sachlichen Beitragspflichten.[9] Da eine derartige Zuwendung nicht die Höhe des kraft der entsprechenden Satzungsbestimmung feststehenden Gemeindeanteils am beitragsfähigen Aufwand, sondern ausschließlich dessen Deckung aus Mitteln des Zuschußgebers oder der Gemeinde selbst berührt, besteht nach Eingang der letzten Unternehmerrechnung regelmäßig keine Ungewißheit über die Höhe des umlagefähigen Aufwands, so daß die Gemeinde keinen einleuchtenden Grund hat, die Angabe der endgültigen Zuschußhöhe abzuwarten. Sind dagegen öffentliche Mittel z. B. zur Förderung der Ansiedlung neuer und zur Erweiterung bereits ansässiger Produktionsbetriebe bestimmt, wie dies etwa für Mittel der Gemeinschaftsaufgabe „Verbesserung der regionalen Wirtschaftsstruktur" zutrifft, d. h. sollen Fördermittel eine sog. anderweitige Deckung und damit eine **Entlastung** der Beitragspflichtigen bewirken, hängt von ihrer endgültigen Höhe die Höhe des umlagefähigen Aufwands und in der Folge die Höhe der auf die einzelnen „bevorteilten" (erschlossenen) Grundstücke entfallenden Beitragsbeträge ab. Deshalb ist in diesen Fällen der umlagefähige Aufwand **erst** mit Eingang der Mitteilung der endgültigen Zuschußhöhe durch den Zuschußgeber ermittlungsfähig und können folglich die sachlichen Beitragspflichten erst in diesem Zeitpunkt entstehen. Im Ergebnis entsprechendes gilt, wenn ein öffentlicher Zuschuß zunächst der Deckung des Gemeindeanteils dienen und nur ein etwaiger Überschuß zur Entlastung der Beitragspflichtigen verwandt werden soll.[10] Auch dann besteht bis zum Zeitpunkt der Mitteilung der endgültigen Zuschußhöhe eine Ungewißheit über die Höhe des umlagefähigen Aufwands, die dem Entstehen der Höhe nach voll ausgebildeter und unveränderbarer Beitragspflichten entgegensteht.

---

8 Vgl. zur beitragsrechtlichen Behandlung von Fördermitteln nach dem Gemeindeverkehrsfinanzierungsgesetz BVerwG, Urteil vom 30.1.1987 – 8 C 10.86 – BVerwGE 75, 356 (358 f.) = NVwZ 87, 982 = DVBl. 87, 632.

9 Ebenso OVG Lüneburg, Beschluß vom 2.12.1986 – 9 B 97/86 u. a. – KStZ 87, 94 = ZMR 87, 352.

10 Vgl. Driehaus, Erschließungs- und Ausbaubeiträge, 4. Aufl., § 19 Rdn. 9.

4. Das Entstehen der sachlichen Erschließungs- beitragspflichten*[1]

I.

1. Dem Zeitpunkt des Entstehens der sachlichen Beitragspflichten kommt im Erschließungsbeitragsrecht besondere Bedeutung zu. Das gilt nicht nur deshalb, weil das Ziel des Erschließungsbeitragsrechts ausgerichtet ist auf eine Beitragserhebung und diese erst zulässig ist, nachdem die sachlichen Beitragspflichten entstanden sind. Von ungleich größerem Gewicht ist vielmehr, daß sich die Rechtmäßigkeit eines ergangenen Erschließungsbeitragsbescheids grundsätzlich nach den im Zeitpunkt des Entstehens der sachlichen Beitragspflichten gegebenen rechtlichen und tatsächlichen Verhältnisse beurteilt.[1] Eine spätere Veränderung dieser Verhältnisse hat selbst dann keinen Einfluß auf die Rechtmäßigkeit eines solchen Bescheids, wenn mit der Änderung schon im Zeitpunkt des Entstehens der sachlichen Beitragspflichten zu rechnen war.[2]

2. Gemäß § 133 Abs. 2 Satz 1 BauGB entsteht „die Beitragspflicht ... mit der endgültigen Herstellung der Erschließungsanlagen." Dieser Wortlaut des Gesetzes bedarf in zweierlei Hinsicht einer Klarstellung. Der Gesetzgeber benutzt – erstens – mit Blick auf die Beitragspflicht die Einzahl, während er im Zusammenhang mit dem Gegenstand der endgültigen Herstellung die Mehrzahl benutzt. Das ist zumindest unscharf; die umgekehrte Verfahrensweise wäre einleuchtender gewesen. Durch die endgültige Herstellung einer beitragsfähigen Erschließungsanlage werden – sofern alle anderen dafür erforderlichen Voraussetzungen erfüllt sind – eine Mehrzahl von sachlichen Beitragspflichten ausgelöst; für jedes i. S. der §§ 131 Abs. 1 Satz 1, 133 Abs. 1 BauGB erschlossene Grundstück entsteht eine sachliche Beitragspflicht. Der Gesetzgeber hebt – zweitens – in § 133 Abs. 2 Satz 1 BauGB ab auf „Erschließungsanlagen"; damit spricht er unmittelbar nur den gesetzlichen Regelfall an, d. h. nur den Fall, daß der beitragsfähige Erschließungsaufwand für eine „einzelne Erschließungsanlage" (§ 130 Abs. 2 Satz 1 BauGB) ermittelt wird. Hat sich die Gemeinde abweichend von der Regel (rechtzeitig und rechtswirksam) für eine gemeinsame Aufwandsermittlung gemäß § 130 Abs. 2 Satz 3 BauGB oder für eine Aufwandsermittlung (schon) eines Abschnitts (§ 130 Abs. 2 Sätze 1 und 2 BauGB) entschieden, ist anstelle der einzelnen Anlage abzustellen auf den Abschnitt bzw. die mehreren Anlagen, die eine Erschließungseinheit bilden.[3]

---

*[1] Nachdruck aus ZMR 1999, 517.

1 Vgl. im einzelnen *Driehaus*, Die Rechtsprechung des BVerwG zum Erschließungs- und Erschließungsbeitragsrecht, 9. Aufl. 1999, Rdn. 618 ff.

2 BVerwG, u. a. Beschluß vom 13.3.1995 – 8 B 5.95 –, NVwZ 1995, 1207 = ZMR 1995, 272 = BayVBl. 1995, 764.

3 Vgl. dazu BVerwG, u. a. Urteil vom 9.12.1983 – 8 C 112.82 –, BVerwGE 68, 249 [261] = ZMR 1984, 103 = DVBl. 1984, 194.

3. Das BVerwG hat bereits in seiner Entscheidung vom 21.9.1973[4] erkannt, der Gesetzgeber sei bei der Formulierung des § 133 Abs. 2 (zunächst BBauG und nunmehr) BauGB davon ausgegangen, die „übrigen notwendigen Voraussetzungen müßten bereits erfüllt sein, damit die Beitragspflicht mit der Herstellung entstehen könne". Folge die Erfüllung einer dieser weiteren Voraussetzungen der Herstellung nach, entstehe die Beitragspflicht erst in diesem späteren Zeitpunkt. Angesichts dessen ergibt sich, daß das Entstehen sachlicher Beitragspflichten von der Erfüllung von drei Gruppen von Entstehungsvoraussetzungen abhängig ist, nämlich – erstens – der Gruppe von Voraussetzungen um die endgültige und – wie hinzuzufügen ist – die rechtmäßige Herstellung einer beitragsfähigen Erschließungsanlage (sog. Herstellungsvoraussetzungen), – zweitens – der Gruppe von Voraussetzungen, die mit den der Beitragspflicht unterliegenden Grundstücken zusammenhängen (sog. Grundstücksvoraussetzungen), sowie – drittens – der Gruppe der weiteren Voraussetzungen, deren Erfüllung ebenfalls für das Entstehen sachlicher Erschließungsbeitragspflichten notwendig ist.

II.

1. Ausgangspunkt für das gesamte Erschließungsbeitragsrecht und damit auch für das Entstehen von sachlichen Erschließungsbeitragspflichten ist das Vorhandensein einer beitragsfähigen Erschließungsanlage. Mit Blick auf z. B. § 127 Abs. 2 Nr. 1 BauGB kann nur eine öffentliche, zum Anbau bestimmte Verkehrsanlage Beitragspflichten auslösen. Ungeachtet der Tatsache, daß der Wortlaut des § 127 Abs. 2 BauGB das Erfordernis der Öffentlichkeit ausschließlich für Verkehrsanlagen i. S. der Nrn. 1 bis 3 dieser Vorschrift aufstellt, ist beitragsfähig jede der in § 127 Abs. 2 BauGB genannten Arten von Anlagen lediglich, wenn sie derart öffentlich ist, daß sie für die Benutzung durch die in Frage kommende Allgemeinheit gesichert zur Verfügung steht.[5] Erst wenn diese Voraussetzung erfüllt ist, handelt es sich um eine beitragsfähige Erschließungsanlage. Liegen alle übrigen Entstehungsvoraussetzungen vor, ist die Erschließungsanlage aber noch nicht gewidmet, entstehen die Beitragspflichten für eine endgültig hergestellte Anlage erst mit der nachfolgenden Widmung.[6]

2. Selbst eine öffentliche, in § 127 Abs. 2 BauGB genannte Anlage ist eine beitragsfähige Erschließungsanlage nur, wenn sie von der Gemeinde in Erfüllung einer ihr gemäß § 123 Abs. 1 BauGB obliegenden Erschließungsaufgabe hergestellt worden ist. Denn aus §§ 123 Abs. 1 und 127 Abs. 1 BauGB ist zu entnehmen, daß die Gemeinden einen Erschließungsbeitrag zur Deckung ihres anderweitig nicht gedeckten Aufwands für Erschließungsanlagen lediglich erheben dür-

---

4   BVerwG, Urteil vom 21.9.1973 – IV C 39.72 –, Buchholz 406.11 § 133 BBauG Nr. 46, S. 37 [38] = DVBl. 1974, 294 = ZMR 1974, 91.

5   BVerwG, Urteil vom 10.5.1985 – 8 C 17-20.84 –, Buchholz 406.11 § 127 BBauG Nr. 46, S. 29 [35] = DVBl. 1985, 1175 = ZMR 1985, 349.

6   BVerwG, u. a. Urteil vom 12.12.1969 – IV C 100.68 –, Buchholz 406.11 § 133 BBauG Nr. 34, S. 7 [10] = DVBl. 1970, 417 = ZMR 1970, I41.

fen, sofern die Erschließung der Gemeinde als eigene Aufgabe obliegt.[7] Trifft das objektiv zu, wird die Beitragsfähigkeit der betreffenden Anlage nicht dadurch berührt, daß die Gemeinde mit ihrer Herstellung eine andere, nur vermeintlich ihr obliegende Aufgabe wahrnehmen wollte.[8]

3. Nach der ständigen Rechtsprechung des BVerwG[9] läßt ausschließlich eine nach Maßgabe des § 125 BauGB rechtmäßige Herstellung sachliche Erschließungsbeitragspflichten entstehen. Das Entstehen solcher Beitragspflichten setzt mithin voraus, daß ein Bebauungsplan vorliegt, dem die Herstellung der Anlage – unter Berücksichtigung § 125 Abs. 3 BauGB – entspricht, oder – bei Anlagen im unbeplanten Innenbereich – daß die Gemeinde gemäß § 125 Abs. 2 BauGB festgestellt hat, die Herstellung der Anlage genüge den in § 1 Abs. 4 bis 6 BauGB bezeichneten Anforderungen. Ist diese Voraussetzung im Zeitpunkt der endgültigen Herstellung noch nicht erfüllt, entstehen die Beitragspflichten erst, wenn ein Bebauungsplan in Kraft tritt[10] bzw. die Feststellung nach § 125 Abs. 2 BauGB nachträglich getroffen wird.[11] *2

Deckt § 125 Abs. 3 Nr. 1 BauGB einen planunterschreitenden Ausbau und liegen alle sonstigen Voraussetzungen für das Entstehen der sachlichen Beitragspflichten vor, entstehen diese Beitragspflichten gemäß § 133 Abs. 2 BauGB kraft Gesetzes mit der endgültigen Herstellung.[12] Handelt es sich um einen planüberschreitenden Ausbau, der Mehrkosten verursacht hat, wird dieser – sofern die übrigen Voraussetzungen des § 125 Abs. 3 Nr. 2 BauGB erfüllt sind – erst rechtmäßig und können folglich Beitragspflichten erst entstehen, wenn die Gemeinde erklärt hat, sie werde die Mehrkosten nicht geltend machen.[13] Das gilt selbst dann, wenn diesen Mehrkosten „Minderkosten" gegenüberstehen, die dadurch verursacht worden sind, daß beim Ausbau der Anlage nicht nur eine Planüber-, sondern überdies eine Planunterschreitung erfolgt ist. Denn der Gesetzgeber hat die Voraussetzungen, bei deren Vorliegen angenommen werden darf, Planabweichungen berührten die erschließungsrechtliche Rechtmäßigkeit einer Herstellung nicht, für die Planunter- und die Planüberschreitung in § 125 Abs. 2 Nr. 1 und Nr. 2 BauGB jeweils selbständig ausgestaltet, so daß sich die Ansicht verbietet, durch eine Planunterschreitung be-

---

7   BVerwG, Urteil vom 5.9.1975 – IV C 2.73 –, Buchholz 406.11 § 123 BBauG Nr. 13, S. 1 [3] = DÖV 1975, 855 = ZMR 1976, 250.

8   BVerwG, Urteil vom 13.8.1993 – 8 C 36.91 –, Buchholz 406.11 § 127 BBauG Nr. 67, S. 86 [90 ff.] = DVBl. 1993, 1367 = ZMR 1994, 73.

9   BVerwG, statt vieler Urteil vom 21.10.1994 – 8 C 2.93 –, BVerwGE 97, 62 = DÖV 1995, 470 = HSGZ 1995, 118.

10 BVerwG, u. a. Urteil vom 21.10.1968 – IV C 94.67 –, Buchholz 406.11 § 127 BBauG Nr. 4, S. 8 [12] = BauR 1970, 116 = ZMR 1969, 375.

11 Vgl. in diesem Zusammenhang zur früheren, noch auf die Zustimmung der höheren Verwaltungsbehörde abstellenden Rechtslage BVerwG, Urteil vom 23.5.1975 – IV C 51.73 –, Buchholz 406.11 § 125 BBauG Nr. 8, S. 5 [6 f.] = DÖV 1975, 716 = ZMR 1976, 63.

*2 Siehe zu letzterem aber BVerwG, Urteil vom 26.11.2003 – 9 C 2.03 – DVBl. 2004, 391 = NVwZ 2004, 483 = HSGZ 2004, 110.

12 Vgl. *Driehaus*, Erschließungs- und Ausbaubeiträge, 5. Aufl. 1999, § 7 Rdn. 55.

13 BVerwG, Urteil vom 9.3.1990 – 8 C 76.88 –, BVerwGE 85, 66 [74 f.] = DVBl. 1990, 786 = ZMR 1990, 392.

wirkte Einsparungen könnten mit durch eine Planüberschreitung verursachten Mehrkosten „saldiert" werden, eine Rechtfertigung der Planüberschreitung trete insoweit gleichsam automatisch ein, d. h. ohne Verzicht auf die Geltendmachung der durch sie verursachten Mehrkosten.[14]

4. a) Nach § 133 Abs. 2 Satz 1 BauGB entstehen die sachlichen Beitragspflichten mit der „endgültigen Herstellung" der Erschließungsanlagen. Mit dem Merkmal „endgültige Herstellung" knüpft § 133 Abs. 2 Satz 1 BauGB an § 132 Nr. 4 BauGB an und macht dadurch deutlich, daß sachliche Beitragspflichten nicht entstehen können, bevor eine beitragsfähige Erschließungsanlage einen (Ausbau-)Zustand erreicht hat, der den satzungsmäßig festgelegten Merkmalen der endgültigen Herstellung entspricht. Eine Besonderheit ist in diesem Zusammenhang zu beachten bei den flächenmäßigen Bestandteilen einer Anbaustraße, weil diese in der Regel nicht – wie etwa die Teileinrichtungen Straßenentwässerung und Straßenbeleuchtung – in generalisierender Weise im Teileinrichtungsprogramm der Merkmalsregelung festgelegt werden können und deshalb den Gemeinden nicht abverlangt werden kann, sie gleichwohl in dieser Weise vorherzubestimmen.[15] Hat dementsprechend ein Ortsgesetzgeber darauf verzichtet, die flächenmäßigen Bestandteile einer Anbaustraße in das satzungsmäßige Teileinrichtungsprogramm aufzunehmen, tritt an die Stelle einer Satzungsregelung das formlose, auf eine konkrete Anbaustraße beschränkte Bauprogramm.[16] In einem solchen Fall ist die betreffende Anlage endgültig hergestellt, wenn sie die nach dem satzungsmäßigen Teileinrichtungsprogramm und dem (dieses bezüglich der flächenmäßigen Teileinrichtungen ergänzenden) Bauprogramm erforderlichen Teileinrichtungen aufweist und diese Teileinrichtungen dem jeweils für sie aufgestellten technischen Ausbauprogramm entsprechen.[17] Ist ein Bauprogramm nicht ausdrücklich – etwa vom (Tief-)Bauausschuß – formuliert, ist es den gesamten, auf die Anbaustraße bezogenen Umständen zu entnehmen. So kann sich beispielsweise dann, wenn ein Bebauungsplan für eine bestimmte Anbaustraße eine derart geringe Ausbaubreite vorsieht, daß für eine Anlegung von Gehwegen praktisch kein Raum bleibt, ergeben, daß diese Anlage an flächenmäßigen Bestandteilen nur eine Fahrbahn aufweisen soll.[18] Im übrigen ist der Zustand der endgültigen Herstellung grundsätzlich erst erreicht, wenn alle (in der Satzung festgelegten oder im Bauprogramm ausgewiesenen) flächenmäßigen Teileinrichtungen in ihrer gesamten Länge den Anforderungen des satzungsmäßigen Ausbauprogramms entsprechend hergestellt worden sind. Etwas anderes kann jedoch gelten; d. h. das Fehlen einer untergeordneten Teilstrecke

---

14 Ebenso OVG Münster, Urteil vom 31.1.1991 – 3 A 563/87 –, DVBl. 1991, S. 1311 = GemHH 1991, 263 = NWVBl. 1991, 244.

15 BVerwG, u. a. Urteil vom 23.6.1972 – IV C 15.71 –, BVerwGE 40, 177 [180 f.] = DÖV 1973, 205 = ZMR 1973, 25.

16 BVerwG, u. a. Urteil vom 18.1.1991 – 8 C 14.89 –, BVerwGE 87, 288 [298 f.] = DVBl. 1991, 449 = ZMR 1991, 153.

17 BVerwG, u. a. Urteil vom 10.10.1995 – 8 C 13.94 –, BVerwGE 99, 308 [313 f.] = DVBl. 1996, 379 = ZMR 1996, 157.

18 Vgl. in diesem Zusammenhang VGH Kassel, Beschluß vom 22.3.1988 – 5 TH 780/87 –, KStZ 1989, 14 = GemHH 1989, 114.

etwa eines Geh- oder Radwegs steht der endgültigen Herstellung der Gesamtanlage nicht entgegen, wenn ein Bebauungsplan dies (etwa mit Blick auf einen vorhandenen Baumbestand bzw. erhaltenswerte Bäume) festsetzt oder durch die Festsetzung des (beengten) Querschnitts vorzeichnet und die betreffende Teileinrichtung dadurch nicht ihre Funktion verliert.[19]

In diesen Zusammenhang, d. h. in einen Zusammenhang mit dem Merkmal „endgültige Herstellung", gehört auch die grundsätzlich übliche Abnahme der durchgeführten Ausbaumaßnahme. Durch die Abnahme (vgl. § 640 BGB) erkennt die Gemeinde die Maßnahme als vertragsgemäße Leistung mit der Folge an, daß gemäß § 641 Abs. 1 BGB die Vergütung zu entrichten ist. Das rechtfertigt die Annahme, der Tatbestand der „endgültigen Herstellung" sei erst mit der Abnahme der vom Werkunternehmer erbrachten Leistung erfüllt.[20]

b) Der Gesetzgeber stellt in § 133 Abs. 2 Satz 1 BauGB – wie zuvor in § 132 Nr. 4 BauGB – anders als in § 128 Abs. 1 Satz 1 Nr. 2 BauGB nicht auf die erstmalige, sondern auf die endgültige Herstellung ab. Der Unterschied zwischen diesen beiden Begriffen wird deutlich durch eine Gegenüberstellung der Nrn. 1 und 2 des § 128 Abs. 1 Satz 1 BauGB: Die erstmalige Herstellung ist nur der – sichtbare – technische Straßenausbau nebst Entwässerung und Beleuchtung. Dagegen kann die endgültige Herstellung außer der erstmaligen Herstellung u. a. auch den Grunderwerb umfassen.[21] Da nach § 132 Nr. 4 BauGB in der Satzung die Merkmale der endgültigen Herstellung zu regeln sind, sind die Gemeinden nicht gehindert, in der Satzung Herstellungsmerkmale festzulegen, die über die erstmalige Herstellung und damit über den eigentlichen – sichtbaren – technischen Straßenausbau hinausgehen.[22] Zwar ist richtig, daß der Gesetzgeber mit der Vorschrift des § 132 Nr. 4 BauGB das Ziel verfolgt hat, die endgültige Herstellung und damit den Zeitpunkt des Entstehens der Beitragspflichten möglichst eindeutig festzulegen.[23] Doch wird dieses Ziel durch die Aufnahme des Grunderwerbs als Merkmal der endgültigen Herstellung nicht gefährdet, weil der Grunderwerb infolge des Erfordernisses einer Grundbucheintragung ohne Schwierigkeiten objektiv festgestellt werden kann. Wird der Grunderwerb in der Satzung zum Herstellungsmerkmal bestimmt, hat das zur Folge, daß die Anlage erst mit Abschluß des Grunderwerbs endgültig hergestellt ist und die sachlichen Beitragspflichten frühestens in diesem Zeitpunkt entstehen können.[24] Das ist – worauf noch einzugehen sein wird – deshalb von Be-

---

19 Vgl. dazu OVG Lüneburg, Urteil vom 14.2.1989 – 9 A 124/87 –.

20 Siehe dazu u. a. OVG Lüneburg, Beschluß vom 3.2.1984 – 9 B 272/83 –, und OVG Münster, Urteil vom 5.6.1985 – 2 A 1864/83 –, KStZ 1980, 84.

21 BVerwG, u. a. Urteil vom 8.2.1974 – IV C 21.72 –, Buchholz 406.11 § 132 BBauG Nr. 15, S. 26 f. = GemTg 1975, 13 = ZMR 1974, 182.

22 BVerwG, u. a. Urteil vom 13.5.1977 – IV C 82.74 –, Buchholz 406.11 § 128 BBauG Nr. 18, S. 4 [7 f.] = KStZ 1978, 110 = ZMR 1978, 346.

23 BVerwG, u. a. Urteil vom 11.10.1985 – 8 C 26.84 –, BVerwGE 72, 143 [146] = DVBl. 1986, 347 = ZMR 1986, 25.

24 BVerwG, u. a. Urteil vom 13.5.1977 – IV C 82.74 –, Buchholz 406.11 § 128 BBauG Nr. 18, S. 4 [7 f.] = KStZ 1978, 110 = ZMR 1978, 346.

deutung, weil nur die bis zu diesem Zeitpunkt angefallenen Kosten zum beitragsfähigen Erschließungsaufwand gehören.[25]

c) Auch mit Blick auf Kosten für einen notwendigen Ausgleich von Eingriffen in Landschaft und Natur, die ebenso wie Grunderwerbs- und Freilegungskosten grundsätzlich beitragsfähig sein können,[26] fragt sich, ob durch eine Bestimmung in Merkmalsregelung oder Bauprogramm sichergestellt werden kann, daß die entsprechende Erschließungsanlage erst mit Abschluß einer ggf. gebotenen Ausgleichsmaßnahme endgültig hergestellt ist, so daß selbst die dafür entstandenen Kosten in vollem Umfang in den beitragsfähigen Aufwand der Erschließungsanlage eingehen. Diese Frage ist nicht schon deshalb gleichsam von selbst zu verneinen, weil es insoweit – ebenso wie beim Erwerb der Grundflächen von Erschließungsanlagen – nicht um ein äußerlich sichtbares Merkmal der Anlage selbst geht. Denn eine Ausgleichsmaßnahme führt grundsätzlich nur zu beitragsfähigen Kosten, wenn diese Maßnahme der entsprechenden Erschließungsanlage in einem Bebauungsplan zugeordnet ist, der seinerseits ohne weiteres der Öffentlichkeit zugänglich ist (vgl. § 10 Abs. 3 BauGB). Allerdings scheidet eine Aufnahme in das Bauprogramm aus, weil dieses voraussetzungsgemäß den flächenmäßigen Teileinrichtungen – in erster Linie – einer Anbaustraße vorbehalten ist. Auch ist u. a. mit Rücksicht auf dadurch bewirkte Unsicherheiten kein Raum für eine Satzungsregelung, nach der z. B. eine Anbaustraße erst endgültig hergestellt sein soll, wenn eine etwaige Ausgleichsmaßnahme einschließlich Anpflanzungen usw. abgeschlossen ist. Dagegen erscheint nicht schon von vornherein unzulässig eine Bestimmung, nach der eine solche Anbaustraße für den Fall, daß ihr im Bebauungsplan eine von der Gemeinde zu erwerbende Ausgleichsfläche zugeordnet worden ist, erst endgültig hergestellt sein soll, wenn die Gemeinde das Eigentum an dieser Ausgleichsfläche erworben hat. Denn durch den Bebauungsplan und die Eintragung im Grundbuch dürfte eine noch hinreichend objektive, eindeutige Erkennbarkeit gewährleistet werden.

III.

Die endgültige Herstellung i. S. des § 133 Abs. 2 Satz 1 BauGB als Voraussetzung für das Entstehen sachlicher Erschließungsbeitragspflichten ist ausgerichtet auf die beitragsfähige Erschließungsanlage selbst. An die von dieser Anlage ausgelösten sachlichen Beitragspflichten knüpft – und damit wendet sich der Blick von der Erschließungsanlage zum einzelnen erschlossenen (§ 131 Abs. 1 BauGB) Grundstück – § 133 Abs. 1 BauGB seinem Wortlaut nach an, wenn er anordnet, „der Beitragspflicht unterliegen" nur bestimmte „Grundstücke". § 133 Abs. 1 BauGB macht – mit anderen Worten – deutlich, daß sich die Wirkung der Regelung des § 133 Abs. 2 BauGB nur auf diese Grundstücke bezieht, d. h. daß sachliche Beitragspflichten mit der endgültigen Herstellung der Erschließungsanlage ausschließlich in bezug auf Grundstücke entstehen, die Gegenstand einer solchen Beitrags-

---

25 BVerwG, u. a. Urteil vom 22.8.1975 – IV C 11.73 –, BVerwGE 49, 131 [136] = DÖV 1976, 95 = ZMR 1976, 349.

26 Vgl. *Driehaus*, Erschließungs- und Ausbaubeiträge, 5. Aufl. 1999, § 13 Rdn. 49.

pflicht sein können (beitragspflichtige Grundstücke). Diese weitere Voraussetzung für das Entstehen einer auf das einzelne Grundstück abstellenden sachlichen Beitragspflicht ist beispielsweise nicht erfüllt, solange dies Grundstück etwa wegen einer Veränderungssperre gegenwärtig nicht bebaut werden darf, und sie ist ebenfalls nicht erfüllt, solange das Grundstück (noch) im Eigentum der zur Beitragserhebung berechtigten Gemeinde steht, es sei denn, es ist mit einem Erbbaurecht belastet. Denn „da niemand sein eigener Schuldner sein kann",[27] kann in bezug auf ein gemeindeeigenes, nicht mit einem Erbbaurecht belastetes Grundstück ein Rechtsverhältnis mit dem Inhalt einer sachlichen Beitragspflicht von vornherein nicht entstehen. Ebenso wie ein i. S. des § 131 Abs. 1 Satz 1 BauGB erschlossenes Grundstück, das im Zeitpunkt der endgültigen Herstellung z. B. infolge einer Veränderungssperre noch nicht bebaubar ist, erst mit dem Eintritt seiner Bebaubarkeit der sachlichen Beitragspflicht unterliegt,[28] wird auch ein gemeindeeigenes, nicht mit einem Erbbaurecht belastetes Grundstück erst zum Gegenstand einer solchen Beitragspflicht, wenn die Gemeinde ihr Eigentum übertragen[29] oder sie ein Erbbaurecht bestellt hat.[30]

IV.

1. Für die Beantwortung der Frage, welche weiteren Voraussetzungen notwendig erfüllt sein müssen, damit sachliche Beitragspflichten entstehen können, ist es angezeigt, zunächst Klarheit darüber zu schaffen, welche Wirkungen mit dem Entstehen sachlicher Beitragspflichten verbunden sind.

a) Sind für eine bestimmte beitragsfähige Erschließungsanlage die Voraussetzungen erfüllt, von denen das Entstehen der sachlichen Beitragspflichten abhängt, entstehen diese Beitragspflichten kraft Gesetzes, und zwar unabhängig von einem darauf gerichteten Willen der Gemeinde[31] und damit auch unabhängig von einer etwa in der Erschließungsbeitragssatzung vorgesehenen Bekanntmachung der endgültigen Herstellung. Sie entstehen also in einem früheren Zeitpunkt als dem, in dem (nach durchgeführter Ermittlung der Beitragsbeträge) die Beitragsbescheide erlassen werden können, d. h. bevor ein persönlicher Schuldner gemäß § 134 Abs. 1 BauGB bestimmt werden kann. Schon in diesem Zeitpunkt entsteht kraft Gesetzes ein – mangels Individualisierung des persönlichen Beitragsschuldners nach § 134 Abs. 1 BauGB „nur" – abstraktes Beitragsschuldverhältnis und damit eine abstrakte Beitragspflicht in bezug auf ein i. S. des § 131 Abs. 1 Satz 1 BauGB erschlossenes Grundstück sowie einen noch unbestimmten (und zu dieser Zeit möglicherweise auch noch nicht bestimmbaren) Schuldner, den Beitragspflichti-

27 BGH, Urteil vom 1.7.1967 – II ZR 150/66 –, BGHZ 48, 214 [218].

28 BVerwG, u. a. Urteil vom 19.9.1969 – IV C 68.68 –, Buchholz 406.11 § 133 Nr. 31, S. 1 [3] = DVBl. 1970, 82 = ZMR 1970, 148.

29 BVerwG, Urteil vom 21.10.1983 – 8 C 29.82 –, Buchholz 406.11 § 133 BBauG Nr. 89, S. 41 [45] = DVBl. 1984, 188 = KStZ 1984, 34.

30 BVerwG, Urteil vom 5.7.1985 – 8 C 127.83 –, Buchholz 406.11 § 133 BBauG Nr. 91, S. 53 f. = NVwZ 1985, 912 = ZMR 1985, 352.

31 BVerwG, u. a. Urteil vom 26.9.1983 – 8 C 47, 67-69.82 –, BVerwGE 68, 48 [53] = DVBl. 1984, 186 = NVwZ 1984, 369.

gen.[32] Bereits in diesem Zeitpunkt und damit vor der Geltendmachung der entsprechenden Abgabenforderung durch den Beitragsbescheid beginnt die Frist für die Festsetzungsverjährung zu laufen.[33] Das setzt voraus, daß die entsprechende Beitragsforderung nicht nur dem Grunde, sondern auch der Höhe nach als Anspruch voll ausgestaltet entstanden ist.

b) Die Annahme, die sachliche Beitragspflicht für ein Grundstück entstehe in einer ganz bestimmten Höhe, bedarf wegen der durch § 134 Abs. 2 BauGB begründeten öffentlichen Last einer besonderen Betonung: Die öffentliche Last ist ausschließlich von der sachlichen Beitragspflicht, nicht aber vom Beitragsbescheid abhängig.[34] Entsteht die Beitragspflicht nach § 133 Abs. 2 Satz 1 BauGB, entsteht damit zugleich die öffentliche Last, um fortan bis zur vollständigen Tilgung der Beitragsschuld als dingliches Recht auf dem Grundstück zu ruhen.[35] Die öffentliche Last räumt der Gemeinde nicht nur ein Vorrecht im Falle der Zwangsversteigerung ein (vgl. § 10 Abs. 1 Nr. 3 des Zwangsversteigerungsgesetzes), sondern gewährt ihr auch das Befriedigungsrecht,[36] das sonst im Abgabenrecht eine öffentliche Last vermittelt, nämlich den Zugriff auf das Grundstück. Das alles setzt das Entstandensein einer der Höhe nach voll ausgebildeten Beitragspflicht voraus.

c) Die in einer bestimmten Höhe entstandene Beitragspflicht ist unveränderbar; sie kann ihrem Wesen nach nur einmal entstehen.[37] Der beitragsrechtliche Grundsatz der Einmaligkeit verhindert, daß eine Beitragspflicht, ist sie einmal entstanden, zu einem anderen Zeitpunkt in anderer Höhe nochmals entstehen kann.[38] Das führt zugleich auf die bereits oben angesprochene zeitliche Schranke für die Beitragsfähigkeit entstandener Kosten: Bis zum Zeitpunkt des Entstehens der sachlichen Beitragspflichten ist die Höhe des beitragsfähigen Erschließungsaufwands noch veränderbar. Was nach § 128 Abs. 1 BauGB an Kosten zum Erschließungsaufwand zählt, kann bis zu diesem Zeitpunkt berücksichtigt werden.[39] Das bedeutet beispielsweise für die nach § 128 Abs. 1 Satz 1 Nr. 1 BauGB zum Erschließungsaufwand gehörenden Kosten des Grunderwerbs, daß sie ohne Rücksicht darauf, ob der Grunderwerb gemäß § 132 Abs. 4 BauGB in der Satzung als Herstellungsmerkmal festgelegt ist oder nicht, als beitragsfähig zu qualifizieren sind, soweit sie

---

32 BVerwG, u. a. Urteil vom 20.9.1974 – IV C 32.72 –, BVerwGE 47, 49 [53] = NJW 1975, 403 = ZMR 1975, 94.

33 BVerwG, u. a. Urteil vom 5.9.1975 – IV CB 75.73 –, Buchholz 406.11 § 133 BBauG Nr. 55, S. 15 [207] = NJW 1976, 818 = ZMR 1977, 118.

34 BVerwG, u. a. Urteil vom 22.2.1985 – 8 C 107.83 –, Buchholz 406.11 § 134 BBauG Nr. 6, S. 5 [8] = NJW 1985, 2658 = DVBl. 1985, 624.

35 BVerwG, u. a. Urteil vom 22.2.1985 – 8 C 107.83 –, Buchholz 406.11 § 134 BBauG Nr. 6, S. 5 [8] = NJW 1985, 2658 = DVBl. 1985, 624.

36 BVerwG, Urteil vom 31.1.1975 – IV C 46.72 –, Buchholz 406.11 § 134 BBauG Nr. 2, 5.1 [5] = DÖV 1975, 397 = ZMR 1975, 283.

37 BVerwG, u. a. Urteil vom 20.1.1978 – 4 C 2.75 –, Buchholz 406.11 § 132 BBauG Nr. 26, S. 25 [27] = DÖV 1978, 568 = KStZ 1979, 89.

38 BVerwG, u. a. Urteil vom 26.9.1983 – 8 C 47, 67-69.82 –, BVerwGE 68, 48 [53] = DVBl. 1984, 186 = NVwZ 1984, 369.

39 BVerwG, u. a. Urteil vom 22.8.1975 – IV C 11.73 –, BVerwGE 49, 131 [134 ff.] = DÖV 1976, 95 = ZMR 1976, 349.

bis zum Zeitpunkt des Entstehens der Beitragspflichten angefallen sind. Erst das Entstehen der Beitragspflichten i. S. des § 133 Abs. 2 Satz 1 BauGB bewirkt, daß später anfallende Grunderwerbskosten nicht mehr dem beitragsfähigen Erschließungsaufwand zugerechnet werden dürfen.[40]

2. Die sachlichen Beitragspflichten entstehen mithin in einer bestimmten Höhe und sind der Höhe nach nicht mehr veränderbar. Das Entstehen derart voll ausgebildeter Beitragspflichten setzt – wegen der Abhängigkeit der Beitragshöhe vom umzulegenden Erschließungsaufwand, von den erschlossenen Grundstücksflächen und von dem „Bindeglied" zwischen beiden, nämlich der satzungsmäßigen Verteilungsregelung – dreierlei voraus: Es setzt voraus, daß – erstens – der nach Abzug des Gemeindeanteils und ggf. des Zuschusses eines Dritten vom beitragsfähigen Aufwand verbleibende umlagefähige Aufwand zumindest ermittlungsfähig ist, daß – zweitens – die Größe der erschlossenen Grundflächen bestimmbar ist, und daß – drittens – eine Satzung mit einer wirksamen Verteilungsregelung sowie – was mit Blick auf das Merkmal „endgültige Herstellung" hinzuzufügen ist – einer wirksamen Merkmalsregelung vorhanden ist.

a) Die erste Voraussetzung, die Ermittlungsfähigkeit des umlagefähigen Aufwands, bezieht sich – und das bedarf einer besonderen Hervorhebung – ausschließlich auf Kosten für Maßnahmen, die der endgültigen Herstellung einer beitragsfähigen Erschließungsanlage, d. h. der Verwirklichung der für sie maßgebenden satzungsmäßigen Merkmalsregelung sowie des diese ergänzenden Bauprogramms dienen; das schließt Fremdfinanzierungskosten ein, da diese typischerweise gerade zur Deckung von Aufwendungen auch für derartige Maßnahmen eingesetzt werden. Dagegen ist die Ermittelbarkeit der sonstigen von § 128 Abs. 1 BauGB erfaßten Kosten mit Blick auf den Zeitpunkt des Entstehens der sachlichen Beitragspflichten ohne Belang. Im Gegenteil: Der Zeitpunkt des Entstehens der sachlichen Beitragspflichten bewirkt eine Beschränkung der Beitragsfähigkeit derartiger Kosten; sie sind – wie bereits gesagt – beitragsfähig nur, soweit sie bis zu diesem Zeitpunkt angefallen sind. Diese Beschränkung gilt beispielsweise für Kosten des Erwerbs der Grundflächen von Erschließungsanlagen, sofern der Grunderwerb nicht zum Herstellungsmerkmal bestimmt worden ist;[41] Entsprechendes gilt für Kosten von naturschutzrechtlichen Ausgleichsmaßnahmen sowie für Kosten etwa von Abbiegespuren.[42]

Der umlagefähige Aufwand ist regelmäßig ermittlungsfähig im Zeitpunkt des Eingangs der letzten nach Abschluß der Bauarbeiten erteilten Unternehmerrechnung.[43] In diesen Regelfällen nämlich ergibt sich die Höhe des umlagefähigen Aufwands

---

40 BVerwG, u. a. Urteil vom 13.5.1977 – IV C 82.74 –, Buchholz 406.11 § 128 BBauG Nr. 18, S. 4 [8] = BauR 1977, 411 = ZMR 1978, 346.

41 BVerwG, u. a. Urteil vom 13.5.1977 – IV C 82.74 –, Buchholz 406.11 § 128 BBauG Nr. 18, S. 4 [8] = BauR 1977, 411 = ZMR 1978, 346.

42 Vgl. zur grundsätzlichen Beitragsfähigkeit derartiger Kosten BVerwG, Urteil vom 23.2.1990 – 8 C 75.88 –, Buchholz 406.11 § 128 BBauG Nr. 42, S. 15 [17] = NVwZ 1990, 869 = DVBl. 1990, 784.

43 BVerwG, u. a. Urteil vom 22.8.1975 – IV C 11.73 –, BVerwGE 49, 131 [134 ff.] = DÖV 1976, 95 = ZMR 1976, 349.

ohne weiteres durch einen Abzug des satzungsmäßig (oder schlicht durch § 129 Abs. 1 Satz 3 BauGB) bestimmten Gemeindeanteils von dem nach Eingang der letzten Unternehmerrechnung feststehenden beitragsfähigen Aufwand. Etwas anderes kann indes gelten, wenn für die Herstellung einer Erschließungsanlage öffentliche Fördermittel bewilligt worden sind und die endgültige Zuschußhöhe der Gemeinde erst eine mehr oder weniger lange Zeit nach Eingang der letzten Unternehmerrechnung vom Zuschußgeber mitgeteilt wird. Handelt es sich bei einer solchen Zuwendung nach der Zweckbestimmung des Bewilligungsbescheids um einen Zuschuß einzig zur Deckung des Gemeindeanteils (mit ggf. der Anordnung einer Rückzahlungspflicht für etwaige den Gemeindeanteil übersteigende Beträge), wie es grundsätzlich zutrifft für Zuwendungen aus Bundesmitteln nach dem Gemeindeverkehrsfinanzierungsgesetz, hat das keinen Einfluß auf den Zeitpunkt des Entstehens der sachlichen Beitragspflichten.[44] Da die Zuwendung in einem solchen Fall nicht die Höhe des kraft der entsprechenden Satzung (bzw. § 129 Abs. 1 Satz 3 BauGB) feststehenden Gemeindeanteils am beitragsfähigen Aufwand, sondern ausschließlich dessen Deckung aus Mitteln des Zuschußgebers oder der Gemeinde selbst berührt, besteht nach Eingang der letzten Unternehmerrechnung regelmäßig keine Ungewißheit über die Höhe des umlagefähigen Aufwands, so daß die Gemeinde keinen einleuchtenden Grund hat, die Berechnung der endgültigen Zuschußhöhe abzuwarten. Sind dagegen öffentliche Mittel, z. B. zur Förderung der Ansiedlung neuer und zur Erweiterung bereits ansässiger Produktionsbetriebe bestimmt, wie dies etwa für Mittel der Gemeinschaftsaufgabe „Verbesserung der regionalen Wirtschaftsstruktur" zutrifft, d. h. sollen Fördermittel eine anderweitige Deckung und damit eine Entlastung der Beitragspflichtigen bewirken, hängt von ihrer endgültigen Höhe die Höhe des umlagefähigen Aufwands und in der Folge die Höhe der auf die einzelnen erschlossenen Grundstücke entfallenden Beitragsbeträge ab. Deshalb ist in diesen Fällen der umlagefähige Erschließungsaufwand erst mit Eingang der Mitteilung der endgültigen Zuschußhöhe durch den Zuschußgeber ermittlungsfähig und können folglich die sachlichen Beitragspflichten erst in diesem Zeitpunkt entstehen[*3]. Im Ergebnis Entsprechendes gilt, wenn ein öffentlicher Zuschuß zunächst der Deckung des Gemeindeanteils dienen und nur ein etwaiger Überschuß zur Entlastung der Beitragspflichtigen verwandt werden soll. Auch dann besteht bis zum Zeitpunkt der Mitteilung der endgültigen Zuschußhöhe eine Ungewißheit über die Höhe des umlagefähigen Aufwands, die dem Entstehen der Höhe nach voll ausgebildeter und unveränderbarer Beitragspflichten entgegensteht.

Verzögert sich der Eingang der letzten Unternehmerrechnung oder der Mitteilung über die endgültige Zuschußhöhe nicht unerheblich, wird dadurch der Zeitpunkt des Entstehens der Beitragspflichten und dementsprechend der Beginn des Laufs der Verjährungsfrist hinausgeschoben, wenn die Gemeinde alles Zumutbare ver-

---

44 Ebenso OVG Lüneburg, Beschluß vom 2.12.1986 – 9 B 97/86 u. a. –, KStZ 1987, 94 = ZMR 1987, 352 = Die Niedersächsische Gemeinde 1987, 190.

*3 Vgl. im Einzelnen den vorstehenden Aufsatz zur Bedeutung von öffentlichen Fördermitteln für das Entstehen der sachlichen Beitragspflichten.

anlaßt hat, um die Schlußrechnung bzw. die Mitteilung so bald wie möglich zu erhalten, d. h., wenn sie den verspäteten Rechnungs- bzw. Mitteilungseingang nicht zu vertreten hat.

Nicht schon mit Eingang der letzten Unternehmerrechnung entstehen die sachlichen Beitragspflichten überdies, wenn die Gemeinde – dem Gebot der umfassenden Beitragserhebung entsprechend – in den beitragsfähigen Aufwand auch die Kosten für eingesetztes Fremdkapital einbezieht. Trifft das zu, entstehen die sachlichen Beitragspflichten vielmehr erst am 31.12. des Jahres, in dem – abgesehen von der hier in Rede stehenden Ermittelbarkeit der Höhe der Fremdfinanzierungskosten – die letzte der übrigen Voraussetzungen für das Entstehen der sachlichen Beitragspflichten erfüllt ist. Da die bis zum Entstehen der sachlichen Beitragspflichten anfallenden Fremdfinanzierungskosten zum beitragsfähigen Aufwand zählen,[45] die Höhe dieser Fremdfinanzierungskosten aber abhängig ist von der Höhe der Fremdfinanzierungsquote sowie der Höhe des Durchschnittszinssatzes in dem betreffenden Haushaltsjahr, und da namentlich der jährliche Durchschnittszinssatz erst am Ende des jeweiligen Jahres feststeht, ist die Höhe der Fremdfinanzierungskosten und damit die Höhe des maßgeblichen Aufwands erst in diesem Zeitpunkt ermittelbar.

Ohne jede Bedeutung für die Ermittlungsfähigkeit des umlagefähigen Aufwands ist – man ist versucht hinzuzufügen: selbstverständlich – die Abnahme. Sie spielt eine Rolle beim Tatbestand der „endgültigen Herstellung", ist aber weder geeignet den Eingang der letzten Unternehmerrechnung als maßgebendes Kriterium für die Ermittlungsfähigkeit des umlagefähigen Aufwands zu ersetzen, noch in diesem Zusammenhang sonst irgendein beachtliches Moment herzugeben.

b) Die zweite Voraussetzung, die Bestimmbarkeit der Größe der erschlossenen Grundflächen, ist in den alten Bundesländern regelmäßig ohne weiteres als erfüllt anzusehen, weil insoweit noch offene Fragen grundsätzlich von der Gemeinde selbst beantwortet werden können; sie ist „nicht gehindert, die Größe der erschlossenen Grundstücke selbst zu ermitteln oder mit der Vermessung einen Vermessungsingenieur zu beauftragen".[46] Dagegen kommt es in den neuen Bundesländern immer noch vor, daß mit Blick auf einzelne erschlossene Grundflächen ein vermessenes und im Bestandsverzeichnis des Grundbuchs unter einer eigenen Nummer eingetragenes Grundstück nicht vorhanden ist. Für Grundstücke, die im Grundbuch als Anteile an einem ungetrennten Hofraum eingetragen sind, sind gemäß § 1 Abs. 1 der Hofraumverordnung vom 24.9.1993 (BGBl. 1, S. 1658) – HofV – maßgebend die Daten aus dem Gebäudesteuerbuch bzw. – wenn ein solches nicht oder nicht mehr vorhanden ist – aus dem zuletzt erlassenen Bescheid über den steuerlichen Einheitswert des jeweiligen Grundstücks. Fehlt es auch daran, ist gemäß § 1 Abs. 2 HofV – in dieser Reihenfolge – abzustellen auf die Daten aus

---

45 BVerwG, Urteil vom 23.8.1990 – 8 C 4.89 –, BVerwGE 85, 306 [311] = DVBl. 1990, 1408 = KStZ 1991, 70.
46 BVerwG, Urteil vom 26.1.1979 – 4 C 17.76 –, Buchholz 406.11 § 133 BBauG Nr. 66, S. 42 [45] = DÖV 1979, 644 = ZMR 1980, 282.

dem Bescheid über die Erhebung der Grundsteuer, der Grunderwerbsteuer und dem Bescheid über die Erhebung von Abwassergebühren nach dem Kommunalabgabengesetz des betreffenden Landes. Diese Hofraumverordnung führt indes nur dann weiter, wenn die bezeichneten Daten hinreichend exakte Angaben über die Grundstücksgröße enthalten. Trifft das nicht zu, gilt in Sachsen-Anhalt nach der auch auf das Erschließungsbeitragsrecht (vgl. § 1 Abs. 2 KAG-LSA) anwendbaren Sonderregelung des § 6 b Abs. 1 Satz 1 KAG-LSA als Grundstück „die vom Beitragspflichtigen zusammenhängend genutzte Fläche". In diesem Fall ist der Beitragspflichtige „verpflichtet, die Grundstücksgröße nachprüfbar nachzuweisen" (§ 6 b Abs. 1 Satz 2 KAG-LSA), so daß diese Größe für die Gemeinde unter Inanspruchnahme des jeweiligen Beitragspflichtigen bestimmbar ist. Fehlt es – wie in den anderen neuen Bundesländern – an einer solchen Sonderregelung, ist vor einer entsprechenden Eintragung im Grundbuch die Grundstücksgröße für die Gemeinde nicht bestimmbar und können aus diesem Grunde für die erstmalige Herstellung z. B. einer Anbaustraße, an die u. a. eine derartige Grundstücksfläche angrenzt, bis zu einer solchen Eintragung sachliche Erschließungsbeitragspflichten nicht entstehen.

c) Zur dritten Voraussetzung, dem Vorhandensein einer Satzung mit wirksamer Verteilungsregelung, hat das BVerwG bereits im Jahre 1973 formuliert, es wäre „praktisch sinnlos …, hätte der Gesetzgeber eine Beitragspflicht dem Grunde nach unabhängig vom Vorhandensein einer Satzung entstehen lassen wollen, da es zur Bestimmung der Höhe des Beitrags auf jeden Fall der vom Gesetz verlangten Satzung bedarf".[47] Dem ist nichts hinzuzufügen. Bei der These, das Entstehen einer sachlichen Erschließungsbeitragspflicht sei vom Vorhandensein einer Satzung mit wirksamer Verteilungsregelung abhängig, handelt es sich gleichsam um einen beitragsrechtlichen Gemeinplatz, der eben deswegen keine Vertiefung erfordert.

V.

1. Eine ganz andere Frage ist, ob das Entstehen sachlicher Erschließungsbeitragspflichten nicht nur von der Erfüllung der zuvor behandelten Entstehungsvoraussetzungen abhängt, sondern überdies davon, daß diese Voraussetzungen in einer bestimmten **Reihenfolge** erfüllt werden, ob also beispielsweise – wie es das OVG Münster in seinem Urteil vom 29.3.1973[48] angenommen hat – sachliche Beitragspflichten nur für eine technische (endgültige) Herstellung entstehen können, wenn vor dieser Herstellung eine wirksame Satzung in Kraft getreten ist, d. h. wenn die Herstellung im zeitlichen Geltungsbereich einer gültigen Beitragssatzung vollzogen worden ist. Diese Frage wäre nur dann zu bejahen, wenn der Gesetzgeber eine entsprechende Reihenfolge angeordnet hätte. Das trifft indes nicht zu. Zwar mag der Gesetzgeber „als regelmäßigen Fall den im Auge gehabt haben, in dem zuerst gemäß § 132 BBauG die Satzung erlassen und erst später jeweils die Erschließungsanlage technisch hergestellt wird. Diese seine Vorstellung hat er aber nicht

---

47 BVerwG, Urteil vom 21.9.1973 – IV C 39.72 –, Buchholz 406.11 § 133 BBauG Nr. 46, S. 37 [38] = DVBl. 1974, 294 = ZMR 1974, 91.
48 OVG Münster, Urteil vom 29.3.1973 – III A 1267/70 –.

zum Inhalt seiner Regelung des Erschließungsbeitragsrechts gemacht".[49] Es ist im Rahmen der erschließungsbeitragsrechtlichen Vorschriften „keine Regelung des Inhalts zu erkennen, daß die Herstellung von Erschließungsanlagen eine Beitragspflicht nur begründet, wenn zur Zeit der Herstellung schon eine gültige Beitragssatzung besteht".[50]

2. Im Ergebnis entsprechendes – und darauf sei abschließend hingewiesen – gilt für das Straßenbaubeitragsrecht der Länder. Den einschlägigen landesrechtlichen Vorschriften ist ebenfalls keine Regelung des Inhalts zu entnehmen, das Entstehen sachlicher Beitragspflichten hänge von einer bestimmten Reihenfolge bei der Erfüllung der jeweiligen Entstehungsvoraussetzungen ab.[51] Allerdings gilt insoweit neuerdings eine Ausnahme für das Land Sachsen-Anhalt: Gemäß § 6 Abs. 6 Satz 1 KAG-LSA in der Fassung des Änderungsgesetzes vom 16. April 1999 (GVBl., S. 150) entstehen die sachlichen Beitragspflichten für den Ausbau von Verkehrsanlagen nur dann „mit der Beendigung der beitragsauslösenden Maßnahme", wenn „vor der Entscheidung über die beitragsauslösende Maßnahme eine Satzung vorliegt". Mit dieser seit dem 21. April 1999 geltenden Regelung hat der Landesgesetzgeber in Sachsen-Anhalt zweifelsfrei zum Ausdruck gebracht, daß sachliche Straßenbaubeitragspflichten in seinem Land nur entstehen können, wenn die von dem zuständigen Organ der Gemeinde getroffene Entscheidung über die Durchführung einer beitragsfähigen Maßnahme vom zeitlichen Geltungsbereich einer (gültigen) Satzung erfaßt ist, also vor dieser Entscheidung eine solche Satzung in Kraft getreten ist.

---

49 BVerwG, Urteil vom 14.3.1975 – IV C 34.73 –, Buchholz 406.11 § 132 BBauG Nr. 17, S. 1 [4] = NJW 1975, 1426 = ZMR 1975, 277.

50 BVerwG, Urteil vom 14.3.1975 – IV C 34.73 –, Buchholz 406.11 § 132 BBauG Nr. 17, S. 1 [4] = NJW 1975, 1426 = ZMR 1975, 277.

51 A. A. ohne die Frage nach einer vom Gesetzgeber angeordneten Reihenfolge zu thematisieren z. B. OVG Münster; u. a. Urteil vom 22.8.1995 – 15 A 3907/92 –, NWVBl. 1996, 62 = NVwZ-RR 1996, 469 = GemHH 1997, 22, und OVG Lüneburg, u. a. Urteil vom 14.6.1983 – 9 A 101 u. a./82 –, KStZ 1983, 195 = Die Niedersächsische Gemeinde 1983, 343.

V. Überleitungsrecht

1. Die Beitragserhebung nach § 8 KAG NW für Ausbaumaßnahmen an „vorhandenen Straßen"[*1]

1. In zwei Beschlüssen[1] hat das Oberverwaltungsgericht Münster die Frage ausdrücklich offengelassen, ob „§ 8 KAG[2] es gestattet, Beiträge für *jede* Verbesserung ,vorhandener' Straßen zu erheben, oder ob auch für ,vorhandene' Straßen Beiträge nach § 8 KAG erst erhoben werden können, wenn sie entsprechend dem erschließungsbeitragsrechtlichen Bauprogramm der Gemeinde (§ 132 Nr. 4 BBauG) ohne Erhebung von Erschließungsbeiträgen (§ 180 Abs. 2 BBauG[*2]) erstmalig hergestellt sind und **dieser** Zustand erstmaliger Herstellung verbessert worden ist".[3] Würde man sich für die letztere Auffassung entscheiden, so hätte dies zur Folge, daß die Gemeinden in einer Anzahl von Fällen für eine Ausbaumaßnahme weder Beiträge nach § 8 KAG noch Erschließungsbeiträge erheben könnten, nämlich dann, wenn z. B. die Bürgersteige an einer „vorhandenen" Straße verbessert wurden und mit dieser Verbesserung zugleich die Erschließungsanlage erstmals in den dem Bauprogramm der Gemeinde entsprechenden Zustand der „erstmaligen Herstellung" versetzt worden ist.

2. Dieser Fragestellung liegt das Problem der Abgrenzung des Anwendungsbereiches der erschließungsbeitragsrechtlichen Vorschriften des BBauG einerseits und der Vorschrift des § 8 KAG andererseits zugrunde. Eine sachgerechte Behandlung dieses Problems macht es erforderlich, zunächst auf die Entwicklung der Rechtslage seit 1875, d. h. seit Inkrafttreten des Preußischen Straßen- und Baufluchtengesetzes (FIG) vom 2. Juli 1975 einzugehen.

a) Gemäß § 15 FIG konnten sich die Gemeinden durch den Erlaß eines Ortsstatuts (Ortsgesetz) die Möglichkeit schaffen, die Straßenanlieger in folgenden drei Fällen zu Beiträgen für die Kosten u. a. der ersten Einrichtung, Entwässerung und Beleuchtungsvorrichtung heranzuziehen: bei der Anlegung einer neuen Straße, der Verlängerung einer schon bestehenden Straße und dem Anbau an schon vorhandenen jedoch bisher unbebauten Straßen und Straßenteilen. „Auf die Anlegung von Plätzen und auf schon vorhandene, wenn auch im mäßigsten Umfange bereits bebaute Straßen" bezog „§ 15 sich nicht"[4].

[*1] Nachdruck aus Der Städtetag 1974, 547.

[1] Vgl. OVG Münster, Beschlüsse vom 13.15.1974 – III B 760/73 – und vom 1.7.1974 – III B 139/74 –.

[2] Abkürzung für Kommunalabgabengesetz des Landes Nordrhein-Westfalen vom 21.10.1969, Gesetz- und Verordnungsblatt NW 1969, S. 712.

[*2] An die Stelle des seinerzeitigen § 180 Abs. 1 BBauG ist inzwischen § 242 Abs. 1 BauGB getreten.

[3] Vgl. OVG Münster, Beschluß vom 1.7.1974 – III B 139/74 –.

[4] Vgl. Surén, Gemeindeabgabenrecht, § 10 Erl. 2 a; ebenso Nöll/Freund/Surén, Kommunalabgabengesetz, 9. Auflage, § 10 Anm. 5 b aa) und v. Strauß und Torney/Saß, Straßen- und Baufluchtengesetz, 7. Auflage, § 15 Bem. 2 a.

Daraus ergab sich, daß Beiträge zu Straßenbaukosten für vorhandene, jedoch bereits bebaute Straßen und Straßenteile nach § 15 FIG in Verbindung mit einem entsprechenden Ortsstatut nicht erhoben werden konnten, diese Straßen insoweit also beitragsfrei blieben.

Um für die Praxis möglichst klar und eindeutig zu machen, wann eine Straße **keiner** Beitragspflicht nach § 15 FIG unterlag, entwickelte die Rechtsprechung den Begriff der „vorhandenen" Straße[5]. Nach dieser Rechtsprechung ist eine Straße dann eine „vorhandene", wenn sie zu einem vor dem Inkrafttreten des ersten Ortsstatuts nach § 15 FIG liegenden Zeitpunkt mit dem Willen der Gemeinde wegen ihres insoweit für ausreichend erachteten Zustandes dem inneren Anbau und innerörtlichen Verkehr zu dienen bestimmt war und gedient hat[6], d. h. bebaut war. Im Gegensatz zur sog. „historischen" Straße brauchte die „vorhandene" Straße nicht im Sinne eines Bauprogramms fertiggestellt zu sein, und zwar auch dann nicht, wenn die Gemeinde das nach § 15 FIG erforderliche Bauprogramm schon vor Inkrafttreten des ersten Ortsstatuts formlos für die Zukunft festgelegt hatte[7].

b) Diese Rechtslage änderte sich mit Inkrafttreten des Preußischen Kommunalabgabengesetzes (PrKAG) vom 14.7.1893 insofern, als nunmehr gemäß § 9 dieses Gesetzes Beiträge für die Ausbaukosten zur Herstellung und Unterhaltung auch solcher Straßen erhoben werden konnten, die nicht unter § 15 FIG fielen. In ihrem Kommentar zum FIG[8] schilderten v. Strauß und Torney/Saß die nun entstandene Rechtslage wie folgt:

„Es muß davon ausgegangen werden, daß der § 15 die *von ihm behandelte Materie*[9] für das Gebiet der neuen und unbebauten vorhandenen Straßen erschöpfend (als lex specialis) geregelt ... hat." Die gleiche Materie (und dazu noch andere wie z. B. Verbesserungen) für „alle übrigen Straßen und Plätze" – und damit auch für die sog. „vorhandenen" Straßen im Rechtssinne – erfaßt „lediglich der § 9 des PrKAG".

Die herrschende Meinung in Rechtsprechung und Literatur[10] teilte diese Auffassung. Sie sah hinsichtlich der Straßenkostenbeitragspflicht § 15 FIG als Sonderregelung (lex specialis) und § 9 PrKAG als Grundnorm an. Lag demnach ein Fall vor, der einem der in § 15 FIG geregelten Tatbestände entsprach, so fand aus-

---

5 Ursprünglich sagte der in § 15 FIG benutzte Ausdruck „vorhandene" Straße nichts über die Beitragsfreiheit aus, denn diese ergab sich erst aus der Verbindung von „vorhanden" und „bebaut". Diese beiden Worte wurden nunmehr von der Rechtsprechung in der Definition der „vorhandenen" Straße miteinander verbunden.

6 Vgl. zu dieser vom OVG Münster fortentwickelten Definition des PrOVG statt vieler OVG Münster, Urteil vom 23.6.1969 – III A 424 – in: OVGE 25, S. 74 = VerwRspr. 21, Nr. 12, S. 51.

7 Vgl. statt vieler OVG Münster, Urteil vom 25.11.1970 – III A 1335/68 – in Gemtg. Hess. 1971, S. 190 = ZMR 1973, 95.

8 Vgl. v. Strauß und Torney/Saß, a. a. O., § 15 Anmerkung 13 b.

9 Hervorhebung durch Verfasser.

10 Vgl. dazu im einzelnen die bei Streit, Erschließungsbeitrage nach dem Bundesbaugesetz und Beiträge nach § 9 des Preußischen Kommunalabgabengesetzes, S. 108, angegebenen Fundstellen.

schließlich diese Vorschrift Anwendung. Die Gemeinde konnte in solchen Fällen selbst dann keine Beiträge nach § 9 PrKAG erheben, wenn sie ein Ortsstatut nach § 15 FlG nicht erlassen hatte und sie damit ihr Recht, Anliegerbeiträge nach dieser Vorschrift zu erheben, nicht ausüben konnte[11]. Andererseits konnte die Gemeinde Beiträge für die nicht in § 15 FlG geregelten Tatbestände nach § 9 PrKAG erheben. Demgemäß waren Kosten für Baumaßnahmen an „vorhandenen" Straßen grundsätzlich auch dann beitragsfähig im Sinne des § 9 PrKAG, wenn diese „vorhandenen" Straßen durch die Baumaßnahmen erstmals dem Bauprogramm der Gemeinde entsprechend endgültig hergestellt und dadurch zu fertiggestellten Straßen im Sinne des § 12 FlG wurden[12].

c) An dieser Rechtslage änderte sich durch das Inkrafttreten des Bundesbaugesetzes (BBauG) vom 23.6.1960 nichts. Da § 127 BBauG in Anlehnung an § 15 FlG bestimmte Erschließungsanlagen herausgreift und § 180 Abs. 2 BBauG die „vorhandenen" Straßen ausdrücklich von der Erschließungsbeitragspflicht ausnimmt, ist der Schluß gerechtfertigt, daß es sich bei den §§ 127 ff. einschließlich § 180 Abs. 2 BBauG „ebenfalls um eine spezielle gesetzliche Beitragsregelung (lex specialis) handelt, die der in § 9 PrKAG enthaltenen allgemeinen Beitragspflicht vorgeht"[13].

Die Erhebung von Beiträgen nach § 9 PrKAG schied deshalb überall da und zwar **nur** da aus, wo die Gemeinden berechtigt und verpflichtet waren, zur Deckung ihrer Aufwendungen Erschließungsbeiträge nach §§ 127 ff. in Verbindung mit § 180 Abs. 2 BBauG zu erheben. Dementsprechend konnten Beiträge für Ausbaumaßnahmen an „vorhandenen" Straßen – gleichgültig, ob diese Arbeiten zu einer Verbesserung einer bereits einmal bauprogrammgemäß fertiggestellten „vorhandenen" Straße oder erst zu deren erstmaliger Herstellung im Sinne des Bauprogramms der Gemeinde führten – ausschließlich nach § 9 PrKAG erhoben werden[14].

Zutreffend hat daher das Oberverwaltungsgericht Münster in seinem Urteil vom 20.9.1971[15] die seinerzeitige Rechtslage dargestellt, wenn es ausführt: „Gerade weil die R-Straße als vorhandene Straße nicht unter § 15 FlG fiel und deshalb gemäß § 180 Abs. 2 BBauG auch nicht unter die §§ 127 ff. BBauG fällt, ist für Ausbaumaßnahmen an dieser Straße von vornherein der Weg zu Beiträgen nach § 9 PrKAG offen gewesen."

3. Es ist nunmehr zu prüfen, ob der Landesgesetzgeber in Nordrhein-Westfalen durch den Erlaß des KAG insofern eine Änderung herbeigeführt hat, als jetzt Beiträge für die Kosten von Ausbaumaßnahmen an „vorhandenen" Straßen nur noch dann erhoben werden können, wenn diese Straßen vorher bereits entsprechend

---

11 Vgl. Nöll/Freund/Surén, a. a. O., § 10 Anm. 5 b; Surén, a. a. O., § 10 Anm. 2 b.
12 Vgl. Nöll/Freund/Surén, a. a. O., § 10 Anm. 5 c; Surén, a. a. O., § 10 Anm. 3 e; v. Strauß und Torney/Saß, a. a. O., § 15 Anm. 13 b.
13 Vgl. Streit, a. a. O., S. 109.
14 Vgl. Thiem, Straßenkostenbeiträge bei fertiggestellten Straßen, 2. Auflage, S. 57; Streit, a. a. O., S. 109.
15 Vgl. OVG Münster, Urteil vom 20.9.1971 – II A 719/69 –.

dem erschließungsbeitragsrechtlichen Bauprogramm der Gemeinde erstmalig hergestellt sind und *dieser* Zustand erstmaliger Herstellung verbessert worden ist.

a) Gemäß § 8 Abs. 1 Satz 2 in Verbindung mit Abs. 2 Satz 1 KAG sollen die Gemeinden bei den dem öffentlichen Verkehr gewidmeten Straßen, Wegen und Plätzen Beiträge erheben für die Ausbaukosten zu deren Herstellung, Anschaffung, Erweiterung und Verbesserung, „soweit nicht das Bundesbaugesetz anzuwenden ist". Durch diesen Nebensatz hat der Landesgesetzgeber zwei Gesichtspunkte verdeutlichen wollen. Zum einen sollte durch § 8 KAG eine Änderung der erschließungsrechtlichen Vorschriften des BBauG nicht bewirkt werden – was ohnehin rechtlich nicht möglich ist. Zum anderen aber sollte klargemacht werden, daß die Pflicht[16] zur Beitragserhebung nach § 8 Abs. 1 Satz 2 KAG sich gerade auf alle „übrigen Fälle"[17], d. h. auf alle nicht von §§ 127 ff. in Verbindung mit § 180 Abs. 2 BBauG erfaßten Fälle erstrecken sollte. Beiträge sollen für die Kosten von Ausbaumaßnahmen in dem von § 8 Abs. 1 Satz 2 in Verbindung mit Abs. 2 Satz 1 KAG umschriebenen Bereich nach dieser Vorschrift auf jeden Fall immer dann von den Gemeinden geltend gemacht werden, „wenn nicht Erschließungsbeiträge nach dem Bundesbaugesetz zu erheben sind."[18]

Damit hat der Landesgesetzgeber zum Ausdruck gebracht, daß er im Verhältnis zwischen den erschließungsbeitragsrechtlichen Vorschriften des BBauG und der hier in Betracht kommenden landesrechtlichen Vorschrift des Kommunalabgabengesetzes eine Verschiebung nicht hat eintreten lassen wollen. Ebenso wie § 9 PrKAG sollte hinsichtlich der Straßenkostenbeitragspflicht § 8 KAG als Grundnorm mit „ergänzendem Charakter"[19] neben die bundesrechtliche Sonderregelung der §§ 127 ff. in Verbindung mit § 180 Abs. 2 BBauG treten. Da aber wie schon unter Geltung des § 9 PrKAG der Tatbestand einer Ausbaumaßnahme an einer „vorhandenen" Straße von der bundesrechtlichen Sonderregelung nicht erfaßt wird, ist er grundsätzlich unter die Grundnorm, d. h. jetzt unter den § 8 KAG zu subsumieren. Insoweit hat sich also materiell nichts geändert[20]. Daraus folgt, daß eine Gemeinde grundsätzlich verpflichtet ist, jede Straßenbaumaßnahme, die eine Beitragspflicht nach dem BBauG nicht auslöst, nach § 8 KAG abzurechnen und die Kosten auf die betreffenden Anlieger umzulegen. Das aber bedeutet, daß sie Beiträge nach § 8 KAG für alle Straßenbaumaßnahmen erheben muß, die an einer „vorhandenen" Straße durchgeführt werden, gleichgültig, ob diese „vorhandene"

---

16 Auf Grund der Formulierung des Abs. 1 Satz 2 als Soll-Vorschrift sind die Gemeinden im Regelfall verpflichtet, für Baumaßnahmen an Straßen, Wegen und Plätzen, die dem öffentlichen Verkehr gewidmet sind, Beiträge zu erheben (vgl. Bauernfeind-Zimmermann, KAG, § 8 Anm. 3 Rdn. 4).

17 Vgl. zu den in diesem Zusammenhang gemachten Ausführungen das Protokoll der 57. Sitzung des Kommunalpolitischen Ausschusses vom 23.5.1969, S. 11.

18 Vgl. die Begründung des Entwurfes eines Kommunalabgabengesetzes für das Land Nordrhein-Westfalen, 6. Wahlperiode, Drucksache 810, S. 41.

19 Vgl. die Begründung des Entwurfes eines Kommunalabgabengesetzes für das Land Nordrhein-Westfalen, 6. Wahlperiode, Drucksache 810, S. 19.

20 Vgl. dazu Schmidt, Handbuch des Erschließungsbeitragsrechts, 3. Auflage, S. 576.

Straße vorher bereits einmal dem Bauprogramm entsprechend hergestellt war oder nicht.

b) Die Auffassung, der Landesgesetzgeber habe gleichwohl diese grundsätzliche Beitragserhebungspflicht in dem Sinne eingeschränkt, daß von ihr ausschließlich Baumaßnahmen betroffen sind, die zu einer Verbesserung einer bereits früher einmal bauprogrammäßig fertiggestellten „vorhandenen" Straße geführt haben, wäre nur dann gerechtfertigt, wenn sich klare Anhaltspunkte dafür aus dem Gesetzeswortlaut selbst oder aber aus den Materialien des Gesetzes ergäben.

aa) Wie bereits dargelegt, regelt § 8 Abs. 1 Satz 2 in Verbindung mit § 8 Abs. 2 Satz 1 KAG nicht nur den Tatbestand der Verbesserung, sondern darüber hinaus diejenigen der „Herstellung, Anschaffung und Erweiterung" von Straßen, Wegen und Plätzen. Es kann kein Zweifel daran bestehen, daß unter den Begriff der „öffentlichen Einrichtungen und Anlagen" auch die in § 8 KAG behandelten, dem öffentlichen Verkehr gewidmeten Straßen, Wege und Plätze fallen[21]. Daraus ergibt sich, daß beitragsfähig nach § 8 KAG nicht nur solche Aufwendungen der Gemeinde sind, die zur Verbesserung einer Straße führen, sondern auch solche, die zur Herstellung im Sinne einer erstmaligen endgültigen Fertigstellung aufgebracht werden, sofern nicht die erschließungsrechtlichen Sondervorschriften des BBauG eingreifen. Da gemäß § 180 Abs. 2 BBauG „vorhandene" Straßen nicht von der Sonderregelung des BBauG erfaßt werden, hat der Landesgesetzgeber durch die Formulierung des § 8 KAG klargestellt, daß die Anlieger an „vorhandenen" Straßen selbst dann zu den Kosten für Ausbaumaßnahmen an diesen Straßen heranzuziehen sind, wenn sie erstmals dem Bauprogramm der Gemeinde entsprechend hergestellt werden.

bb) Wie sich aus den Materialien zum KAG zweifelsfrei ergibt, war es das Bestreben des Gesetzgebers, u. a. das Recht „der kommunalen Abgaben so einfach, aber auch so präzise wie möglich zu gestalten" und den Gemeinden „eine tragfähige finanzielle Basis" zu verschaffen[22].

Mit diesen grundsätzlichen Anliegen des Gesetzgebers dürfte eine Ansicht nicht vereinbar sein, die die Beitragserhebungspflicht für Aufwendungen an „vorhandenen" Straßen einschränkt auf jene Fälle, in denen die entsprechenden Ausbauarbeiten zu der Verbesserung einer bereits vorher bauprogrammgemäß fertiggestellten „vorhandenen" Straße geführt hat. Zum einen nämlich würde eine solche Auffassung nicht zu einer Vereinfachung, sondern im Gegenteil zu einer erheblichen Komplizierung dieses Bereiches des kommunalen Abgabenrechts führen. Denn den Gemeinden (ebenso wie den Gerichten) ist es vielfach nur unter Schwierigkeiten möglich, festzustellen, ob eine Straße eine „vorhandene" im Rechtssinne ist. Noch schwieriger aber wird es nicht selten sein, herauszufinden, ob eine solche „vorhandene" Straße zu irgendeiner Zeit schon einmal dem gemeindlichen Bauprogramm entsprechend hergestellt war. Zum anderen aber müßten die Gemein-

---

21 Vgl. dazu Bauernfeind-Zimmermann, a. a. O., § 8 Anm. II 2, Rdn. 15.
22 Vgl. Innenminister Weyer in seiner Rede zur Einbringung des Entwurfs des KAG, Protokoll der 37. Sitzung des Landtags NRW vom 17.9.1968, S. 1418 (C).

den eine Reihe von Straßenbaumaßnahmen durchführen, deren Kosten sie nicht erstattet verlangen könnten. Dadurch würde ihre – ohnehin häufig wenig stabile – finanzielle Basis keineswegs „tragfähiger".

cc) Nach den vorstehenden Überlegungen kann davon ausgegangen werden, daß der Landesgesetzgeber die Beitragserhebungspflicht für Ausbaumaßnahmen an „vorhandenen" Straßen nicht auf die Fälle beschränken wollte, in denen diese Arbeiten zu einer Verbesserung einer bereits früher einmal bauprogrammgemäß fertiggestellten „vorhandenen" Straße geführt hat. Vielmehr ergeben sich deutliche Anhaltspunkte dafür, daß er die Gemeinden verpflichten wollte, auch Aufwendungen für solche Arbeiten im Wege der Beitragserhebung nach § 8 KAG auf die betreffenden Anlieger zu verteilen, die zu einer erstmaligen bauprogrammgemäßen Fertigstellung einer „vorhandenen" Straße führen.

4. Zusammenfassend läßt sich somit feststellen, daß für alle heutigen Ausbaumaßnahmen an „vorhandenen" Straßen Beiträge nach § 8 KAG zu erheben sind[23]. Eine Einschränkung dahingehend, daß „auch für ‚vorhandene' Straßen Beiträge nach § 8 KAG erst erhoben werden können, wenn sie entsprechend dem erschließungsbeitragsrechtlichen Bauprogramm der Gemeinde (§ 132 Nr. 4 BBauG) ohne Erhebung von Erschließungsbeitragen (§ 180 Abs. 2 BBauG) erstmalig hergestellt sind und *dieser* Zustand erstmaliger Herstellung verbessert worden ist"[24], erscheint nicht gerechtfertigt.

---

23 Vgl. ebenso Bauernfeind-Zimmermann, a. a. O., § 8 Anm. III 3, Rdn. 9.
24 Vgl. OVG Münster, Beschluß vom 1.7.1974 – III B 139/74 –.

2. § 242 Abs. 9 BauGB[1] – Zwischenbilanz zu einer erschließungsbeitragsrechtlichen Überleitungsregelung[*1]

I.

Die erstmalige Herstellung namentlich öffentlicher zum Anbau bestimmter Straßen (sog. Anbaustraßen i. S. des § 127 Abs. 2 Nr. 1 BauGB) sowie deren späterer Ausbau verursachen einen erheblichen finanziellen Aufwand. Zur teilweisen Deckung dieses Aufwands haben Bundes- und Landesgesetzgeber den Kommunen nicht nur die Möglichkeit eingeräumt, von den Grundstückseigentümern, denen durch die Inanspruchnahmemöglichkeit der jeweiligen Straße ein Vorteil vermittelt wird, eine angemessene Kostenbeteiligung einzufordern, sondern sie haben den Kommunen eine derartige Kostenbeteiligung dieses Personenkreises sogar zur Pflicht gemacht: Für die erstmalige Herstellung von beitragsfähigen Anbaustraßen sind Erschließungsbeiträge nach den §§ 127 ff. BauGB, für spätere beitragsfähige Ausbaumaßnahmen an diesen Straßen Straßenbaubeiträge nach Maßgabe der einschlägigen kommunalabgabenrechtlichen Bestimmungen der Länder zu erheben.[2] Ungeachtet dieser im Ansatz klaren Trennung zwischen den Anwendungsbereichen der Vorschriften des bundesrechtlichen Erschließungsbeitragsrechts einerseits und des landesrechtlichen Straßenbaubeitragsrechts andererseits führt die Abgrenzung zwischen dem einen und dem anderen Anwendungsbereich namentlich in sog. Übergangsfällen zu Schwierigkeiten, d. h. in den Fallgestaltungen, in denen im Zeitpunkt des Inkrafttretens der erschließungsbeitragsrechtlichen Bestimmungen bereits Anbaustraßen angelegt waren. Diesen Fallgestaltungen hat der Bundesgesetzgeber durch Überleitungsregelungen Rechnung getragen, bei Inkrafttreten des (seinerzeitigen) Bundesbaugesetzes 1961 durch (den damaligen § 180 Abs. 2 BBauG und jetzigen) § 242 Abs. 1 BauGB und bei Erstreckung des Geltungsbereichs des Baugesetzbuchs auf die neuen Bundesländer 1990 durch (den damaligen § 246 Abs. 1 Nr. 11 BauGB und jetzigen) § 242 Abs. 9 BauGB. § 242 Abs. 1 BauGB ist eine Überleitungsnorm ausschließlich für die alten Bundesländer, er ist in den neuen Bundesländern nicht anwendbar;[3] in den neuen Bundesländern ist einzig § 242 Abs. 9 BauGB maßgebend.

---

1 § 242 Abs. 9 BauGB ist aus Kapitel XIV, Abschnitt II Nr. 1 der Anlage I zum Einigungsvertrag hervorgegangen, wonach in das Baugesetzbuch die Vorschrift des § 246a Abs. 1 Nr. 11 Sätze 2 und 3 eingefügt wird. Die damit nahezu wörtlich übereinstimmende Nachfolgebestimmung, der seinerzeitige § 246a Abs. 4 BauGB, ist mit Wirkung vom 1.1.1998 durch § 242 Abs. 9 BauGB abgelöst worden (vgl. Begründung des Entwurfs eines Gesetzes zur Änderung des BauGB und zur Neuregelung des Rechts der Raumordnung, BT-Drucks. 13/6392, S. 76).

*1 Nachdruck aus ZMR 2002, 241.

2 Eine derartige landesrechtlich begründete Beitragserhebungspflicht besteht indes nicht in den Ländern Baden-Württemberg und Berlin, in denen es bereits an einer entsprechenden Rechtsgrundlage fehlt, sowie in Niedersachsen (vgl. dazu etwa *Hillmann*, in: KStZ 1992, 41).

3 U. a. OVG Greifswald, Beschluß vom 3.6.1996 – 6 M 20/95 –, DVBl. 1997, S. 501 = LKV 1997, 225 = SächsVBl. 1998, S. 38, und VG Berlin, Urteil vom 20.12.2000 – 13 A 58/98 –, LKV 2001, 379.

Ob eine Ausbaumaßnahme an einer Anbaustraße in den neuen Bundesländern nach den Regeln des Erschließungs- oder des Straßenbaubeitragsrechts abzurechnen ist, richtet sich mithin nach § 242 Abs. 9 BauGB, er stellt in den neuen Bundesländern sozusagen das „Tor zum Erschließungsbeitragsrecht"[4] dar. Da die Gemeinde über Erschließungsbeiträge einen erheblich höheren Anteil des für eine beitragsfähige Ausbaumaßnahme entstandenen Aufwands auf Grundstückseigentümer abzuwälzen hat als über Straßenbaubeiträge, ist § 242 Abs. 9 BauGB von eminenter finanzieller Bedeutung,[5] und zwar sowohl für die Kommunen als auch für die betroffenen Grundstückseigentümer. Angesichts dessen war es schon bemerkenswert, daß diese Bestimmung bis 1994 in der einschlägigen Fachliteratur kaum Beachtung gefunden hatte.[6] Das hat sich seither ganz wesentlich geändert,[7] zumal sie danach auch Eingang in die Rechtsprechung gefunden hat. Zwar fehlt bisher eine höchstrichterliche Entscheidung des BVerwG,[8][*2] doch haben sich inzwischen Gerichte in allen neuen Bundesländern einschließlich – mit Blick auf den seinerzeitigen Ostteil der Stadt – Berlins mit § 242 Abs. 9 BauGB beschäftigt. Das rechtfertigt es, nunmehr als eine Art Zwischenbilanz die insbesondere aus der bisherigen Rechtsprechung gewonnenen Erkenntnisse darzulegen.

II.

Nach § 242 Abs. 9 Satz 1 BauGB können Erschließungsbeiträge nach Maßgabe der § 127 ff. BauGB nicht erhoben werden, d. h. sind vom Anwendungsbereich des Erschließungsbeitragsrechts ausgeschlossen, „Erschließungsanlagen oder Teile von Erschließungsanlagen …, die vor dem Wirksamwerden des Beitritts" (der Deutschen Demokratischen Republik zur Bundesrepublik Deutschland) am 3.10.1990

---

4 Es kann dahinstehen, ob dieser – schon in ZMR 1994, 245, verwandte – Ausdruck als besonders geglückt zu qualifizieren ist oder ob – wie das VG Dresden (Urteil vom 3.2.2000 – 7 K 2153/98 –, ZMR 2002, 81) meint – bei § 242 Abs. 9 BauGB besser von einer Verbotsnorm gesprochen werden sollte. In der Sache richtig ist jedenfalls, daß erst nach einer Prüfung nach Maßgabe dieser Bestimmung ggfs. der Weg zu einer Erhebung von Erschließungsbeiträgen eröffnet ist. Schlicht abwegig ist indes die Erwägung, § 242 Abs. 9 BauGB könnte als eine gesetzliche Grundlage für eine Erhebung von Erschließungsbeiträgen angesehen werden.
5 Vgl. dazu etwa *Becker*, in: LKV 1999, 489.
6 S. die seinerzeitigen Literaturnachweise bei *Driehaus*, in: ZMR 1994, 245, Fn. 3.
7 Vgl. statt vieler Anlauf in KStZ 1996, 11, und KStZ 2000, 69, *Becker*, in: LKV 1999, 489, *Kirchmer*, in: Finanzwirtschaft 1999, 91, *Quaas*, in: Kommunales Angabenrecht, Rdn. 297 ff., und *Ruff*, in: Erschließungsbeiträge von A-Z, Nr. 16, sowie u. a. *Ernst*, in: Ernst/Zinkahn/Bielenberg/Krautzberger, BauGB, § 242 Rdn. 13 ff., *Fischer*, in: Hoppenberg, Handbuch des öffentlichen Baurechts, Kapitel F, Rdn. 499 ff., und *Löhr*, in: Battis/Krautzberger/Löhr, BauGB, § 128 Rdn. 28 a.
8 Zwar hat das OVG Magdeburg in seinem Urteil vom 18.12.2000 (– 2 L 104/00 –, VwRR MO 2001, 181) die Revision gegen seine Entscheidung zugelassen und ist die Revision eingelegt worden, doch ist sie aus einem formellen Grund als unzulässig verworfen worden.
*2 Erstmals im Urteil vom 18.11.2002 (9 C 2.02 – DVBl. 2003, 338 = DÖV 2003, 333 = LKV 03, 227) hat sich das BVerwG mit § 242 Abs. 9 BauGB befaßt und erkannt, wenn eine Erschließungsanlage im Beitrittsgebiet vor dem 3.10.1990 bereits hergestellt worden sei, könne eine Erschließungsbeitrag auch dann nicht erhoben werden, wenn dieser Anlage nach dem 3.10.1990 weitere Teileinrichtungen hinzugefügt würden.

bereits hergestellt waren. Mit diesem Wortlaut stellt § 242 Abs. 9 Satz I ab auf den Ausbauzustand der Erschließungsanlagen – hier in Gestalt der Anbaustraßen – oder Teilen von ihnen spätestens im Zeitpunkt (unmittelbar) vor dem 3.10.1990. Bis zu diesem Zeitpunkt müssen Anbaustraßen oder Teile von ihnen – soll die Anwendbarkeit des Erschließungsbeitragsrechts für eine nach diesem Zeitpunkt an einer konkreten Straße oder Teilen von ihr durchgeführte Ausbaumaßnahme ausgeschlossen sein – „bereits hergestellt" gewesen sein, wobei es gleichgültig ist, wann diese Herstellung erfolgt ist, zu Zeiten der Deutschen Demokratischen Republik oder zu früheren Zeiten.[9] Aus der zeitlichen Fixierung auf (spätestens) den 3.10.1990 folgt zugleich, daß § 242 Abs. 9 Satz 1 BauGB keine Sperrwirkung für eine Erschließungsbeitragserhebung entfaltet mit Blick auf Erschließungsanlagen, die erst nach diesem Zeitpunkt angelegt worden sind.

1. § 242 Abs. 9 Satz 1 BauGB sagt nicht ausdrücklich, was unter „Erschließungsanlagen" und „Teile von Erschließungsanlagen" zu verstehen ist. Doch ergibt sich aus dem mit dieser Vorschrift verfolgten Zweck, für bestimmte Konstellationen die Erhebung von Erschließungsbeiträgen nach den §§ 127 ff. BauGB zu verhindern, ohne weiteres, daß mit „Erschließungsanlagen" die in § 127 Abs. 2 BauGB abschließend aufgezählten beitragsfähigen Erschließungsanlagen gemeint sind.[10] Aufgrund der Tatsache, daß der Gesetzgeber den Begriff „Teile von Erschließungsanlagen" außer in § 242 Abs. 9 Satz 1 BauGB auch schon in § 127 Abs. 3 BauGB verwandt hat, und keinerlei Anhaltspunkte dafür erkennbar sind, er habe ihm hier einen anderen Inhalt als dort geben wollen, drängt sich die Annahme auf, unter „Teile von Erschließungsanlagen" seien (nicht Teilstrecken im Sinne von Abschnitten – § 130 Abs. 2 Sätze 1 und 2 BauGB –, sondern) Teileinrichtungen wie Fahrbahn, Gehwege, Radwege, Beleuchtung und Entwässerung zu verstehen, die sich regelmäßig durch die ganze Länge der Erschließungsanlage ziehen.[11]

2. Anders als die Überleitungsvorschrift des § 242 Abs. 1 BauGB bezieht § 242 Abs. 9 Satz 1 BauGB „Teile von Erschließungsanlagen" ausdrücklich in seine Regelung ein. Diesem Unterschied kommt erhebliches rechtliches Gewicht zu. § 242 Abs. 1 BauGB hebt ab einzig auf eine Erschließungsanlage insgesamt; sie ist als solche entweder eine vorhandene Erschließungsanlage i. S. des § 242 Abs. 1 BauGB und damit erschließungsbeitragsfrei oder sie ist es nicht.[12] Zwar regelt § 242 Abs. 9 Satz 1 BauGB eine entsprechende Fallgestaltung mit der „bereits hergestellten Erschließungsanlage" insgesamt; insoweit nimmt er nämlich aus dem Anwendungsbereich des Erschließungsbeitragsrechts aus alle Konstellationen, in denen eine am 3.10.1990 mit allen ihren zu diesem Zeitpunkt angelegten Teileinrichtungen bereits hergestellte Erschließungsanlage später in einer, mehreren oder

9 Vgl. etwa OVG Greifswald, Beschluß vom 9.9.1997 – 6 M 68/96 –, und *Löhr*, in: Battis/Krautzberger/Löhr, BauGB, § 128 Rdn. 28 a.

10 Ebenso u. a. OVG Magdeburg, Beschluß vom 18.1.2000 – A 2 S 593/99 –.

11 Vgl. im einzelnen OVG Bautzen, Urteil vom 22.8.2001 – 5 B 222/00 –, ebenso u. a. OVG Frankfurt (Oder), Urteil vom 23.3.2000 – 2 A 226/98 –, MittStGBBbg 2000, 213, und VG Meiningen, Beschluß vom 5.10.2000 – 1 E 569/99 –.

12 S. dazu *Driehaus*, Erschließungs- und Ausbaubeiträge, 6. Aufl., § 2 Rdn. 26.

allen diesen Teileinrichtungen ausgebaut und abgerechnet wird. Überdies aber nimmt § 242 Abs. 9 Satz 1 BauGB – insoweit über § 242 Abs. 1 BauGB hinausgehend – aus dem Anwendungsbereich des Erschließungsbeitragsrechts aus auch Konstellationen, in denen eine oder einzelne Teileinrichtung(en) ausgebaut wird (werden), die am 3.10.1990 – anders als die Erschließungsanlage insgesamt – bereits hergestellt war(en). Die Erhebung von Erschließungsbeiträgen für die Kosten eines nach dem 3.10.1990 erfolgten Ausbaus einer Teileinrichtung ist – mit anderen Worten – nur zulässig (aber auch geboten), wenn weder diese Teileinrichtung noch die betreffende Erschließungsanlage insgesamt, d. h. in allen ihren seinerzeit angelegten Teileinrichtungen, bis zum 3.10.1990 bereits hergestellt war.[13]

Legt z. B. eine Gemeinde nach dem 3.10.1990 einen (ggfs. einseitigen) Geh- oder Radweg, eine Straßenentwässerungs- oder eine Straßenbeleuchtungseinrichtung erstmals an, kann diese Teileinrichtung mangels ihrer Existenz am 3.10.1990 nicht vor diesem Zeitpunkt bereits hergestellt gewesen sein. Angesichts dessen hängt die Beantwortung der Frage, ob die Kosten für diese jetzt erstmals angelegte Teileinrichtung nach den Regeln des Erschließungs- oder des Straßenbaubeitragsrechts abzurechnen sind, davon ab, ob die Straße insgesamt, d. h. in allen ihren am 3.10.1990 angelegten Teileinrichtungen, seinerzeit bereits hergestellt i. S. des § 242 Abs. 9 Satz 1 BauGB war. Bestand die Straße damals beispielsweise einzig aus einer Fahrbahn und war diese bereits hergestellt, war diese Erschließungsanlage insgesamt am 3.10.1990 bereits hergestellt und mit der Folge nicht vom Erschließungsbeitragsrecht erfaßt, daß die Kosten für die jetzige erstmalige Anlegung einer weiteren Teileinrichtung nach den Regeln des Straßenbaubeitragsrechts abzurechnen sind.[14] Wies die Straße dagegen am 3.10.1990 zwei oder mehrere Teileinrichtungen auf, von denen jedenfalls eine – sei es die Fahrbahn, die Beleuchtung oder ein Geh- bzw. Radweg – und folglich auch die Straße insgesamt seinerzeit noch nicht bereits hergestellt war, unterliegen nicht nur die Kosten des Ausbaus dieser einen, sondern auch die der Anlegung der „neuen" Teileinrichtung den Regeln des Erschließungsbeitragsrechts. War von den am 3.10.1990 angelegten Teileinrichtungen zumindest eine in diesem Zeitpunkt bereits hergestellt, ist für die Abrechnung der Kosten für deren gleichzeitig durchgeführten Ausbau das Straßenbaubeitragsrecht anzuwenden. § 242 Abs. 9 Satz 1 BauGB zwingt in einem solchen Fall zu einer sozusagen gespaltenen Abrechnung, also einer Abrechnung, bei der die Kosten für den Ausbau der bis zum 3.10.1990 bereits hergestellten Teileinrichtung(en) nach den Regeln des Straßenbau- und die Kosten für den gleichzeitigen Ausbau der übrigen, bis zum 3.10.1990 noch nicht bereits hergestellten Teileinrichtung(en) nach den Regeln des Erschließungsbeitragsrechts abzurechnen sind. Eines Kostenspaltungsbeschlusses bedarf es in solchen Konstellationen nicht; denn die getrennte Abrechnung der Teileinrichtungen beruht hier nicht auf einer Willensentscheidung der Kommune, sondern un-

---

13 Ebenso etwa OVG Bautzen, Urteil vom 22.8.2001 – 5 B 501/01 –.
14 An der beispielsweise noch in *Driehaus*, Erschließungs- und Ausbaubeiträge, 6. Aufl., § 2 Rdn. 38 f., dargelegten gegenteiligen Auffassung wird nicht mehr festgehalten.

mittelbar auf § 242 Abs. 9 BauGB.[15] Stellt die Gemeinde im Zusammenhang mit einem die Fahrbahn und die Gehwege umfassenden Ausbau erstmals eine zum weiteren Erhalt der Straße (nach einer Zunahme des Autoverkehrs nunmehr) erforderliche Stützmauer her, sind die dafür entstandenen Kosten im Falle einer gespaltenen Abrechnung anteilig sowohl der Fahrbahn als auch den Gehwegen zuzurechnen, und zwar in dem Verhältnis, in dem die Fahrbahn- und die Gehwegkosten zueinander stehen.

Wird die straßenrechtliche Bestimmung einer am 3.10.1990 u. a. aus einer Fahrbahn und einem einseitigen Gehweg bestehenden Verkehrsanlage später in eine für alle Verkehrsarten gleichermaßen offenstehende verkehrsberuhigte (Wohn-) Straße mit Mischfläche verändert und die Erschließungsanlage dementsprechend ausgebaut, dürfte die Beantwortung der Frage, ob diese Ausbaumaßnahme nach den Regeln des Erschließungs- oder des Straßenbaubeitragsrechts abzurechnen ist, nach der Überleitungsvorschrift des § 242 Abs. 9 BauGB davon abhängen, ob entweder die Straße in allen ihren am 3.10.1990 angelegten Teileinrichtungen (z. B. außer Fahrbahn und einseitigem Gehweg noch Straßenentwässerungs- und -beleuchtungseinrichtung) und damit insgesamt oder zumindest die beiden von der Ausbaumaßnahme betroffenen flächenmäßigen Teileinrichtungen am 3.10.1990 bereits hergestellt und damit nicht vom Anwendungsbereich des Erschließungsbeitragsrechts erfaßt waren. Traf weder das eine noch das andere seinerzeit zu, ergibt sich ohne weiteres, daß der Umbau von der normalen Straße in die verkehrsberuhigte Wohnstraße nach den Regeln des Erschließungsbeitragsrechts abzurechnen ist. Waren dagegen seinerzeit die Verkehrsanlage insgesamt oder zumindest die beiden von der Umbaumaßnahme betroffenen Teileinrichtungen (Fahrbahn und einseitiger Gehweg) bereits hergestellt, sind die Kosten der einzig diese Teileinrichtungen erfassenden Umbaumaßnahme nach dem Straßenbaubeitragsrecht abzurechnen.

III.

In Satz 2 des § 242 Abs. 9 BauGB hat der Gesetzgeber angeordnet, als (spätestens) am 3.10.1990 „bereits hergestellt" seien anzusehen, die seinerzeit „einem technischen Ausbauprogramm oder den örtlichen Ausbaugepflogenheiten entsprechend fertiggestellten Erschließungsanlagen oder Teile von Erschließungsanlagen". Nach der dadurch vom Gesetzgeber vorgegebenen Reihenfolge hat die Beantwortung der Frage, ob eine bestimmte, in der Örtlichkeit vorhandene Anbaustraße oder eine ihrer Teileinrichtungen am 3.10.1990 bereits hergestellt war, mit der Prüfung zu beginnen, ob der Zustand dieser Anbaustraße bzw. Teileinrichtung irgendwann vor dem 3.10.1990 den Anforderungen entsprochen hat, die ein aus der Zeit irgendwann vor dem 3.10.1990 stammendes, technisches Ausbauprogramm für sie stellt.[16]

---

15 Vgl. *Becker*, in: LKV 1999, 489 [491].
16 S. zu dieser Reihenfolge ebenso u. a. OVG Greifswald, Beschluß vom 3.6.1996 – 6 M 20/95 –, DVBl. 1997, S. 501 = LKV 1997, 225 = SächsVBl. 1998, S. 38, OVG Magdeburg, Beschluß vom 18.1.2000 – A 2 S 525/99 –, VwRR MO 2000, 324, und *Quaas*, in: Schrödter, BauGB, § 242 Rdn. 17.

1. Das erfordert zunächst die Klärung, was unter einem „technischen Ausbauprogramm" zu verstehen ist. Insoweit kommt nach dem Gesetzeswortlaut offensichtlich dem Merkmal „technisch" ausschlaggebende Bedeutung zu. Dadurch wird nämlich deutlich, daß es hier nicht um irgendein Ausbauprogramm geht, sondern um ein solches, das sich zum technischen, also zum nach technischen Gesichtspunkten zu beurteilenden Ausbau und nicht etwa zur räumlichen Ausdehnung einer Straße oder deren Ausstattung mit einzelnen Teileinrichtungen verhält, d. h. daß hier nach einem Programm zur Ausgestaltung (wie z. B. Befestigung) der einzelnen Teileinrichtungen gefragt ist.[17] „Es muß" in einem solchen technischen Ausbauprogramm „vor allem die Art der Befestigung der Fahrbahn geregelt sein, etwa dahin, ob sie mit Pflaster, Schwarzdecke, Beton oder Platten oder ähnlichem Material befestigt sein soll. Ähnliches gilt für Gehwege".[18] Diese am Wortlaut orientierte Auslegung wird bestätigt durch die Erkenntnis, daß der Gesetzgeber mit dem „technischen Ausbauprogramm" einen Begriff aufgegriffen hat, der im Erschließungsbeitragsrecht im Zusammenhang mit der gemäß § 132 Nr. 4 BauGB in der Satzung vorzunehmenden Festlegung der Merkmale der endgültigen Herstellung allgemein bekannt ist; eine solche satzungsmäßige Merkmalsregelung besteht nämlich aus zum einen dem sog. Teileinrichtungsprogramm und zum anderen – eben – dem sog. technischen Ausbauprogramm.[19]

Die Prüfung, ob eine vor dem 3.10.1990 angelegte Anbaustraße – in allen ihren seinerzeit vorhandenen Teileinrichtungen und somit – insgesamt oder zumindest eine dieser Teileinrichtungen am 3.10.1990 bereits hergestellt war, setzt die Suche und das Auffinden des für die jeweilige Anbaustraße oder Teileinrichtung maßgebenden technischen Ausbauprogramms im vorbezeichneten Sinne voraus. Dafür ist von Bedeutung, daß der Gesetzgeber das Merkmal „Ausbauprogramm" sehr allgemein, sehr weit gefaßt hat. Er hat mit ihm abgehoben auf irgendein technisches Ausbauprogramm, d. h. einen Plan, nach dem sich die bautechnische Ausgestaltung der Anbaustraße insgesamt bzw. der betreffenden Teileinrichtung richten sollte, gleichgültig, von wem (etwa von der Gemeinde, der örtlichen Parteileitung, einem nichtstaatlichen Planungsbüro, einer Mehrzahl von Privatpersonen usw.)[20] und in welcher Form der Plan aufgestellt worden ist[21] sowie ob er sich auf eine einzelne Anbaustraße bzw. Teileinrichtung oder auf eine unbestimmte Vielzahl derartiger Anlagen bezieht. Damit ist entgegen der Annahme von Anlauf[22] nicht gesagt, es habe den seinerzeit in der Deutschen Demokratischen Republik geltenden Vorschriften oder der täglichen Praxis entsprochen, daß ein Ausbauprogramm z. B. von der örtlichen Parteileitung oder einer Mehrzahl von Privatpersonen aufgestellt worden

---

17 U. a. *Ernst*, in: Ernst/Zinkahn/Bielenberg/Krautzberger, BauGB, § 242 Rdn. 18, und *Fischer*, in: Hoppenberg, Handbuch des öffentlichen Baurechts, Kapitel F, Rdn. 501; a. A. VG Berlin, Urteil vom 20.12.2000 – 13 A 58/98 –, LKV 2001, 379, wonach das technische Ausbauprogramm auch das Bauprogramm (z. B. Länge und Breite der Anlage bzw. der Teilanlage) umfassen soll.
18 OVG Greifswald, Beschluß vom 3.6.1996 – 6 M 20/95 –, a. a. O.
19 Vgl. etwa *Driehaus*, Erschließungs- und Ausbaubeiträge, 6. Aufl., § 11 Rdn. 35 ff.
20 U. a. OVG Greifswald, Beschluß vom 3.6.1996 – 6 M 20/95 –, a. a. O.
21 Vgl. VG Berlin, Urteil vom 20.12.2000 – 13 A 58/98 –, a. a. O.
22 *Anlauf*, in: KStZ 2000, 69 [72].

ist. Vielmehr ist damit lediglich zum Ausdruck gebracht, daß der Gesetzgeber des § 242 Abs. 9 BauGB seinerseits keinerlei „Zuständigkeitsvorgaben" gemacht hat. Ohne Belang ist ferner, ob sich das technische Ausbauprogramm unmittelbar aus z. B. einem Beschlußprotokoll oder nur mittelbar aus Aktenvermerken sowie Verträgen, Anweisungen oder sonstigen Vorgaben an die für die Durchführung der jeweiligen Ausbaumaßnahme zuständige Stelle entnehmen läßt.[23] In besonders gelagerten Fällen ist auch denkbar, daß aus den technischen Ausbauprogrammen für andere Anbaustraßen (oder Teileinrichtungen) auf das technische Ausbauprogramm einer bestimmten Straße (oder Teileinrichtung) geschlossen werden kann; das kann etwa zutreffen, wenn neun Straßen in einer zehn Straßen umfassenden Siedlung einem aufgefundenen, insoweit identischen technischen Ausbauprogramm entsprechend fertiggestellt worden sind und die zehnte Straße zwar den gleichen technischen Ausbauzustand aufweist, „ihr" technisches Ausbauprogramm indes nicht auffindbar ist.

2. Da Anbaustraßen einschließlich ihrer Teileinrichtungen regelmäßig auf der Grundlage irgendeines technisches Ausbauprogramms angelegt werden, ist für die Anwendung der zweiten Alternative des § 242 Abs. 9 Satz 2 BauGB in der Regel nur Raum, wenn mit Blick auf eine bestimmte Anbaustraße oder Teileinrichtung entweder bis zum 3.10.1990 das technische Ausbauprogramm nicht erfüllt war oder dieses Ausbauprogramm – etwa durch die Kriegsereignisse oder sonstige widrige Umstände – wahrhaft verlorengegangen ist. Trifft das eine oder andere zu, ist die betreffende Straße oder Teileinrichtung gleichwohl mit der Folge, daß für an ihr nach dem 3.10.1990 durchgeführte beitragsfähige Ausbaumaßnahmen nicht Erschließungs-, sondern Straßenbaubeiträge zu erheben sind, als „bereits hergestellt" i. S. des Satzes 1 des § 242 Abs. 9 BauGB anzusehen, wenn sie spätestens am 3.10.1990 „den örtlichen Ausbaugepflogenheiten entsprechend" fertiggestellt war, d. h. wenn ihr Zustand jedenfalls in diesem Zeitpunkt den „örtlichen Ausbaugepflogenheiten" entsprach.

a) Der Gesetzgeber läßt das Merkmal „örtliche Ausbaugepflogenheiten" als gleichwertigen Ersatz für das Merkmal „technisches Ausbauprogramm" zu. Das drängt die Annahme auf, die „Ausbaugepflogenheiten" bezögen sich ebenso wie das Merkmal „technisches Ausbauprogramm" auf die bautechnische Ausgestaltung (wie z. B. die Befestigung) der einzelnen Teileinrichtungen, die beiden Merkmale seien gleichsam austauschbar und in ihrer inhaltlichen Ausrichtung identisch, die Ausbaugepflogenheiten bildeten die Grundlage für ein technisches „Ersatzausbauprogramm". Jedenfalls ist nichts ersichtlich, was die Ansicht stützen könnte, der Gesetzgeber habe das erste Merkmal (technisches Ausbauprogramm) in einem bautechnischen, das in der rechtlichen Folge identische zweite Merkmal (Ausbaugepflogenheiten) aber in einem ganz anderen Sinne verstanden wissen wollen. Das schließt aus, die örtlichen Ausbaugepflogenheiten zu beziehen z. B. auf die räumliche Ausdehnung einer Straße oder deren Ausstattung mit einzelnen Teileinrichtungen, also etwa zu meinen, eine Verkehrsanlage sei schon deshalb am 3.10.1990 bereits hergestellt gewesen, weil sie mit den Teileinrichtungen ausgestattet war, die die Mehrzahl der seinerzeitigen Straßen in einer Gemeinde aufwies.[24] Maßgeblich

---

23 S. u. a. VG Magdeburg, Urteil vom 28.9.1995 – 2 A 2200/94 –, Finanzwirtschaft 1996, 261.
24 A. A. OVG Bautzen, Urteil vom 22.8.2001 – 5 B 501/01 –.

ist vielmehr bei dem einen wie dem anderen Merkmal einzig die bautechnische Ausgestaltung der einzelnen Teileinrichtungen (spätestens) am 3.10.1990.

b) Entgegen der Ansicht des OVG Greifswald25 knüpft der Gesetzgeber mit dem Merkmal „örtliche Ausbaugepflogenheiten" nicht an die Ausbaugepflogenheiten eines „eine optische Einheit bildende(n) Gebiet(s)" oder die einer anderen Teileinheit auf dem Gemeindegebiet wie z. B. eines Ortsteils (Stadtteils), einer Siedlung usw. an, sondern an die Ausbaugepflogenheiten in einem ganzen Ort, also einer Gemeinde oder einer Stadt.[26] Für diese Annahme spricht bereits die Tatsache, daß es sich bei § 242 Abs. 9 BauGB um eine generalisierende, auf den Einigungsvertrag zurückgehende Regelung handelt, der ihrem Wesen als Überleitungsbestimmung entsprechend weitergehende Differenzierungen eher fremd sind. Überdies würde ein Abstellen auf ein „eine optische Einheit bildendes Gebiet" kaum überwindbare Schwierigkeiten bei der Abgrenzung begründen, welche Straßen noch oder nicht mehr zu diesem oder jenem eine optische Einheit bildenden Gebiet zählen. Schließlich streitet durchgreifend für diese Auffassung, daß der Gesetzgeber dort, wo er im öffentlich-rechtlichen Bereich die Merkmale „örtlich" bzw. „ortsüblich" verwendet, stets auf die Verhältnisse in der gesamten Gemeinde abgestellt wissen will: Eine Steuer ist „örtlich" i. S. des Art. 105 Abs. 2 a GG, wenn sie an die Belegenheit einer Sache oder an einen Vorgang im Gebiet der steuererhebenden Gemeinde anknüpft.[27] Bei der „ortsüblichen" Vergleichsmiete handelt es sich um die übliche Miete in der Gemeinde (vgl. § 2 Abs. 1 Nr. 1 MHG). Und unter einer „ortsüblichen" Bekanntmachung i. S. des § 3 Abs. 2 Satz 2 BauGB ist eine Bekanntmachung in der nach der Gemeindeordnung und der Hauptsatzung der jeweiligen Gemeinde vorgeschriebenen Weise zu verstehen.[28] „Soll sich dagegen die Beurteilung lediglich auf einen Teil des Gemeindegebiets beschränken, so bringt der Normgeber dies durch Begriffe wie ‚Ortsteil' (z. B. § 1 Abs. 5 Nr. 4 u. 5 BauGB) oder ‚nähere Umgebung' (z. B. § 34 BauGB) auch zum Ausdruck".[29]

Allerdings zwingt das Gesetz nicht stets dazu, für die Ermittlung der Ausbaugepflogenheiten in einem Ort das gesamte Gebiet dieses Orts zugrundezulegen. Vielmehr ist auch ein für das Gemeindegebiet repräsentativer (Orts-)Teil geeignet, als Grundlage für die Bestimmung der „ortsüblichen Ausbaugepflogenheiten" zu dienen.[30] Doch ändert das nichts an der grundsätzlichen Maßgeblichkeit der

25 OVG Greifswald, Beschluß vom 3.6.1996 – 6 M 20/95 –, a.a.O.; im Ergebnis ebenso *Ernst*, in: Ernst/Zinkahn/Bielenberg/Krautzberger, BauGB, § 242 Rdn. 19; *Löhr*, in: Battis/Krautzberger/ Löhr, BauGB, § 128 Rdn. 28 a, und VG Berlin, Urteil vom 20.12.2000 – 13 A 58/98 –, a.a.O., jeweils ohne nähere Begründung.

26 Ebenso u.a. OVG Magdeburg, Urteil vom 18.12.2000 – 2 L 104/00 –, VwRR MO 2001, 181, und Beschluß vom 2.2.2001 – 2 M 251/00 –, sowie VG Greifswald, Urteil vom 5.4.2000 – 3 A 1869/67 –, NordÖR 2000, 316, und *Halter*, in: MittStGBBbg 1994, 168 [169], *Kirchmer*, in: Finanzwirtschaft 1999, 91 [93], sowie *Anlauf*, in: KStZ 2000, 69 [73].

27 Vgl. u.a. *Fischer-Menshausen*, in: von Münch/Kunig, GG, Band 3, 3. Aufl., Art. 105 Rdn. 24.

28 S. u.a. *Gaentzsch*, Baugesetzbuch, § 3 Rdn. 13.

29 OVG Magdeburg, Urteil vom 18.12.2000 – 2 L 104/00 –, a.a.O.

30 Ebenso VG Magdeburg, Urteil vom 28.9.1995 – 2 A 2200/94 –, Finanzwirtschaft 1996, 261, und *Kirchmer*, in: Finanzwirtschaft 1996, 91 [93].

auf die bautechnische Ausgestaltung ausgerichteten Ausbaugepflogenheiten in dem jeweiligen Ort, die ihren optischen Ausdruck im durchschnittlichen Ausbaustandard der Anbaustraßen und ihrer Teileinrichtungen finden. Entsprach der Ausbauzustand einer bestimmten Erschließungsanlage oder Teileinrichtung spätestens am 3.10.1990 dem durchschnittlichen technischen Ausbaustandard der Verkehrsanlagen oder Teileinrichtungen in der Gemeinde, sind sie den örtlichen Ausbaugepflogenheiten entsprechend fertiggestellt, also „bereits hergestellt" i. S. des § 242 Abs. 9 Satz 1 BauGB, und folglich dem Anwendungsbereich des Erschließungsbeitragsrechts entzogen. Ist das mit Blick weder auf eine bestimmte Anbaustraße noch auf eine von der Ausbaumaßnahme betroffene Teileinrichtung der Fall, sind die Kosten der entsprechenden Ausbaumaßnahme nach den Regeln des Erschließungsbeitragsrechts abzurechnen. Wird eine am 3.10.1990 selbständige Gemeinde später in eine andere Gemeinde eingegliedert oder schließen sich zwei in diesem Zeitpunkt selbständige Gemeinden zu einer (neuen) Gemeinde zusammen, ist für die Bestimmung der örtlichen Ausbaugepflogenheiten weiterhin abzustellen auf die tatsächlichen Gegebenheiten in der ursprünglich selbständigen Gemeinde. Denn auch insoweit sind maßgebend die Verhältnisse bis zum 3.10.1990.

c) Die Beantwortung der Frage, ob eine Anbaustraße oder Teileinrichtung den örtlichen technischen Ausbaugepflogenheiten entsprechend fertiggestellt ist, erfordert einen Vergleich des Ausbauzustands dieser Anbaustraße oder Teileinrichtung mit dem durchschnittlichen Ausbauzustand der entsprechenden Teileinrichtungen in der betreffenden Gemeinde bis zum 3.10.1990. Dieser Vergleich setzt die Ermittlung eines solchen durchschnittlichen Ausbauzustands voraus.[31] Dazu sind hinsichtlich etwa der Fahrbahn (oder auch der Gehwege) – um exemplarisch nur auf zwei verschiedene Gruppen abzustellen – die Flächen der bis zum 3.10.1990 befestigten Fahrbahnen (Gehwege) in ein Verhältnis zu den Flächen der bis dahin unbefestigten Fahrbahnen (Gehwege) zu setzen. Überwiegen dabei die befestigten Flächen, geben sie den durchschnittlichen Ausbauzustand wieder; im anderen Fall gilt dies für die unbefestigten Flächen.[32]

IV.

Sowohl das maßgebliche technische Ausbauprogramm als auch das Merkmal „örtliche Ausbaugepflogenheiten" stellen ab auf die jeweilige Anbaustraße oder Teileinrichtung in ihrer gesamten Länge. Eine Anbaustraße oder Teileinrichtung war nach dem Wortlaut des § 242 Abs. 9 Satz 2 BauGB vor dem 3.10.1990 „bereits hergestellt" im Sinne dieser Bestimmung nur, wenn sie bis dahin in ihrer gesamten Ausdehnung einem technischen Ausbauprogramm oder den ortsüblichen technischen Ausbaugepflogenheiten entsprechend fertiggestellt war.[33] Daran fehlt es, wenn beispielsweise der Gehweg oder die Fahrbahn einer 1 000 m langen Anbau-

---

31 U. a. OVG Magdeburg, Urteil vom 18.12.2000 – 2 L 104/00 –, a. a. O.

32 Ebenso VG Greifswald, Urteil vom 5.4.2000 – 3 A 1869/97 –, NordÖR 2000, 316.

33 U. a. OVG Magdeburg, Beschluß vom 18.12.2000 – 2 S 525/99 –, VwRR MO 2000, 324, OVG Bautzen, Urteil vom 22.8.2001 – 5 B 522/00 –, und VG Meiningen, Beschluß vom 29.1.2001 – 1 E 649/99 –, VwRR MO 2001, 379.

straße nur auf einer Länge von 990 m gemäß dem einschlägigen technischen Ausbauprogramm gepflastert worden war und der Zustand der restlichen 10 m bis zum 3.10.1990 nicht einmal dem durchschnittlichen technischen Ausbaustandard von Gehwegen bzw. Fahrbahnen in der betreffenden Gemeinde entsprach. Gleiches gilt, wenn etwa die Straßenbeleuchtung am 3.10.1990 nur auf einer Teilstrecke von 500 in der 1 000 m langen Straße angelegt worden war. In all diesen Fällen war die jeweilige Anbaustraße oder Teileinrichtung am 3.10.1990 noch nicht „bereits hergestellt" i. S. des § 242 Abs. 9 Satz 2 BauGB, so daß weder sie noch die Anbaustraße insgesamt, zu der sie gehört, vom Erschließungsbeitragsrecht ausgeschlossen waren; deshalb sind spätere Baumaßnahmen an dieser Straße bzw. Teileinrichtung selbst dann insgesamt nach den erschließungsbeitragsrechtlichen Regeln abzurechnen, wenn sich diese Maßnahmen als solche nicht auf die gesamte Länge der Verkehrsanlage beziehen. Soweit im Rahmen einer solchen Maßnahme z. B. bestimmte Schichten wie etwa der Unterbau bestehen bleiben, also weiterverwendet werden, zählen die dafür von der Gemeinde vor dem 3.10.1990 aufgebrachten Mittel zum beitragsfähigen Erschließungsaufwand für die jetzt durchgeführte erstmalige endgültige Herstellung der betreffenden Teileinrichtung;[34] ggfs. ist dieser Teil des beitragsfähigen Aufwands durch eine Schätzung zu ermitteln.[35]

War die Fahrbahn einer etwa 2 km langen, durch einmündende Verkehrsanlagen in vier etwa gleich lange Teilstrecken unterteilten Straße am 3.10.1990 in der ersten und dritten Teilstrecke bereits nach dem einschlägigen technischen Ausbauprogramm fertiggestellt, während die zweite und vierte Teilstrecke noch nicht einmal den örtlichen technischen Ausbaugepflogenheiten entsprach, fragt sich, nach welchen Regeln der weitere Ausbau der einzelnen Teilstrecken abzurechnen ist oder genauer: ob die Gemeinde in einem solchen Fall vor dem Ausbau der einzelnen Teilstrecken durch wirksamen Beschluß die Gesamtanlage in vier Abschnitte i. S. des § 130 Abs. 2 Satz 1 BauGB zerlegen kann, so daß die nach Maßgabe des § 242 Abs. 9 BauGB zu beantwortende Frage, welches Beitragsrecht anzuwenden ist, für jeden Abschnitt getrennt zu stellen ist. Das ist zu verneinen.[36] Denn der Gesetzgeber hat in § 242 Abs. 9 BauGB ersichtlich abgestellt auf die Anlage in ihrem gesamten Umfang und eine Ausnahme davon nur für Teileinrichtungen, nicht aber auch für Teilstrecken zugelassen. Eine andere Ansicht müßte im übrigen dazu führen, die Entscheidung über die Anwendbarkeit erschließungs- und straßenbaubeitragsrechtlicher Vorschriften in die Hand der Gemeinde zu legen, da diese durch ihren Abschnittsbildungsbeschluß letztlich die entscheidende Weichenstellung für die Anwendbarkeit bzw. Nichtanwendbarkeit der erschließungsbeitragsrechtlichen Vorschriften vornehmen würde; eine derartige Gestaltungsmöglichkeit der Gemeinde ist indes dem Beitragsrecht fremd.

---

34 Vgl. dazu *Driehaus*, Erschließungs- und Ausbaubeiträge, 6. Aufl., § 13 Rdn. 59.
35 Vgl. zur gemeindlichen Schätzungsbefugnis *Driehaus*, Kommunalabgabenrecht, § 8 Rdn. 352.
36 Ebenso Becker, in: LKV 1999, 489 [490].

V.

Nicht selten verkennen Gemeinden – bewußt oder unbewußt – die richtige Rechtsgrundlage für die Abrechnung von Ausbaumaßnahmen an ihren gemeindlichen Anbaustraßen, ziehen also Beitragspflichtige auf der Grundlage der straßenbaubeitragsrechtlichen Vorschriften heran, obwohl bei richtiger Anwendung des § 242 Abs. 9 BauGB die erschließungsbeitragsrechtlichen Bestimmungen einschlägig sind, und umgekehrt. Eine solche Verfahrensweise verletzt das vom Ansatz her klare Konkurrenzverhältnis zwischen den erschließungs- und den straßenbaubeitragsrechtlichen Vorschriften, ist in der einen oder anderen Richtung nicht mit dem kraft Art. 31 GG den §§ 127 ff. BauGB zukommenden Vorrang vereinbar. Das hat jedoch nicht zwangsläufig die gerichtliche Aufhebung eines solchermaßen auf eine unzutreffende Rechtsgrundlage gestützten Beitragsbescheids zur Folge.

Kommt ein Gericht zu dem Ergebnis, ein Beitragsbescheid sei – unter Verletzung des § 242 Abs. 9 BauGB und folglich – zu Unrecht auf das Straßenbaubeitragsrecht gestützt, ist es gemäß § 113 Abs. 1 Satz 1 VwGO verpflichtet zu prüfen, ob und ggfs. in welchem Umfang der Bescheid mit Blick auf das Erschließungsbeitragsrecht aufrechterhalten werden kann; landesrechtliche Bestimmungen über den Inhalt eines Abgabenbescheids – wie etwa der kraft der Verweisungsklauseln in den Kommunalabgabengesetzen entsprechend anwendbare § 157 AO – lassen diese Pflicht unberührt.[37] Bei einer solchen Konstellation bedarf es keiner (richterlichen) Umdeutung,[38] so daß die Aufrechterhaltung des Bescheids nicht davon abhängt, ob die Voraussetzungen für eine Umdeutung erfüllt sind.[39] Das hat das BVerwG in mehreren Urteilen vom 4.6.1993[40] unter Aufhebung entgegenstehender Entscheidungen des OVG Münster[41] ausdrücklich betont. Im Ergebnis nichts anderes gilt für den umgekehrten Fall, d. h. dann, wenn ein Beitragsbescheid zu Unrecht auf das Erschließungsbeitragsrecht gestützt ist und es darum geht, ob er unter richterlicher Berücksichtigung des Straßenbaubeitragsrechts als anderem Rechtfertigungsgrund – eventuell teilweise – aufrechterhalten werden kann. Auch das ist, wenn und soweit eine Straßenbaubeitragspflicht entstanden ist, zu bejahen,[42] und zwar selbst dann, wenn es um einen Vorausleistungsbescheid geht.[43]

---

37 BVerwG, Urteil vom 12.4.1991 – 8 C 92.89 –, NVwZ 1991, 999 = ZKF 1992, 85.

38 U. a. VGH Kassel, Urteil vom 25.3.1993 – 5 UE 544/89 –, NVwZ-RR 1994, 231 = GemHH 1994, 70 = HSGZ 1994, 31, und OVG Schleswig, Beschluß vom 8.10.1993 – 2 M 49/93 –.

39 BVerwG, Urteil vom 19.8.1988 – 8 C 29.87 –, BVerwGE 80, 96 = ZMR 1990, 193 = DVBl. 1988, S. 1161 = KStZ 1988, 230.

40 BVerwG, u. a. Urteil vom 4.6.1993 – 8 C 55.91 –, KStZ 1994, 110 = ZMR 1994, 484 = BayVBl. 1993, 758 = HSGZ 1994, 32.

41 OVG Münster, u. a. Urteil vom 11.7.1991 – 2 A 795/90 –, NWVBl. 1992, 142 = GemHH 1992, 209 = ZKF 1992, 86.

42 OVG Bautzen, u. a. Urteil vom 22.8.2001 – 5 B 522/00 –; vgl. ferner BVerwG, Urteil vom 3.6. 1983 – 8 C 70.82 –, BVerwGE 67, 216 = ZMR 1983, 425 = KStZ 1983, 187 = DVBl. 1983, S. 908; OVG Schleswig, Beschluß vom 8.10.1993 – 2 M 49/93 –; VGH Kassel, Urteil vom 25.3. 1993 – 5 UE 544/89 –, a. a. O., sowie OVG Lüneburg, Urteil vom 12.7.1994 – 9 L 2945/92 –.

43 Vgl. OVG Schleswig, Beschluß vom 19.1.1994 – 2 M 41/93 –, sowie BVerwG, Urteil vom 25.2.1994 – 8 C 14.92 –, BVerwGE 95, 176 = ZMR 1994, 433 = DVBl. 1994, S. 812 = HSGZ 1994, 303 zum Erschließungsbeitragsrecht.

C. Straßenbaubeitragsrecht

I. System des Straßenbaubeitragsrechts nach den Kommunalabgabengesetzen der Länder*[1]

Dargestellt an § 8 Kommunalabgabengesetz des Landes Nordrhein-Westfalen (KAG NW[1])

1. Die beitragsfähige Anlage

1. Gemäß § 8 Abs. 2 Satz 1 KAG sind Beiträge Geldleistungen, die dem Ersatz des Aufwandes für die Herstellung, Anschaffung und Erweiterung öffentlicher Einrichtungen und Anlagen sowie bei Straßen, Wegen und Plätzen auch deren Verbesserung dienen. Bei dieser Begriffsdefinition des Beitrags ist auffällig, daß der Landesgesetzgeber Nordrhein-Westfalen im Gegensatz zu den meisten anderen Landesgesetzgebern neben den öffentlichen Einrichtungen zusätzlich die öffentlichen Anlage selbständig genannt hat. Während die anderen Landesgesetzgeber davon ausgegangen sind, daß der Begriff der öffentlichen Einrichtungen den der öffentlichen Anlagen mit umfaßt, hat der Landesgesetzgeber in Nordrhein-Westfalen diese Auffassung nicht geteilt. Denn in einem Urteil vom 23. Oktober 1968 hat das Oberverwaltungsgericht Münster[2] die Ansicht geäußert, die dem öffentlichen Verkehr gewidmeten Straßen gehörten nicht zu den öffentlichen Einrichtungen. Demgemäß hat der Landesgesetzgeber Nordrhein-Westfalen den Begriff der öffentlichen Anlage in das Gesetz aufgenommen, um dadurch zu betonen, daß auch und vor allem die dem öffentlichen Verkehr gewidmeten Straßen Gegenstand der Beitragspflicht nach § 8 sind.

2. a) Der Begriff der Anlage ist vor allem aus dem Erschließungsbeitragsrecht bekannt, die erstmalige Herstellung einer beitragsfähigen Erschließungsanlage[3] löst die Beitragspflicht nach dem BBauG aus. Es drängt sich daher die Frage auf, ob der Begriff im Sinne des KAG identisch ist mit dem Begriff der Anlage im Sinne des Bundesbaugesetzes*[2]. Mit dieser Frage hat sich das Oberverwaltungsgericht Münster[4] zuletzt in seiner Entscheidung vom 22. November 1976 eingehend be-

---

*[1] Auszugsweiser, geringfügig veränderter Nachdruck aus Blätter für Grundstücks-, Bau- und Wohnungsrecht 1978, 41 und 61.

1 Kommunalabgabengesetz für das Land Nordrhein-Westfalen vom 21.10.1969 (GVNW S. 712/ SGVNW 610), zuletzt geändert durch das Gesetz zur Anpassung von Gesetzen an die AO vom 21.12.1976 (GVNW S. 473, ber. GVNW 1977, S. 8).

2 OVG Münster, Urteil vom 23.10.1968 – III A 1522/64 – NJW 1969, 1077.

3 Vgl. zum Begriff der beitragsfähigen Erschließungsanlage im einzelnen Schmidt, Handbuch des Erschließungsrechts, 4. Aufl., S. 164 ff. und Haenicke in BlGBW 1977, 84.

*[2] An die Stelle des Bundesbaugesetzes ist inzwischen das Baugesetzbuch getreten.

4 OVG Münster, Urteil vom 23.11.1976 – II A 1766/74 – KStZ 1977, 114 = NJW 1977, 2179.

schäftigt. Bezugnehmend auf sein Urteil vom 25. August 1975[5] hat das Gericht in dieser letzten Entscheidung nochmals betont, der Begriff der Anlage im Sinne des nordrhein-westfälischen Landesrechts sei ein weiterer und damit ein umfassenderer als der der Erschließungsanlage im Sinne des BBauG ist, d. h., eine Anlage im Sinne des KAG sei grundsätzlich nicht auf einzelne Erschließungsanlagen beschränkt.[*3] Zu den Anlagen im Sinne des KAG könnten vielmehr auch Abschnitte von Erschließungsanlagen – also von Straßen, Wegen und Plätzen – ebenso zählen wie mehrere Erschließungsanlagen und Abschnitte von ihnen, sofern diese in einem so engen, erkennbaren Zusammenhang zueinander stehen wie z. B. bei einer Erschließungseinheit im Sinne des § 130 Abs. 2 Satz 2 BBauG. Als eine Anlage im Sinne des § 8 KAG können daher auch mehrere Erschließungsanlagen oder Abschnitte von ihnen qualifiziert werden, an denen anhand eines bestimmten Planungskonzeptes Ausbauarbeiten durchgeführt werden, die auf Grund der Gesamtumstände des Einzelfalles – wie örtliche Gegebenheiten, Ausbauprogramm, zeitlicher Zusammenhang und Eigenart der betreffenden Anlage – in einem engen erkennbaren Zusammenhang stehen.

Sofern diese Voraussetzungen vorliegen, wird man nach nordrhein-westfälischem Landesrecht z. B. mehrere Fußgängergeschäftsstraßen bzw. Abschnitte von ihnen, die einheitlich ausgebaut werden, als eine Anlage im Sinne des § 8 bezeichnen können, mit der Rechtsfolge, daß der Gesamtaufwand für den Ausbau dieser Anlage auf alle Anlieger dieser Anlage verteilt werden kann[6].

b) Etwas anderes gilt jedoch selbst in Nordrhein-Westfalen dann, wenn die gemeindliche Beitragssatzung den Begriff der Anlage dahin einschränkt, daß ihre räumliche Ausdehnung die Grenzen einer Erschließungsanlage im Sinne des BBauG nicht überschreiten darf. Dies ist im Anschluß an die vom Innenminister des Landes Nordrhein-Westfalen herausgegebene Mustersatzung[7] von vielen Gemeinden dadurch gemacht worden, daß in der Beitragssatzung von öffentlichen Straßen, Wegen und Plätzen die Rede ist und diese im Gegensatz zu § 8 KAG, der von Anlagen spricht, in einem Klammerzusatz ausdrücklich als Erschließungsanlagen bezeichnet werden. Gegen diese Einschränkung des Begriffs der Anlage im Sinne des § 8 KAG durch den Ortsgesetzgeber bestehen keine Bedenken.

3. Beitragsfähig nach § 8 KAG ist der Ausbau einer solchen Anlage nur insoweit, als nicht eine Beitragspflicht nach dem Bundesbaugesetz entsteht. Dies ergibt sich zum einen aus der Einschränkung des § 8 Abs. 1 Satz 2 letzter Halbsatz. Dies folgt zum anderen aber auch schon aus dem in Artikel 31 GG festgelegten Grundsatz, daß Bundesrecht Landesrecht bricht. Dies bedeutet, daß immer dann und nur dann, wenn eine Beitragspflicht nach dem Bundesbaugesetz entstehen kann, eine

---

5   OVG Münster, Urteil vom 25.8.1975 – II A 232/74 – OVGE 31, 185 = GemHH 1976, 140.

*3 Nach den KAG der übrigen Länder ist der Begriff der öffentlichen Anlage (Einrichtung) grundsätzlich identisch mit dem Begriff der Anlage im Erschließungsbeitragsrecht; vgl. dazu im Einzelnen den unter B. II. 1. (S. 42 ff.) abgedruckten Aufsatz.

6   Vgl. zum Begriff der Anlage i. S. des § 8 KAGNW im einzelnen Dahmen/Driehaus/Küffmann/ Wiese, Kommentar zum KAGNW, 2. Aufl., § 8 Rdn. 18 ff.

7   Runderlaß vom 28.5.1971 in MBlNW 1971, 1178.

Beitragspflicht nach § 8 KAG ausscheidet. Daraus folgt, daß der Aufwand beitragsfähig nach § 8 KAG ist, der entsteht für

a) den Ausbau von sogenannten vorhandenen Straßen

b) den Ausbau von bereits einmal erstmalig endgültig fertiggestellten Straßen und

c) die erstmalige Herstellung und den Ausbau von nicht dem öffentlichen Verkehr gewidmeten Straßen sowie Wirtschaftswegen.[8]

In diesem Zusammenhang soll nicht näher auf die Begriffe der vorhandenen Straße und der erstmals endgültig hergestellten Straße eingegangen werden, weil es sich bei diesen Begriffen um solche aus dem Erschließungsbeitragsrecht handelt und insoweit auf das Erschließungsbeitragsrecht verwiesen werden kann.[9]

4. Bisher ist allgemein vom Ausbau von Anlagen im Sinne des § 8 gesprochen worden. Im folgenden geht es nunmehr um die im Gesetz genannten Tatbestandsmerkmale der Erweiterung, Verbesserung, Herstellung und Anschaffung. Dabei kann der Begriff der Anschaffung ausgeklammert werden, weil er im Straßenbaubeitragsrecht praktisch keine Rolle spielt.

a) Eine Erweiterung ist eine räumliche Ausdehnung der bestehenden Anlage, die den bisher schon begünstigten Grundstückseigentümern zusätzliche neue Vorteile bietet. Eine Erweiterung in diesem Sinne ist z. B. anzunehmen bei einer Verbreiterung der Gehwege oder Fahrbahnen, ferner bei einer Verbreiterung einer Anliegerstraße um eine Parkspur für den Anliegerverkehr. Nur ergänzend sei darauf hingewiesen, daß die Verbreiterung einer Gehweganlage oder einer Fahrbahn im Lande Nordrhein-Westfalen grundsätzlich keiner erneuten ausdrücklichen und öffentlich bekanntzumachenden Widmungsverfügung gemäß § 6 Landesstraßengesetz bedarf.[10]

b) Besondere Schwierigkeiten hat anfangs der Begriff der Verbesserung gemacht. Für die Auslegung dieses Begriffs ist auszugehen von den in der amtlichen Begründung in Bezug genommenen Vorschriften der §§ 3 Abs. 1 Satz 2 Fernstraßengesetz und 9 Abs. 1 Satz 2 Landesstraßengesetz, wonach die Träger der Straßenbaulast die Straßen „in einem dem regelmäßigen Verkehrsbedürfnis genügenden Zustand zu bauen, zu unterhalten, zu erweitern oder sonst zu verbessern" haben. Danach ist der Tatbestand der Verbesserung im Sinne des Abs. 2 Satz 1 als ein Unterfall der Erweiterung zu verstehen, der vorliegt, wenn sich der Zustand der Straße nach dem Ausbau in irgendeiner Hinsicht (z. B. räumliche Ausdehnung, funktionelle Aufteilung der Gesamtfläche, Art der Befestigung) von ihrem *ursprünglichen* Zustand im Zeitpunkt der erstmaligen Herstellung vorteilhaft unterscheidet.[11]

---

8 Vgl. im einzelnen Dahmen u. a., a. a. O., § 8 Rdn. 7 ff.

9 Vgl. Schmidt, a. a. O., S. 194 ff.

10 OVG Münster, Urteil vom 12.8.1974 – III A 819/73 – OVGE 30, 28 = GemTg 1975, 132; ebenso OVG Rheinl.-Pfalz, Urteil vom 8.11.1976 – 6 A 56/75 – KStZ 1977, 161 = GemTg. 1977, 142.

11 OVG Münster, Beschl. vom 13.5.1974 – III B 760/73 – KStZ 1975, 14 = GemTg. 1976, 77 = ZMR 1975, 86 = DWW 1975, 116; a. A. Bauernfeind/Zimmermann, Kommentar zum KAGNW, § 8 Rdn. 16.

Abzulehnen ist daher die Ansicht, wonach jede Erneuerung im Sinne einer Ersetzung schadhafter Teile einer Anlage zugleich eine Verbesserung gemäß Abs. 2 Satz 1 ist, denn es ist nach dem Zweck dieser Vorschrift zu differenzieren, zwischen den beitragsfähigen Verbesserungen und den nicht-beitragsfähigen Ausbesserungs-, Reparatur- und sonstigen regelmäßig anfallenden Arbeiten, die zwar eine Verbesserung gegenüber dem letzten tatsächlichen Zustand einer Straße darstellen, sich aber im Rahmen der laufenden Unerhaltung und Instandsetzung halten.

Eine Verbesserung in diesem Sinne liegt z. B. vor, wenn eine Straße eine bisher nicht vorhandene Gehweganlage erhält, weil dadurch stets eine klare Aufteilung der Straßenfläche nach Fußgänger- und Fahrverkehr bewirkt und damit die Gefahren des Straßenverkehrs verringert werden.[12] Dies gilt auch, wenn zu einem bisher nur einseitigen Bürgersteig auf der anderen Straßenseite ein zweiter Bürgersteig angelegt wird. Um eine Verbesserung handelt es sich ferner, wenn ein Bürgersteig, der bisher teils unbefestigt, teils mit Asche, Asphalt, Kleinmosaik und Platten belegt war, einheitlich mit Betonplatten ausgelegt wird.[13] Weitere Beispiele für beitragsfähige Verbesserungen in diesem Sinne können der Kommentierung des § 8 KAG entnommen werden.[14]

c) Mit den bisherigen Ausführungen ist nichts darüber gesagt, ob nicht in bestimmten Fällen Erneuerungsmaßnahmen beitragsfähig sein können. Dies kann zu bejahen sein, wenn es sich z. B. ohne Veränderung des ursprünglichen Zustandes – dann wäre es wie gesagt eine Verbesserung – um eine zweite oder dritte Herstellung, die dann keine Beitragspflicht nach dem Bundesbaugesetz auslösen würde, handelte.[15] Eine solche zweite usw. Herstellung wird man annehmen können, wenn eine Anlage nach Ablauf der für sie üblichen Nutzungszeit von Grund auf erneuert wird. Die Entscheidung darüber, wann eine solche grundlegende Erneuerung von dem öffentlichen Verkehr gewidmeten Straßen notwendig wird, steht im pflichtgemäß auszuübenden Einschätzungsermessen der Gemeinde. Erfahrungsgemäß bedürfen öffentliche Straßen solcher grundlegender Erneuerungen erst nach Jahrzehnten bestimmungsgemäßer Benutzung, wobei als regelmäßige Mittelwerte für eine derartige Erneuerung bei Hauptverkehrsstraßen etwa 25 Jahre, bei weniger belasteten Straßen längere Zeiträume angenommen werden können.[16]

5. a) Schon nach den bisher gegebenen Begriffsdefinitionen dürfte es sich bei dem Ausbau von Fußgängergeschäftsstraßen um eine Verbesserungsmaßnahme handeln, denn dadurch wird erreicht, daß sich der Zustand der Fußgängergeschäftsstraße nach ihrem Ausbau vor allem hinsichtlich der funktionellen Aufteilung der Gesamtfläche, in aller Regel aber auch bezüglich der Art der Befestigung von ihrem *ursprünglichen* Zustand im Sinne einer besseren Fußläufigkeit vorteilhaft unter-

---

12 OVG Münster, Beschl. vom 23.1.1975 – II B 389/74 – GemHH 1976, 95.
13 OVG Münster, Beschl. vom 13.5.1974 – III B 760/73 – wie Fußnote 11.
14 Vgl. Dahmen u. a., a. a. O., § 8 Rdn. 24 f.
15 Vgl. OVG Lüneburg, Urteil vom 17.10.1969 – III OVG A 23/67 – KStZ 1970, 120; zum Begriff Erneuerung auch Schmidt in GemTg. 1971, 206.
16 Vgl. Wille in KStZ 1974, 21.

scheidet. M. E. zutreffend vertritt daher die herrschende Meinung[17] in Rechtsprechung und Literatur die Auffassung, daß der Ausbau von Fußgängergeschäftsstraßen als Verbesserungsmaßnahme im Sinne des § 8 zu qualifizieren ist.

b) Eine andere Auffassung vertritt allein das Oberverwaltungsgericht Münster.[18]
Dieses Gericht ist der Ansicht, daß es sich beim Umbau von Fußgängergeschäftsstraßen nicht um Verbesserungen, sondern um Herstellungen im Sinne des § 8
KAG handelt und daher Beiträge für solche Maßnahmen nur erhoben werden
könnten, wenn nach der Beitragssatzung auch die Herstellung von Anlagen Bei-
tragtatbestand ist. Wie bereits angedeutet, halte ich diese Ansicht des Oberverwaltungsgerichts Münster für nicht zutreffend.[19] Gleichwohl sollten die Gemeinden, die eine Fußgängergeschäftsstraße abrechnen wollen, dafür Sorge tragen,
daß in ihrer Beitragssatzung auch das Tatbestandsmerkmal „Herstellung" aufge-
zählt ist.

II. Abschnittsbildung, Kostenspaltung, Vorausleistung

1. Die drei unter diesem Themenkreis zusammengefaßten Begriffe sind aus dem
Erschließungsbeitragsrecht in das KAG aufgenommen worden und haben zum
Ziel, den Gemeinden die Möglichkeit zu verschaffen, für einen frühzeitigeren Rück-
fluß der von ihnen vorfinanzierten Aufwendungen zu sorgen. Während sie im Erschließungsbeitragsrecht eine relativ bedeutende Rolle spielen, ist ihre Bedeutung
im Straßenbaubeitragsrecht des Landes Nordrhein-Westfalen ziemlich gering. Dies
liegt vor allem daran, daß – wie dargelegt – der Anlagebegriff in diesen beiden
Rechtsgebieten ein unterschiedlicher ist. Will z. B. eine Gemeinde die erstmalige
Herstellung eines Gehwegs in einem bestimmten Abschnitt einer Erschließungsanlage nach dem Bundesbaugesetz abrechnen, bevor die gesamte Erschließungsanlage insgesamt programmgemäß hergestellt ist, um möglichst bald die von ihr
finanzierten Kosten erstattet zu bekommen, so muß sie eine Abschnittsbildung und
eine Kostenspaltung anordnen. Anders ist es dagegen grundsätzlich im Straßenbaubeitragsrecht des Landes Nordrhein-Westfalen. Auf Grund des unterschiedlichen Anlagebegriffs kann diese Gehwegherstellung z. B. bei einer vorhandenen
Straße in Nordrhein-Westfalen eine beitragsfähige Gesamtmaßnahme sein mit der
Folge, daß die entstandenen Kosten ohne Abschnittsbildung und ohne Kostenspaltung auf die Beitragspflichtigen umgelegt werden kann. Dies gilt natürlich dann
nicht, wenn eine Gemeinde den Begriff der Anlage im Sinne des KAG durch eine
satzungsmäßige Bestimmung an den Begriff der Erschließungsanlage gekoppelt
hat. In einem solchen Fall gewinnen auch im Straßenbaubeitragsrecht des Landes
Nordrhein-Westfalen die Begriffe Abschnittsbildung und Kostenspaltung an Bedeutung.

2. Für die Anwendung der beiden Rechtsinstitute Kostenspaltung und Abschnittsbildung ist zunächst einmal die Klärung dieser beiden Begriffe erforderlich, denn

---

17 Vgl. dazu die Nachweise bei Driehaus in Städtetag 1977, 128.
18 OVG Münster, Urteil vom 23.11.1976 – II A 1766/74 – wie Fußnote 4.
19 Vgl. zur Begründung im einzelnen Driehaus in Städtetag 1977, 128.

beiden Begriffen ist gemeinsam, daß sie sich auf den Teil einer Erschließungsanlage beziehen.

a) Ein Straßenabschnitt im Sinne der Abschnittsbildung ist eine Straßenstrecke, ein räumlicher Teil einer Straße und damit ein selbständiger Verkehrsweg. Dagegen bezieht sich die Kostenspaltung auf bestimmte Teileinrichtungen eines selbständigen Verkehrswegs, sie bezieht sich auf einen Funktionsteil einer Straße. Bekanntlich besteht eine Straße aus verschiedenen Funktionsteilen: Die Fahrbahn für den Fahrverkehr, die Bürgersteige für den Fußgängerverkehr, die Radfahrwege für den Radverkehr, die Straßenentwässerungsanlage für die Wegleitung des auf der Straße anfallenden Niederschlagswassers, die Straßenbeleuchtungsanlage für die Ausleuchtung des gesamten Straßenraumes. All dies sind Teileinrichtungen, für die eine Beitragserhebung im Wege der Kostenspaltung möglich ist.

b) Anders als das Bundesbaugesetz[20] sieht § 8 KAG nicht die Möglichkeit vor, im Wege der Kostenspaltung Teilbeiträge für die Kosten des Grunderwerbs von Straßenland und für dessen Freilegung zu erheben.[21] Nun wird man nicht argumentieren können, diese Tatsache schließe jedoch eine Kostenspaltung für den Grunderwerb und die Freilegung nicht aus. Das Gegenteil erscheint mir richtig zu sein. Da der Straßenbaubeitrag ein Vorteilsentgelt ist, können den Beitragspflichtigen Abgaben nur auferlegt werden für Teileinrichtungen, von denen sie schon vor der Fertigstellung der Gesamtanlage Vorteile haben können. Unter dem Vorteilsgesichtspunkt aber ist es völlig gleichgültig, ob das Straßenland der Gemeinde oder einem privaten Dritten gehört.

c) Aus diesem Vorteilsgesichtspunkt folgt auch, daß Beiträge im Wege der Kostenspaltung nur für solche Teileinrichtungen erhoben werden können, die bereits endgültig fertiggestellt sind. Die Beitragspflichtigen müssen von der Teileinrichtung endgültige und nichtabänderbare Vorteile haben können, d. h. die Teileinrichtungen müssen selbständig nutzbar sein.[22]

d) Fraglich ist, inwieweit die Kostenspaltung ebenso wie im übrigen die Abschnittsbildung bereits in der Beitragssatzung erwähnt sein muß. In diesem Zusammenhang sind zwei Fragen zu unterscheiden: 1. Muß die Gemeinde dann, wenn sie grundsätzlich von der Möglichkeit der Kostenspaltung Gebrauch machen will, dies bereits durch die Aufnahme einer entsprechenden Bestimmung in der Beitragssatzung zum Ausdruck bringen? 2. Bedarf die Kostenspaltung im Einzelfall eines zusätzlichen ortsgesetzgeberischen Aktes, nämlich des Erlasses eines Ortsgesetzes mit dem Ausspruch der Kostenspaltung für eine bestimmte Teileinrichtung einer bestimmten Anlage?

Zwar enthält das KAG keine ausdrückliche Antwort auf diese Fragen. Gleichwohl wird man aus Zweck und Inhalt des § 2 Abs. 1 Satz 2 KAG entnehmen können,

---

20 Vgl. § 127 Abs. 3 BBauG, ebenso u. a. § 11 Abs. 8 HessKAG und § 6 Abs. 2 NsKAG.
21 Vgl. für die vergleichbare Regelung des SchlHKAG ebenso Thiem, Kommentar zum SchlHKAG, § 8 Rdn. 123.
22 Vgl. im einzelnen Dahmen u. a., a. a. O., § 8 Rdn. 97.

daß dann, wenn sich eine Gemeinde allgemein das Recht zur Kostenspaltung vorbehalten will, sie dies bereits in der Beitragssatzung zum Ausdruck bringen muß.[23] Ist das geschehen, handelt es sich bei der Vornahme einer Kostenspaltung im Einzelfall, dem sog. „Ausspruch" der Kostenspaltung, um einen innerdienstlichen Ermessensakt, der grundsätzlich dem Gemeinderat vorbehalten ist.[24]

Die hier angesprochenen satzungsmäßigen Voraussetzungen für die Erhebung von Beiträgen im Wege der Kostenspaltung gelten in gleicher Weise für die Abschnittsbildung. Auf diese Frage soll daher nicht noch einmal eingegangen werden.

3. a) Ein Straßenabschnitt ist – und insoweit gilt nichts anderes als im Erschließungsbeitragsrecht – ein Straßenzug, der objektiv durch äußere, in seinem Entwicklungsablauf begründete Merkmale begrenzt ist und eine selbständige Bedeutung als Verkehrsweg hat. Als solche Merkmale gelten z. B. einmündende Straßen und Brücken. Auch die Grenze des bebauten Geländes oder die Baugebietsgrenze können den Abschluß eines Straßenabschnitts bilden. Durch die Objektivierung solcher Merkmale soll verhindert werden, daß der selbständig abzurechnende Abschnitt willkürlich gewählt wird.[25]

b) Eine Beitragserhebung für einen Straßenabschnitt kommt erst dann in Betracht, wenn die Ausbauarbeiten an diesem Abschnitt insgesamt abgeschlossen worden sind, weil gemäß § 8 Abs. 7 Satz 1 KAG die Beitragspflicht erst nach der endgültigen Herstellung des Abschnitts entsteht.

4. Vorausleistungen sind angemessene Leistungen eines Beitragspflichtigen, die er vor Entstehen der endgültigen Beitragspflicht auf den Beitrag erbringt und deren Wert auf den künftigen Beitrag angerechnet wird. Mit der Bestimmung des § 8 Abs. 8 KAG, nach der die Gemeinden schon mit Beginn der Durchführung von Maßnahmen nach Abs. 2 Satz 1 und Abs. 5 Vorausleistungen verlangen können, hat der Gesetzgeber im Interesse finanzschwacher Gemeinden verhindern wollen, daß sie eine zu lange Zeit in Vorlage bleiben müssen.

a) Die Verpflichtung zur Entrichtung einer Vorausleistung entsteht – anders als die Beitragspflicht in den übrigen Fällen – nicht schon kraft Gesetzes. Die Vorausleistungspflicht wird hier erst durch die Anforderung begründet, der Verwaltungsakt, mit dem die Vorausleistung angefordert wird, hat rechtsbegründende Wirkung.[26] Für den Erlaß eines solchen Verwaltungsaktes ist eine besondere Bestimmung in der Beitragssatzung erforderlich, § 8 Abs. 8 KAG kann nicht als unmittelbare Rechtsgrundlage für die Heranziehung zu Vorausleistungen angesehen werden.[27] Denn gemäß § 2 Abs. 1 KAG dürfen kommunale Abgaben – zu denen auch Vorausleistungen gehören – nur auf Grund einer Satzung erhoben werden, die u. a. den

---

23 Ebenso Bauernfeind/Zimmermann, a. a. O., § 8 Rdn. 43.
24 Vgl. aber OVG Münster, Urteil vom 10.5.1967 – III A 26/65 – KStZ 1968, 55 = ZMR 1968, 27 = DVBl. 1968, 522 = DWW 1968, 77.
25 Vgl. Schmidt, a. a. O., S. 179 ff. und 311 ff.
26 Vgl. Dahmen u. a., a. a. O., § 8 Rdn. 132.
27 Ebenso Thiem, a. a. O., § 8 Rdn. 139.

die Abgabe begründenden Tatbestand angibt. Vorausleistungen aber bedeuten einen anderen Beitragstatbestand als der nachträgliche Ersatz von getroffenen Aufwendungen.

b) Eine Vorausleistung kann selbstverständlich nur für ein Maßnahme verlangt werden, für die auch die Erhebung von endgültigen Beiträgen in Betracht kommt, d. h. es muß sich um Maßnahmen der Verbesserung, Erweiterung, usw. handeln.

Das Verlangen einer Vorausleistung setzt voraus, daß die Gemeinde mit der Durchführung der Maßnahme begonnen hat, für die Beiträge erhoben werden. Diese Regelung will einen sachlichen und zeitlichen Zusammenhang zwischen der Vorausleistung und der beitragspflichtigen Maßnahme herstellen. Diesem Schutzgedanken – nämlich dem Schutz der Beitragspflichtigen – entspricht es, daß ein Beginn der Maßnahme erst anzunehmen ist, wenn es sich um einen tatsächlichen, für den Beitragspflichtigen sichtbaren effektiven Anfang z. B. Einrichtung der Baustelle, Verschiebung des Mutterbodens, Aushebung der Baustelle und nicht nur um den Beginn verwaltungsinterner Planungs- und Vorbereitungsarbeiten handelt, die nach außen nicht in Erscheinung treten.[28]

Weitere Voraussetzung für die Anforderung einer Vorausleistung ist, daß eine formell und materiell gültige Beitragssatzung vorliegt, und zwar eine Beitragssatzung, die vor allem einen wirksamen Verteilungsmaßstab enthält. Denn ohne einen wirksamen Verteilungsmaßstab läßt sich auch nicht überschlägig feststellen, wie hoch der auf den jeweiligen Grundstückseigentümer entfallende Anteil an den Ausbaukosten bei der endgültigen Heranziehung sein wird. Die Höhe der endgültigen Beitragspflicht aber ist die absolute Obergrenze für die Bemessung der Höhe der Vorausleistung.[29]

c) Der Vorausleistungsbescheid muß für den Beitragspflichtigen erkennbar machen, auf welchen Grundlagen die Höhe der angeforderten Vorausleistung beruht, weil anderenfalls dem Pflichtigen die Möglichkeit genommen würde, einen etwaigen Widerspruch sachgerecht zu begründen. Die Gemeinde ist jedoch nur verpflichtet, ihrer Berechnung – unter Berücksichtigung aller bereits etwa feststehenden Umstände – denjenigen Sachverhalt zugrunde zu legen, der zu jenem Zeitpunkt die größte Wahrscheinlichkeit einer späteren Realisierung für sich hat, noch ungewisse Berechnungsgrundlagen braucht sie nicht eigens zu konkretisieren. Der Vorausleistungspflichtige hat deshalb auch keinen Anspruch auf eine Kostenaufstellung, die alle Details der endgültigen Abrechnung bereits umfaßt.[30]

---

28 Ebenso Loening/Schmitz, Kommentar zum KAGNW, § 8 Erl. 12; ferner Knobloch in DGStZ 1976, 18 und Thiem, a. a. O., § 8 Rdn. 135.
29 OVG Münster, Urteil vom 26.5.1975 – II A 28/73 – OVGE 31, 113 = DWW 1975, 273 = KStZ 1976, 73.
30 OVG Münster, Beschl. vom 22.7.1975 – III B 173/74 – zum Erschließungsbeitragsrecht.

IV. Umfang und Ermittlung des umlagefähigen Aufwands

1. Im Gegensatz zum Erschließungsbeitragsrecht regelt das KAG nicht ausdrücklich, was im einzelnen zum beitragsfähigen Aufwand gehört, doch wird man insoweit die wesentlichsten Aspekte aus dem Erschließungsbeitragsrecht in das Beitragsrecht nach § 8 KAG übernehmen können.

a) Beitragsfähig sind zunächst einmal die von den Unternehmern und Lieferanten für die Baumaßnahme selbst – z. B. bei einer Verbesserung der Fahrbahn – in Rechnung gestellten Beträge. Beitragsfähig sind in diesem Beispielsfall auch die Aufwendungen für die Anpassung der vorhandenen Entwässerungseinrichtungen an das neue Straßenprofil. Entscheidend für die Beitragsfähigkeit solcher zusätzlich anfallenden Aufwendungen ist, ob sie entstehen für Arbeitsvorgänge, die sich *unmittelbar* auf den Ausbau der Anlage beziehen, oder ob sie lediglich anläßlich der Ausbaumaßnahme oder als deren Folge entstehen. Letzteres ist z. B. der Fall bei Kosten für die Aufstellung von Verkehrszeichen[31] oder für Entschädigungszahlungen, die die Gemeinden z. B. infolge von Niveauveränderungen gemäß § 16 LStrG oder – bei der Verbreiterung des Straßenraums – für Wertminderungen verbleibender Restgrundstücke zu leisten haben.[32] Beitragsfähig sind dagegen u. a. die Aufwendungen für die Anpassung der vorhandenen Entwässerungseinrichtungen an das neue Straßenprofil, denn die Herstellung einer neuen Fahrbahndecke mit Frostschutzschicht setzt regelmäßig die Änderung des Straßenprofils und damit eine Anpassung der vorhandenen Entwässerungseinrichtungen voraus; entsprechende Arbeitsvorgänge beziehen sich demgemäß unmittelbar auf den Ausbau der Anlage (Straße). Derartige Aufwendungen sind beitragsfähig, auch wenn die Entwässerungsverhältnisse der Fahrbahn selbst nicht wesentlich verbessert werden.[33]

c) Der beitragsfähige Aufwand umfaßt ferner die Grunderwerbskosten, d. h. alle Kosten, die dafür erforderlich sind, daß die Gemeinden Eigentümer von lastenfreiem Straßengelände werden. Dazu gehören Kaufpreis, Vertragskosten, Vermessungskosten, Grundbuchkosten, weiter Kosten für Löschungsbewilligungen für Wertverluste usw., aber auch Kosten für Gutachten.

Allerdings kommen insoweit nur die Kosten für solche Grundstücke in Betracht, die unmittelbar für die Durchführung einer bestimmten Baumaßnahme benötigt wurden. Wird z. B. im Zusammenhang mit Verbesserungsmaßnahmen an einer sogenannten vorhandenen Straße das bisher im Privateigentum stehende Straßenland aufgekauft (ohne daß zusätzliche Flächen als Straßenfläche gewonnen werden), sind diese Erwerbskosten grundsätzlich *nicht* beitragsfähig, weil sie nur anläßlich einer solchen Veranstaltung entstehen, ohne mit ihr selbst in einer untrennbar notwendigen Verbindung zu stehen. Dagegen sind beitragsfähig solche Aufwendungen, die nach Beginn der Maßnahme in Durchführung der abgeschlosse-

---

31 OVG Münster, Urteil vom 16.3.1977 – II A 1125/75 –.
32 BVerwG, Urteil vom 13.5.1977 – BVerwG IV C 82.74 – Buchholz 406.11 § 128 BBauG Nr. 18 zum Erschließungsbeitragsrecht.
33 VG Minden, Urteil vom 14.11.1975 – 5 K 1363/74 – MittStuGemBNW 1976, 152.

nen Planung für den Erwerb von vorher nicht als Straßenland dienenden Flächen entstehen (z. B. für eine Straßenerweiterung).[34] Werden nur Teile von solchen Grundstücken benötigt, die aus Zweckmäßigkeitsgründen insgesamt erworben wurden, gehören die Kosten für die nicht benötigten Teile nicht zum beitragsfähigen Aufwand.

Ist ein Erwerb nicht erforderlich, weil die Gemeinde die benötigten Flächen aus eigenem Vermögen bereitstellt, umfaßt der Aufwand nach § 8 Abs. 4 Satz 1 KAG auch den Wert[35] dieser bereitgestellten Flächen. Da letztlich jede der Gemeinde gehörende Straßenfläche aus dem Vermögen der Gemeinde stammt, kann die Formulierung „bereitgestellten eigenen Grundstücken" nur dahingehend verstanden werden, daß ausschließlich die Werte von solchen Grundstücken in den beitragsfähigen Aufwand einbezogen werden können, die unmittelbar zur Durchführung der beitragsfähigen Veranstaltung aus dem allgemeinen Grundvermögen, d. h. dem Kämmerei- bzw. allgemeinen Liegenschaftsvermögen, zur Verfügung gestellt werden. Grunderwerbskosten sind demnach nicht beitragsfähig, wenn die Gemeinde den Erwerb bereits vor Beginn der beitragsfähigen Veranstaltung durchgeführt hat und die erworbenen Grundflächen schon damals als Straßenland dienten. Der Wert von Grundstücken kann auch dann nicht in den beitragsfähigen Aufwand einbezogen werden, wenn diese der Gemeinde im Rahmen eines Umlegungsverfahrens nach § 55 Abs. 2 BBauG als Verkehrsfläche zugeteilt wurden.

d) Zum beitragsfähigen Aufwand gehören darüber hinaus die Freilegungskosten, nicht dagegen die sogenannten Verwaltungskosten[36], d. h. die Kosten, die auf Dienstleistungen entfallen, die von ständigen Dienstkräften der Gemeinde durchgeführt werden.[37] Zu den beitragsfähigen Aufwendungen gehören schließlich auch die Kapitalkosten (z. B. Darlehenszinsen), die zur Vorfinanzierung der öffentlichen Anlagen entstehen.[38]

e) Eine Besonderheit hinsichtlich der Beitragsfähigkeit von Aufwendungen gilt m. E. bei dem Ausbau von Fußgängergeschäftsstraßen. Derartige Ausbaumaßnahmen dienen nämlich in aller Regel nicht nur der Verbesserung von Zuwegungsmöglichkeiten zu den anliegenden Grundstücken. Ein weiteres und sowohl für die Anlieger als auch für die Allgemeinheit zumindest ebenso wichtiges Ziel von derartigen Ausbaumaßnahmen ist die Steigerung der Attraktivität dieses Bereiches. Alle Aufwendungen, die zur Erreichung dieses Zieles notwendig sind, sind daher grund-

---

34 Vgl. im einzelnen Driehaus in KStZ 1976, 141.
35 Als insoweit maßgeblicher Wert dürfte der Verkehrswert im Zeitpunkt des Beginns der Baumaßnahme in Betracht kommen. Vgl. Dahmen u. a., a. a. O., § 8 Rdn. 44.
36 BVerwG, u. a. Urteile vom 22.11.1968 – BVerwG IV C 82.67 – BVerwGE 31, 90 = DÖV 1969, 358 = DVBl. 1969, 271 und vom 5.9.1969 – BVerwG IV C. 67.68 – BVerwGE 34, 19 = DVBl. 1970, 81 = GemTg. 1970, 71; ebenso OVG Lüneburg, Urteil vom 23.2.1967 – I OVG A 187/64 – Die Gemeinde (SchlH) 1967, 141 und BayVGH, Urteil vom 21.7.1967 – Nr. 234 IV 66 – BayVBl. 1967, 391 = KStZ 1968, 11; a. A. Schmidt, a. a. O., S. 229.
37 Vgl. Dahmen u. a., a. a. O., § 8 Rdn. 47 mit weiteren Nachweisen.
38 Ebenso zum Erschließungsbeitragsrecht BVerwG, Urteil vom 21.6.1974 – BVerwG IV C 41.72 – KStZ 1974, 231 = DVBl. 1974, 783 = DÖV 1974, 712 = GemTg. 1975, 98 = NJW 1974, 2147.

sätzlich beitragsfähig. Demgemäß wird man die angemessenen Aufwendungen z. B. für das Aufstellen von Sitzbänken, Blumenkübeln, kleineren Brunnenanlagen, stilgerechten Laternen usw., d. h., alles was zu der Grundausstattung einer modernen Fußgängergeschäftsstraße gehört, als beitragsfähig qualifizieren können.[39]

2. Gemäß § 8 Abs. 4 Satz 2 KAG kann der beitragsfähige Aufwand ermittelt werden nach den tatsächlichen Aufwendungen oder nach Einheitssätzen. Letztere sind begrifflich auf Erfahrung und Vergleich beruhende pauschale Durchschnittssätze. Ihre Anwendung kann im Einzelfall zu Über- oder Unterschreitungen des tatsächlichen Aufwandes führen. Allerdings können Einheitssätze, die nach der gegenwärtigen Kostenlage festgesetzt sind, nicht ohne weiteres auf lange Jahre zurückliegende Verbesserungsmaßnahmen angewendet werden, denn damit würde das Kostendeckungsprinzip zugunsten des gesetzlich nicht vorgesehenen Wertersatzes verlassen. Den Gemeinden steht es nach dem Gesetz frei, eine der beiden genannten Ermittlungsarten auszuwählen, wenn auch im Straßenbaubeitragsrecht sich erfahrungsgemäß Gemeinden nur ganz ausnahmsweise für die Anwendung von Einheitssätzen entscheiden. Welche Ermittlungsart angewendet werden soll, ist in der Satzung festzulegen, desgleichen die Höhe des Einheitssatzes. Und zwar muß die Satzung so bestimmt sein, daß für eine diesbezügliche Entscheidung durch die Verwaltung im einzelnen Ermittlungsfall kein Raum ist.

3. a) Mit der Addition der entstandenen Gesamtaufwendungen ist zwar die Ermittlung des beitragsfähigen, jedoch noch nicht die Ermittlung des umlagefähigen Aufwandes abgeschlossen. Vielmehr ist nunmehr festzustellen, welcher Anteil des entstandenen Gesamtaufwands auf die Anlieger umgelegt werden kann. Wenn die Einrichtungen oder Anlagen – so heißt es in § 8 Abs. 4 Satz 4 KAG – erfahrungsgemäß auch von der Allgemeinheit oder von der Gemeinde oder dem Gemeindeverband selbst in Anspruch genommen werden, bleibt bei der Ermittlung des zu verteilenden, d. h. des umlagefähigen Aufwands, ein dem wirtschaftlichen Vorteil der Allgemeinheit oder der Gemeinde entsprechender Betrag außer Ansatz. Da die Gemeinde als Repräsentantin der Allgemeinheit regelmäßig wirtschaftliche Vorteile in diesem Sinne vom Ausbau einer Straße hat, ist zunächst der auf die Gemeinde entfallende Anteil, d. h. der sogenannte Gemeindeanteil, vom festgestellten Gesamtaufwand abzuziehen. Der verbleibende Rest ist der sogenannte bereinigte oder auch umlagefähige Aufwand. Da der Gesamtaufwand ausschließlich auf zwei Gruppen – nämlich die Gemeinden einerseits und die Anlieger andererseits – zu verteilen ist, müssen der Anliegeranteil und der Gemeindeanteil zusammengenommen den Gesamtaufwand, d. h. 100 % ausmachen. Je größer daher der Gemeindeanteil ist, desto geringer ist notwendigerweise der Anliegeranteil und umgekehrt.

b) Die Festsetzung des Gemeindeanteils – und damit mittelbar auch des Anliegeranteils – hat durch die Festlegung eines Vomhundertsatzes in satzungsmäßiger Form zu erfolgen. Zwar ergibt sich diese Notwendigkeit nicht aus § 8 KAG selbst, doch folgt dies aus der Tatsache, daß die wirtschaftlichen Vorteile der Allgemein-

---

39 Vgl. dazu auch OVG Lüneburg, Urteil vom 27.1.1977 – IV OVG A 192/75 – KStZ 1977, 110.

heit als „Kehrseite der Eigentümervorteile"[40] zum Abgabentatbestand im Sinne des § 2 Abs. 1 Satz 2 KAG gehören.[41]

c) Die angemessene Abwägung der wirtschaftlichen Vorteile der Beitragspflichtigen gegenüber denen der Allgemeinheit ist eine notwendige Voraussetzung für eine rechtswirksame Beitragserhebung. Die Gemeinde hat daher im Wege einer Schätzung eine entsprechende Ermessensentscheidung zu treffen, und zwar so rechtzeitig, daß der Gemeindeanteil im Zeitpunkt der endgültigen Herstellung der Anlage in satzungsmäßiger Form festgelegt ist, weil anderenfalls die Beitragspflicht nicht entstehen kann.[42] Wird der Gemeindeanteil nachträglich festgesetzt, regelt er einen zurückliegenden Entstehungstatbestand und eine entsprechende Ergänzungssatzung bedarf daher im Interesse der Rechtssicherheit einer ausdrücklichen Rückwirkungsanordnung.

Bei der Festlegung des Gemeindeanteils sind eine Vielzahl von Gesichtspunkten zu berücksichtigen, denn die Vorteile der Allgemeinheit differieren sowohl nach der Verkehrsbedeutung der Straßen (reine Erschließungsstraßen, innerörtliche Durchgangsstraßen, überörtliche Durchgangsstraßen) als auch nach den einzelnen Teileinrichtungen, so bringt z. B. die Fahrbahn regelmäßig der Allgemeinheit größere Vorteile als die primär den Interessen der Anlieger dienenden Gehwege. Daher würde die satzungsmäßige starre Festlegung eines ganz bestimmten Vomhundertsatzes für alle Straßen usw. in einem Gemeindegebiet gegen die aus § 8 KAG folgende Verpflichtung zur Vorteilsabwägung im Einzelfall sowie gegen das verfassungsrechtlich geltende Willkürverbot verstoßen.[43]

Allerdings erlauben sowohl § 8 Abs. 6 Satz 2 KAG und der analog anzuwendende § 6 Abs. 3 Satz 2 KAG als auch der das Abgabenrecht beherrschende Grundsatz der Praktikabilität[44] eine gewisse Pauschalierung mit der Tendenz zur Nichtberücksichtigung individueller Besonderheiten, d. h. das Abstellen auf typische Tatbestände. Es bietet sich daher grundsätzlich eine Staffelung des Gemeindeanteils entsprechend den Kategorien des § 3 Abs. 3 bis 6 der Mustersatzung des Innenministeriums des Landes Nordrhein-Westfalen[45] an. Grundsätzlich wird man sagen können, Straßenbaubeiträge dürften nicht in solcher Höhe erhoben werden, daß der auf die Anlieger entfallende Anteil an den Ausbaukosten der nach § 129 Abs. 1 Satz 3 BBauG höchstzulässigen Belastung mit Erschließungsbeiträgen gleichkommt.

---

40 Vgl. Zimmermann in GemHH 1972, 73.
41 Ebenso OVG Lüneburg, Urteil vom 23.1.1976 – VI OVG A 78/75 – KStZ 1976, 216.
42 OVG Münster, Urteil vom 25.8.1975 – II A 232/74 – wie Fußnote 5.
43 Vgl. u. a. von Mutius in SKV 1973, 15; Schmidt in KStZ 1972, 84 und OVG Münster, Urteil vom 7.9.1977 – II A 5/76 –.
44 Vgl. z. B. BVerfG, Urteil vom 10.5.1962 – 1 BvL 31/58 – KStZ 1962, 130 (134) und BVerwG, Urteil vom 14.4.1967 – BVerwG VII C 15.65 – KStZ 1967, 252.
45 Runderlaß vom 28.5.1971 – wie Fußnote 7; ebenso u. a. OVG Münster, Urteil vom 21.4.1975 – II A 769/72 – OVGE 31, 58 = KStZ 1975, 217.

V. Verteilung des umlagefähigen Aufwands

1. Ebenso wie im Erschließungsbeitragsrecht sind auch im Straßenbaubeitragsrecht die Verteilungsregelungen in den letzten Jahren zu einem zentralen Prozeßthema geworden. Es kann daher nicht verwundern, daß zu diesem Thema inzwischen eine Vielzahl gerichtlicher Entscheidungen[46] vorliegt und in der Literatur[47] eine Reihe von Stellungnahmen abgegeben worden sind. Aus diesem Grunde soll an dieser Stelle darauf verzichtet werden, auf Verteilungsregelungen im einzelnen einzugehen. Vielmehr sollen hier lediglich die mehr grundsätzlichen Fragen behandelt werden.

a) Der Anliegeranteil am Gesamtaufwand oder – anders ausgedrückt – der umlagefähige Aufwand ist auf die betroffenen Anlieger zu verteilen. Jedoch enthält § 8 KAG im Gegensatz zu den Vorschriften des Erschließungsbeitragsrechts nicht einmal eine ausdrückliche Bestimmung darüber, was Gegenstand der Beitragspflicht ist, noch eine Normierung konkreter Maßstäbe, nach denen der umlagefähige Aufwand zu verteilen ist. Diese fehlenden Angaben sind durch eine Auslegung des Wortlautes des § 8 KAG zu ermitteln: Nach § 8 Abs. 6 Satz 1 und 2 in Verbindung mit § 8 Abs. 2 Satz 2 und 3 KAG sind die Beiträge nach den Vorteilen zu bemessen, die den Grundstückseigentümern[48] durch die Möglichkeit der Inanspruchnahme der Anlage geboten werden; dabei dürfen Gruppen von Beitragspflichtigen mit annähernd gleichen Vorteilen zusammengefaßt werden. Durch die Benennung der Grundstückseigentümer als Beitragspflichtige hat der Gesetzgeber deutlich gemacht, daß die Beitragspflicht abhängig ist vom Grundstück mit der Folge, daß Beitragsgegenstand Grundstücke sind und demgemäß der beitragsfähige Aufwand auf die Grundstücke zu verteilen ist. Daraus ergibt sich ferner zum einen, daß der Beitrag grundstücksbezogen ist in dem Sinne, daß nur grundstücksbezogene – und nicht etwa personenbezogene – Verteilungsmaßstäbe zulässig sind. Zum anderen folgt daraus, daß sich die wirtschaftlichen Vorteile, die der innere Grund für die Beitragspflichtigkeit sind, in den Grundstücken realisieren lassen müssen. Grundsätzlich kommen daher für die Verteilung des umlagefähigen Aufwands die gleichen Maßstäbe in Betracht, die für das Erschließungsbeitragsrecht in § 131 Abs. 2 BBauG genannt sind.

b) Nun aber beginnt die eigentliche Schwierigkeit für die Gemeinden als örtliche Normgeber, nämlich gerechte und praktikable Verteilungsmaßstäbe auszuwählen und in einer Satzung durch abstrakte und generelle Merkmale zu regeln. Dabei haben die Gemeinden zunächst einmal drei wesentliche Grundsätze zu berücksichtigen: Die Grundsätze der Normenklarheit, der Praktikabilität und der Verteilungsgerechtigkeit. Während auf die Grundsätze der Normenklarheit und der Prak-

---

46 Vgl. dazu u. a. die Nachweise bei Dahmen u. a., a. a. O., § 8 Rdn. 70 f.

47 Vgl. u. a. von Mutius in VerwArch 1972 (Bd. 63), 345 und KStZ 1972, 232; Ziegler in KStZ 1974, 121 und 1977, 169; Bauernfeind in StGemR 1976, 208 und 1977, 265; Driehaus in StGemR 1976, 249 und Städtetag 1976, 322, 382; Neuhausen in KStZ 1976, 48 und BlGBW 1977, 163; Franßen in KStZ 1977, 1 und Hansen in Städtetag 1977, 82.

48 Aus Gründen der Vereinfachung wird hier und im folgenden davon abgesehen, die Erbbauberechtigten jeweils ebenfalls zu nennen.

tikabilität in diesem Zusammenhang nicht eingegangen zu werden braucht, erscheint es geboten, den Grundsatz der Verteilungsgerechtigkeit kurz zu behandeln, da gerade mit Rücksicht auf diesen Grundsatz vielfach Verteilungsmaßstäbe für unwirksam erklärt werden.

aa) Nach § 8 Abs. 6 KAG sind die Beiträge nach den (unterschiedlichen) Vorteilen zu bemessen, wobei Gruppen von Beitragspflichtigen mit annähernd gleichen Vorteilen zusammengefaßt werden dürfen. Damit hat der Landesgesetzgeber den im Abgabenrecht allgemein entwickelten Gedanken der Typengerechtigkeit in das Gesetz aufgenommen, der es dem örtlichen Normgeber gestattet, zu verallgemeinern und zu pauschalieren.[49] Demgemäß genügt es, Regelfälle eines Sachbereiches zu erfassen und sie als sog. typische Fälle gleichartig zu behandeln. Geschieht dies, so können sich Betroffene, die deswegen ungleich behandelt werden, weil die Umstände ihres Einzelfalls nicht denen der Typenfälle entsprechen, nicht auf eine Verletzung des Gleichheitsgrundsatzes berufen. Daraus folgt, daß sich der Norminhalt des § 8 Abs. 6 KAG mit der vom Bundesverfassungsgericht[50] für das Abgabenrecht allgemein getroffenen Auslegung des in Art. 3 GG verankerten Grundsatzes der Gleichbehandlung deckt; § 8 Abs. 6 KAG setzt dem Ortsgesetzgeber insoweit keine anderen und vor allem keine engeren Grenzen. Der Grundsatz der Verteilungsgerechtigkeit verlangt – anders ausgedrückt – keine Gerechtigkeit im Einzelfall, sondern lediglich eine Typengerechtigkeit. Er ist dann und erst dann verletzt, wenn sich ein vernünftiger, aus der Natur der Sache oder sonstwie einleuchtender Grund für die (orts-)gesetzliche Differenzierung nicht finden läßt, wenn die (orts-)gesetzliche Regelung mithin als willkürlich zu bezeichnen ist.

bb) Es ist offensichtlich und bedarf keiner Erläuterung, daß es schlechterdings nicht möglich ist, Verteilungsmaßstäbe zu finden, die sowohl dem Grundsatz der Normenklarheit als auch denen der Praktikabilität und der Verteilungsgerechtigkeit gleichermaßen optimal gerecht werden. Abstriche in der einen oder anderen Richtung sind unausweichlich. Diese Einsicht kann m. E. nicht ohne Folgen bleiben sowohl für den Ortsgesetzgeber als auch für die verwaltungsgerichtliche Rechtsprechung. Für den Ortsgesetzgeber einerseits bedeutet dies, daß er verzichten muß auf Lösungen, die unter den Gesichtspunkten der Normenklarheit, der Verteilungsgerechtigkeit und der Praktikabilität gleichermaßen befriedigen und daß er verzichten muß auf Modelle, die alle nur möglichen oder denkbaren Sonderfälle entsprechend ihrer Eigenart berücksichtigen. Für die verwaltungsgerichtliche Rechtsprechung andererseits bedeutet dies, daß sie den besonderen Schwierigkeiten des Ortsgesetzgebers angemessen dadurch Rechnung tragen sollte, daß sie diese Schwierigkeiten als eine ernsthaft zu berücksichtigende, auch juristisch beachtliche Komponente in ihre Entscheidungsfindung mit einbezieht und eine maßvolle Enthaltung von allzu schnellen Verdikten der Nichtigkeit übt. Juristisch gesprochen folgt daraus, daß dem Ortsgesetzgeber für seine an dem „magischen Dreieck"

---

49 Vgl. dazu u. a. BVerwG, Urteil vom 19.10.1966 – BVerwG IV C 99.65 – BVerwGE 25, 147 = DVBl. 1967, 289 = GemTg. 1968, 230 = ZMR 1967, 232.

50 BVerfG, u. a. Beschl. vom 3.12.1958 – 1 BvR 488/57 – BVerfGE 9, 3 (13) und Urteil vom 10.5. 1962 – 1 BvL 31/58 – BVerfGE 14, 76 (102).

von Normenklarheit, Praktikabilität und Verteilungsgerechtigkeit orientierten Regelungen ein weiter Gestaltungsspielraum zuzubilligen ist.[51]

VI. Entstehen der sachlichen Beitragspflicht

1. Gemäß § 8 Abs. 7 KAG entsteht die Beitragspflicht mit der endgültigen Herstellung der Anlage bzw. im Falle der Kostenspaltung des Abs. 3 mit der Beendigung der Teilmaßnahme und im Falle der Abschnittsbildung des Abs. 5 mit der endgültigen Herstellung des Abschnitts. Der Gesetzgeber hat demnach für den Zeitpunkt der Entstehung der Beitragspflicht grundsätzlich auf den Abschluß der zur Herstellung einer Anlage, einer Teileinrichtung oder eines selbständigen Abschnitts notwendigen Arbeiten abgestellt.

2. a) Obwohl die gesetzliche Vorschrift über die Entstehung der Beitragspflicht nach § 8 KAG in Anlehnung an den § 133 Abs. 2 BBauG geschaffen ist, ist der Begriff der Herstellung im Sinne des § 8 Abs. 7 KAG anders zu verstehen als derjenige in § 133 Abs. 2 BBauG. Da in § 132 Ziffer 4 BBauG für das Erschließungsbeitragsrecht vorgeschrieben ist, daß die Merkmale der endgültigen Herstellung in der Beitragssatzung angegeben sein müssen, ist im Erschließungsbeitragsrecht der Begriff der Herstellung im Sinne des § 133 Abs. 2 BBauG als eine Herstellung im Rechtssinne, d. h. eine Herstellung, die nach rechtssatzmäßig festgelegten Merkmalen zu beurteilen ist, zu qualifizieren. Demgegenüber ist der Begriff der Herstellung im Sinne des § 8 Abs. 7 KAG als eine Herstellung im tatsächlichen Sinne, d. h. eine Herstellung, die sich ausschließlich an dem nicht rechtssatzmäßig festgelegten Bauprogramm der Gemeinde orientiert und lediglich den Zeitpunkt des Abschlusses der technischen Ausbauarbeiten markiert, zu verstehen.[52] Denn im Gegensatz zum BBauG schreibt das KAG nicht vor, daß die Merkmale der endgültigen Herstellung in einer Satzung festzulegen sind. Dies ist auch nicht erforderlich, weil der die Abgabe begründende Tatbestand, den die Beitragssatzung nach § 2 Abs. 1 Satz 2 KAG angeben muß, z. B. durch die Begriffe Erweiterung und Verbesserung ausreichend umschrieben ist.[53] Der Abgabentatbestand erhält seine Bestimmtheit aus einem Vergleich zwischen dem bisherigen und dem später hergestellten Zustand.[54]

b) Allerdings kann eine Gemeinde über den Wortlaut des § 8 KAG hinaus die Merkmale der endgültigen Herstellung in ihre Beitragssatzung aufnehmen, wenn dies auch wenig sinnvoll erscheint. In einem solchen Fall richtet sich die Herstellung nach den satzungsmäßigen Fertigstellungsmerkmalen, d. h. es handelt sich um eine Herstellung im Rechtssinne. Nimmt z. B. eine Gemeinde in ihre Beitragssatzung oder anderweitig in das für eine Ausbaumaßnahme geltende Bauprogramm den Grunderwerb als Herstellungsmerkmal auf, dann entsteht die Beitragspflicht

---

51 Vgl. ebenso Franßen in KStZ 1977, 1.
52 Vgl. im einzelnen Driehaus in KStZ 1974, 81.
53 OVG Münster, Urteil vom 30.6.1975 – II A 231/74 – OVGE 31, 147 und Beschl. vom 23.1.1975 – II B 389/74 – GemHH 1976, 95.
54 VG Gelsenkirchen, Urteil vom 28.3.1973 – 3 K 266/72 –.

erst nach Abschluß des Grunderwerbs, d. h. nachdem die Gemeinde als Eigentümerin im Grundbuch eingetragen worden ist.[55]

c) Das nicht rechtsatzmäßig festgelegte Bauprogramm kann bis zum Abschluß der Herstellungsarbeiten geändert werden, später jedoch nicht mehr. Eine bereits dem Bauprogramm entsprechend hergestellte Anlage kann nicht nachträglich durch Änderung der Planung in einen unfertigen Zustand zurückversetzt werden.

---

55 OVG Münster, Urteil vom 21.4.1975 – II A 769/72 – wie Fußnote 45, und OVG Rheinl.-Pfalz, Urteil vom 8.11.1976 – 6 A 48/75 – KStZ 1977, 132 = DVBl. 1977, 388.

II. Einzelbeiträge

1. Die Einrichtung von Fußgängergeschäftsstraßen und die Beitragserhebung für deren Umbau*[1]

I.

Bei der Behandlung des gestellten Themas sind zwei verschiedene juristische Problemkreise zu unterscheiden: 1. die (durch eine Sperrung auf Grund straßen- oder straßenverkehrsrechtlicher Vorschriften erfolgende) Einrichtung von Fußgängergeschäftsstraßen sowie deren Folgen für die Anlieger und 2. die (nach kommunalabgabenrechtlichen Vorschriften durchzuführende) Beitragserhebung für deren Umbau. Diese Aufzählung impliziert keineswegs eine rein zufällige oder nur logisch-juristische Reihenfolge. Vielmehr ergibt sie sich zwangsläufig aus der zeitlichen, an der Praxis orientierten Aufeinanderfolge der Einrichtung einer Fußgängergeschäftsstraße und deren häufig sehr viel später erfolgenden Umbau. Monheim[1] hat in seiner eingehenden Untersuchung festgestellt, daß von den durch dauerhafte ganztägige Sperrungen bis zum Jahre 1974 eingerichteten Fußgängergeschäftsstraßen 24,5 % zu diesem Zeitpunkt noch nicht umgebaut waren. Auch bei den meisten anderen Fußgängerbereichen lag zwischen der Einrichtung (Sperrung) und deren Umbau ein zum Teil ganz erheblicher Zeitraum, wie z. B. in Augsburg ca. 11 Jahre, Braunschweig über 20 Jahre, Gelsenkirchen ca. 8 Jahre, Köln über 30 Jahre, Krefeld ca. 18 Jahre, München ca. 14 Jahre, Nürnberg ca. 9 Jahre, Stuttgart, Solingen und in vielen anderen Städten 3 und mehr Jahre[2].

Selbst wenn von der Gemeinde in einem einheitlichen Beschluß sowohl über die (endgültige) Einrichtung der Fußgängergeschäftsstraße und deren Umbau entschieden wird, so geht auch dann zwangsläufig die Sperrung der Straße den eigentlichen Ausbaumaßnahmen (mehr oder weniger lange) voraus. Auf Grund dieser Tatsache kann es nicht verwundern, daß sich die obergerichtliche Rechtsprechung[3] ebenso wie die Literatur[4] schon frühzeitiger und inzwischen recht ausführlich mit den Fragen im Zusammenhang mit der Einrichtung von Fußgängergeschäftsstraßen selbst befaßt hat. Dieser Problemkreis soll daher im folgenden

---

*[1] Auszugsweiser, geringfügig veränderter Nachdruck aus der Städtetag 1977, 128.

1 Vgl. Monheim, Fußgängerbereiche, , erschienen in Reihe E Deutscher Städtetag – Beiträge zur Stadtentwicklung, Heft 4, 1975, S. 249.

2 Vgl. Monheim, a. a. O., S. 96, 100, 131, 165, 183, 191.

3 Vgl. OVG Münster, Beschl. v. 24.2.70 – VIII B 924/69 – in: DÖV 1971, 103 = VerwRspr. 21, Nr. 253; BVerwG, Urt. v. 15.11.74 – IV C 12.72 – in: DST 1975, 369 = VerwRspr. 27 Nr. 21; Bay. VGH, Urt. v. 11.11.71 – Nr. 70 VIII 69 – in: DVBl. 1973, 508; Hess. VGH, Urt. v. 9.5.72 – II OE 87/70 – in: DVBl. 1973, 510; VG Köln, Beschl. v. 27.11.70 – 4 L 556/70 – in: NJW 1971, 1478; OVG Lüneburg, Urt. v. 10.6.76 – III OVG A 70/75 – in: Mitt.NWStGB 1976, Nr. 431.

4 Vgl. u. a. Becker in NJW 1972, 804; Wendrich in DVBl. 1973, 510 und Löwer in SKV 1976, 327 mit weiteren Nachweisen, ferner Kübler in Kommunalwirtschaft 1975, 179; Carlsson in Der Landkreis 1975, 319 und Troidl in BayBgm. 1973, 53.

nur kurz angesprochen werden. Dagegen sind vor allem obergerichtliche Entscheidungen[5], aber auch Stellungnahmen in der Literatur[6] zur Beitragserhebung bei Umbaumaßnahmen erst in jüngster Zeit zunehmend bekannt geworden. Sie bedürfen daher einer gründlicheren Behandlung.

II.

1. Insbesondere Löwer[7] hat in begrüßenswerter Klarheit die juristischen Probleme im Zusammenhang mit der Einrichtung von Fußgängergeschäftsstraßen dargestellt. In überzeugender Weise hat er die beiden in Betracht kommenden Rechtsgrundlagen für einen Ausschluß des Kraftfahrzeugverkehrs (Sperrung) – nämlich das Straßenrecht und das Straßenverkehrsrecht – behandelt und voneinander abgegrenzt. In Übereinstimmung mit der h. M. in Rechtsprechung[8] und Literatur[9] kommt er zu dem Ergebnis, daß das Verkehrsrecht eine hinreichende Legitimationsgrundlage für die Einrichtung einer Fußgängergeschäftsstraße dann – und nur dann – bietet, wenn die Sicherheit und Leichtigkeit des Verkehrs das Nebeneinander von verschiedenen Verkehrsarten nicht ohne Gefährdung für die verschiedenen Verkehrsarten zuläßt. Soll dagegen die Umwandlung einer Straße oder eines Teils des Zentrums zur Fußgängergeschäftsstraße bzw. Fußgängerzone nicht – zumindest überwiegend – aus Gründen der Sicherheit und Leichtigkeit des Verkehrs erfolgen, sondern um den Bürgern ein ungestörtes (nicht ungefährdetes) Einkaufen zu ermöglichen, oder um die Anlieger vor der Verkehrskonzentration mit ihren gesundheitsschädlichen Folgen zu schützen, ferner wenn denkmalpflegerische oder stadtplanerische Überlegungen maßgebend sind, dann ist das Straßenrecht mit seinen Regelungsmechanismen – d. h. hier Teileinziehung (Teilentwidmung) – einschlägig.

Die Frage, auf Grund welcher Eingriffsgrundlage die Gemeinden Fußgängergeschäftsstraßen einrichten können, läßt sich demgemäß nur im Einzelfall beantworten. Handelt es sich um Straßen in engen, winkligen Altstadtvierteln[10] oder um einen engen Straßenschlauch mit vielen Einkaufsläden und starkem Fußgängeraufkommen[11], so dürfte eine straßenverkehrsrechtliche Lösung möglich und zulässig sein. Sie dürfte aber grundsätzlich unzulässig sein dort, wo genügend Raum für alle Verkehrsarten zur Verfügung steht, wie etwa in Frankfurt auf der Zeil oder in

---

5   Vgl. Bay. VGH, Beschl. v. 29.4.75 – Nr. 220 VI 74 – in: KStZ 1976, 33; OVG Lüneburg, Beschl. v. 4.2.76 – VI OVG B 141/75 – in: KStZ 1976, 96; OVG Rh.-Pf., Beschl. v. 7.7.76 – 6 B 34/76 – in: KStZ 1976, 179 = GemHH 1976, 281; OVG Münster, Urt. v. 25.8.75 – II A 232/74 – in: GemHH 1976, 140; Urt. v. 23.11.76 – II A 1766/74 – (bisher unveröffentlicht) und zuletzt Urt. v. 7.12.76 – II A 1563/74 – (ebenfalls bisher unveröffentlicht).

6   Vgl. Clasen in BIGBW 1976, 9; Kortmann in Kommunalwirtschaft 1975, 398; ders. in KStZ 1976, 221; Wille in KStZ 1974, 21; ferner „Fußgängerstraßen und Fußgängerbereiche", herausgeg. von der Bundesarbeitsg. der Mittel- und Großbetriebe des Einzelhandels e. V., 1976, S. 13 ff.

7   Vgl. Löwer, a. a. O., S. 328 ff.

8   Vgl. zuletzt OVG Lüneburg, Urt. v. 10.6.76 – III OVG A 70/75 – a. a. O.

9   Vgl. u. a. Wendrich, a. a. O., S. 511 ff.

10 Vgl. Löwer, a. a. O., S. 329; ferner Kübler, a. a. O., S. 179.

11 Vgl. Monheim, a. a. O., S. 256.

Düsseldorf auf der Schadowstraße. Dort könnten die Fußgänger auch durch Absperrgitter und Ketten daran gehindert werden, die Straße außerhalb der Gehwege zu betreten.

2. a) Zweifellos hat die **straßenverkehrsrechtliche** Lösung den Vorzug einer sofortigen Machbarkeit, da die Verkehrszeichen als Verwaltungsakte sofort vollziehbar sind. Zudem hat eine solche Regelung den Vorteil, daß dadurch eine (zunächst) versuchsweise Sperrung herbeigeführt werden kann. Gerade dieser Umstand spielt in der Praxis eine nicht unerhebliche Rolle. So hat Monheim[12] herausgefunden, daß in 25,7 % von 133 Fällen eine Sperrung zunächst versuchsweise erfolgt ist und in 11,3 % dieser Fälle der Versuch später wieder abgebrochen, d. h. die Sperrung wieder aufgehoben worden ist[13]. Eine solche – wie die Erfahrung zeigt – recht wichtige „Versuchssperrung" ist natürlich mit einer straßenrechtlichen Regelung schwerlich durchzuführen.

Die in den früheren Jahren überwiegend[14] praktizierte straßenverkehrsrechtliche Lösung hat – abgesehen von ihrer eingeschränkten Zulässigkeit – den Nachteil, daß gegen die Verkehrszeichen „de facto die Popularklage eröffnet ist und daß diese zeitlich praktisch unbegrenzt erhoben werden kann, weil das Verkehrsschild nach der Rechtsprechung ständig neue Verwaltungsakte ausstrahlt"[15]. Eine solche Anfechtungsklage ist daher auch dann noch möglich, wenn ein Verkehrszeichen von einem Verkehrsteilnehmer zunächst beachtet worden ist[16]. Bei den sich möglicherweise noch eine erhebliche Zeit nach der Durchführung der Sperrung ergebenden Prozessen ist jeweils erneut zu prüfen, ob die Eingriffsvoraussetzungen – nämlich neben den verkehrsordnenden Zwecken auch die Erforderlichkeit und die Verhältnismäßigkeit – noch vorliegen. Allerdings dürfte dieser Nachteil mehr theoretischer Natur sein. Denn zum einen dürfte sich der durch die Sperrung in erster Linie betroffene Personenkreis, d. h. die Anlieger, sehr schnell der möglichen Beeinträchtigungen hinsichtlich des Eigentumsrechts am Grundstück und des Rechts am eingerichteten und ausgeübten Gewerbebetrieb bewußt werden und entsprechende Schritte entweder zur Milderung der Auswirkungen – z. B. Erlangung von Ausnahmegenehmigungen gemäß § 46 StVO – oder zur Beseitigung der Sperrung unternehmen. Zum anderen aber ist es gerade mit Rücksicht auf die noch weiter zunehmende Motorisierung kaum vorstellbar, daß dann, wenn – wie in den genannten Fällen – die Eingriffsvoraussetzungen für eine straßenverkehrsrechtliche Regelung einmal vorgelegen haben, diese später wegfallen könnten. Jedenfalls aber dürfte eine Anfechtungsklage nach einer Umbaumaßnahme, die zu einer einheitlichen Plattierung der Fußgängergeschäftsstraße und damit zu einer Beseitigung der für die Sicherheit der Fußgänger in diesen Bereichen unabdingbar erforderlichen Trennung zwischen Fahrbahn und Bürgersteigen geführt hat, schwer-

---

12 Vgl. Monheim, a. a. O., S. 250.
13 Vgl. dazu auch den in der Süddeutschen Zeitung am 29.7.1976, S. 15 unter der Überschrift „Freising ohne Fußgängerzone" abgedruckten Bericht.
14 Vgl. die von Wendrich, a. a. O., S. 476 angegebene Untersuchung des Deutschen Städtetages.
15 Vgl. Löwer, a. a. O., Anm. 28.
16 Vgl. u. a. BVerwG, Urt. v. 9.6.67 – VII C 18.66 – in: DVBl. 1967, 773.

lich noch Aussicht auf Erfolg haben. Denn bei einer solchen Sachlage erfordert der Gesichtspunkt der Sicherheit des Fußgängerverkehrs geradezu den Ausschluß des Fahrverkehrs.

b) Gleichwohl ist zu betonen, daß abgesehen von den genannten Ausnahmefällen – denn um solche handelt es sich angesichts der heutigen Ausdehnung von Fußgängerbereichen – regelmäßig die Teileinziehung (Teilentwidmung) nach den **Straßengesetzen** der Länder der juristisch einwandfreiere Weg zur Einrichtung von Fußgängergeschäftsstraßen ist. Fußgängergeschäftsstraßen werden nämlich meistens aus anderen als hauptsächlich verkehrsordnungsrechtlichen Gründen eingerichtet[17]. Darüber hinaus spricht für die Teileinziehung als straßenrechtlicher Handlungsform ein verfahrensrechtliches Argument: Die Absicht der Teileinziehung (Teilentwidmung) muß eine angemessene Zeit vor dem Einziehungstermin ortsüblich bekanntgemacht werden. Somit werden alle Beteiligten (insbesondere die Anlieger) in die Lage versetzt, Einwendungen vorzubringen und Rechte geltend zu machen. Dadurch wird eine Abstimmung mit den Beteiligten ermöglicht und Überraschungsmomente bis hin zu prozessuellen Reaktionen werden weitgehend vermieden. Schließlich ist die straßenrechtliche Regelung, die zwar aus der Sicht der vollziehenden Behörde umständlicher ist, geeignet, eine auch theoretisch bestandskraftsfähige Lösung zu schaffen. Allen Gemeinden ist daher nur dringend zu empfehlen, sobald als möglich die straßenrechtliche Lösung auch dann zu verwirklichen, wenn zunächst – eventuell versuchsweise – eine straßenverkehrsrechtliche Regelung in Kraft gesetzt worden ist.

3. *Allein* die Einrichtung einer Fußgängergeschäftsstraße, d. h. die (ausnahmsweise auf Grund straßenverkehrsrechtlicher, im übrigen aber auf Grund straßenrechtlicher Vorschriften erfolgte) Sperrung dieses Bereichs für den Fahrverkehr und die damit eintretende *Funktionsänderung* der Straße bringt für die betroffenen Anlieger eine Reihe von Vor- und Nachteilen mit sich[18]. Als Vorteile sind hier insbesondere zu nennen der Wegfall der durch den Fahrverkehr sich ergebenden Geräusch- und Geruchsbelästigungen sowie der gefahrlosere Zugang zu den Grundstücken. Für die in diesen Bereichen regelmäßig angesiedelten Geschäfte ergeben sich nicht zuletzt aus der den Bürgern ermöglichten ungestörten Einkaufsgelegenheit erfahrungsgemäß nicht unerhebliche Umsatzsteigerungen[19]. Andererseits tritt nachteilig in Erscheinung, daß die Wohnungs- und Geschäftsinhaber nicht mehr wie früher ihre Wohnungen bzw. Geschäfte mit dem Wagen erreichen können, insoweit also die Anbindung an das öffentliche Verkehrsnetz verlorengegangen ist[20]. Dies kann insbesondere dann von großer Bedeutung sein, wenn z. B. ein Warenhaus auf die ständige Zulieferung von Waren angewiesen und eine anderweitige Erschließung nicht vorhanden ist. In solchen und vergleichbaren Fällen wird die Teileinziehung dahingehend lauten müssen, daß die betroffenen

---

17 Vgl. zu den mit der Einrichtung von Fußgängergeschäftsstraßen verfolgten Zielen im einzelnen Monheim, a. a. O., S. 10 ff.
18 Vgl. dazu im einzelnen Wille, a. a. O., S. 26.
19 Vgl. u. a. die von Kortmann in KStZ 1976, 222 angegebenen Nachweise.
20 Vgl. dazu u. a. Kübler, a. a. O., S. 180 und Wille, a. a. O., S. 26.

Straßen dem Fußgängerverkehr sowie – zeitweise – dem Anliegerverkehr geöffnet bleiben[21]. Die Frage der zeitlichen Dimensionierung der beiden Verkehrsarten (Fußgängerverkehr und Anliegerverkehr) kann dabei einer verkehrsrechtlichen Regelung vorbehalten bleiben. Ist die Fußgängergeschäftsstraße ausnahmsweise mit Hilfe einer verkehrsrechtlichen Regelung eingerichtet worden, dann muß die Anliegerverkehrserlaubnis durch ein eingeschränktes Verbotsschild ermöglicht werden.

Allerdings gibt es auch Anliegergewerbebetriebe (z. B. Kraftfahrzeugwerkstätten, Hotels usw.), die auf einen jederzeitigen Kraftfahrzeugverkehr angewiesen sind und deren Existenz durch die Funktionsänderung der Straße nicht nur gefährdet, sondern gar vernichtet werden könnte. Sofern in solchen Fällen weitergehende Ausnahmegenehmigungen mit der durch die Sperrung erreichten Funktion der Straße als Fußgängergeschäftsstraße nicht mehr vereinbar sind, sollte die zuständige Behörde den entsprechenden Betrieben gezielte Hilfe zur Betriebsverlegung leisten[22].

III.

1. Häufig eine Reihe von Jahren, gelegentlich aber auch nur wenige Wochen oder Monate nach der Sperrung der Straße und der dadurch erreichten Funktionsänderung bauen die Gemeinden die Fußgängergeschäftsstraßen ihrer neuen Funktion entsprechend um. Dabei wird grundsätzlich die Fahrbahn beseitigt und durch eine gleichmäßige Neuplattierung des gesamten Straßenraumes eine Steigerung der Fußläufigkeit und eine Verschönerung des Bodenbelags erzielt. Ferner wird regelmäßig die Beleuchtungs- und die Entwässerungsanlage den neuen Verhältnissen angepaßt sowie durch das Aufstellen von Blumenkübeln, Sitzbänken usw. die Attraktivität des Fußgängerbereichs erhöht[23].

Zu den für die Ausbaumaßnahme gemachten Aufwendungen kann die Gemeinde die Anlieger zwar nicht nach den erschließungsbeitragsrechtlichen Vorschriften des Bundesbaugesetzes (BBauG)*[2], wohl aber nach den landesrechtlichen Vorschriften der Kommunalabgabengesetze anteilig[24] heranziehen. Denn bei den zu Fußgängerbereichen umgewandelten Straßen handelt es sich regelmäßig um sog. vorhandene Straßen[25] oder aber um bereits fertiggestellte Straßen, so daß gemäß § 180 Abs. 2 BBauG eine Beitragserhebung nach dem Bundesbaugesetz ausscheidet. Dagegen kommt eine Beitragserhebung nach den Kommunalabgaben-

---

21 Vgl. im einzelnen Löwer, a. a. O., S. 333 f.
22 Vgl. Löwer, a. a. O., S. 333.
23 Vgl. zur baulichen Konzeption einer Fußgängerzone im einzelnen Troidl in BayBgm. 1975/3, S. 21; ferner Carlsson, a. a. O., S. 320.
*2 An die Stelle des Bundesbaugesetzes ist inzwischen das Baugesetzbuch getreten.
24 Nach allen landesrechtlichen Vorschriften kann – sofern auch die Gemeinde selbst oder/und die Allgemeinheit Vorteile von der Ausbaumaßnahme haben – auf die Anlieger nur ein ihrem Vorteil insgesamt entsprechender Anteil umgelegt werden. Vgl. dazu im einzelnen unter III. 5.
25 Vgl. zum Begriff der vorhandenen Straße u. a. Schmidt, Handbuch des Erschließungsrechts, 4. Aufl., S. 194 ff.

gesetzen der Länder in Frage, sofern im Einzelfall die danach vorgesehenen Voraussetzungen erfüllt sind. Im folgenden sollen die sich speziell bei der Beitragserhebung für den Umbau von Fußgängergeschäftsstraßen ergebenden Probleme behandelt werden, während die allgemeinen, auch bei der Beitragserhebung nach den Kommunalabgabengesetzen im übrigen auftauchenden Fragen wie z. B. die Verteilungsregelung[26] in der Satzung, der für die Entstehung der Beitragspflicht maßgebliche Zeitpunkt[27] oder der Grundstücksbegriff[28] außer Betracht gelassen werden. Da die zu untersuchenden Probleme bei allen Kommunalabgabengesetzen der Länder – mit Ausnahme des Kommunalabgabengesetzes für das Land Baden-Württemberg, das eine Beitragserhebung für straßenbauliche Maßnahmen nicht zuläßt – im wesentlichen gleichartig sind, soll aus Gründen der Übersichtlichkeit und Vereinfachung von der Rechtsgrundlage des § 8 Kommunalabgabengesetz Nordrhein-Westfalen (KAG) ausgegangen werden.

2. Gemäß § 8 KAG sollen[29] die Gemeinden zum Ersatz des Aufwands für die Herstellung, Anschaffung, Erweiterung und Verbesserung von öffentlichen Anlagen[30] Beiträge erheben, sofern es sich um dem öffentlichen Verkehr gewidmete Straßen, Wege und Plätze handelt und das Bundesbaugesetz nicht anzuwenden ist. Da die öffentlichen Anlagen, die zu Fußgängergeschäftsstraßen umgewandelt werden, regelmäßig innerstädtische, im Sinne des Erschließungsbeitragsrechts beitragsfreie, dem öffentlichen Verkehr gewidmete Straßen und Plätze sind, ist durch die gesetzliche Regelung klargestellt, daß die Gemeinden grundsätzlich berechtigt sind, für Umbaumaßnahmen an Fußgängergeschäftsstraßen Beiträge zu erheben, wenn der Tatbestand der Herstellung, Anschaffung, Erweiterung oder Verbesserung – abgesehen von den sonstigen Voraussetzungen – gegeben ist.

Für die Frage, welcher Tatbestand durch den Umbau einer Fußgängergeschäftsstraße erfüllt wird, ist auszugehen von dem vor dem Umbau bestehenden Zustand. Wie bereits oben ausführlich dargestellt, tritt die Funktionsänderung einer früheren normalen Straße in eine Fußgängergeschäftsstraße ein durch eine auf Grund straßenverkehrsrechtlicher bzw. straßenrechtlicher Vorschriften durchgeführte Sperrung für den Fahrverkehr. Vor der Umbaumaßnahme – und zwar häufig mehrere Jahre, gelegentlich aber auch nur kürzere Zeit vorher – ist die Fußgängergeschäftsstraße als solche schon eingerichtet, doch genügt sie infolge ihres auf die frühere Funktion (für Fußgänger- und Fahrverkehr) abgestellten Ausbauzustandes

---

26 Vgl. dazu im einzelnen Driehaus in DST 1976, 322 ff. und 382 ff.
27 Vgl. u. a. Driehaus in KStZ 1976, 61 f.
28 Vgl. im einzelnen Driehaus in KStZ 1976, 141 ff.
29 Die gesetzlichen Vorschriften einiger Länder (z. B. § 11 HessKAG, § 6 KAGNs., § 8 KAGRh.-Pf.) enthalten an Stelle der in NRW ebenso wie im Art. 5 Bay KAG gewählten Soll-Bestimmung lediglich eine Kann-Bestimmung.
30 Der Gesetzgeber in NRW knüpft ebenso wie die Gesetzgeber der anderen Länder das Beitragserhebungsrecht an den Begriff der „öffentlichen Einrichtung". Anders als die meisten anderen Gesetzgeber hat er jedoch zusätzlich noch den Begriff der „öffentlichen Anlage" im Hinblick auf die dem öffentlichen Verkehr gewidmeten Straßen in das Gesetz aufgenommen, weil teilweise die Ansicht vertreten wurde, diese seien nicht unter den Begriff der „öffentlichen Einrichtung" zu subsumieren (vgl. OVG Münster, Urt. v. 23.10.68 in: NJW 1969, 1077).

regelmäßig nicht den Anforderungen, die nach den heutigen Vorstellungen an sie zu stellen sind. Deshalb – und nur deshalb – entschließen sich die meisten Gemeinden, über kurz oder lang die Fußgängergeschäftsstraßen in ihren Bereichen auszubauen und umzugestalten. Dadurch wird erreicht, daß sich der Zustand der Fußgängergeschäftsstraße nach ihrem Ausbau vor allem hinsichtlich der funktionellen Aufteilung der Gesamtfläche, in aller Regel aber auch bezüglich der Art der Befestigung von ihrem ursprünglichen Zustand im Sinne einer besseren Fußläufigkeit vorteilhaft unterscheidet und sie nunmehr nicht nur dem jeweiligen, sondern einem auf Jahrzehnte berechneten Verkehrsbedürfnis sowie über die bloße Verkehrssicherung hinaus auch sanitären und ästhetischen Gesichtspunkten des modernen Städtebaus genügt. Dies sind die typischen Kriterien für den Tatbestand der Verbesserung[31] im Sinne des § 8 KAG, so daß der ganz herrschend in Rechtsprechung[32] und Literatur[33] vertretenen Ansicht zuzustimmen ist, die den Umbau von Fußgängergeschäftsstraßen als Verbesserungsmaßnahme im Sinne des KAG qualifiziert. Zutreffenderweise hat daher der Gesetzgeber in Bremen formuliert: „Eine Verbesserung liegt insbesondere vor, wenn eine Erschließungsanlage ... für einen vorrangigen Fußgängerverkehr umgestaltet wird[34]."

Soweit ersichtlich vertritt allein das OVG Münster[35] den Standpunkt, daß es sich beim Umbau von Fußgängergeschäftsstraßen nicht um Verbesserungen, sondern um Herstellungen im Sinne des § 8 KAG handele und daher Beiträge für solche Maßnahmen nur erhoben werden könnten, wenn nach der Beitragssatzung auch die Herstellung von Anlagen Beitragstatbestand sei. Dabei geht das OVG Münster allerdings von der unzutreffenden Auffassung aus, daß „sich mit dem Umbau einer Straße zu einer Fußgängerzone auch ihre Funktion ändert"[36]. Diese Ansicht ist schon deshalb abzulehnen, weil – wie oben dargelegt – der Umbau in aller Regel erst eine mehr oder weniger lange Zeit nach der Sperrung der Straße für den Fahrverkehr erfolgt und daher die Funktionsänderung nicht *mit*, sondern *vor* dem Umbau eintritt. Im übrigen aber kann auch aus Rechtsgründen weder ein Umbau noch ein den Umbau beschließender Ratsentscheid eine Funktionsänderung bewirken. Dies folgt bereits daraus, daß für eine straßenrechtliche Lösung (Teileinziehung) nach den Straßengesetzen der Länder ein ganz bestimmtes Verfahren[37] vorgesehen ist und daß für eine straßenverkehrsrechtliche Lösung viele Gemein-

---

31 Vgl. zum Begriff der Verbesserung im einzelnen Dahmen/Driehaus/Küffmann/Wiese, KAGNW, Kom., 2. Aufl. (voraussichtl. Erscheinungstermin April 1977), § 8 Rdn. 24 f.
32 Vgl. u. a. OVG Rh.-Pf., Beschl. v. 7.7.76 – 6 B 34/76 – a. a. O., BayVGH, Beschl. v. 29.4.75 – Nr. 220 VI 74 – a. a. O., VG Düsseldorf, Urt. v. 18.10.74 – 12 K 176/72.
33 Vgl. u. a. Kortmann in Kommunalwirtschaft 1975, 398 ff. (399); Clasen, a. a. O., S. 9; Hatopp, KAGNs., Kom., § 6 Erl. 2, S. 58.
34 Vgl. § 3 Abs. 2 des Ortsgesetzes über die Erhebung von Beiträgen für die Erweiterung und Verbesserung von Erschließungsanlagen v. 12.6.1973.
35 Vgl. OVG Münster, Urt. v. 25.8.75 – II A 232/74 – a. a. O., Urt. v. 23.11.76 – II A 1766/74 – und zuletzt Urt. v. 7.12.76 – II A 1563/74.
36 Vgl. OVG Münster, Urt. v. 23.11.76 – II A 1766/74.
37 Vgl. z. B. § 7 Abs. 2 LStrG NW, Art. 8 Abs. 2 BayStrWG und § 8 Abs. 2 StrGNs.

den – nämlich die Gemeinden, die nicht zugleich Straßenverkehrsbehörden[38] sind – gar nicht zuständig sind.

3. Zweifelhaft kann sein, was eine Fußgängergeschäftsstraße ist und ob es zulässig ist, den Aufwand für den Ausbau mehrerer Fußgängergeschäftsstraßen anteilig auf alle Anlieger dieser Straßen gemeinsam zu verteilen.

a) Nach § 3 Abs. 4 e der Mustersatzung des Innenministeriums NRW[39] ebenso wie nach § 6 Abs. 3 e der vom Bay. Staatsministerium des Innern am 6.6.1975 bekanntgemachten Mustersatzung[40], denen viele Gemeinden ihre Beitragssatzungen nachgebildet haben, sind Fußgängergeschäftsstraßen Hauptgeschäftsstraßen, die in ihrer gesamten Breite dem Fußgängerverkehr dienen, auch wenn eine zeitlich begrenzte Nutzung für den Anliegerverkehr möglich ist. Aus dieser Begriffsdefinition ergibt sich zum einen, daß Fußgängergeschäftsstraßen im Sinne dieser und vergleichbarer Satzungsbestimmungen dann nicht vorliegen, wenn eine Straße für einen zeitlich *unbeschränkten* Anliegerverkehr offen ist. Zum anderen folgt daraus, daß es sich um Hauptgeschäftsstraßen handeln muß, d. h. um Straßen, in denen die Frontlange der Grundstücke mit Ladengeschäften bzw. Gaststätten im Erdgeschoß überwiegt[41]. Dabei bestehen keine Bedenken dagegen, daß der jeweilige Ortsgesetzgeber bei der Ausfüllung der Definition der Fußgängergeschäftsstraße auf die – zum Zeitpunkt der Entstehung der Beitragspflicht – bestehenden tatsächlichen Verhältnisse abstellt[42].

b) Für die Frage, ob es zulässig ist, den Aufwand für den Ausbau mehrerer Fußgängergeschäftsstraßen anteilig auf alle Anlieger zu verteilen oder ob der Aufwand für jede einzelne Fußgängergeschäftsstraße nur jeweils getrennt auf die betreffenden Anlieger anteilig umgelegt werden kann, ist es von Bedeutung, was unter „öffentlicher Anlage" im Sinne des § 8 KAG zu verstehen ist. Nach der Rechtsprechung des OVG Münster[43] ist der Begriff der „Anlage" im Sinne des nordrheinwestfälischen Landesrechts ein weiterer als der der Erschließungsanlage im Sinne des Bundesbaugesetzes, d. h. eine Anlage im Sinne des nordrhein-westfälischen Landesrechts ist grundsätzlich nicht auf einzelne Erschließungsanlagen beschränkt[*3]. Zu den „Anlagen" im Sinne des § 8 KAG NW können vielmehr auch Abschnitte von Erschließungsanlagen – also von Straßen, Wegen und Plätzen – ebenso zählen wie mehrere Erschließungsanlagen und Abschnitte von ihnen, sofern diese in einem so engen, erkennbaren Zusammenhang zueinander stehen wie z. B. bei einer Erschließungseinheit im Sinne des § 130 Abs. 2 Satz 2 BBauG.

---

38 Vgl. dazu Jagusch, Straßenverkehrsrecht, Kom., 22. Aufl., § 44 Rdn. 4.
39 Vgl. Mustersatzung über die Erhebung von Beiträgen nach § 8 KAG für straßenbauliche Maßnahmen, RdErl. des Innenministers NRW vom 28.5.71 in: MinBl. NW 1971, 1178 ff.
40 Abgedruckt bei Donhauser/Hürholz/Schwinghammer, Kommunalabgabenrecht in Bayern.
41 Vgl. § 3 Abs. 4 Nr. d der Mustersatzung des Innm. NW, a. a. O. und § 6 Abs. 3 Nr. d der Mustersatzung des Bay. Staatsm. d. Inn., a. a. O.
42 Vgl. OVG Münster, Urt. v. 23.11.76 – II A 1766/74.
43 Vgl. OVG Münster, Urt. v. 25.8.75 – II A 232/74 – a. a. O.
*3 Nach den KAG der übrigen Länder ist der Begriff der öffentlichen Anlage (Einrichtung) identisch mit dem Begriff der Anlage im Erschließungsbeitragsrecht; vgl. dazu im Einzelnen den unter B. II. 1. (S. 42 ff.) abgedruckten Aufsatz.

Als eine „Anlage" im Sinne des § 8 KAG NW können daher auch mehrere Erschließungsanlagen oder Abschnitte von ihnen qualifiziert werden, an denen anhand eines bestimmten Planungskonzeptes Ausbauarbeiten durchgeführt werden, die auf Grund der Gesamtumstände des Einzelfalles – wie örtliche Gegebenheiten, Ausbauprogramm, zeitlicher Zusammenhang und Eigenart der betreffenden Anlage – in einem engen, erkennbaren Zusammenhang stehen. Sofern diese Voraussetzungen vorliegen, d. h. wenn mehrere eine Fußgängerzone (Fußgängerbereich) bildende Fußgängergeschäftsstraßen bzw. Abschnitte von ihnen bei Vorliegen dieser Voraussetzungen einheitlich ausgebaut werden, wird nach der Rechtsprechung des OVG Münster die Gesamteinrichtung als eine „Anlage" im Sinne des § 8 KAG NW bezeichnet werden können mit der Folge, daß der Gesamtaufwand für diese Ausbaumaßnahme anteilig auf alle Anlieger der Anlage verteilt werden kann.

Etwas anderes gilt jedoch dann, wenn die entsprechende landesrechtliche Rechtsgrundlage, wie u. a. in Bremen[44] und Hamburg[45], oder aber die gemeindliche Beitragssatzung den Begriff der „Anlage" dahin einschränkt, daß ihre räumlichen Grenzen denen einer Erschließungsanlage entsprechen. Letzteres ist in Nordrhein-Westfalen vielfach dadurch geschehen, daß in § 1 der Beitragssatzung vom Ersatz des Aufwands für die Erweiterung und Verbesserung von öffentlichen Straßen, Wegen und Plätzen die Rede ist und diese im Gegensatz zu § 8 KAG, der von „Anlagen" spricht, in einem Klammerzusatz ausdrücklich als Erschließungsanlagen bezeichnet werden[46]. In solchen Fällen kann der Aufwand für den Ausbau von mehreren Fußgängergeschäftsstraßen nur dann insgesamt anteilig auf alle Anlieger verteilt werden, wenn die betreffenden Fußgängergeschäftsstraßen durch einen in satzungsmäßiger Form veröffentlichten Ratsbeschluß zu einer Abrechnungseinheit zusammengefaßt worden sind[47].

4. Eine ganz besondere Rolle spielt bei allen Beitragserhebungen für den Ausbau von Fußgängergeschäftsstraßen die Frage, ob die Anlieger durch die Baumaßnahme wirtschaftliche Vorteile[48] im Sinne des § 8 KAG haben und ob eventuell eintretende Nachteile diese (möglicherweise) entstehenden Vorteile mindern oder gar ausschließen können.

a) Nach § 8 Abs. 2 Satz 2 KAG werden Beiträge von den Grundstückseigentümern (bzw. Erbbauberechtigten) als Gegenleistung dafür erhoben, daß ihnen durch die

---

44 Vgl. § 1 des Ortsgesetzes über die Erhebung von Beiträgen für die Erweiterung und Verbesserung von Erschließungsanlagen v. 12.6.1973.

45 Vgl. § 51 des Wegegesetzes in der Fassung v. 22.1.1974.

46 Gegen die Zulässigkeit der Einschränkung des Begriffs der „Anlage" im Sinne des § 8 KAG durch den Ortsgesetzgeber bestehen keine Bedenken. Vgl. ebenso OVG Münster, Urt. v. 23.1.76 – II A 1766/74.

47 Vgl. dazu im einzelnen Dahmen u. a., a. a. O., § 8 Rdn. 107 f. und Hatopp, a. a. O., § 6, Erl. 14, S. 58 c.

48 Die in den entsprechenden anderen landesrechtlichen Bestimmungen verwandten Begriffe – z. B. „besondere Vorteile" (Art. 5 BayKAG), „nicht nur vorübergehende Vorteile" (§ 11 HessKAG), „besondere wirtschaftliche Vorteile" (§ 6 KAGNs.) oder einfach „Vorteile" (§ 8 KAGSchl.-H. und § 51 Hamb. WG) – haben im wesentlichen die gleiche Bedeutung.

Möglichkeit der Inanspruchnahme der verbesserten usw. Anlage wirtschaftliche Vorteile geboten werden. Aus dieser Gesetzesbestimmung ergibt sich für die Auslegung des Begriffs „wirtschaftlicher Vorteil" zweierlei: Zum einen zieht das Gesetz als Anknüpfungspunkt für die Beitragspflicht nur die den Grundstückseigentümern bzw. Erbbauberechtigten durch die Möglichkeit der Inanspruchnahme der verbesserten usw. Anlage gebotenen wirtschaftlichen Vorteile heran, d. h. die Vorteile derjenigen, die befugt sind, Grundstücke in rechtlich zulässiger Weise zu nutzen oder über deren Nutzung zu verfügen. Daraus folgt, daß der wirtschaftliche Vorteil *grundstücksbezogen* sein muß, d. h. er muß sich im Rahmen der zulässigen Grundstücksnutzung auswirken können. Zum anderen muß der wirtschaftliche Vorteil, der der innere Grund für die Beitragserhebung ist, ein solcher sein, der den Anliegern durch die Ausbaumaßnahme *zusätzlich* zufließt, der also vorher nicht entstehen konnte. Es ist demgemäß der Vorteil aus der allgemeinen, vor der die Beitragspflicht (möglicherweise) auslösenden Baumaßnahme bestehenden Erschließungssituation außer Betracht zu lassen[49] und nur die Frage zu beantworten, ob gerade durch die ganz konkrete, der Beitragserhebung zugrundeliegende Baumaßnahme den Anliegern ein zusätzlicher wirtschaftlicher Vorteil entstehen kann, d. h. es muß sich um einen *maßnahmebedingten* Vorteil handeln. Die Vorschrift des § 8 KAG geht somit von einem grundstücksbezogenen, maßnahmebedingten Vorteilsbegriff aus[50]. Das entsprechende gilt für anrechenbare Nachteile. Im Rahmen einer Beitragserhebung können daher nur solche Nachteile als vorteilsmindernd oder gar vorteilsausschließend berücksichtigt werden, die gerade auf die konkrete Baumaßnahme zurückzuführen sind und sich im Rahmen der zulässigen Grundstücksnutzung auswirken.

b) Geht man von diesem im Straßenbaubeitragsrecht – soweit ersichtlich – einhellig vertretenen Vorteilsbegriff aus, so haben bei der Frage nach den durch die Ausbaumaßnahme einer Fußgängergeschäftsstraße zusätzlich entstehenden wirtschaftlichen Vorteilen alle die Gesichtspunkte außer Betracht zu bleiben, die nicht eine Folge der Ausbaumaßnahme, sondern eine Folge der – bereits früher erfolgten – Sperrung für den allgemeinen Kraftfahrzeugverkehr und der dadurch eingetretenen Funktionsänderung sind, die also nicht maßnahmebedingt sind. Diese sich eindeutig aus der Definition des Vorteilsbegriffs ergebende Konsequenz wird sowohl in der Rechtsprechung[51] als auch in der Literatur[52] vielfach übersehen, wenn ausgeführt wird, der die Beitragspflicht begründende Vorteil liege u. a. darin, daß durch den Wegfall des allgemeinen Kraftfahrzeugverkehrs ein Raum geschaffen worden sei, den die Anlieger in entspannter Weise zum Spazierengehen und zur Erholung sowie zu Gesprächen ausnützen könnten; außerdem seien Geräusch- und Geruchsbelästigungen (mit den sich daraus ergebenden Gesundheitsgefährdungen) verdrängt worden. Diese ohne Zweifel begrüßenswerten Folgen sind gerade keine die Erhebung eines Straßenbaubeitrags rechtfertigenden Vorteile im

---

49 Vgl. ebenso u. a. OVG Münster, Urt. v. 21.4.75 – II A 769/72 – in: KStZ 1975, 217 ff.

50 Vgl. zum Vorteilsbegriff im einzelnen Dahmen u. a., a. a. O., § 8 Rdn. 27 ff.

51 Vgl. u. a. OVG Lüneburg, Beschl. v. 4.2.76 – VI OVG B 141/75 – a. a. O. und OVG Münster, Urt. v. 23.11.76 – II A 1766/74.

52 Vgl. u. a. Wille, a. a. O., S. 26 und Kortmann in Kommunalwirtschaft 1975, 399.

Sinne des § 8 KAG[53]. Zutreffend formuliert daher das OVG Rheinland-Pfalz[54], wenn es ausführt, diese Vorteile „sind nämlich nicht dadurch entstanden, daß die Antragsgegnerin in der H.-Gasse Straßenbauarbeiten durchgeführt hat, sondern dadurch hervorgerufen worden, daß durch entsprechende straßenverkehrsrechtliche bzw. straßenrechtliche Maßnahmen der Kraftfahrzeugverkehr von der Straße ferngehalten wird". Die Richtigkeit dieser Argumentation wird besonders deutlich, wenn man sich ins Gedächtnis zurückruft, daß in sehr vielen Fällen die Sperrung der Straße für den allgemeinen Kraftfahrzeugverkehr eine Reihe von Jahren vor den Ausbauarbeiten erfolgt, d. h. die genannten Vorteile schon lange vor der (eine Beitragspflicht nach § 8 KAG möglicherweise auslösenden) Ausbaumaßnahme eintreten.

Die entsprechenden Überlegungen gelten im gleichen Maße für die sich auf Grund einer straßenverkehrsrechtlichen bzw. straßenrechtlichen Sperrung ergebenden Nachteile. Auch sie sind im Rahmen einer Beitragserhebung nach § 8 KAG außer Betracht zu lassen, weil sie keine Folge der Ausbaumaßnahme, d. h. nicht maßnahmebedingt sind. Dies ist im Grunde völlig selbstverständlich, denn kein vernünftiger Betriebsinhaber (z. B. Kfz.-Werkstattinhaber oder Hotelier) wird – wenn davon die Existenz oder auch nur der Bestand des jeweiligen Umsatzes entscheidend abhängt – einem Ausschluß des Kraftfahrzeugverkehrs ruhig zusehen mit der Überlegung, etwa dadurch eintretende Nachteile im Rahmen einer sehr viel später erfolgenden Beitragserhebung nach § 8 KAG geltend machen zu können. Vielmehr wird und muß er seine Einwendungen im Rahmen des Teileinziehungsverfahrens bzw. bei einer straßenverkehrsrechtlichen Lösung im Rahmen eines Rechtsmittelverfahrens erheben mit dem Ziel, für seinen Betrieb schwerwiegende Nachteile – z. B. durch die (jedenfalls zeitweilige) Zulassung des Anliegerverkehrs – zu verhindern oder eine Entschädigung zu verlangen.

c) Mit dem Vorstehenden ist jedoch keinesfalls gesagt, daß der Umbau einer Fußgängergeschäftsstraße den betreffenden Anliegern keinerlei wirtschaftliche Vorteile im Sinne des § 8 KAG bringt. Vielmehr ist dadurch nur gesagt, daß allein auf die sich aus der Umbaumaßnahme ergebenden Vorteile abzustellen ist (maßnahmebedingter Vorteilsbegriff). Durch eine solche Umbaumaßnahme wird nicht nur die Fußläufigkeit der Anlage, sondern durch eine „Straßenmöblierung"[55] – zu nennen sind hier Sitzbänke, Wasser- und Blumentröge, Vitrinen, Brunnen, Plastiken, stilgerechte Laternen usw. – in ganz besonderem Maße ihre Attraktivität gesteigert. Diese beiden Faktoren, vor allem der letztere, aber sind es, die in hervorragender Weise geeignet sind, Passantenströme umzulenken bzw. in eine ausgebaute Fußgängergeschäftsstraße zu leiten mit der Folge, daß der Einzugsbereich vergrößert bzw. intensiver erfaßt wird und somit zusätzliche Kunden gewonnen werden. Die

---

53 Mit Recht wird im übrigen in der bereits zitierten Schrift „Fußgängerstraßen und Fußgängerbereiche", S. 16, auch darauf hingewiesen, daß die bloße Nutzungsbeschränkung für den Fußgängerverkehr keinerlei eine Beitragserhebung rechtfertigenden Investitionsaufwand erfordert, sondern ein solcher nur durch die Umbaumaßnahme verursacht wird.

54 Vgl. OVG Rh.-Pf., Beschl. v. 7.7.76 – 6 B 34/76 – a. a. O.

55 Vgl. Carlsson, a. a. O., S. 320.

Attraktivität von ausgebauten Fußgängergeschäftsstraßen oder gar Fußgängerzonen zieht nicht nur bei kleineren Städten mehr Einkäufer aus dem Umland an.
Bei der heutigen Verbreitung der Fußgängerzonen treten die einzelnen Fußgängergeschäftsstraßen der verschiedenen Städte sogar in Konkurrenz um die Käufer
ein[56]. Daß in diesem Konkurrenzkampf um zusätzliche Kunden die Geschäftsinhaber an modern und attraktiv ausgebauten Fußgängergeschäftsstraßen entweder
einen großen Vorsprung gewinnen oder einen etwa vorher bestehenden Rückstand
ausgleichen können und sich dies in aller Regel in Umsatzsteigerungen auswirkt,
dürfte nach allgemeinen Geschäftserfahrungen unstreitig sein, denn mehr Kunden
bedeutet in aller Regel mehr Umsatz[57]. Die sich aus der Möglichkeit der Inanspruchnahme der verbesserten Fußgängergeschäftsstraße und der damit verbundenen Möglichkeit einer verbesserten Grundstücksnutzung ergebenden Umsatzsteigerungen führen zu einer Erhöhung des Nutzungswerts der entsprechenden
Grundstücke sowie demfolgend zur Erhöhung der Bodenpreise und des Veräuße-
rungs- und Verkehrswerts[58]. Dies aber sind wirtschaftliche Vorteile im Sinne des
§ 8 KAG, die eine Beitragserhebung rechtfertigen.

Dabei ist es unerheblich, ob wirklich alle Anlieger höhere Einkünfte aus der tatsächlichen Nutzung ihres Grundstücks ziehen, was bei einigen Geschäften mit
Warenangeboten des täglichen Bedarfs oder einigen Spezialgeschäften zweifelhaft sein kann[59]. Denn ein wirtschaftlicher Vorteil im Sinne des § 8 KAG liegt auch
in einer Steigerung des Verkehrswerts, die im Hinblick auf eine mögliche, den Bedingungen der jeweiligen Anlage angepaßte Änderung der Grundstücksnutzung
eintritt. „§ 8 Abs. 2 Satz 2 KAG enthält nicht die Einschränkung, daß nur die wirtschaftlichen Vorteile maßgebend sein sollen, die bei der vom Eigentümer ausgeübten Nutzung (infolge der Möglichkeit der Inanspruchnahme der Anlage) geboten
werden. Die Vorschrift bezieht vielmehr jeden rechtmäßigen Gebrauch des Eigentums am Grundstück in den Vorteilsausgleich ein.“[60]

Ob durch den Ausbau von Fußgängergeschäftsstraßen der Nutzungswert der anliegenden Grundstücke auch insoweit gesteigert wird, als eine Vermietung zu anderen als gewerblichen Zwecken, nämlich zu Wohnzwecken, erleichtert wird, kann
bisher noch nicht mit letzter Sicherheit gesagt werden, dürfte aber zu vermuten
sein[61].

d) Der gemäß § 8 KAG die Beitragserhebung rechtfertigende Vorteil darf nicht nur
ein vorübergehender[62] sein, d. h. er darf nicht ein solcher sein, der den Anliegern

---

56 Vgl. Kortmann in KStZ 1976, S. 221 f.
57 Vgl. dazu im einzelnen Carlsson, a. a 0. S. 319.
58 Vgl. u. a. OVG Lüneburg, Beschl. v. 4.2.76 – VI OVG B 141/75 – a. a. O.; ferner Clasen,
   a. a. O., S. 9 und Kortmann in KStZ 1976, S. 222.
59 Vgl. u. a. Carlsson, a. a. O., S. 320 und Wille, a. a. O., S. 26.
60 Vgl. OVG Münster, Urt. v. 25.8.75 – II A 232/74 – a. a. O., S. 142; ebenso BayVGH, Beschl. v.
   29.4.75 – Nr. 220 VI 74 – a. a. O.
61 Vgl. u. a. Kortmann in KStZ 1976, S. 223 und Kübler, a. a. O., S. 179.
62 Vgl. so ausdrücklich der Text des § 11 HessKAG; vgl. dazu auch Thiem, KAGSchl.-H., Kom.,
   § 8 Rdn. 34.

nur eine unangemessen kurze Zeit zugute kommen kann. Denn ein nur für solche Zeit gewährter Vorteil würde als Gegenleistung nicht die z. T. ganz erheblichen Beiträge rechtfertigen. Das OVG Münster[63] zieht aus dieser dem Vorteilsbegriff des § 8 KAG immanenten Schranke für Fußgängergeschäftsstraßen die Schlußfolgerung, daß wirtschaftliche Vorteile nur dann angenommen werden könnten, wenn durch eine Teileinziehung eine Beschränkung der Widmung auf die Benutzungsart Fußgängerverkehr erreicht worden sei. Nur dann könne von einem (auf längere Zeit) gesicherten Vorteil gesprochen werden. Werde dagegen eine Fußgängergeschäftsstraße ohne eine solche Teileinziehung eingerichtet, so sei „nicht ausgeschlossen, daß sich insbesondere Anlieger hiergegen erfolgreich zur Wehr setzen und Veränderungen durchsetzen, die die sich aus der Einrichtung der Fußgängerzone ergebenden Vorteile beseitigen oder einschränken".

Abgesehen davon, daß es für eine Beitragserhebung nicht auf die sich aus der Einrichtung der Fußgängerzone ergebenden Vorteile, sondern allein auf die sich aus der Umbaumaßnahme ergebenden Vorteile ankommt, vermag diese Rechtsansicht des OVG Münster auch deshalb nicht zu überzeugen, weil sie im Ergebnis dazu führt, daß Beiträge dann nicht erhoben werden können, wenn – was zwar Ausnahmefälle sein mögen – zulässigerweise eine Fußgängergeschäftsstraße auf Grund straßenverkehrsrechtlicher Vorschriften eingerichtet und sodann später ausgebaut worden ist. Ein solches Ergebnis aber wird den tatsächlichen Gegebenheiten nicht gerecht. Denn es ist – wie bereits oben dargelegt wurde[64] – schwerlich vorstellbar, daß dann, wenn eine mehr oder weniger lange Zeit nach der Sperrung der Straße eine Umbaumaßnahme durchgeführt wurde, die zu einer einheitlichen Plattierung des Straßenraums und damit zum Wegfall der gerade hier im besonderen Maße für die Sicherheit der Fußgänger in diesen Bereichen unabdingbar erforderlichen Trennung zwischen Fahrbahn und Bürgersteigen geführt hat, eine Anfechtungsklage gegen das den Ausschluß des Kraftfahrzeugverkehrs anordnende Verkehrszeichen auch nur die geringste Aussicht auf Erfolg haben könnte. Vielmehr dürfte unter solchen Umständen die Sicherheit des Fußgängerverkehrs den Ausschluß des Kraftfahrzeugverkehrs nicht nur rechtfertigen, sondern sogar erfordern, und zwar – nicht zuletzt mit Rücksicht auf den in einer ausgebauten Fußgängergeschäftsstraße erfahrungsgemäß ansteigenden Fußgängerverkehr – auf nach heutiger Vorstellung unabsehbare Zeit. Man wird daher auch in einem solchen Fall von einem den Anforderungen des Vorteilsbegriffs genügenden, hinreichend gesicherten Vorteil sprechen können, der eine Beitragserhebung nach § 8 KAG rechtfertigt.

5. Ist somit grundsätzlich davon auszugehen, daß die Anlieger an Fußgängergeschäftsstraßen nicht unerhebliche wirtschaftliche Vorteile durch deren Ausbau erlangen, so kommt besondere Bedeutung der Frage zu, welchen Anteil von dem durch die Ausbaumaßnahme entstandenen Aufwand die Anlieger insgesamt einer-

---

63 Vgl. OVG Münster, Urt. v. 23.11.76 – II A 1766/74 –; ebenso Urt. v. 7.12.76 – II A 1563/74.
64 Vgl. oben II. 2. a.

seits und die Gemeinde als Inkorporation der Allgemeinheit[65] andererseits zu tragen haben. Denn gemäß §. 8 Abs. 2 Satz 4 KAG bleibt bei der Ermittlung des umlagefähigen Aufwands ein dem wirtschaftlichen Vorteil der Allgemeinheit entsprechender Betrag außer Ansatz[66]. Da der Aufwand ausschließlich auf diese beiden Gruppen (Anlieger und Allgemeinheit-Gemeinde) zu verteilen ist, müssen der Anliegeranteil und der Gemeindeanteil zusammengenommen den Gesamtaufwand, d. h. 100 % ausmachen. Je geringer der Anteil der Anlieger ist, desto größer muß daher notwendigerweise der Gemeindeanteil sein und umgekehrt. Die Festsetzung des Gemeindeanteils – und damit auch des Anliegeranteils – hat in satzungsmäßiger Form zu erfolgen, sie ist ein Akt gemeindlicher Rechtssetzung und kann nur daraufhin überprüft werden, ob die Gemeinde den durch Gesetz und Recht gesteckten Rahmen ihres gesetzgeberischen Ermessens überschritten hat[67].

Die angemessene Abwägung der wirtschaftlichen Vorteile der Beitragspflichtigen gegenüber denen der Allgemeinheit (Gemeinde) ist eine notwendige Voraussetzung für eine rechtswirksame Beitragserhebung. Die Gemeinde hat daher im Wege einer Schätzung eine entsprechende (Ermessens-)Entscheidung zu treffen. Da sind eine Vielzahl von Gesichtspunkten zu berücksichtigen, so daß die satzungsmäßige Festlegung eines einheitlichen, für alle in einem Gemeindegebiet in Betracht kommenden straßenbaulichen Maßnahmen geltenden Gemeindeanteils unzulässig ist[68]. Insbesondere mit dem Ausbau einer Fußgängergeschäftsstraße werden die verschiedenartigsten Ziele verfolgt[69], sie müssen jeweils angemessen in die Abwägung einbezogen werden. So sollen selbstverständlich durch solche Baumaßnahmen die Innenstädte nicht nur zur Umsatzsteigerung der anliegenden Geschäfte attraktiver gemacht werden, sondern auch, um den Bürgern einen angenehmen Bewegungsraum zu verschaffen, in dem sie städtebauliche Sehenswürdigkeiten genießen, sich entspannen, auf bereitgestellten Stühlen oder Bänken ausruhen und Gespräche führen können, kurz um das angebotene, neuartige Kommunikationsforum – nämlich die Fußgängergeschäftsstraßen bzw. Fußgängerzonen – anziehender zu gestalten und damit zur „Humanisierung" des städtischen Lebens beizutragen[70]. Demgemäß muß schon aus diesem Grunde ein nicht unerheblicher Anteil des Gesamtaufwands auf die Allgemeinheit (Gemeinde) entfallen[71].

Mit Rücksicht auf die hier erwähnten, aber keinesfalls abschließend aufgezählten Gesichtspunkte läßt sich die Schlußfolgerung ziehen, daß die Beantwortung der

---

65 Hier und im folgenden soll die Berücksichtigung der gemeindeeigenen Grundstücke und damit die Gemeinde als Fiskus außer Betracht bleiben.
66 Vgl. zur Ermittlung des beitragsfähigen Aufwands im einzelnen Dahmen u. a., a. a. O., § 8 Rdn. 50 ff.
67 Vgl. u. a. OVG Münster, Urt. v. 7.12.76 – II A 1563/74.
68 Vgl. im einzelnen Dahmen u. a., a. a. O., § 8 Rdn. 60 ff.
69 Vgl. zu den Zielen u. a. Monheim, a. a. O., S. 10 ff.
70 Vgl. Monheim, a. a. O., S. 21 ff.; ferner OVG Lüneburg, Beschl. v. 4.2.76 – VI OVG B 141/75 – a. a. O., S. 97; Kortmann in KStZ 1976, S. 222, ders. in Kommunalwirtschaft 1975, S. 399 f. und Clasen, a. a. O., S. 10.
71 Vgl. etwa OVG Münster, Urt. v. 23.11.76 – II A 1766/74.

Frage nach dem Verhältnis zwischen dem Gemeindeanteil und dem Anliegeranteil von den Umständen des Einzelfalls abhängt, die die Gemeinde jeweils im Rahmen des ihr zustehenden Einschätzungsermessens zu berücksichtigen hat. Insoweit erscheint daher der Erlaß von Einzelsatzungen zweckmäßig[72]. Aus diesem Grunde ist es auch bedenklich, wenn das OVG Lüneburg[73] ausführt, die Heranziehung der Eigentümer (Anliegeranteil) werde in den Fällen des Umbaus von Fußgängergeschäftsstraßen „höchstens bis zu 50 v. H. der Ausbaukosten gehen können". Mit Recht weist Kortmann[74] darauf hin, daß verschiedene Möglichkeiten denkbar sind, in denen die Anliegeranteile höher zu bewerten sein können und in vielen Städten die Anlieger auch tatsächlich (und zwar meist freiwillig) einen höheren Anteil übernommen haben. Nach den bisherigen Erfahrungen wird man deshalb mit dem OVG Münster[75] den Vomhundertsatz 50 allenfalls als einen Richtwert für die Begrenzung des Anliegeranteils ansehen können. Dem entsprechen im übrigen die in den Mustersatzungen sowohl des Bay. Staatsministeriums des Innern (40–50 %) als auch des Innenministers NRW (40–60 %) für Fußgängergeschäftsstraßen angegebenen Werte.

6. a) Für den Umfang des beitragsfähigen Aufwands ist es von Bedeutung, ob seiner Ermittlung die Fußgängergeschäftsstraße in ihrer gesamten tatsächlichen Breite oder nur in einer eingeschränkten Breite (anrechenbare Breite) zugrundegelegt werden kann. Die Mustersatzungen des Innenministers NRW und des Bay. Staatsministeriums des Innern sehen als anrechenbare Breiten in Kern-, Gewerbe- und Industriegebieten 9 bzw. 10 m und im übrigen 9 m vor. Hat eine Gemeinde diese oder vergleichbare Sätze in ihre Satzung übernommen, so ist sie insoweit gebunden, es sei denn, sie erläßt für den Einzelfall eine abweichende Änderungssatzung. Enthält eine Beitragssatzung keine solche Festlegung der anrechenbaren Breite, soll nach Auffassung des VG Gelsenkirchen[76] im Hinblick auf die eingeschränkte Erschließungsfunktion einer Fußgängergeschäftsstraße nicht von der gesamten Breite der ausgebauten Fläche ausgegangen werden, sondern nur von der Hälfte der Breite, die nach der Erschließungsbeitragssatzung in dem betreffenden Gebiet als zulässig festgesetzt worden ist. Zuzugeben ist dem VG Gelsenkirchen, daß die der Ermittlung des beitragsfähigen Aufwands zugrundezulegende und damit den Beitrag des Anliegers beeinflussende Breite nicht unbeschränkt nur von der mehr oder weniger zufällig vorhandenen Ausdehnung der Anlage (Straße oder Platz) abhängig sein kann. Nicht zugestimmt werden kann aber der Ansicht, die anrechenbare Breite müsse abhängig sein von der zulässigen Breite von Erschließungsanlagen in vergleichbaren Gebieten. Denn durch die Funktionsänderung – etwa infolge einer Teileinziehung – hat die Fußgängergeschäftsstraße über ihre noch bestehende Resterschließungsfunktion hinaus die Funktion eines Kom-

---

72 Vgl. zur Zulässigkeit von Einzelsatzungen OVG Lüneburg, Urt. v. 23.1.76 – VI A 75/75 – in: Die
    Gemeinde 1976, 261 und OVG Münster, Urt. v. 7.9.76 – II A 41/75.
73 Vgl. OVG Lüneburg, Beschl. v. 4.2.76 – VI OVG B 141/75 – a. a. O.
74 Vgl. Kortmann in KStZ 1976, S. 222 und in Kommunalwirtschaft 1975, 400.
75 Vgl. OVG Münster, Urt. v. 23.11.76 – II A 1766/74.
76 Vgl. VG Gelsenkirchen, Urt. v. 28.3.73 – 3 K 266/72 –, bestätigt durch Urt. v. 14.1.76 – 3 K
    250/74.

munikationsforums erhalten, die gerade ihre besondere Bedeutung sowohl für die Anlieger als auch für die Allgemeinheit ausmacht. Richtungsweisend für die anrechenbaren Breiten können daher nicht andere Erschließungsanlagen, sondern vornehmlich solche Gesichtspunkte sein, die sich an der jetzigen Funktion der Anlage orientieren. Mit Rücksicht auf den für eine moderne Ausgestaltung der Fußgängergeschäftsstraße („Straßenmöblierung"), für technische Hilfsdienste, Polizei und Feuerwehr sowie den ansteigenden Fußgängerverkehr notwendigen und von den Anliegern und der Allgemeinheit gewünschten Raum, wird regelmäßig eine größere Fläche als die halbe Breite von normalen Straßen in vergleichbaren Gebieten erforderlich und deshalb anrechenbar sein[77]. Welche Breite im Einzelfall notwendig und deshalb der Ermittlung des beitragsfähigen Aufwands zugrundezulegen ist, hängt – ähnlich wie die Bemessung des Gemeindeanteils im Verhältnis zum Anliegeranteil – von einer Reihe, sich im wesentlichen aus der örtlichen Umgebung ergebenden Faktoren ab. Es erscheint daher zweckmäßig, die Entscheidung über die anrechenbare Breite ebenso wie die über die Höhe des Gemeindeanteils in einer Einzelsatzung zu treffen[78].

b) Nach Ansicht des OVG Rheinland-Pfalz[79] ist der Aufwand für das Aufstellen von Sitzbänken, Blumenkübeln usw. nicht beitragsfähig, da solche Maßnahmen mit der Zuwegung zu den Grundstücken der Anlieger „ersichtlich in keinem Zusammenhang stehen, sondern allgemein der Verschönerung des Ortsbildes dienen". Bei dieser Argumentation wird offensichtlich übersehen, daß die Fußgängergeschäftsstraßen nicht nur eine Erschließungsfunktion haben und Ausbauarbeiten nicht nur der Verbesserung von Zuwegungsmöglichkeiten dienen sollen. Vielmehr ist dies nur ein Ziel solcher Baumaßnahmen. Das weitere und sowohl für die Anlieger als auch für die Allgemeinheit zumindest ebenso wichtige Ziel ist die Steigerung der Attraktivität dieses Bereiches. Alle Aufwendungen, die zur Erreichung dieses Zieles notwendig sind, sind daher grundsätzlich beitragsfähig[80]. Demgemäß wird man die angemessenen Aufwendungen, z. B. für das Aufstellen von Sitzbänken, Blumenkübeln, kleineren Brunnenanlagen, stilgerechten Laternen usw., d. h. alles, was zu der Grundausstattung einer modernen Fußgängergeschäftsstraße gehört, als beitragsfähig qualifizieren können. Da die für diese Aufwendungen erstellte Grundausstattung in gleicher Weise wie die Aufwendungen für die Straßenbauarbeiten selbst (z. B. Neuplattierung) sowohl im Interesse der Anlieger als auch der Allgemeinheit die Attraktivität und damit die Bedeutung der Fußgängergeschäftsstraße erhöhen, erscheint es gerechtfertigt, den Gemeindeanteil (und damit auch den Anliegeranteil) für beide Aufwendungsarten einheitlich festzusetzen[81]. Ob dies auch bezüglich solcher Aufwendungen gilt, die für eine über die Grundausstattung hinausgehende „Straßenmöblierung" gemacht werden (z. B. für Plasti-

---

77 Vgl. ebenso Wille, a. a. O., S. 25.
78 Vgl. im Ergebnis ebenso wohl OVG Münster, Urt. v. 7.12.76 – II A 1563/74.
79 Vgl. OVG Rh.-Pf., Beschl. v. 7.7.76 – 6 B 34/76 –, a. a. O.
80 Vgl. im Ergebnis ebenso OVG Lüneburg, Beschl. v. 4.2.76 – VI B 141/75 – a. a. O. und Thiem, a. a. O., § 8 Rdn. 91.
81 A. A. wohl OVG Lüneburg, Beschl. v. 4.2.76 – VI OVG B 141/75 – a. a. O.

ken, besonders teure schmiedeeiserne Leuchten usw.), ist jedoch – wenn man ihre Beitragsfähigkeit überhaupt annehmen wollte – sehr zweifelhaft[82].

Nicht beitragsfähig dürften „Aufwendungen" zur Unterhaltung der Grundausstattung – z. B. für Düngemittel usw. – sein. Nicht beitragsfähig ist ferner der Aufwand, der z. B. durch Einnahmen aus Vermietung usw. anderweitig gedeckt werden kann. Hier ist u. a. an Vitrinen, die reinen Ausstellungszwecken dienen, sowie an Werbe- und Verkaufsstände zu denken[83].

---

82 Vgl. dazu auch Thiem, a. a. O., § 8 Rdn. 91.
83 Vgl. ebenso Clasen, a. a. O., S. 9.

2. Einzelfragen im Zusammenhang mit der Bildung von Abrechnungseinheiten bei der Erhebung von Straßenbaubeiträgen nach § 8 KAG NW[*1]

Nachdem das Kommunalabgabengesetz für das Land Nordrhein-Westfalen (KAG NW) vom 21.10.1969 nunmehr über 3 ½ Jahre in Kraft ist und sowohl in Kommentaren[1] als auch in Fachzeitschriften[2] bereits zu mehr oder weniger allgemeinen Problemen des „neuen" Straßenbaubeitragsrechts Stellung genommen worden ist, sind inzwischen auch die ersten Gerichtsentscheidungen[3] zu § 8 KAG NW veröffentlicht worden. Schon die Vielzahl der bisher im Zusammenhang mit § 8 KAG NW sich ergebenden Fragen dürften die Annahme rechtfertigen, daß das Bestreben des Gesetzgebers, „die kommunalen Abgaben so einfach, aber auch so präzise wie möglich zu gestalten, damit die Verwaltungsgerichte möglichst wenig Gelegenheit bekommen, sich damit befassen zu müssen"[4], sich im Ergebnis kaum als von Erfolg gekrönt erweisen wird.

Im folgenden sollen nun einige in der Praxis häufig auftauchende Fragen im Zusammenhang mit der Bildung von Abrechnungseinheiten[5] bei der Erhebung von Beiträgen nach § 8 KAG NW behandelt werden[6].

[*1] Auszugsweiser, geringfügig veränderter Nachdruck aus KStZ 1973, 266.

1 Vgl. Dahmen-Küffmann, Bauernfeind-Zimmermann und Loening-Schmitz.

2 Vgl. u. a. Küffmann, Grundüberlegungen zur Abfassung einer Satzung für straßenbauliche Maßnahmen nach § 8 KAG NW, in KStZ 1970, 107; Laumen, Abfassung einer Satzung für straßenbauliche Maßnahmen nach § 8 KAG NW, in KStZ 1971, 101; Streit, Straßenbaukostenbeiträge nach den neuen Kommunalabgabengesetzen der Länder Hessen, Nordrhein-Westfalen und Schleswig-Holstein, in KStZ 1971, 1 ff.; Schmidt, Einzelfragen zum Recht der Straßenbeiträge auf Grund der neueren Kommunalabgabengesetze von Bundesländern, in KStZ 1972, 81 ff.; von Mutius, Sind Art und Maß der tatsächlichen Flächennutzung ein zulässiger Verteilungsmaßstab für Ausbaubeiträge nach § 8 KAG NW?, in KStZ 1972, 232 ff.; Thiem, Die neuen Kommunalabgabengesetze in den Bundesländern, in DVBl. 1972, 132 ff.

3 Vgl. Urteile des VG Arnsberg vom 24.5.1972 – 5 K 720/71 – in KStZ 1973, 162 und vom 29.9. 1972 – 5 K 1296/71 – in KStZ 1973, 161.

4 Vgl. Minister Weyer, Protokoll der 37. Sitzung des Landtages NW am 17.9.1968, 1418 (c), bei der Einbringung der Regierungsvorlage zum KAG NW.

5 Den Begriff „Abrechnungseinheit" kennt weder das BBauG noch das KAG NW. Im Erschließungsbeitragsrecht setzt die Zulässigkeit der Zusammenfassung mehrerer selbständiger beitragsfähiger Erschließungsstraßen zur gemeinsamen Aufwandsermittlung nach Maßgabe des § 130 Abs. 2 Satz 2 BBauG voraus, daß diese Erschließungsanlagen eine sog. Erschließungseinheit bilden. Daran angelehnt wird hier das, was eine gemeinsame Aufwandsermittlung nach Maßgabe des Straßenbaubeitragsrechts rechtfertigen kann, als Abrechnungseinheit bezeichnet.

6 Dabei soll die Frage, unter welchen tatsächlichen Voraussetzungen die Bildung von Abrechnungseinheiten zulässig ist, unberücksichtigt bleiben. Insoweit kann auf die Rechtsprechung zum Erschließungsbeitragsrecht (vgl. vor allem die letzten Entscheidungen des BVerwG vom 23.6.1972 – BVerwG IV C 16.72 – in KStZ 1973, 75 und vom 3.11.1972 – BVerwG IV C 37.71 – in Gemtg 1973, 77) und die Ausführungen von Thiem, Straßenkostenbeiträge bei fertiggestellten Straßen, 2. Auflage, S. 74 verwiesen werden.

1. Zunächst einmal gilt es zu prüfen, ob es überhaupt zulässig ist, für die Ermittlung des Aufwandes für Straßenverbesserungen usw. Abrechnungseinheiten zu bilden. Soweit ersichtlich, haben bisher nur Dahmen-Küffmann zu dieser Frage Stellung bezogen, und zwar sind sie der Ansicht, daß die Bildung von Abrechnungseinheiten nicht zulässig sei, weil „eine dem § 130 Abs. 2 Satz 2 BBauG entsprechende Regelung im KAG NW nicht getroffen"[7] worden sei.

Zwar trifft es zu, daß das KAG NW den Gemeinden im Gegensatz zum BBauG[*2] nicht ausdrücklich die Möglichkeit einräumt, zur Ermittlung des Aufwandes eine Mehrzahl von Anlagen zusammenzufassen. Doch ergibt sich daraus nicht eo ipso ein Verbot der Bildung von Abrechnungseinheiten. Denn auch nach dem preußischen Kommunalabgabengesetz vom 14.7.1893 (PrKAG) war ein solches Recht der Gemeinden nicht vorgesehen. Gleichwohl hielt man die Gemeinden unter Geltung des PrKAG für berechtigt, unter bestimmten tatsächlichen Voraussetzungen Abrechnungseinheiten zu bilden[8].

Durch das Inkrafttreten des KAG NW dürfte sich an dieser Rechtslage nichts geändert haben. Für diese Annahme sprechen zum einen die Materialien zum KAG NW oder richtiger: die Lücke in den Materialien zu dieser Frage. Aus den Materialien ergibt sich nämlich nicht, daß während des Gesetzgebungsverfahrens auch nur ein Wort über Abrechnungseinheiten verloren worden ist, so daß man wohl davon ausgehen kann, daß der Gesetzgeber die bestehende Praxis nicht verändern wollte. Zum anderen legt es die im Gesetzgebungsverfahren vielfach betonte enge Beziehung zwischen dem Erschließungsbeitragsrecht und dem Beitragsrecht des KAG NW nahe, die einschlägigen Vorschriften des BBauG sowie die dazu ergangene Rechtsprechung zur ergänzenden Auslegung des KAG NW heranzuziehen und die im BBauG enthaltenen Rechtsgedanken insoweit entsprechend anzuwenden, als dem nicht spezielle landesrechtliche Gesichtspunkte des Abgabenrechts entgegenstehen[9]. Sofern aber insbesondere die Voraussetzungen des § 2 Abs. 1 KAG NW gegeben sind, erscheint es unbedenklich, den Rechtsgedanken des § 130 Abs. 2 Satz 2 BBauG im Rahmen des § 8 KAG NW entsprechend anzuwenden.

Vor allem jedoch rechtfertigt die im Erschließungsbeitragsrecht und im Beitragsrecht nach § 8 KAG NW gleichgelagerte Interessenlage die entsprechende Anwendung des Rechtsgedankens aus § 130 Abs. 2 Satz 2 BBauG. Durch die Aufnahme dieser Vorschrift in das BBauG sollte erreicht werden, daß die durch mehrere Erschließungsanlagen gleich bevorteilten Beitragspflichtigen an den dadurch entstandenen Lasten auch entsprechend gleichmäßig beteiligt werden konnten. Es sollte verhindert werden, daß die Eigentümer an einer breiten und deshalb aufwendigeren Hauptzufahrtsstraße höhere Beiträge zahlen müssen als die in einer schmaleren und deshalb billigeren Seitenstraße[10]. Würde man aber die Zulässigkeit der Bildung von Abrechnungseinheiten im Rahmen des KAG NW ablehnen,

---

7   Vgl. Dahmen-Küffmann, a.a.O., S. 365.
*2 An die Stelle des Bundesbaugesetzes (BBauG) ist inzwischen das Baugesetzbuch getreten.
8   Vgl. Thiem, Straßenkostenbeiträge, S. 74.
9   Vgl. im Ergebnis ebenso Dahmen-Küffmann, a.a.O., S. 352; Streit, a.a.O., S. 3f.
10 Vgl. dazu im einzelnen Schmidt, Handbuch des Erschließungsrechts, 3. Auflage, S. 294f.

dann sähen sich im Gegensatz zum Erschließungsbeitragsrecht im Beitragsrecht des § 8 KAG NW Beitragspflichtige an einer Hauptstraße im Vergleich zu solchen an unmittelbar angrenzenden Nebenstraßen ungleich höheren, nicht zu rechtfertigenden Belastungen ausgesetzt[11]. Ein solches Ergebnis aber muß schon mit Rücksicht auf den Gesichtspunkt der Gerechtigkeit vermieden werden.

2. Ist somit davon auszugehen, daß auch nach Inkrafttreten des KAG NW die Gemeinden grundsätzlich berechtigt sind, Abrechnungseinheiten zu bilden, so ist weiter zu fragen, ob in solchen Abrechnungseinheiten nur ganze Straßenzüge oder auch Straßenabschnitte (Straßenteile) zusammengefaßt werden können.

Gemäß § 130 Abs. 2 Satz 2 BBauG soll eine Erschließungseinheit aus mehreren „Anlagen" bestehen. Während in der Rechtsprechung der Obergerichte – soweit ersichtlich – bisher nur das OVG Lüneburg12 die Einbeziehung von Straßenabschnitten in eine Erschließungseinheit ausdrücklich für zulässig erachtet und das BVerwG in seinem Urteil vom 5.9.1969[13] jedenfalls eine solche Zusammenfassung nicht beanstandet hat, wird in der Literatur[14] ganz einhellig die Ansicht vertreten, daß eine Erschließungseinheit auch Straßenabschnitte mitumfassen könne. Dieser Auffassung ist – sofern die tatsächlichen Voraussetzungen sowohl für eine Abschnittsbildung[15] als auch für die Zusammenfassung zu einer Erschließungseinheit vorliegen – zuzustimmen, da es insoweit keinen Unterschied macht, ob z. B. eine kurze Straße oder aber unter bestimmten Umständen ein Straßenabschnitt einbezogen wird.

Nachdem der Gesetzgeber des KAG NW in § 8 Abs. 5 ausdrücklich festgelegt hat, daß der Aufwand auch für Abschnitte einer Anlage ermittelt werden kann – sofern diese selbständig in Anspruch genommen werden können –, ist kein einleuchtender Grund erkennbar, im Beitragsrecht nach § 8 KAG NW anders zu verfahren als im Erschließungsbeitragsrecht.

3. Die im Erschließungsbeitragsrecht zwischen dem BVerwG und dem OVG Münster umstrittene Frage, ob der Ausspruch der Zusammenfassung mehrerer Anlagen zu einer Erschließungseinheit Ortsrechtscharakter haben muß[16], erscheint

---

11 Dabei bleibt indes unberücksichtigt, daß das im Erschließungsbeitragsrecht mit der gemeinsamen Aufwandsermittlung und Abrechnung verfolgte Ziel einer Beitragsnivellierung im Straßenbaubeitragsrecht weitgehend durch eine unterschiedliche Festsetzung des Gemeindeanteils für eine Hauptstraße (Hauptverkehrsstraße) und eine Nebenstraße (Anliegerstraße) erreicht wird.

12 Vgl. Urteil vom 23.2.1967 – I OVG A 187/64 – in KStZ 1967, 151.

13 Vgl. Urteil vom 5.9.1969 – BVerwG IV C 106.67 – in ZMR 1970, 92. Dagegen hat das OVG Münster in seinem Urteil vom 13.9.1972 – III A 919/71 – in KStZ 1973, 123 diese Frage ausdrücklich offengelassen.

14 Vgl. statt vieler Brügelmann-Förster, BBauG, Anm. III 3 a; Schrödter, BBauG, Anm. 2 c zu § 130, und Schmidt, a. a. O., S. 300.

15 Auf diese tatsächlichen Voraussetzungen soll hier nicht eingegangen werden. Insoweit sei auf die umfangreiche Rechtsprechung des BVerwG (z. B. Urteil vom 11.12.1970 – BVerwG IV C 24.69 – in DÖV 1971, 395 – GemTg. 1971, 186) verwiesen.

16 Vgl. zu den gegenteiligen Rechtsstandpunkten u. a. das Urteil des BVerwG vom 12.6.1970 – BVerwG IV C 5.68 – in ZMR 1970, 904 = GemTg. (Hess.) 1971, 15 = DVBl. 1970, 904 einerseits und das Urteil des OVG Münster vom 29.11.1967 – III A 45/65 – in ZMR 1968, 149 = DWW 1968, 255 andererseits.

nach dem KAG NW kaum problematisch. Denn die Argumentation des BVerwG, wonach das BBauG als Rechtsgrundlage für die Zusammenfassungsentscheidung kein Ortsrecht verlange und daher auch das Landesrecht insoweit nicht mehr – nämlich einen veröffentlichten Ratsbeschluß – fordern könne, nach Landesrecht vielmehr nur die Frage zu beantworten sei, welche Stelle der Gemeinde für diese Entscheidung zuständig sei, ist im Rahmen des KAG NW nicht verwendbar. Rechtsgrundlage für die Bildung von Abrechnungseinheiten bleibt auch bei Heranziehung des Rechtsgedankens des § 130 Abs. 2 Satz 2 BBauG zur ergänzenden Auslegung des § 8 KAG NW ausschließlich das KAG NW, so daß die Frage, ob der Ausspruch der Zusammenfassung in diesem Bereich Ortsrechtscharakter haben muß, allein nach Landesrecht zu beurteilen ist.

Gemäß § 2 Abs. 1 KAG NW aber dürfen Abgaben nur auf Grund einer Satzung erhoben werden. Der in dieser Vorschrift für Kommunalabgaben normierte Rechtsgedanke besagt, daß eine Abgabenschuld erst entstehen kann, wenn und sobald ein Tatbestand verwirklicht ist, an den ein (Orts-)Gesetz die Abgabe knüpft. Da die Gemeinden in aller Regel in ihren Satzungen nach § 8 KAG NW nicht die Möglichkeit einer Bildung von Abrechnungseinheiten erwähnt haben werden – sie ist im KAG NW ja nicht vorgesehen –, dürfte es sich von selbst verstehen, daß erst ein als Satzung veröffentlichter Zusammenfassungsbeschluß die Rechtsgrundlage für eine Heranziehung bilden kann, denn erst dadurch wird ein eigener Abgabentatbestand geschaffen.

Aber selbst wenn eine Gemeinde in ihrer Beitragssatzung die Verteilung des Aufwandes nicht nur für eine einzige Anlage, sondern für eine Abrechnungseinheit als eine zulässige Möglichkeit vorgesehen haben sollte, so wäre dennoch ein Zusammenfassungsbeschluß vom Rat der Gemeinde herbeizuführen und dieser als Satzung zu veröffentlichen. Denn selbst in diesem Falle würde an die Stelle des im Ortsrecht primär festgelegten Abgabentatbestandes der Erweiterung usw. z. B. einer einzelnen Straße, ein neuer Abgabentatbestand treten, nämlich der Tatbestand, daß nicht eine einzelne Anlage, sondern eine Mehrheit von Anlagen, die eine Abrechnungseinheit bilden, der Verteilung des Aufwandes zugrunde zu legen ist. Dieser neue Abgabentatbestand ist durch die nur generelle Erwähnung seiner Zulässigkeit in der Beitragssatzung nicht fest umschrieben, so daß es an einer Bestimmung dieses neuen Tatbestandes vor einer satzungsmäßigen Ergänzung des Ortsrechts durch einen – entsprechend dem Veröffentlichungsrecht der Gemeinde zu veröffentlichenden – Zusammenfassungsbeschluß überhaupt fehlt. Solange eine solche ortsrechtliche Ergänzung nicht vorliegt, darf die Gemeinde nur die Ermittlung und Verteilung des Aufwandes für eine einzelne Anlage vornehmen[17][18].

---

17 Vgl. für das Erschließungsbeitragsrecht OVG Münster, Urteil vom 29.11.1967 – III A 45/65 – in ZMR 1968, 149 = DWW 1968, 255.
18 Bei der hier vertretenen Auffassung erübrigt es sich, auf die bei Berücksichtigung der Rechtsprechung des BVerwG auftauchende Frage einzugehen, ob die Entscheidung über die Zusammenfassung als ein „einfaches Geschäft der laufenden Verwaltung" zu qualifizieren ist. Daher sei nur auf das Urteil des OVG Münster vom 13.9.1972 – III A 919/71 – in KStZ 1973, 123 hingewiesen, wonach die jeweilige Entscheidung über eine Anwendung der Kostenspaltung nach dem Kommunalrecht des Landes NW kein einfaches Geschäft der laufenden Verwaltung ist.

4. Des weiteren ist nunmehr zu untersuchen, wann für eine – durch satzungsmäßig veröffentlichten Zusammenfassungsbeschluß gebildete – Abrechnungseinheit die Beitragspflicht der anliegenden Grundstückseigentümer entsteht.

Für das insoweit wieder ergänzend heranzuziehende Erschließungsbeitragsrecht vertreten Brügelmann-Förster[19] und Meyer-Stich-Tittel[20] die Ansicht, die Beitragspflicht entstehe für jede einzelne Anlage getrennt mit ihrer Herstellung. Durch die Zusammenfassung zu einer Erschließungseinheit würden die einzelnen zusammengefaßten Anlagen nicht Teile einer neuen Gesamterschließungsanlage, denn nur die Ermittlung und Verteilung des beitragsfähigen Erschließungsaufwandes würden gemeinsam durchgeführt. Das Entstehen der Beitragspflicht bestimme sich somit weiterhin nach den auf die einzelne Anlage bezogenen Voraussetzungen des § 133 Abs. 2 BBauG.

„Wäre diese Meinung zutreffend" so hat das OVG Münster erst kürzlich in einem Urteil vom 29.3.1973[21] in Übereinstimmung mit der überwiegend im Schrifttum[22] vertretenden Auffassung und der bis dahin – soweit ersichtlich – einzigen bekanntgewordenen Gerichtsentscheidung[23] zu dieser Frage ausgeführt, „so müßten die Gemeinden, wenn sich die Herstellung der einzelnen Erschließungsanlagen längere Zeit hinziehen sollte, die einzelnen Straßen gesondert abrechnen und sie dann auf alle Beitragspflichtigen des Erschließungsgebietes jeweils umlegen, um so der drohenden Verjährung zu entgehen. Eine solche Art der Kostenermittlung und -verteilung würde aber dem Gesetz widersprechen; § 130 Abs. 2 Satz 2 BBauG will es der Gemeinde ja gerade ermöglichen, für mehrere Anlagen, die eine Erschließungseinheit bilden, den Erschließungsaufwand insgesamt zu ermitteln."

Das aber sei, so fährt das OVG Münster fort, erst dann möglich, wenn die letzte der einzelnen Anlagen innerhalb einer Erschließungseinheit hergestellt sei. Die Beitragspflicht im Sinne des § 133 Abs. 2 BBauG entstehe daher erst, wenn die Erschließungsanlagen der Erschließungseinheit in ihrer Gesamtheit – d. h. einschließlich der letzten Anlage – endgültig hergestellt seien.

Dieser Ansicht kann auch für Abrechnungseinheiten im Rahmen des § 8 KAG NW zugestimmt werden. Wenn eine Gemeinde eine Abrechnungseinheit gebildet hat,

---

19 Vgl. Brügelmann-Förster, BBauG, Anm. III 3 e zu § 130.
20 Vgl. Meyer-Stich-Tittel, in v. Brauchitsch, Verwaltungsgesetze des Bundes und der Länder, Bundesbaurecht 1966, Rdnr. 2 zu § 130.
21 Vgl. OVG Münster, Urteil vom 29.3.1973 – III A 91/71 –.
22 Vgl. u. a. Finkler, Das Erschließungsbeitragsrecht, 2. Auflage, § 130 Bem. 12; Callesen und Arndt, Verjährung von Erschließungsbeiträgen bei der Bildung von Abrechnungsgebieten (§ 130 Abs. 2 Satz 2 BBauG) in DVBl. 1967, 570 u. 572; Schmidt, Handbuch des Erschließungsrechts, 3. Auflage, S. 306; Streit, Erschließungsbeiträge nach dem BBauG und Beiträge nach § 9 des PrKAG, S. 72. Wenn z. B. Finkler, a. a. O., zur Begründung seiner Auffassung darauf hinweist, die Gemeinde könne nach Fertigstellung einer Straße innerhalb des Abrechnungsgebietes diese schon im Wege der Kostenspaltung abrechnen und den Aufwand auf sämtliche zum Abrechnungsgebiet Beitragspflichtige umlegen, so kann dem allerdings nicht zugestimmt werden. Vgl. dazu im einzelnen Brenner, in KStZ 1969, 212.
23 Vgl. Urteil des VG Schleswig vom 23.11.1965 – 4 A 129/65 – zitiert bei Fröhner, Die Rechtsprechung über Erschließungsbeiträge und Entwässerungs-(Kanal-)beiträge, Band 2, S. 114.

tritt diese Mehrheit von Straßen für ihre Abrechnung mit der Folge an die Stelle der jeweiligen Einzelanlagen, daß Gegenstand der Betrachtung namentlich für das Entstehen der sachlichen Beitragspflichten nur noch die Gesamtheit dieser Straßen ist, die die Abrechnungseinheit bilden und zur gemeinsamen Abrechnung zusammengefaßt worden sind[24].

5. Ferner ist noch die Frage zu behandeln, wann bzw. bis wann eine Gemeinde den für die Bildung von Abrechnungseinheiten notwendigen Zusammenfassungsbeschluß herbeiführen kann. Keinerlei Schwierigkeiten bereitet der Fall, in dem die Gemeinde bereits vor Beginn der Ausbauarbeiten z. B. an mehreren Straßen den entsprechenden Beschluß faßt und als Satzung veröffentlicht, d. h. wenn ein sog. vorheriger Zusammenfassungsbeschluß ergeht. Fraglich aber ist, ob die Gemeinde noch mehrere Straßen zu einer Abrechnungseinheit zusammenfassen kann, wenn die Ausbauarbeiten an einer oder mehreren von ihnen bereits abgeschlossen sind, d. h. ob es zulässig ist, einen sog. nachträglichen Beschluß zu fassen.

Im Erschließungsbeitragsrecht hat insbesondere Schmidt[25] auf die Bedenken hingewiesen, die gegen einen nachträglichen Zusammenfassungsbeschluß bestehen. Da der Lauf der Verjährungsfrist bei einer Erschließungseinheit erst dann beginne, wenn die Erschließungsanlagen in diesem Gebiet in ihrer Gesamtheit hergestellt seien[26], könne beispielsweise eine Gemeinde durch einen solchen nachträglichen Beschluß eine schon verjährte Beitragsforderung an einer einzelnen Straße mit der Begründung wieder aufleben lassen, jene Straße sei zwar schon vor 6 Jahren endgültig fertiggestellt worden, man habe sich aber die ganze Zeit über die Einbeziehung dieser Straße in die Erschließungseinheit vorbehalten und führe diesen Plan durch den jetzigen Zusammenfassungsbeschluß durch. Nach Fertigstellung nunmehr auch der letzten Erschließungsanlage in diesem Gebiet sei eine Beitragspflicht für alle Anlagen erst jetzt entstanden.

Um derartige Konsequenzen zu verhindern, könne ein nachträglicher Zusammenfassungsbeschluß nur dann ausnahmsweise als zulässig anerkannt werden, wenn alle betroffenen Straßen im gleichen Jahr hergestellt worden seien oder wenn der Beschluß noch in dem Jahr ergehe, in dem die erste Straße fertiggestellt worden sei.

Während das OVG Lüneburg in seinem Urteil vom 10.8.1967[27] ohne Begründung einen Zusammenfassungsbeschluß auch nach Abschluß der Bauarbeiten zuließ, hat es in einer späteren Entscheidung[28] die Zulässigkeit der nachträglichen Zusammenfassung insoweit eingeschränkt, als dadurch „keine Manipulierung der Frist des § 87 PrKAG bewirkt" werden dürfe.

Das OVG Münster dagegen hat es in zwei Urteilen[29] ausdrücklich offengelassen, ob in eine Erschließungseinheit Straßen einbezogen werden können, die schon

---

24 Vgl. ebenso zum Erschließungsbeitragsrecht Schmidt, a. a. O., S. 499.
25 Vgl. Schmidt, a. a. O., S. 303/305.
26 Vgl. dazu im einzelnen oben unter 4.).
27 Urteil vom 10.8.1967 – I OVG A 143/66 – in OVGE 23/485 (486).
28 Urteil vom 9.9.1969 – I OVG A 34/68 – in Die Gemeinde (Schl.-H) 1970, 23.
29 Urteile vom 30.9.1971 – III A 1205/69 – in GemTg. Hess. 1972, 102 und vom 26.7.1972 – III A 220/70 – in KStZ 1973, 59.

endgültig hergestellt sind. Jedenfalls aber könne durch eine Zusammenfassungsentscheidung weder eine fertiggestellte Straße in den Zustand der Unfertigkeit zurückversetzt werden noch die bereits nach § 133 Abs. 2 BBauG entstandene Erschließungsbeitragspflicht für eine endgültig hergestellte Straße zum Erlöschen gebracht werden.

Untersucht man diese drei angegebenen Stellungnahmen zu nachträglichen Zusammenfassungsbeschlüssen näher, so läßt sich leicht erkennen, daß sie – auf einen gemeinsamen Nenner gebracht – die Veränderung einer nach Bundesrecht entstandenen Rechtslage durch einen nachträglichen Zusammenfassungsbeschluß als unzulässig ansehen. Zur Begründung dieser m. E. richtigen Auffassung weist das OVG Münster zutreffend auf das BBauG selbst hin und deutet an, daß eine solche rückwirkende[30] Veränderung durch den Ortsgesetzgeber – abgesehen von den sonstigen formellen[31] und materiellen[32] Schranken einer Rückwirkung – allenfalls dann zulässig sein könnte, wenn der Bundesgesetzgeber ihm im § 130 Abs. 2 Satz 2 BBauG dazu eine Ermächtigung erteilt hätte. Da dies nicht der Fall ist, geht es nicht an, daß der Ortsgesetzgeber rückwirkend eine nach Bundesrecht einmal gemäß § 133 Abs. 2 BBauG entstandene Forderung beseitigt und durch eine andere ersetzt (für die dann die Verjährungsfrist neu zu laufen begänne)[33] oder eine nach Bundesrecht einmal fertiggestellte Straße rückwirkend zu einer unfertigen macht.

Entscheidendes Kriterium für die Beurteilung der Zulässigkeit eines nachträglichen Zusammenfassungsbeschlusses ist also, ob er rückwirkend eine Veränderung der im Zeitpunkt seines Wirksamwerdens bestehenden Rechtslage bewirkt. Bewirkt er eine solche Veränderung nicht, d. h., sind für keine der betreffenden Einzelanlagen schon sachliche Beitragspflichten entstanden, ist er zulässig. Im anderen Fall ist er unzulässig, weil seine Rechtsgrundlage – nämlich das BBauG bzw. § 130 Abs. 2 Satz 2 BBauG – einen derartigen Eingriff in eine bestehende Rechtslage nicht vorsieht.

Da § 8 KAG NW in Verbindung mit dem Rechtsgedanken des § 130 Abs. 2 Satz 2 BBauG als Rechtsgrundlage für einen Zusammenfassungsbeschluß in diesem Bereich ebenfalls keinen rückwirkenden Eingriff in die nach Landesrecht entstandene Rechtslage durch den Ortsgesetzgeber deckt, ist auch hier ein nachträglicher Zusammenfassungsbeschluß als unzulässig anzusehen, wenn er die Veränderung einer bestehenden Rechtslage bewirken würde, weil schon zuvor für (ggfs. nur) eine Anlage sachliche Beitragspflichten entstanden waren.

---

30 Dabei handelt es sich um einen Fall der sog. echten Rückwirkung (vgl. dazu Dahmen-Küffmann, a. a. O., S. 125), weil der nachträgliche Zusammenfassungsbeschluß hier in Tatbestände eingreift, die in der Vergangenheit liegen und abgeschlossen sind.

31 Vgl. dazu § 4 Abs. 1 Satz 2 Gemeindeordnung NW.

32 Vgl. dazu im einzelnen die Rechtsprechung des Bundesverfassungsgerichts, u. a. in BVerfGE 8, 274 (304/305); 13, 261 (271/272); 19, 187 (195) und 22, 330 (347).

33 Zutreffend hat dazu der Hessische Verwaltungsgerichtshof (vgl. Hess. VGH in VRspr. 20, 701) ausgeführt, der Rückwirkungszeitraum einer Satzung dürfe nicht über den Verjährungszeitraum hinausgehen; ebenso BVerwG, Urteil vom 26.6.1970 – IV C 134.68 – in DVBl. 1970, 835.

3. Der Grundstücksbegriff und die Beitragsfähigkeit der Grunderwerbskosten bei der Heranziehung zu Straßenbaubeiträgen nach den Kommunalabgabengesetzen der Länder*[1]

I.

1. Ebenso wie im Erschließungsbeitragsrecht nach dem Bundesbaugesetz (BBauG)[1] kommen auch im Straßenbaubeitragsrecht nach den Kommunalabgabengesetzen der Länder als Anknüpfungsobjekte für die Verteilung des umlagefähigen Aufwandes nur Grundstücke in Betracht. Während allerdings im Erschließungsbeitragsrecht der Grundstücksbegriff durch die Rechtsprechung des Bundesverwaltungsgerichts[2] inzwischen eine Klärung dahingehend erfahren hat, daß grundsätzlich nicht vom Grundstücksbegriff der wirtschaftlichen Einheit, sondern vom bürgerlich-rechtlichen Grundstücksbegriff auszugehen ist, ist eine entsprechende Klärung des Grundstücksbegriffs im Straßenbaubeitragsrecht nach den Kommunalabgabengesetzen der Länder bisher nicht erfolgt. Vielmehr wird in Rechtsprechung und Literatur für das Straßenbaubeitragsrecht nach den Kommunalabgabengesetzen sowohl der bürgerlich-rechtliche Grundstücksbegriff[3] als auch der Grundstücksbegriff der wirtschaftlichen Einheit[4] vertreten.

2. Anders als das Preußische Oberverwaltungsgericht für das Anliegerbeitragsrecht nach § 15 des Preußischen Fluchtliniengesetzes vom 2.7.1875 (GS S. 561) hat das Bundesverwaltungsgericht[5] in den letzten Jahren mehrfach eindeutig entschieden, daß im BBauG und damit auch im Erschließungsbeitragsrecht „grundsätzlich der bürgerlich-rechtliche Grundstücksbegriff maßgebend"[6] ist. Zur Begründung dieser Rechtsauffassung beruft sich das Bundesverwaltungsgericht darauf, daß aus Gründen der Rechtsklarheit und Rechtssicherheit grundsätzlich an einheitlichen Begriffen des Gesamtrechtssystems festzuhalten ist. Ausnahmen in

---

*[1] Geringfügig veränderter Nachdruck aus KStZ 1976, 141.

1 An die Stelle der Bestimmungen des BBauG sind mit Wirkung vom 1.7.1987 die – weitestgehend – wortgleichen Vorschriften des BauGB getreten. Im Übrigen orientiert sich die Untersuchung zwar an der Vorschrift des § 8 KAG NW, betrifft aber Fragen, die sich in gleicher Weise bei den entsprechenden Vorschriften der Kommunalabgabengesetze der anderen Länder ergeben.

2 Vgl. u. a. BVerwG, Urteil vom 16.4.1971 – IV C 82.69 – in: BVerwGE 38, 35 ff. mit weiteren Nachweisen; ferner BVerwG, Urteil vom 20.6.1973 – IV C 62.71 – in: KStZ 1974, 11 ff. = BVerwGE 42, 269 ff.

3 Vgl. u. a. VG Düsseldorf, Urteil vom 14.10.1974 – 12 K 2239/73 –, Hölzer/Neitz, KAG Nds., Einführung, Anm. 4 unter Hinweis auf Ermel, Gesetz über kommunale Abgaben, § 11 RdNr. 23.

4 Vgl. u. a. VG Düsseldorf, Urteil vom 12.12.1975 – 5 K 1255/74 –, Dahmen/Küffmann, KAG NW, § 8 Anm. 8 mit weiteren Literaturhinweisen; Bauernfeind/Zimmermann, KAG NW, § 8 RdNr. 52; Schieder/Angerer/Moezer, Bay. KAG, Erl. Art. 5, Ziffer 2.5.

5 Vgl. auch BVerwG, Beschluß vom 6.11.1968 – IV B 47.68 – in: DVBl. 1969, 276 und zuletzt BVerwG, Urteil vom 22.8.1975 – IV C 11.73 –.

6 Vgl. BVerwG, Urteil vom 16.4.1971, a. a. O.

speziellen Rechtsgebieten wie z. B. im Erschließungsbeitragsrecht können danach nur dann zugelassen werden, wenn es aus spezifisch erschließungsbeitragsrechtlichen Gründen „gröblich unangemessen wäre, den bürgerlich-rechtlichen Grundstücksbegriff zugrunde zu legen"[7], wenn also mit Rücksicht auf den das Erschließungsbeitragsrecht beherrschenden Grundsatz des gerechten Vorteilsausgleiches eine Korrektur durch ein Abweichen vom bürgerlich-rechtlichen Grundstücksbegriff unbedingt notwendig ist. Eine solche Ausnahme hat das Bundesverwaltungsgericht bisher vor allem anerkannt, wenn das an die Erschließungsanlage angrenzende Grundstück nicht allein, sondern nur zusammen mit anderen, ihm angrenzenden Grundstücken des gleichen Eigentümers bebaut werden kann. Weitere Ausnahmen für Fälle von wirtschaftlich einheitlich genutzten Buchgrundstücken des gleichen Eigentümers zuzulassen, erscheint kaum notwendig. Denn – und das wird häufig zuwenig berücksichtigt[8] – für solche weiteren bebaubaren oder gewerblich nutzbaren Grundstücke entsteht regelmäßig eine Beitragspflicht schon deshalb, weil sie „erschlossen"[9] i. S. der §§ 131 Abs. 1, 133 Abs. 1 BBauG sind.

Handelt es sich nämlich um nebeneinanderliegende, jeweils an die die Beitragspflicht auslösende Erschließungsanlage angrenzende, einheitlich genutzte Grundstücke, so ist dies völlig unproblematisch. Handelt es sich aber um hintereinanderliegende, einheitlich genutzte Grundstücke des gleichen Eigentümers, so sind diese sog. Hinterliegergrundstücke regelmäßig auch von der vornliegenden, die Beitragspflicht auslösenden Erschließungsanlage erschlossen[*2].

3. Die vorstehenden, vom Grundsatz der Rechtseinheit ausgehenden und an der Rechtsklarheit und Rechtssicherheit orientierten Gedankengänge sind auf das Straßenbaubeitragsrecht nach den Kommunalabgabengesetzen übertragbar. Jedenfalls sind keine Gesichtspunkte dafür erkennbar, daß diesem Rechtsgebiet immanente Gründe der grundsätzlichen Anwendung des bürgerlich-rechtlichen Grundstücksbegriffs entgegenstehen[10].

Ebenso wie im Erschließungsbeitragsrecht können auch im Straßenbaubeitragsrecht nach den Kommunalabgabengesetzen die Regelfälle, die von den Befürwortern des Grundstücksbegriffs der wirtschaftlichen Einheit zur Begründung ihrer Auffassung angeführt werden – nämlich die Fälle der einheitlich genutzten Hinterliegergrundstücke bei Eigentümeridentität –, ohne Schwierigkeiten mit der Anwendung des bürgerlich-rechtlichen Grundstücksbegriffs sachgerecht gelöst werden.

---

7 Vgl. BVerwG, Urteil vom 20.6.1973, a. a. O.

8 Auch in den beiden letzten wichtigen Entscheidungen des BVerwG (vgl. Urteile vom 20.6.1973 – IV C 62.71 – a. a. O., und vom 22.8.1975 – IV C 11.73 –) wird zwar in überzeugender Weise die Frage des Grundstücksbegriffs, nicht aber die Frage, ob auch die Hinterliegergrundstücke erschlossen sind, behandelt.

9 Vgl. zum normativen Gehalt des Begriffs „erschließen" von Müller, Zur Entstehung der Erschließungsbeitragspflicht, in: Grundfragen des Erschließungsbeitragsrechts in der kommunalen Praxis, Schriften zum deutschen Kommunalrecht, Bd. 6, S. 1 ff.

*2 Vgl. zum Erschlossensein von Hinterliegergrundstücken im Einzelnen den unter B. III. 2. (S. 116 ff.) abgedruckten Aufsatz.

10 Vgl. sowohl auch Bay. VGH, Urteil vom 18.12.1975 – Nr. 370 VI 71 – zu § 9 Gemeindeabgabengesetz (GAG).

Abgesehen davon, daß diese Hinterliegergrundstücke – wie dargelegt – von der die Beitragspflicht auslösenden Anlage regelmäßig erschlossen werden, wird ihnen auf Grund der über die katastermäßig festgelegten Grenzen hinausgehenden Verbindungen (Zufahrten, Zugänge) ebenso wie den vorderen Grundstücken die Möglichkeit der Inanspruchnahme der die Beitragspflicht auslösenden Anlage und der damit verbundenen verbesserten Grundstücksnutzung geboten. In dieser über die Grenzen der Grundstücke im bürgerlich-rechtlichen Sinne hinausgehenden Möglichkeit der verbesserten Gesamtflächennutzung ist der wirtschaftliche Vorteil i. S. des § 8 KAG NW zu erblicken, der es rechtfertigt, den Eigentümer auch für sein einheitlich genutztes Hinterliegergrundstück zu Straßenbaubeiträgen nach dem Kommunalabgabengesetz heranzuziehen.

Aber auch rein praktische Gründe sprechen dafür, am bürgerlich-rechtlichen Grundstücksbegriff festzuhalten.

Zum einen hat er „eine größere Bestandskraft als die Art und Weise der Bewirtschaftung eines Grundstücks"[11] und zum anderen kann „die Grundbucheintragung schneller festgestellt werden"[11]. Gerade der letztere Gesichtspunkt erscheint nicht unbedeutend, weil es durchaus Schwierigkeiten macht, den Begriff der „wirtschaftlichen Einheit" eindeutig zu definieren. So stellt z. B. das Oberverwaltungsgericht Münster[12] für das Beitragsrecht in Nordrhein-Westfalen nicht auf den die tatsächliche Nutzung eines Grundstücks berücksichtigenden Begriff der wirtschaftlichen Einheit i. S. des Bewertungsgesetzes[13] ab, sondern vertritt die Auffassung, in einem Plangebiet sei (wirtschaftliches) Grundstück die (demselben Eigentümer gehörende) „Einheit, die der Bebauungsplan selbst vorsieht, und in nicht beplanten Gebieten jede Einheit, die unter Berücksichtigung des in dem Bereich schon vorhandenen Baubestandes sich bei Aufstellung eines Bebauungsplans als sinnvoll und rechtlich mögliche Grundstücksnutzung darstellt".[14]

Das grundsätzliche Festhalten am bürgerlich-rechtlichen Grundstücksbegriff schließt nicht aus, daß Fälle denkbar sind, in denen es vor allem mit Rücksicht auf das in § 8 Abs. 2 Satz 2 und Abs. 6 Satz 1 KAG NW normierte Gebot der Berücksichtigung der wirtschaftlichen Vorteile notwendig sein könnte, vom bürgerlich-rechtlichen Grundstücksbegriff abzuweichen und dabei unter Inkaufnahme der damit verbundenen Schwierigkeiten Gesichtspunkte der wirtschaftlichen Einheit zur Korrektur heranzuziehen.

II.

1. Im Gegensatz zum BBauG (vgl. § 128 BBauG) regelt das KAG NW[15] nicht ausdrücklich, welcher Aufwand im einzelnen zum beitragsfähigen Aufwand gehört. In

---

11 Vgl. Hölzer/Neitz, a. a. O., Einführung, Ziffer 4 e.
12 Vgl. OVG Münster, Urteil vom 24.11.1975 – II A 77/74 –.
13 Vgl. § 2 Abs. 1 Satz 3 des Bewertungsgesetzes in der Fassung vom 26.9.1974, BGBl. I 2369.
14 OVG Münster, Urteil vom 22.4.1985 – 2 A 2655/82 –.
15 Vgl. dazu aber z. B. § 6 Abs. 2 KAG Nds., in dem der Grunderwerb als Teileinrichtung genannt ist, für die eine Kostenspaltung durchgeführt werden kann.

bezug auf den Grunderwerb sagt § 8 Abs. 4 Satz 1 KAG NW lediglich, daß der beitragsfähige Aufwand auch den Wert umfaßt, „den die von der Gemeinde oder dem Gemeindeverband[16] für die Einrichtung oder Anlage bereitgestellten eigenen Grundstücke bei Beginn der Maßnahme haben".

a) Da jede von der Gemeinde aus welchem Rechtsgrund auch immer (Kauf, Tausch, Enteignung usw.) erworbene Grundfläche in deren Vermögen übergeht und letzten Endes regelmäßig jede Straßenlandfläche aus dem Vermögen der Gemeinde bereitgestellt wird[17], kann diese gesetzliche Formulierung nur dahingehend verstanden werden, daß nach dem Willen des Gesetzgebers einzig die Werte von solchen Grundstücken in den beitragsfähigen Aufwand einbezogen werden sollen, die unmittelbar zur Durchführung der beitragsfähigen Veranstaltung[18] i. S. des § 8 Abs. 2 KAG NW aus dem allgemeinen Grundvermögen der Gemeinde – auch allgemeines Liegenschaftsvermögen genannt – zur Verfügung gestellt werden[19]. Das aber bedeutet, daß in den beitragsfähigen Aufwand nicht aufgenommen werden können die Werte solcher Grundstücke, die schon **vor Beginn** der Veranstaltung zwar im Eigentum der Gemeinde standen, nicht aber zum allgemeinen Grundvermögen gehörten, sondern bereits vor diesem Zeitpunkt demselben Zweck dienten, dem die beitragsfähige Anlage dient, also Straßenlandflächen waren[20]. Daraus folgt, daß die Gemeinden Kosten für den Erwerb von Straßenland jedenfalls dann nicht in den beitragsfähigen Aufwand einbeziehen können, wenn der Erwerb bereits vor Beginn der beitragsfähigen Veranstaltung durchgeführt wurde und die erworbenen Grundflächen schon damals als Straßenland dienten.

b) Mit dieser Feststellung ist noch keine Aussage darüber gemacht, ob die Gemeinden alle die Grunderwerbskosten in den beitragsfähigen Aufwand einbeziehen können, die ihnen **nach Beginn** der beitragspflichtigen Veranstaltung entstanden sind.

aa) Soweit es sich um Kosten für den Erwerb von Grundflächen handelt, die bis zum Beginn der Veranstaltung im Eigentum von Privaten standen und anderen als Straßenlandzwecken dienten (z. B. im Falle einer beitragsfähigen Erweiterung einer Erschließungsanlage), dürfte davon auszugehen sein, daß diese Kosten in den beitragsfähigen Aufwand aufgenommen werden können. Zwar gehören sol-

---

16 Im folgenden wird aus Gründen der Vereinfachung in diesem Zusammenhang lediglich von den Gemeinden gesprochen.

17 Straßenlandflächen, die im Eigentum von Privaten verbleiben, können hier außer Betracht bleiben, weil insoweit ohnehin keine Grunderwerbskosten entstehen, die dem beitragsfähigen Aufwand zugerechnet werden könnten.

18 Das KAG NW benutzt in § 8 zwar den Begriff „Maßnahme" anstelle des in § 9 Preuß. KAG verwandten Begriffs „Veranstaltung". Dem Sinne nach ist aber das gleiche gemeint und aus Gründen der terminologischen Klarheit wird im folgenden der Ausdruck „Veranstaltung" benutzt. Vgl. zu diesem Begriff u. a. Surén, Gemeindeabgabenrecht, 1950, Erl. 8 a zu § 9 Preuß. KAG.

19 Vgl. dazu VG Hannover, Urteil vom 11.11.1975 – III A 153/74 –, in: KStZ 1976, 34 ff.; ferner Bauernfeind/Zimmermann, a. a. O., § 8 Anm. 33; Dahmen/Küffmann, a. a. O., § 8 Anm. 4.3; Hölzer/Neitz, a. a. O., Einführung Ziffer 4 d. Für die vergleichbare Regelung des § 128 Abs. 1 BBauG vgl. u. a. Schmidt, a. a. O., S. 186 ff.

20 Vgl. ebenso Bauernfeind/Zimmermann, a. a. O., § 8 Anm. 33; Schieder/Angerer/Moezer, a. a. O., Erl. Art. 5, Ziffer 2.3.3; Hölzer/Neitz, a. a. O., Einführung Ziffer 4 d.

che Grundstücke nicht zu den von der Gemeinde aus ihrem Kämmereivermögen zur Verfügung gestellten Flächen, so daß es insoweit an einer gesetzlichen Regelung fehlt. Gleichwohl aber wird man nicht zuletzt mit Rücksicht auf den Sinn der Kommunalabgabengesetze als in bezug auf Straßenbaubeiträge die Regelungen des Erschließungsbeitragsrechts ergänzende Vorschriften annehmen können, daß solche für die Durchführung der Veranstaltung notwendigen Grunderwerbskosten in den beitragsfähigen Aufwand einzubeziehen sind. Diese Rechtsauffassung wird – soweit ersichtlich – auch ausnahmslos und ohne nähere Begründung vertreten[21]. Allerdings sind nur die Kosten für den Erwerb solcher Flächen beitragsfähig, die unmittelbar für die Straßenbauveranstaltung benötigt werden. Werden nur Teile von Grundstücken direkt benötigt, die aus Zweckmäßigkeits- oder sonstigen Gründen insgesamt erworben wurden, gehören die Kosten für die nicht benötigten Teile nicht zum beitragsfähigen Aufwand[22].

bb) Fraglich ist aber, ob die Gemeinden auch die Kosten für den Erwerb solcher Grundflächen in den beitragsfähigen Aufwand aufnehmen können, die bis zum Beginn der beitragsfähigen Veranstaltung im Eigentum von Privaten standen, jedoch schon vorher als Straßenland dienten. Zu denken wäre dabei z. B. an den Erwerb von Straßenland anläßlich einer nachhaltigen Verbesserung der Ausstattung einer Straße hinsichtlich der Art ihrer Befestigung[23], und zwar bei einer sog. „vorhandenen" Straße[24]. Zwar heißt es in § 2 Abs. 1 Ziffer 1 der vom Innenminister des Landes Nordrhein-Westfalen herausgegebenen Mustersatzung, daß beitragsfähig insbesondere der Aufwand für den „Erwerb der für die ... Verbesserung der Erschließungsanlage benötigten Grundflächen" sei. Daraus aber wird man schwerlich den Schluß ziehen können, ein im Rahmen einer Veranstaltung zur Verbesserung einer „vorhandenen" Straße durchgeführter Grunderwerb sei grundsätzlich beitragsfähig. Denn in aller Regel werden für derartige Verbesserungsveranstaltungen keine zusätzlichen Grundflächen benötigt, da ja die Straßenfluchtlinien und somit die für die Straße benötigten Straßenflächen unverändert bleiben; verändert (verbessert) wird lediglich der technische Ausbauzustand der Straße. Werden aber für eine Veranstaltung i. S. des § 8 KAG NW keine zusätzlichen Grundflächen benötigt, so dürften Erwerbskosten, die nur anläßlich einer solchen Veranstaltung entstehen, ohne mit ihr selbst in einem untrennbar notwendigen Zusammenhang zu stehen, grundsätzlich nicht beitragsfähig sein. Etwas anderes könnte allenfalls dann gelten, wenn eine Gemeinde in ihrer Beitragssatzung ein den Herstellungsmerkmalen i. S. des Erschließungsbeitragsrechts entsprechendes Bauprogramm

---

21 Vgl. u. a. OVG Münster, Urteil vom 21.4.1975 – II A 769/72 –, in: KStZ 1975, 217; ferner Bauernfeind/Zimmermann, a. a. O., § 8 Anm. 32; Dahmen/Küffmann, a. a. O., § 8 Anm. 4.3; Schieder/Angerer/Moezer, a. a. O., Erl. Art. 5 Ziffer 2.3.3; Hölzer/Neitz, a. a. O., Einführung Ziffer 4 d und § 2 der Mustersatzung des Innenministers des Landes NW, abgedruckt im Ministerialblatt NW 1971, 1179 f.

22 Vgl. Dahmen/Küffmann, a. a. O., § 8 Anm. 4.3.

23 Vgl. zum Begriff der Verbesserung u. a. OVG Münster, Urteil vom 21.4.1975 – II A 769/72 –, in: KStZ 1975, 217.

24 Vgl. hierzu Driehaus, Die Beitragserhebung nach § 8 KAG für Ausbaumaßnahmen an „vorhandenen" Straßen, in: Städtetag 1974, 547 ff.; ferner OVG Münster, Beschluß vom 23.1.1975 – II B 389/74 –.

aufgestellt hat, aus dem sich ergibt, daß eine Veranstaltung zur Verbesserung einer Straße erst dann abgeschlossen ist, wenn deren Grundflächen im Eigentum der Gemeinde stehen[25].

c) Für die Unterscheidung zwischen beitragsfähigen und nichtbeitragsfähigen Grunderwerbskosten kommt es mithin in erster Linie darauf an, was unter einer Veranstaltung i. S. des § 8 Abs. 2 KAG NW zu verstehen ist und wann sie beginnt.

aa) Nach der Rechtsprechung des Oberverwaltungsgerichts Münster[26] „muß anhand der gesamten Umstände des Ausbaus, u. a. der örtlichen Gegebenheiten, des Ausbauprogramms der Gemeinde, des zeitlichen Zusammenhangs der Ausbauarbeiten und der Eigenart der geschaffenen Einrichtungen ermittelt werden, ob eine einheitliche oder mehrere Veranstaltungen vorliegen". Demnach können auch, so fährt das Oberverwaltungsgericht Münster fort, „an mehreren Straßen durchgeführte Ausbaumaßnahmen dann als einheitliche Veranstaltung anzusehen sein, wenn die durchgeführten Arbeiten und die Straßen in einem so engen, erkennbaren Zusammenhang zueinander stehen, wie er z. B. bei einer Erschließungseinheit nach § 130 Abs. 2 Satz 2 BBauG vorliegt".

Unausgesprochen geht das Oberverwaltungsgericht Münster bei dieser Begriffsbestimmung davon aus, daß eine „Veranstaltung" in diesem Sinne einen ganz bestimmten „Veranstalter" voraussetzt, d. h. einen Träger, der die Veranstaltung in eigener Zuständigkeit und Verantwortung durchführt. Dieses Merkmal ist bedeutsam in den Fällen, in denen z. B. der Landschaftsverband kraft eigener Zuständigkeit Ortsdurchfahrten von Landstraßen und die Gemeinde Nebenanlagen z. B. Radwege ausbaut. Selbst wenn sich die Gemeinde auf Grund der bestehenden gesetzlichen Vorschriften anteilsmäßig z. B. an den Kosten für einen für die Fahrbahn notwendigen Straßenlanderwerb beteiligt, so bleibt gleichwohl der Ausbau der Ortsdurchfahrt in erster Linie eine Veranstaltung des Landschaftsverbandes. Zwar schließt dies nicht grundsätzlich aus, daß die Gemeinde die ihr entstandenen Grunderwerbskosten ihrerseits auf die betroffenen Anlieger abwälzt[27], weil sie insoweit als Mitveranstalter und die Kosten als Aufwand einer von ihr mitdurchgeführten Veranstaltung anzusehen sind. Jedoch handelt es sich bei einer solchen Veranstaltung um eine von der Veranstaltung betreffend Ausbau der Nebenanlagen verschiedene, so daß die sich aus den verschiedenen Veranstaltungen ergebenden Beitragsforderungen auch unterschiedlichen Kriterien hinsichtlich z. B. Entstehung, Verjährung usw. unterliegen.

Kurzgefaßt liegt demnach eine Veranstaltung i. S. des § 8 KAG NW dann vor, wenn eine Gemeinde als Allein- oder Mitveranstalter anhand eines bestimmten Planungskonzeptes Ausbauarbeiten durchführt, die auf Grund der Gesamtumstände des Einzelfalles – wie örtliche Gegebenheiten, Ausbauprogramm, zeitlicher Zusammen-

---

25 Vgl. dazu Bay. VGH, Urteil vom 19.6.1975 – Nr. 371 VI 71 – zu Art. 9 Gemeindeabgabengesetz (GAG).
26 Vgl. u. a. OVG Münster, Urteil vom 25.8.1975 – II A 48/75 –.
27 Vgl. dazu Surén, a. a. O., § 9 Erl. 8 b mit weiteren Nachweisen.

hang und Eigenart der betreffenden Anlage – in einem engen, erkennbaren Zusammenhang stehen.

bb) Wie bei allen bedeutsameren Bauvorhaben steht am Anfang einer solchen Veranstaltung eine zielgerichtete, technische und finanzielle Planung. Dieses Planungsstadium jedoch wird man schwerlich als „Beginn" i. S. des in diesem Zusammenhang bedeutsamen Zeitpunktes ansehen können. Ebenso wie bei der Auslegung des Begriffes „Beginn" in § 8 Abs. 4 Satz 1 KAG NW dürfte es vielmehr richtiger sein, darunter den Zeitpunkt zu verstehen, in dem das nach der Gemeindeordnung und der jeweiligen Hauptsatzung zuständige Gemeindeorgan die abschließende Entscheidung über die Durchführung der geplanten Veranstaltung getroffen hat[28]. Grunderwerbskosten, die vor dieser Entscheidung entstanden sind, sind daher nach den oben dargelegten Überlegungen nicht beitragsfähig. Sind dagegen Grunderwerbskosten nach dieser Entscheidung und zur Durchführung der entsprechenden Planung entstanden, so können sie grundsätzlich in den beitragsfähigen Aufwand einbezogen werden[29].

2. Der Grunderwerb hat in aller Regel keinen Einfluß darauf, wann eine Veranstaltung i. S. des § 8 Abs. 2 KAG NW **beendet** ist und die Beitragspflicht entsteht[30]. Dies richtet sich vielmehr – abgesehen von der Feststellbarkeit des entstandenen Aufwandes – nach dem für diese Veranstaltung aufgestellten Bauprogramm der Gemeinde. Zwar ist eine ortsrechtliche Regelung der Merkmale der Beendigung der Veranstaltung bzw. der endgültigen Herstellung der Anlage anders als im Erschließungsbeitragsrecht nicht erforderlich, weil das KAG NW keine dem § 132 Nr. 4 BBauG entsprechende Bestimmung enthält[31]. Jedoch müßte sich – wenn die Beendigung der Veranstaltung vom Abschluß des etwa notwendigen Grunderwerbs abhängig sein sollte – dies eindeutig aus dem Bauprogramm ergeben. Ein derartiger Hinweis ist unentbehrlich, weil der Grunderwerb nicht kraft Gesetzes Voraussetzung für die endgültige Herstellung i. S. des § 8 Abs. 7 Satz 1 KAG NW ist.

„Aus der Tatsache, daß Beiträge nach § 8 KAG für den beitragsfähigen Aufwand erhoben werden sollen", so formuliert das Oberverwaltungsgericht Münster[32], „kann nicht gefolgert werden, daß bei Maßnahmen, die mit einem Grunderwerb verbunden sind, der Abschluß des Grunderwerbs auch Voraussetzung für die Beendigung und Herstellung der Maßnahme sein solle. Die Rechtslage ist insoweit nicht anders als im Erschließungsbeitragsrecht: Hat die Gemeinde den Grunderwerb nicht zum Fertigstellungsmerkmal erklärt, so gehören nur die bis zur Beendigung der Ausbauarbeiten entstandenen Grunderwerbskosten zum beitragsfähigen Aufwand".

---

28 Vgl. ebenso Dahmen/Küffmann, a. a. O., § 8 Anm. 4.3.

29 Vgl. hierzu aber die Einschränkungen, die sich aus den Ausführungen oben unter Ziffer II. 1.
    b) bb) ergeben.

30 Vgl. hierzu Driehaus, Maßgeblicher Zeitpunkt für das Entstehen der Straßenkostenbeitragspflicht gemäß § 8 Abs. 7 KAG NW, in: KStZ 1975, 22 ff.

31 Vgl. u. a. OVG Münster, Beschluß vom 23.1.1975 – II B 389/74 –.

32 Vgl. OVG Münster, Urteil vom 21.4.1975 – II A 769/72 –, in: KStZ 1975, 217.

3. Gemäß § 8 Abs. 4 Satz 1 KAG NW kann die Gemeinde in den beitragsfähigen Aufwand für die aus ihrem Kämmereivermögen zur Verfügung gestellten Grundflächen den Wert einsetzen, den diese bei Beginn[33] der Veranstaltung haben. Zwar bestimmt das Gesetz diesen Wert nicht näher, doch dürfte hierunter der sog. Verkehrswert zu verstehen sein[34].

Im übrigen sind für den nach Beginn der Veranstaltung durchgeführten Grunderwerb die Kosten (einschließlich Nebenkosten) in den beitragsfähigen Aufwand einzubeziehen, die der Gemeinde tatsächlich entstanden sind, sofern nicht die Gemeinde von der ihr in § 8 Abs. 4 Satz 2 KAG NW eingeräumten Möglichkeit Gebrauch macht, auch für diese Kosten Einheitssätze zu ermitteln. Allerdings müßten in einem solchen Fall die Einheitssätze bereits im Zeitpunkt der Beendigung der Veranstaltung satzungsmäßig festgelegt sein, denn nach der Rechtsprechung des Oberverwaltungsgerichts Münster[35] müssen „sämtliche Entscheidungen der Gemeinde, von denen die Höhe der Beiträge abhängt, bereits im Zeitpunkt der endgültigen Herstellung getroffen sein, damit eine Beitragspflicht entstehen kann".

4. Eine ganz andere Frage ist, wie in bezug auf die Grunderwerbskosten der Gemeindeanteil, d. h. der die wirtschaftlichen Vorteile der Allgemeinheit und der Gemeinde an einer Veranstaltung i. S. des § 8 Abs. 2 KAG NW berücksichtigende Satz, festzulegen ist.

Abweichend von der Mustersatzung des Innenministers des Landes Nordrhein-Westfalen[36] haben einige Gemeinden in ihren Satzungen den Anteilssatz für die Grunderwerbskosten losgelöst von den Teileinrichtungen, für deren Ausbau der Grunderwerb erforderlich war, festgesetzt. Das dürfte allenfalls dann unbedenklich sein, wenn dieser Anteilssatz in keinem Fall den höchsten gemeindlichen Anteilssatz an einer grundflächenbezogenen Teileinrichtung einer bestimmten Anlage unterschreitet. Legt z. B. eine Gemeinde ihren Anteilssatz für die Teileinrichtung Fahrbahn auf 30 %, Gehwege auf 55 %, Radwege auf 40 %, Parkstreifen auf 45 % und Grünstreifen auf 50 % für einen ganz bestimmten Anlagetyp (z. B. Hauptschließungsanlagen) fest, so dürfte ein generell für den Grunderwerb festgesetzter gemeindlicher Anteilssatz 55 % nicht unterschreiten. Denn würde er dies tun, z. B. wäre er auf 40 % festgesetzt, so ergäbe sich die Merkwürdigkeit, daß die Gemeinde ihrer und der Allgemeinheit wirtschaftliche Vorteile etwa bei der Herstellung von Gehwegen bezüglich der Befestigung, Plattierung usw. mit 55 %, bezüglich des Grunderwerbs aber nur mit 40 % bewertet. Es dürfte jedoch als unsachgemäß anzusehen sein, einen Gehweg in dieser Form zu zerlegen und die Vorteile hinsichtlich seiner Einzelteile unterschiedlich festzulegen. Eine einleuchtende Begründung dafür dürfte schwerlich zu finden sein, denn die wirtschaftlichen Vorteile bietet die verbesserte Nutzungsmöglichkeit der Teileinrichtung Gehwege als solche, nicht aber ihrer Einzelteile.

---

33 Vgl. zum Begriff „Beginn" die unter Ziffer II 1 c bb gemachten Ausführungen.
34 Vgl. ebenso Dahmen/Küffmann, a. a. O., § 8 Anm. 4.3.
35 Vgl. u. a. OVG Münster, Urteil vom 25.8.1975 – II A 48/74 –.
36 Vgl. § 3 Abs. 3 der Mustersatzung, a. a. O.

Aus diesem Grunde erscheint es sachgerecht, die Kosten für einen notwendigen Grunderwerb jeweils im gleichen Verhältnis auf die Beitragspflichtigen umzulegen wie die sonstigen Kosten der betreffenden Teileinrichtung. Angesichts dessen ist es nicht notwendig, für den Grunderwerb allgemein einen eigenen Anteilssatz satzungsmäßig festzulegen. Vielmehr ist grundsätzlich der Verteilung von Grunderwerbskosten der Anteilssatz zugrunde zu legen, der auch im übrigen für die entsprechende Teileinrichtung anzuwenden ist.

4. Das Entstehen der Straßenbaubeitragspflicht gemäß § 8 Abs. 7 Satz 1 KAG NW*[1]

Gemäß § 8 Abs. 7 Satz 1 des Kommunalabgabengesetzes für das Land Nordrhein-Westfalen (KAG NW) vom 21.10.1969 entsteht die Straßenbaubeitragspflicht mit der „endgültigen Herstellung" der Einrichtung oder Anlage[1]. Diesem gesetzlichen Begriff der „endgültigen Herstellung" kommt wie im Erschließungsbeitragsrecht eine besondere Bedeutung zu, denn von ihm hängt nicht nur das Entstehen der Beitragspflicht – und damit das Entstehen des Beitragsanspruches der Gemeinde –, sondern auch das weitere Schicksal der Beitragspflicht – wie z. B. die Verjährung – maßgeblich ab. Es soll daher im folgenden zunächst untersucht werden, wann eine Einrichtung oder Anlage als „endgültig hergestellt" i. S. des § 8 Abs. 7 Satz 1 KAG NW anzusehen ist und sodann die Frage behandelt werden, ob der Abschluß eines (eventuell erforderlichen) Grunderwerbs ungeschriebene Voraussetzung für das Entstehen einer sachlichen Beitragspflicht ist.

I.

Während in § 132 Nr. 4 des Bundesbaugesetzes (BBauG) vom 23.6.1960*[2] der Gesetzgeber für das Erschließungsbeitragsrecht von den Gemeinden verlangt, daß sie die Merkmale der endgültigen Herstellung einer Erschließungsanlage in einer Satzung festlegen, ist ein solches Erfordernis für das Straßenbaubeitragsrecht in § 8 KAG NW nicht enthalten. Es ist daher zunächst zu klären, ob die „endgültige Herstellung" i. S. des § 8 Abs. 7 Satz 1 KAG NW wie im Erschließungsbeitragsrecht als eine Herstellung im Rechtssinne, d. h. eine Herstellung, die nach rechtssatzmäßig festgelegten Merkmalen zu beurteilen ist, oder als eine Herstellung im tatsächlichen Sinne, d. h. eine Herstellung, die sich an dem (nicht rechtssatzmäßig festgelegten) Bauprogramm der Gemeinde orientiert und lediglich den Zeitpunkt des Abschlusses der technischen Ausbauarbeiten markiert, zu verstehen ist[2]. Mit anderen Worten: Es ist zu prüfen, ob die Gemeinden über den Wort-

---

*[1] Auszugsweiser, geringfügig veränderter Nachdruck aus KStZ 1974, 81.

[1] Die folgende Untersuchung hat nur die im Zusammenhang mit § 8 Abs. 7 Satz 1 KAG NW stehenden Fragen zum Gegenstand. Die übrigen Voraussetzungen für das Entstehen der Straßenbaubeitragspflichten wie z. B. eine rechtswirksame Beitragssatzung, die Berechenbarkeit des Aufwands usw. sollen daher außer Betracht bleiben.

*[2] An die Stelle der Bestimmungen des BBauG sind mit Wirkung vom 1.7.1987 die – weitestgehend – wortgleichen Vorschriften des BauGB getreten.

[2] Zur Klarstellung sei darauf hingewiesen, daß der Begriff der Herstellung i. S. des § 8 Abs. 7 Satz 1 KAG NW nicht identisch ist mit dem Begriff der Herstellung i. S. des § 8 Abs. 2 KAG NW. Der letztere Begriff umschreibt ausschließlich den Abgabetatbestand der Schaffung einer neuen Anlage. Dieser Begriff spielt im Straßenbaubeitragsrecht des KAG NW eine eher untergeordnete Rolle, weil die erstmalige Schaffung einer Erschließungsanlage eine Beitragspflicht nur nach dem BBauG, nicht aber nach dem KAG NW auslöst. Auch der in § 8 Abs. 2 KAG NW genannte Tatbestand der Anschaffung i. S. des Erwerbs einer bestehenden Anlage hat für das Straßenbaubeitragsrecht des KAG NW kaum praktische Bedeutung, so daß für die folgenden Überlegungen die Tatbestände der Verbesserung und Erweiterung einer bestehenden Anlage zugrunde gelegt werden.

laut des § 8 KAG NW hinaus verpflichtet sind, die Merkmale der endgültigen Herstellung wie im Erschließungsbeitragsrecht in einer Satzung zu fixieren.

1. Für eine derartige Verpflichtung haben sich bisher eindeutig lediglich Dahmen/Küffmann[3] in ihrem Kommentar zum KAG NW ausgesprochen. Zur Begründung ihrer Auffassung führen sie aus, eine solche Verpflichtung ergebe sich aus § 2 Abs. 1 KAG NW, dem dieser Bestimmung zugrundeliegenden Rechtsgedanken und einer Analogie zu § 132 Nr. 4 BBauG. Eine abweichende Meinung habe, so meinen Dahmen/Küffmann[4] „zur Folge, daß die Gemeinden entgegen § 2 Abs. 1 ohne Satzung über die Voraussetzungen der endgültigen Herstellung und damit, da sich an diese zwangsläufig nach Abs. 7 Satz 1 kraft Gesetzes die Rechtsfolge der Entstehung der Beitragspflicht anknüpft, über den die Abgabe begründenden Tatbestand befinden könnten."

2. Diese Rechtsansicht von Dahmen/Küffmann findet weder in den Materialien zum KAG NW eine Stütze noch ist sie in sich überzeugend.

a) Unter Geltung des Preußischen Kommunalabgabengesetzes vom 14.6.1893 (PrKAG) entstand die Beitragspflicht, sobald die Straßenbaumaßnahme, zu deren Finanzierung sie erhoben wurde, durchgeführt war, frühestens jedoch mit der Schlußbekanntmachung gemäß § 9 Abs. 6 PrKAG[5]. Dabei ist das Oberverwaltungsgericht Münster[6] stets davon ausgegangen, daß die Veranstaltung mit der Beendigung der technischen Ausbauarbeiten als abgeschlossen anzusehen ist, d. h. daß auf die tatsächliche Herstellung abzustellen ist. Nach Auffassung des Oberverwaltungsgerichts Münster[7] „verbindet offensichtlich auch der Landesgesetzgeber in § 26 Abs. 4 Satz 3 KAG NW mit dem Begriff der beendeten Veranstaltung den tatsächlichen Vorgang der endgültigen Herstellung".

Wenn der Gesetzgeber im Rahmen des § 8 Abs. 7 Satz 1 KAG NW von diesem herkömmlichen Begriff der tatsächlichen Herstellung i. S. des Abschlusses der technischen Ausbauarbeiten hätte abweichen und ihm die Bedeutung einer Herstellung im Rechtssinne hätte verleihen wollen, so hätte es nahegelegen, dies deutlich zum Ausdruck zu bringen. Zumindest aber hätte man für einen solchen Fall erwarten können, daß sich aus den Materialien irgendein Hinweis auf die geplante Änderung ergibt. Ein solcher Hinweis jedoch findet sich in den Materialien zum KAG NW nicht. Vielmehr ist in der Begründung des Regierungsentwurfes[8] – wie Loening/Schmitz[9] zu Recht ausführen – lediglich die Bemerkung enthalten, das Entstehen der Beitragspflicht sei in Anlehnung an § 133 Abs. 2 BBauG gere-

---

3 Vgl. Dahmen/Küffmann, Kommunalabgabengesetz für das Land Nordrhein-Westfalen, Kommentar, 1970, S. 376.

4 Vgl. Dahmen/Küffmann, a. a. O., S. 376.

5 Vgl. Thiem, Straßenkostenbeiträge, 2. Auflage 1967, S. 199.

6 Vgl. z. B. OVG Münster, Urteile vom 10.8.1966 – III A 1004/65 – in Gemht 1967, 21 und vom 20.9.1971 – II A 13/69 –.

7 Vgl. OVG Münster, Urteil vom 23.12.1971 – XIII A 212/69 –.

8 Vgl. Landtag Nordrhein-Westfalen, 6. Wahlperiode, Bd. 5, Drucksache Nr. 810, S. 44.

9 Vgl. Loening/Schmitz, Kommunalabgabengesetz für das Land Nordrhein-Westfalen, Kommentar, 1970, S. 101.

gelt. Der § 132 Nr. 4 BBauG und damit die Verpflichtung einer satzungsmäßigen Festlegung der Fertigstellungsmerkmale ist dagegen nicht angeführt worden.

b) Auch aus § 2 Abs. 1 KAG NW läßt sich eine Verpflichtung der Gemeinde zur satzungsmäßigen Festlegung der Fertigstellungsmerkmale nicht unmittelbar herleiten, denn diese Vorschrift sagt ausdrücklich über ein solches Erfordernis nichts aus.

c) Allenfalls der dieser Vorschrift zugrunde liegende Rechtsgedanke der Bestimmtheit eines Abgabentatbestandes könnte daher – wie Dahmen/Küffmann[10] meinen – eine dem Erschließungsbeitragsrecht vergleichbare Regelung erforderlich machen. Einer solchen Argumentation aber ist zum einen entgegenzuhalten, daß der im § 2 Abs. 1 KAG NW normierte Rechtsgedanke nicht nur bereits das PrKAG beherrschte, sondern darüber hinaus für das gesamte Abgabenrecht galt und gilt. Dies hat das Oberverwaltungsgericht Münster in seinem Urteil vom 29.11.1967[11] unter Hinweis auf § 3 Abs. 1 des Steueranpassungsgesetzes vom 16.10.1934 (RGBl. I 925) mit Recht betont. Gleichwohl ging man unter Geltung des PrKAG nicht soweit, eine rechtssatzmäßige Festlegung der einzelnen Herstellungsmerkmale zu fordern. Es ist daher wenig überzeugend, aus dem seit jeher geltenden Rechtsgedanken der Bestimmtheit des Abgabentatbestandes für das KAG NW eine neue Regelung ableiten zu wollen.

Zum anderen wurde bereits unter Geltung des PrKAG ebenso wie jetzt nach Inkrafttreten des KAG NW der Abgabentatbestand bei der Verbesserung und Erweiterung von Anlagen i. S. des KAG im Gegensatz zum Abgabentatbestand der erstmaligen Herstellung einer Erschließungsanlage auch ohne eine satzungsmäßige Festlegung von Herstellungsmerkmalen hinreichend bestimmt. „Während für die Beitragspflicht erstmals hergestellter Erschließungsanlagen eine solche Festlegung deshalb begründet ist", so führt das Verwaltungsgericht Gelsenkirchen in seinem rechtskräftigen Urteil vom 28.3.1973[12] zutreffend aus, „weil ein bestimmter Ausbauzustand als erstmalige Herstellung nur an Hand von satzungsmäßig oder in ähnlicher Weise vorgegebenen Merkmalen erkennbar wird, kann die Frage, ob eine Erweiterung oder Verbesserung einer Erschließungsanlage und damit ein Beitragstatbestand nach § 8 KAG vorliegt, jeweils vom bisher gegebenen Zustand der Anlage hinreichend bestimmt werden. Der Abgabentatbestand erhält seine Bestimmtheit insofern aus einem Vergleich mit dem bisherigen und dem später hergestellten Zustand".

Im übrigen wäre eine allgemeine satzungsmäßige Festlegung von Herstellungsmerkmalen zur Bestimmung des Abgabentatbestandes auch wenig geeignet, weil sich eine Verbesserung oder Erweiterung einer ganz bestimmten Anlage ausschließlich durch einen Vergleich des Zustandes dieser Anlage vor einem Ausbau mit demjenigen hinterher, nicht aber an Hand von allgemeinen, satzungsmäßig festgelegten Herstellungsmerkmalen feststellen läßt. Dies gilt selbst dann, wenn

---

10 Vgl. Dahmen/Küffmann, a. a. O., S. 376.
11 Vgl. OVG Münster, Urteil vom 29.11.1967 – III A 45/65 – in ZMR 1968, 149 = DWW 1968, 255.
12 Vgl. VG Gelsenkirchen, Urteil vom 28.3.1973 – 3 K 266/72 –.

man unter Verbesserungen i. S. des § 8 Abs. 2 KAG NW vor allem Erneuerungsmaßnahmen versteht und dabei nicht unbedingt eine qualitative Verbesserung
gegenüber dem ursprünglichen Ausbauzustand einer Anlage verlangt[13].

d) Soweit sich Dahmen/Küffmann[14] zur Begründung ihrer Auffassung auf eine Analogie zu § 132 Nr. 4 BBauG berufen, ist zunächst darauf hinzuweisen, daß eine
solche Analogie schon aus methodischen Gründen abzulehnen ist. Denn auch
wenn § 8 KAG NW in bezug auf die Frage der satzungsmäßigen Festlegung der
Merkmale der endgültigen Herstellung lückenhaft wäre, dürfte diese Lücke wegen
der unterschiedlichen Verteilung der Gesetzgebungskompetenz in Art. 70 ff. des
Grundgesetzes nicht durch Rückgriff auf bundesrechtliche Regelungen ausgefüllt
werden[15].

Darüber hinaus aber ist es auch nicht zwingend erforderlich, daß der durch die
Schaffung des § 132 Nr. 4 BBauG zum Ausdruck gebrachte Wille des Gesetzgebers, im Erschließungsbeitragsrecht durch die Forderung einer satzungsmäßigen
Festlegung der Merkmale der erstmaligen Herstellung zu größerer Rechtssicherheit zu kommen[16], auf das Beitragsrecht des § 8 KAG NW übertragen wird. Denn
die Sachlage, die dem Willen des Bundesgesetzgebers im Erschließungsbeitragsrecht zugrunde liegt, ist derjenigen im Beitragsrecht des § 8 KAG NW nicht vergleichbar. Abgesehen davon, daß auch die in § 132 Nr. 4 BBauG formulierte
Forderung nach Rechtssicherheit durch den Gesichtspunkt der Praktikabilität eingeschränkt ist[17], soll durch diese bundesgesetzliche Regelung für den Bürger erkennbar gemacht werden, wann eine Straßenbaumaßnahme zu einer erstmaligen
endgültigen Fertigstellung einer Erschließungsanlage führt und damit eine Beitragspflicht auslöst und wann eine Baumaßnahme keine erneute Erschließungsbeitragspflicht begründet. Dieses Ziel wäre ohne satzungsmäßige Festlegung der
Fertigstellungsmerkmale nicht oder jedenfalls kaum erreichbar, weil sich die Herstellung neuer Erschließungsanlagen mit Arbeiten an verschiedenen Teileinrichtungen oft über sehr lange Zeiträume erstreckt und daher für den Bürger in aller
Regel nicht überschaubar ist.

Dagegen fällt es einem Bürger kaum schwer, sich einen Überblick über eine Straßenbaumaßnahme nach § 8 KAG NW zu verschaffen. Er kann sich nämlich ohne
besondere Schwierigkeiten ein Bild sowohl über den Abschluß der Bauarbeiten
als auch darüber machen, ob die Maßnahme eine – möglicherweise wiederholte
– Beitragspflicht auslöst, weil sie zu einer Verbesserung bzw. Erweiterung ge-

---

13 Vgl. so VG Arnsberg, Urteil vom 24.5.1973 – 5 K 720/71 – in KStZ 1973, 162, und Bauernfeind/
    Zimmermann, Kommunalabgabengesetz für das Land Nordrhein-Westfalen, Kommentar, 1969,
    RdNr. 16 zu § 8, S. 173.
14 Vgl. Dahmen/Küffmann, a. a. O., S. 376.
15 Vgl. von Mutius, Sind Art und Maß der tatsächlichen Flächennutzung ein zulässiger Verteilungs-
    maßstab für Ausbaubeiträge nach § 8 KAG NW? in KStZ 1972, 232 ff. (234) mit weiteren Nach-
    weisen.
16 Vgl. Regierungsentwurf eines Bundesbaugesetzes, Deutscher Bundestag, 3. Wahlperiode,
    Drucksache Nr. 336, S. 104.
17 Vgl. z. B. Sellner, Die „endgültige Herstellung" im Erschließungsbeitragsrecht, in Baurecht 1970,
    S. 129 ff. (130).

genüber dem früheren Zustand geführt hat. Gerade diese entscheidende Frage aber läßt sich – wie bereits oben dargelegt – nicht an Hand von satzungsmäßig vorgegebenen Merkmalen der endgültigen Herstellung beantworten.

3. Es läßt sich somit festhalten, daß es für eine Beitragserhebung nach § 8 KAG NW entgegen der von Dahmen/Küffmann vertretenen Ansicht nicht erforderlich ist, die Merkmale der endgültigen Herstellung durch eine Satzung festzulegen[18].

Demnach ist eine Einrichtung oder Anlage dann „endgültig hergestellt" i. S. des § 8 Abs. 7 KAG NW, wenn die Ausbauarbeiten technisch tatsächlich abgeschlossen sind, d. h. es ist in § 8 Abs. 7 Satz 1 KAG NW auf eine Herstellung im tatsächlichen Sinne abzustellen. Gleichwohl kann eine Gemeinde über den Wortlaut des § 8 KAG NW hinaus die Merkmale der endgültigen Herstellung in ihre Beitragssatzung aufnehmen, wenn dies auch wenig sinnvoll erscheint. In einem solchen Fall allerdings richtet sich die „endgültige Herstellung" nach den satzungsmäßigen Fertigstellungsmerkmalen, d. h. es handelt sich um eine Herstellung im Rechtssinne.

II.

1. Versteht man entsprechend der hier vertretenen Auffassung die „endgültige Herstellung" i. S. des § 8 Abs. 7 Satz 1 KAG NW als einen tatsächlichen Abschluß der durchgeführten Bauarbeiten, so ist damit die Antwort auf die Frage, ob ein z. B. für die Erweiterung einer Straße erforderlicher Grunderwerb als Entstehungsvoraussetzung für die Beitragspflicht zu qualifizieren ist, fast vorweggenommen. Denn da ein Eigentumserwerb nicht zu den tatsächlichen Ausbauarbeiten zu zählen ist, entsteht die Beitragspflicht gemäß § 8 Abs. 7 Satz 1 KAG NW unabhängig von einem eventuell notwendig werdenden Eigentumserwerb.

Dem steht nicht entgegen, daß der beitragsfähige Aufwand nach § 8 Abs. 4 KAG NW auch die Kosten für den Erwerb der für die Einrichtung oder Anlage benötigten Grundflächen mitumfassen kann. Ebenso wie schon im preußischen Anliegerrecht[19] und im Erschließungsbeitragsrecht[20] ist nämlich auch im Beitragsrecht nach § 8 KAG NW zu unterscheiden zwischen Bestimmungen über den Umfang der zu erstattenden Straßenbaukosten und einem (möglicherweise sogar satzungsmäßig festgelegten) Programm, das die technische Fertigstellung einer Straße regelt. Die Zugehörigkeit der Grunderwerbskosten zum beitragsfähigen Aufwand in § 8 Abs. 4 KAG NW gibt der Gemeinde lediglich das Recht, auch diese Kosten über die Beiträge auf die jeweiligen Anlieger umzulegen, macht aber keinerlei Aussage darüber, ob der Eigentumserwerb eine Entstehungsvoraussetzung der Beitragspflicht darstellt[*4].

---

18 Vgl. im Ergebnis wie hier VG Gelsenkirchen, Urteil vom 28.3.1973 – 3 K 266/72 –; VG Düsseldorf, Urteil vom 20.8.1973 – 12 K 267/72 –, sowie Bauernfeind/Zimmermann, a. a. O., S. 195/196.

19 Vgl. z. B. OVG Münster, Urteil vom 28.11.1962 – III A 106/59 –, in DStZ (B) 1964, 15.

20 Vgl. z. B. OVG Münster, Urteil vom 24.3.1971 – III A 987/69 –.

*4 Vgl. dazu auch Ziffer II. 2. (S. 273 f.) des vorstehend abgedruckten Aufsatzes.

Eine andere Auffassung läßt sich auch nicht mit der Überlegung begründen, daß die hier in Betracht kommenden Ausbauarbeiten an öffentlichen Straßen durchgeführt werden und z. B. bei einer Erweiterung das zusätzlich in Anspruch genommene Grundstück im Eigentum der Gemeinde stehen müßte. Denn die Frage, ob eine Straße nur dann eine öffentliche sein kann, wenn das gesamte Straßenland im Eigentum der Gemeinde steht, beantwortet sich nach § 6 Abs. 2 des Straßengesetzes des Landes Nordrhein-Westfalen vom 28.11.1961[21]. Danach ist die Widmung einer Straße für den öffentlichen Verkehr unter bestimmten Voraussetzungen auch dann zulässig, wenn der Träger der Straßenbaulast nicht Eigentümer der Straße ist. Bei dieser Rechtslage entsteht die Beitragspflicht gemäß § 8 Abs. 7 Satz 1 KAG NW unabhängig davon, ob die in Anspruch genommene Grundfläche im Eigentum der Gemeinde steht oder nicht. Daraus folgt, daß der Eigentumserwerb nur dann als Entstehungsvoraussetzung für eine Beitragspflicht nach § 8 Abs. 7 Satz 1 KAG NW qualifiziert werden kann, wenn er in einer Satzung als Merkmal der Herstellung oder einem gemeindlichen Bauprogramm als „Fertigstellungsmerkmal" ausdrücklich erwähnt ist.

---

21 Vgl. dazu BVerwG, Urteil vom 14.6.1968 – IV C 65.66 – in DVBl. 1968, 808 = KStZ 1968, 78 = ZMR 1969, 22; OVG Münster, Urteil vom 17.3.1971 – III A 1301/69 –.

5. Abrechnung von in satzungsloser Zeit durchgeführten beitragsfähigen Maßnahmen*

Das Oberverwaltungsgericht Mecklenburg-Vorpommern (OVG MV) hat seinem Beschluss vom 29. Juli 1997 (6 M 93/97 – DVBl. 1998, 56 = NordÖR 1998, 267) **drei** Leitsätze vorangestellt:

Straßenbaubeiträge dürfen nur erhoben werden, wenn der Zeitpunkt des Entstehens der sachlichen Beitragspflicht im zeitlichen Geltungsbereich einer – ggf. rückwirkenden – Beitragssatzung liegt.

Das Vorliegen einer Satzung ist – anders als im Erschließungsbeitragsrecht – selbst kein Tatbestandsmerkmal, sondern Voraussetzung für das Entstehen einer einen Straßenbaubeitrag betreffenden Beitragsforderung.

Die Regelungen des § 8 Abs. 7 Sätze 2 und 3 KAG MV betreffen nur die Anschlußbeiträge.

Dieser Beschluss gibt Anlass zu folgender **Anmerkung**:

1. Straßenbaubeiträge können – ebenso wie sonstige öffentliche Abgaben – erst erhoben werden, wenn zuvor eine gültige Satzung als Eingriffsermächtigung erlassen worden ist[1]. Davon zu unterscheiden ist die Frage, ob nach Erlaß einer (wirksamen) Straßenbaubeitragssatzung Beiträge auch verlangt werden können für beitragsfähige Maßnahmen, die v o r dem Inkrafttreten dieser Satzung endgültig (programmgemäß) abgeschlossen worden sind. Diese Frage ist für das bayer. und das thür. Landesrecht aufgrund der ausdrücklichen Regelungen des Art. 5 Abs. 8 BayKAG[2] und des § 7 Abs. 8 TKAG[3] ohne weiteres zu bejahen. Sie ist überdies für das (eine Straßenbaubeitragserhebung allerdings nicht zulassende) bad.-württ. Landesrecht[4] und gemäß § 30 Abs. 1 SächsKAG für das sächs. Landesrecht zu bejahen. Nach letzterer Bestimmung entstehen nämlich die (sachlichen) Beitragspflichten „mit der Fertigstellung der Verkehrsanlage, frühestens jedoch mit Inkrafttreten der Satzung", so daß es für das Entstehen der Beitragspflichten gleichgültig ist, ob die Fertigstellung der Verkehrsanlage dem Inkrafttreten der Satzung vorangeht oder ihr nachfolgt. Mit seinem Beschluss hat sich das OVG MV als erstes Obergericht der neuen Bundesländer auf die Seite der – von ihm in seinem Beschluss genannten – Obergerichte in den alten Bundesländern gestellt, nach deren Ansicht beitragsfähige Straßenbaumaßnahmen nur dann eine Beitragspflicht auslösen, wenn der Zeitpunkt ihres dem Ausbauprogramm entsprechenden Abschlusses, d. h. der Zeitpunkt der endgültigen Herstellung (§ 8 Abs. 9 Abs. 7

---

* Nachdruck aus DVBl. 1998, 58.

1 Vgl. dazu im einzelnen u. a. Bauernfeind, in: Driehaus, Kommunalabgabenrecht, § 2 Rdnrn. 4. ff.

2 Siehe VGH München, u. a. Urteile vom 9.1.1989 – Nr. 6 B 85 A. 1560 u. a. – und vom 26.6.1989 – Nr. 6 B 87.02076 –.

3 Vgl. etwa VG Meiningen, Beschluß vom 3.4.1996 – 8 E 111/96 ME –.

4 VGH Mannheim, Urteil vom 7.2.1985 – 2 S 812/84 –, BWGZ 1985, 491.

Satz 1 KAG MV) oder der Fertigstellung (§ 11 Abs. 9 Satz 1 HKAG) der Anlage bzw. der Beendigung der Maßnahme (§ 6 Abs. 6 NKAG), vom zeitlichen Geltungsbereich einer gültigen Beitragssatzung erfaßt wird[5]. Nach dieser Ansicht bleibt eine in satzungsloser Zeit, also in einem Zeitpunkt, in dem die Gemeinde überhaupt noch keine Satzung erlassen hatte, abgeschlossene beitragsfähige Maßnahme beitragfrei, sofern man die vom OVG Lüneburg im Urteil vom 2.2.1981[6] vertretene Rechtsauffassung teilt, nach der in einer derartigen Konstellation der Erlaß einer rückwirkenden Satzung unzulässig ist. Folgt man dieser Rechtsauffassung nicht, kann auf der Grundlage der Meinung des OVG MV ein Straßenbaubeitrag nur nach Erlaß einer rückwirkenden Satzung erhoben werden, wobei die Rückwirkung den Zeitpunkt des Abschlusses der Maßnahme erfassen muß.

Der damit angesprochenen Frage, ob Straßenbaubeiträge auch für kraft der landesrechtlichen Vorgabe beitragsfähige Maßnahmen erhoben werden können, die in satzungsloser Zeit, also nach Inkrafttreten des KAG, aber vor Inkrafttreten einer Straßenbaubeitragssatzung beendet worden sind, kommt in den neuen Bundesländern ungleich größeres Gewicht als in den alten Bundesländern zu. Denn in den neuen Bundesländern haben sich viele Gemeindeparlamente in Kenntnis der Tatsache, daß einzelne Straßen schon aus Gründen der Verkehrssicherungspflicht unverzüglich ausgebaut werden mußten, in der Annahme, sie könnten dadurch (vornehmlich) „ihre" Grundeigentümer schützen, geweigert, Straßenbaubeitragssatzungen zu erlassen; dabei haben sie u. a. übersehen, daß die für diese Baumaßnahmen entstehenden Kosten – wenn nicht über Beiträge – über allgemeine Haushaltsmittel finanziert und damit (anteilig) auch von Bürgern getragen werden müssen, die mangels eigener Grundstücke schlechthin keinen beitragsrechtlich relevanten Vorteil von der betreffenden Ausbaumaßnahme haben. Wie auch immer: Der zuvor gekennzeichneten Ansicht des OVG MV könnte nur dann gefolgt werden, wenn sich aus der hier einschlägigen Bestimmung des § 8 KAG MV oder aus sonstigen Bestimmungen und Grundsätzen etwas für die Annahme herleiten ließe, die Voraussetzungen, von deren Vorliegen das Entstehen sachlicher Beitragspflichten abhängt und zu denen u. a. die Beendigung der beitragsfähigen Ausbaumaßnahme sowie – wie sich jedenfalls aus seinem zweiten Leitsatz ergibt – auch nach Meinung des OVG MV das Vorhandensein einer (wirksamen) Satzung zählen, müßten in einer bestimmten **zeitlichen Reihenfolge** erfüllt werden. Das dürfte mit dem VG Greifswald[7] und entgegen der Ansicht des OVG MV nicht der Fall sein.

2. Das OVG MV führt zur Stützung seiner Ansicht drei Gesichtspunkte an: Zum einen beruft es sich auf § 8 Abs. 7 Satz 2 KAG MV und zieht aus dessen Wortlaut den Schluß, für das Straßenbaubeitragsrecht gebe es keinen Grundsatz des In-

---

5   U. a. OVG Münster, Urteil vom 22.8.1995 – 15 A 3907/92 –, NWVBl. 1996, 62 = NVwZ-RR 1996, 469 = GemHH 1997, 22.
6   OVG Lüneburg, Urteil vom 2.2.1981 – 9 A 23/80 –, Nds. Gemeinde 1981, 90 = Schl. Gemeinde 1981, 252; a. A. nunmehr OVG Lüneburg, Urteil vom 24.2.1997 – 9 L 2662/95 –, NST-N 1997, 257, und OVG M.-V., Beschluß vom 18.9.1997 – 4 K 45/96 –.
7   VG Greifswald, Beschluß vom 2.5.1997 – 3 B 2570/96 –.

halts, daß Beiträge frühestens mit Inkrafttreten einer (wirksamen) Beitragssatzung entstehen. Ferner folgert das OVG MV aus dem Umstand, daß § 8 KAG MV keine dem § 132 Nr. 4 BauGB vergleichbare Regelung enthält, anders als im Erschließungsbeitragsrecht könnten im Straßenbaubeitragsrecht keine Beiträge für Baumaßnahmen erhoben werden, die vor Inkrafttreten einer Satzung ohne Rückwirkungsordnung abgeschlossen worden sind. Überdies bemüht das OVG MV das – wie sich aus dem Hinweis auf die Rspr. des BVerfG ergibt – bundesverfassungsrechtliche Rechtsstaatsprinzip, aus dem sich der Grundsatz ableiten lassen soll, die Erfüllung eines Beitragstatbestands könne nur dann eine Beitragspflicht auslösen, wenn dieser Tatbestand im zeitlichen Geltungsbereich einer (wirksamen) Beitragssatzung verwirklicht worden sei. Alle drei Gesichtspunkte vermögen nicht zu überzeugen.

a) § 8 Abs. 7 Satz 2 KAG MV lautet wie folgt: „Wird ein Anschlußbeitrag erhoben, entsteht die Beitragspflicht, sobald das Grundstück an die Einrichtung angeschlossen werden kann, frühestens jedoch mit dem Inkrafttreten der Satzung." Mit dem letzten Halbsatz dieser Bestimmung habe – so legt das OVG MV dar – der Gesetzgeber für das Land Mecklenburg-Vorpommern das Bestehen eines allgemeinen, auch für das Straßenbaubeitragsrecht geltenden Grundsatzes des Inhalts „widerlegt", daß sachliche Beitragspflichten erst mit Inkrafttreten einer (wirksamen) Beitragssatzung entstehen können. Bestünde nämlich „nach Auffassung des Landesgesetzgebers ein dahin gehender allgemeiner Grundsatz, hätte es der Regelung des § 8 Abs. 7 Satz 2 KAGMV in dieser Form nicht bedurft". Es soll hier nicht weiter den Fragen nachgegangen werden, ob überhaupt und ggf. welches Gewicht diesem Argument beizumessen ist und ob nicht richtigerweise danach hätte gesucht werden sollen, ob überhaupt und ggf. was der Landesgesetzgeber mit der in Rede stehenden Aussage hat erreichen wollen. Denn das OVG MV nimmt seiner Begründung dadurch jede Überzeugungskraft, daß es in seinem zweiten Leitsatz genau das Gegenteil dessen ausspricht, was es im Zusammenhang mit § 8 Abs. 7 Satz 2 KAG MV angenommen hat. In diesem zweiten Leitsatz stellt es nämlich klar, „das Vorliegen einer Satzung ist … Voraussetzung für das Entstehen einer einen Straßenbaubeitrag betreffenden Beitragsforderung". Dem ist zuzustimmen. Selbstverständlich gibt es im Straßenbaubeitragsrecht aller Bundesländer (und im Erschließungsbeitragsrecht) den vom OVG MV (nur) in seinen Gründen verneinten „allgemeinen" Grundsatz: Die Beitragspflicht entsteht regelmäßig – bei Vorliegen der sonstigen Voraussetzungen wie etwa der Ermittelbarkeit des Aufwands – im Zeitpunkt der „endgültigen Herstellung" (§ 8 Abs. 7 Satz 1 KAG MV), d. h. im Zeitpunkt des Abschlusses der beitragsfähigen Maßnahme, und zwar voll ausgebildet. Sie entsteht in diesem Zeitpunkt in bestimmter Höhe, kann der Höhe nach nicht mehr verändert werden und ist deshalb schon geeignet, die Verjährungsfrist in Gang zu setzen[8]. Entsteht aber die Beitragspflicht der Höhe nach voll ausgebildet, so muß – wegen der Abhängigkeit der Beitragshöhe vom entstandenen Aufwand und der Verteilung dieses Aufwands nach Maßgabe der satzungs-

---

8 Vgl. dazu im einzelnen BVerwG, u. a. Urteil vom 22.8.1975 – IV C 11.73 –, BVerwGE 49, 131, 135.

mäßigen Verteilungsregelung auf die bevorteilten Grundstücke – eine (wirksame) Verteilungsregelung vorhanden, also eine Beitragssatzung in Kraft getreten sein.

b) Richtig ist, daß das BVerwG[9] ursprünglich seine Ansicht, im Erschließungsbeitragsrecht könnten Beiträge selbst für Anlagen gefordert werden, die vor Inkrafttreten einer Satzung ohne Rückwirkungsanordnung hergestellt worden sind, mit dem Zusammenhang zwischen § 132 Nr. 4 und § 133 Abs. 2 (seinerzeit) BBauG begründet hat. Richtig ist auch, wenn das OVG MV meint, ein solcher Zusammenhang bestehe im Straßenbaubeitragsrecht nicht. Doch wird dabei übersehen, daß das BVerwG jedenfalls schon in seiner Entscheidung vom 25.11.1981[10] deutlich gemacht hat, es **mangele** an einer Rechtfertigung für die von der bis dahin maßgebenden Rspr. deshalb vorgenommene Differenzierung zwischen den anderen Voraussetzungen für das Entstehen sachlicher Beitragspflichten und der Beitragssatzung, weil diese nicht nur erforderlich ist, um – wie es auch für die anderen Voraussetzungen gilt – die Beitragspflichten zum Entstehen zu bringen, sondern es ihrer außerdem als Rechtsgrundlage des Beitragsbescheids bedarf. Denn das Fehlen einer Beitragssatzung sei „nicht anders und nicht qualifizierter Grund für die Rechtswidrigkeit eines Beitragsbescheids als dies für das Nichtbestehen" der sachlichen Beitragspflichten z. B. mangels Abschlusses der Ausbauarbeiten an der Erschließungsanlage zutreffe. Den Voraussetzungen für das Entstehen sachlicher Beitragspflichten kommt danach jeweils gleiches beitragsrechtliches Gewicht zu, und angesichts dessen ist es – mangels einer vom Gesetzgeber vorgegebenen zeitlichen Reihenfolge – gleichgültig, in welcher Reihenfolge diese Voraussetzungen erfüllt werden. Weder bringt das OVG MV etwas vor noch ist sonst etwas ersichtlich, was die Auffassung stützen könnte, im Straßenbaubeitragsrecht namentlich des Landes Mecklenburg-Vorpommern gelte insoweit anderes.

c) Schließlich vermag auch die These des OVG MV nicht zu überzeugen, das bundesverfassungsrechtliche Rechtsstaatsprinzip gebiete für das Entstehen sachlicher Beitragspflichten die Einhaltung einer bestimmten zeitlichen Reihenfolge, d. h. es verlange, daß eine wirksame Beitragssatzung – ggf. auch rückwirkend – in Kraft getreten ist, bevor eine beitragsfähige Baumaßnahme abgeschlossen wird. Träfe das nämlich zu, müßte die zuvor geschilderte Rspr. des BVerwG und müßten insbesondere die eingangs angegebenen Entscheidungen der Landesgesetzgeber in Bayern, Sachsen und Thüringen, nach denen sachliche Beitragspflichten auch für vor Inkrafttreten einer (wirksamen) Beitragssatzung endgültig abgeschlossene, beitragsfähige Ausbaumaßnahmen entstehen können, mit dem GG unvereinbar sein. Eine derartige Annahme drängt sich jedoch nicht schon gleichsam von selbst auf und angesichts dessen bedürfte sie einer eingehenden Begründung. Eine solche läßt das OVG MV indes vermissen. Es ist deshalb jedenfalls nicht ausgeschlossen, daß sich das OVG mit diesem bundesrechtlichen Argument schlicht übernommen hat.

---

9   U. a. Urteil vom 21.9.1973 – IV C 39.72 –, DVBl. 1974, 294.
10 Urteil vom 25.11.1981 – 8 C 14.81 –, BVerwGE 64, 218, 223 = DVBl. 1982, 544.

D. Anhang

1. Gemeindliche Selbstverwaltung und Rechtsprechung, dargestellt am Beispiel des Erschließungsbeitragsrechts[*1]

I.

Ich bin eingeladen worden, im Rahmen Ihrer diesjährigen Landeshauptversammlung einen Vortrag über „Gemeindliche Selbstverwaltung und Rechtsprechung" zu halten. In diesem Rahmen möge ich doch bitte – so ist mit bedeutet worden – auf das Erschließungsbeitragsrecht abheben. Ich komme dieser Bitte gerne nach, wie ich auch Ihrer Einladung nach Offenburg gern gefolgt bin.

1. Die kommunale Selbstverwaltung ist – wenn ich das einmal salopp formulieren darf – in den letzten Jahren ins Gerede gekommen, und zwar vor allem aufgrund des Rufs der Kommunen selbst nach Stärkung ihrer Entscheidungsbefugnisse. Dieser Ruf ist verständlich. Drei Erscheinungen seien zu nennen – so hat der in diesem Lande besonders gut bekannte Präsident des Bundesverfassungsgerichts, Prof. Dr. Herzog, in einem Vortrag anläßlich der Verabschiedung von Herrn Prof. Seeger in den Ruhestand im vorigen Jahr ausgeführt[1] –, die das kommunale Geschehen enger binden, als es einem unbefangenen Betrachter sinnvoll erscheinen könne. Erstens sei die sogenannte Normenflut zu erwähnen, d. h. die Tatsache, daß die Gesetz- und Verordnungsgeber in Bund und Ländern durch eine Vielzahl von Gesetzen und Verordnungen ein derartig enges Netz von staatlichen Vorentscheidungen geknüpft hätten, daß der Entscheidungsspielraum der Gemeinden immer kleiner werde. Hinzukomme – zweitens – das sog. Planungslasso, das sich in den Jahren der deutschen Planungseuphorie immer enger um die Gemeinden geschlungen habe. Die kommunalen Körperschaften seien durch Raumordnungs-, Landes-, Entwicklungs- und Fachplanungen des Bundes, der Länder und der verschiedensten überkommunalen Planungsinstitutionen heute oft so eingeengt, daß von ihrer eigener, immerhin gesetzlich verankerten Planungshoheit nicht mehr allzuviel übrigbleibe. Und schließlich – drittens – seien die Gemeinden auch noch durch den sog. goldenen Zügel von der Seite der Finanzen her eingeengt. Durch die derzeitige Verteilung des Steueraufkommens, vor allem aber durch die weitverbreitete Praxis der Zweckzuweisungen aufgrund detailliertester Förderungsrichtlinien seien sie oft nahezu gezwungen, dort zu investieren, wo sie ei-

---

[*1] Nachdruck eines nachträglich mit Fundstellen versehenen Vortrags aus Informationsblatt Berufsverband der kommunalen Finanzverwaltungen in Baden-Württemberg, Nr. 82, Januar 1989, Anhang.

[1] Vgl. Herzog, Die kommunale Selbstverwaltung zwischen Gefährdung und Chance, in: BWGZ 1987, 73 ff.

gentlich gar nicht wollten, und vor allem auch in einem Umfang, den sie selbst nicht für richtig hielten. Diese letztere – dritte Erscheinung – dürfte Ihnen allen sehr viel besser geläufig sein als mir; sie muß allerdings heute vormittag außer Betracht bleiben. Das gilt nicht oder doch nicht in gleichem Maße für die beiden anderen Erscheinungen.

Das dichte Netz von Rechtsvorschriften und Planungsakten, das inzwischen besteht, ist selbstverständlich nicht ohne Wirkung geblieben auf die Rechtsprechung, und zwar namentlich die Verwaltungsrechtsprechung. Das führt auf die zweite Komponente meines Themas, nämlich die Rechtsprechung oder genauer: die Verwaltungsgerichtsbarkeit als die der kommunalen Verwaltung in erster Linie gegenüberstehende Fachgerichtsbarkeit. Hier und heute geht es nicht um die kommunale Selbstverwaltung als solche, d. h. um ihre geschichtliche Entwicklung seit den Stein'schen Reformen sowie etwa ihren Inhalt im einzelnen, und es geht nicht um die Rechtssprechung als solche, sondern es geht um das **Spannungsverhältnis** zwischen der (die kommunale Selbstverwaltung umfassenden) **Kommunalverwaltung** einerseits und der **Verwaltungsgerichtsbarkeit** andererseits.

Mit dieser Eingrenzung meines Themas auf das bezeichnete Spannungsverhältnis, das – ich werde darauf zurückkommen – bereits im Grundgesetz angelegt ist, scheidet ein Aspekt des Verhältnisses zwischen Kommunalverwaltung und Verwaltungsgerichtsbarkeit aus, nämlich der der Rechtsschutzgewährung zugunsten der Gemeinden. Eine Kritik, daß diese Rechtsschutzgewährung generell nicht ausreichend sei, ist nicht ersichtlich. Die Leistungen der Verwaltungsgerichtsbarkeit für die Sicherung der kommunalen Selbstverwaltungsfreiheit werden durchweg anerkannt.

2. Ganz anders liegt es mit der verwaltungsgerichtlichen **Kontrolle** kommunaler Entscheidungen. Sie ist in den letzten Jahren immer wieder Gegenstand zum Teil heftiger Kritik von kommunaler Seite geworden. So wurde beispielsweise geklagt, die selbständige Staatsgewalt „Exekutive" stehe heute schon fast unter einem „totalen Richtervorbehalt"[2]. Die Verwaltung – so hat es der Stuttgarter Oberbürgermeister Rommel einmal ausgedrückt – sei nur noch eine Art „Vorprüfungsstelle der Gerichte"[3]. An die Stelle der Volksherrschaft sei eine Art „Richterkönigtum" getreten, das die gewählten Gemeinderäte und damit letztlich auch die Wahlbürger entmachte. Auf diese Weise würden Selbstverwaltungsrecht und Demokratie vor Ort ausgehöhlt. Die Kommunalverwaltung werde gehemmt und gelähmt und müsse resignieren, weil zu den bereits angesprochenen Bindungen durch die sog. Normenflut, das Planungslasso und den goldenen Zügeln auch noch der verwaltungsgerichtliche Kontrollperfektionismus hinzukomme.

Angesichts dieser Diagnosen und einer Vielzahl von schon seit längerer Zeit damit einhergehender konkreter Vorwürfe gegen die Verwaltungsgerichtsbarkeit kann es nicht überraschen, daß sich außer der kommunalen Seite – so etwa der Städte-

---

2   Vgl. Kissel, Grenzen der rechtsprechenden Gewalt, in: NJW 1982, 1777 ff. (1781).
3   Siehe Rommel, Die unregierbare Stadt, Die Zeit, Nr. 18, 25.4.1980.

tag im Jahre 1981[4] und der Städte- und Gemeindebund 1984[5]; letzterer stellte seine Veranstaltung unter das provokatorische Motto: „Kommunalpolitik im Gerichtssaal?" – die Wissenschaft und die Richter selbst dem Spannungsverhältnisses zwischen Verwaltung im allgemeinen sowie kommunaler Selbstverwaltung im besonderen einerseits und Verwaltungsgerichtsbarkeit andererseits angenommen und ihre jeweiligen Meinungen dazu veröffentlicht haben. So hat sich etwa schon im Jahre 1955 die Tagung der Vereinigung deutscher Staatsrechtslehrer mit dem Thema „Verwaltung und Verwaltungsrechtsprechung" befaßt[6]; ferner hat Herr Prof. Dr. von Mutius das in Rede stehende Spannungsverhältnis angesprochen in seinem Gutachten für den 53. Deutschen Juristentag 1980 zum Thema „Sind weitere rechtliche Maßnahmen zu empfehlen, um den notwendigen Handlungs- und Entfaltungsspielraum der kommunalen Selbstverwaltung zu gewährleisten?"[7] Der 7. Deutsche Verwaltungsrichtertag 1983 hat einen Arbeitskreis dem Thema „Kommunalverwaltung und Verwaltungsgerichtsbarkeit" gewidmet[8]. In zumindest zeitlichem Zusammenhang damit sind Beiträge verschiedener Seiten in Fachzeitschriften[9] erschienen. Im Frühjahr 1985 fand in Göttingen ein Symposion statt, auf dem Verwaltungsbeamte, Abgeordnete, Richter und Wissenschaftler u. a. über Handlungsspielräume der Verwaltung und Kontrolldichte gerichtlichen Rechtsschutzes gesprochen haben[10]. Bei dem mir gestellten Thema über das Spannungsverhältnis zwischen Kommunalverwaltung und Verwaltungsgerichtsbarkeit handelt es sich – mit anderen Worten – um ein eher ausgelaugtes Thema. So läßt sich ernsthaft fragen, ob sich ihm neue Erkenntnisse von praktischer Relevanz abgewinnen lassen, und diese Frage dürfte tendenziell eher zu verneinen sein. Dies gilt sowohl für die Diagnose als auch für die Therapie und bedarf angesichts der geschilderten Veröffentlichungen weder in der einen noch in der anderen Richtung einer Vertiefung. Es läßt sich einfach manche ungute Entwicklung in der Vergangenheit nicht bestreiten, die zu einer Verschiebung der Gewichte zwischen Verwaltung und Verwaltungsgerichtsbarkeit geführt, dieser insgesamt ein Übergewicht verschafft und jene zumindest partiell in schwerlich der Sache angemessener Weise eingeengt hat. Allerdings darf in diesem Zusammenhang nicht unerwähnt bleiben, daß die Verwaltungsgerichte nicht nur Kompetenzen an sich ziehen, sondern eine verbreitete Praxis besteht, in unangenehmen Fällen die Entscheidungslast auf Gerichte abzuschieben und diesen Kompetenzen aufzudrängen. Die Schuld, wenn man

---

4   Vgl. dazu Kommunale Selbstverwaltung und Rechtsprechung, Deutscher Städtetag, Reihe 3, DST-Beiträge zum Kommunalrecht, Hft 5, Köln 1981.
5   Vgl. dazu Kommunalpolitik im Gerichtssaal? Schriftenreihe des Deutschen Städte- und Gemeindebundes, Hft 42, Göttingen 1984.
6   Siehe Veröffentlichungen der Vereinigung der Deutschen Staatsrechtslehrer, Heft 14 (1956), S. 96 ff.
7   Vgl. Verhandlungen des 53. Deutschen Juristentages Berlin 1980, Band 1, Gutachten, Teil E.
8   Siehe dazu Dokumentation zum 7. Deutschen Verwaltungsrichtertag 1983, S. 102 ff.
9   U. a. Jauning, Kommunalverwaltung und Verwaltungsgerichtsbarkeit, in DVBI. 1983, 401 ff., sowie Schmidt-Jortzig, Kommunalverwaltung und Verwaltungsgerichtsbarkeit, in NJW 1983, 967 ff.
10 Vgl. dazu Götz/Klein/Starck, Die öffentliche Verwaltung zwischen Gesetzgebung und richterlicher Kontrolle, Göttinger Symposion 1985, München 1985, S. 131 ff.

von einer solchen sprechen kann, ist also nicht allein den Gerichten anzulasten. Dem ist bei der Therapie Rechnung zu tragen. Sie kann deshalb nicht allein bei der Verwaltungsgerichtsbarkeit ansetzen, doch ist nicht zu leugnen, daß gerade bei ihr besonderer Therapiebedarf bestand und vielleicht auch noch besteht. Es ist kein Zufall und verdeutlicht m. E. die Ursache für die insbesondere von der Verwaltungsseite beklagte Fehlentwicklung auf Seiten der Verwaltungsgerichtsbarkeit, wenn sich das Bundesverwaltungsgericht veranlaßt gesehen hat, in das sog. Rastede-Urteil vom 4. August 1983 den Satz aufzunehmen, „die Verantwortung für einen wirksamen Gesetzesvollzug liegt bei den Verwaltungsbehörden und nicht bei den Verwaltungsgerichten"[11]. Nur dem damit angesprochenen, auf Verwaltungsgerichte ausgerichteten Aspekt der Therapie ist hier nachzugehen. Ihm möchte ich mein Augenmerk widmen.

Verschiedentlich ist vorgeschlagen worden, der Verwaltungsgerichtsbarkeit mit Gesetzesänderungen „ans Leder zu gehen". Ich zweifle, ob damit überzeugende Lösungen erreicht werden können. Einer dieser Vorschläge ging beispielsweise dahin, eine Ortssatzung dürfe von Verwaltungsgerichten nicht inzidenter für nichtig erklärt werden, sondern das Verwaltungsgericht solle in diesen Fällen die Sache dem Oberverwaltungsgericht bzw. Verwaltungsgerichtshof vorlegen, damit dieses bzw. dieser in einer Art Normenkontrollverfahren nach § 47 VwGO darüber entscheidet. Angesichts der Erfahrungen, die die Gemeinden mit Normenkontrollverfahren im Zusammenhang namentlich mit Bebauungsplänen gemacht haben, konnte eine solche Gesetzesänderung schwerlich als besonders attraktiv einzustufen sein. Von ihr ist denn auch ebenso wie von anderen abgesehen worden, m. E. – ich deutete es an – zu Recht. Was weiterhilft und nötig ist, so hat es der oberste Repräsentant der Verwaltungsgerichtsbarkeit, der Präsident des Bundesverwaltungsgerichts, Prof. Dr. Sendler, schon seit mehreren Jahren immer wieder betont[12], ist ein allgemeiner Bewußtseinswandel in der Verwaltungsgerichtsbarkeit, und zwar ein Bewußtseinswandel insbesondere in Richtung auf eine Selbstbeschränkung. Dieser Bewußtseinswandel hat – so meine ich – bereits eingesetzt, er hat erste Früchte getragen und es ist vornehmlich Aufgabe des Bundesverwaltungsgerichts, durch seine Entscheidungen dazu beizutragen, daß auf diesem Weg, d. h. sozusagen durch eine „Selbstreinigung", der der Sache nach gebotene Erfolg erzielt wird.

II.

1. Vorwürfe von kommunaler Seite gegen die verwaltungsgerichtliche Kontrolle werden häufig exemplarisch untermauert durch Beispiele aus zwei Rechtsgebieten, nämlich zum einen aus dem Baurecht und zum anderen aus dem Erschließungsbeitragsrecht[13]. Da ich der für das Erschließungsbeitragsrecht zuständige Berichterstatter beim Bundesverwaltungsgericht bin, lag es nahe, mir – wie ich

---

11 BVerwG, Urteil vom 4.8.1983 – 7 C 2.81 – BVerwGE 67, 321 (331) = DVBl. 1983, 1152 = NVwZ 1984, 568.
12 Vgl. u. a. in: Kommunalpolitik im Gerichtssaal?, a. a. O., S. 38 ff.
13 Vgl. etwa Jauning, a. a. O., S. 401 und S. 403 ff.

eingangs bemerkt habe – zu bedeuten, in diesem Zusammenhang auf das Erschließungsbeitragsrecht abzuheben. Dem will ich – ich sagte es bereits – gern nachkommen. Ich werde dementsprechend im folgenden aus den zahlreichen Veröffentlichungen einige konkrete Vorwürfe aufgreifen, die die kommunale Praxis in der Vergangenheit gerade gegen verwaltungsgerichtliche Entscheidungen im Erschließungsbeitragsrecht erhoben hat, und diese Vorwürfe unter dem Blickwinkel behandeln, ob und ggf. was die Rechtsprechung des Bundesverwaltungsgerichts zu dem bezeichneten Bewußtseinswandel beigetragen hat. Dem sind zwei mehr allgemeine rechtliche Erwägungen gleichsam zur Standortbestimmung voranzustellen.

Nach Art. 19 Abs. 4 GG und den entsprechenden Vorschriften der Landesverfassungen besteht – erstens – die Aufgabe der Verwaltungsgerichtsbarkeit darin, gegen Rechtsverletzungen durch die öffentliche Gewalt gerichtlichen Rechtsschutz zu gewähren. In erster Linie geht es also um den Individualrechtsschutz gegen rechtswidriges Verwaltungshandeln. Das schließt in der Umkehrung die Aufgabe ein, das Handeln der Verwaltung auf seine Rechtmäßigkeit hin zu überprüfen, und zwar bezogen auf den Einzelfall, in dem der Betroffene Rechtsschutz begehrt. Daraus, daß Individualrechtsschutz zu gewähren und daß infolgedessen Kontrolle zu üben ist, folgt, daß ein Spannungsverhältnis namentlich zwischen Kommunalverwaltung und Verwaltungsgerichtsbarkeit bis zu einem gewissen Grade notwendigerweise als von der Verfassung vorgegeben bestehen muß. Es kann daher nicht darum gehen, dieses Spannungsverhältnis einfach aus der Welt zu schaffen. Vielmehr liegt eine ständige Aufgabe darin, es über alle Veränderungen und Gewichtsverschiebungen des staatlichen und öffentlichen Lebens hin sozusagen im **Gleichgewicht** zu halten. Das ist, was erreicht werden muß, wenn und soweit erforderlich auf dem Weg über den angesprochenen Bewußtseinswandel in der Verwaltungsgerichtsbarkeit.

Die Kommunen sind – zweitens – im Sinne des Grundsatzes der Gewaltenteilung Bestandteil der Exekutive, und zwar ein schon wegen der außerordentlichen Breite ihres Aufgabenfeldes besonders bedeutsamer Bestandteil. Hinzukommt, daß die Kommunen Körperschaften kommunaler Selbstverwaltung und als solche vom Staat abgesetzt und nach Maßgabe des Art. 28 Abs. 2 GG und den Landesverfassungen verfassungsrechtlich garantiert sind. Beide Aspekte sind mit der Materie des Erschließungsbeitragsrechts angesprochen; der letztere Aspekt beispielsweise im Zusammenhang mit der die gemeindliche Planungs- und Finanzhoheit betreffenden Entscheidung darüber, ob, wann und wo Erschließungsanlagen hergestellt werden sowie der vom Bundesrecht geforderten Erschließungsbeitragssatzung; der erstere Aspekt mit der Beitragserhebung als solcher, namentlich den gesetzlichen Voraussetzungen für deren Rechtmäßigkeit.

2. Nun – wie angekündigt – zur Behandlung konkreter Vorwürfe der kommunalen Seite:

a) Als einer der bedeutsamsten Kritikpunkte aus der Sicht der kommunalen Selbstverwaltung wird eine überzogene Kontrolldichte gegenüber Satzungsbeschlüssen der Gemeinden herausgestellt. Zwar gestünden die Verwaltungsgerichte dem Ortsgesetzgeber vom Grundsatz her einen autonomen Gestaltungsspielraum zu, doch werde dieser Gestaltungsspielraum weitgehend dadurch wieder eingeschränkt, daß die Gerichte die Gesetzesbindung der Verwaltung immer stärker ausbauten, die Funktionsfähigkeit eben dieser Verwaltung bleibe dabei vielfach auf der Strecke. Ein geradezu klassisches Beispiel für eine derartige Fehlentwicklung stelle die frühere Rechtsprechung der Instanzgerichte zu den Verteilungsmaßstäben in Erschließungsbeitragssatzungen dar[14].

In der Tat ist damit ein besonders dunkles Kapitel der verwaltungsgerichtlichen Rechtsprechung zum Erschließungsbeitragsrecht angesprochen, das allerdings der Vergangenheit angehört. Insbesondere ab Mitte der 70er Jahre überboten sich Instanzgerichte mit perfektionistischen Anforderungen an Verteilungsregelungen. Ein übertriebenes Streben nach perfekter Einzelfallgerechtigkeit auf dem Boden eines nicht hinreichend quantifizierbaren Erschließungsvorteils führte zu immer neuen Differenzierungsanforderungen, so daß die Lebensdauer gemeindlicher Verteilungsmaßstäbe oft nur wenige Monate betrug. Ich kann es mir ersparen, im einzelnen die – ich bin versucht zu sagen – verheerenden Folgen namentlich für die Gemeinden hier darzustellen. Die Situation spitzte sich so zu, daß Gemeinden ebenso wie der Städte- und Gemeindebund an den Gesetzgeber appellierten, die Verteilung des umlagefähigen Erschließungsaufwands im Bundesbaugesetz zu regeln. Die Gemeinden waren also bereit, ihre Satzungsautonomie zur Regelung der Verteilungsmaßstäbe freiwillig aufzugeben, weil diese durch eine immer mehr ausufernde Kontrolltätigkeit der Gerichte praktisch wertlos geworden war.

Mit seinem Urteil vom 26. Januar 1979[15] leitete dann das Bundesverwaltungsgericht eine radikale Kehrtwendung ein, indem es die Anforderungen an Verteilungsmaßstäbe drastisch zurückschraubte und die gerichtliche Kontrolldichte erheblich zurücknahm. In dem genannten Urteil und in den folgenden Entscheidungen zur Verteilungsregelung wies das Bundesverwaltungsgericht nachdrücklich auf das „weite Ermessen des Ortsgesetzgebers" hin. Die Praktikabilität und die Durchschaubarkeit des Heranziehungsverfahrens wurden als Gründe gegen eine zu weite Ausdifferenzierung unter dem Gesichtspunkt der Vorteilsgerechtigkeit ausdrücklich anerkannt. Alles in allem dürfte sich aus einer Reihe von Entscheidungen des Bundesverwaltungsgerichts auch für die Instanzgerichte unschwer die „Marschroute" erkennen lassen, es sei ein Bemühen angezeigt, nicht ohne Not eine Verteilungsregelung für nichtig zu erklären.

Eine ähnliche Entwicklung ist bei der sog. Merkmalsregelung zu verzeichnen, die in früheren Jahren nicht eben selten von Instanzgerichten zum „Aufhänger" für die Aufhebung von Erschließungsbeitragsbescheiden gewählt wurde. Verteilungs- und Merkmalsregelung sind heute in erschließungsbeitragsrechtlichen Rechtsstreitigkeiten grundsätzlich kein bedeutsames Thema mehr – allerdings mit einer Aus-

---

14 Siehe etwa Rehn, in: Kommunalpolitik im Gerichtssaal?, a. a. O., S. 25.
15 BVerwG, Urteil vom 26.1.1979 – 4 C 61 – 68 u. 80 – 84, 75 – BVerwGE 57, 240 – DVBl. 1979, 781 = NJW 1980, 72.

nahme. Diese Ausnahme betrifft Lärmschutzanlagen, ich werde darauf zurück-kommen.

b) Aus der kommunalen Praxis wird weiter Kritik daran geübt, daß Verwaltungsge-richte bisweilen Entscheidungen der kommunalen Selbstverwaltung einer beson-ders intensiven Kontrolle hinsichtlich der Beachtung von Form- und Verfahrens-vorschriften unterziehen. Es dränge sich der Eindruck auf, daß manche Richter es als ihre wichtigste Aufgabe ansähen, mit Fleiß solange zu suchen, bis sich an irgendeiner Stelle ein vom Kläger gar nicht gerügter Verfahrensfehler finde, der eine Aufhebung des aus materiellen Gründen angefochtenen Erschließungsbei-tragsbescheids ermögliche[16] und eine – zumeist schwierige – Entscheidung über das materielle Recht entbehrlich mache.

Ich kann nicht leugnen, daß sich auch mir ein entsprechender Eindruck bei der Überprüfung vorinstanzlicher Urteile gelegentlich aufgedrängt hat. Soweit dieser Eindruck in dem einen oder anderen Fall einen realen Hintergrund gehabt haben sollte, ist ein eklatanter Verstoß festzustellen gegen eine der vornehmsten Pflich-ten eines Richters, nämlich die Pflicht, den Parteien Brot und keine Steine zu ge-ben und die ihm obliegende Befriedungsfunktion zu erfüllen. Zwar wird sich der Bürger, der auf diese Weise ein obsiegendes Urteil erreicht, zunächst einmal darüber freuen, daß er den Prozeß gewonnen hat. Da aber die meisten Form- und Verfahrensfehler reparabel sind, ist er in der Regel sehr unangenehm überrascht, wenn ihm geraume Zeit später praktisch derselbe Beitragsbescheid erneut ins Haus flattert, nachdem die zugrundeliegende Satzung inzwischen mit oder ohne Rückwirkung neu erlassen worden ist. Die Streitfrage, um die der Prozeß geführt wurde, muß nun in einem weiteren Prozeß geklärt werden.

Das Bundesverwaltungsgericht ist der hier angesprochenen Tendenz vorinstanz-licher Gerichte, unter vermeintlicher Inanspruchnahme einer ihnen gemäß § 86 Abs. 1 Satz 1 VwGO auferlegten Sachaufklärungspflicht nach vom Kläger nicht gerügten Verfahrensfehlern beim Zustandekommen gemeindlicher Satzungen zu suchen, wiederholt entgegengetreten. So hat es etwa schon im Urteil vom 7. September 1979 mit aller Deutlichkeit gesagt, es „ginge fehl, wenn die Verwal-tungsgerichte ihre – sich darauf nicht beziehende – Sachaufklärungspflicht nach § 86 Abs. 1 Satz 1 VwGO zum Anlaß nähmen, von sich aus und gleichsam unge-fragt in eine Suche nach Fehlern in der Vor- und Entstehungsgeschichte"[17] einer Satzung einzutreten.

c) In diesem Zusammenhang ist die gegen zum Teil erheblichen Widerstand von Instanzgerichten durchgesetzte Rechtsprechung des Bundesverwaltungsgerichts zur Heilung ursprünglich insbesondere wegen formeller und materieller Satzungs-mängel rechtswidriger Erschließungsbeitragsbescheide zu sehen. Auch bei dieser Rechtsprechung sowie bei der sogleich zu behandelnden Rechtsprechung betref-

---

16 So z. B. Munzert in: Kommunale Selbstverwaltung und Rechtsprechung, Deutscher Städtetag, a. a. O., S. 17 ff.

17 BVerwG, Urteil v. 7.9.1979 – 4 C 7.77 – DVBl. 1980, 230 (232) = BauR 1980, 40 = BBauBl. 1980, 166.

fend die Pflicht der Verwaltungsgerichte, einen fehlerhaft begründeten Erschließungsbeitragsbescheid mit fehlerfreier Begründung aufrechtzuerhalten, geht es letztlich darum, im Interesse der Prozeßökonomie und damit im Interesse der Prozeßbeteiligten selbst, auf eine alsbaldige Sachentscheidung hinzuwirken und zu verhindern, daß ein Verfahren mit einem – ich formuliere bewußt unscharf – „Formalurteil" in der sicheren Erwartung beendet wird, ein neuer, zeit- und kostenraubender Prozeß werde in absehbarer Zeit durchzuführen sein.

Im Urteil vom 25. November 1981[18] hat das Bundesverwaltungsgericht seine bisherige Heilungsrechtssprechung abschließend entschieden, nicht nur das Inkrafttreten einer Satzung mit Rückwirkungsanordnung, sondern auch das Inkrafttreten einer Satzung ohne Rückwirkungsanordnung könne bewirken, daß ein mangels Entstehens der Beitragspflicht zunächst rechtswidriger Erschließungsbeitragsbescheid rechtmäßig wird und deshalb nicht der Aufhebung unterliegt. Mit dieser Entscheidung ist – systematisch – erreicht, daß alle für das Entstehen der Erschließungsbeitragspflicht zu erfüllenden Voraussetzungen während des verwaltungsgerichtlichen Verfahrens nachgeholt werden können, ohne daß es – bei anfänglichen Satzungsmängeln – der Anordnung einer zumindest aus der Sicht des Bürgers nicht selten in die Nähe des Geruchs einer Manipulation kommenden Rückwirkung bedarf.

Im Urteil vom 27. Januar 1982[19] hat das Bundesverwaltungsgericht erkannt, die dem Verwaltungsgericht durch § 113 Abs. 1 Satz 1 VwGO auferlegte Pflicht zu prüfen, ob der angefochtene Verwaltungsakt insgesamt rechtmäßig bzw. insgesamt rechtswidrig und deshalb die Klage in vollem Umfang abzuweisen bzw. ihr in vollem Umfang stattzugeben sei, erstrecke sich bei Abgabenbescheiden, die – wie der Erschließungsbeitragsbescheid – eine durch das materielle Recht begründete Abgabenpflicht lediglich deklaratorisch festsetzen, darauf, alle rechtlichen Begründungen und Tatsachen zu berücksichtigen, die die angefochtene Festsetzung zu rechtfertigen vermögen. Das schließe die Berücksichtigung auch solcher Rechtsgründe und Tatsachen ein, die die Verwaltungsbehörde zur Begründung des angefochtenen Bescheids nicht angeführt habe. Etwas anderes gelte ausnahmsweise nur dann, wenn die anderweitige rechtliche Begründung oder das Zugrundelegen anderer Tatsachen zu einer Wesensänderung des angefochtenen Bescheids führe. Diese Grenze sei allerdings zum Beispiel bei der Verteilung des umlagefähigen Erschließungsaufwands durch die „Korrektur" u. a. folgender Fehler nicht erreicht: Rechenfehler, Fehler infolge unrichtigen Ansatzes oder unrichtiger Berechnung der für die Verteilung maßgebenden Faktoren wie Grundstücksgröße und Art und Maß der Bebaubarkeit, Fehler infolge unrichtiger Abgrenzung des Abrechnungsgebiets. Gleiches gelte zum Beispiel bei fehlerhaftem Ansatz der Höhe des Erschließungsaufwands, und zwar auch insoweit, als in den zugrundegelegten Aufwand zu Unrecht einbezogene Positionen ganz oder teilweise mit

---

18 BVerwG, Urteil vom 25.11.1981 – 8 C 14.81 – BVerwGE 64, 218 = DVBl. 1982, 544 = NVwZ 1982, 375.

19 BVerwG, Urteil vom 27.1.1982 – 8 C 12.81 – BVerwGE 64, 218 = DVBl. 1982, 548 = NVwZ 1982, 620.

Positionen saldiert werden, welche die Gemeinde zugunsten der Beitragspflichtigen nicht in den Aufwand einbezogen hat.

Zum Abschluß dieses Komplexes ist noch auf das Urteil des Bundesverwaltungsgerichts vom 19. August 1988[20] hinzuweisen, dem allerdings hier in Baden-Württemberg keine besondere Bedeutung zukommen dürfte. Nach dieser Entscheidung ist ein Verwaltungsgericht dann, wenn es zu dem Ergebnis kommt, ein Heranziehungsbescheid sei zu Unrecht auf das Straßenbaubeitragsrecht gestützt, gemäß § 113 Abs. 1 Satz 1 VwGO verpflichtet zu prüfen, ob und ggf. in welchem Umfang der Bescheid mit Blick auf das Erschließungsbeitragsrecht aufrechterhalten werden kann. Bei einer solchen Konstellation bedarf es entgegen der vom Berufungsgericht[21] in dem seinerzeitigen Verfahren vertretenen Ansicht keiner (richterlichen) Umdeutung, so daß die Aufrechterhaltung des Bescheids nicht davon abhängt, ob die Voraussetzungen für eine Umdeutung erfüllt sind.

Jedenfalls nach meinem Eindruck sind reine „Formalurteile" in erschließungsbeitragsrechtlichen Verfahren inzwischen eine eher seltene Ausnahme geworden. Solche Ausnahmen aber dürften schlechthin nicht zu verhindern sein.

d) Nun zu einem weiteren Kritikpunkt der kommunalen Praxis an der verwaltungsgerichtlichen Kontrolle kommunaler Entscheidungen: Die Ermessensausübung werde immer stärker der gerichtlichen Nachprüfung unterworfen; überzogene Anforderungen an die Ermessensausübung führten zu häufigen Aufhebungen von Verwaltungsentscheidungen. Entgegen der gesetzlichen Vorgabe rücke das richterliche Ermessen mehr und mehr an die Stelle des Verwaltungsermessens[22].

Mir fehlt ein hinreichender Überblick, um beurteilen zu können, ob dieser Befund für die Kommunalverwaltung allgemein zutrifft; nach meiner Erkenntnis trifft er jedenfalls im Bereich des Erschließungsbeitragsrechts so nicht zu. Das schließt nicht aus, daß Instanzgerichten insoweit vornehmlich im – ich möchte sagen – Übereifer Fehler unterlaufen, doch läßt sich m. E. für den Bereich des Erschließungsbeitragsrechts keine die Entscheidungsfreiheit der Kommunen bewußt einschränkende Tendenz ableiten. Als Beleg für einen solchen – übrigens zugunsten der Gemeinde – an den Tag gelegten Übereifer mag ein Fall dienen, in dem eine Gemeinde eine bestimmte abgerechnete Erschließungsstraße in einzelnen Teilen noch nicht dem öffentlichen Verkehr gewidmet hatte und das Berufungsgericht diesen Mangel hinsichtlich der Teile, die bereits gewidmet waren, durch die Bildung von Abschnitten gleichsam „überspielen" wollte. Das Bundesverwaltungsgericht ist dem im Urteil vom 21. Januar 1977[23] entgegengetreten und hat ausgeführt, wenn die Gemeinde mit der Beitragserhebung für eine endgültig hergestellte Straße nicht bis zu deren vollständiger Widmung abwarten wolle, stehe es in geeigneten Fäl-

---

20 BVerwG, Urteil vom 19.8.1988 – 8 C 29.87 – BVerwGE 80, 96 = KStZ 1988, 230 = DVBl 1988, 1161.

21 VGH München, Urteil vom 27.10.1986 – 6 B 84 A. 2569 – KStZ 1987, 77 = BayVBl. 1987, 276.

22 Siehe etwa Jauning, a. a. O., S. 402.

23 BVerwG, Urteil vom 21.1.1977 – IV C 84 – 92.74 – NJW 1977, 1740 = BauR 1977, 266 = ZMR 1978, 146.

len in ihrem Ermessen, sich mit der Bildung abzurechnender Abschnitte zu helfen. Doch sei es rechtsfehlerhaft, daß das Berufungsgericht den insoweit der Gemeinde gegebenen Ermessensspielraum nicht beachtet und selbst in vermeintlicher Rechtsanwendung einen solchen Abschnitt gebildet habe, um auf diese Weise eine noch nicht beitragsfähige Straße wenigstens zu einem Teil beitragsfähig zu machen.

Über einen aus meiner Sicht gravierenderen Fall möchte ich hier nur kurz berichten. Es geht um eine sog. einseitig anbaubare Innerortsstraße. Der umlagefähige Aufwand für die erstmalige Herstellung einer solchen Anlage ist allein von den erschlossenen Grundstücken an der anbaubaren Straßenseite zu tragen, sofern die Anlage lediglich in einer Breite ausgebaut worden ist, die für die Erschließung allein der bebaubaren Grundstücke der einen Straßenseite „schlechthin unentbehrlich" ist. Wann das der Fall ist, hat die Gemeinde aufgrund der konkreten Umstände des Einzelfalls zu beurteilen[*2]. Anhaltspunkte für diese Entscheidung können ihr die „Empfehlungen für die Anlage von Erschließungsstraßen"[24] der Forschungsgesellschaft für das Straßenwesen als sachverständige Konkretisierung moderner Grundsätze des Straßenbaus geben. Von diesem Ansatz ausgehend hat ein Berufungsgericht in einem Urteil vor etwa 1 ½ Jahren in – wie ich meine – nicht zu vertretender Weise den Empfehlungen im Ergebnis den Charakter von die Gemeinden bindenden Richtlinien beigemessen und unter Vernachlässigung des gemeindlichen Spielraums erkannt, bei einer einseitig anbaubaren, für den Begegnungsverkehr konzipierten Straße in einem Gewerbegebiet ergebe sich im Hinblick darauf, daß nach den Empfehlungen der Raumbedarf für einen LKW-Begegnungsverkehr bei unverminderter Geschwindigkeit von 50 km/h mindestens 6,25 m betrage – und zwar gemessen von den äußeren Begrenzungslinien der Außenspiegel – und ein äußerer Sicherheitsabstand von 25 cm einzuhalten sei, eine unentbehrliche Mindestbreite der Fahrbahn von 6,50 m mit der Folge, daß die Herstellungskosten, die auf die Fahrbahnbreite von mehr als 6,50 m entfallen, nicht zum beitragsfähigen Aufwand gehörten.

Gleichwohl: M. E. lassen Fälle solcher oder ähnlicher Art keinen Schluß auf eine feststellbare Tendenz dahin zu, in erschließungsbeitragsrechtlichen Streitverfahren rücke das richterliche Ermessen mehr und mehr an die Stelle des Verwaltungsermessens. Vielmehr handelt es sich insoweit schlicht um Fehlleistungen, wie sie überall gelegentlich vorkommen und die das Gleichgewicht im Spannungsverhältnis zwischen Kommunalverwaltung und Verwaltungsgerichtsbarkeit nicht berühren.

[*2] An die Stelle des Merkmals „schlechthin unentbehrlich" ist in der Rechtsprechung des BVerwG inzwischen das inhaltsgleiche Merkmal „unerläßlich" getreten; mit Blick auf dieses letztere Merkmal nimmt das BVerwG im Urteil vom 3.3.2004 (9 C 6.03 – DVBl 2004, 1038 = NVwZ 2004, 1118 = HSGZ 2004, 228) ohne jede Begründung an, es handele sich bei ihm um einen gerichtlich voll überprüfbaren Rechtsbegriff, der Gemeinde komme insoweit lediglich eine Entscheidungs-, nicht aber eine Einschätzungsprärogative zu. Diese Rechtsansicht überzeugt nicht.

24 Empfehlungen für die Anlage von Erschließungsstraßen EAE 85, Ausgabe 1985.

e) Die Berechenbarkeit und Verläßlichkeit der Verwaltungsrechtsprechung ist namentlich für die Kommunen von erheblichem Gewicht; sie gibt eine bedeutende Orientierungshilfe in dem Bemühen, Rechtsstreitigkeiten mit den Bürgern nach Möglichkeit zu vermeiden. Das könne jedoch nicht gelingen, wenn – so wird von kommunaler Seite moniert – die Rechtsprechung etwa zum Erschließungsbeitragsrecht vielfachen Schwankungen unterliege oder sogar überraschende Kehrtwendungen vornehme, durch die eine langjährige Verwaltungspraxis für rechtlich unzulässig erklärt werde. Als Beispiel hierfür sei das Urteil des Bundesverwaltungsgerichts vom 3. Juni 1983[25] zu nennen, durch das entschieden worden sei, daß unbefahrbare Fußwege keine beitragsfähigen Erschließungsanlagen im Sinne des Bundesbaugesetzes seien. Zwar seien solche Fußwege nicht ausdrücklich im Bundesbaugesetz genannt gewesen, doch hätten die Gemeinden auf der Grundlage der Rechtsprechung des Bundesverwaltungsgerichts bis zu dem genannten Urteil davon ausgehen dürfen, daß die Kosten für die Herstellung unbefahrbarer Fußwege auf die Grundstücke abgewälzt werden dürften[26].

Diese Kritik richtet sich im wesentlichen an das Bundesverwaltungsgericht selbst. Um nicht als Anwalt in eigener Sache auftreten zu müssen, möchte ich mich in diesem Punkt zurückziehen hinter Herrn Rechtsanwalt Dr. Sellner aus Bonn, der nicht gerade in dem Verdacht steht, vorschnell Partei für die Verwaltungsgerichtsbarkeit zu ergreifen, oder genauer: ich möchte in diesem Zusammenhang aus einem im Jahre 1986 mit dem Titel „Aktuelle Probleme des Erschließungsbeitragsrechts" erschienenen Aufsatz von Herrn Dr. Sellner[27] zitieren. Gestatten Sie mir zuvor aber noch folgende Bemerkung: Ich kann und will nicht leugnen, daß es der Rechtsprechung des Bundesverwaltungsgerichts zum Erschließungsbeitragsrecht auch aus meiner Sicht lange Zeit an der wünschenswerten systematischen Durchdringung der gesamten Materie gemangelt hat, die ihrerseits eine notwendige Voraussetzung für eine hinreichende Berechenbarkeit der Rechtsprechung ist. Das hat eine Reihe von Gründen, u. a. beruht es darauf, daß eine verläßliche Systematisierung erst auf der Grundlage einer bestimmten Anzahl von Einzelentscheidungen erfolgen kann. Doch mag das im einzelnen auf sich beruhen.

Herr Dr. Sellner schreibt in dem bezeichneten Aufsatz u. a.: „Die Rechtsprechung des 8. Senats des Bundesverwaltungsgerichts ist von dem Bemühen getragen, die Materie des Erschließungsbeitragsrechts in ihrer Gesamtheit systematisch zu durchdringen, die großen Zusammenhänge hervorzuheben und dort, wo diese Systematik früher noch nicht erreicht schien, nunmehr eindeutige Konturen herauszuarbeiten"[28]. Und an anderer Stelle heißt es: „Auch das Bemühen um begriffliche Klarstellung, das sicher in engem Zusammenhang mit dem Streben nach systematischer Ordnung und Durchdringung der gesamten Materie steht, ist in

---

25 BVerwG, Urteil vom 3.6.1983 – 8 C 70.82 – BVerwGE 67, 216 = DVBl. 1983, 908 = NVwZ 1984, 170.
26 So u. a. Rehn in: Kommunalpolitik im Gerichtssaal?, a. a. O., S 33 ff.
27 Sellner in: NJW 1986, 1073 ff.
28 Sellner, a. a. O., S. 1073.

zahlreichen Entscheidungen des 8. Senats belegt"[29]. So viel abstrakt zum Thema „Berechenbarkeit".

Lassen Sie mich jetzt noch auf das von kommunaler Seite mit – zum Teil – wütender Kritik überhäufte sog. Wohnweg-Urteil des Bundesverwaltungsgerichts vom 3. Juni 1983 zurückkommen, das – und darauf sei nur am Rande hingewiesen – keinen Wohnweg, sondern eine mangels entsprechender Widmung nicht mit Kraftwagen befahrbare, etwa 5 m breite und ca. 120 m lange Straße zum Gegenstand hatte, an die u. a. gewerblich nutzbare Grundstücke angrenzten.

Das Bundesverwaltungsgericht hat vor dem 3. Juni 1983 kein einziges Mal die Frage zu entscheiden gehabt, ob eine aus tatsächlichen oder rechtlichen Gründen nicht mit Kraftwagen befahrbare Verkehrsanlage eine beitragsfähige Erschließungsanlage im Sinne des § 127 Abs. 2 BBauG ist. Angesichts dessen mutet es zumindest tendenziell etwas merkwürdig an, wenn unter Berufung auf die vorangegangene Rechtsprechung des Bundesverwaltungsgerichts ein gleichsam schutzwürdiges Vertrauen der Kommunen konstruiert worden ist, sie dürften Herstellungskosten für Fußwege über die §§ 127 ff. BBauG auf die Grundstückseigentümer abwälzen, und zwar ein Vertrauen, das durch die „völlig überraschende" Kehrtwendung in der Entscheidung vom 3. Juni 1983 in schlechthin unvertretbarer Weise verletzt worden sei. Ich möchte das nicht vertiefen, sondern sozusagen zu meiner Entlastung wiederum als Kronzeugen Herrn Dr. Sellner zitieren:

„Bei der Auslegung des Begriffs zum Anbau bestimmt – im Sinne des § 127 Abs. 2 Nr. 1 BBauG, um den es bekanntlich in diesem Zusammenhang ausschlaggebend geht – hatte sich schon in der Rechtsprechung des 4. Senats richtigerweise eine baurechtliche Betrachtungsweise durchgesetzt; eine nicht zum Anbau bestimmte Straße im Außenbereich erschließt ein Grundstück nicht im beitragsrechtlichen Sinne. Diese Rechtsprechung führte der 8. Senat fort, indem er unabhängig von der tatsächlichen Bebauung das Erschlossensein eines Außenbereichsgrundstücks und damit die Beitragspflicht mit der Begründung verneinte, die Außenbereichsstraße sei bei typisierender Betrachtung nicht zum Anbau bestimmt. Für Eigentümerwege wurde die Qualifizierung als selbständige Erschließungsanlage u. a. davon abhängig gemacht, ob die Wege die Bebaubarkeit vermitteln, d. h. zum Anbau bestimmt sind. Nach diesen Weichenstellungen konnte die Entscheidung vom 3. Juni 1983 keineswegs als Überraschung angesehen werden, wenn sie auch in der Praxis offenbar so empfunden worden ist. Die Entscheidung zieht aus dem baurechtlichen Verständnis (Anbau) des § 127 Abs. 2 Nr. 1 BBauG nur die Konsequenz, wenn erklärt wird, eine selbständige öffentliche Verkehrsanlage sei nur dann zum Anbau bestimmt, wenn sie bei verallgemeinernder Betrachtung den anliegenden Grundstücken eine tatsächliche und vom Widmungsumfang gedeckte Anfahrmöglichkeit biete und gewährleiste, daß mit Personen- und Versorgungsfahrzeugen an die Grenze dieser Grundstücke herangefahren werden könne"[30].

---

29 Sellner, a. a. O., S. 1076.
30 Sellner, a. a. O., S 1074.

Wie auch immer: Der Protest der Kommunen gegen diese Entscheidung und der sich anschließende Ruf nach dem Gesetzgeber hat dazu geführt, daß dieser im Rahmen der Novellierung des Bundesbaugesetzes in den Katalog der beitragsfähigen Erschließungsanlagen des § 127 Abs. 2 Baugesetzbuch eine neue, auf Wohn- und Fußwege abzielende Nummer 2 aufgenommen hat. Ob und wieweit der Gesetzgeber den Kommunen damit einen Gefallen getan hat, bedarf hier keiner Erörterung[31].

f) Im übrigen wird von der kommunalen Seite eine Praxisferne mancher Urteile beklagt[32]. In der Tat: Gesetze sind auf den Vollzug hin angelegt; das bedeutet, daß Praktikabilität und Gesichtspunkte eines wirksamen und angemessenen Vollzugs jedenfalls Leitlinien bei der Auslegung verwaltungsrechtlicher Gesetze sein müssen. Ich will ohne weiteres zugeben, daß das bei manchen auch erschließungsbeitragsrechtlichen Entscheidungen nicht hinreichend beachtet wurde und wohl auch wird. Voraussetzung eines wirksamen Verwaltungsvollzugs ist u. a., daß die Leistungskraft der Exekutive nicht überfordert wird. Ein Erschließungsbeitragsrecht, das im Ergebnis voraussetzt, daß entweder nur noch Volljuristen mit spezieller Ausbildung die Masse der mit der Abrechnung einer beitragsfähigen Erschließungsanlage verbundenen Arbeiten erledigen können oder daß diese Arbeiten nur noch mit einem Verwaltungsaufwand durchgeführt werden können, der zum Ertrag, nämlich den Beitragseinnahmen, nicht mehr in einem vernünftigen Verhältnis steht, entspricht mit Sicherheit nicht dem Vorstellungsbild des Gesetzgebers. Aus diesem Grunde mißt das Bundesverwaltungsgericht dem Grundsatz der Verwaltungspraktikabilität im Erschließungsbeitragsrecht einen hohen Stellenwert bei, was nicht unbedingt heißen muß, daß insoweit den Wünschen der Praxis in jedem Fall hinreichend genügt wird und genügt werden kann. Immerhin: Die Bedeutung der Berücksichtigung von Praktikabilitätserwägungen kommt in einer Vielzahl von Urteilen des Bundesverwaltungsgerichts zum Ausdruck und sie hat inzwischen – wenn ich das richtig sehe – einen nicht zu übersehenden Niederschlag gefunden in den erschließungsbeitragsrechtlichen Entscheidungen der Instanzgerichte. Aus der Rechtsprechung des Bundesverwaltungsgerichts soll hier nur auf zwei Anwendungsfälle des Grundsatzes der Verwaltungspraktikabilität hingewiesen werden:

Im Urteil vom 9. Dezember 1983[33] ist geklärt worden, welche Kosten eines Regenwasserkanals dem beitragsfähigen Erschließungsaufwand gemäß § 128 Abs. 1 Satz 1 Nr. 2 BBauG als Kosten der Straßenentwässerung zuzurechnen sind. Das hierbei zu beachtende Ermittlungs- und Zuordnungssystem stellt nicht unerhebliche Anforderungen an die Gemeinde, da nach der Entscheidung des Gesetzgebers grundsätzlich nach den tatsächlich entstandenen Kosten abzurechen ist. Der Grundsatz, daß die tatsächlich entstandenen Kosten festzustellen und der Ab-

---

31 Vgl. dazu im einzelnen u. a. Driehaus, Erschließungs- und Ausbaubeiträge, NJW-Schriftenreihe, Heft 42, 2. Aufl., 1987, Rdn. 234.
32 Siehe z. B. Jauning, a. a. O., S. 413 mit weiteren Nachweisen.
33 BVerwG, Urteil vom 9.12.1983 – 8 C 112.82 – BVerwGE 68, 249 = DVBl. 1984, 194 = NVwZ 1984, 437.

rechnung zugrunde zu legen sind, gelte – so hat das Bundesverwaltungsgericht in dem genannten Urteil ausgeführt – ausnahmslos, soweit es sich um Kosten handelt, die anhand von der Gemeinde zugänglichen Unterlagen ohne weiteres rechnerisch genau festgestellt werden können. Ein Abweichen von diesem Grundsatz dränge sich indessen „wegen des Bedürfnisses nach Verwaltungspraktikabilität" auf, wenn die Einhaltung des Grundsatzes der tatsächlichen Kostenermittlung die Gemeinde vor unangemessene Schwierigkeiten stellt. Dem Abgabenrecht sei, weil der Arbeitsaufwand in angemessenem Verhältnis zum Ertrag stehen solle, allgemein eigen, daß das Bedürfnis nach Verwaltungspraktikabilität nicht unbeachtet bleiben könne. Deshalb sei auch dem Gebot der exakten, pfennig-genauen Kostenermittlung eine Grenze gesetzt mit der Folge, daß die Gemeinde ausnahmsweise berechtigt sei, zur Vermeidung eines unverhältnismäßigen Verwaltungsaufwands den beitragsfähigen Aufwand bzw. Teile dieses Aufwands „mit Hilfe gesicherter Erfahrungssätze" zu schätzen. Die vom materiellen Recht der Gemeinde eingeräumte Schätzungsbefugnis – so hat das Bundesverwaltungsgericht[34] später entschieden – schließe in den in Rede stehenden Ausnahmefällen eine prozessuale Schätzungsbefugnis des Gerichts in entsprechender Anwendung des § 287 Abs. 2 ZPO aus. Die gemeindliche Schätzungsbefugnis sei notwendigerweise mit einem gewissen Spielraum, d.h. einer sowohl den Weg der Schätzung als auch deren Ergebnis betreffenden Toleranz verbunden, die das Gericht zu beachten habe.

Ebenfalls unter dem Blickwinkel der Verwaltungspraktikabilität möchte ich – wie an anderer Stelle angekündigt – zurückkommen auf die satzungsmäßige Verteilungsregelung für eine Lärmschutzanlage, und zwar gleichsam unter der Fragestellung, was der Grundsatz der Verwaltungspraktikabilität in diesem Zusammenhang zu leisten vermag. Im Urteil vom 19. August 1988[35] hat sich das Bundesverwaltungsgericht erstmals mit einem entlang einer Innerortsstraße angelegten Lärmschutzwall als beitragsfähiger Erschließungsanlage im Sinne des § 127 Abs. 2 Nr. 5 BBauG befaßt. In der Entscheidung hat das Gericht u.a. zwei Fragen behandelt, nämlich ob – erstens – Geschoßflächen (Geschosse), für die ein Lärmschutzwall infolge seiner (geringen) Höhe keine Schallpegelminderung bewirkt, bei der Verteilung des für diese Anlage entstandenen umlagefähigen Erschließungsaufwands unberücksichtigt bleiben müssen (sog. vertikale Differenzierung), und ob – zweitens – dann, wenn ein Lärmschutzwall für die durch ihn erschlossenen Grundstücke wegen ihrer Entfernung zur Anlage erheblich unterschiedliche Schallpegelminderungen bewirkt, diesen Unterschieden bei der Aufwandsverteilung angemessen Rechnung zu tragen sei (sog. horizontale Differenzierung). Es hat beide Fragen bejaht und ausgeführt, es sei zwar nicht zu leugnen, daß ein Verzicht auf eine vertikale und horizontale Differenzierung – ebenso wie der Verzicht auf jegliche Differenzierung im Rahmen der Aufwandsverteilung – einer Ver-

---

34 BVerwG, Urteil vom 16.8.1985 – 8 C 120 – 122.83 – DVBl. 1986, 345 = NJW 1986, 1122 – BWGZ 1986, 61.
35 BVerwG, Urteil vom 19.8.1988 – 8 C 51.87 – BVerwGE 80, 99 = ZMR 1988, 472 = KStZ 1988, 225.

einfachung der Abrechnung und in diesem Sinne der Verwaltungspraktikabilität entgegenkomme. Angesichts der Tatsache jedoch, daß Geschoßflächen bzw. Geschossen, die keine Schallpegelminderung mehr erfahren, eindeutig keine Erschließungsvorteile und näher an der Lärmschutzanlage gelegenen Grundstücken im Vergleich zu weiter entfernt gelegenen eindeutig und ohne große technische Schwierigkeiten feststellbar mehr Erschließungsvorteile vermittelt würden, vermöge der Grundsatz der Verwaltungspraktikabilität nicht einen völligen Verzicht auf eine vertikale und horizontale Differenzierung zu rechtfertigen. Er sei aber gleichwohl auch in diesem Zusammenhang von nicht zu unterschätzender Bedeutung. Er zahle sich nämlich in Richtung auf eine Abrechnungsvereinfachung aus. Das führe bezüglich der vertikalen Differenzierung dazu, daß eine Satzungsregelung gewählt werden dürfe, die in verallgemeinernder Weise der Tatsache Rechnung trage, daß Lärmschutzanlagen mit Rücksicht auf ihre Höhe für bestimmte Geschoßflächen (Geschosse) nicht mehr lärmmindernd wirken. Auf dieser Grundlage sei eine Satzungsbestimmung nicht zu beanstanden, die anordne, daß bei der Aufwandsverteilung nur die Flächen der Geschosse bzw. nur die Geschosse zu berücksichtigen seien, deren Oberkante nicht höher liege als die Oberkante der Lärmschutzeinrichtung. Hinsichtlich der horizontalen Differenzierung sei mit Rücksicht auf den Grundsatz der Verwaltungspraktikabilität bundesrechtlichen Anforderungen genügt, wenn der Ortsgesetzgeber in der Satzung geregelt habe, daß bei der Aufwandsverteilung für eine Lärmschutzanlage erheblich unterschiedlichen Schallpegelminderungen angemessen Rechnung zu tragen sei; als in diesem Sinne erheblich seien jedenfalls Unterschiede von jeweils 3 dB (A) zu qualifizieren. Im übrigen sei es dem Ortsgesetzgeber unbenommen, weitergehend in satzungsmäßiger Form etwa mit Blick auf eine konkrete Anlage zu bestimmen, für die Verteilung des umlagefähigen Aufwands seien vorab beispielsweise drei Gruppen von Grundstücken zusammenzufassen, für die die bewirkten Schallpegelminderungen – erstens – mehr als 9 dB (A), – zweitens – mehr als 6 (bis einschließlich 9) dB (A) und – drittens – mindestens 3 (bis einschließlich 6) dB (A) betragen. Bundesrechtlich wäre eine daran anknüpfende Anordnung des Ortsgesetzgebers nicht zu beanstanden, nach der der umlagefähige Aufwand auf die – beispielhaft genannten – drei Grundstücksgruppen etwa im Verhältnis 3 : 2 : 1 mit der Folge aufzuteilen ist, daß der danach auf jede Gruppe entfallende Anteil am umlagefähigen Aufwand auf die Grundstücke der jeweiligen Gruppe nach Maßgabe des „allgemeinen" Verteilungsmaßstabs umzulegen ist.

III.

Ich komme zum Schluß: Bei der Vorbereitung dieses Vortrags habe ich den Eindruck gewonnen, daß wohl schon gegenwärtig Beispiele aus dem Erschließungsbeitragsrecht kaum mehr als gleichsam klassische Belege für den Vorwurf herangezogen werden können, die Verwaltungsgerichtsbarkeit stranguliere die Kommunalverwaltung in sachlich schlechthin nicht vertretbarem Maße und sie höhle durch übertriebenen Kontrollperfektionismus das gemeindliche Selbstverwaltungsrecht aus. Ich hoffe, ich habe Ihnen einen dementsprechenden Eindruck vermitteln können. Jedenfalls kann ich Ihnen versichern, daß meine Kollegen beim Bundesverwaltungsgericht und ich alles tun werden, um der uns u. a. auferlegten Aufgabe gerecht zu werden, das von unserer Verfassung vorgegebene Spannungsverhältnis zwischen Kommunalverwaltung im allgemeinen und gemeindlicher Selbstverwaltung im besonderen einerseits sowie Verwaltungsgerichtsbarkeit andererseits einigermaßen im Gleichgewicht zu halten. Die gemeindliche Selbstverwaltung lebt, und sie wird weiterleben, soweit wir heute überhaupt in die Zukunft sehen können. Die Rechtsprechung kann und – das ist meine feste Überzeugung – will daran nicht das Geringste ändern.

2. Wiederkehrende Beiträge für Verkehrsanlagen?[*][1]

Am 24. November 1993 hat eine Fraktion im Thüringer Landtag den Entwurf eines Ersten Gesetzes zur Änderung des Thüringer Kommunalabgabengesetzes (Drs. 1/2875) eingebracht. Die damit angestrebte Gesetzesänderung zielt darauf ab, durch eine Ergänzung des § 7 des Thüringer Kommunalabgabengesetzes vom 7. August 1991 (GVBl. S. 329) den Gemeinden die Möglichkeit zu eröffnen, für die Abwälzung der ihnen für den Ausbau von Verkehrsanlagen entstehenden Aufwendungen nicht nur – wie bisher – auf die Kosten der jeweils ausgebauten Anlage bezogene sog. (einmalige) Straßenbaubeiträge, sondern nach ihrer Wahl entweder solche Straßenbaubeiträge oder auf die Kosten für den Ausbau einer Mehrzahl von Verkehrsanlagen ausgerichtete sog. wiederkehrende Beiträge zu erheben. Eine Beurteilung dieses Gesetzesvorhabens setzt eine Skizzierung der gegenwärtigen Rechtslage voraus, wobei besonders die Rechtslage in Rheinland-Pfalz zu beachten ist. Denn der Gesetzentwurf orientiert sich an der Rechtslage in diesem Bundesland.[2]

I. Gegenwärtige Rechtslage

1 a) § 7[3] lehnt sich – soweit es um das Beitragsrecht für nicht leitungsgebundene Einrichtungen, d. h. (in erster Linie) um Verkehrsanlagen geht (Straßenbaubeitragsrecht) – ersichtlich zum einen an das Erschließungsbeitragsrecht (§§ 127 ff. BauGB) und zum anderen an das bayerische Straßenbaubeitragsrecht (vgl. Art. 5 BayKAG) an. Das ergibt sich aus dem Aufbau des § 7 sowie den benutzten Begriffen und Formulierungen und wird durch die Gesetzesmaterialien bestätigt;[4] § 7 entspricht insoweit den straßenbaubeitragsrechtlichen Bestimmungen aller (Flächen-)Länder mit Ausnahme der betreffenden Regelungen in Rheinland-Pfalz. Der Beitrag im Erschließungsbeitragsrecht wie im Straßenbaubeitragsrecht der Länder – außer dem in Rheinland-Pfalz – ist gekennzeichnet vom „Prinzip der Einmaligkeit", d. h. davon, daß für eine bestimmte gemeindliche Leistung – sei es die erstmalige Herstellung etwa einer zum Anbau bestimmten Straße (§ 127 Abs. 2 Nr. 1 BauGB), sei es deren Verbesserung oder Erneuerung – mit Blick auf ein Grundstück nur jeweils einmal eine Beitragspflicht entstehen kann.

---

[*] Nachdruck aus ThürVBl. 1995, 7.

[1] Dieser Beitrag gibt im wesentlichen eine Stellungnahme wieder, die der Verfasser im Rahmen einer vom Innenausschuß des Thüringer Landtags am 29.3.1994 durchgeführten öffentlichen Anhörung abgegeben hat. Nach Fertigstellung des Beitrags im April 1994 ist – auf der Grundlage eines anderen Gesetzentwurfs – mit Wirkung vom 29.6.1994 (GVBl. S. 796) § 7 a in das Thüringer Kommunalabgabengesetz eingefügt worden, der den Gemeinden erlaubt, sich für die Einführung von wiederkehrenden Beiträgen anstelle des einmaligen Beitrags zu entscheiden (vgl. dazu Driehaus, Kommunalabgabenrecht, 11. Erg. Lfg., § 8 Rdnr. 8 b f.).

[2] Vgl. dazu die Niederschrift der ersten Beratung des Gesetzesentwurfs im Landtag, 1. Wahlperiode, 102. Sitzung, 23.12.1993, S. 25, 26.

[3] Hier und im folgenden wird davon abgesehen, dem § 7 jeweils die Gesetzesbezeichnung Thüringer Kommunalabgabengesetz beizufügen.

[4] Vgl. u. a. Drs. 1/334, S. 170 ff., 185.

b) Nach § 7 Abs. 1 Satz 1 können – einmalige – Straßenbaubeiträge von den Grundeigentümern (Erbbauberechtigten) erhoben werden, denen die „Möglichkeit der Inanspruchnahme" der (erweiterten, verbesserten oder erneuerten, d. h. der) ausgebauten Verkehrsanlage „besondere Vorteile bietet". Für das Verständnis des das Beitragsrecht schlechthin prägenden Merkmals „Vorteil" ist von Bedeutung, daß der (Landes-)Gesetzgeber dieses Merkmal – ebenso wie die meisten anderen Landesgesetzgeber – in § 7 an drei Stellen verwandt hat, nämlich außer in Absatz 1 Satz 1 auch in Absatz 2 und in Absatz 3 Satz 2. Mangels irgendeines abweichenden Anhaltspunktes muß davon ausgegangen werden, daß der Inhalt dieses Begriffs an den drei Stellen identisch ist; der Inhalt wird bestimmt durch die Funktion, die der Gesetzgeber diesem Merkmal an den drei genannten Stellen zugewiesen hat: Dieses Merkmal dient der Ermittlung – erstens – des sog. umlagefähigen Aufwands, d. h. der Verminderung des entstandenen beitragsfähigen Aufwands um die der Allgemeinheit zuzurechnende „Eigenbeteiligung der Kommune" (§ 7 Abs. 3 Satz 1), den sog. Gemeindeanteil (vgl. § 7 Abs. 3 Satz 2). Das Merkmal „Vorteil" dient – zweitens – der Ermittlung der beitragspflichtigen Grundstücke (bzw. Grundstückseigentümer und Erbbauberechtigten), d. h. der Trennung der Grundstücke, die infolge ihrer räumlichen Nähe zur ausgebauten Verkehrsanlage mit ihr in einer besonderen Beziehung stehen und deshalb einen Anteil am umlagefähigen Aufwand zu tragen haben, von denen, auf die dies nicht zutrifft; mit derartigen Anteilen sollen nur die Grundstücke belastet werden, denen die Möglichkeit der Inanspruchnahme der ausgebauten Verkehrsanlage „besondere Vorteile bietet" (§ 7 Abs. 1 Satz 1). Und – drittens – dient das Merkmal „Vorteil" der Verteilung des umlagefähigen Aufwands auf die einzelnen der Beitragspflicht unterliegenden Grundstücke; diese Verteilung soll differenziert nach dem unterschiedlichen Umfang der jeweils vermittelten (besonderen) Vorteile erfolgen (vgl. § 7 Abs. 2). Ohne das Vorliegen eines (Sonder-)Vorteils wäre die Heranziehung zu einem Straßenbaubeitrag unter dem Blickwinkel des Art. 3 Abs. 1 GG verfassungsrechtlich nicht zu rechtfertigen.[5] Der Gleichbehandlungsgrundsatz verlangt – so hat es z. B. das OVG Lüneburg schon im Urt. v. 17. Juli 1975 formuliert –, daß einem Straßenanlieger, „soll er beitragspflichtig werden, im Verhältnis zu den übrigen Straßenbenutzern ein Sondervorteil zugewachsen sein muß."[6]

Im Erschließungsbeitrags- wie im Straßenbaubeitragsrecht nach § 7 sowie nach den entsprechenden Bestimmungen der anderen Länder – abgesehen vom Land Rheinland-Pfalz – wird der besondere, eine Beitragserhebung rechtfertigende Vorteil durch die Möglichkeit der Inanspruchnahme der ausgebauten Anlage geboten, so daß die Bemessung der Vorteile anknüpfen muß an den Wert, den die Inanspruchnahmemöglichkeit der ausgebauten Anlage für die einzelnen erschlossenen Grundstücke hat (sog. *anlagenbezogener Vorteilsbegriff*). Dieser Wert bestimmt sich ausschließlich nach dem Umfang der wahrscheinlichen (erfahrungsgemäß zu erwartenden) Inanspruchnahme (Nutzung) der ausgebauten Anlage.

---

5   Vgl. in diesem Zusammenhang etwa BVerfG, B. v. 10.5.1960 – 1 BvR 190/58 u. a. – BVerfGE 11, 105, 117 m. w. N.
6   OVG Lüneburg, U. v. 17.7.1975 – V/A 38/75 – OVGE 31, 410.

Je mehr diese von einem bestimmten Grundstück aus erfahrungsgemäß in Anspruch genommen wird, desto wertvoller ist für dieses Grundstück die von der Gemeinde durch ihre Leistung gebotene Inanspruchnahmemöglichkeit der ausgebauten Anlage und desto größer ist deshalb der diesem Grundstück vermittelte Vorteil. Die Höhe der den einzelnen Grundstücken verschafften Vorteile ist somit abhängig vom Maß der wahrscheinlichen Inanspruchnahme der ausgebauten Verkehrsanlage, deren Umfang ihrerseits maßgeblich von der jeweiligen Ausnutzbarkeit der erschlossenen Grundstücke beeinflußt wird.

c) Von der damit gekennzeichneten, im Erschließungsbeitragsrecht bundeseinheitlich, im Straßenbaubeitragsrecht ganz überwiegend geltenden Rechtslage weicht *ausschließlich* das Straßenbaubeitragsrecht in Rheinland-Pfalz ab, und zwar seit Inkrafttreten des Kommunalabgabengesetzes vom 5. Mai 1986 (GVBl. S. 103) – KAG RP –. In diesem Gesetz hat der Gesetzgeber nicht nur einen anderen Aufbau, unterschiedliche Regelungen und abweichende Formulierungen gewählt; er hat überdies bestimmten Begriffen einen andersartigen Inhalt gegeben.[7] Dies gilt insbesondere für die Begriffe „Vorteile"[8] und „Beitrag". Nach § 5 Abs. 3 Satz 1 KAG RP gelten Beiträge „den Vorteil ab, der sich aus dem Vorhalten einer Einrichtung ergibt". Gemäß § 5 Abs. 3 Satz 3 KAG RP können „Beiträge ... wiederkehrend und einmalig erhoben werden"; dieser Beitragsbegriff löst sich damit vom Prinzip der Einmaligkeit. An § 5 Abs. 3 KAG RP knüpft für Verkehrsanlagen § 14 Abs. 8 KAG RP mit den Worten an:

„Die kommunalen Gebietskörperschaften können durch Satzung für ihr gesamtes Gebiet oder auch nur für ein einzelnes Abrechnungsgebiet (§ 13 Abs. 2 und 3) festlegen, daß anstelle einmaliger Beiträge die jährlichen Investitionsaufwendungen für die Verkehrsanlagen in den einzelnen Abrechnungseinheiten nach Abzug des Anteils gemäß Absatz 2 als wiederkehrender Beitrag auf die Grundstücke und Betriebe im Ermittlungsgebiet (Absatz 3) verteilt werden. § 5 Abs. 3 Satz 4, §§ 6 und 8 Abs. 2 gelten nicht. Beitragspflicht besteht für die Grundstücke und Betriebe im Ermittlungsgebiet. Anstelle der jährlichen Investitionsaufwendungen kann vom Durchschnitt der zu erwartenden Aufwendungen der folgenden fünf Jahre ausgegangen werden. Überschreitet das Beitragsaufkommen die tatsächlichen Investitionsaufwendungen nach Abzug des Anteils des Einrichtungsträgers (Absatz 2), so ist das Beitragsaufkommen der folgenden Jahre entsprechend zu mindern".

§ 13 KAG RP verhält sich in seinen Absätzen 2 und 3 im einzelnen dazu, unter welchen Voraussetzungen in welcher Form mehrere Verkehrsanlagen zu einem Abrechnungsgebiet zusammengefaßt werden können.[9]

2 a) Der rheinland-pfälzische Sonderweg einer Refinanzierung entstandener Aufwendungen für den Ausbau von Verkehrsanlagen über wiederkehrende Beiträge

---

7 Vgl. u. a. Bauernfeind, in: Driehaus, Kommunalabgabenrecht, 9. Erg. Lfg., § 1 Rdnr. 8.
8 Siehe dazu u. a. Zimmermann in KStZ 1986, 203, 204 f., und Reichert in KStZ 1986, 64 ff.
9 Siehe zu den damit zusammenhängenden Schwierigkeiten OVG Koblenz, u. a. U. v. 8.10.1993 – 10 C 10237/93.

hat sich in der Praxis *nicht bewährt*.[10] Nach einer im Jahre 1993 vom Gemeinde- und Städtebund Rheinland-Pfalz durchgeführten Umfrage erheben für Verkehrsanlagen nur 19,8 % der Kommunen wiederkehrende Beiträge.[11] Gegenwärtig ist eine Novellierung des Kommunalabgabengesetzes beabsichtigt; ein Referentenentwurf liegt bereits vor. In diesem Entwurf ist nicht nur vorgesehen, das z. Zt. 46 Vorschriften umfassende Kommunalabgabengesetz auf 17 Bestimmungen zu beschränken und den in § 5 Abs. 3 der geltenden Fassung enthaltenen *Vorteilsbegriff* zu *ändern*. Vor allem soll das durch die gegenwärtige Gesetzesfassung begründete Gebot, spätestens bis zum 31. Dezember 1995 (vgl. § 42 Abs. 11 KAG RP) das sozusagen konventionelle Abrechnungssystem (Abrechnung der einzelnen Straße oder eines Abschnitts) völlig aufzugeben, gestrichen werden, und zwar in der Absicht gestrichen werden, den Kommunen *auf Dauer* zu ermöglichen, *einmalige* Beiträge für die einzelne Verkehrsanlage auf der Basis der tatsächlichen Investitionsaufwendungen zu erheben. Diese Änderung – so heißt es in der Begründung des Referentenentwurfs[12] „entspricht ... *Wünschen der Praxis*".

b) Die Überlegung, zur Refinanzierung der Aufwendungen, die namentlich für den Ausbau von Straßen entstehen, nicht einen einmaligen Beitrag, sondern eine jährlich wiederkehrende Abgabe zu erheben, ist nicht neu. Sie ist wiederholt im Zusammenhang mit Bestrebungen zur Fortentwicklung des Beitragsrechts für städtebauliche Aufschließungsmaßnahmen geäußert worden, u. a. in einem im Auftrag des Bundesministers für Raumordnung, Bauwesen und Städtebau im März 1973 erstatteten Gutachten.[13] Im Anschluß an dieses Gutachten hebt auch eines von drei Modellen, das in einem im Jahre 1977 verfaßten Bericht der Arbeitsgruppe Erschließungsbeitragsrecht beim Bundesminister für Raumordnung, Bauwesen und Städtebau[14] vorgestellt worden ist, auf eine laufende jährliche Abgabe ab. Eine diesem Bericht beigefügte gutachtliche Stellungnahme[15] kommt zu dem Ergebnis, bei einer solchen laufenden jährlichen Abgabe handele es sich mangels hinreichender Vorteile der Abgabenpflichtigen nicht mehr um einen Beitrag, sondern um eine Abgabe anderer Art.

Aus einer Mehrzahl von ganz grundsätzlichen, hier nicht zu erörternden Gründen hat der Bundesgesetzgeber zu *keinem* Zeitpunkt ernsthaft erwogen, den durch die Prinzipien der Einmaligkeit und des Ausgleichs der durch die einzelne Anlage vermittelten Vorteile gekennzeichneten, in der Praxis seit über 100 Jahren[16] *bewährten* einmaligen (Erschließungs-)Beitrag durch eine laufende jährliche Abgabe zu ersetzen. Ein mehr (sozial-)politischer Grund soll indes nicht verschwiegen werden: Anders als einmalige Beiträge dürften sog. wiederkehrende Beiträge als „lau-

---

10 Vgl. zu Bedenken dazu schon Traub in KStZ 1987, 184 ff.

11 Gemeinde und Stadt, Beilage 15/93 zu Heft 9/93, S. 3.

12 Vgl. den bezeichneten Entwurf, Stand 1.3.1994, Begründung S. 5.

13 Abgedruckt in: Schriftenreihe „Städtebauliche Forschung" des Bundesministers für Raumordnung, Bauwesen und Städtebau Nr. 03.011.

14 Abgedruckt in: Schriftenreihe „Städtebauliche Forschung" des Bundesministers für Raumordnung, Bauwesen und Städtebau, Nr. 03.058.

15 A. a. O., S. 63 f.

16 Vgl. dazu u. a. schon § 15 des Preußischen Fluchtliniengesetzes vom 2.7.1875 – GS S. 561.

fende öffentliche Lasten des Grundstücks" (Anlage 3 Nr. 1 zu § 27 II. BV) und damit *Betriebskosten* auf die Mieter abgewälzt werden können.[17]

II. Entwurf eines Ersten Gesetzes zur Änderung des Thüringer Kommunalabgabengesetzes

An das vom Erschließungs- wie vom geltenden Straßenbaubeitragsrecht nach § 7 abweichende Recht in Rheinland-Pfalz knüpft – wie gesagt – der zu beurteilende Gesetzentwurf an. Er sieht vor, daß nach § 7 Abs. 5 folgender neuer Absatz 6 eingefügt werden soll:

„Die kommunalen Gebietskörperschaften können durch Satzung für ihr gesamtes Gebiet oder auch nur für einzelne Abschnitte gemäß Absatz 1 Satz 4 Halbsatz 1 festlegen, daß anstelle einmaliger Beiträge die jährlichen Investitionsaufwendungen für nicht leitungsgebundene Einrichtungen in einzelnen Abrechnungseinheiten, nach Abzug des Anteils der Kommune gemäß Absatz 3, als wiederkehrender Beitrag auf diejenigen Grundstückseigentümer und Erbbauberechtigten (Absatz 7), denen die Möglichkeit der Inanspruchnahme dieser Einrichtung besondere Vorteile bietet, verteilt wird. Eine Beitragspflicht besteht für Grundstückseigentümer und Erbbauberechtigte, denen die Möglichkeit der Inanspruchnahme dieser nicht leitungsgebundenen Einrichtungen besondere Vorteile bietet. Anstelle der jährlichen Investitionsaufwendungen kann vom Durchschnitt der zu erwartenden Aufwendungen der folgenden fünf Jahre ausgegangen werden. Überschreitet das Beitragsaufkommen die tatsächlichen Investitionsaufwendungen, nach Abzug des Anteils der Kommune gemäß Absatz 3, so ist das Beitragsaufkommen entsprechend zu mindern."

Vor allem wegen der gebotenen Kürze dieser Stellungnahme muß darauf *verzichtet* werden, den verfassungsrechtlich bedeutsamen und (verständlicherweise) nicht ohne eingehende Untersuchung zu beantwortenden Fragen nachzugehen, ob es sich bei den wiederkehrenden Beiträgen ihrer Rechtsnatur nach um Steuern oder um Sonderabgaben handelt und ob – sofern das eine oder das andere zutrifft – die insoweit maßgeblichen Voraussetzungen erfüllt sind, um annehmen zu dürfen, ihre Einführung durch einen Landesgesetzgeber sei verfassungsrechtlich unbedenklich. Deshalb dazu hier nur kurz folgende Hinweise: Sollte der wiederkehrende Beitrag mit der – vom wissenschaftlichen Dienst des rheinland-pfälzischen Landtags zum seinerzeitigen Entwurf eines Kommunalabgabengesetzes (Drs. 10/1131) erstellten – gutachtlichen Stellungnahme vom 7. Juni 1985[18] als der Grundsteuer gleichartige Steuer im Sinne des Art. 105 Abs. 2a GG zu qualifizieren sein, fehlte es dem Land Thüringen an der *Gesetzgebungskompetenz* für eine derartige Regelung. Sollte der wiederkehrende Beitrag als eine Sonderabgabe mit Finanzierungszweck anzusehen sein, ist nicht unproblematisch, ob sie die Anforderungen erfüllt, die das Bundesverfassungsgericht[19] an die *Zulässigkeit* einer solchen Ab-

---

17 Ebenso u. a. Steenbock in GemHH 1983, 156.
18 Vgl. diese (unveröffentlichte) Stellungnahme, S. 21 ff.
19 Siehe dazu u. a. U. v. 10.12.1980 – 2 BvF 3/77 – BVerfGE 55, 274, 300 ff.

gabe stellt, insbesondere ob sie mit der bundesstaatlichen Finanzordnung und dem Grundsatz der Lastengleichheit aller Bürger in Einklang steht.

Nach Maßgabe des zuvor behandelten Vorbehalts sind zu dem Gesetzentwurf folgende Bemerkungen veranlaßt:

1. Satz 1 des vorgeschlagenen (neuen) Absatzes 6 macht zum Gegenstand der wiederkehrenden Beiträge die jährlichen Investitionsaufwendungen für nicht leitungsgebundene „Einrichtungen in einzelnen Abrechnungseinheiten". Was mit den „einzelnen Abrechnungseinheiten" gemeint ist, bleibt nach dem Gesetzentwurf offen; aus der Verwendung der Mehrzahl „Einrichtungen" ergibt sich, daß eine einzelne Abrechnungseinheit wohl aus *mehreren* Einrichtungen, d. h. mehreren einzelnen Verkehrsanlagen bestehen muß. Eine dem § 13 Abs. 2 und 3 KAG RP entsprechende Regelung, die für das rheinland-pfälzische Straßenbaubeitragsrecht die Beantwortung dieser sich aufdrängenden Frage zuläßt, fehlt im vorgeschlagenen Absatz 6. Sofern – was immerhin theoretisch denkbar wäre – mit „Abrechnungseinheiten" die in Satz 1 mit „gesamtes Gebiet oder auch nur für einzelne Abschnitte gemäß Absatz 1 Satz 4 Halbsatz 1" angesprochenen Ermittlungsräume gemeint sein sollten, machte das – abgesehen davon, daß das schwerlich mit der zuvor behandelten Benutzung des Wortes „Einrichtungen" vereinbar wäre – schlechthin *keinen* Sinn, weil dann insoweit lediglich der größte (gesamte Gemeindegebiet) und der kleinste (Abschnitt einer Verkehrsanlage) denkbare Ermittlungsraum zugelassen würde, nicht aber auch die in § 7 Abs. 1 Satz 1 als Regelermittlungsraum vorgesehene einzelne Verkehrsanlage und die in § 7 Abs. 1 Satz 4 Halbsatz 2 ausdrücklich angesprochene sog. Erschließungseinheit.

2. Zu einem wiederkehrenden Beitrag sollen nach Absatz 6 Satz 1 diejenigen Grundeigentümer (Erbbauberechtigten) herangezogen werden, denen die Möglichkeit der Inanspruchnahme „dieser Einrichtung" besondere Vorteile bietet. Hier wird nicht mehr von den in einer Abrechnungseinheit festgelegten „Einrichtungen", sondern lediglich noch von „dieser Einrichtung" (Einzahl) gesprochen und damit ausdrücklich abgestellt auf den sog. *anlagenbezogenen Vorteilsbegriff*, d. h. darauf, daß mit dem wiederkehrenden Beitrag belastet werden sollen ausschließlich die Grundeigentümer (Erbbauberechtigten), denen die Möglichkeit der Inanspruchnahme einer *ganz bestimmten* ausgebauten Einrichtung (Verkehrsanlage) besondere Vorteile bietet.

3. Jedenfalls in einem sachlichen Widerspruch zu der zuvor behandelten Regelung steht Absatz 6 Satz 2, wenn er anordnet, eine Beitragspflicht *besteht* für Grundeigentümer (Erbbauberechtigte), denen die Möglichkeit der Inanspruchnahme „dieser nicht leitungsgebundenen Einrichtungen" besondere Vorteile bietet. Denn wenn zu einem Beitrag ausschließlich diejenigen Grundeigentümer (Erbbauberechtigten) herangezogen werden sollen, denen die Möglichkeit der Inanspruchnahme einer ganz *bestimmten* Einrichtung (Verkehrsanlage) besondere Vorteile bietet, eine Beitragspflicht aber – weitergehend – für alle Grundeigentümer (Erbbauberechtigten) besteht, denen die Möglichkeit der Inanspruchnahme einer Mehrzahl von ausgebauten „nicht leitungsgebundenen Einrichtungen" besondere Vorteile bie-

tet, drängt sich der Eindruck auf, daß sich der Kreis derjenigen, die zu Beiträgen herangezogen werden können, *nicht* mit dem Kreis derjenigen *deckt*, für die eine Beitragspflicht besteht; vielmehr liegt dann die Annahme nahe, daß der erste Kreis enger als der zweite sein soll. Wie dieser Konflikt gelöst werden soll, ist dem Gesetzentwurf nicht zu entnehmen.

4. In Wahrheit zielt der Gesetzentwurf – wie auf dem Deckblatt der Drs. 1/2875 unter Buchstabe B Absatz 1 deutlich gemacht ist – nicht darauf ab, nur diejenigen Grundeigentümer (Erbbauberechtigten) mit einem wiederkehrenden Beitrag zu belasten, denen – wie in Absatz 6 Satz 1 formuliert ist – „die Möglichkeit der Inanspruchnahme dieser ausgebauten Einrichtung" besondere Vorteile bietet. Vielmehr sollten – so heißt es im Rahmen der Begründung des Gesetzentwurfs – „die Kosten in Form von wiederkehrenden Beiträgen auf die Schultern aller Grundstückseigentümer und Erbbauberechtigten verteilt werden. In den Kommunen könnte dann z. B. ein jährlicher Beitrag eingezogen werden, der nur für den Straßenausbau verwendet werden darf". Nach dem dadurch zum Ausdruck gebrachten Ziel sollen *alle* Grundstückseigentümer (Erbbauberechtigten) einer Gemeinde *unabhängig* davon mit einer jährlichen Abgabe an den in einem Jahr in dieser Gemeinde anfallenden Straßenbaukosten beteiligt werden, ob und wann „ihre" Verkehrsanlage, d. h. die Anlage, zu der ihre Grundstücke eine Zufahrt bzw. einen Zugang haben und deren Inanspruchnahmemöglichkeit gerade und nur ihnen, anders als allen anderen Grundeigentümern (Erbbauberechtigten) in dieser Gemeinde besondere Vorteile bietet, ausgebaut wird. Das begegnet verfassungsrechtlichen Bedenken.

a) Im Erschließungs- wie im Straßenbaubeitragsrecht u. a. in Thüringen beruht der eine Beitragserhebung rechtfertigende besondere Vorteil (Sondervorteil) – wie oben dargelegt – auf der Möglichkeit der Inanspruchnahme gerade der ausgebauten, das jeweilige Grundstück erschließenden Straße, d. h. der Straße, zu der dieses Grundstück eine Zufahrt oder einen Zugang hat (sog. *anlagenbezogener Vorteilsbegriff*); die Möglichkeit der Inanspruchnahme anderer ebenfalls ausgebauter Straßen vermittelt diesem Grundstück (bzw. dessen Grundstückseigentümer oder Erbbauberechtigten) lediglich einen beitragsfreien Allgemeinvorteil. Die Beitragsbelastung eines Grundstücks, dem durch den Ausbau einer Straße in einem entfernter gelegenen Gemeindegebiet nicht ein Sonder-, sondern nur ein Allgemeinvorteil verschafft wird, ist – auch darauf wurde bereits hingewiesen – unter dem Blickwinkel des Gleichbehandlungsgrundsatzes (Art. 3 Abs. 1 GG) *nicht zu rechtfertigen*. Vor diesem Hintergrund drängt sich die Annahme auf, die vorgeschlagene Einführung des wiederkehrenden Beitrags müsse aus verfassungsrechtlichen Gründen scheitern.

Zwar ist richtig, daß bei einer Inanspruchnahme aller Grundstückseigentümer (Erbbauberechtigten) in einer Gemeinde für die dort in einem Jahr entstehenden Straßenbaukosten der auf jeden einzelnen jährlich entfallende Beitrag (allerdings nur) *relativ* gering sein wird. Das dürfte aber nichts an der Tatsache ändern, daß bei diesem Modell sowohl Grundstückseigentümer (Erbbauberechtigte) mit Beiträgen belastet werden, denen durch einen Kosten verursachenden Ausbau der ihr Grundstück erschließenden Straße im jeweiligen Jahr ein beitragsrechtlich relevanter

Sondervorteil zuwächst, als auch solche, für die dies *nicht* zutrifft. Dem dürfte sich nicht mit der Erwägung begegnen lassen, in absehbarer Zeit würden die anderen Straßen in der Gemeinde ebenfalls mit entsprechendem Kostenaufwand ausgebaut und auf diese Weise werde eine Gleichbehandlung aller Grundstückseigentümer (Erbbauberechtigten) gewährleistet. Denn das mag so sein, muß aber nicht so sein. Eine Anliegerstraße beispielsweise, die nach dem 3. Oktober 1990 erstmals endgültig hergestellt worden ist und für deren Herstellungsaufwand deshalb erhebliche Erschließungsbeiträge erhoben worden sind, bedarf bei ordnungsgemäßer Wartung in der Regel auf absehbare Zeit keines erneuten Ausbaus, so daß deren Anlieger – nach der Belastung mit Erschließungsbeiträgen – durch einen wiederkehrenden Beitrag in rechtlich schwerlich vertretbarer Weise *doppelt* belastet würden. Entsprechendes würde zutreffen in Konstellationen, in denen vor Einführung eines wiederkehrenden Beitrags für die Verbesserung oder Erneuerung einer Straße von deren Anliegern Straßenbaubeiträge erhoben worden sind. An jeglicher sachlicher Rechtfertigung für die Erhebung derartiger wiederkehrender Beiträge *fehlt* es in Fallgestaltungen, in denen Grundstücke z. B. an Straßen liegen, die noch nicht im Sinne des § 246a Abs. 4 BauGB fertiggestellt worden sind, aber in absehbarer Zeit fertiggestellt werden. Selbst wenn die Grundeigentümer (Erbbauberechtigten) in einem solchen Fall bereits in mehreren Jahren wiederkehrende Beiträge entrichtet haben, *müssen* sie im Fall der endgültigen Herstellung für „ihre" Straße kraft Bundesrechts (§§ 127 ff. BauGB), d. h. ohne daß der Landes- oder Ortsgesetzgeber daran etwas ändern könnte, zusätzlich noch einen (im Verhältnis zum Straßenbaubeitrag) in der Regel erheblich höheren Erschließungsbeitrag zahlen.

Ob und ggf. unter welchen Voraussetzungen durch eine Übergangsregelung für derartige und ähnliche Sachverhalte die gegenwärtig bestehenden verfassungsrechtlichen Bedenken ausgeräumt werden könnten, bedarf hier keiner Erörterung, weil der zu beurteilende Gesetzentwurf keine Übergangsregelung vorsieht.

b) Unergiebig ist in diesem Zusammenhang die Frage, wie verfassungsrechtlich der wiederkehrende Beitrag nach dem rheinland-pfälzischen Kommunalabgabengesetz zu beurteilen ist.[20] Denn anders als § 7, der unverändert auf den oben behandelten, gleichsam traditionellen anlagebezogenen Vorteilsbegriff abhebt, hat das rheinland-pfälzische Kommunalabgabengesetz einen inhaltlich davon abweichenden Vorteilsbegriff begründet. Die unter dem Blickwinkel des Gleichbehandlungsgrundsatzes vorzunehmende Bewertung aber ist abhängig von dem jeweils anzuwendenden Maßstab, der hier durch den Inhalt des Begriffs „Vorteil" bestimmt wird. Angesichts der unterschiedlichen Inhalte der beiden Vorteilsbegriffe versteht sich deshalb von selbst, daß *Rückschlüsse* aus der verfassungsrechtlichen Beurteilung des rheinland-pfälzischen Straßenbaubeitragsrechts für die verfassungsrechtliche Bewertung der vorgeschlagenen Änderung des § 7 mit Blick auf den Gleichbehandlungsgrundsatz schlechthin *ausgeschlossen* sind.

---

20 Vgl. zu den insoweit bestehenden Bedenken etwa Reichert in KStZ 1987, 26 ff.

5. Nach dem Wortlaut des Gesetzentwurfs sollen der Ermittlung der Höhe der wiederkehrenden Beiträge „die jährlichen Investitionsaufwendungen für nicht leitungsgebundene Einrichtungen" oder der „Durchschnitt der zu erwartenden Aufwendungen der folgenden fünf Jahre" zugrunde gelegt werden. Diese Regelung dürfte ausschließen, daß die Kommunen über wiederkehrende Beiträge einen finanziellen Ausgleich auch für solche Aufwendungen erhalten können, die *vor* Inkrafttreten einer auf den neuen Absatz 6 gestützten Satzung entstanden sind.[21] Derartige Aufwendungen *müssen* daher – weil insoweit eine Beitragserhebungspflicht besteht[22] – durch die Erhebung von Beiträgen der bisherigen Art ausgeglichen werden. Das führt ohne eine dies rechtlich und tatsächlich befriedigend lösende Übergangsregelung zwangsläufig dazu, daß eine Reihe von Grundstückseigentümern (Erbbauberechtigten) *zugleich* sowohl zu derartigen einmaligen Beiträgen als auch – mit Blick auf die in Zukunft für das gesamte Straßennetz anfallenden Ausbaukosten – zu wiederkehrenden Beiträgen heranzuziehen sind.

III. Anliegen des Gesetzentwurfs und dessen sachgerechte Lösung

Nach dem, dem zu beurteilenden Gesetzentwurf vorangestellten Deckblatt soll mit dem neuen Absatz 6 in erster Linie eine Kostenbelastung der Grundstückseigentümer (Erbbauberechtigten) vermieden werden, der sie „in vielen Fällen nicht mehr gewachsen sind". Da in der Praxis von den bestehenden „Zahlungserleichterungen wie beispielsweise Stundung oder Ratenzahlung ... in Unkenntnis dieser Möglichkeit nur sehr selten Gebrauch gemacht wird", sollen die „einzelnen Beitragsschuldner" durch eine neue gesetzliche Regelung entlastet werden. Es ist zweifelhaft, ob die dafür vorgeschlagene Lösung (Erhebung von wiederkehrenden Beiträgen) diesem Anliegen gerecht wird.

Abgesehen von den zuvor behandelten rechtlichen Bedenken spricht *gegen* die vorgeschlagene Lösung, daß sie in einer im einzelnen nicht quantifizierbaren Vielzahl von Fallgestaltungen im Vergleich zur bestehenden Rechtslage nicht zu einer Entlastung von Grundeigentümern (Erbbauberechtigten), sondern zu einer ggf. nicht unerheblichen *Mehrbelastung* führen muß. Das trifft zu für alle Grundeigentümer (Erbbauberechtigten) „deren" Straßen – aus welchen Gründen immer – verhältnismäßig preiswert ausgebaut werden. Sie finanzieren nämlich über die wiederkehrenden Beiträge anteilig die Straßen mit, die wegen ihrer Breite, wegen ihres Ausbaustandards, wegen topografischer Gegebenheiten oder aus anderen Gründen kostenaufwendiger ausgebaut werden. Überdies kann schlechterdings nicht ausgeschlossen werden, daß die Summe der jährlich wiederkehrenden Beiträge in einer Vielzahl von Fällen im Ergebnis die Höhe der einzelnen, für den Ausbau „ihrer" Straßen anfallenden einmaligen Beiträge mehr oder weniger deutlich übersteigt.

Um dem zitierten Anliegen der Initiatoren des Gesetzentwurfs gerecht zu werden, d. h. um zugunsten der Grundeigentümer (Erbbauberechtigten) Zahlungserleichte-

---

21 Vgl. in diesem Zusammenhang OVG Koblenz, B. v. 23.11.1989 – 6 A 65/89 – KStZ 1990, 93.
22 Siehe im einzelnen Driehaus, Kommunalabgabenrecht, 9. Erg. Lfg., § 8 Rdnr. 14 ff.

rungen zu begründen, ihre Kostenlast also auf mehrere Jahre zu *verteilen* und sie auf diese Weise zu entlasten, hat z. B. der sächsische Landesgesetzgeber in § 22 Abs. 3 seines Kommunalabgabengesetzes geregelt, durch Satzung könne bestimmt werden, „daß die Beitragsschuld in mehreren Raten entsteht". Weitaus sachgerechter – u. a. weil ein mehrfaches Entstehen der Beitragsschuld und damit einhergehende Streitanfälligkeiten vermieden werden – dürfte die Anordnung einer *Verrentung* der (einmal entstehenden) Beitragsschuld sein, d. h. eine (schon) vom Landesgesetzgeber oder (erst) vom Ortsgesetzgeber auszusprechende Umwandlung der Beitragsschuld in eine Schuld, die beispielsweise in zehn oder mehr Jahresleistungen zu entrichten ist. Für eine solche Lösung spricht nicht nur, daß sie im Rahmen des Systems des § 7 bleibt und überdies (verfassungs)rechtlich unbedenklich ist, sondern ferner und sozusagen *durchgreifend*, daß sie – anders als der Weg über wiederkehrende Beiträge – ohne weiteres auf das mit dem Straßenbaubeitragsrecht sachlich eng verwandte, die Grundeigentümer (Erbbauberechtigten) – was die Höhe der Beitragsbeträge angeht – jedoch ungleich mehr belastende Erschließungsbeitragsrecht übertragen (vgl. § 135 Abs. 6 BauGB) und auch im Anschlußbeitragsrecht angewandt werden kann. Hinzu kommt folgendes: Die Verrentung der Beitragsschuld *erweitert* den Beleihungsspielraum eines Grundstücks, der anderenfalls deshalb gemindert ist, weil der Erschließungsbeitrag (vgl. § 134 Abs. 2 BauGB) ebenso wie u. a. der Straßenbaubeitrag (vgl. § 7 Abs. 7 Satz 1) als öffentliche Last auf dem Grundstück ruht. Im Falle der Verrentung nämlich gelten gemäß § 10 Abs. 1 Nr. 3 ZVG als vorgehende Last nicht die volle Beitragsschuld, sondern nur die jeweils fälligen Rententeilbeträge und evtl. Rückstände aus den letzten zwei Jahren.

Die von den Initiatoren des Gesetzentwurfs vorgeschlagene Lösung, die Erhebung wiederkehrender Beiträge zu ermöglichen, dient – wenn man von der Abwälzbarkeit als Betriebskosten absieht – *nicht* den Grundstückseigentümern (Erbbauberechtigten). Die Erhebung wiederkehrender Beiträge liegt letztlich nicht einmal im wohlverstandenen Interesse der Gemeinden.[23] Das wird deutlich u. a. aus der Tatsache, daß die Gemeinden in Rheinland-Pfalz von dieser für sie seit über acht Jahren bestehenden Möglichkeit nur in einem sehr geringen Umfang Gebrauch gemacht und sich statt dessen ganz überwiegend für die *Beibehaltung* des traditionellen, seit über 100 Jahren im Erschließungs- wie im Straßenbaubeitragsrecht *bewährten Systems* der Erhebung einmaliger Beiträge für die Kosten des Ausbaus der Verkehrsanlagen von den Grundstücken entschieden haben, denen gerade die ausgebaute Anlage einen Sondervorteil vermittelt.

IV. Zusammenfassung

Zusammenfassend läßt sich zum in Rede stehenden Gesetzentwurf in seiner gegenwärtigen Fassung sagen: Er ist insgesamt *unausgereift*, in einzelnen *Formulierungen zweifelhaft* und hält einer *verfassungsrechtlichen Überprüfung schwerlich stand*; er ist überdies zur Erreichung des angegebenen Ziels ungeeignet. Wenn

---

23 Vgl. dazu im einzelnen schon Traub in KStZ 1987, 184, 187.

seine Initiatoren beim Wort genommen werden wollen, d. h. wenn es ihnen tatsächlich darum geht, den Grundeigentümern (Erbbauberechtigten) durch eine Verteilung von Zahlungsverpflichtungen auf mehrere Jahre Erleichterungen zu schaffen, drängt sich eine Lösung auf, durch die die Beitragsschuld *verrentet* wird, also
in eine Schuld umgewandelt wird, die z. B. in zehn oder mehr Jahresleistungen zu
entrichten ist.

Stichwortverzeichnis

Abbiegespur .... 61, 68 f., 204

Abgemagertes Mischsystem 93

Abrechnungseinheiten .... 260 ff.

Abschnittsbildung .... 12 f., 30, 96 ff., 231 ff.

Anbaubar, siehe einseitig anbaubare Straße

Anbaubestimmung .... 48 f., 63 f.

Anlage(n)begriff .... 42 ff., 65, 227 f.

Anlieger(Eigentümer)anteil .... 112 ff., 237 f., 256 ff.

Anwendungsbereich von BauGB (BBauG) und KAG .... 209 ff., 215 ff.

Art der Nutzung .... 159 ff.

Aufrechterhaltung eines Beitragsbescheids .... 225, 295 f.

Aufwendungsphase .... 41 ff.

Ausgleichsmaßnahmen 201, 204

Außenbereichsgrundstücke(-flächen) .... 79 ff., 134 ff., 144 ff.

Beitragsfähige Aufwendungen .... 235 ff.

Beitragsfähige Maßnahmen

   in satzungsloser Zeit .... 282 ff.

   und Vorteile .... 110 ff.

Beitragsmaßstab (siehe auch Verteilungsmaßstäbe) .... 173 ff.

Beitragstatbestände .... 229 f.

Berechenbarkeit des Aufwands .... 184 ff.

Bereits hergestellte Erschließungsanlagen .... 215 ff.

Beschränkte Erschließungswirkung .... 124 f., 128 f., 139 ff.

Besondere Vorteile 109

Beurteilungsspielraum 83

Bindung an den Bebauungsplan 25

Dritter i. S. des § 124 I BauGB .... 18 ff.

Eckgrundstück(svergünstigung) . . . . 161 ff., 167 ff.

Eigentümeridentität. . . . . 118 ff.

Eigentümerverschiedenheit. . . . . 120 ff.

Einfaches Geschäft der laufenden Verwaltung. . . . . 96 ff.

Einführung in das Erschließungsbeitragsrecht . . . . 39 ff.

Eingang der letzten Unternehmerrechnung. . . . . 185 f., 187 ff., 204 ff.

Einheitssätze. 237

Einmaligkeit des Beitrags 303

Einmündung . . . . 60 f.

Einseitig anbaubare Straße. . . . . 52 f., 71 ff., 296

Einzeleinrichtungen . . . . 87 ff.

Endgültige Herstellung . . . . 184 ff., 188 f., 199 f., 241 f., 276 ff.

Entstehen sachlicher Beitragspflichten 31 ff., 181 ff., 184 ff., 187 ff., 193 ff., 196 ff., 241 ff., 264 f., 276 ff.

Entwässerung. . . . . 87 ff.

Entwässerungssystem-Entscheidung. . . . . 88 f.

Erforderlich . . . . 72 f., 191 ff.

Erreichbarkeitsanforderungen . . . . 118 ff.

Erschließungsaufgabe. . . . . 13 f., 21 f.

Erschließungsbeitragsrechtlicher Anlagebegriff. . . . . 54 ff.

Erschließungsbeitragssatzung . . . . 40 f.

Erschließungseigengesellschaft der Gemeinde . . . . 18 ff.

Erschließungseinheit . . . . 97 ff., 262 f.

Erschließungsrechtliches Planerfordernis . . . . 27 f.

Erschließungsvertrag . . . . 11 ff., 18 ff.

Erschließungsvorteil (siehe auch Vorteilsbegriff) . . . . 41, 102 ff., 130 ff., 179 ff.

Erschließungswirkung (siehe auch beschränkte ...) . . . . 128 ff.

Form- und Verfahrensvorschriften, Verletzung von 293

Fremdfinanzierungskosten. 204

Fußgängergeschäftsstraße(n) . . . . 228, 230, 236, 243 ff.

Gemeindeanteil . . . . 112 ff., 237 f., 256 f.

Gemeindliche Selbstverwaltung und Rechtsprechung . . . . 287 ff.

Gemeinschaftseinrichtungen (Entwässerung) . . . . 90 ff.

Grunderwerb, Kosten des . . . . 203 f., 270 ff., 280 f.

Grundstücksbegriff . . . . 267 ff.

Halbteilungsgrundsatz . . . . 52 f., 73 ff.

Heilung rechtswidriger Bescheide . . . . 293 f.

Heranfahrmöglichkeit 64

Heranziehungsphase . . . . 41, 184 ff.

Herauffahrmöglichkeit 63, 123

Hinterliegergrundstücke . . . . 116 ff., 141

Inanspruchnahmemöglichkeit . . . . 105 ff., 126, 131, 136 ff., 147 ff., 305, 308

Konkrete Vollständigkeit der Verteilungsregelung . . . . 177 ff.

Kostenspaltung . . . . 36, 231 ff.

Kreisverkehrsanlagen . . . . 59 ff.

Kreuzung (Begriff) . . . . 60, 66 f.

Landwirtschaftlich genutzte Grundstücke, Nutzungsfaktor für 138

Lärmschutzanlage . . . . 300 f.

Maß der Nutzung . . . . 152 f.

Merkmalsregelung . . . . 181, 199, 201, 276, 279 f., 292

Mischkanalisation 94

Missbrauch rechtlicher Gestaltungsmöglichkeiten 126

Nachteile, anrechenbare . . . . 251 ff.

Natürliche Betrachtungsweise . . . . 44 ff., 71

Nichtigkeit einer Verteilungsvorschrift, Folgen der . . . . 181 ff.

Notwegerecht 122, 126

Nutzungsfaktoren für Außenbereichsflächen . . . . 138 ff.

Öffentliche Erschließungsanlagen 47, 197

Öffentliche Fördermittel 193, 205

Öffentliche Last 203

Örtliche Ausbaugepflogenheiten .... 221 ff.

Planabweichung .... 27 ff.

Planfeststellungsbeschluß 26

Planungsrechtliche Bindung .... 28 f.

Platz 62, 65

Quantifizierung der Erschließungsvorteile .... 179 f.

Rechtmäßige Straßenherstellung .... 26 ff., 198

Regime(Regie)entscheidung der Gemeinde .... 11 ff.

Reihenfolge der Entstehungsvoraussetzungen .... 207 f., 283 ff.

Richtigkeit der letzten Unternehmerrechnung .... 187 ff.

Rückwirkung .... 182 f.

Satzungslose Zeit, siehe beitragsfähige Maßnahme in ...

Selbständige Anlage .... 46, 50, 62 f.

Sondervorteil .... 35, 41, 102 ff.

Straße (Begriff) 44

Straßenbaubeitragsrechtlicher Anlage(Einrichtungs)begriff .... 53 ff.

Straßenentwässerungsaufwand .... 87 ff., 299

System des Straßenbaubeitragsrechts .... 227 ff.

Technisches Ausbauprogramm 220

Teile von Erschließungsanlagen .... 217 f.

Tiefenbegrenzung .... 128 ff., 146 f.

Überleitungsrecht(-regelung) .... 209 ff., 215 ff.

Umbau einer Fußgängergeschäftsstraße .... 247 ff.

Unbefahrbare Verkehrsanlagen .... 297 f.

Unerläßlich, für die Erschließung .... 77 ff.

Unselbständige Zufahrt .... 46 f.

Unternehmerrechnung, siehe Eingang der letzten ...
   und Richtigkeit der letzten ...

Verteilungsmaßstab(-regelung) 114 f., 150 ff., 173 ff., 177 ff., 181 ff., 239 ff., 292, 300 f.

Verteilungsphase .... 41, 102 ff.

Vollständigkeit, konkrete ..., siehe konkrete Vollständigkeit der
  Verteilungsregelung

Vorausleistung.. 36 ff., 231 ff.

Vorhandene Straßen... 209 ff.

Vorteilsbegriff... 102 ff., 130 ff., 137 ff., 304

Wiederkehrende Beiträge... 303 ff.

Wirtschaftlicher Vorteil .... 107, 251 ff.

Wirtschaftswege, Verteilungsregelung für 171

Zuschuß (Zuwendung)... 195, 205